사회주의는 실패했는가

사회주의는 실패했는가

1판 1쇄 발행 2015년 5월 20일

지은이  레온 트로츠키 외
엮은이  볼셰비키그룹
펴낸이  김찬

펴낸곳  도서출판 아고라
출판등록  제2005-8호(2005년 2월 22일)
주소  경기도 파주시 가온로 256 1101동 302호
전화  031-948-0510
팩스  031-948-4018

* 책값은 뒤표지에 있습니다.

# 사회주의는 실패했는가

레온 트로츠키 외 지음 | 볼셰비키그룹 엮고 옮김

AGORA

소련이 자본주의 국가였다고?

오랜 세월 알고 지내던 친구들, 동창들끼리 만나서 술잔을 기울이다 보면 옛 추억들, 특히 혈기왕성했던 시기의 일화들을 안주 삼게 마련이다. 마찬가지로 노동운동에 몸담은 사람들끼리 대화를 하다 보면, 운동의 황금기였던 80년대~90년대 초반에 대한 이야기가 나오지 않을 수 없다.

그런데 그 황금기는 그 시기가 끝난 직후부터 지금까지 이어지고 있는 운동의 암흑기와 대조를 이룬다. 과학적 사회주의를 학습하고자 했던 학생들의 열의는 포스트모더니즘을 위시한 갖가지 소부르주아 사상의 홍수 속에서 흔적조차 찾기 어려워졌고, 노동운동의 전투적인 기풍은 계급협조주의, 조합주의에 의해 오염되었다. 그리고 '혁명가'는커녕 '활동가'조차도 재생산이 되지 않고 있다. 지배계급은 사회주의를 시대착오적인 망상으로 매도할 근거를 찾았다. 물론 자본주의가 노동인민들에게 주는 고통은 여전하거나 더 커졌기 때문에 여기에 저항하는 노동인민들의 투쟁은 계속되고 있지만, 그 투쟁들은 대체로 즉자적이거나 산발적인 수준에 머무르고 있다.

여하간 이러한 현상들, 남한의 변혁적 노동·학생운동의 급격한 쇠퇴의 원인으로 소련과 동유럽의 '사회주의' 국가들의 붕괴를 꼽는 것은 이제 운동 진영 내에서는 누구나 인정하는 정론으로 자리 잡았다.

남한에서도 이럴진대, 소련과 동유럽에서의 자본주의 복귀와 사유화 광풍이 해당 국가들의 인민들에게 미친 영향은 어떠했으랴. 사기 저하와 이데올로기적 혼돈을 넘어서, 실제 인민의 삶에도 재앙적인 악영향을 미쳤다는 것이 수많은 보도, 통계 자료들을 통해 입증되었다. 본서에 수록된 글들 중 한 편인 「러시아, 자본주의 생지옥」 또한 소련 붕괴 이후의 참상을 생생하게 고발하고 있다.

이 미증유의 재앙에 대하여 그 근본 원인을 파헤치고 해명하여 노동계급을 교육하는 것, 북한·중국·쿠바 등 잔존하는 '사회주의' 국가에 대하여 사회주의자로서 올바른 입장을 세우는 것은 여전히 우리 사회주의자들에게 중요한 문제로 남아 있다. 불행하게도, 남한의 '사회주의자'들에게서 이 문제를 진지하게 다루려는 시도를 보기란 참으로 어려운 일이었다. 그나마 나름대로의 입장을 세운 조직들도 스탈린주의나 국가자본주의론과 같은 비과학에 기대어 이 문제를 다루려고 한다. 사실은 그 같은 엉터리 이론들이 대재앙에 일조했는데 말이다. 스탈린주의는 결국 10월 혁명의 성과들을 방어하는 데 있어서 무능함을 보이며 파산했고, 국가자본주의론을 비롯한 소위 '제3진영' 지지자들(일부 자칭 '트로츠키주의자'들도 포함)은 '민주주의'의 이름으로 장차 인민의 삶을 파탄 낼 사유화 광신도들에게 지지를 보냈다.

소련에 대한 태도를 둘러싸고 미국 사회주의노동자당 내에서 치열한 분파 투쟁이 벌어지던 시기에, 미국 트로츠키주의 운동의 선구자 제임스 캐넌은 러시아(소련) 문제는 곧 "혁명의 문제"라고 말했었다. 소련은 사회주의라는 주제로 실시된 최대의 역사적 실험이었다. 이 실험이 남긴 자료들을 과학적으로 분석해내야만, 사회주의로 나아가는 진로를 올바르게 설정하고 노동계급 내부에 깃든 사회주의에 대한 패배주의를 극복해낼 수 있다. 아울러 소련 체제를 모방하듯이 형성되어 여전히 국유화된 소유 형태를 유지하고 있는 중국, 북한, 쿠바 등이 바로 오늘날의 러시아라고 한다면, 이들 나라의 운명은 곧 혁명운동의 명운이 달린 문제일 것이다.

우리는 이 땅의 선진 노동자들이 이 중차대한 문제를 심각하게 받아들이기를 희망한다.

2015년 봄

볼셰비키그룹

**PART 1**

# 다시, 소련을 생각하다

# 소련의 계급적 성격

The Class Nature of the Soviet State

트로츠키★1933년

## 문제가 제기되는 방식

우리는 코민테른과 결별하고 새로운 인터내셔널을 창립하기로 결정했다.★
이 새로운 상황은 소련의 사회 성격에 대한 문제를 다시금 제기했다. 코민
테른의 정치적 파산과 함께 10월 혁명으로 탄생한 소비에트 국가도 파산했
는가? 여기에서 문제의 초점은 코민테른과 소련을 장악하고 있는 스탈린주
의 국가기구다. 이 기구는 국제무대뿐 아니라 소련 내에서도 똑같은 정책을
구사해왔다. 우리 마르크스주의자들은 독일의 브란틀러 그룹처럼 장부를
이중으로 두지 않는다. 이 그룹은 스탈린주의자들의 정책은 소련에서는 흠
잡을 것이 하나도 없는데 국제 무대에서는 재앙을 초래하고 있다고 주장한
다(브란틀러를 추종하는 미국의 조직―러브스톤 그룹―은 똑똑한 체하며 문제를
복잡하게 제기하고 있다. 스탈린주의자들의 경제정책은 흠잡을 것이 하나도 없는데
소련의 정치체제는 민주주의가 완전히 실종되어서 나쁘다고 말이다. 그러나 이들은
이렇게 문제를 제기하는 것이 옳다: 스탈린의 경제정책이 옳고 성공하고 있다면 왜
그는 민주주의를 말살하고 있는가? 노동자 민주주의가 존재한다면 당과 노동계급이

---

이 책의 각주는 모두 옮긴이 주입니다.―편집자

★ 1933년, 독일공산당은 제대로 싸우지도 않고 히틀러의 집권을 허용했다. 독일사민당을 사
회파시스트로 규정한 후 파시즘에 대해 노동자 공동전선을 형성하기를 거부한 코민테른은
이 초좌익 노선이 올바른 정책이며, 파시즘의 승리를 초래한 재앙이 독일 노동자들의 승리
라고 강변했다. 이에 국제좌익반대파는 코민테른이 혁명성을 상실했다고 판단한 후 자신이
코민테른의 분파라는 기존의 입장을 버리고 새로운 인터내셔널 창립 투쟁을 시작했다.

그의 경제정책에 열광하여 시끄럽고 폭력적으로 주장들을 늘어놓을지 모른다고 스탈린이 두려워하는 것은 아닐까?). 스탈린의 정책은 국내에서든 국외에서든 재앙을 초래하고 있다. 이것이 우리의 확신이다. 그렇다면 코민테른이 정치적으로 파산했으며 소련에서 노동계급 독재체제가 붕괴했음을 동시에 인정하는 것이 필요하지 않을까?

　언뜻 생각하면 이런 식의 문제제기는 논란의 여지 없이 올바른 것처럼 보인다. 그러나 이런 식의 문제제기는 틀렸다. 스탈린주의 관료집단의 방식은 모든 영역에서 똑같은 모습을 보이고 있다. 그러나 이 방식의 객관적 결과는 외적 조건 그리고 역학의 용어를 빌리면 물체의 저항에 달려 있다. 코민테른은 애초에 자본주의를 타도하고 노동계급 독재를 수립하기 위해 수립되었다. 그리고 소비에트 정부는 러시아에서 자본주의가 타도된 후 이 투쟁의 성과를 보존하기 위해 수립되었다. 서구의 공산당들은 물려받은 자본, 즉 국가권력을 가지고 있지 못하다. 이들의 장점(실제로는 이들의 약점)은 스스로에게만 달려 있다. 그러나 스탈린주의 관료집단의 장점은 10분의 9가 자신이 아니라 승리한 혁명이 조성한 사회변화에서 비롯된 것이다. 그러나 이 고려사항은 위에서 제기한 문제를 해결할 수 없으며 다만 분석의 방법론과 관련해서 대단히 중요할 뿐이다. 이 방법론은 스탈린주의 기구가 국제혁명의 요인으로서 자신의 의의를 완전히 낭비하고 있으면서도 노동계급 혁명의 사회적 성과를 지키는 문지기로서의 진보적 의의를 일부나마 아직도 갖고 있는 이유와 방식을 보여준다. 스탈린주의 관료집단이 드러내는 이 이중적 성격은 역사발전의 불균등성을 드러내는 하나의 예다.

　노동자 국가의 올바른 정책은 국내 경제 건설로만 환원될 수 있는 것이 아니다. 혁명은 노동계급의 정신에 따라 국제적으로 확대되지 않으면 필연적으로 일국적 한계 내에서 관료적으로 축소되기 시작한다. 노동계급 독재체제는 유럽과 세계로 확산되지 않으면 필연적으로 붕괴의 길로 나아간다. 이 모든 것은 광범위한 역사적 전망 속에서는 전혀 논란이 되지 않는다. 그러나 모든 것은 역사의 구체적 국면에 달려 있다. 스탈린주의 관료집단의 정책이 노동자 국가를 이미 붕괴시켰다고 말할 수 있는가? 이것이 지금 우리에게 제기된 문제다.

　무엇보다 먼저 말할 것이 있다. 중요한 마르크스주의 방법론은 노동자 국가가 이미 붕괴했다는 주장을 반박한다. 러시아에서 노동계급 독재체제는 자본주의를 정치적으로 타도하고 이후 3년 동안의 내전을 통해 수립되었다. 사회계급 이론과 역사적 경험은 똑같이 이렇게 증언한다: 무기를 손에 든 거대한 계급투쟁을 통하지 않고 평화적 방식으로 노동계급이 자본주의 체제에서 승리하는 것은 불가능하다. 그렇다면 부르주아 반혁명이 아무도 모르게 '서서히' 일어날 수 있는가? 어쨌든 지금까지 부르주아는 물론이고 봉건적 반혁명도 '유기적으로 즉 자동적으로' 일어나기는커녕 군사적 개입이라는 수술을 반드시 필요로 했다. 개량주의는 계급 적대가 심대하고 화해 불가능하다는 점을 어떤 경우든 이해하지 못하고 있다. 그래서 개량주의는 자본주의를 평화적으로 변모시켜 사회주의를 수립한다는 전망을 가지고 있다. 이에 반해 마르크스주의 이론은 혁명이라는 재앙을 통해서만 정치권력이 한 계급의 손에서 다른 계급의 손으로 넘어간다고 주장한다. 그리고 이 주장은 역사가 맹렬하게 전진하는 혁명기뿐 아니라 사회가 거꾸로 굴러가는 반혁명기에도 동일하게 적용된다. 러시아의 소비에트 정부가 노동자 권력에서 자본가 권력으로 서서히 바뀌었다고 주장하는 것은 말하자면 개량주의의 필름을 거꾸로 돌리는 것과 같다.

우리의 주장에 반대하는 자들은 우리의 주장이 일반적 방법론이라는 것을 부인할지도 모른다. 그리고 이 방법론이 그 자체로 아무리 중요해도 지금의 문제를 해결하기에는 지나치게 추상적이라고 선언할지도 모른다. 그러나 진리는 언제나 구체적이다. 계급 갈등이 화해 불가능하다는 이론은 우리의 분석을 올바로 인도할 수 있고, 인도해야 한다. 그러나 이 방법론이 분석의 결과를 대신할 수는 없다. 우리는 이 방법론에 입각하여 역사 과정 자체의 물질적 내용을 깊이 탐구해야 한다.

반대자들에 대해 우리는 이렇게 응답한다: 방법론적 주장이 문제를 해결하는 것은 아니라는 생각은 옳다. 그렇다면 우리의 반대자들은 자신들의 올바름을 증명해야 한다. 3년간의 투쟁을 통해 정치권력을 상실했던 자본가계급이 어떻게 전투도 없이 권력을 되찾았는가? 마르크스주의자라고 자처하는 우리의 반대자들은 이 질문에 대답해야 한다. 그러나 이들은 어떤 종류의 이론적 진지함도 보이지 않은 채 그저 소련이 자본주의 체제라고만 되뇌고 있다. 따라서 우리는 이들을 대신해서 이 질문에 대답할 것이다.

# 노동계급에 대한 독재

노동계급 조직들의 자유는 질식되었으며 관료집단은 전능하다. 이것이 현재 소련이 노동계급과 무관하다는 점을 입증하는 가장 널리 퍼져 있고 인기 있으며 언뜻 보기에는 반박할 수 없을 것 같은 주장의 기초다. 일인 독재를 불러일으킨 관료기구의 독재체제를 노동계급 독재체제와 동일시하는 것이 정말 가능한가? 노동계급에 대한 독재체제에 의해 노동계급 독재체제가 대체되었다는 것이 명확하지 않은가.

그러나 언뜻 보기에 매력적인 이 주장은 현실에서 전개되고 있는 역사 과정에 대한 유물론적 분석이 아니라 순수한 관념적 도식인 칸트의 규범에 기초해 있다. 혁명의 고상한 '친구들'은 노동계급 독재체제에 대한 대단히 휘황찬란한 개념을 스스로 개발했다. 그러고는 현실의 독재체제가 계급적 야만성의 유산, 내부 모순들, 지도부의 오류와 범죄행위 등을 모두 품은 채 자신들이 개발했던 것과는 전혀 다른 모습을 보이자 정말이지 어쩔 줄 몰라 하고 있다. 가장 고상한 감성을 가진 이들은 실망하여 소련에 대해 등을 돌린다.

노동계급 독재체제에 대한 한 점 오류도 없는 설명은 어디에, 어느 책에 나와 있는가? 계급의 독재라고 해서 그 계급의 대중 모두가 국가 운영에 언제나 참여하는 것은 결코 아니다. 이 점은 소유계급들의 경우를 통해 이미 목격되었다. 중세의 지배계급인 귀족들은 왕정을 통해 사회를 지배했다. 이때 이들은 왕정 앞에서 무릎을 꿇고 있었다. 자본가계급의 독재는 이 계급이 두려워할 것이 전혀 없었던 자본주의 상승기 때에만 민주적 형태를 비교적 발전시켰다. 우리가 보는 앞에서 독일의 히틀러는 민주주의를 파시즘이라는 독재로 대체한 후 기존의 자본가 정당들을 전부 박살내버렸다. 현재 독일의 자본가계급은 사회를 직접 지배하지 않는다. 이들은 히틀러와 그의 하수인들에게 정치적으로 완전히 굴복했다. 그러나 자본가계급의 독재는 독일에서 신성불가침의 지위를 유지하고 있다. 왜냐하면 자본가계급이 사회를 지배하는 데 필요한 모든 조건들이 보존되고 강화되어왔기 때문이다. 자본가계급을 정치적으로 몰수하는 것을 통해 히틀러는 일시적으로나마 이들을 경제적 몰수로부터 구원해주었다. 독일 자본가계급이 파시스트 정권에 의존하지 않을 수 없다는 사실은 자본가계급의 사회지배가 위험에 처해 있으나 결코 파산한 것은 아니라는 사실을 증언하고 있다.

우리의 주장이 이어질 것을 예상하고 우리의 반대자들은 서둘러 이렇게 반박한다: 사회의 소수에 불과한 착취계급인 자본가들은 파시스트 독재를 통해 자신의 사회지배를 보존할 수는 있지만 사회주의 체제를 건설하는 노동계급은 스스로 정부를 운영하고 더욱더 많은 수의 대중을 정부의 임무로 끌어들여야 한다. 일반적 차원에서는 이 주장이 옳다. 그러나 소련이라는 구체적 현실에 이 일반적 주장을 적용할 경우 결론은 자명하다: 지금 소련의 독재체제는 질병이 걸린 체제. 제국주의에 포위된 후진국에서 사회주의를 건설하는 데 제기되는 엄청난 난관들이 지도부의 잘못된 정책들과 결합했다. 그러나 최종적으로 분석하면 지도부의 잘못된 정책들 역시 사회의 후진성과 제국주의에 의한 고립의 압력을 반영하고 있다. 이 상황에서 관료집단은 10월 혁명을 통해 노동계급이 달성한 사회적 성과를 자기 나름의 방식으로 지키기 위해 노동계급을 정치적으로 몰수했다. 사회의 성격은 그 사회의 경제관계에 의해 결정된다. 따라서 10월 혁명이 수립한 집단적 소유형태가 타도되지 않는 한 노동계급은 소련의 지배계급이다.

'노동계급에 대한 관료집단의 독재' 주장들은 좀 더 깊이 있는 분석이 없이, 즉 관료 지배의 사회적 뿌리와 계급적 한계들을 명확히 설명하지 않은 채 제시되고 있다. 이 결과 이 주장들은 멘셰비키에게 그렇게도 인기 있는 과장된 민주적 수사들로 그치고 있다. 소련 노동자들의 압도적 다수는 관료집단에 대해 불만을 가지고 있다. 그리고 이들 중의 상당한, 그러나 최악은 아닌 부위가 관료집단을 증오하고 있다. 이것은 의심의 여지 없는 사실이다. 그러나 이 불만이 대규모 폭력을 동원한 저항으로 나타나지 않는 이유는 단지 탄압 때문만은 아니다. 노동자들은 자기들이 관료집단을 타도할 경우 계급의 적들이 정권을 장악하게 되지 않을까 두려워하고 있다. 입에 거품을 물고 소련을 비판하는 '민주주의자들'이 보는 것보다 관료집단과 노동계급 사이의 상호관계는 정말이지 훨씬 복잡하다. 다른 전망이 눈앞에 보이고 서구의 지평선이 파시즘의 갈색이 아니라 사회주의 혁명의 적색으로 타올랐다면 분명 소련의 노동자들은 관료기구를 타도했을 것이다. 그러나 이런 긍정적 상황이 일어나지 않은 한 노동계급은 입을 악다문 채 관료집단을 '참아 넘긴다'. 그리고 이런 의미에서 관료집단을 노동계급 독재의 담지자로 인정한다. 진심 어린 대화에서 소련 노동자 모두는 스탈린주의 관료집단을 강하게 비난할 것이다. 그러나 반혁명이 일어났다고 생각하는 사람은 아무도 없을 것이다. 노동계급은 소련의 근간이다. 그러나 통치 기능이 무책임한 관료집단의 손에 집중되어 있는 한 확실히 소련은 질병이 든 국가다. 이 상황이 치유될 수 있을까? 이 질병을 치유하려는 더 이상의 노력들은 귀중한 시간을 쓸모없이 낭비하는 것이 아닐까? 그러나 문제를 이런 식으로 제기하면 안 된다. 치유하려는 노력은 세계혁명운동과 분리된 모든 종류의 인위적 조치들이 아니라 마르크스주의 깃발 아래 더욱 힘차게 투쟁하는 것을 의미하기 때문이다. 스탈린주의 관료집단을 가차 없이 비판하고 새로운 인터내셔널의 중핵들을 훈련시키고 세계노동계급의 전위가 가진 투쟁 능력을 소생시키는 것, 바로 이것이 '치유'의 핵심이다. 이것은 역사발전의 근본 방향과 일치한다.

지난 몇 년간 우리의 반대자들은 몇 번이고 이렇게 말했다: 코민테른 치유에 몰두하는 것은 '헛되이 시간을 낭비하는 것'이다. 그러나 우리는 어느 누구에게도 코민테른을 치유하겠다고 약속한 적이 없다. 다만 결정적인 순간이 올 때까지 환자가 죽었다거나 전혀 가망이 없다고 선언하는 것을 거부했을 뿐이다. 요컨대 우리는 '치유 노력'에 단 하루도 낭비하지 않았다. 우리는 혁명 중핵들을 결집시켰다. 그리고 새로운 인터내셔널의 기본 이론과 강령을 마련했다. 이 두 임무는 똑같이 중요하다.

## 관념적 규범으로서의 노동계급 독재

칸트의 망령에게는 미안하지만 '칸트류의' 사회학자들은 종종 이런 결론에 도달한다: '진정한' 독재, 즉 자신들의 관념적 규범에 일치하는 독재는 파리 코뮌이나 브레스트-리토프스크 조약까지 또는 신경제정책 때까지의 10월 혁명기에만 존재했다. 진정으로 아주 정확한 사격이다: 하늘에 겨냥하여 과녁 한가운데를 맞추어라! 마르크스와 엥겔스가 파리 코뮌을 "노동계급 독재"로 부른 이유는 오직 그것이 가지고 있는 가능성 때문이었다. 파리 코뮌 자체는 노동계급 독재가 아니었다. 권력을 장악했으나 그것을 어떻게 사용할지를 알지 못했다. 공세를 취하는 대신 기다렸고 파리에서 고립되었다. 국립중앙은행을 감히 접수하지도 못했으며 전국적 차원에서 권력을 휘두르지 않았기 때문에 자본주의 소유관계를 전복시키지도 못했다. 게다가 블랑키 추종자들의 일면성과 프루동 추종자들의 편견 때문에 이 운동의 지도자들조차 코뮌을 노동계급 독재로 온전히 이해하지 못했다.

10월 혁명 초기를 노동계급 독재로 지칭하는 것도 파리 코뮌만큼이나 부적절하다. 브레스트-리토프스크 조약 때까지뿐 아니라 1918년 가을까지도 혁명의 사회적 내용은 소부르주아 농민이 지주의 토지를 차지한 정도의 소유관계 전복과 생산에 대한 노동자들의 통제에 머물렀다. 이 때문에 혁명은 자본주의의 경계를 아직 넘어서지 못했다. 혁명의 첫 시기에 병사 소비에트는 노동자 소비에트와 나란히 존재했으며 종종 후자를 밀어냈다. 1918년 가을쯤이 되어서야 소부르주아 농민-병사의 원초적 물결이 약간 가라앉고 노동자들이 생산수단의 국유화를 향해 전진했다. 이때부터 비로소 진정한 노동계급 독재가 시작되었다고 말할 수 있다. 그러나 이 경우에도 중요한 유보조항들을 인정할 필요가 있다. 혁명의 초기 몇 년간 노동계급 독재는 모스크바 공국이었던 지역에 한정되어 있었으며 모스크바부터 그 주변부 사방은 3년 동안의 내전을 강요받았다. 따라서 신경제정책이 시행된 1921년까지 혁명은 전국적 차원에서 노동계급 독재를 수립하는 투쟁을 해야 했다. 이때 이후 노동계급 독재는 신경제정책의 시작과 동시에 사라졌으며 이 때문에 노동계급 독재는 존재해본 적이 없다고 사이비 마르크스주의 속물들은 주장한다. 이 양반들에게 노동계급 독재는 측정할 수 없는 개념이 되어 우리가 살고 있는 죄 많은 행성에서는 실현될 수 없는 관념적 규범일 뿐이다. 이런 종류의 '이론가들'은 독재라는 말 자체를 부인하지 않는 한 독재와 부르주아 민주주의 사이의 화해할 수 없는 모순을 은근슬쩍 흐리려 한다. 이것은 이들의 정치적 특성으로 보아 조금도 놀랍지 않다.

정치적 관점이 아니라 실험실의 관점에서 지극히 특징적인 것은 수바린을 비롯한 파리의 '공산주의적 민주주의' 종파다. 이 이름부터가 마르크스주의와의 결별을 암시하고 있다. 「고타 강령 비판」에서 마르크스는 사회민주주의라는 이름을 거부했다. 사회주의 혁명 투쟁을 공식 민주주의로 통제하기 때문이라는 것이었다. 원칙상 '공산주의적 민주주의'와 '사회주민주주의’, 즉 사회민주주의 사이에는 확실히 조금의 차이도 없다. 사회주의와 공산주의 사이에는 확고한 구분선이 없다. 하나의 운동 또는 상태로서 사회주의와 공산주의가 계급투쟁의 실제 과정이나 역사 과정의 물질적 조건이 아니라 ‘민주주의’라는 초사회적·초역사적 추상에 종속될 때에만 사회주의와 공산주의의 대의는 침해되기 시작한다. 현실에서 ‘민주주의’는 노동계급 독재에 대한 자본가계급의 방어용 무기일 뿐이다. 고타 강령(1875년)의 시대에 사회민주주의라는 말은 정신이 건강한 노동자 정당이 사용한 부정확하고 비과학적인 이름이었다. 그러나 이 시대 이후 부르주아 및 ‘사회’민주주의의 역사 전체는 ‘민주적 공산주의(?)’의 깃발을 노골적인 계급 배신의 깃발로 변모시키고 있다(관심이 있는 사람들이 있다면 ‘공산주의적(!) 민주주의’의 ‘강령’을 직접 확인하기 바란다. 마르크스주의의 근본에서 보자면 이보다 더한 돌팔이 문서를 생각하기는 어렵다).

## 보나파르트 체제

우리의 강령을 반대하는 우르반스 류의 작자들은 이렇게 말한다: 소련에 부르주아 체제가 회귀한 것은 아니지만 노동자 국가도 더 이상 존재하지 않는다; 현재의 소비에트 정권은 초계급적 또는 계급연합적 보나파르트 정권이다. 우리는 이 이론이 나오자 이를 충분히 반박했다. 역사적 관점에서 보나파르트 체제는 부르주아 사회의 위기 때에 등장한 부르주아 계급의 정부였으며 지금도 그렇다. 부르주아 혁명의 순전히 자본주의적 성과들을 정착시키는 ‘진보적’ 보나파르트 체제와 자본주의 사회의 쇠퇴기인 이 시대에 등장하는 경련성 보나파르트 체제(폰 파펜, 슐라이허, 돌푸스, 네덜란드 보나파르트 체제의 후보자 콜리인 등)를 구분하는 것은 가능하기도 하고 필요하기도 하다. 보나파르트 체제는 언제나 계급들 사이에서 정치적으로 이리저리 기운다. 그러나 역사를 통해 모습을 바꾸는 이 체제는 동일한 사회적 기초, 즉 부르주아 소유체제를 보존한다. 계급들 사이에서 우왕좌왕하는 보나파르트 독재자 또는 보나파르트 독재자 일당의 ‘초계급적’ 지위로부터 이 정부의 무계급적 성격을 결론으로 유추하는 것보다 더 황당한 것은 없다. 이것은 정말 기괴한 어불성설이다! 보나파르트 체제는 자본가계급의 사회지배를 위한 변종에 불과하다.

우르반스가 보나파르트 체제의 개념을 확대하여 이 개념에 현재의 소련 정권을 포함하고 싶다면 우리는 이 확대 해석을 받아들일 준비가 되어 있다. 다만 한 가지 조건이 있다. 소련 '보나파르트 체제'의 사회적 내용을 필요에 따라 명확히 규정해야 한다. 소련 관료집단은 국내외 계급들 사이에서 이리저리 기울면서 사회를 지배한다. 이 점은 의문의 여지가 없는 명확한 사실이다. 이리저리 기우는 현상이 스탈린의 개인 통치에 의해 절정에 달하고 있는 한 소련을 보나파르트 체제라고 말할 수 있다. 그러나 보나파르트 나폴레옹이나 지금 그와 같은 불쌍한 후계자들이 통치하는 보나파르트 체제는 자본가계급의 사회지배에 기초하고 있지만 소련 관료집단의 보나파르트 체제는 소비에트 지배에 기초하고 있다. 용어를 새로 발명하거나 역사의 예를 들면서 비유를 하는 것은 분석을 편하게 해준다. 그러나 이것들이 소련의 사회적 성격을 바꿀 수는 없다.

## 국가자본주의

그런데 지난 시기에 우르반스는 새로운 이론을 고안했다: 소련의 경제체제는 '국가자본주의'의 일종인 것 같다. 그는 정치적 상부구조의 영역에서 용어를 실험하더니 이제는 하강하여 경제 기초를 분석한다. 이것이 그의 '발전'된 모습이다. 그러나 이 하강은 슬프게도 그에게 전혀 도움이 되지 못하고 있다.

그는 이렇게 주장한다: 자본가계급이 자신의 사회지배를 방어하기 위한 가장 새로운 형태가 국가자본주의다; 이탈리아, 독일, 미국에서 국가가 집단적 '계획'을 통해 통치하는 모습을 보기만 하면 이 점은 확인된다. 통이 큰 자신의 성향에 따라 그는 국가자본주의의 통 안에 소련도 집어넣는다. 이 점에 대해서는 나중에 다시 언급하겠다. 자본가계급의 국가와 관련될 때마다 우르반스는 우리 시대의 대단히 중요한 현상을 언급한다. 이미 오래전에 독점자본주의는 생산수단의 사적소유와 민족 국가의 경계를 넘어섰다. 그러나 자기가 수립한 조직들에 의해 마비된 채 노동계급은 자본주의의 족쇄로부터 사회의 생산력을 제때에 해방시킬 수 없었다. 이 때문에 경제적·정치적 격동이 지속되는 시대가 등장했다. 생산력은 사적소유와 민족 국가의 장벽을 강타하고 있다. 자본가 정부들은 경찰의 곤봉을 동원하여 자기가 초래한 생산력의 반란을 진압하지 않을 수 없다. 이것이 이른바 계획경제라는 것이다. 국가가 자본주의의 무계획적 혼란상을 통제하려고 하는 한 이것은 '국가자본주의'라고 조건적으로 말할 수 있다.

마르크스주의자들은 국가의 독자적 경제 활동을 지칭하는 말로 국가자본주의라는 용어를 애초에 사용했었다. 더욱 많은 수의 수송·공업 기업들을 국가가 통제할 경우 자본주의를 극복할 수 있다고 개량주의자들은 꿈꾸었다. 이에 대해 마르크스주의자들은 이렇게 반박했다: 그것은 사회주의가 아니라 국가자본주의다. 그러나 이후 이 용어는 그 의미를 확장하여 경제에 대한 국가의 개입 전부에 적용되기 시작했다. 이런 의미에서 프랑스인들은 국가주의(etatisme)라는 말을 사용한다.

그러나 우르반스는 '국가자본주의'의 노고를 해설할 뿐 아니라 자기 방식대로 평가한다. 그를 이해하는 것이 일반적으로 가능하다고 가정할 경우 그는 '국가자본주의' 체제를 사회발전의 필요하면서도 진보적인 단계라고 선언한다. 이것은 개별 기업보다 기업집단(트러스트)이 더 진보적이라고 말하는 것과 같다. 자본주의 경제계획을 평가하는 과정에서 그가 범하고 있는 오류는 극히 근본적인 것이어서 그의 분석은 어떤 경우에도 틀릴 수밖에 없다.

일부 정치적 전제조건들을 단다면 전쟁이 끝장낸 자본주의의 상승기에 경제에 대한 국가의 다양한 개입들을 진보적인 것으로, 즉 국가자본주의가 사회를 전진시켜 미래에 등장할 노동계급 독재의 경제적 노고를 덜어주는 것으로 볼 수 있었다. 그러나 현재의 부르주아 '계획경제'는 철저히 반동적이라고 볼 수밖에 없다. 국가자본주의는 경제를 세계적 분업에서 분리시켜 이를 통해 생산력을 민족 국가의 족쇄에 묶어두려고 한다. 그리고 경제에 전혀 도움이 되지 않는 엄청난 비용을 들여 일부 생산 분야를 인위적으로 축소시키고 다른 생산 분야를 역시 인위적으로 창출하려 한다. 현재 부르주아 국가의 경제정책은 고대 중국의 방식에 입각한 관세 장벽에서 시작하여 히틀러의 '계획경제'를 통해 기계 사용을 금지시키는 일화로 끝난다. 이것은 일국 경제를 쇠퇴시키는 대가로 불안하게 경제를 통제하면서 국제관계를 혼란에 빠뜨릴 뿐 아니라 사회주의 계획을 위해 절실히 필요한 통화체제를 엉망으로 만든다. 현재의 국가자본주의는 미래에 사회주의 국가가 할 일을 준비하거나 편하게 만들기는커녕 오히려 엄청난 난관을 더하고 있다. 노동계급은 국가권력을 장악할 수 있는 일련의 기회들을 놓쳐버렸다. 이 때문에 정치에서는 파시즘의 야만 상태가, 경제에서는 '국가자본주의'라는 파괴적 현상이 나타났다. 권력을 장악한 후 노동계급은 정치적인 기회를 놓친 대가를 사회주의 경제 건설 과정에서 지불해야 할 것이다.

## 소련의 경제체제

우르반스가 제시하는 분석의 한계 내에서 가장 흥미로운 점은 그가 소련 경제를 '국가자본주의'에 포함시키려 한다는 것이다. 그런데 이 와중에 그는 레닌의 이름을 들먹거린다. 도저히 믿을 수가 없다! 이 현상은 한 가지만으로 설명이 가능하다: 한 달 만에 이론 한 가지를 발명하는 영원한 발명가인 그는 자신이 언급하는 저서들을 읽을 시간이 없다. 레닌은 소련 경제 전체가 아니라 일부분에 대해서만 '국가자본주의'라는 말을 사용했다. 외국 기업이나 정부에 허가한 경제 영역, 공사(公私) 합작 상공업체, 국가가 통제하면서 농민이나 주로 부농이 운영하는 협동조합 등이 그에 해당되었다. 이것들은 의심의 여지 없이 자본주의 요소들을 가지고 있으나 국가가 통제하고 있으며 심지어 일부는 국가가 직접 참여하는 공사 합작체였기 때문에 레닌은 조건을 달고, 또는 그의 표현대로 "인용부호를 달고" 이 경제 형태들을 '국가자본주의'라고 불렀다. 이 용어를 조건적으로 사용한 이유는 통제 주체가 자본가 국가가 아니라 노동자 국가였기 때문이다. 그는 인용부호를 달아 이 중요한 차이를 강조했다. 그러나 사적 자본을 허용하고 명확한 한계 내에서 노동자들을 착취하게 허용하는 한, 노동자 국가는 자본주의 관계를 일부 관리했다. 이 엄격히 제한된 의미에서만 '국가자본주의'를 말할 수 있을 것이다.

레닌은 신경제정책으로 이행할 때 바로 이 용어를 들고 나왔다. 이때 그는 외국 정부나 기업에 허용하는 경제 영역, 국가와 사적 자본의 상호관계에 기초한 '공사 합작 기업' 등이 순수하게 국가가 운영하는 기업집단(트러스트, 신디케이트) 등과 함께 소비에트 경제의 주요한 위치를 차지할 것이라고 가정했다. 이 국가자본주의적 기업들과 비교하여 레닌은 정부의 기업집단들을 "일관된 사회주의적 유형의 기업"이라고 규정했다. 이후 소련 경제, 특히 공업은 국가자본주의적 기업들과 순수한 국영 기업들 사이의 경쟁을 통해 발전할 것이라고 그는 예상했다.

　　우르반스를 유혹한 국가자본주의라는 용어를 레닌이 얼마나 제한적으로 사용했는지가 이 정도면 명확해졌을 것이다. '레닌(!)동맹'의 지도자인 우르반스의 이론적 파산을 마무리 짓기 위해 우리는 이 점을 기억해야 한다: 레닌의 애초 예상과는 반대로 국가자본주의적 기업들은 러시아 경제 발전에 전혀 기여하지 못했다. 현재 '국가자본주의' 기업들은 전부 사라졌다. 대신 신경제정책의 초기에 운명이 대단히 암울해 보였던 기업집단들은 레닌의 사망 이후 거대하게 발전했다. 따라서 레닌이 사용한 국가자본주의 용어를 양심에 입각하여, 그리고 이 문제를 제대로 이해하면서 사용하려면 소련 경제가 '국가자본주의' 단계를 완전히 건너뛰어 "일관된 사회주의적 유형"의 기업들에 의해 발전했다고 말해야만 할 것이다.

　　그러나 여기에서 우리는 혹시 있을지도 모르는 오해를 차단해야 하는데 이번의 경우 오해는 정반대의 성격을 지니고 있다. 레닌은 용어를 치밀하게 선택했다. 그는 기업집단을 지금 스탈린주의자들이 말하는 것처럼 사회주의 기업이라고 하지 않았다. 다만 "사회주의적 유형"의 기업이라고 했다. 레닌의 저술에서 이 미묘한 용어상의 구분은 내포하는 바가 있었다: 농촌 경제가 혁명화되고 도시와 농촌 사이의 모순이 제거되고 인간이 자신의 욕구를 모두 완전히 만족시키는 법을 알게 된 후, 즉 국유화 공업과 집단적 농촌 경제의 토대를 통해 진정한 사회주의 사회가 등장하는 정도에 비례하여 기업집단은 사회주의적 유형이 아니라 그 내용상 진정한 사회주의 기업이 될 권리를 누릴 것이다. 이 목표를 달성하기 위해서는 두세 세대의 연속된 노력과 국제혁명의 확대가 필요할 것이라고 레닌은 예상했다.

　　요약해보자. 엄밀한 의미에서 국가자본주의는 부르주아 국가가 기업을 운영하는 것 또는 사적 자본주의 기업의 작동에 부르주아 국가가 '통제를 목적으로' 개입하는 현상이다. "인용부호를 달고" 사용한 용어에서 레닌은 국가자본주의를 사적 자본주의 기업과 관계들에 노동자 국가가 통제력을 행사하는 것으로 이해했다. 이 규정의 어느 것도 현재 소련 경제에 적용될 수 없다. 우르반스가 소련 '국가자본주의'를 말할 때 그가 어떤 구체적인 경제적 내용을 상정하고 있는지는 심오한 비밀로 남아 있다. 쉽게 표현하면 그의 최신 이론은 전부 엉터리 인용의 토대 위에 기초하고 있다.

## 관료집단과 지배계급

소련의 '비(非)노동계급적' 성격과 관련된 이론이 하나 더 있다. 그러나 이것은 기존의 이론들보다 훨씬 더 기발하고 조심스럽지만 조금도 더 진지하지는 못하다. 블룸의 동료이자 수바린의 스승인 프랑스 사민주의자 루시엥 로라는 소책자를 통해 이렇게 주장하고 있다: 소련 사회는 노동자 국가도 아니고 부르주아 국가도 아니므로 전혀 새로운 유형의 계급 조직이다; 왜냐하면 관료집단은 노동계급을 정치적으로 지배하고 있을 뿐 아니라 경제적으로 착취하고 있기 때문이다; 그리고 이를 통해 관료집단은 자본가계급에게 돌아갔던 잉여가치를 집어삼키고 있기 때문이다. 그는 자신의 발견을 『자본론』의 무게 있는 정식들로 채우고 있어서 피상적이고 지극히 묘사적인 자신의 '사회학'을 심오한 것처럼 만들고 있다. 타인들의 자료들을 수집하여 논리를 전개하는 그는 자기 이론 전부가 30년도 더 전에 러시아계 폴란드인 혁명가 마하이스키에 의해 훨씬 열정적이고 화려하게 제시되었다는 사실을 모르는 것이 분명하다. 마하이스키는 착취하는 관료집단의 사회지배를 위한 골격이 바로 '노동계급 독재체제'라고 규정하기 위해 10월 혁명이나 스탈린주의 관료집단을 기다리지 않았다. 이 점에서 그는 자신의 이론을 속류화한 로라보다 더 우수했다. 그러나 이 우수한 인물도 손가락을 빨면서 이 이론을 독창적으로 고안하지는 않았다. 그는 국가사회주의에 대한 무정부주의자들의 편견을 사회학과 경제학을 통해 '심화'시켰을 뿐이다. 그 역시 마르크스의 정식들을 활용했지만 로라보다 훨씬 일관되게 활용했다. 그는 이렇게 주장했다: 『자본론』의 저자는 사회주의 지식인층(관료집단)이 집어삼킬 잉여가치 부분을 자신의 재생산 정식(『자본론』 제3권)에서 미리 악의를 가지고 은폐했다.

우리 시대에는 미아스니코프가 등장하여 이런 종류의 '이론'을 옹호하고 있다. 다만 그는 착취자 마르크스를 폭로하지는 않았다. 그는 이렇게 선

언했다: 소련에서 노동계급 독재체제는 사회적 관료집단이라는 새로운 계급의 사회지배로 바뀌었다. 십중팔구 로라는 직간접적으로 바로 미아스니코프의 이론을 빌려서 이것을 현학자의 '풍부한 학식'으로 치장했을 것이다. 이 이론의 계보를 완성하기 위해 이렇게 덧붙여야 한다: 로라는 로자 룩셈부르크의 오류만을 전부 소화시켰는데 이 가운데 그녀 스스로 정정한 오류들조차 소화시켰다.

이 '이론'을 좀 더 면밀하게 검토해보자. 마르크스주의자는 계급을 예외적으로 중요하게 그리고 더욱이 과학적으로 한정된 의미로 규정한다. 계급은 국민총소득의 분배에 참여하는 것을 통해서가 아니라, 경제의 전반적 구조 속에서의 독자적 역할과 사회의 경제적 토대에 내린 독자적 뿌리에 의해 규정된다. 중세의 귀족, 농민, 소부르주아, 자본가, 노동계급 등 각 계급은 자기 나름의 소유형태를 갖는다. 그러나 관료집단은 이러한 사회적 특성들을 가지고 있지 않다. 생산과 분배 과정에서 독자적 지위가 없으며 독자적인 소유의 뿌리도 없다. 관료집단의 기능은 기본적으로 계급 지배의 정치적 기술(technique)과 관련되어 있다. 형태와 구체적 사회적 비중이 다양한 관료집단은 모든 계급 지배체제에 존재한다. 관료집단이 누리는 권력은 지배계급이 휘두르는 권력의 반영에 불과하다. 관료집단은 경제적 지배계급과 떼어낼 수 없는 관계를 맺으면서 지배계급의 사회적 뿌리에서 영양분을 취하며 자신의 존재를 유지한다. 그리고 지배계급과 함께 몰락한다.

## 계급 착취와 사회적 기생 행위

로라는 이렇게 말할 것이다: 관료집단이 정치·경제·문화 분야에서 필요한 기능을 수행하는 한 이들이 노동의 대가를 받는 것을 '반대하지 않는다.'; 그러나 소련의 관료집단은 국민총소득의 엄청나게 많은 부분을 전혀 통제받지 않은 채 자기 것으로 하고 있다; 바로 이런 의미에서 관료집단은 '착취계급'이다. 그러나 의심의 여지 없는 사실들에 기초한 이 주장도 관료집단의 사회적 모습을 바꾸지는 못한다.

언제나 모든 체제에서 관료집단은 잉여가치의 적지 않은 부분을 자기 것으로 한다. 예를 들어 이탈리아나 독일의 파시스트 메뚜기들이 집어삼키는 국민총소득의 비율을 계산하는 것은 진정 흥미로운 작업일 것이다! 그러나 그 자체로 대단히 중요한 이 사실도 파시스트 관료집단을 독자적 지배계급으로 변모시키기에는 전적으로 부족하다. 이들은 자본가계급으로부터 돈을 받고 일을 해주는 하수인에 불과하다. 물론 하수인이 고용주의 목을 깔고 앉아 가끔 그의 아가리에서 진짜 맛있는 음식을 빼앗아 자기 입에 넣고 그의 대머리에 침을 뱉는다. 대단히 불편한 하수인임에 틀림없다! 그러나 하수인은 하수인이다. 자본가계급은 그를 계속 고용한다. 왜냐하면 그가 없으면 자신과 자신의 사회지배는 산산조각이 나기 때문이다.

적절한 변형을 가할 경우 지금 얘기한 것은 스탈린주의 관료집단에게도 적용될 수 있다. 이들은 국민총소득의 상당 부분을 집어삼키고 낭비하고 착복한다. 이들에게 국가 경영을 맡기기 위해 노동계급은 아주 값비싼 대가를 지불한다. 소련에서 관료집단은 정치적·행정적 특권을 누릴 뿐 아니라 엄청난 물질적 이익을 누리는 대단한 특권적 지위를 차지하고 있다. 그러나 엄청 넓은 아파트, 가장 맛있는 스테이크, 롤스로이스 자동차 등도 관료집단을 독자적 지배계급으로 변모시키기에는 불충분하다.

물론 불평등, 아니 진짜 노골적인 불평등은 사회주의 사회에서는 절대로 있을 수 없다. 그러나 공식적·비공식적으로 전파되는 거짓말들과는 반대로 현재 소련의 체제는 사회주의가 아니라 이행기 체제에 불과하다. 이 체제는 자본주의의 온갖 기괴한 유산, 특히 불평등—관료집단과 노동계급 사이의 불평등뿐 아니라 관료집단 내부와 노동계급 내부의 불평등—을 드러내고 있다. 현재 이 불평등은 어떤 한계 내에서 사회주의로 전진하기 위한 부르주아적 도구다. 차등 임금, 보너스 등이 이런 것인데 경쟁을 위한 자극제로 사용된다.

소련의 현 체제는 이행적 성격을 지니고 있기 때문에 불평등은 존재할 수밖에 없다. 그러나 관료집단의 통제받지 않는 지도자들이 남용해온 공개적·비공개인 터무니없는 특권들은 조금도 정당화될 수 없다. 좌익반대파는 우르반스, 로라, 수바린, 시몬 와일 등의 발견 이전에 이렇게 선언했다: 관료집단은 자신들을 드러내는 모든 표현들을 통해 소련 사회의 도덕적 유대를 해치고 있으며 대중들의 격심하고 정당한 불만을 초래하면서 커다란 위험을 준비하고 있다(노동계급 독재의 실험이 '실패한 것'에 절망하여 시몬 와

일은 사회에 대항하여 자신의 개성을 옹호하는 새로운 일에서 위안을 찾았다. 그러나 이것은 값싼 무정부주의적 열광으로 힘을 얻은 자유주의의 낡은 정식에 불과하다! 그리고 생각해보라. 그녀는 우리가 가지고 있는 '환상'에 대해 고상한 말들을 늘어놓는다. 그녀와 같은 사람들은 가장 반동적인 중하층의 편견에서 해방되기 위해 오랜 세월을 끈기 있게 인내해야 한다. 그녀의 새로운 견해는 《노동계급 혁명》이라는 모순적이기 짝이 없는 이름의 기관지에서 안식처를 찾았다. 루종에서 출판되는 이 기관지는 혁명적 우울증 환자, 과거 혁명 활동에 대한 회상이라는 배당금으로 먹고 사는 정치적 금리 생활자, 혁명이 달성되고 나면 이를 지지할지도 모르는 허세 가득한 개똥 철학자 등에게 이상적으로 적합하다). 그러나 관료집단의 특권 자체는 소련 사회의 기초를 변화시키지 못한다. 왜냐하면 관료집단은 '계급'으로서 자신에게 고유한 소유관계로부터가 아니라 10월 혁명에 의해 탄생했으며 노동계급 독재를 위해 근본적으로 적합한 소유관계로부터 자신의 특권들을 끌어오기 때문이다.

다양한 방식으로 모든 관료집단은 인민을 강탈한다. 이 현상을 과학적 의미로 사용되는 계급 착취가 아니라, 대단히 대규모로 자행되는 것이기는 하지만 사회적 기생 행위라고 규정해야 한다. 자신의 사회지배가 토지 소유와 강제 노동의 특수한 체제에 의존했던 한에서 중세의 성직자들은 지배계급 또는 지배신분이었다. 그러나 현재 교회의 성직자들은 착취계급이 아니라 기생집단에 불과하다. 실제로 미국의 성직자들을 특별한 지배계급이라고 말하는 것은 어리석은 일일 것이다. 그러나 다양한 색깔과 종파의 신부들은 미국에서 잉여가치의 큰 부분을 집어삼키고 있다. 사회에 기생하는 특징으로 보면 성직자들과 관료집단은 독자적 '계급'이 아닌 부랑노동자(lumpen proletariat)와 유사하다.

## 두 가지 전망

정적 단면이 아니라 동적 단면으로 살펴보면 이 문제는 대단히 뚜렷하게 우리에게 다가온다. 국민총소득의 엄청난 양을 비생산적으로 낭비하면서 동시에 소련의 관료집단은 자신의 사회적 기능 때문에 나라의 경제적·문화적 성장에 관심을 가지고 있다. 왜냐하면 국민총소득이 커질수록 특권을 누릴 자원이 더 커지기 때문이다. 그러나 소련의 사회적 기초 위에서 노동대중의 경제적·문화적 발전은 관료집단의 사회지배의 기초 자체를 동시에 침식한다. 유리한 경우인 후자의 관점에서 보면 관료집단은 사회주의 국가의 도구에 불과하다. 다만 기능이 떨어지고 비싼 도구일 뿐이다.

그러나 우리의 주장에 대해 이렇게 반박할 수 있다: 국민총소득의 더욱 더 큰 부분을 낭비하고 경제의 기본 질서를 교란시키는 것을 통해 관료집단은 나라의 경제적·문화적 발전을 지체시킨다. 이 반박은 전적으로 올바르다! 관료주의가 방해받지 않고 발전할수록 경제적·문화적 발전은 정지되고 끔찍한 사회위기가 닥친 후 사회 전체가 추락할 것이다. 이것은 불가피하다. 그러나 이렇게 될 경우 노동계급 독재뿐 아니라 관료집단의 사회지배도 끝장난다. 노동자 국가 대신 들어서는 것은 '사회적 관료체제'가 아닌 자본주의 관계일 것이다.

이 문제를 혁명 전망 속에 비추어 볼 경우 소련의 계급적 성격에 대한 논란을 철저히 조망할 수 있을 것이다. 소련의 체제가 더욱 발전하든 이와 반대로 붕괴하든 관료집단은 독립적 계급이 아니라 노동계급 위에 군림하는 기생집단에 불과한 것으로 드러난다. 암은 엄청나게 커져서 자신의 숙주인 생명체를 죽일 수는 있으되 독자적 생명체는 결코 될 수 없다.

마지막으로 완벽한 명확성을 위해 이렇게 덧붙일 수 있다: 현재 소련에서 마르크스주의 정당이 정권을 잡고 있다면 이 정당은 정치체제를 전부 쇄신할 것이다; 즉 관료집단을 뒤흔들고 숙청하여 대중의 통제하에 놓을 것이다; 또한 그간의 행정적 관행들 모두를 쇄신하고 경제운영에서 일련의 대대적 개혁을 시작할 것이다; 그러나 어떤 경우에도 소유관계를 전복시켜 새로운 사회혁명을 수행할 필요는 없을 것이다.

## 반혁명의 가능한 경로들

관료집단은 지배계급이 아니다. 그러나 관료적 체제가 더욱 발전할 경우 체제의 유기적 퇴보가 아니라 반혁명을 통해 새로운 지배계급이 등장할 수 있다. 스탈린주의 관료집단은 중도주의 집단이다. 왜냐하면 이들은 이중적 역할을 수행하기 때문이다. 마르크스주의 지도부가 더 이상 존재하지 않고 등장할 가능성이 아직 없는 지금, 이 집단은 자신의 고유한 방식으로 노동계급 독재체제를 방어한다. 그러나 이 방식은 그 성격상 미래에 적들의 승리를 촉진한다. 소련 관료집단의 이 이중적 역할을 이해하지 못하는 자는 아무것도 이해하지 못한 것과 같다.

사회주의 사회에서는 국가나 당이 필요하지 않다. 그러나 이행기의 조건 속에서 정치적 상부구조는 결정적이다. 안정되게 발전한 노동계급 독재체제는 다음 사항들을 전제로 한다: 스스로 행동하는 전위로서 당이 지도적 역할을 수행한다; 노동계급이 노동조합을 통해 단결한다; 소비에트 체제를 통해 근로대중은 국가와 떼어낼 수 없이 밀접한 관계를 유지한다; 마지막으로, 인터내셔널을 통해 노동자 국가는 세계 노동계급과 함께 자본주의에 대항하는 투쟁 부대가 된다. 그러나 현재 소련의 관료집단은 당, 노동조합, 소비에트, 코민테른을 모두 질식시켰다. 노동자 국가가 이렇게 퇴보한 책임의 엄청난 부분은 국제 사민주의 세력에게 있다. 이 점은 설명이 따로 필요 없다. 이들은 노동계급에 대한 온갖 범죄와 배신의 오물로 몸을 휘감고 있는데 루시엥 로라 역시 이 집단의 일원이다(이 예언자 양반은 러시아의 볼셰비키-레닌주의자들에게 혁명적 단호함이 없다고 비난한다. 오스트리아의 마르크스주의자들과 같이 그는 혁명과 반혁명 그리고 부르주아 민주주의로의 복귀와 노동계급 독재체제의 보존을 혼동하면서 혁명투쟁에 대해 라코프스키에게 조언한다. 그리고 지나가는 말로 레닌이 "평범한 이론가"에 불과하다고 판정한다. 그러나 그의 생각은 조금도 놀랍지 않다! 아주 소박한 방식으로 가장 복잡한 이론적 결론을 내리는 레닌은, 자신의 보잘것없고 재미없는 이론을 신비스러운 분위기로 치장하면서 허풍을 떠는 속물을 경탄시킬 수 없을 것이다. 그의 명함에는 이렇게 적혀 있다: "루시엥 로라: 러시아의 노동계급 혁명을 위한 예비 이론가 겸 전략가를 소명으로 하고 있으며 레옹 블룸의 비서를 직업으로 하고 있음." 약간 길기는 하지만 이 명함의 표현은 정확하다. 이 "이론가" 양반은 청년들의 지지를 받고 있다고 한다. 불쌍한 청년들이 아닐 수 없다!).

그러나 소련 관료집단의 퇴보에 대한 역사적 책임이 실제로 어떻게 배분되든 결과는 똑같다: 당, 소비에트, 노동조합의 질식사로 노동계급은 정치적으로 원자화되었다. 사회 갈등은 정치적으로 극복되기보다는 관료들의 행정적 조치를 통해 억압되고 있다. 사회 갈등을 정상적으로 해결할 정치적 지원이 사라지는 정도에 따라 사회 갈등은 쌓이고 쌓인다. 외부로든 내부로든 사회에 충격을 가하는 최초의 사건이 일어나면 원자화된 소련 사회는 내전으로 치달을 수도 있다. 국가와 경제에 대한 통제력을 상실한 노동계급은 자기 방어의 무기로 대대적인 파업에 의존할 수도 있다. 독재체제의 규율은 허물어진다. 노동자들의 투쟁과 경제적 난관의 압력 속에 기업집단들은 계획경제의 길을 가지 못하고 서로 경쟁할 수도 있다. 체제가 해체될 경우 그 폭력과 혼란의 메아리는 농촌으로 확산되고 불가피하게 군대 내로 침투할 것이다. 결국 사회주의 국가는 붕괴하고 자본주의 체제, 좀 더 정확히 표현하면 자본주의 혼돈이 대신 들어설 것이다.

물론 스탈린주의 언론은 우리의 경고를 반혁명을 비호하는 예언, 아니 더 나아가 트로츠키 분자들의 '반혁명 욕구'가 표현된 것이라고 선전하면서 이를 신문에 실을 것이다. 스탈린주의 언론 하수인들에 대해 우리는 오랫동안 경멸 섞인 침묵으로 일관해왔다. 그러나 상황은 위험하지만 가망이 없지는 않다. 어쨌든 전투도 있기 전에 가장 위대한 혁명 전투가 패배했다고 선언하는 것은 터무니없는 비겁이요 노동계급에 대한 직접적 배신 행위다.

## 관료집단을 '평화적으로' 제거하는 것이 가능한가?

관료집단이 자신의 수중에 모든 권력을 집중시켰다는 것은 맞다. 그렇다면 대단히 중요한 문제가 제기된다: 소련을 어떻게 개조할 것인가?; 이 임무를 평화적 수단들로 해결하는 것이 가능할까?

무엇보다 먼저, 이 임무가 오직 혁명 정당에 의해서만 완수될 수 있다는 바꿀 수 없는 원칙을 수립해야 한다. 역사적 기본 임무는 구 정당의 건강한 분자들과 청년들을 통해 소련의 혁명 정당을 수립하는 것이다. 나중에 이 임무가 완수될 수 있는 조건들을 논의할 것이다. 그러나 이 정당이 이미 존재하고 있다고 가정해보자. 그러면 이 정당은 어떻게 정권을 장악할 수 있는가? 반대파 앞에서 연설하며 이미 1927년에 스탈린은 이렇게 말했다: "현재의 관료집단은 내전을 통해서만 제거될 수 있다." 보나파르트 독재자의 정신이 깃든 이 도전은 좌익반대파가 아니라 당을 향한 것이었다. 권력의 모든 지렛대를 손에 넣은 관료집단은 노동계급이 고개를 쳐드는 것을 더 이상 허용하지 않겠다고 공개적으로 선언했다. 이후 일어난 사건들은 이 도

전적 언사에 큰 무게를 실어주었다. 지난 몇 년간의 경험으로 볼 때 스탈린 주의 관료집단이 당이나 소비에트 대회를 통해 제거될 수 있다고 생각하는 것은 유치한 일이다. 실제로 볼셰비키 당의 마지막 당 대회는 1923년 초에 열린 제12차 대회였다. 이후의 당 대회들은 모두 관료적인 쇼에 불과했다. 그리고 지금은 이런 당 대회조차 열리지 않고 있다. '당헌에 입각하여' 지배 파벌을 제거할 수 있는 정상적인 방법은 존재하지 않는다. 노동계급 전위는 오직 무력을 통해서만 관료집단의 손에서 빼앗긴 권력을 다시 찾을 수 있다.

이에 대해 스탈린주의 하수인들은 즉시 이렇게 한 목소리로 울부짖을 것이다: 카우츠키처럼 '트로츠키주의 분자들'은 노동계급 독재체제에 대한 무장봉기를 설교하고 있다. 그러나 이 외침은 무시하자. 새로운 혁명 정당 이 노동계급 다수를 자기 주위에 결집시킨 후에야 권력 장악은 실제적 문제로 제기될 것이다. 역관계가 이렇게 근본적으로 역전되는 과정에서 관료집단은 더욱더 고립되고 분열할 것이다. 우리가 알고 있듯이 관료집단의 사회적 뿌리는 노동계급이 적극적으로 지지하지는 않더라도 최소한 '관용'할 때 존재한다. 노동계급이 투쟁으로 떨쳐 일어나면 스탈린주의 관료기구는 공중에 붕 떠버릴 것이다. 이에 대해 관료집단이 저항할 경우 이들에 대해 내전이 아니라 경찰의 무력 조치들을 가하는 것이 필요할 것이다. 어쨌든 노동계급 독재체제에 대한 무장봉기가 아니라 이 체제 속에 자라난 악성 종양을 제거하는 것이 필요하다.

진짜 내전은 스탈린주의 관료집단과 투쟁으로 일어선 노동계급 사이가 아니라 노동계급과 반혁명의 적극적 세력 사이에서 벌어질 것이다. 두 대대적인 세력들이 공개적으로 격돌할 경우 관료집단은 독자적 역할을 결코 수행할 수 없다. 이 집단의 양 극단은 양 진영으로 각각 넘어갈 것이다. 물론 이후 사태 전개의 운명은 투쟁의 결과에 의해 결정될 것이다. 어쨌든 혁명 진영의 승리는 노동계급 정당의 지도를 통해서만 생각할 수 있다. 이 정당은 반혁명에 승리할 경우 자연스럽게 권력으로 상승할 것이다.

## 소련의 새로운 정당

관료주의에 의해 힘을 빼앗긴 소비에트 권력이 붕괴할 위험의 순간과 10월 혁명의 유산을 구출할 능력이 있는 새로운 정당 주위로 노동계급이 결집할 순간 가운데 어느 것이 더 가까운 현실일까? 이 문제에 대해서는 선험적으로 대답할 수 없다. 오직 투쟁만이 해답을 결정할 것이다. 전쟁과 같은 주요한 역사적 시험이 역관계를 결정할 것이다. 세계 노동계급 운동이 더욱 쇠퇴하고 파시즘이 자신의 세력을 더욱 확장할 경우 내부의 힘만으로 소비에트 권력을 당분간 유지하는 것은 불가능하다. 이 점은 의심의 여지가 없다. 소비에트 국가를 근본적으로 개혁할 기본 조건은 세계 혁명의 승리가 확산되는 것뿐이다.

　서구에서는 당이 없이도 혁명운동이 소생할 수 있다. 그러나 당의 지도를 통해서만 이 운동은 권력을 장악할 수 있다. 수십 년에 걸친 사회혁명의 시대 전체에서 국제혁명정당은 역사발전의 기본 도구가 되어왔다. '낡은 형태들'은 시대에 뒤떨어졌으며 뭔가 '새로운 것'이 필요하다고 우르반스는 외친다. 도대체 정확히 어떤 것이 필요하다는 것인가? 이것은 그가 낡은 형태로 혼란에 빠져 있다는 것을 폭로할 뿐이다. '계획' 자본주의의 조건 속에서 노동조합 활동이나 파시즘 및 임박한 전쟁에 대항하는 투쟁 등은 의심의 여지 없이 투쟁조직들의 새로운 방법들과 유형들을 만들어낼 것이다. 브란틀러 추종자들처럼 불법 노동조합에 대한 환상에 젖어드는 대신 투쟁의 실제 과정을 면밀히 연구하고 노동자들의 주도적 투쟁을 기회로 잡아 이것을 확산시키고 분기시키는 것만이 우리가 할 일이다. 그러나 이 임무를 성취하기 위해서는 무엇보다 우선 노동계급 전위의 정치적으로 응집된 핵심 부위인 당이 필요하다. 우르반스의 입장은 주관적이다. 그는 자기 '당'을 난파시킨 후 당에 대해 환멸을 느끼고 있다.

　새로운 것을 설교하는 자들의 일부는 이렇게 주장한다: 새로운 정당들이 필요하다고 '오래전에' 우리는 말했다; 마침내 이제야 '트로츠키주의 분자들'이 우리의 주장을 반복하고 있다; 시간이 되면 이들은 소련이 노동자 국가가 아니라는 점 역시 이해하게 될 것이다. 실제 역사의 과정을 연구하는 대신 이들은 천문학적 '발견들'에 열중하고 있다. 1921년에 이미 고터의 종파와 독일 '공산주의노동자당'은 코민테른이 파산했다는 판단을 내렸다. 이때 이후 이런 선언은 계속 이어졌다(로리오, 코르쉬, 수바린 등). 그러나 이 '진단들'은 역사 과정의 객관적 요구가 아니라 그룹과 개인 들의 주관적인 환멸만을 반영했기 때문에 어떠한 결과도 낳지 못했다. 바로 이 때문에 새로운 것을 목소리 높여 설교한 자들은 바로 지금 투쟁의 장에서 벗어나 있다(그러나 비교적 최근 사민주의에서 분리되어 나왔거나 네덜란드의 혁명사회당처럼 특수하게 발전했거나 코민테른의 쇠퇴기에 이 조직과 운명을 같이하기를 당연히 거부한 조직들은 지금 얘기한 경우에 해당되지 않는다. 이들 가운데 최상의 조직들은 새로운 인터내셔널의 깃발로 들어왔다. 다른 조직들은 가까운 미래에 새로운 인터내셔널에 합류할 것이다).

사건들은 미리 정해진 길을 따라 진행되지 않는다. 개인들이 아니라 대중이 보는 앞에서 파시즘에 굴복했기 때문에 코민테른은 스스로 무덤을 팠다. 그러나 코민테른이 파산한 후에도, 혁명적 권위가 크게 손상되긴 했지만 소련은 여전히 존재하고 있다. 사건들의 실제 전개에 따라 제시된 사실들을 있는 그대로 받아들여야 한다. 시몬 와일처럼 변덕을 부리면서 불만에 차 입을 오리 주둥이처럼 내밀면 안 된다. 역사에게 화를 내거나 등을 돌리지 말아야 한다.

새로운 정당들과 새로운 인터내셔널을 건설하기 위해서는 무엇보다도 믿을 만하고 원칙에 입각해 있으며 우리 시대의 임무에 부응할 수 있는 대중적 기반이 필요하다. 우리는 볼셰비키-레닌주의자들의 이론적 미비와 오류에 대해 환상을 가지고 있지 않다. 그러나 이들의 10년간의 작업은 새로운 인터내셔널을 건설하는 이론적이고 전략적인 기본 요건들을 마련했다. 우리의 새로운 동맹자들과 손을 잡고 우리는 이 요건들을 개발하고 실제 투쟁의 과정에서 비판에 기초하여 이것들을 구체화시킬 것이다.

## 제4인터내셔널과 소련

소련에서 새로운 정당, 즉 새로운 조건에서 소생한 볼셰비키 당의 핵심은 볼셰비키-레닌주의 그룹이 될 것이다. 지난 몇 달 동안 심지어 소련의 공식 언론도 우리 동지들이 용기를 가지고 투쟁하여 일부 성공을 거두었다고 증언했다. 그러나 이 시점에서 환상은 금물이다. 또다시 국제노동계급 전위가 세계 무대에서 투쟁 부대로 등장할 때에만 혁명적 국제주의 정당이 노동자들을 일국적 관료집단의 해악으로부터 해방시킬 수 있을 것이다.

제1차 제국주의 세계대전이 시작할 때부터 그리고 10월 혁명 이후 발전된 형태로 볼셰비키 당은 세계 혁명투쟁에서 지도적 역할을 담당했다. 현재 이 역할은 완전히 소실되었다. 이것은 스탈린주의자들의 볼셰비키 당에만 해당되는 것은 아니다. 러시아의 볼셰비키-레닌주의 그룹이 활동하고 있는 대단히 어려운 조건은 이들이 국제 무대에서 지도적 역할을 할 가능성을 차단하고 있다. 소련의 좌익반대파 그룹은 새로운 인터내셔널이 성공적으로 수립되고 성장할 때에만 새로운 정당으로 발전할 수 있다. 혁명의 중심축은 서구로 확실히 이동했는데 이곳에서는 가까운 미래에 정당이 세워질 가능성이 소련의 경우보다 비교할 수 없이 크다.

최근 몇 년의 비극적 경험을 배경으로 하여 모든 나라에서는 노동계급의 혁명 분자들이 다수 결집했으며 명확한 투쟁 신호와 더렵혀지지 않은 깃발을 기다리고 있다. 코민테른의 재앙적 격동으로 인해 거의 모든 곳에서 노동자들의 새로운 부위들이 사회민주주의로 넘어갔다. 이것은 사실이다. 그러나 경각심을 가지고 있는 대중의 유입은 개량주의에게는 치명적인 위험요인이다. 이들은 사민주의의 틈새를 찢고 분열되면서 모든 곳에서 혁명 분파를 탄생시키고 있다. 바로 이 상황이 새로운 인터내셔널을 즉시 수립할 수 있는 정치적 전제조건이다. 네 개 조직들이 원칙 선언문에 합의했기 때문에 초석은 이미 마련되어 있다.

새로운 인터내셔널 수립 투쟁이 더욱 발전하기 위해서는 소련의 계급적 성격을 포함하여 세계 정세를 정확하게 평가해야 한다. 사실 이 문제를 통해 새로운 인터내셔널은 창립 초기부터 시험을 받게 될 것이다. 소련을 개혁할 수 있기 전에 먼저 소련을 제국주의의 침탈로부터 방어하는 것이 새로운 인터내셔널의 임무다.

'비(非)노동계급적' 성격을 핑계로 들면서 소련을 가망이 없다고 포기하는 모든 정치 경향은 수동적으로 제국주의의 하수인이 될 위험이 있다. 물론 우리의 관점에서 보면 관료집단에 의해 약화된 최초의 노동자 국가가 국내외 적들의 단결된 타격으로 붕괴할 비극적 가능성을 배제할 수 없다. 그러나 이 최악의 상황이 일어날 경우 이후 혁명 투쟁에서 다음과 같은 문제는 엄청나게 중요할 것이다: 이 재앙에 책임이 있는 자들은 어디에 있는가? 혁명적 국제주의자들은 조금의 오점도 남겨서는 안 된다. 소련이 치명

적인 위험에 처한 순간에 이들은 최후의 바리케이드에서 소련을 방어하기
위해 투쟁해야 한다.

소련 관료집단의 질서가 파열될 경우 반혁명 세력만이 이익을 볼 것이
거의 확실하다. 그러나 진정한 혁명적 인터내셔널이 존재할 경우 스탈린주
의 체제의 불가피한 위기를 통해 소련은 소생할 수 있을 것이다. 이것이 우
리의 기본 노선이다.

크렘린 궁의 대외정책은 매일 세계 노동계급에게 타격을 가하고 있다.
대중으로부터 분리된 채 스탈린의 외교 하수인들은 모든 나라 노동자들의
가장 초보적인 혁명 본능을 짓밟고 있으며 무엇보다 소련 자체에 가장 큰
해악을 미치고 있다. 그러나 이것은 우리가 익히 예상한 바다. 관료집단의
대외정책은 국내정책을 보완하고 있다. 우리는 양쪽 모두에 대해서 똑같이
강력히 저항한다. 다만 노동자 국가를 방어하는 관점에서 우리의 투쟁을 수
행한다.

각국에서 부패하고 있는 코민테른의 관료들은 소련에 대해 계속 충성
을 맹세하고 있다. 이 거짓 맹세에 기초하여 투쟁하겠다는 것은 도저히 방
어될 수 없는 어리석은 행위다. 거짓 맹세를 반복하는 자들의 대다수는 확
신 때문이 아니라 자기 밥그릇을 지키기 위해 소련을 '방어한다'고 떠들고
있다. 이들은 노동계급 독재체제를 방어하는 것이 아니라 스탈린주의 관료
집단의 죄악을 은폐하고 있을 뿐이다. 예를 들어 프랑스 공산당의 《인류》 지
를 보라. 위기의 순간에 부패한 코민테른은 독일에서 히틀러에게 전혀 저항
하지 못한 것과 똑같이 소련을 방어하는 데 무기력할 것이다. 그러나 혁명
적 국제주의자들은 다르다. 관료집단에 의해 10년 동안 치욕스럽게 탄압을
당한 이들은 소련을 방어할 것을 노동자들에게 지치지 않고 촉구한다.

말이 아니라 행동을 통해, 새로운 인터내셔널은 자신만이 노동자 국가
를 방어한다는 점을 노동자들에게 증명해 보일 것이다. 바로 이때에 볼셰비
키-레닌주의자들의 지위는 24시간 내에 바뀔 것이다. 새로운 인터내셔널
은 스탈린주의자들에게 공동의 적에 대항하는 공동전선을 제안할 것이다.
그리고 우리의 인터내셔널이 무시할 수 없는 세력일 경우 관료집단은 소련
이 붕괴할 위험한 순간에 이 제안을 무시할 수 없을 것이다. 그 순간, 오랜
세월에 걸쳐 이들이 우리에게 퍼부었던 온갖 거짓말과 비방은 하루아침에

그 정체를 드러낼 것이다.

전쟁이 일어나더라도 스탈린주의 관료집단과의 공동전선은 부르주아 정당들과 사민주의 정당들의 '신성동맹'이 되지는 않을 것이다. 후자는 제국주의자들 사이에서 다툼이 일어나면 인민을 더 잘 속이기 위해 상호비난을 중지한다. 그러나 우리는 그렇지 않다. 전쟁이 일어날 경우 우리는 관료적 중도주의를 비타협적으로 비판할 것이다. 이를 통해 후자는 진정한 혁명전쟁을 수행할 수 없는 자신의 무능력을 은폐할 수 없을 것이다.

소련과 세계 혁명의 문제는 제4인터내셔널이라는 단 하나의 간단한 공식으로 요약될 수 있다.

# 노동자 국가, 테르미도르
# 그리고 보나파르티즘

The Workers'State, Thermidor and Bonapartism    트로츠키★1935년

스탈린주의 관료의 외교정책들은, 일차적으로 외교 그리고 부차적으로 코민테른의 채널을 통해, 국가연합, 현상 유지, 그리고 개량주의자들과 부르주아 민주주의와의 동맹 쪽으로 급선회해왔다. 동시에 국내정책들은 시장과 '부유한 집산 농민들' 쪽으로 선회해왔다. 반대자와 준반대자 그룹들뿐만 아니라 조금이라도 비판적인 인사들에 대한 최근의 대대적인 추방과 숙청은, 스탈린이 오른쪽으로 쉽게 나아갈 수 있게 하는 것을 목표로 하고 있다. 이것은 곧 (쿨락*, 국민당과의 동맹, 앵글로–러시아 위원회 등에 모든 것을 거는) 과거로의, 그러나 훨씬 큰 규모에서 그리고 헤아릴 수 없이 더 부담스러운 조건하에 있는, 복귀다. 이 과정은 어디로 귀결되는가? '테르미도르'라는 말이 많은 사람들의 입에 오르내리고 있다. 불행하게도, 이 단어는 사용되자마자 참신함을 잃었다. 그것은 자신의 구체적인 내용을 잃었고, 스탈린 관료가 어느 국면을 지나고 있는지, 어떤 재앙이 준비되고 있는지를 충분히 설명하지 못한다. 우리는 무엇보다도 먼저 우리의 용어를 정립해야만 한다.

'테르미도르'에 관한 문제는 소련 좌익반대파의 역사와 깊이 관련되어 있다. 누가 처음으로 테르미도르라는 역사적 비유를 사용했는지 밝히는 것은 쉬운 일이 아니다. 어쨌든 이 문제에 대한 1926년의 입장들은 다음과 같

---

* 큰 농장과 많은 가축, 재정적인 능력을 갖고 있던 부유한 농민.

다. '민주주의적 중앙주의' 그룹(스탈린에 의한 유배 중 박해를 받아 죽은 스미르노프, 사프로노프, 그리고 다른 이들)은 '테르미도르는 이미 실현된 사실!'이라고 선언했다. 한편 좌익반대파 강령 고수자들인, 볼셰비키-레닌주의자들은 이러한 주장에 분명하게 반대했다. 그리고 이 주제와 관련하여 분리가 있었다. 어느 쪽이 올바른 것으로 판명되었는가? 이 문제에 답하기 위하여, 우리는 각각의 그룹이 (역사적인 비유이기에 여러 가지 함의를 지닐 수 있고, 그래서 의미가 쉽게 훼손될 수도 있는) '테르미도르'를 어떻게 이해하고 있었는가에 관하여 상세히 밝혀야만 한다.

구 볼셰비키 학교의 가장 총명한 대표자 중 하나였던 스미르노프를 중심으로 하는 '민주주의적 중앙주의' 그룹의 입장은 다음과 같았다. '산업화의 지연, 쿨락과 새로운 부르주아지인 네프맨의 성장, 그들과 관료와의 결합, 그리고 최종적으로 당의 퇴행이 새로운 혁명 없이는 사회주의의 길로의 복귀가 불가능할 정도로까지 진행되었다. 프롤레타리아트는 이미 권력을 상실했다. 좌익반대파를 분쇄함으로써, 관료는 다시 살아나고 있던 부르주아 정권의 이해들을 표현하기 시작했다. 10월 혁명의 근본적 성취들은 청산되었다.'

한편, 좌익반대파의 입장은 다음과 같았다. '비록 이중권력의 요소들이 의심의 여지 없이 나라 안에서 성장하기 시작했음에도 불구하고, 이들 요소들로부터 부르주아 헤게모니로의 이행은 반혁명적 전복이 없이는 발생할 수 없다. 관료가 이미 네프맨, 쿨락과 연결되어 있었으나, 관료의 주요한 뿌리들은 여전히 노동자계급 속으로 뻗어 있다. 좌익반대파에 맞선 투쟁에서 관료는 의심의 여지 없이 네프맨과 쿨락이라는 무거운 꼬리를 자신의 뒤에 달고 있었다. 그러나 바로 다음에 이 꼬리는 머리, 다시 말하면 지배 관료를 강타할 것이다. 관료 대오의 내부의 새로운 분열은 필연적이다. 반혁명적 전복의 직접적 위험에 직면하여 중앙파 관료의 기본적인 핵심 부위는 성장하는 지방 부르주아지에 대항하기 위해 노동자들에게 의지하게 될 것이다. 싸움의 결과는 아직 결정되지 않았다. 10월 혁명을 매장하기에는 너무 이르다. 좌익반대파의 붕괴가 '테르미도르'를 촉진할 것이다. 그러나 '테르미도르'는 아직 발생하지 않았다.'

이후 사태 전개를 통해 명백하게 드러난 볼셰비키-레닌주의자들의 입장의 올바름을 확인하기 위해, 1926~7년 논쟁의 요지를 검토해볼 필요가 있다. 1927년 초, 쿨락들이 자신들이 관리하고 있던 빵 공급을 거부함으로써 관료에게 타격을 가했다. 1928년 관료집단 내에서 분열이 발생했다. 우익은 쿨락에게 더 양보하자는 입장이었다. 과거 우익들과 함께 자신들이 분쇄했던 좌익반대파의 사상으로 무장한 중앙파들은, 노동자들의 지지를 받아 우익을 패배시키고 산업화, 이어서 집산화의 길을 택했다. 일어나지 않았어도 됐을 수많은 희생들을 대가로 하여 10월 혁명의 기본적인 사회적 성과들은 결국 지켜지게 되었다.

볼셰비키-레닌주의자들의 예측이 완벽하게—보다 정확하게 말하자면, 가장 최선의 결과로—입증되었다. 이 점에 관하여 오늘날 어떠한 논쟁도 있을 수 없다. 생산력의 발전이 사적소유의 복구에 의해서가 아니라, 사회화와 계획경제에 의하여 진행되었다.

## 테르미도르의 실제 의미

그럼에도 불구하고 지금 우리는 테르미도르의 비유가, 문제를 명확하게 하기보다는 불분명하게 했다는 것에 동의할 수 있고, 동의할 수밖에 없다. 1794년 테르미도르는 국민공회(the Convention)의 특정 그룹들로부터 다른 그룹들로의 권력 이동, 즉 승리한 '민중'의 한 영역으로부터 다른 계층으로의 권력 이동을 만들어냈다. 그 테르미도르는 반혁명적이었던가? 이 질문에 대한 대답은, 그 상황과 관련해서 '반혁명'이라는 개념을 얼마나 넓게 해석하는가에 달려 있다. 1789년부터 1793년까지의 전복은 부르주아적이었다. 본질적으로 이 전복은 기존의 봉건적 소유를 '자유로운' 부르주아의 소유로 대체하는 것이었다. 이 혁명에 '대응하는' 반혁명은 봉건적 소유를 재건하는 것이어야 했다. 그러나 테르미도르는 그러한 어떠한 시도도 하지 않았다. 로베스피에르는 숙련공(artisan)들에게서 지지를 얻고자 했고, 총재정부는 부르주아지의 지지를 획득하고자 했다. 보나파르트는 은행들과 동맹을 맺었다. 그러나 정치적일 뿐만 아니라 사회적이기도 한 이러한 모든 이동들은 새로운 부르주아 사회와 국가의 기초 위에서 발생했다.

반동으로 가는 길에서 다음의 중요한 단계인 보나파르트의 브뤼메르 18일이 동일한 정도로 중요하다. 두 가지 경우 모두에서, 문제는 과거의 소유양식이나 과거 지배계층의 권력 복원이 아니라, 승리한 '제3계급'의 서로 다른 부위들 사이에서 새로운 사회 정권의 성과를 나누는 것이었다. 부르주아지는 점점 더 많은 재산과 권력을 전유했으나 (직접적으로 그리고 즉각적으로 또는 보나파르트와 같은 특별한 대리인들을 통해서) 혁명의 사회적 성과들에 대항해서는 어떠한 시도도 하지 않았다. 그리고 간절하게 혁명의 사회적 성과들을 강화하고 조직하고 안정시키려고 노력했다. 나폴레옹은 '하층계급'과 몰수당한 재산소유자들에 맞서 농민의 것을 포함하여 부르주아적 소유를 보호했다. 봉건적 유럽은 나폴레옹을 혁명의 살아있는 화신으로 증오했으며, 그들 입장에서 그것은 온당한 태도였다.

오늘날의 소련이 1917년에 레닌이 묘사했던 소비에트 공화국(상비 관료와 상비군이 없으며, 모든 선출된 관리에 대한 항시적 소환권, 그리고 '그 개인이 누구이건 간에' 대중에 의한 적극적인 통제 등이 있는)과의 유사성을 거의 가지고 있지 않다는 것은 의심할 여지가 없다. 국가에 대한 관료의 지배, 그리고 관료에 대한 스탈린의 지배가 거의 완벽하게 이루어졌다. 그러나 이것으로부터 어떤 결론이 도출되는가? 프롤레타리아 혁명으로부터 출현한 실제 국가가 기존의 이상적 기준에 미치지 못한다는 이유로 그것으로부터 등을 돌려버리는 사람들이 있다. 이것은 평화민주주의자들, 자유주의자(Libertarian), 무정부직 조합주의자 그리고 일반적인 소부르주아 지식인들의 극좌 서클들에서 공통적으로 나타나는 정치적 속물 근성이다. 한편, 이 국가가 프롤레타리아트 혁명으로부터 등장했기 때문에, 그것에 대한 모든 비판은 신성모독이고 반혁명이라고 말하는 사람들도 있다. 이것은 바로 그 소부르주아 지식인이나 노동자 국가 관료 특정 그룹의 물질적 이해관계를 감춘 위선적 주장이다. 이들 두 종류, 즉 정치적 속물과 정치적 위선자는 개인적 환경에 따라서 얼마든지 서로 바뀔 수 있다. 이들 두 종류의 인간들은 그냥 그렇게 살라고 내버려두자.

어떤 마르크스주의자는 현재의 소련이 분명 소비에트 국가의 기본적인 규범에 가깝지 않다고 말할 것이다. '그러나 강령적 규범을 만들어낼 때 예상하지 못한 것들을 찾아보자. 나아가 어떤 사회적 요소들이 노동자 국가를 왜곡했는지를 분석해보자. 이들 왜곡이 국가의 경제적인 기초로까지 확대되었는지, 다시 말해서 프롤레타리아 혁명의 기본적인 사회적 성과들이 보존되어 있는지 검토해보자. 만약 그러하다면, 그것들이 어떤 방향으로 변화하고 있는지 살펴보자. 그리고 발전의 영역에서 반동에 대해 진보적 경향의 우수성을 입증하는 요소들이 소련에 그리고 세계적 영역에 있는지 찾아보자.' 이런 접근은 복잡하다. 이것은 노력 없이 얻어지지 않는다. 그러나 대신 이것은, 속물과 위선이라는 두 질병으로부터 우리를 보호할 수 있고, 소련의 미래에 적극적인 영향을 미칠 가능성을 우리에게 제공할 것이다.

1926년 '민주주의적 중앙주의' 그룹이 노동자 국가가 청산되었다고 말한 선언은, 혁명이 아직 살아있는 동안에 혁명을 매장하는 것이었다. 이것과 대조적으로, 좌익반대파는 소비에트 정권 개혁을 위한 강령을 제출했다. 스탈린주의 관료는 특권화된 계층인 자신을 보호하고 강화하기 위하여 좌익반대파를 분쇄했다. 그러나 자기 지위를 지키기 위한 투쟁 과정에서, 스탈린주의 관료는 소비에트 국가의 사회적 기초를 지켜낼 수 있는 모든 방책들은 오직 좌익반대파로부터 취할 수밖에 없다는 것을 발견했다. 이것은 너무나도 소중한 정치적 교훈이다! 이것은 후진적인 농민, 지친 프롤레타리아, 서구로부터의 결정적인 지원의 부족이라는 특수한 역사적 조건이, 보수적인 관료에 의한 프롤레타리아 전위에 대한 억압과 혁명적 국제주의의 분쇄라는 혁명의 '두 번째 장'으로 어떻게 나아가게 하는지를 보여준다. 그러나 바로 이 똑같은 예가 '두 번째 장'의 승자들이 '첫 번째 장'의 혁명가들을 짓밟았을 때조차도, 어떻게 올바른 정치적 노선이 마르크스주의 조직으로 하여금 발전의 결실을 맺을 수 있도록 하는가를 보여주기도 한다.

살아있는 발전의 과정들을 이미 만들어진 규범들에 기계적으로 꿰어맞추는 천박한 이상주의는 쉽사리 사람들을 의기소침하게 만든다. 모든 존재를 발전 과정과 내부 모순의 투쟁 속에서 바라볼 것을 우리에게 가르치는 변증법적 유물론만이, 사상과 실천에 필요한 안정성을 부여할 수 있다.

## 프롤레타리아트 독재와 관료의 독재

과거 몇몇 저작들을 통해, 우리는 생산수단의 국유화로 인한 경제적 성공에도 불구하고 생활 여건의 불평등과 관료의 특권들의 존재로 알 수 있는 것처럼 소비에트 사회가 완벽하게 모순적인 이행기적 성격을 보존하고 있으며, 여전히 미래의 공산주의보다는 자본주의 정권에 훨씬 가까이 서 있다는 사실을 지적했다.

동시에 우리는 거대한 관료적 퇴행에도 불구하고, 그것이 국유화된 생산수단의 기초 위에서 경제와 문화의 발전을 담보하고 바로 이것에 의해서 관료와 사회적 불평등을 철폐하여 노동자들의 진정한 해방으로 나아갈 조건을 준비하고 있는 한 소비에트 국가는 여전히 노동계급의 역사적 기구로 남아 있다는 사실 또한 입증했다.

이 두 가지 근본적인 명제들에 관하여 깊이 생각해보지 않았거나 이 명제들을 받아들이지 않는 사람들은 누구나, 그리고 1923년부터의 소련 문제에 대한 볼셰비키-레닌주의자들의 저작들을 공부하지 않았던 사람들은 누구나, 새로운 사건을 만날 때마다 나아갈 방향을 잃어버리거나 비탄에 빠져 마르크스주의적 분석을 포기하게 될 위험이 있다.

소비에트(보다 정확히 말해 反소비에트) 관료주의는 도시와 지방, 프롤레타리아트와 농민(이들 두 종류의 모순은 똑같지 않다), 전국에 걸친 공화국과 지역들, 농민의 서로 다른 그룹들, 노동계급의 서로 다른 층들, 소비자의 서로 다른 그룹들, 그리고 최종적으로 소비에트 국가 전체와 그것을 둘러싸고 있는 자본주의 환경 사이의 모순으로 인한 산물이다. 모든 관계들이 화폐적 계산의 언어로 번역되는 오늘날, 경제적 모순들이 무엇보다도 날카롭게 부각된다.

관료는 노동대중 위에 군림하면서 이러한 모순들을 규제하고 있다. 관료는 자신의 지배를 강화하기 위하여 이러한 기능을 사용한다. 통제받지 않고 어떠한 항의에도 맞닥뜨리지 않는 무소불위의 지배를 통해서 관료는 새로운 모순들을 축적하고 있다. 새로운 모순들을 축적하면서 관료적 절대주의 정권을 만들어낸다.

관료 내부에 있는 모순들은 주요 직위에 앉힐 사람을 아주 조심스럽게 선택하게 만들었다. 특권층의 위계질서를 잡아야 할 필요성은 일인 지배와 무오류의 지도자라는 우상숭배의 원인이 되었다. 하나의 그리고 똑같은 시스템이 공장, 콜호즈*, 대학 그리고 정부에 만연해 있다. 즉 지도자는 자신

---

* 집단생산농장. 생산수단을 공유하고, 공동노동에 의한 생산을 했다.

에게 충성하는 부대의 꼭대기에 서 있고, 나머지는 지도자를 따른다. 스탈린은 결코 그의 성격상 대중의 지도자가 아니었으며 될 수도 없었다. 단지 그는 그 관료 '지도자들'의 지도자였으며, 그들의 완성이고, 화신이었다.

경제적 임무들이 더욱 복잡해질수록, 사람들의 요구와 이해관계가 커질수록, 관료 정권과 사회주의적 발전의 요구들 사이의 모순이 더욱더 날카로워지고 관료는 자신의 지위를 유지하기 위하여 더욱더 거칠게 투쟁하며 더욱더 냉소적으로 폭력과 사기, 뇌물에 의존하게 된다.

경제와 문화의 성장에도 불구하고 지속되는 정치권력의 악화, 이 슬픈 사실은 오로지 이것을 통해서만 설명된다. 즉 억압, 박해 그리고 탄압은 오늘날 큰 틀에서 국가의 방어에 복무하는 것이 아니라 관료의 지배와 특권의 방어에 복무한다. 이것이 또한 억압을 위장하기 위해 사기와 기타 방법에 점점 더 의존하게 만드는 원인이다.

그래서 도덕주의자, 이상주의자 그리고 '혁명적' 속물들은 분개해서 "도대체 이런 국가가 노동자 국가라고 불릴 수 있는가?"라고 말한다. 약간 더 주의 깊은 사람들은 다음과 같이 표현한다. "아마도 이것은 노동자 국가일 것이다. 하지만 최종적으로 분석해보면, 프롤레타리아트 독재의 흔적이 점점 사라져가고 있다. 이것은 관료의 독재하에 있는 퇴보한 노동자 국가다."

우리에게는 이 논쟁을 다시 시작할 이유가 없다. 이것과 관련되어 이야기되었던 모든 것들은 우리 경향의 저작들과 공식 문서들에서 논의되었다. 누구도 이 가장 중요한 문제에 관한 볼셰비키-레닌주의의 입장에 대하여 논박하거나 수정하거나 보충하려고 하지 않았다.

우리는 관료의 분파적 독재가 프롤레타리아트의 독재로 불릴 수 있는가 여부에 우리의 논의를 엄격하게 제한할 것이다.

독재라는 용어가 종종 제한적인 정치적 의미에서 사용되기도 하고, 보다 심오한 사회학적 의미로 사용되기도 한다는 사실로부터 용어상의 어려움이 발생한다. 우리는 '무솔리니의 독재'에 관하여 말하는 동시에, 파시즘은 금융자본의 기구일 뿐이라고 선언하기도 한다. 무엇이 올바른가? 둘 다 맞지만, 서로 다른 측면에서 그렇다. 모든 집행 권력이 무솔리니의 손아귀에 집중되어 있다는 것에 대해서는 논란의 여지가 없다. 그러나 국가 활동의 실질적 내용 전체가 금융자본의 이해관계에 따라 이루어지고 있다는 것도 사실이다. 한 계급의 사회적 지배(그 계급의 독재)는 극도로 다양한 정치적 형식을 통해 실현된다. 이것은 중세부터 현재에 이르기까지의 부르주아지의 전체 역사에 의해 증명된다.

소련의 경험은 바로 그 사회 법칙을—모든 필연적인 변화들과 함께—프롤레타리아트 독재로까지 확장하게 한다. 권력의 장악과 사회주의 사회에서 노동자 국가의 소멸 사이의 시기에, 프롤레타리아 지배의 형식과 수단들은 내외부적인 계급투쟁의 경로에 따라서 뚜렷하게 바뀔 수 있다.

그래서 지금의 스탈린 지배는 혁명 초기의 소비에트 지배와는 전혀 다르다. 한 정권의 다른 정권으로의 대체는 한 번의 타격이 아니라, 일련의 수단들을 통해서, 프롤레타리아트 전위에 대항하여 관료에 의해 수행되는 일련의 소규모 내전들을 통해서 발생한다. 최종적인 역사적 분석에 따르면, 소비에트 민주주의는 사회적 모순들의 압력에 의해 폭발했다. 사회적 모순들을 활용하여, 관료는 대중조직들의 손에 있던 권력을 찬탈했다. 이런 의미에서 우리는 관료의 독재와 스탈린 일인 독재에 대해 설명할 수 있다. 그러나 이 권력은 오로지 관료 독재의 사회적 내용이 프롤레타리아 혁명에 의해 창출된 생산관계에 의해 결정되기 때문에 가능했고, 스스로를 유지할 수 있다. 이런 의미에서 우리는 프롤레타리아트 독재는 관료 독재라는 형태로, 즉 왜곡되었지만 의심할 여지도 없는 형태로 실현되었다고 분명히 말할 수 있다.

러시아와 국제 반대파의 내부 논쟁에서, 우리는 노동자 국가의 사회적 기초를 흔드는 부르주아 반혁명의 첫 번째 국면을 테르미도르라고 가정적으로 이해했다. 우리가 보아왔던 것과 같이, 논쟁의 내용이 과거의 논쟁에 의해 교란되지는 않았다(멘셰비키 또한 테르미도르 반동에 관해 말한다. 그들이 이 말을 어떤 의미로 사용하는지 아는 것은 불가능하다. 그들의 집권은 프롤레타리아의 반대에 직면해야 했다. 심지어 지금, 멘셰비키의 견해에 따르면 소비에트는 노동자 국가가 아니다(이것이 무엇을 의미하는지는 미스터리다). 과거에 그들은 자본주의로의 복귀를 요구했다. 오늘은 '민주주의'를 요구한다. 만약 그들 자신이 테르미도르 반동의 대표자가 아니라면, 도대체 그들의 '테르미도르'란 무엇을 말하는 것일까? 자명하게 이것은 단지 유행하는 문학적 수사에 불과한 것이다). 그럼에도 불구하고 이 역사적 비유는 순전히 가정에 의한 것이며, 실제적 성격을 가지지 않은 것이 되었다. 그리고 이 가정적 성격으로 인해 그 용어는 점점 더 소비에트 국가의 최근의 진화에 대한 분석의 필요성과 충돌하게 되었다. 우리는 종종 국민투표나 스탈린의 보나파르트 정권에 관하여 이야기해왔다. 그러나 프랑스에서 보나파르티즘은 테르미도르 뒤에 왔다. 만약 우리가 역사적 유추의 틀 내에 머무르기를 원한다면, 우리는 다음의 질문을 해야만 한다. 소비에트 '테르미도르'가 아직 존재하지 않았다면, 어디서 보나파르티즘이 생겨난 것인가? 우리의 과거 평가에 본질적인 수정을 가하지 않는다면—그렇게 할 이유가 없다—우리는 역사적 비유를 근본적으로 수정해야만 한다. 이렇게 해야 특정한 과거 사실들을 보다 세밀하게 관찰할 수 있고, 새로운 사건들을 더 잘 이해할 수 있다.

제9테르미도르의 전복은 부르주아 혁명의 기본적인 성과들을 청산하지 않았으나, 그것은 보다 온순하고 보수적인 자코뱅들, 부르주아 사회의 보다 부유한 부류들에게 권력을 이전시켰다. 훨씬 느린 템포와 위장된 형식이기는 하지만, 테르미도르와 전체적으로 유사한 우익으로의 이동이 소비에트 혁명에서도 또한 오래전에 발생했었다는 것을 간과하는 것은 불가능하다. 좌익에 대항한 소비에트 관료의 음모는, 즉흥적이었던 제9테르미도르보다 훨씬 더 조직적이고 총체적으로 이루어졌기 때문에, 그 초기에 상대적으로 '피를 덜 흘리고' 진행될 수 있었다.

사회적으로 프롤레타리아트는 부르주아지보다 더 균일하다. 그러나 권력 장악에 뒤이어 관료와 그들과 연결된 노동귀족이 형태를 갖추기 시작하는 동안에, 그 자신의 내부에 모든 계층을 포함하고 있다는 것이 분명하게 드러난다. 가장 직접적이고 즉각적인 의미에서, 좌익반대파의 분쇄는 혁명적 전위에게서 관료와 노동계급 상층부의 보다 보수적인 인자들의 수중으로 권력이 옮겨진 것을 의미했다. 1924년, 그해가 소비에트 테르미도르가 시작된 해였다.

물론 여기에서 문제가 되는 것은 역사적 동일성이 아니라, 항상 서로 다른 사회구조와 시대라는 한계를 갖는 역사적 유추의 문제다. 그러나 주어진 유추는 피상적인 것도 아니고 우연적인 것도 아니다. 그 비유는 혁명과 반혁명의 시기를 지배하는 계급투쟁의 극도의 긴장감을 표현한다. 두 경우 모두 관료는 새로운 정권을 위한 승리를 보증했던 인민 민주주의의 결과로 등장했다. 자코뱅 조직은 서서히 교살되었다. 1793년의 혁명가들은 전장에서 죽어갔거나, 외교관과 장군이 되었거나, 탄압의 타격 아래 쓰러졌거나…… 지하로 갔다. 그후 다른 자코뱅들은 성공적으로 나폴레옹의 장관이 되었다. 그들의 대오는 과거 정당들의 배신자들, 구 귀족들, 그리고 아둔한 출세주의자들로 인해 끝없이 늘어났다. 그럼 러시아에서는? 그와 똑같은 퇴행의 그림이, 다만 보다 거대한 규모로 그리고 무르익은 배경 위에서, 130년에서 140년이 지난 후에 재생되고 있다. 소비에트들과 당 조직에 넘치던 활기는 점차적으로 '열정적으로 추앙받는 지도자'에 전적으로 의지하는 당 서기들의 강요로 이행하고 있다.

프랑스에서 테르미도르—보나파르트 정권이 오랫동안 안정될 수 있었던 것은 오로지 봉건주의의 구속으로부터 해방되었던 생산력의 발전 덕분이었다. 행운아들, 약탈자들, 관료의 친척과 동맹자 들은 스스로 부자가 되었다. 환상에서 깨어난 대중들은 의기소침에 빠졌다.

1923년에 시작되었고 소비에트 관료 자신도 예상하지 못했던, 국유화로 인한 생산력의 급증은 관료의 안정에 필요한 경제적 조건을 창출했다. 경제수준의 향상이 활동적이고 능력 있는 조직가들, 행정가들 그리고 기술자들의 에너지를 분출시켰다. 고위 지배계층과 긴밀히 연결되어 있는 특권층이 광범위하게 형성되었다. 하층의 대중은 희망에 의지해 살거나 무관심으로 멀어졌다.

러시아 혁명의 다른 국면들을 18세기의 끄트머리에 발생했던 프랑스에서의 유사한 사건들에 꿰맞추려고 시도하는 것은 낡아빠진 현학일 것이다. 그러나 현재의 소비에트 정치 정권과 제국의 시대를 앞둔 통령 정부 말미의 제1통령 정권과의 유사성으로 인해 한 가지는 글자 그대로 강렬한 인상을 준다. 승리자의 눈부심은 없지만, 적어도 조직된 충성파들의 정권이라는 점에서는 스탈린이 보나파르트 1세를 능가했다. 그러한 권력은 오로지 당과 소비에트들과 노동계급 전체를 교살시킴으로써만 얻어질 수 있었다. 스탈린이 의지하고 있던 관료는 달성된 국내 혁명의 결과들에 물질적으로 얽혀 있으나, 세계 혁명의 발전과는 어떠한 연결점도 가지고 있지 않다. 나폴레옹의 장성들과 장관들이 혁명적 자코뱅과 다른 것 못지않게, 현재 소비에트 관료들의 삶의 방식, 이해관계 그리고 심리 상태는 혁명적 볼셰비키의 그것과 다르다.

소비에트 런던 대사 마이스키는 최근 영국 노동조합의 한 대표에게 '반혁명분자' 지노비예프*주의자들에 대한 스탈린주의 재판이 얼마나 필요하고 정당한 것인가를 설명했다. 이 황당한 일화는—수천 가지 중에 하나일 뿐이지만—우리를 문제의 핵심으로 인도한다. 우리는 지노비예프주의자들이 누구인지 안다. 그들의 실수와 동요가 어찌되었건 간에 한 가지 사실은 분명하다. 그들 또한 '직업적 혁명가'의 대표자들이라는 점이다. 세계 노동운동의 문제들을 그들은 온몸으로 추구했다. 마이스키는 누구인가? 콜차크의 보호하에 있던 트랜스 우랄 백색 정부에 장관으로 들어가기 위하여 우익으로 가면서, 1918년 자신의 당과 결별했던 우익 멘셰비키였다. 콜차크가 절멸된 후에야, 마이스키는 자신의 얼굴을 소비에트 쪽으로 돌릴 때가 되었다고 생각했다. 나도 그랬지만, 레닌은 그런 부류를 경멸한 것은 물론이고 엄청나게 불신했다. 오늘날 대사의 자리에 있는 마이스키는 '지노비예프주의자들'과 '트로츠키주의자들'이 자본주의로 복귀하기 위해 군사적 선동을 하고 있다고 비난한다. 마이스키가 내전이라는 방식으로 우리에 맞서 방어하려 했던 바로 그 자본주의 말이다.

현재 미국의 대사인 트로이야노프스키는 젊은 시절 볼셰비키에 가입했지만 그 직후 당을 떠났고, 전쟁 기간 내내 애국주의자였다. 1917년에는 멘셰비키였다. 10월 혁명 시기에 그는 멘셰비키 중앙위원회의 멤버였고, 그후 수년 동안 프롤레타리아 독재에 대항하여 비합법 투쟁을 했다. 좌익반대파가 분쇄된 후 그는 스탈린주의 당, 보다 정확하게는 외교부에 들어갔다.

파리 대사인 포템킨은 10월 혁명의 기간 동안 부르주아지 역사 교수였다. 승리 이후에 그는 볼셰비키에 가입했다. 구 베를린 대사 킨츄크는 10월 전복의 나날 동안 멘셰비키로서 반혁명적인 조국과 혁명을 구하기 위한 모스크바 위원회에 현재 재정 인민위원이며 우익 사회혁명당원인 그린코와

---

* Grigory Zinovyev, 1883~1936년. 우크라이나 옐리자베트그라드 출생으로 1901년부터 러시아사회민주노동당에 입당해 활동했다. '고참 볼셰비키'로 볼셰비키의 지도적 인물이었고 10월 혁명 당시 중앙위원으로 카메네프와 함께 당내 우파를 형성해 혁명에 반대했다. 1919~26년 코민테른 집행위원장이었고, 1923년부터 스탈린, 카메네프와 함께 '트로이카'를 형성해 반(反)트로츠키 운동을 벌였다. 그러다 1925년 카메네프와 함께 레닌그라드 반대파(당내 좌파)를 이끌고 트로츠키와 함께 통합반대파를 형성해 스탈린에 반대했으나 1927년 당에서 제명되었다. 그후 영향력을 상실하고 복당과 제명을 거듭하다가 1934년 키로프 암살 사건에 연루되어 1936년 처형되었다.

함께 참여했다. 베를린 후임 대사 슈리츠는 소비에트 초대 의장 멘셰비키 츠하이제의 정치비서였다. 그는 승리 후에 볼셰비키에 가입했다. 거의 모든 외교관들이 비슷한 부류들이다. 그리고 오로지 가장 의존적인 사람들만이—특히 베세오프스키, 디미트리에프스키, 아마베코프 등의 경험이 있고 난 후—대사로 지명되고 있다.

얼마 전에 소비에트 금광 산업의 주요한 성공을 알리는 급보가 그 조직자인 엔지니어 세레브로프스키에 대한 언급과 함께 세계 언론에 실렸다. 오늘날 관료 상층부의 공식적인 대변인으로서 듀란티, 루이스 피셔와 성공적으로 경쟁하고 있는 《르땅》의 모스크바 특파원은 세레브로프스키가 1903년 이후로 볼셰비키이며, "친위대"라는 사실을 강조하기 위해서 애썼다. 이것은 세레브로프스키의 당적 카드가 실제로 말하고 있는 것이다. 사실 그는 학생이던 젊은 시절 멘셰비키로서 1905년 혁명에 참여했고, 이후 오랫동안 부르주아지 진영에 있었다. 1917년 2월 혁명기에 두 개의 군수품 공장 정부 감독관의 직함을 가지고 있었으며, 무역국의 멤버였고, 금속 노동조합에 대항하는 투쟁에 적극적으로 참여한 자였다. 1917년 5월에 세레브로프스키는 레닌이 "독일의 첩자!"라고 선언했다. 볼셰비키의 승리 이후, 내가 세레브로프스키와 다른 전문인들(기술 관련 전문가)을 기술적인 업무로 영입하였다. 레닌은 그를 전혀 믿지 않았고, 나 역시 마찬가지였다. 그런데 그 사람이 지금 당 중앙위원회 위원이다!

중앙위원회의 이론적 저널인 《볼셰비키》에 1934년 12월 31일자로 "소련의 금광 산업에 관하여"라는 세레브로프스키가 쓴 글이 실려 있다. 첫 번째 페이지를 보자. "당과 노동계급의 가장 사랑하는 지도자 스탈린 동지의 지도하에", 세 줄 아래 "미국 특파원 듀란티 씨와의 대화에서 스탈린 동지는", 다섯 줄 아래 "스탈린 동지의 간략하고 정확한 답변", 페이지의 가장 아래에 "그것이 스탈린 방식의 금을 위한 투쟁을 의미하는 것이다", 두 번째 페이지 "우리의 위대한 지도자 스탈린 동지가 우리를 가르치는 바와 같이", 네 줄 아래 "그들(볼셰비키들)의 보고에 답하면서 스탈린 동지는 다음과 같이 썼다. '당신들의 성공을 축하한다'", 같은 페이지 더 아래에 "스탈린 동지의 영도에 영감을 받아", 한 줄 아래에 "가장 높은 자리에 있는 스탈린 동지와 함께하는 당", 두 줄 아래에 "우리 당과(!!) 스탈린 동지의 영도" 등. 이

기사의 결론을 보자. 페이지의 중간 정도를 보면, "당과 노동계급의 천재적 지도자 스탈린 동지의 영도", 그리고 세 줄 아래에 "우리의 가장 사랑받는 지도자 스탈린 동지의 말들."

이런 아첨의 홍수 앞에서는 풍자라는 것 자체도 무력하다! 우리는 "사랑받는 지도자들"이 한 페이지에 다섯 번씩이나 자신에 대한 사랑의 선언이 있기를 바란다고 생각하지 않는다. 게다가 그것도 지도자에 대한 축사가 아닌 금광에 관한 기사에서 말이다. 한편 그런 아부로 가득 찬 기사의 저자는 분명히 혁명가의 어떠한 것도 가지고 있지 않을 것이다. 과거 차르 시절엔 대공장의 감독관, 부르주아지 그리고 애국자였고, 혁명기엔 노동자에 맞서 투쟁했으며, 지금은 정권의 보루요, 중앙위원회 위원이며, 100퍼센트 스탈린주의자가 되어 있는 이들이 바로 그런 인물들이다.

또 다른 예. 오늘날 《프라우다》의 중심인물 중 하나인 자스라프스키는 올해 1월에 도스토예프스키의 반혁명적 소설들을 출판하는 것은 "트로츠키, 지노비예프 그리고 카메네프*의 반혁명적 저작들"을 출판하는 것만큼 용인될 수 없는 일이라고 주장했다. 이 자스라프스키는 누구인가? 어렴풋이 떠오르는 과거에는 분트주의자(유대인 분트의 멘셰비키)였고, 이후인 1917년에는 레닌과 트로츠키에 맞서 그들이 독일의 첩자라고 가장 경멸적인 캠페인을 벌였던 자다. 1917년에 씌어진 레닌의 글들에는, 자제된 표현으로, "자스라프스키와 그와 같은 다른 건달들"이라는 구절이 실렸다. 그래서 자스라프스키는 당 문헌에 극단적 타입의 부패한 부르주아 중상가로 들어가게 되었다. 그런 그가 지금은 반혁명분자 트로츠키, 지노비예프 그리고 카메네프로부터 스탈린주의를 사수하고 있다! 소련 내에서뿐만 아니라 국제적으로 스탈린의 언론은 이런 인간들로 채워져 있다.

구 볼셰비키 중핵들은 분쇄당했다. 혁명가들도 분쇄당했다. 혁명가들

---

* Lev Borisovich Kamenev, 1883~1936년. 모스크바 출생이며, 1901년 러시아사회민주노동당에 가입했다. 볼셰비키의 기관지 《프라우다》의 편집자였고 10월 혁명 때 지노비예프와 함께 당내 우파를 결성해 혁명에 반대했다. 1919년에는 모스크바 소비에트 의장으로 선출되면서 당과 정부의 요직을 역임하였다. 1923년 스탈린, 지노비예프와 함께 '트로이카'를 형성해 트로츠키에 반대하다가 이후 통합반대파에 가담했다. 1927년과 1932년 두 차례에 걸쳐 제명되었다가 다시 복권되었으나, 1934년 키로프 암살 사건에 연루되어 있다는 혐의를 받아 처형되었다.

은 유연한 등뼈를 가진 관료들로 대체되었다. 마르크스주의 사상은 공포와
아첨과 음모에 의해 제거되었다. 레닌의 정치국원들 가운데 남아 있는 사람
은 오직 스탈린뿐이다. 정치국원 중 두 명은 정치적으로 파산했고, 머리를
땅에 조아리며 아첨하고 있다(리코프*와 톰스키**). 두 명은 감옥에 있다(지노
비예프와 카메네프). 한 명은 국외로 추방되어 시민권을 빼앗겼다(트로츠키).
크룹스카야***가 말한 것처럼, 레닌은 죽은 덕분에 관료의 억압을 면할 수 있
었다. 감옥에 가둘 기회가 없었던 레닌의 아류들은 그를 화려한 무덤 속에
서 잠자코 있게 했다. 지배계층의 전체 토대가 퇴보했다. 자코뱅이 테르미
도르와 보나파르티스트들에 의해 축출되었던 것처럼, 볼셰비키는 스탈린주
의자들로 대체되었다.

크건 중간이건 작건 간에 보수적이고 결코 청렴하지 않은 마이스키, 세
리브로프스키, 자스라프스키 등의 광대한 계층에게 스탈린은 정의의 심판
관이고, 모든 특혜의 원천이며, 있을 수 있는 반대로부터의 방어자였다. 이
것에 대한 대가로, 관료는 가끔 스탈린에게 전국적인 국민투표에 의한 지지
를 선물한다. 소비에트 대회와 마찬가지로 당 대회들은 단 하나의 기준에
따라서 조직된다. 즉, 스탈린에 찬성하는가 아니면 반대하는가? 오로지 '반
혁명 분자들'만이 반대할 수 있으며, 그들은 그에 상응하는 대가를 치렀다.
이것이 오늘날의 통치 방식, 곧 보나파르트 식의 통치 방식이다. 이것 외에
어떠한 정의도 정치사전에서 아직 발견되지 않는다.

우리는 역사적 유추 없이는 역사로부터 교훈을 얻지 못한다. 그러나 유
추는 구체적이어야만 한다. 우리는 유사성의 모습들 뒤에 있는 비유사성의
모습들을 간과해서는 안 된다. 두 혁명들 모두 봉건주의와 농노제도를 끝장
냈다. 그러나 그들 중 하나는, 극단적 진영의 모습으로, 부르주아 사회의 한
계를 넘어서기 위하여 헛되이 노력할 수 있었을 뿐이다. 다른 하나는 실제

---

* Aleksey Rykov, 1881~1938. 10월 혁명 후 내무 인민위원을 지냈고, 1924년에는 레닌의
뒤를 이어 인민위원회 의장 등 요직을 지냈으나, 스탈린과 대립하여 1938년에 처형당했다.
1956년 복권되었다.
** Mikhail Tomsky, 1880~1936. 1904년 러시아사회민주노동당에 가입. 10월 혁명 후 전
러시아 노동조합중앙회 의장 등을 역임했다. 스탈린의 대숙청 기간에 자살했다.
*** Nadezhda Krupskaya, 1869~1939. 교육학자. 페테르부르크 출생으로『국민 교육과 민
주주의』등을 저술했으며, 시베리아 유형 중이던 1898년에 레닌과 결혼했다.

로 부르주아지를 타도하고 노동자 국가를 건설했다. 유추에 필수적인 물질적 한계를 부여하는 이 근본적인 계급의 차이가 예측을 위한 결정적인 중요성을 가지고 있다.

농노제로부터 농민을 해방하고 그들에게 땅을 제공하는 심원한 민주주의 혁명 이후에, 봉건적 반혁명은 일반적으로 불가능하다. 물론 타도된 군주가 다시 권력을 장악하고, 중세의 낡은 관습을 유지하려 할 수도 있을 것이다. 그러나 봉건주의 경제로 돌아갈 수는 없다. 일단 봉건적 구속으로부터 해방되는 순간, 부르주아적 관계가 자동적으로 성장한다. 그것들은 외부적 힘에 의해 정지될 수 없다. 그것들은 먼저 자기 자신의 매장자를 만들어내면서, 자신의 무덤을 스스로 팔 수밖에 없다.

사회주의적 관계의 발전은 이것과 다르다. 프롤레타리아 혁명은 사적소유의 구속으로부터 생산력을 해방시키는 것뿐만 아니라 스스로가 건설한 국가의 직접적 폐기로 나아간다. 혁명 이후 부르주아 국가가 시장을 그 자신의 법칙에 맡겨두면서 경찰의 역할에 스스로를 제한하는 반면, 노동자 국가는 경제가와 조직가의 직접적인 역할을 떠안는다. 한 정치권력의 다른 것에 의한 대체는 오직 시장경제에 간접적이고 피상적인 영향만을 미칠 뿐이다. 반대로, 부르주아 또는 소부르주아 정부에 의한 노동자 정부의 대체는 필연적으로 계획화 초기단계의 청산, 그리고 이어서 사적소유의 복구로 이어질 것이다. 자본주의와는 다르게 사회주의는 자동적으로 건설되는 것이 아니라, 의식적으로 건설되는 것이다. 사회주의를 향한 진보는 사회주의를 갈망하거나 사회주의를 갈망하도록 강제되는 국가권력과 분리될 수 없다. 사회주의는 그 생산력이 자본주의를 훨씬 추월했거나, 개인과 모두의 욕구가 온전히 충족될 때, 그리고 국가가 사회 속에 해소되면서 완전히 사라지게 되는 그 발전의 매우 높은 단계에서만, 오직 불변의 성격을 가질 수 있다. 그러나 이 모든 것들은 아직 먼 미래다. 사회주의적 건설의 현재 발전 단계는 노동자 국가와 일치되는 정도다. 부르주아('무정부적인')와 사회주의('계획된') 경제 형성의 법칙 사이의 차이에 대하여 충분히 숙고한 후에야 비로소, 프랑스 대혁명의 유추로 이해할 수 있는 한계 너머를 이해할 수 있다.

1917년 10월 민주주의 혁명이 완수되었고 사회주의 혁명이 시작되었다. 세상의 어떠한 세력도 러시아에서의 농경-민주주의 혁명을 뒤로 돌릴 수 없다. 이 지점을 우리는 자코뱅 혁명의 유추를 통해 완벽히 이해할 수 있다. 그러나 콜호즈의 전복은 그것에서 멈추지 않고 생산수단의 국유화 자체를 위협한다. 정치적 반혁명이 일어나 로마노프 왕조로 후퇴한다고 하더라도, 토지의 봉건적 소유를 재건할 수는 없을 것이다. 그러나 멘셰비키와 사회혁명당의 동맹이 권력을 다시 장악한다면, 현재 이루어놓은 사회주의적 건설을 말살시킬 것이다.

두 혁명의 차이 그리고 결과적으로 그들에 '조응하는' 반혁명들 사이의 근본적인 차이는 스탈린 정권의 핵심을 이루는 반동적인 정치적 변화의 의미를 이해하는 데 대단히 중요한 것이다. 농민 혁명은 그에 의존했던 부르주아지와 더불어, 나폴레옹 정권과도 쉽게 평화적 관계를 맺을 수 있었고, 심지어 루이 18세하에서도 유지될 수 있었다. 프롤레타리아 혁명은 이미 지금의 스탈린 정권하에서 치명적인 위험에 노출되어 있다. 지금보다 더 오른쪽으로 나아간다면, 그 혁명은 견딜 수 없을 것이다.

소비에트 관료는—'볼셰비키'의 전통에서 나왔지만 현실에서는 오래 전부터 그 전통과 절연했었던, 그 구성과 정신에 있어서는 소부르주아인—프롤레타리아트와 농민 사이, 노동자 국가와 세계 제국주의 사이의 적대를 통제하도록 소집되었다. 이것이 관료적 중도주의, 그 지그재그 행보들, 그 권력, 그 허약함 그리고 그토록 중요한 세계 프롤레타리아 운동에 대한 그들의 영향력의 사회적 기초다(아직도 텔하이머의 제자로 남아 있는, 독일 사회주의노동자당[SAP]의 지도자들과 브랜들러와 그 추종자는 코민테른의 정책 중 '초좌익' 정책만 본다. 그리고 관료적 중도주의의 의미는 계속 부정한다. 스탈린이 유럽 노동자 운동을 코민테른의 지령으로 개량주의로 진행시키고 있는 '제4기'는 텔하이머와 월처의 무리들의 정치철학이 얼마나 협소하고 기회주의적인지를 보여준다. 이 사람들은 하나의 문제도 그 결론까지 도출해낼 능력이 없는 이들이다. 모든 혁명 정책과 과학적인 분석의 원칙들을 혐오하는 이유는 바로 그것이다). 관료가 점점 더 독립적인 존재가 될수록, 권력이 점점 더 한 사람의 손아귀에 집중될수록, 점점 더 관료적 중도주의는 보나파르티즘으로 바뀌어간다.

너무도 넓게 이해되고 있는 보나파르티즘의 개념은 구체화가 필요하다. 지난 수년 동안 우리는 이 용어를, 프롤레타리아와 파시스트 진영 사이의 적대를 이용하면서 그리고 직접적으로 군-경찰 기구에 의존함으로써

'국가 통합'의 구세주로서 의회와 민주주의 위에 군림하는 자본주의 정부들에 적용했었다. 이 낡은 보나파르티즘과 부르주아 혁명의 정치적 원칙들의 매장자였을 뿐만 아니라 그 사회적 성과들의 방어자이기도 했던 젊고 전진하는 보나파르티즘을 우리는 항상 엄격하게 구분했다. 우리는 이 두 표현들에 같은 이름을 적용하는데 이것은 그들이 같은 자취들을 가지고 있기 때문이다. 잔인한 세월의 자취가 남아 있지만, 80대에게서 그 청춘의 모습을 식별하는 것은 언제나 가능하다.

물론 우리가 말하는 오늘날 크레믈린의 보나파르티즘은 쇠퇴하는 것이 아닌 상승하는 부르주아지의 보나파르티즘이다. 즉 나폴레옹 3세, 더 나아가 슐라이허*나 두메르그**가 아닌, 통령 정부와 제1제국의 보나파르티즘이다. 이러한 유추를 한다고 해서, 스탈린이 나폴레옹 1세와 비슷하다고 생각할 필요는 없다. 사회적 상황이 요구하는 경우 언제든지 보나파르티즘은 대단히 다양한 모습을 띨 수 있다.

우리의 관심사와 관련해서, 자코뱅과 초기 소비에트 보나파르티즘의 사회적 기초의 차이는 훨씬 더 중요하다. 자코뱅의 경우는 자신의 정치적 기구와 원칙의 해체를 통해 부르주아 혁명을 강화하는 것이 문제였다. 소비에트 보나파르티즘의 경우는 자신의 국제 강령, 지도 정당, 소비에트를 파괴하는 것을 통해서 노동자·농민 혁명을 강화하는 것이었다. 테르미도르의 정책들을 더욱더 철저히 수행하면서 나폴레옹은 봉건적 세계에 대항하는 투쟁을 수행했을 뿐만 아니라, '하층계급'과 소부르주아, 중간부르주아의 민주주의적 서클들에 대항하는 투쟁도 수행했다. 이런 방법으로 그는 혁명으로부터 태어난 권력의 열매를 새로운 부르주아 상층계급의 손아귀에 집중시켰다. 한편 스탈린은 봉건적-부르주아적 반혁명에 대항해서만이 아니라, 노동자들의 조바심과 불만 어린 주장들에 대항해서도 10월 혁명의 성과들을 방어한다. 스탈린은 특권이 없는 노동대중들에게 부여된 역사적이고 진보적인 경향을 대표하는 좌익을 분쇄한다. 그는 임금과 특권, 서열 등이 극단적으로 다른 새로운 지배귀족을 창조한다. 최하층에 대항하여 새로운 지배계층의 최상층 부위에서 지지를 구하면서—때로는 그 반대로—스탈린

* Kurt von Schleicher, 1882~1934년. 바이마르 공화국의 장군이자 수상.
** Gaston Doumergue, 1863~1937년. 프랑스 제3공화정의 수상.

은 자기 자신의 손에 권력을 완전히 집중시켰다. 소비에트 보나파르티즘이 아니라면, 이 정권을 다른 무엇으로 부를 수 있겠는가?

보나파르티즘은 본질적으로 오랫동안 유지될 수 없다. 피라미드의 꼭 지점 위에 올려진 공은 반드시 이쪽 또는 저쪽으로 굴러떨어질 수밖에 없다. 그러나 우리가 이미 보았던 것처럼 역사적 유추가 자신의 한계를 드러내는 것이 정확하게 바로 이 지점이다. 물론 나폴레옹의 추락은 계급들 사이의 관계를 손대지 않은 채로 놔두지는 않았다. 그러나 프랑스의 사회적 피라미드는 본질적으로 부르주아적 성격을 계속 유지했다. 스탈린주의 보나파르티즘의 필연적 붕괴는 노동자 국가인 소련의 성격에 대한 문제를 그 즉시 제기할 것이다. 사회주의 경제는 사회주의 권력이 없이는 건설될 수 없다. 사회주의 국가로서의 소련의 운명은 스탈린주의 보나파르티즘을 대체하고 일어서게 될 정권의 성격에 달려 있다. 오로지 다시 자기 주위에 도시와 농촌의 인민들을 결집시킨 프롤레타리아트의 혁명 전위만이 소비에트 시스템을 재생시킬 수 있다.

우리의 분석으로부터 아래에 간략하게 적시하는 몇 가지 결론들이 도출된다.

■ 러시아 대혁명의 테르미도르는 우리 앞에 있는 것이 아니라 이미 훨씬 전에 있었다. 테르미도르들은 대략 10주년째 승리를 기념할 수 있을 것이다.

■ 소련의 현재의 정치적 정권은 통령 정부보다는 제국의 형태에 더 가까운 '소비에트'(또는 反소비에트) 보나파르티즘이다.

■ 그 사회적 기초와 경제적 경향에서, 소련은 노동자 국가로 남아 있다.

■ 보나파르티즘 정치권력과 사회주의적 발전 요구 사이의 모순이 내부적 위기의 가장 중요한 부분이며, 노동자 국가로서의 소련의 존재 자체에 직접적인 위험이 된다.

■ 여전히 낮은 생산력 수준과 자본주의적 환경 때문에, 현재 약화되기도 하고 강화되기도 하는 계급들과 계급모순들은, 세계의 중요한 자본주의 국가들에서 프롤레타리아트의 완전한 승리가 있을 때까지 불확정적으로 긴 기간 동안 소련 내에 여전히 존재하게 될 것이다.

■ 프롤레타리아 독재의 존재는 또한 미래 소련의 경제와 문화의 발전을

위한 필요조건으로 남아 있다. 따라서 독재의 보나파르트적 퇴행은 모든 프롤레타리아트의 사회적 성과들에 대한 직접적이고 즉각적인 위협을 의미한다.

■ 공산당 청년 대오 내의 테러주의적 경향들은 보나파르티즘이 자신의 정치적 가능성을 모두 소진했으며 자신의 존재를 위한 가장 무자비한 투쟁의 시기에 들어섰다는 사실을 보여주는 가장 유독한 증상들 중의 하나다.

■ 오로지 프롤레타리아 전위의 의식적 실천으로 보나파르티즘을 제거하는 경우에만, 스탈린주의 정치권력의 필연적 붕괴는 소비에트 민주주의의 확립으로 귀결될 것이다. 다른 모든 경우, 파시스트—자본주의 반혁명이 스탈린 정권의 자리를 대신하게 될 것이다.

■ 어떠한 명분이 있건 간에, 개인적 테러리즘의 전술은 특정 상황에서는 프롤레타리아의 최악의 적들의 이익에 복무할 뿐이다.

■ 공산당 청년 대오 내에 테러주의가 나타나게 된 정치적·도덕적 책임은 당의 매장자인 스탈린에게 있다.

■ 보나파르티즘에 맞서는 투쟁에서 소련의 프롤레타리아 전위를 약화시키는 가장 중요한 원인은 세계 프롤레타리아트의 계속되는 패배다.

■ 세계 프롤레타리아트 패배의 가장 중요한 원인은, 스탈린 보나파르티즘의 맹목적 추종자이며 동시에 개량주의 관료들의 최고의 동맹자이면서 방어자인, 코민테른의 범죄적 정책들이다.

■ 국제적 차원에서의 성공을 위한 첫 번째 조건은 사기를 저하시키는 소비에트 보나파르티즘으로부터, 즉 코민테른의 타락한 관료의 영향으로부터, 국제 프롤레타리아 전위를 해방시키는 것이다.

■ 사회주의 국가인 소련을 구원하기 위한 투쟁은, 제4인터내셔널을 위한 투쟁과 완전히 일치한다.

## 후기

우리의 반대자들은—그리고 그들은 환영하고 있다—우리의 '자기비판'을 이용할 것이다. 그래서! '너희들은 테르미도르라는 근본적인 문제에서 입장을 바꾸었다'고 그들은 소리지를 것이다. '지금까지 너희들은 테르미도르의 위험성에 대해서만 말했다. 이제 너희들은 갑자기 테르미도르는 이미 뒤쪽에 있다고 선언한다.' 스탈린주의자들은 아마도 이렇게 말할 것이다. 그리고 그들은 덤으로 우리가 군사적 개입을 더 쉽게 유발하기 위하여 우리의 입장을 바꾸었다고 덧붙일 것이다. 한편으로 브랜들러와 러브스톤 도당들과 다른 한편으로 '극좌'의 아는 체하는 자들은 똑같은 음조로 말할 것이다. 그들은 테르미도르에 대한 비유에서 무엇이 잘못이었는가를 우리에게 결코 지적하지 못했다. 다만 그들은 우리가 우리 스스로 오류를 드러냈다고 목청껏 소리지를 뿐이다.

우리는 소련에 대한 우리의 일반적인 평가에서 이 오류의 입장을 위에서 밝혔다. 그것은 여러 개의 공식 문서들에서 공식화되었던 것처럼, 우리의 원칙적 입장 변화의 문제가 아니라, 단지 그것을 보다 정확하게 하는 문제다. 우리의 '자기비판'은 소련의 계급적 성격에 대한 분석이나 소련 퇴보의 원인과 조건들을 향한 것이 아니라, 단지 잘 알려진 프랑스 대혁명의 단계들에 대한 유추를 분명하게 하여 이들 과정들을 역사적으로 규명하기 위한 것이다. 비록 중요한 것이더라도, 오류의 교정은 볼셰비키-레닌주의자들의 기본적 입장을 확고하게 할 뿐만 아니라, 보다 정확하고 현실성 있는 유추를 통해 그 입장을 보다 정확하고 구체적으로 만든다. 토론 중에, 바로 그 정치적 퇴보 과정을 훨씬 더 명확하게 이해하게 되었기 때문에 오류를 발견할 수 있었다는 사실 또한 언급되어야 할 것이다.

우리 그룹은 무오류성을 결코 주장하지 않았다. 우리는 스탈린주의 고위 성직자들처럼 이미 만들어진 진실들을 섬기지 않는다. 현실에 비추어 우리의 결론을 학습하고, 토론하고, 검토하며, 실수들을 공개적으로 인정하고 정정한다. 그리고 우리는 전진한다. 과학적 의식성과 개인적 엄격함이 마르크스주의와 레닌주의의 최고의 전통이다. 우리는 우리 역시 그렇게 되기를 바란다.

# 노동자 국가도 아니고, 부르주아 국가도 아니라고?*

Not a Worker's and Not a Bourgeois State?

트로츠키★1937년

## 정치적 형식과 사회적 내용

버넘 동지와 카터 동지**는 소비에트 국가의 계급적 성격에 관하여 새로운 문제를 제기했다. 내 의견으로는 그들의 판단은 완전한 오류다. 그러나 이 동지들이 극좌파들이 하는 것처럼 과학적 분석을 비명 지르기로 대체하려 하지 않는 한, 우리는 버넘, 카터와 함께 이 예외적으로 중요한 문제에 관하여 진중하게 토론해야 하고, 또 할 수 있어야 한다.

버넘과 카터는 소련과 현 부르주아 국가의 중요한 차이가 소유양식 변화의 결과로서 생산력의 강력한 발전에 있다는 점을 잊지 않고 있다. 그들

---

* 이 글은 1937년 12월에 간행된 미국사회주의노동자당의 《내부회보》 3호에 트로츠키가 기고한 글이다. 1937년 11월 《내부회보》 2호에는 총회준비위원회의 소련에 대한 결의안 초안과 이 글에서 트로츠키가 분석하고 있는 버넘과 카터의 더 긴 수정안이 실렸다.

** 제임스 버넘과 조셉 카터는 (나중에 미국사회주의노동자당이 된) 사회당 좌파인 볼셰비키−레닌주의자 분파의 지도자였다. 총회 예비토론에서 그들은 소련이 노동자 국가라는 당의 기존 성격 규정을 바꾸려 했지만, 제국주의 공격에 맞서서 소련 방어를 지속해야 한다고 주장했다. 더불어 볼셰비키 조직의 중앙주의에 대한 우려를 표현하기 시작했다. 미국사회주의노동자당(SWP) 총회에서 69명이 다수파 결의안을 지지했고, 소련에 대한 그들의 결의안은 3표를 획득했다. 다수파가 자신의 결의안에 소수파의 수정에 동의하자, 조직에 대한 버넘과 카터의 결의안은 철회되었다. 색트먼과 에이번이 가세한 1940년, 버넘과 카터는 소련의 계급적 성격에 대한 의견 차이를 이유로 하여 SWP와 단절했다. 버넘은 이후 색트먼의 노동자당을 떠났고 이후 매카시즘과 극우 운동의 선전가이자 우익 《내셔널리뷰》의 편집자가 되었다.

은 더 나아가 '10월 혁명으로 확립된 경제구조가 기본적으로 변화하지 않은 채 남아 있다'는 것에 동의한다. 그들은 이 사실로부터 제국주의 공격으로 부터 소련을 방어하는 것은 소비에트와 세계 프롤레타리아트의 임무라고 추론한다. 이 측면에서 우리는 버넘과 카터의 의견에 완벽히 동의한다. 그러나 우리가 이 문제에 동의한다 할지라도, 논점이 사라지는 것은 결코 아니다. 버넘과 카터는 극좌주의자들과 연대하고 있지는 않지만, 소련이 '마르크스주의에 입각한 전통적(?) 의미에서' 노동자 국가이기를 멈추었다고 생각한다. 그러나 '경제구조가…… 여전히 기본적으로 변화하지 않은 채 남아 있기 때문에' 소련이 부르주아 국가가 된 것은 아니다. 동시에 버넘과 카터는—그리고 이것 때문에 그들을 축하해야 할 텐데—관료가 독립적 계급이라는 것을 부인한다. 결론적으로 이 모순되는 주장들의 결과는, 스탈린주의자들이 주장하는 바로 그것처럼, 소비에트 국가는 계급지배의 기관이 아니라는 것이다. 그럼 그건 뭔가?

그래서 우리는 국가에 대한 계급 이론을 수정하는 새로운 입장을 만나게 된다. 두 말 할 것도 없이 우리는 물신숭배주의자가 아니다. 새로운 역사적 사실들이 이론의 수정을 요구하면, 우리는 그렇게 하는 것을 주저하지 않을 것이다. 그러나 과거 수정주의자들의 유감스러운 경험은 우리에게 유익한 교훈을 준다. 우리는 새로운 이론을 정식화하기 전에, 옛 이론과 새로운 사실들을 열 배는 더 숙고해야 한다.

버넘과 카터는 무심코, 주객관적 조건으로 인해 프롤레타리아트의 지배는 '여러 가지 다른 정부 형태로 표현될 수 있다'고 말한다. 분명하게 하기 위해 우리는 다음의 것들을 추가할 것이다: '소비에트 내부에서 다른 정당들 간의 공개된 투쟁을 통해서건, 한 정당의 독점을 통해서건, 또는 한 사람의 손아귀로 집중된 권력을 통해서건.' 물론 개인 독재는 정권에 대한 가장 커다란 위험이다. 그러나 동시에 특정 조건에서는 그것이 정권 유지의 유일한 수단이다. 결론적으로 국가의 계급적 성격은 그것의 정치적 형태뿐만 아니라 사회적 내용, 즉 그 국가가 보호하고 방어하는 소유양식과 생산관계의 성격에 의해 결정된다.

원칙적으로 버넘과 카터는 이것을 부인하지 않는다. 그럼에도 불구하고 그들이 소련을 노동자 국가로 보지 않는다면, 그것은 경제적이고 정치적인 두 가지 이유 때문이다. "지난 몇 년 동안 명백하게 관료는 계획화되고 국유화된 경제의 파괴의 길로 들어섰다"고 그들은 썼다. (단지 그 "길로 들어섰"을 뿐인가?) 더 나아가, 발전 경로가 "국유화 경제의 이해/요구와 점점 더 깊은 갈등으로 관료를 이끌고 있다"고 한다. (단지 "관료를 이끌고 있"을 뿐인가?) 관료와 경제 사이의 모순은 이전에 발견되었으나, 과거 "관료의 행동은 적극적으로 계획경제를 사보타지 하고 국가독점을 붕괴시키고 있다." (단지 "붕괴시키고 있"는가? 그래서 아직 붕괴되지는 않았는가?)

위에서 언급하였듯이, 두 번째 내용은 정치적 성격을 가지고 있다. "근본적으로 프롤레타리아트 독재 개념은 경제적인 범주가 아니라 주로 정치적 범주다. …… 프롤레타리아트 계급지배의 모든 형식, 조직, 기관 들이 이제는 파괴되었고, 이것은 프롤레타리아트 계급지배가 이제 파괴되었음을 의미한다." 프롤레타리아트 정권의 "서로 다른 형태들"에 관하여 들은 후라면, 그 자신에 의해 채택된 두 번째 내용은 예상 외의 것으로 보이게 된다. 물론 프롤레타리아트 독재는 단지 "주로" 정치적 범주인 것이 아니라 온전히 "정치적 범주"다. 그러나 바로 그 정치는 단지 집중화된 경제일 뿐이다. 국가와 소비에트의 사회민주주의의 지배(독일 1918~19년)는 그것이 부르주아적 소유를 신성불가침으로 남겨두는 한 프롤레타리아트 독재와 어떠한 공통점도 없다. 그러나 제국주의로부터 소유권을 몰수하고 국유화된 소유를 지키고 있는 정권은, 정치적 형태를 떠나서 프롤레타리아트 독재다.

말하자면 버넘과 카터는 '일반적으로' 여기에 동의한다. 그래서 그들은 경제적 내용과 정치적 내용을 결합시키려 한다. 그들은 말하기를, 관료는 프롤레타리아트로부터 정치권력을 빼앗았을 뿐만 아니라 경제를 막다른 골목으로 이끌고 있다고 한다. 지난 시기에 관료가 그들의 모든 반동적 성격을 유지하면서도 진보적 역할을 했다면, 이제는 명백하게 반동적 요소가 되었다. 이 논거는 제4인터내셔널의 이전의 모든 분석 및 예측과 완벽하게 일치한다. 우리는 '계몽 절대주의'가 부르주아지의 발전에 있어서 진보적 역할을 하였으나 이후 그 발전에 장애가 되었다는 사실을 여러 차례 언급해 왔다. 주지하는 바와 같이 이 대립은 혁명 속에서 해소된다. 사회주의 경제의 기초를 놓는 데 있어서, '계몽 절대주의'는 단지 비교할 수 없을 정도로 짧은 동안에만 진보적 역할을 수행할 수 있다고 했다. 이러한 예측은 우리의 눈앞에서 분명하게 확증되었다. 자신의 성공에 현혹되어, 관료는 경제성장에서 어느 때보다도 많은 부분을 챙길 것이라고 예측했다. 한편 관료는 심각한 경제위기에 직면했고, 이것이 관료의 현재 공황 상태와 격렬한 억압의 원인 중 하나가 되었다. 이것이 소련에서 생산력 발전이 이미 멈추었다는 것을 의미하는가? 우리는 감히 이런 주장을 하지 않을 것이다. 국유화된 경제의 창조적 가능성은 너무나도 위대해서 그것들에 가해지는 관료적 장애에도 불구하고 비록 지금까지와는 현저하게 낮은 비율이기는 하지만 수년 동안 생산력을 발전시킬 수 있다. 어떠한 경우에도, 관료를 산산이 분열시키고 있는 정치적 위기가 생산력의 정체에 대한 전망보다도 관료에게는 훨씬 더 위험스럽다. 그러나 문제를 단순화시키기 위하여, 관료가 이미 경제발전에 절대적인 장애가 되었다고 인정하도록 해보자. 그러나 이 사실이 본질적으로 소련의 사회 성격이 변화되었거나 소련이 어떠한 종류의 계급적 성격도 결여하고 있다는 것을 의미하는가? 내가 보기에 우리 동지들의 결정적인 실수가 여기에 있다.

제1차 세계대전 시기까지 부르주아 사회는 자신의 생산력을 발전시켰다. 그리고 지난 25년 동안 부르주아는 경제발전의 명백한 장애가 되었다. 이것이 부르주아 사회가 부르주아적이기를 멈추었다는 것을 의미하는가? 아니다, 이것은 단지 쇠퇴하는 부르주아 사회가 되었음을 의미할 뿐이다. 몇몇 나라에서는 오직 파시스트 정권을 통해서만 부르주아적 소유의 보존이 가능하다. 즉 부르주아는 자신의 모든 정치적 지배의 형식과 수단을 결여하고 있으며 매개자를 이용해야만 한다. 이것이 그 국가가 부르주아적이기를 멈추었다는 것을 의미하는가? 파시즘이 자신의 야만적 수단으로 생산수단의 사적소유를 방어하는 한, 그 국가는 파시스트 지배하의 부르주아 국가로 존재한다.

우리는 우리의 유추에 포괄적 의미를 부여할 의도는 전혀 없다. 그럼에도 불구하고 이것은 관료로의 권력 집중과 생산력 발전의 정체조차도, 아직은 저절로 그 사회와 국가의 계급적 성격을 바꾸지는 않는다는 것을 보여준다. 오로지 소유관계로 혁명적 또는 반혁명적 세력의 침투만이 국가의 계급적 성격을 바꿀 수 있을 뿐이다(페너 브록웨이가 편집을 맡고 있는 런던의《새 지도자》는 올해 11월 12일자 사설에서 다음과 같이 쓰고 있다. "독립노동당은 소비에트 러시아의 사회주의적 경제기초가 파괴되었다는 트로츠키주의의 관점을 받아들이고 있지 않다." 이 사람들에게 무엇을 말할 수 있을까? 그들은 자기 것을 가지고 있지 않기 때문에 다른 사람들의 사상을 이해하지 못한다. 그들은 단지 노동자들의 마음속에 혼란을 유포할 수 있을 뿐이다).

그러나 경제와 국가가 계급적으로 대립한 경우가 역사에 없을까? 그렇지 않다! '제3계급'이 권력을 장악한 후, 수년의 기간 동안 그 사회는 여전히 봉건적인 채 남아 있었다. 소비에트 지배의 첫 몇 달 동안 프롤레타리아트는 부르주아 경제의 기초 위에서 통치를 했다. 농경 영역에서 프롤레타리아트 독재는 수년 동안 소부르주아 경제의 기초 위에서 수행되었다(상당한 정도까지 현재에도 그렇다). 소련에서 부르주아지의 반혁명이 성공한다고 해도, 긴 기간 동안 새로운 정권은 자신의 기초를 국유화된 경제에 둘 수밖에 없을 것이다. 그러나 이러한 경제와 국가 사이의 일시적 대립이 의미하는 것은 무엇인가? 그것은 혁명인가 아니면 반혁명인가를 의미한다. 한 계급의 다른 계급에 대한 승리는 승리자의 이해에 입각하여 경제를 재건설한다는 것을 의미한다. 그러나 이러한 모든 사회적 변혁에서 필요한 국면인 양자택일의 상황은, 진짜 주인이 없는 가운데 점원, 즉 관료에 의해 착취당하고 있다는 무계급사회 이론과는 아무런 공통점도 없다.

## 규범과 사실

문제에 대한 객관적이고 변증법적인 접근을 주관적이고 '규범적'인 방법으로 대체하는 것이 많은 동지들로 하여금 소련에 대한 올바른 사회학적 평가에 도달하는 것을 어렵게 하고 있다. 분명한 근거 없이 버넘과 카터는 '마르크시즘의 전통적 의미'에서 소련은 노동자 국가로 여겨질 수 없다고 말한다. 이것은 단순히 소련이 우리의 강령에 나와 있는 것과 같은 노동자 국가의 규범에 조응하지 않는다는 것을 의미한다. 이 점에서는 어떠한 이견도 있을 수 없다. 우리의 강령은 노동자 국가의 진보적 발전과 점진적 사멸을 말한다. 그러나 항상 '강령에 따라서' 움직이지는 않는 역사는, 퇴보하고 있는 노동자 국가라는 사태에 우리를 맞닥뜨리게 했다.

그러나 우리의 강령과 다르다고 해서, 이것이 노동자 국가가 노동자 국가이기를 멈추었다는 것을 의미하는가? 말라리아에 중독된 간은 정상적인 간과 다르다. 그러나 중독된 간이라고 해서 간이 아닌 것은 아니다. 그것의 성격을 이해하기 위해서는 해부학이나 생리학만으로는 충분하지 않다. 병리학 또한 필요하다. 물론 질병에 걸린 간을 보면서 '이것은 내가 원하는 것이 아니야'라고 말하면서 등을 돌려버리는 것은 훨씬 쉽다. 그러나 내과의사는 그런 사치를 부릴 수 없다. 질병 그 자체의 상태와 그 신체기관의 손상에 기초하여, 그는 치료를 위한 처치('개혁')나 수술('혁명') 여부를 결정해야만 한다. 그러나 그러기 위해서 그는 무엇보다도 먼저, 그 손상된 신체기관이 질병을 앓고 있는 간 외의 다른 어떤 것도 아니라는 사실을 이해해야만 한다. 노동자 국가와 노동조합과 관련된 좀 더 익숙한 유추를 해보자. 우리 강령의 관점에서 노동조합은 계급투쟁의 기관이어야 한다. 그럼 AFL(American Federation of Labor)에 대한 우리의 태도는 어떠해야 하는가? 이 조직의 지도부에는 명백히 부르주아지의 대리인들이 앉아 있다. 모든 핵심적인 문제들에서 그린, 올 등은 프롤레타리아트의 이해와는 직접적으로 반대되는 정치적 입장을 수행한다. 우리는 유추를 확장해서 CIO(Congress of Industrial Organizations)가 등장할 때까지 AFL이 얼마간 진보적 역할을 했다면, 이제는 그 주요 실천 내용이 CIO의 보다 진보적인(또는 덜 반동적인) 경향들에 맞서는 투쟁으로 구체화되었으며, 그린의 기관은 명백하게 반동적인 요소가 되었다고 말할 수 있다. 이것은 완벽하게 올바를 것이다. 그러나 그렇다고 AFL이 노동조합 기관이기를 그만둔 것인가?

국가의 계급적 성격은 국가와 생산수단 소유 형태와의 관계에 의해 결정된다. 노동조합과 같은 노동자 기관의 성격은 그것의 국민소득의 분배에 대한 관계에 의해 결정된다. 그린과 그 일당이 생산수단에 대한 사적소유를 방어한다는 사실은 그들을 부르주아지로 성격 짓는다. 여기에 대해서 만약 이 신사양반들이 노동자의 공격으로부터 부르주아지의 수입을 방어하고, 파업과 임금인상, 실업자에 대한 원조에 대항하는 투쟁을 조직한다면, 그것은 노동조합이 아니라 파업 파괴자의 조직이 될 것이다. 그러나 그린과 그 일당은 그들의 기반을 잃지 않기 위해서라도 어느 정도까지는 국민소득에서 그들 몫의 증가를 위해서 또는 적어도 감소에 반대하여 투쟁을 지도해야만 한다. 이런 객관적 현상이 모든 중요한 경우에 있어서 가장 반동적인 노동조합과 파업 파괴자의 조직 사이의 경계선을 그을 수 있게 한다. 따라서 우리에게는 AFL에서 활동해야 할 의무뿐만이 아니라 KKK단과 같은 파업 파괴자들로부터 그것을 방어해야 할 의무가 있다.

그린과 마찬가지로 스탈린도 이중적 성격을 가지고 있다. 스탈린은 관료를 위해 복무하며 그래서 세계 부르주아지를 위해 복무한다. 그러나 스탈린은 관료 자신의 이해로 착취하고 있는 사회적 기초를 방어하지 않고는 관료를 위해 복무할 수 없다. 그 정도만큼 스탈린은 제국주의 공격과 너무나 참을성 없고 탐욕스러운 관료 그 자신으로부터 국유화된 소유를 방어한다. 그러나 이러한 방어는 소비에트 사회의 총체적 파괴를 준비하는 방식으로 수행된다. 스탈린 도당이 타도되어야 하는 이유가 정확하게 바로 이것 때문이다. 프롤레타리아트는 제국주의자들에게 이 역할을 맡길 수 없다. 스탈린에도 불구하고, 프롤레타리아트는 제국주의 공격으로부터 소련을 방어한다.

역사발전은 우리로 하여금 전투적·개량적·혁명적·반동적·자유주의적·가톨릭 노조 등 다양한 형태의 노동조합에 익숙해지도록 했다. 이것은 노동자 국가도 마찬가지다. 그러한 현상을 우리는 처음으로 만나고 있다. 그것이 오직 혁명적 강령이라는 규범적 관점으로만 소련을 대하려 드는 우리의 경향을 설명한다. 한편 노동자 국가는 서로 다른 역사적 힘들의 영향을 받고 있으며, 우리가 보는 것처럼 '전통적' 규범과 완전히 모순되어 보이는 객관적인 역사적 사실이다.

버넘과 카터 동지가 스탈린과 그 일당은 그들의 정치에 의해서 세계 부르주아지를 위해 복무하고 있다고 말하는 것은 전적으로 올바르다. 그러나 이러한 올바른 생각은 반드시 시간과 장소라는 올바른 조건 속에서 확립되어야 한다. 히틀러 또한 부르주아지를 위해 복무하고 있다. 그러나 스탈린과 히틀러의 역할 사이에는 차이가 있다. 히틀러는 부르주아지의 소유양식을 방어한다. 스탈린은 관료의 이해관계를 프롤레타리아트 소유양식에 조화시킨다. 부르주아 정권의 토양 위에 있는 스페인에서 바로 그 스탈린은 히틀러의 기능을 한다. (그들의 정치적 술책은 거의 다르지 않다.) 소련과 스페인에서 똑같은 스탈린이 서로 다른 사회적 역할을 하게 된다는 사실은 관료가 독립적 계급이 아니라 계급들의 기구라는 것, 그리고 국가의 사회적 성격은 관료의 선행과 악행으로 정의될 수 없다는 것을 잘 말해준다.

정상적인 마음을 가진 사람들에게 노동자 국가가 부르주아적 성격을 가지고 있다는 주장은 이해하기 어려울 뿐만 아니라 몰상식한 것으로 보일 것임에 틀림없다. 그러나 화학적으로 순수한 형태의 국가는 일반적으로 존재하지 않았으며, 존재하지 않는다. 반봉건적 프러시아 왕국은 부르주아지의 가장 중요한 임무들을 수행했으나 자코뱅의 방식이 아닌 자기 자신에 고유한 방식, 말하자면 봉건적 방식으로 그것들을 수행했다. 심지어 오늘날 일본에서 우리는 국가의 부르주아적 성격과 지배계층의 반봉건적 성격 사이의 유사한 상호관계를 목격한다. 사실 그것이 계급 착취의 두 가지 양식을 의미하는 한 봉건 세력과 부르주아 세력 사이의 상호협조는 부르주아 세력과 프롤레타리아트 세력의 상호협조보다 헤아릴 수 없이 훨씬 쉽게 현실화될 수 있다는 반대를 제기할 수 있다. 이것은 완전히 올바르다. 그러나 노동자 국가는 새로운 사회를 하루에 만들지 않는다. 마르크스는 노동자 국가의 첫 번째 시기에 부르주아적 분배 규범이 여전히 보존될 것이라고 했다. (이것에 관하여는 『배반당한 혁명』의 제3장 「사회주의 체제와 국가」를 보라.) 이러한 생각을 잘 숙고해야 한다. 부르주아적 분배 규범이 여전히 힘을 가지고 있다는 바로 그 사실 때문에 국가로서의 노동자 국가 자체가 필요한 것이다.

이것은 노동자 국가에서 어느 정도까지는 가장 혁명적인 관료조차도 부르주아의 기관이라는 것을 의미한다. 물론 이러한 부르주아화와 발전의 일반적 경향이 결정적 중요성을 지닌다. 만약 노동자 국가가 자신의 관료주의적 성격을 잃으면서 점차적으로 소멸한다면, 이것은 사회주의로의 길을 따라 진군하고 있음을 의미한다. 반대로 관료가 더없이 강력하고, 권위적이며, 특권화·보수화된다면, 이것은 노동자 국가에서 사회주의를 대가로 하여 부르주아 경향이 성장하고 있음을 의미한다. 즉 어느 정도까지는 노동자 국가 등장의 최초 나날들로부터 노동자 국가에 존재하는 내부 모순이 '규범들'이 요구하는 것처럼 줄어들지 않고 증가하고 있음을 의미한다. 그러나 그러한 모순이 분배의 영역에서 생산의 영역으로 이동하지 않는 한, 그리고 국유화된 소유와 계획경제를 파괴하지 않는 한, 그 국가는 노동자 국가다.

레닌은 이미 15년 전에 다음과 같이 말했다. "우리의 국가는 관료적으로 변형된 노동자 국가다." 그 시기에 관료적 변형은 부르주아 정권의 직접적 유산을 의미했으며, 그런 의미에서 과거의 미미한 잔재로 여겨졌다. 그러나 비우호적인 역사적 압력 아래에서 관료적 '잔재'는 새로운 자양분을 얻었으며, 엄청난 역사적 요인이 되었다. 이것이 바로 우리가 노동자 국가의 퇴보에 관하여 이야기하는 이유다. 현재 벌어지고 있는 보나파르트적 테러가 보여주고 있듯이, 이러한 퇴보는 결정적인 순간에 도달했다. "관료적" "변형"이었던 것이 지금, 노동자 국가를 흔적도 없이 집어삼키고, 국유화된 소유의 폐허 위에 새로운 소유계급의 씨를 뿌리려고 하고 있다. 이러한 가능성이 정말 가까워지고 있다. 그러나 이 모든 것은 단지 가능성일 뿐이며 우리는 그 가능성에 미리 굴복할 생각은 없다.

노동자 국가로서의 소련은 '전통적' 규범에 조응하지 않는다. 그러나 이것이 소련이 노동자 국가가 아니라는 것을 의미하지는 않는다. 또한 이것이 그 규범이 잘못된 것이었다는 것을 의미하지도 않는다. '규범'은 국제 프롤레타리아 혁명의 완벽한 승리에 기초하고 있다. 소련은 단지 후진적이고 고립된 노동자 국가의 부분적이고 불구화된 표현에 불과하다.

이상주의적이고 비타협적이며 '순수하게' 규범적인 사상은 자기 자신의 이미지로 세상을 건설하려고 하며, 자신이 좋아하지 않는 현상은 간단하게 외면해버린다. 종파주의자들, 말하자면 자기 자신의 상상 속에서만 혁명가인 사람들은 공허한 이상주의적 규범으로 스스로를 인도한다. 그들은 다음과 같이 말한다. "이들 노동조합은 우리가 원하는 것이 아니다. 우리는 여기에 합류하지 않을 것이다. 이 노동자 국가는 우리가 원하는 것이 아니다. 우리는 그것을 방어하지 않을 것이다." 매번 그들은 역사를 새로 시작하겠다고 약속한다. 그들은 만약 신이 이상적 정당과 이상적 노동조합을 그들 손에 쥐어준다면 이상적 노동자 국가를 건설할 것이다. 그러나 이러한 행복한 순간이 올 때까지, 그들은 가능한 많이 현실에 대하여 입을 삐죽거릴 것이다. 삐죽거림 그것이 바로 종파주의자들이 자신이 '혁명가임'을 표현하는 최고의 방식이다.

순수하게 '역사적인', 개량주의 멘셰비키의 수동적이고 반동적인 사상은, 마르크스가 말한 것처럼, 과거의 추잡함으로 오늘의 추잡함을 합리화하는 데 스스로 바쁘다. 이 종류의 대표자들은 대중조직 속에 들어가서 그곳에서 스스로를 해소한다. 한편 소련의 경멸스러운 '친구들'은 '역사적' 상황에 호소하면서 관료의 비열함에 스스로를 적용시킨다.

이런 종류의 부류들과는 반대로, 변증법적 사상—마르크스주의자, 볼셰비키—은 객관적 발전 속에서 현상들을 대하는 동시에 '규범들'의 실현을 위한 기초 위에서 이 발전의 내부 모순을 발견한다. 물론 객관적인 역사과정 자체의 진보적 경향들이 실현될 때에만 강령적 규범이 실현된다는 점을 잊어서는 안 된다.

노동조합의 강령적 정의는 대략 다음과 같을 것이다. 1. 노동자들의 개량을 위해 자본주의에 대항에 투쟁하는, 2. 부르주아지의 타도를 위해 혁명적 투쟁에 참여하는, 3. 사회주의적 기초 위에서 경제 조직에 참여하는 것을 목적으로 하는 한 직장 또는 산업의 노동자들의 조직. 만약 우리가 이 '규범적' 정의를 실제 현실과 비교한다면 우리는 '오늘날 세상에는 단 하나의 노동조합도 존재하지 않는다'고 말해야 할 것이다. 바꿔 말한다면, 이런 사실에 대한 규범의 대치, 똑같은 발전의 특수한 표현에 대한 일반적 표현의 대치, 이런 형식적이고 비타협적이며 비유물론적인 현실에 대한 강령의 대치는 명백하게 생명력이 없으며 혁명적 정당의 개입을 위한 어떠한 길도 열지 못할 것이다. 이럭저럭 하는 사이에 기회주의적 노동조합은 자본주의 붕괴의 압력 아래에서 우리의 강령적 규범으로 접근할 수 있으며 역사에서 진보적 역할을 할 수 있다. 노동조합이 우리의 올바른 정책들을 받아들인다면 반드시 그럴 것이다. 물론 이것은 지도부의 완전한 변화를 전제한다. 미국, 영국, 프랑스의 노동자들이 그린, 시트린*, 조혹스 일당을 축출하는 것이 필수적이다. 소비에트 노동자들이 스탈린 일당을 축출하는 것이 필수적이다. 만약 프롤레타리아트가 스탈린 일당을 제때에 축출한다면, 승리 이후 프롤레타리아트에게는 여전히 국유화된 생산수단과 계획경제의 기본적 요소들이 있을 것이다. 이것은 프롤레타리아트가 처음부터 다시 시작해야 함을 의미하지 않는다. 이것이야말로 엄청난 이점이다! 오로지 이쪽 가지에서 저쪽 가지로 부주의하게 뛰는 것에 익숙한 급진주의 멋쟁이들만이 경솔하게 그런 가능성을 무시할 수 있을 뿐이다. 헤아릴 수 없이 중요한 물질적 진보에 경솔하게 손사래를 치고 처음부터 다시 시작하려는 사람에게 사회주의 혁명은 너무나도 엄청나고 힘든 문제다.

---

* Walter Citrine, 1887~1976년. 1926년부터 46년까지 영국 노동조합총회의 사무총장으로 일했다. 자본주의에 봉사한 대가로 1935년 작위를 받았고, 1946년에 남작이 되었다.

버넘과 카터 동지가 크레이포 등 우리 프랑스 동지들과 달리 생산력의 요소를 잊지 않고 있으며 소련에 대한 방어를 부정하지 않는 것은 매우 훌륭하다. 그러나 그것만으로는 아무런 쓸모도 없다. 그리고 만약 범죄적 관료 지도부가 경제성장을 마비시킨다면? 버넘과 카터 동지는 이런 경우에 제국주의가 소련의 사회적 기초를 파괴하도록 수동적으로라도 허용할까? 우리는 그러지 않을 것이라 확신한다. 그러나 노동자 국가도 아니고 부르주아 국가도 아니라는 그들의 소련에 대한 마르크스주의자답지 못한 정의는 모든 종류의 결론들에 개방되어 있다. 이것이 그들의 정의를 절대적으로 거부해야 하는 이유다.

## 지배계급이면서 동시에 피지배계급

초좌익들은 "스탈린 지배하 소련에서 프롤레타리아트가 '지배계급'이라고 믿도록 강요한다는 사실에 어찌 분노하지 않을 수 있겠는가?!"라고 말한다. 너무도 추상적인 방식으로 제기되는 이러한 주장이 우리의 진짜 '분노'를 일으킨다. 그러나 진실은, 분석 과정에 필요한 추상적 범주들은 극도의 구체성을 요구하는 종합에는 맞지 않는다는 것이다. 러시아의 프롤레타리아트는 생활에 가장 필수적인 것들이 부족한 후진국의 지배계급이다. 소련의 프롤레타리아트는 인류의 오직 12분의 1을 이루고 있는 나라를 지배하고 있다. 제국주의는 나머지 12분의 11을 지배하고 있다. 이미 후진성과 가난에 의해 불구화된 프롤레타리아트의 지배는 세계 제국주의의 압력으로 두 배, 세 배 더 기형화되었다. 프롤레타리아트 지배의 기관—국가—은 제국주의 압력(외교, 군사, 무역, 사상 그리고 관습 등)의 전달 기관이 된다. 역사적 규모에서, 지배를 위한 투쟁은 프롤레타리아트와 관료 사이가 아니라 프롤레타리아트와 세계 부르주아지 사이에서 벌어지고 있다. 이 투쟁에서 관료는 단지 전달 장치에 불과하다. 투쟁은 끝나지 않았다. 스탈린 도당이 자신의 보수적 신뢰성을 증명하기 위한 노력들(스페인에서 보여준 스탈린의 반혁명적 정치들!)에도 불구하고, 세계 제국주의는 스탈린을 신뢰하지 않고 있으며, 그에게 가장 치욕적인 타격도 아끼지 않고 있으며, 그를 타도하기 위해서 혈안이 되어 있다. 그의 힘을 빼앗고 있는 히틀러는 소비에트 관료에 대한 세계 부르주아지의 태도에 관하여 보다 일관되고 솔직하게 표현한다. 부르주아지에게—파스시트뿐 아니라 민주주의자에게도—스탈린의 고립된 반혁명적 착취는 충분하지 않다. 소유관계에서 완전한 반혁명과 러시아 시장의 개방이 필요하다. 이것이 이루어지지 않는 한, 부르주아지는 소비에트 국가를 적대국으로 간주한다. 그리고 이것은 올바르다.

식민지와 반(半)식민지 국가들에 있는 국내 정권은 압도적으로 부르주아적이다. 그러나 외국 제국주의의 억압이 이들 나라들의 경제적·정치적 구조를 변형시키고 왜곡시키기 때문에 민족부르주아지는 (남미의 정치적으로 독립해 있는 국가들에서조차) 단지 부분적으로만 지배계급의 지위에 도달하게 된다. 억압을 가하는 자와 억압을 받는 자가 하나의 동일한 부르주아 사회에서 상이한 수준의 발전만을 대표하기 때문에, 제국주의가 후진국에 가하는 압력이 그들의 기본 사회 성격을 바꾸지는 않는다. 그럼에도 불구하고 영국과 인도, 일본과 중국, 미국과 멕시코 사이의 차이는 너무도 커서 우리는 분명하게 억압 부르주아지와 피억압 부르주아지 국가들을 구분할 수 있으며, 우리는 전자에 대항하여 후자를 지지하는 것이 우리의 임무라고 여긴다. 식민지와 반식민지 국가의 부르주아지는 반(半)지배, 반(半)억압계급이다.

소련에 가해지는 제국주의의 압력은 소비에트 사회의 성격을 바꾸려는 목적을 가지고 있다. 투쟁은—현재는 평화적이고, 미래에는 군사적일—소유의 형식과 관계될 것이다. 이 투쟁에서 관료는 자신의 권력을 증가시키기 위하여 전달 장치로서의 자신의 역량 안에서, 한편으로 제국주의에 맞서 프롤레타리아트에 의지하고, 다른 한편으로는 프롤레타리아트에 맞서 제국주의에 의지하고 있다. 동시에 관료는 자신들의 호화로운 삶과 권력을 지키기 위하여 미약한 생필품 분배자로서의 자신의 역할을 무자비하게 활용한다. 그래서 프롤레타리아트의 지배는 빼앗기고, 억제되고, 왜곡된 성격을 띤다. 만약 '지배계급인 동시에 피지배계급'이라는 말에 모순이 있다면, 그것은 사상의 오류로부터가 아니라 소련의 상황 그 자체에 있는 모순으로부터 비롯된 것이다. 정확하게 바로 이것 때문에 우리는 일국 사회주의론을 거부한다.

소련을 노동자 국가—전형이 아닌 전형의 훼손—로 이해하는 것이 소련 관료를 위한 이론적·정치적 사면을 의미하는 것은 결코 아니다. 오히려 오로지 그것의 반(反)프롤레타리아 정치와 노동자 국가의 요구 사이의 모순을 조명하는 속에서, 그 반동적 성격이 완전하게 폭로될 것이다. 오직 이러한 방식으로 문제를 제기할 때에만, 스탈린 도당의 범죄에 대한 우리의 폭로가 온전한 동력을 획득할 것이다. 소련에 대한 방어는 제국주의에 대항한 최고의 투쟁을 의미할 뿐만 아니라, 보나파르티스트 관료 타도에 대한 준비 역시 의미한다.

소련의 경험은 노동자 국가에 존재하는 가능성이 얼마나 큰가, 그리고 그 저항의 힘이 얼마나 강력한가를 보여준다. 그러나 또한 이 경험은 제국주의와 제국주의 관료 대리자들의 압력이 얼마나 강력한가, 프롤레타리아트가 완전한 해방을 쟁취하는 것이 얼마나 어려운가, 그리고 무자비한 혁명적 투쟁 정신으로 새로운 인터내셔널을 교육하고 단련시키는 것이 얼마나 필요한가를 보여준다.

# 소련의 사회 성격에 대하여[*]

On the Nature of the USSR

국제볼셰비키그룹★1989년

국제볼셰비키그룹(International Bolshevik Tendency, IBT)을 대표하여 발제 연설을 한 짐 쿨렌은 혁명가들이라면 마땅히 외부 자본가들의 공격과 내부의 반혁명에 대항하여 퇴보한 노동자 국가인 소련을 방어하여야 한다는 레온 트로츠키의 입장을 열렬히 지지하는 것으로 논쟁을 시작하였다.

반면 혁명정당건설을위한연맹(League for the Revolutionary Party, LRP)을 대표하여 토론자로 나선 월터 달은 중국이나 동유럽, 쿠바, 베트남과 마찬가지로 소련에 존재하는 사회관계와 수유제 형태는 근본적으로 서방 자본주의와 동일하다고 답변하였다. 그는 다음과 같이 주장했다.

"소련이 자본주의인 이유는 그들이 임금노동이라는 방법으로 노동자들을 착취하기 때문이다. 마르크스에게 모든 계급사회를 구분하는 근본적인 문제는 어떻게 생산자로부터, 즉 노동자로부터 잉여 생산물을 착취하느냐는 것이었다. 만일 잉여 생산물의 착취가 노예노동에 의하여 이루어졌다면, 이것은 그 사회가 계급사회의 한 종류라는 의미다. 만일 이것이 임금노동에 의하여 이루어졌다면 이는 또 다른 종류의 계급사회라는 의미로서 이를 토대로 하여 전 사회의 구조가 발전된다."

---

[*] 이 글은 《1917》 6호(1989년 여름호)에 실린 「소련의 사회 성격에 대하여」라는 기사를 부분 발췌하여 번역한 것으로, 국제볼셰비키그룹이 1988년 12월 10일 뉴욕에서 혁명정당건설을위한연맹과 소련 사회구성체의 성격에 관하여 벌였던 논쟁에 대해 쓴 글이다.

소련의 노동자들이 임금을 지급받고 있는 것도 사실이고 사회 잉여의 많은 부분이 소비재라는 형태로서 노동자들에게 되돌아가지 않는 것도 사실이다. 그러나 소련에서의 "임금"은 자본주의 사회에서의 임금과는 달리 가변 자본의 일부를 구성하지 않는다.

「고타 강령 비판」에서 마르크스는 프롤레타리아 독재 아래에서 그리고 낮은 단계의 공산주의 사회에서조차, 분배의 부르주아적 규범—노동의 양과 질에 따른 분배를 포함하여—이 실재로 작용할 것이라고 예측하였다. "개별 생산자는 사회에 그가 기여한 것을—그 중 일부의 공제액이 감해진 후에— 정확히 사회로부터 돌려받는다"고 마르크스는 설명하였다. 그는 이를 "이와 똑같은 법칙이 상품 등가물의 교환에서도 적용된다. 즉 한 형태의 주어진 노동량은 다른 형태의 동일한 노동량과 교환된다"고 명확히 적고 있다.

소련에서 임금 지불 체제는, 노동자들에게 지불된 임금이 모든 상품의 보편적 등가물인 돈이 아니라는 점에서, 자본주의 사회의 임금과 구별된다. 소련 사회의 임금은 중앙계획에 의하여 통제되는 일정한 양의 소비재와 교환할 수 있는 배급표와 같은 것이다. 이러한 배급표로는 생산수단을 구매할 수 없다. 소비에트 경제의 이와 같은 성격은 『자본론』 제2권에 나오는 사회주의에 대한 마르크스의 예측 부분에서 이미 예견되고 있다.

> 집산화된 생산과 함께 자본금(money capital)은 완전히 필요 없게 된다. 사회는 산업의 여러 분야에 노동력과 생산수단을 분배한다. 생산자가 사회 전체의 소비재로부터 자신의 노동시간에 조응하는 만큼의 소비재를 빼내도록 허락하는 종이표를 받지 말아야 할 아무런 이유도 없다. 그러나 이 종이표는 돈이 아니다. 이 표는 유통되지 않는다.
>
> —『자본론』 제2권

## 가치법칙 대 중앙화된 계획경제

월터 달은 자신의 입장을 권위 있게 뒷받침해줄 수 있는 출처로 여러 스탈린주의 관료들의 말을 인용하면서, 소련 경제가 지난 50여 년 동안 가치법칙에 의하여 지배되어왔다고 주장한다. "만일 소련 경제가 가치법칙에 의해 지배되어왔다는 것을 부인한다면 우리는 의식이 소련 사회를 지배하고 있다고 주장해야만 할 텐데, 그 의식적인 계획 입안자들(소련 관료들)은 자신들이 가치법칙에 의거하여 경제계획을 작성한다고 말한다. 따라서 결국 우리는 다시 가치법칙으로 되돌아올 수밖에 없는 것이다"라고 그는 주장한다.

그의 주장은 단지 스탈린주의 관료들이 시장경제의 자생적 균형법칙인 가치법칙을 이해하지 못하고 있다는 것을 보여줄 뿐이다. 소련의 각 공장은 중앙계획으로부터 받은 지시에 따라 생산한다. 그 생산물은 계획 입안자들에 의해 명시된 가격에 따라 판매된다. 생산물이 구매자들을 마침내 발견했는지 안 했는지의 여부는 미래의 기업 활동에 영향을 거의 끼치지 않는다. 미래에 필요할 기계류, 노동 그리고 원재료의 배정 또한 공급계획에서 특별히 명시된다.

자본주의 경제에서 각 회사는 그 회사가 팔 수 있을 것이라 생각하는 만큼의 상품을 생산한다. 이 상품 생산은 오직 투입 가능한 자본량에 의해서만 제한된다. 시장은 각 기업에 각 상품을 생산해내는 데 요구되는 사회적으로 필요한 노동시간이란 기준을 강요한다. 이 기준을 이행해내는 데 실패한 기업은 수익성이 없는 것으로 증명될 것이고 따라서 결과적으로 파산할 수밖에 없을 것이다.

사실상 모든 경제학자들은 '명령' 경제와 '자유'(시장에 의해 강제 받는) 경제를 구분한다. 소련 경제에 대한 연구로 명망이 있는 자유주의 경제사학자 알렉 노브는 1930년대 소련 경제가 어떻게 작동하였는지를 다음과 같이 묘사하고 있다.

> 모든 수위의 경제 단위에서 지배적인 요인은 당과 정부의 경제적 의지를 체화시킨 계획이었으며, 이는 이윤과 손실에 대한 고려에 토대를 둔 것이 아니라, 정치적으로 결정된 우선순위에 그 기반을 두었다. ……
>
> 가격은 생산비용에 따라 결정되지 않고 비정기적으로 변화하였으며, 개념적으로도 공급의 부족과 연관되어 있지 않았다. 따라서 만일 이윤동기가 용납되었다 하더라도 이는 극도로 비이성적인 방식으로 작동되었을 것이다.
>
> —『소련 경제사』

스탈린이 1930년대 초에 목도하였듯이, 집산경제의 계획 입안자들이 경제를 계획하면서 사용할 수 있는 공급 총량을 무시하여 대규모의 경제 혼란을 불러왔다. 그러나 비록 균형을 잘 잡지 못했다 하더라도, 미리 결정된 계획에 따라 이용할 수 있는 경제 자원들을 배정하는 방식은 (자본주의와는) 전혀 다른 경제 조직 방식이다. 일반화된 상품생산 체제(자본주의)는, 가치법칙에 따라, 즉 서로 다른 이윤율에 토대를 두고 한 경제 부문에서 다른 경제 부문 등으로 자생적으로 투자가 진행된다.

## LRP: 성장률과 '자본주의'

국가자본주의를 주장하는 사람들—마오쩌둥주의자들로부터 보르디가주의자(Bordigaist) 그리고 여러 제3진영 '트로츠키주의자'들—의 특징들 중 하나는, 그들 모두 소련을 '국가자본주의'라고 규정하면서도, 왜 소련이 자본주의 사회라고 규정되어야 하는지에 대해서는 서로 일치된 견해를 가지고 있지 않다는 것이다. 각 정파들은 각자 그들 나름의 '이론' 그리고 '자본주의'로의 전환이 일어났다고 추측되는 날짜를 고안해냈다. LRP는 제3차 5개년 계획이 전개되고 있던 시기인 1939년경에 '자본주의'가 확립되었다고 주장한다. LRP에 따르면 제1차, 2차 계획 기간 동안 발생한 높은 경제성장률은 소련이 그때까지 노동자 국가였음에 틀림이 없었다는 것을 증명한다고 한다.

    LRP는 러시아 혁명이 "생산수단을 국유화하고 무역에 국가독점을 가져오고 특히 신용대부금과 은행을 통제하는 등, 부르주아 계급이 결코 해낼 수 없는 방식으로 일들을 수행해냈다"는 사실을 인정한다. 그러나 이 노동자 국가가 '자본주의' 국가로 전환되었을 때에도 "이러한 성과물들은 스탈린주의 반혁명에 의해 일소된 것이 아니라 (스탈린주의자들에 의해) 점령되어 프롤레타리아에게 대항하는 것으로 이용되어 변화되었다." 따라서 LRP에 따르면 1917년 프롤레타리아 혁명에 의하여 성립된 소유제 형태에 토대를 둔 채(!) 자본주의가 소련을 반 세기 동안 지배해왔다는 것이다. 이는 마르크스주의의 가장 근본적인 주장 중의 하나, 즉 역사상 이어져온 계급사회들을 특징짓는 것은 바로 소유제 형태의 변화라는 명제에 대한 관념론적 왜곡이다.

# LRP와 좌파 섀트먼주의의 해결되지 못한 모순

맥스 섀트먼은 미국 트로츠키주의 운동 창건자들 중의 한 사람이다. 1939년 히틀러-스탈린 협정과 소련-핀란드 전쟁을 둘러싼 프티부르주아지들의 분노에 조응하여 섀트먼은 제4차 인터내셔널의 소련 방어주의라는 역사적 입장으로부터 멀어져가기 시작하였다. 그 다음 해에 치열한 분파 투쟁이 있은 후 섀트먼과 그의 추종자들은 사회주의노동자당(SWP)으로부터 분리하여 노동자당(WP)을 설립하였다. WP에 따르면 소련이 더 이상 노동자 국가가 아니기 때문에 제국주의 세력에 대항하여 소련을 방어해서는 안 된다고 한다. 섀트먼에 의하면 소련은 새로운 형태의 계급사회로서 그는 이를 '관료적 집산주의(bureaucratic collectivism)'라고 명명하였다. 결과적으로 WP는 소련과 자본주의 양쪽 모두에 공평하게 반대하는 '제3진영(third camp)'의 창건을 주장하였다.

그후 15년 동안 WP는 외면상으로나마 마르크스주의 '제3진영' 입장을 유지하였으나 섀트먼의 정치적 변화는 계속해서 우익으로 옮겨 갔다. 결국 그는 앨버트 쉥커와 같은 우익 노동조합 관료들 사이에서 자신의 정치적 고향을 찾았다. 1962년 섀트먼은 쿠바에 대한 미국의 피그만 침공을 지지하였고 더 나아가 베트남전쟁 시기에는 미 제국주의의 충성스러운 지지자가 되었다.

재미있는 점은 섀트먼이 이러한 반동적 입장을 수용하면서도 공식적으로는 자신의 사회주의자로서의 과거를 비판하지 않았다는 점이다. 그의 마음속에서는 자신이 아직도 변함없는 사회주의자였을 것이다. WP로부터 발전해 온 LRP는 섀트먼과 거리 두기를 원하는데, 이는 1960년대에 섀트먼이 취한 공공연한 친제국주의적 입장들이 그가 SWP를 떠나자마자 발전시켰던 '제3진영' 입장과 무관하지 않다는 것을 그들 또한 잘 알고 있기 때문이다.

그 관계는 이러하다. 만일 소련과 그와 유사한 경제체제들이 새로운 형태의 계급 사회를 이루고 있다고 말한다면 궁극적으로 다음과 같은 질문에 반드시 대답을 해야만 한다. '그러한 새로운 사회체제는 자본주의와 어떠한 관계에 있는가? 그 새로운 사회체제는 자본주의에 비하여 진보적인 것인가, 아니면 그보다 후진적인 것인가?' 만일 그 대답이 전자라면, 제국주가 끊임없이 이들 나라들을 위협하고 있으므로, 제국주의에 대항하여 소련과 다른 비자본주의적 사회들을 방어해야만 할 것이다. 반면에 소련은 역사적으로 후퇴한 것이라는 입장을 수용한다면, 논리적으로 소련과 소련의 동맹국들에 대항하는 제국주의를 지지할 의무를 갖게 될 수밖에 없다. 수년 동안 색트먼은 위와 같은 선택을 하기를 꺼려했다. 그러나 결국 그는 선택을 할 수밖에 없었고 그래서 그는 미 제국주의의 편을 들었다. 그의 변명에 의하면 서방 자본주의 나라 노동자들은 적어도 소련에서 거부되고 있는 민주적 권리들을 누리고 있다는 것이었다.

LRP의 지도자 사이 랑디는 색트먼으로부터 정치적 훈육을 받았고, 색트먼 조직과 그의 후계 조직의 궤도 내에 20여 년 동안 몸담았던 인물이다. LRP는, 1940년 미국 트로츠키주의 운동의 분열에서 아마도 색트먼에 대항하여 제임스 캐넌의 편을 들었을 것이라고 말한다. 하지만 당시 분파투쟁에서 근본적인 문제는 바로 러시아 문제였는데, LRP도 색트먼과 마찬가지로 1936년경에 소련이 이미 더 이상 어떤 종류의 노동자 국가도 아니게 되었다고 여기고 있다는 건 앞뒤가 안 맞는 태도다.

LRP는 '새로운 계급' 이론을 수용하고 전통적인 '국자자본주의자'의 입장을 취하는 것은, 현시대의 전반적 성격에 관한 트로츠키의 평가를 수정하는 것이고, 나아가 혁명적 사회주의 강령을 위한 투쟁을 무한정 연기하는 것이라는 사실을 인식하고 있다. LRP 동지들은 전통적인 제3진영주의의 딜레마를 피하고 싶어하지만, 제3진영주의에 대한 그들의 역사적 애착까지 버리는 대가를 치르고 싶어하진 않는다. 그래서 그 대신에 그들은 소련이 '자본주의'라는 주장을 덧붙임으로써 서로 모순되는 정치적 내용들을 봉합하려고 시도한다. 주관적 혁명가인 이 LRP가 왜 제3진영의 정치논리로부터 거리를 두고 싶어하는지 우리는 이해할 수 있다. 앨버트 쉥커와 CIA의 품으로 인도하는 길로부터 벗어나려는 것은 바람직한 것이다. 그러나 LRP가 소련방어주의를 거부하는 한 그들은 결코 색트먼주의와 결별할 수 없다.

이렇게 그들 자신의 뿌리에 관한 불분명한 태도는, 러시아 문제에 관한 LRP의 저작물에 왜 그렇게 많은 모순점들이 담겨 있는지 그 이유를 잘 설명해준다. 그 모순점들 중의 하나는 제3세계에서 자본주의적 소유제를 전복하려고 위협하고 있는 프티부르주아 운동에 관한 그들의 태도다. 뉴욕 논쟁에서 월터 달은 "단지 정치 체제를 운영하는 방법에서뿐만 아니라 사회 체제의 운영과 작동에 있어서 소련은 파시즘과 유사하다"고 주장했다. "소련이 자본주의가 아니라는 대부분의 사이비 마르크스주의적 주장은 히틀러 통치 하의 독일에도 동등하게 적용될 것이다." 그런데 이와 동시에 LRP는 미국이 자금을 대주는 콘트라(contra)에 대항하여 소련에 의해 군사적으로 지지받는 니카라과의 산디니스타를 옹호하는 입장을 취하였다. 그러나 만일 그 결과로 파시즘과 '유사한' 사회(쿠바나 베트남처럼 '국가화한 자본주의 사회')를 낳게 된다면, 왜 그들 스스로 산디니스타를 지지하는지에 대해 LRP는 그 이유를 논리적으로 설명할 수가 없다.

비록 스탈린주의자들이 행한 60여 년 동안의 끝없는 배신과 소련이 겪어온 심각한 퇴보에도 불구하고, 1917년 10월 러시아 혁명은 그 의미가 너무도 중요해서 아직도 우리가 살고 있는 세계에 지속적으로 커다란 영향력을 끼치고 있다. 러시아 문제에 잘못된 정치적 입장을 가지고 있다면, 그 어느 누구도 현재 국제노동자 운동이 당면하고 있는 중요한 정치적 문제들에 올바르게 대처할 수 없다.

아래의 글은 IBT를 대표하여 짐 쿨렌 동지가 발표한 발제문 중의 일부를 편집한 것이다.

\*\*\*\*\*

소련과 서방 세계 사이에 있어왔던 충돌들은 7, 8년 전에 비해서는 현재 무척 잠잠해진 편이다. 왜냐하면 고르바초프가 국제적으로 미 제국주의와 대치되는 문제들이 있을 때마다 계속해서—아프가니스탄부터 캄보디아에 이르기까지—미 제국주의자들에게 자발적으로 항복해왔기 때문이다. 소련의 이러한 후퇴는 페레스트로이카란 이름 아래 경제개혁을 이루기 위하여 이루어졌다. '비용이 굉장히 많이 드는 외교적 부담'을 줄임으로써 그리고 제국주의를 달램으로써, 현 소련 지도부는 그들이 주요 과제라고 생각하는 데에 좀 더 많은 자원과 에너지를 집중시키길 바란다. 그들이 생각하는 주요 과제란 쇠약해져가는 국내 경제를 현대화하는 것이다. 이러한 목적을 위하여 고르바초프는 시장경제에 좀 더 많은 자유를 주게 될 일련의 경제개혁 조치들을 도입할 계획이다.

......

물론 서방세계의 이른바 여론 주도 세력들도 고르바초프와 마찬가지로, 시장의 역할을 증대시키는 것이 소련의 모든 문제들을 해결하기 위한 마법과 같은 신비의 열쇠가 될 것이라고 생각한다. 미국 신문을 읽으면 고르바초프의 개혁 정책이 소련 대중들로부터 광범위하게 인기를 얻고 있다는 인상을 갖게 된다. 하지만 가끔씩 우리는 개혁을 반대하는 세력이 단지 소련 강경파 관료들만은 아니라는 보도를 접한다.

자유로운 시장경제를 허용하는 것에 있어서는 중국이 소련보다 몇 걸음 앞서 있다는 사실을 우리 모두는 알고 있다. 하지만 몇 달 전부터 우리는 중국 정부가 개혁 정책의 속도를 아주 많이 늦추고 있다는 소식을 접하고 있다. 왜 그럴까? 그 이유는 단지 경제계획부에 있는 관료 몇 명의 불만이 점점 커졌기 때문이라기보다는, 오히려 개혁 정책이 수반하는 높은 물가, 증가하는 불평등과 잔인한 폭리 행위 등이 특히 도시에서 정권에 대항하는 대중적 분노를 불러일으키고 있기 때문이다.

《뉴욕타임스》조차도 중국과 비슷하게 소련 내부에서 페레스트로이카에 반대하는 대중적 저항이 형성되고 있는 중임을 암시하는 기사를 때때로 싣는다. 예를 들어 새로 생성된 소련 내 사회주의자 그룹들의 대변인인 보리스 카갈리츠키는 이렇게 쓰고 있다.

당연히 보수적인 서구 전문가들은 이 경제개혁을 찬성한다. 그러나 소련 내의 우리도 찬성해야 할까? 독자투고나 여론조사 또는 이곳저곳에서 벌어지는 갈등은 그 개혁에 대해 대중적인 저항이 있다는 것을 말해주고 있다. '자유경쟁'을 선전하는 자들은 단지 노동자들을 더욱더 많이 일하게 만들기를 원하고 있으며, 예전에 받던 임금만큼이라도 받기 위해서는 예전보다 더욱더 열심히 일해야 한다는 사실을 노동자들은 점점 더 잘 인식해가고 있다. 그런데 이러한 사실을 특권층인 과학자 및 관리자 엘리트들은 걱정하지 않는다. 이러한 엘리트를 위한 페레스트로이카는 대중들을 위한 페레스트로이카와 서로 충돌하게 될 것이다.

1988년 5월 10일자 《뉴욕타임스》에 실린 다음과 같은 기사를 참고해보자.

(페레스트로이카의 문제점을 다룬 기사에서 기자는 다음과 같이 보도하였다.) 고르바초프의 경제학자들이 그에게 말하길, 만일 고르바초프가 후진국인 러시아를 현대적 생활수준으로 높이고 국제 시장에서 경쟁력 있게 만들려면 소련은 여태까지 창의성을 억눌러온 값싼 물가, 보장된 직업 그리고 요람에서 무덤까지의 사회보장제도라는 안전망의 그물을 느슨하게 만들어야만 할 것이다.

원칙적으로 고르바초프는 이에 동의한다. 그는 사람들이 그들의 노동과 창의력에 대한 보상을 받아야지, 단지 직장에 출근한다는 이유만으로 보수를 받아서는 안 되며, 사회는 자기의 소임을 다하지 않는 자들의 응석을 절대로 받아주어서는 안 된다고 주장한다. 그러나 시장경제의 무자비함은 70여 년 동안 소련 통치하에서 강화되어온 정의와 평등의식을 침해하고 있다.

위의 기사는 우리에게 소련과 중국 사회의 중요한 한 측면을 말해주고 있다. 즉 서방의 노동자들과는 달리 러시아와 중국의 노동자들은 부자와 권력자들 덕택이 아니라, 자신들의 권리를 바탕으로 살아간다는 의식을 갖고 있다는 것이다. 이와 같은 믿음은 8년 동안 레이건 치하에서 살아온 사회에서는 마치 환상처럼 보이겠지만 사실은 절대로 그렇지 않다. 자신들은 그렇게 살 권리가 있다는 믿음과 의식은, 소련의 경우 환상이 아니라 경제적 현실에 기반을 둔 실재다. 즉 소련과 중국, 동유럽 그리고 북한이나 쿠바 같은 경우에 계획경제를 구성하는 생산수단이 사적이 아니라 국가적 소유로 존재한다는 사실이다.

더 나아가 경제계획을 작성하고 실행해야 할 책임을 진 관료들이 아무리 무능하고 아무리 권력을 남용한다 하더라도, 이들은 여전히 필연적으로 대중이 기본적으로 필요로 하는 것들을 제공해주어야만 한다. 최소한 소련 경제는 사적 이윤 추구나 무정부적인 시장의 힘이 아니라, 인간의 요구와 필요라는 원칙에 기초하여 작동되고 있다.

이와 같은 계획경제의 원칙이 소련 경제체제의 핵심이다. 이러한 이유 때문에, 자본주의로의 점진적 복귀(그 완전한 복귀를 위해서는 필연적으로 폭력적인 사회 변동이 있을 터인데)를 위한 모든 시도에 저항이 이뤄지고 있는 것이다. 또한 자본주의 강대국들이 끊임없이 소련을 가차 없이 적대하는 이유는 바로 소련에 이 계획경제체제가 존재하고 있기 때문이다. 우리 IBT는 소련 경제의 이러한 비자본주의적 토대를 방어할 가치가 있다고 여긴다. 우리는 다음과 같은 사실들을 확신한다. '레이건, 대처 그리고 고르바초프 추종자들의 지배적인 생각과는 반대로, 소련과 중국 노동자들의 권리 의식은 마땅한 것이고, 그러한 권리를 지탱해주는 경제 조건은 보전되어야 한다. 오늘날 소련을 시달리게 하는 것은 관료들의 잘못된 관리로부터 비롯된 결과이지 계획경제의 원칙 자체가 잘못되어서 그런 것은 아니다. 자유시장 체제를 도입하는 것은 올바른 해결책이 될 수 없다. 소련 노동자들이 국가의 주인으로서 자신들의 정당한 자리로 돌아갈 때, 빈곤과 자본주의의 유혹에서 벗어나 더욱 능률적이고 책임감 있게 일할 수 있게 될 것이다.' 만일 우리가 이러한 것들을 믿지 않는다면, 사회주의자 되기를 포기해야 할 것이다.

그런데 소련과 이와 비슷한 사회들의 '계급 성격'에 관한 문제를 살펴볼 때 중요한 이론적 문제들이 있다. 고전적 마르크스주의의 전통에 따르면, 현대 사회에서 자본주의를 전복할 수 있는 능력을 가진 유일한 계급은 바로 노동자계급이다. 고전적 시나리오에 의하면 일단 노동자계급이 부르주아 계급에 대항하여 승리하게 되면 이들이 민주적이고 집단적인 통치하에 경제를 관리하게 될 것이라고 한다. 하지만 20세기 현대 사회에서 우리는 사회화된 생산수단 소유제와 노동자계급의 정치적 지배 사이에 적어도 일시적인 균열이 존재하고 있음을 목격하고 있다. 비록 소련에 사회화된 소유제가 존재한다고는 하지만, 스탈린주의자들을 제외하고는 그 아무도 러시아 노동자들이 정치적 힘을 행사하고 있다고 주장하지 못할 것이다. 모든 공적인 문제와 마찬가지로 경제에 관한 모든 결정은 강압적으로 자신들의 특권과 권력을 수호하는 국가 관료들과 소수의 공산당 간부들에 의해 내려진다. 이러한 관료층과 이들이 지배하는 사회의 성격을 우리는 어떻게 규정지을 수 있을까?

레온 트로츠키는 그의 생애 마지막까지 소련에서 노동자들이 그들의 권리를 박탈당한 것이 사실임에도 불구하고 소련은 여전히 노동자 국가로 남아 있다고 주장하였다. 트로츠키는 어떠한 의미에서 소련이 비록 퇴보하였을지라도 노동자 국가라고 주장한 것일까? 트로츠키에 따르면, 비록 스탈린주의자들이 노동자들을 정치적으로 탄압하고 혁명의 이념에 충실한 핵심 혁명가들을 숙청해버렸음에도 불구하고, 10월 혁명의 성과물 중에서 그들이 제거해버릴 수 없었던 한 가지는 바로 소련의 경제적 토대, 즉 생산수단의 국유화와 무역에 대한 국가 통제다.

생산수단 국유화 같은 조치들 그리고 이와 연관된 여러 법적 장치들은 단지 혁명의 초기에 노동자들의 민주적 통치를 이루기 위한 물질적 기초가 될 수도 있지만 소련과 같은 경우에는 스탈린주의 관료와 같은 권력 강탈자들의 지배를 위한 토대가 되기도 하였다. 이러한 이유로 스탈린주의자들은 때때로 자신들의 경제적 토대(국유화된 생산수단)를 자본주의자들의 공격으로부터 방어할 수밖에 없도록 강요받고 있는 것이다. 그러나 소련 방어를 위하여 스탈린주의자들이 사용하는 방법은 본질적으로 부적절하다고 트로츠키는 주장했다. 그는 궁극적으로 소비에트 권력은 오로지 노동자의 민주주의를 확대시키고 혁명의 국제적 확산과 전개를 통해서만 구제될 수 있다고 하였다. 스탈린 관료들은 프롤레타리아 민주주의를 침해하고 세계혁명을 목 졸라야만 자신들의 지배를 공고히 할 수 있기 때문에, 장기적 관점에서 소련을 방어할 능력이 그들에게 없음을 증명하게 될 것이다. 그러므로 스탈린 관료체제는 본성상 독자적으로 어떠한 역사적 역할도 수행해낼 수 없는 불안정한 사회적 집단이다. 이 관료체제는 국제 부르주아지나 러시아 노동자들 둘 중 하나에 의해 전복당하게 될 것이다. 만일 후자(노동자들에 의한)라면, 스탈린주의란 단지 사회주의로 가는 도중에 생긴 "끔찍한 퇴행" 정도로만 기억될 것이라고 트로츠키는 말했다. 이러한 의미에서 트로츠키는 제2차 세계대전이 결정적인 시험대를 제공하게 될 것이라고 생각했다.

하지만 제2차 세계대전은 트로츠키가 생각했던 것과는 달리 소련의 운명을 결정짓는 결정적 시험대가 되지 못했다. 스탈린주의 관료체제는 히틀러에 의해서도, 러시아 노동자들에 의해서도 전복되지 않았다. 게다가 전쟁 후에는 스탈린의 러시아와 유사한 정권이 세계의 다른 나라들로 확대되었다. 이러한 사태 전개는 트로츠키 추종자들에게 다수의 이론적 문제들을 던져주었다. 트로츠키는 물론 사회화된 소유제를 실현시킬 유일한 사회계급이 프롤레타리아 계급이라고 생각했다. 그러나 노동자들이 전후의 새로운 소비에트 스타일 정권들을 통치하지 않았을 뿐만이 아니라 그러한 정권들을 탄생시키는 데 노동자계급이 거의 아무런 역할도 수행하지 않았다는 사실이 존재한다. 동유럽의 대부분 정권들은 러시아의 군사적 개입을 통해서 성립되었고, 중국과 유고슬라비아의 경우에는 스탈린주의자들에 의해 지도된 농민 군대의 승리에 의해 성립되었다. 그렇다면 어떠한 논리로 이러한 국가들을 아직도 노동자 국가라고 부를 수 있는 것일까?

이러한 전후의 상황 변화는 또한 위의 문제와 연결된 동등하게 중요한 하나의 문제를 제기했다. '만일 집산적 소유제가 비프롤레타리아 세력들에 의해 수립될 수 있다고 가정한다면, 이는 프롤레타리아의 혁명적 역할에 관한 전체 마르크스주의 전통을 다시 평가해야 할 필요가 있는 것이 아닐까? 마르크스주의자들이 노동자계급에게 항상 부여해오던 역사적 임무를 소련 관료집단과 여러 제3세계 농민 지도자들이 수행해낼 적절한 능력이 있음을 증명한 것은 아닐까?' 이와 같은 질문에 '그렇다'고 답을 내린 자들이 파블로주의라고 일컬어지는 정파를 구성하게 되었다. 이러한 문제들은 제2차 세계대전 이후 트로츠키주의자들을 당황케 하였으며, 계속해서 오늘날의 수많은 자칭 트로츠키주의자들을 혼란스럽게 하고 있다.

만일 우리가 파블로주의에 맞서 정통 트로츠키주의자라고 주장할 수 있다면, 이는 우리가 전후에 전개된 상황으로 제기된 여러 문제의 존재를 부정하거나, 트로츠키의 사망 이후 50여 년 동안 발생한 모든 어려움에 대한 해답이 트로츠키의 저작에 모두 담겨 있다고 생각해서가 아니다. 진정한 이유는, 스탈린주의 관료제와 그 역사적 의미에 대한 트로츠키의 본질적 평가가, 구체적인 상세함까지는 아니더라도 전반적인 의미에서 시대가 던지는 시험을 버텨내고 아직도 건재하다고 믿기 때문이다.

현재 우리의 토론 대상인 대부분의 국가들이 노동자계급의 적극적 개입 없이 수립되었음은 사실이다. 그러나 제기되어야 할 올바른 질문은 과거에 이들 국가들이 노동자 혁명에 의해 수립되었는가, 아닌가가 아니라 미래에 이들 국가들이 노동자계급의 민주적 통치 없이도 계속해서 생존해나갈 능력이 있는가의 여부에 대한 것이 되어야 할 것이다. 스탈린주의 관료체제가 러시아에서 트로츠키가 추측한 것보다 더 오랫동안 유지되었다는 사실에도 불구하고, 우리는 스탈린주의자들이 관장하고 있는 집단소유제는 그들의 보호하에서 본성적으로 불안정하고 불확실할 수밖에 없다고 생각한다. 사회주의적 토대를 공고히 하기 위해서는 집단소유제가 반드시 노동자가 민주적으로 통치하는 국가권력에 의해 보완되어야 한다. 다시 말해 노동자 민주주의는 트로츠키주의자들의 경건한 소원 정도가 아니라 집단소유제의 생존에 불가결한 실질적 필요조건인 것이다. 집단소유제의 미래는 정치혁명을 수행하여 경제를 노동자의 통제하에 둘 수 있는 노동자계급의 역량 유무와 밀접하게 연관되어 있다. 이러한 관점에서 이들 나라들은 기형적 노동자 국가라고 불릴 수 있을 것이다(단, 소련은 예외적 경우로서 퇴보한 노동자 국가*로 규정된다).

이와 같은 관점은 집단소유제가 지배하는 사회에 존재하는 의심의 여지 없는 성과물과 아울러 그 한계점을 동시에 조명하고 있다. 이들 대부분의 나라들은 경제적으로 미발전국이다. 구 지배계급들을 몰아내고 경제의 주요 부분을 장악함으로써 가장 소름끼치는 불평등의 일부를 청산해내는 데 성공할 수 있었고 물질적 후진 상태를 개선하였다. 특히 의료, 주택, 교육, 그리고 여성의 지위 부분에서 광범위한 개선이 이루어졌다. 그러나 이들 후진국들은 사회주의의 필요조건인 최고의 물질적 풍요 수준을 그들의 독자적 힘으로 달성하지 못하고 있다. 실제로 이들이 경제적으로 서방세계에 한참 뒤떨어져 있음에도 불구하고 이들 나라들은 끊임없이 군사적·경제적 압력에 시달려왔다. 이들 국가들은 일시적으로 이와 같은 압력을 견뎌낼 능력이 있을지는 몰라도, 장기적 관점에서 볼 때 이들 나라들이 살아남고 더 나아가 사회주의로 가기 위한 유일한 희망은 (물질적 풍요 수준에 도달한) 서방 제국주의 나라들의 사회주의 혁명에 있다.

바로 정확히 이들 여러 스탈린주의 관료체제는 국제 혁명으로 가는 도정에서 장애물로 작용하며, 반드시 1917년 페트로그라드 노동자들을 고무시켰던 그 국제주의로 무장된 노동자계급의 정치혁명에 의해 제거되어야만 한다. 그러나 이는 이미 성취된 성과물들을 보전하지 않고서는 일어날 수가 없다. 이 성과물들 중 가장 중요한 것은 바로 생산수단의 사회적 소유다. 이 사회적 성과를 보전하기 위해서는 결국 제국주의에 대항하여 이들 국가들

---

* 프롤레타리아 혁명에 의해 건설된 노동자 국가가 이후 스탈린주의 관료에 의해 변질되었다는 의미에서, 프롤레타리아 혁명 없이 스탈린주의자들의 지도하에 이루어진 프티부르주아 농민 혁명을 통해 건설되거나, 소련 승전의 결과로 제2차 세계대전 이후 건설된 다른 여러 계획경제 체제와 구별하기 위해 전자는 퇴보한 노동자 국가, 후자는 기형적 노동자 국가로 칭한다.

을 무조건적으로 방어할 것이 요구된다. 바로 이것이 트로츠키가 제4인터 내셔널의 강령에 반영시켰던 입장의 정수이며 또한 이를 우리는 오늘날에 도 유효한 것으로서 옹호한다.

자, 그럼 오늘 토론에서 우리의 반대편에서 논쟁을 편 LRP의 정치적 입 장을 살펴보기로 하자. LRP에 대해 논하기 전에 나는 트로츠키주의 운동의 역사에서 있었던 에피소드 하나를 먼저 얘기하고 싶다. 영국인 게리 힐리 (Gerry Healy)는 수십 년 동안 트로츠키주의 운동의 정통파를 지도하였다. 그런데 1961~2년경, 게리 힐리는 어떤 사건의 발생 이후 이론적 딜레마에 부딪히게 되었다. 그것은 바로 쿠바 혁명이었다. 카스트로가 아바나에서 권력을 장악하고 주요 생산수단을 국유화했다. 아무리 평범한 사람도 이러 한 사건 전개를 보고 나면 카리브 해에 위치한 섬 쿠바에서 사회혁명이 일 어났다고 결론 내릴 것이다. 하지만 게리 힐리에게는 그렇게 결론 내릴 수 없는 문제가 있었다. 그 문제란 바로 카스트로와 그가 이끈 게릴라들이 트 로츠키주의자도 아니었고 스탈린주의자도 아니었다는 사실이다. 사실상 그 들은 노동자 운동의 일부가 전혀 아니었으며, 단지 급진적 프티부르주아 민 족주의자들이었을 뿐이다. 트로츠키와 사회주의 고전에 따르면 프티부르주 아 민주주의자들은 결코 사회혁명을 이끌 수 없는 것으로 되어 있는데, 이 와 같은 일이 쿠바에서 발생했다는 사실을 어떻게 받아들일 것인가가 바로 게리 힐리의 딜레마였다.

한동안의 심오한 이론적 고찰 후에 힐리 동지는 극히 단순명료한 해결 책에 도달했다. 힐리에 따르면 쿠바에서는 결코 혁명이 일어나지 않았다. 그는 카스트로가 아바나를 지배하기 전과 마찬가지로 쿠바는 지금도 단순 히 자본주의 국가로 남아 있을 뿐이라고 한다. 현재 마이애미에 거주(망명) 하고 있는 쿠바의 부르주아지들이 이와 다른 견해를 갖고 있을지도 모른다 는 사실은 전혀 힐리 동지를 걱정시키고 있지 않은 것처럼 보인다.

내가 이 에피소드를 이야기하는 이유는 트로츠키주의 운동에 너무도 익숙해진 하나의 현상을 보여주기 위해서다. 나는 이를 부정(denial)에 의한 설명이라고 부르겠다. 이들의 방법이란 정말 아주 간단하다. 실재 세계에 발생한 어떤 현상이 그들의 이론에 도전을 해오는 경우, 그들은 단순히 그 현상의 존재 자체를 부정해버린다. 그로써 자신을 당황하게 하는 문제를 피할 수 있기 때문이다.

하지만 안타깝게도 힐리는 이 부정에 의한 설명이란 방법을 독점하지는 못했다. 사실상 이 방법론은 LRP 멤버들에게도 전수되었다. LRP 동지들에 의하면 쿠바에 사회혁명이 발생하지 않았을 뿐만 아니라, 지구상 어디에도 자본주의가 아닌 나라는 존재하지 않는다고 한다. 그들이 말하길 러시아가 자본주의로 전환된 것은 오래전의 일이고, 그 이후에 세계 어디에서도 사회혁명이란 발생하지 않았다는 것이다.

소련이 자본주의 국가란 주장을 들으면 우리들 중 몇몇은 소련이 독특한 형태의 자본주의, 즉 생산수단이 국가에 의해 소유된 국가자본주의를 대표한다고 거의 40여 년 전에 주장한 토니 클리프의 저작들을 떠올릴 것이다. 그러나 LRP는 이 평범한 국가자본주의 이론(토니 클리프의)과는 아무런 관계가 없다. 그들은 자신들이 절대적으로 독특하고, 전례가 없고 완전히 그어떤 것과도 비교될 수 없는 그러한 이론을 소유하고 있다고 주장하고 싶어 한다. 그들의 이론은 소련이 특별한 형태의 자본주의도 아니며, 오히려 전적으로 평범한 경쟁 자본주의를 대표하고 있다고 결론 내린다. 그들에 따르면 러시아 밖 어느 곳에서도 노동자혁명이 일어나지 않았기 때문에 동유럽, 중국, 북한, 쿠바는 전적으로 가치법칙에 의해 지배받는 자본주의 사회다.

내가 아는 사람들은 대부분, 자본주의를 생산수단의 사적소유, 즉 자본가계급의 존재 그리고 시장과 이윤을 위한 그들 사이의 경쟁 등과 같은 현상과 연관시킨다. 또한 내가 아는 대부분의 사람들은, 그들이 소련에 대해 어떻게 생각하든지 간에, 위와 같은 현상들이 소련에 그 어떠한 주요한 측면에서도 존재하지 않고 있다고 믿고 있다. 그 사람들 중 몇몇 이름을 들자면 레이건이나 대처가 확실히 그렇게 생각하고 있는 사람들 중의 일부라고 할 수 있겠다. 물론, 우리 모두가 표면적으로 드러난 잘못된 현상에 의해 속을 수도 있다. 그렇지만 확실한 증거와 전반적으로 일치하는 의견에도 불구하고 그렇게 전격적으로 다른 주장을 내세울 수 있다면, 이를 뒷받침할 꽤 강경한 논리들을 그들이 생각해내야만 할 의무가 있는 것처럼 보이며 또 이모든 것을 증명해낼 책임은 오직 그들 자신들의 몫이다.

그러나 우리는 그들의 입장을 뒷받침할 그 어떤 튼튼한 주장도 들어볼 수가 없다. 그 대신 우리는 다음과 같은 괴이하고 모순에 가득 찬 주장들만을 들을 수 있을 뿐이다. '러시아 혁명의 결과로서 소련의 산업과 은행은 국유화되었고, 대외무역은 국가 통제하에 놓이게 되었다. 그러나 1930년대 중반 즈음 스탈린 관료체제는 국유제를 훔쳐서 이를 노동자계급에 대항하는 것으로 전환시켜 결국 자본주의를 복구하게 되었다.'

첫째, 이는 단순히 꽤 대담한 자기 단언일 뿐이지 역사적 증거물이나 이와 같은 것들로부터 추출된 객관적 주장은 아니다. 둘째, LRP는 어떻게 스탈린주의자들이 자본주의를 복구했는지에 대해 결코 제대로 이야기하고 있지 않다. 정말 스탈린주의자들이 국가 재산을 사유화시켰는가? 만일 그랬다면 도대체 언제? 그리고 도대체 어떻게 LRP를 제외한 다른 어떤 이도 그 사실을 눈치 채지 못했는가? 보통 사회혁명과 반혁명은 사람들의 주의를 잘 끄는 경향이 있는데도 말이다. 만일 스탈린주의자들이 생산수단의 사적소유 제도를 복귀시키지 않고도 자본주의를 복구했다고 LRP가 주장하는 것이라면, 이는 자본가계급이나 자본주의 소유제 없는 자본주의라는 해괴한 논리로 빠져 들어가는 것이다.

다행스럽게도 여러 이론들과 이의 실천적 결과들의 그릇됨을 증명해줄 수 있는 실재 세계가 있다. 예를 들어 니카라과의 산디니스타들은 미국의 꼭두각시 정권을 전복시켰다는 죄로 거의 십여 년 동안 미 제국주의자들의 봉쇄하에 지내야 했다. 산디니스타는 계급으로 분열된 사회에서 계급 중립적 입장을 취하려고 했다. 그런데 만일 이들이 니카라과 부르주아지의 재산을 몰수하고 주요 농장과 공장들을 국유화했다면, 과연 LRP는 이러한 행동에 대해 어떠한 입장을 취했을까? LRP의 주장대로라면, 생산수단이 사적소유자의 손아귀에 있든 아니면 국가 소유가 되든, 아무런 차이도 없을 것이다. 그들에게는 위의 두 가지 소유양식이 똑같이 자본주의적이기 때문이다.

LRP는 지난 40년 동안 제국주의자들이 겪어온 패배들에 대하여 설명하는 데 어려움을 겪을 수밖에 없다. 비록 기형적이나마 중국의 혁명은 광활한 시장과 착취할 수 있는 노동력을 자본주의자들의 손이 닿을 수 없는 곳에 두었다. 이와 똑같은 일이 베트남전쟁 이후에도 발생했다. 우리 모두 잘 알고 있듯이 미국 통치자들은 베트남 민중들의 '자유'에 대해서 전혀 관심도 없으며, 제국주의자들에 대항하여 사회혁명을 수행하지 못하도록 하는 데에만 관심이 있을 뿐이다. 그러나 LRP에 의하면 미국과 베트남 꼭두각시 정권에 의해 수행된 반혁명 전쟁은, 마치 〔공산당에 맞선〕 미국의 지원을 받던 국민당 정부나 〔북한에 대한〕 제국주의 연합국(UN)이나 〔쿠바 정권에 대한〕 피그만에서 구사노*가 수행한 전쟁들처럼, 제국주의자가 뭔가 오해해서 발생한 결과일 뿐이다. 만일 제국주의자들이 LRP의 조언에 귀 기울였다면, 그들이 적이라고 생각했던 이들이 사실은 변장을 한 친구들이며 이들에게는 약간 변형된 형태의 자본주의를 수립하려는 것 외의 다른 어떤 목표도 없다는 것을 알아차렸을 텐데 말이다.

제국주의자들은 베트남에서 쫓겨났다. 우리의 견해로는 이것은 지구상의 모든 억압받고 착취당하는 자들의 승리이며, 착취자들에게는 패배를 의미한다. 비록 스탈린주의 지도부에 의해 베트남 사회가 기형적으로 발전했다 하더라도, 바로 이 승리 때문에 포드 정권은 1976년 앙골라에 개입할 수 없었으며 레이건은 그의 온갖 협박과 호언장담에도 불구하고 산디니스타 정권을 전복시키지 못한 채 백악관을 떠나야만 할 것이다. 이렇듯 인도차이나에서 제국주의 패배의 예는 세계의 모든 억압받는 자들에게, 즉 산디니스타로부터 필리핀의 신인민군에 이르기까지, 신식민지적 지배에 대항하는 다른 여러 세력들에게 영감을 제공하였다. 우리는 미국의 제국주의적 지배가 베트남의 정글에서 때이른 죽음을 맞은 것에 감사한다. 하지만 LRP 동지들에게 이 역사적 사건은 단지 국제자본주의적 지배의 테두리 안에서 벌어지는 사소한 다툼에 지나지 않을 뿐이며, 결국 이들은 그들의 당연한 논리적 귀결로서 베트남전쟁에서 중립적 입장을 취하였다.

그러나 우리는 중립적이지 않았다. 지난 세기 동안 진행되어온 '동-서' 진영의 충돌과 이것이 가져온 그 모든 위험 그리고 유혈 사태 배후에는 노동자계급에게 중요한 이슈가 존재하며, 그 이슈는 바로 인류가 자본주의적 길을 따라 계속 나아갈 것인가 그렇지 않을 것인가 하는 문제라고 우리는 확신하였다. 이러한 투쟁 속에서 우리는 어느 한쪽의 편을 들 수밖에 없다. 그 편이란 자본의 지배로부터 결별해나가고자 노력하는 세력과 이미 결별을 한 모든 세력들을 의미한다. 러시아 문제에 관한 LRP와 우리 사이에 존재하는 모든 차이는 궁극적으로 바로 이 문제로 귀결된다.

---

* 쿠바에서 반혁명분자를 일컫는 용어.

# 루비콘 강을 건넌 소련과
# 그에 대한 좌익의 반응

Soviet Rubicon & the Left

국제볼셰비키그룹★1992년

## 3일 천하로 끝난 8월 쿠데타

8월 19~21일의 쿠데타가 실패한 이후 몇 주일이 지나는 동안 자칭 트로츠키주의 정치조직들 가운데 국제볼셰비키그룹만이 유일하게 다음 사실을 인정했다: 쿠데타의 실패로 소련 노동자 국가는 종말을 고했다. 쿠데타 실패 이후 일어난 모든 사건들은 우리의 견해가 올바르다는 것을 입증했다. 쿠데타 실패 며칠 후 옐친의 지시에 따라 고르바초프는 소련 공산당의 해체를 선언했다. 소련인민대의원대회는 표결을 통해 자체 해산을 결정했다. 12월 옐친은 소련의 해체와 소위 독립국가연합(Common-wealth of Independent States)의 구성을 선언했다. 그는 고르바초프와 상의도 하지 않고 이 중요한 사안들을 선언했다. 고르바초프는 연방정부의 모양새를 갖추려 여러 번 시도했으나 번번이 무시당했다. 성탄절에 그는 소련의 대통령직을 사임했다. 크렘린 궁에 게양되었던 소련 국기는 내려졌고 대신 같은 날 저녁 차르 시대의 러시아 국기가 올라갔다. 고르바초프가 짐을 싸서 나가기도 전에 옐친은 대통령 집무실로 이사를 했다.

　소련의 운명이 이미 결정되었으므로 소련의 주요 정치기관들은 무장 저항 없이 해체될 수 있었다. 기가 꺾였으나 그래도 국가기구를 방어하려던 '강경파'는 최후의 필사적인 정치 도박을 감행했다. 그러나 결국 이들은 패망하고 말았다. 이들의 쿠데타가 실패로 끝난 후 일어난 일련의 사건들은 에필로그(후기)에 지나지 않았다.

이미 붕괴되고 있던 국가경제에 대해 옐친은 지체 없이 전면전을 감행했다. 1992년 1월 초 그는 식량을 비롯한 다수 품목들에 대한 국가보조금을 중단시켰다. 이 결과 물품 대부분의 가격이 몇 배나 뛰었다. 그러나 이 조치는 중앙 집중적 계획을 무정부적 시장질서로 대체하려는 시도의 첫걸음에 불과했다. 이에 대중은 즉시 저항했다. 이들의 반응을 측정하기 위해 옐친이 전국을 순회했을 때 그는 분노한 군중들과 대면했다. 우즈베크의 수도 타쉬켄트에서는 식량폭동이 발생하여 학생 여러 명이 사망했다. 10월 혁명 기념일에 붉은 광장에서는 노동자, 군인, 구 관료 들이 새 정권에 반대하는 시위를 벌였다. 크렘린 궁 앞에서 5천 명의 군 장교들이 모여 군대를 민족 단위로 분할하려는 옐친의 계획에 항의했다. 2월에 모스크바에서는 쿠데타 이후 가장 규모가 큰 시위가 벌어졌는데, 5만여 인파가 거리로 쏟아져나와 정권에 반대했다. 그러나 시위대의 구성은 대단히 잡다했다. 시위대 일부는 붉은 깃발과 레닌, 스탈린의 사진을 들고 시위를 벌였다. 그러나 극우 자유민주당을 비롯해 왕당파와 유대인 배척주의자들도 눈에 띄었다. 현재 코카서스 지역은 소련의 붕괴 이후 민족 간 살육의 전장이 되었다. 한편 옐친은 새로 수립된 우크라이나의 민족주의 정권과 북해 함대의 처리를 놓고 다툼을 벌이고 있다. 이를 보면 구소련이 자본주의로 복귀하는 길은 결코 순탄할 수 없음을 쉽게 알 수 있다.

옐친의 '물가 개혁'은 하버드 경영대학원의 스타 교수인 제프리 삭스의 충고에 따른 것이다. 삭스는 지난 몇 년간 폴란드에 시장 개혁을 도입시켜 노동자들에게 고통을 가져다준 장본인이다. 물가 개혁은 국가의 예산 적자를 줄이고 루블화를 안정시키기 위한 것이다. 과거 계획경제에서는 시장이 아니라 경제계획 부처의 사회경제적 결정에 의해 상품 가격이 정해졌다. 루블화는 가치의 척도가 아니라 노동량에 따른 배급표였다. 그런데 일반화된 상품생산체제를 확립하고 국내시장을 세계시장에 개방하기 위해서는 우선 상품 교환 비율을 확립할 보편적 등가물이 필요하다. 이것이 하버드 경영대학원의 충고다.

러시아를 비롯한 구소련 공화국들은 어떤 조건으로 제국주의 '국가 그룹'에 합류할 것인가? 소련의 노동생산성은 선진 자본주의 국가들에 비해 언제나 크게 뒤처졌다. 소련의 제품들은 가격이나 품질에서 서방의 제품들과 경쟁이 되지 않는다. 서방의 자본가들은 러시아보다 선진적인 폴란드나 구동독의 생산설비에 대해서도 투자를 꺼리고 있다. 러시아와 우크라이나의 산업시설이 외국 자본가에게 팔릴 가능성은 희박하다. 러시아의 '기업인'은 기존의 국가산업시설을 접수만 해서는 돈을 벌기 힘들다. 대대적으로 생산시설을 현대화하고 업그레이드 해야 세계시장에서 경쟁할 수 있다. 이를 위해서는 해외에서 자본이 투입되어야 한다. 그러나 서로 치열하게 경쟁하고 있는 제국주의 강대국들이 새로 등장한 경쟁국을 위해 돈을 쏟아부을 이유는 없다. 지금까지 서방이 구소련을 위해 책정한 '원조' 액수는 '악의 제국'과 전쟁하기 위해 매년 책정된 예산의 극히 일부분에 지나지 않는다. 이 액수는 옐친이 저항하는 대중을 통제하는 데 드는 비용 정도에 불과하다. 구소련을 위한 마셜 플랜(Marshall Plan)의 재(再)판은 존재할 수 없다.

그러나 월스트리트와 프랑크푸르트 주식시장의 약탈자들에게 구소련의 영토는 가치가 없지 않다. 소련은 석유와 목재 생산에서 세계 제1위였다. 또한 광물자원, 금속, 곡물 등이 풍부하다. 서방의 기준으로 보더라도 소련 인민의 교육수준은 높다. 따라서 시장 및 노동착취 잠재력은 엄청나다. 그러나 현재 제국주의자들은 구소련을 원료 및 농산물 생산자 또는 미국, 유럽, 일본에서 생산된 제품의 소비자로 바라볼 뿐이다. 자본주의 복귀와 함께 기존의 산업체계가 해체되면 구소련 공화국들은 선진국이 아니라 제3세계 국가에서 전형적으로 나타나는 경제적 종속과 후진성의 늪에서 허우적거리게 될 것이다.

그러나 구소련은 제3세계 국가가 아니다. 1917년 볼셰비키 혁명은 차르 제국이었던 소련을 제국주의 착취질서에서 해방시켜 후진 농민국을 공업 강대국으로 변모시킬 기반을 닦았다. 혁명 당시에는 80퍼센트가 넘는 인구가 농촌에서 살았지만 지금은 60퍼센트 이상의 인구가 도시에 거주하고 있다.

구소련이 국제자본주의 분업체제에 다시 합류할 경우 철강, 기계류, 군사설비, 소비재 등 경제의 모든 분야가 붕괴할 것이며 공업에 의존하는 수천만 노동자들이 궁핍에 빠질 것이다.

소련의 해체로 수립될 민족국가들은 제3세계 국가로 전락하기 전에 먼저 대중의 분노와 폭발적 저항에 직면할 것이다. 자유시장 '충격요법'으로 인해 대중적 분노가 계속 증대할 경우 옐친은 쉽게 권력에서 쫓겨날 수 있다. 이미 그는 대중의 압력 때문에 악랄한 경제개혁 일부를 수정하지 않을 수 없다. 그러나 옐친의 뒤를 이어 권력을 잡으려는 자들 역시 옐친만큼 자본주의 복귀에 열을 올릴 것이다. 다만 전술과 시점에서 그와 차이를 보일 수는 있을 것이다.

## 반혁명을 분쇄하고 노동자 혁명을!

노동계급은 반혁명의 대세를 되돌릴 수 있는 유일한 사회 세력이다. 그러나 수십 년간 스탈린주의자들의 배신을 겪었던 이들은 지금 혼란과 사기 저하에 빠져 있다. 극도로 허약한 옐친 정권은 대중 투쟁의 폭발과 함께 언제든지 무너질 수 있다. 구소련 혁명가들은 물건의 가격을 멋대로 올려 폭리를 취하고 식량을 사재기하는 자들에 대한 대중의 분노를 사유화 정책 전반에 대항하는 무기로 전환시켜야 한다. 노동계급의 직장과 거주 지역에서 위원회를 조직할 경우 1905년과 1917년의 소비에트를 재현할 수 있다. 이 인민권력 기구들은 필요한 식량을 공정하게 분배할 것이다. 그리고 재산 약탈과 공공소유 기업에 대한 도둑질을 막을 것이다. 또한 노동시간 연동제를 구호로 하여 정리해고에 대항할 수 있다. 이런 활동들을 통해 노동자 국가를 소생시킬 조직을 건설할 수 있다.

옐친의 긴축 조치에 대한 대중의 분노는 현재 우익 민족주의자들과 유대인 배척주의 '극우 깡패(black hundreds)'들에 의해 이용되고 있다. 최근 몇 달간의 시위는 스탈린주의 '애국'자들과 러시아 민족주의 파시스트들을 결집시켰다. 또한 자본주의 복귀는 코카서스, 몰도바 등 구소련 지역에서 민족주의 반동의 유혈사태를 폭발시켰다. 마르크스주의자들은 모든 민족의 자결권을 옹호하며 옐친의 대러시아 국수주의에 반대한다. 동시에 구소련 민족들에 의한 자발적 사회주의연방 수립을 옹호한다.

노동계급은 재앙을 피하기 위해서 혁명 지도부를 시급히 건설해야 한다. 혁명정당은 노동계급을 결집시켜 옐친과 기타 민족주의자들을 권력에서 몰아내고 사유화를 저지시킬 수 있다. 이를 통해 세계 최초의 노동자 국가가 탄생한 나라를 다시 레닌과 트로츠키의 혁명적 국제주의로 인도할 수 있다.

혁명정당을 지향하는 모든 정치조직이 현실을 인식하고 진실을 말할 수 있어야 한다. 1991년 8월 반혁명이 승리하여 소련의 노동자 국가는 붕괴했다. 이 사실이 현재 국제 정세를 규정하고 있다. 폴란드, 체코슬로바키아, 기타 동구 국가들과 마찬가지로 러시아에서도 생산수단 대부분을 아직 국가가 소유하고 있다. 그러나 권력을 장악한 반혁명 집단은 국가 소유 해체에 몰두하고 있다. 1920년대 중반 스탈린을 위시한 관료집단의 등장으로 집단적 소유의 창조자이자 옹호자인 노동계급은 정치권력에서 밀려났다. 그러나 노동계급에 대한 모든 범죄에도 불구하고 관료집단은 국가 소유 경제를 관리하면서 권력을 행사했다. 따라서 자신의 특권과 권력을 지키기 위해 때로는 자본주의 복귀를 저지하여 노동계급의 소유형태를 방어했다. 그리고 내부의 자본주의 분자들을 탄압했다. 깊이 분열되어 있었으며 기가 꺾인 스탈린주의 관료집단은 8월 쿠데타의 실패로 완전히 무너졌다. 그리고 10월 혁명으로 성취된 집단적 경제체제의 해체를 공언한 반혁명 세력이 권력을 장악했다.

쿠데타가 성공했을 경우 비록 일시적이고 불안정하나마 스탈린주의자들은 반혁명 세력의 장애물이 되었을 것이다. 따라서 내외 적들의 자본주의 복귀 기도에 대항해 소련을 방어해온 세력은 옐친에 대항한 쿠데타 지도자들의 정치적 성격을 폭로하고 비판하는 동시에 이들을 군사적으로 방어할 의무가 있었다. 그러나 트로츠키주의를 자임하는 거의 모든 조직들은 소련을 방어하는 마지막 시험에서 실패했다. 대부분은 민주주의의 미명하에 옐친 진영을 지지했다. 또 어떤 그룹은 중립을 선언했다. 이들은 모두 임무를 방기한 변명을 찾아내기 위해 8월 쿠데타의 중요성을 무시하고 있다. 이제 제4인터내셔널통합서기국(USFI)*, 노동자권력(WP)**, 스파르타쿠스

---

* 트로츠키의 지도하에 1938년에 창립된 제4인터내셔널을 청산하려던 파블로주의의 전통을 잇고 있는 조직. 국제볼셰비키그룹 홈페이지(http://www.bolshevik.org)에 게재되어 있는 「제4인터내셔널의 역사」 참조.

** 1970년대 중반 토니 클리프가 창시한 제3진영 노선의 국제사회주의자들에서 떨어져나왔다. 이들은 국가자본주의론을 거부하고 명목상으로 소련 방어노선을 주장하지만 국제사회주의자들의 기회주의, 대중추수주의, 개량주의에서 벗어나지 못한 채 혁명적 노선과 개량주의 노선 사이에서 동요하고 있는 중도주의 정치조직이다.

동맹(SL)*의 반응들을 하나하나 검토해보자.

## USFI: "민주주의자들만 모여 있다"

지난 40년간 에르네스트 만델이 주도해온 USFI는 좌익의 최신 정치유행에 영합하기 위해 트로츠키주의 혁명 강령을 왜곡하고 축소시켜왔다. '대중적 영향력'을 얻기 위해 이들은 1960년대에 카스트로와 호치민 등 게릴라 스탈린주의자들에게 정치적 지지를 보냈다. 또한 이로부터 10년 후 폴란드 연대노조의 반공 노선을 아낌없이 칭찬했다. 지난 15년간 정치 지형이 우경화하자 USFI는 사민주의의 가장자리에서 비빌 구석을 찾았다. 따라서 8월 쿠데타에서 만델 일당이 천 명 정도의 자본주의 복귀 자유주의자 및 암시장 패거리들과 함께 옐친을 지지한 것은 전혀 놀랍지 않다. 국제 부르주아 계급 전부가 일제히 환호한 것과 똑같이 USFI는 국가비상위원회에 대한 옐친의 승리를 '민주주의'의 승리라고 환호했다. USFI의 미국 조직 가운데 하나인 제4인터내셔널경향은 이렇게 선언했다. "쿠데타의 패배는 소련 인민의 진정한 승리였다."(《마르크스주의를 옹호하는 게시판》, 1991년 10월) USFI의 또 다른 미국 조직은 옐친 진영의 승리를 "레닌과 트로츠키가 지도한 러시아 혁명 이후 거의 유례 없는 인민 봉기"(《사회주의 행동》, 1991년 9월)라고 규정했다. 만델 자신은 이렇게 표현했다.

> 쿠데타 주동자들은 민주적 자유를 극도로 제한하거나 억압하려 했다. …… 모든 수단을 동원하여 쿠데타를 저지했어야 할 이유가 바로 이것이다. 쿠데타의 실패에 대해 환호해야 할 이유도 바로 이것이다.
>
> —《국제적 관점》, 1992년 2월 3일

---

\* 미국의 사회주의노동자당(Socialist Workers Party, SWP)은 제4인터내셔널 창립 당시 그리고 트로츠키 사후에도 지부 가운데 가장 중요한 조직이었다. 그러나 1960년대 초반 쿠바 카스트로 정권에 무비판적으로 열광하면서 정치적으로 파산했다. 당시 미국 SWP 내부의 분파였던 혁명적경향(Revolutionary Tendency)은 당 지도부의 중도주의 노선에 대항해 혁명강령을 옹호했고 이후 분립하여 스파르타쿠스동맹으로 발전하였다. 그러나 20년간 고립과 실패를 경험하면서 질적으로 퇴보하여 기형적으로 관료화되었으며 지배계급의 압력에 굴복하는 경향을 지속적으로 드러내왔다. 현재 국제공산주의동맹(International Communist League, ICL)으로 개칭한 상태다.

잘난 카우츠키주의자들이 모두 그렇듯이 만델이 가장 중요시하는 기준은 역시 추상적 '민주주의' 다. 옐친의 반혁명 세력과 이들을 지원하는 국제통화기금은 사실 '자유'를 그리 소중히 생각하지 않는다. 자본주의 복귀를 위한 잔인한 긴축정책은 연단의 연설이나 선거일의 악수가 아니라 총칼로 대중에게 강요될 것이다.

부르주아 민주주의는 계급적 내용을 가지고 있다. 이것을 마르크스주의자들은 다 알고 있다. 자본가와 노동자, 노숙자와 제너럴모터스 사 사장 사이에 실재하는 불평등은 형식적 평등권에 의해 제거되지 않고 숨겨질 뿐이다. 의회체제는 대중의 동의라는 포장 속에 부르주아 정부의 계급적 정책을 숨기고 자본의 지배를 정당화시킨다. 자본주의의 민주적 자유를 축소시키거나 정지시키려는 모든 기도에 대해 노동계급은 저항해야 한다. 그러나 인간의 진보라는 기준에서 보면 10월 혁명의 성과들은 부르주아 민주주의보다 비교할 수 없이 훨씬 더 가치가 있었다. 지구 육지의 6분의 1이나 되는 광대한 지역에서 사적소유가 철폐되었다. 경제계획에 의해 시장의 혼란상이 대체되었다. 그리고 공장, 은행, 미디어 그룹 등을 소유하지 않은 수백만 인민에게 진정한 민주주의를 실현할 사회적 기초가 마련되었다. '민주적' 제국주의의 위선자들은 스탈린주의 관료집단을 증오했다. 이들이 소련 노동자들의 정치 권리를 박탈해서가 아니었다. 이들의 통치가 1917년 러시아 노동계급 혁명의 성과에 의존했기 때문이었다. 트로츠키는 이렇게 말했다.

소련 관료집단을 타도하는 문제는 소련의 국가 소유체제를 보존하는 문제에 종속된다. 단 한 순간도 이 사실을 놓치지 말아야 한다.

—『마르크시즘을 옹호하며』

## 바리케이드 저쪽으로 넘어간 USFI

자본주의를 복귀시키는 데 골몰한 세력을 한쪽으로 하고 시장 개혁을 둔화시키고 최소한 잠시나마 사회적 경제적 상황을 그대로 유지하고자 했던 세력을 또 한쪽으로 해서 8월 쿠데타의 바리케이드가 형성되었다. 사회민주주의자, 자유주의자 등 자본주의 복귀를 공개적으로 옹호했던 세력은 쿠데타와 이것의 실패가 의미하는 바를 금방 인식했다. 그러나 사이비 트로츠키주의자들의 경우는 다르다. 이들은 소련을 방어할 의무를 회피하고 자유주의 좌파의 여론에 굴종하기 위해서 현실을 날조해야 한다. 따라서 쿠데타 주동자들과 옐친 진영의 정치적 목표가 근본적으로 다르지 않다고 '증명하는 것'은 USFI에게 매우 중요하다. 《사회주의 행동》의 1991년 9월호에 실린 글에서 내트 와인스타인은 이렇게 자신의 견해를 밝혔다.

> 고르바초프, 쿠데타 주동자들, 옐친&세바르드나제 사이에 분열이 있을 수 있다. 그러나 이 분열은 시장 중심의 부르주아 민주주의를 한편으로 하고 '사회주의를 옹호하는 강경 공산주의자들'을 또 한편으로 하는 분열은 아니다.

물론 쿠데타 지도자들은 "사회주의를 옹호하는" "공산주의자들"이 아니다. 국가 소유 경제를 관리하는 국가중앙기구에 소속되어 권력과 특권을 계속 누리려는 스탈린주의 관료들일 뿐이다. 그리고 이들은 공개적으로 자본주의 지지를 선언한 자들과 대치했을 뿐이다. 만약 쿠데타가 자본주의 복귀 세력과 이것에 저항하는 세력 사이의 싸움이 아니었다면 무엇이었을까? 와인스타인은 이렇게 설명한다.

> 국가기구 내부의 주요 정치 경향들은 모두 자본주의 복귀를 지지했다. 자본주의 복귀 정책을 정치적 수단으로 실현시킬 수 있는가 아니면 이 정책이 요구하는 반노동계급적 조치들을 강제하기 위해 철권 독재가 필요한가에 대해 두 세력은 근본적으로 견해를 달리했을 뿐이다.

이 논리가 어디로 나아가고 있는지는 이해하기 어렵지 않다. 쿠데타 주동자들과 옐친이 똑같이 자본주의 복귀파이며 이것을 실현하는 정치적 수단에 대해서만 방식을 달리했다면, 노동계급은 덜 억압적인 방식으로 자본주의를 복귀시키려는 분파의 승리를 원해야 한다. 쿠데타 주동자들의 편을 들지 않은 자칭 트로츠키주의자들의 유일하게 논리정연한 주장은 바로 이것이다. 그러나 두 세력의 정치적 목적이 같았다는 전제 자체가 틀렸다. 이것이 문제다.

옐친이 소련 관료집단의 한 분파를 대표한다고 만델과 와인스타인은

생각한다. 그러나 옐친이나 쿠데타 주동자들이 자본주의를 복귀시킬 의지
와 능력이 있는지에 대해 만델은 의문을 가지고 있다.

> 소련 관료집단의 규모는 너무 광대하다. 이들의 사회적 연줄은 너무 강력
> 하고 이들이 조종하는 관행, 규범, 방해, 태업 등의 거미줄은 너무 촘촘하
> 다. 따라서 위로부터의 어떤 시도도 이 집단을 결정적으로 약화시킬 수 없
> 다. …… 더하지는 못하더라도 최소한 옐친도 고르바초프만큼이나 관료집
> 단 상층부의 한 분파를 대표하고 있다. 그의 이력이나 교육적 배경으로 보
> 아 옐친은 국가기구 출신이다. 그가 대중선동가라 하더라도 이 판단을 수정
> 할 수는 없다. …… 애매한 방식으로 계속 자신을 사회주의자라고 부르는 고
> 르바초프와 달리 옐친은 자본주의 복귀를 공개적으로 주창한다고 사람들은
> 말한다. 이것은 사실이다. 그러나 신념 고백만으로 정치인의 정치적 성격을
> 판단할 수는 없다. 실제로 이들이 어떻게 행동하며 어떤 사회적 이해집단에
> 봉사하는지를 보아야 한다. 이 관점에서 보면 소련의 청산을 도모하는 옐친
> 과 그의 동맹세력은 관료집단의 한 분파를 대표할 뿐 진짜 부르주아 세력과
> 는 뚜렷이 구별된다. 물론 양자 사이에 서로 겹치는 부분이 있을 수는 있다.
>
> —《국제적 관점》, 1992년 2월 3일

소련의 관료집단 전체가 자본주의를 복귀시키는 데 몰두하고 있다고 와인
스타인은 주장한다. 반면 극우 옐친 분파를 비롯해 관료집단의 어느 분파도
이것을 결행할 의지나 능력이 없다고 만델은 주장한다. 이 두 견해는 극과
극을 이루고 있다. 따라서 이러한 문제들을 진지하게 고민하는 어떤 조직에
서든 열띤 논쟁을 유발할 것이다. 그러나 이 두 사람이 같은 정치조직 안에
서 행복하게 동거하는 데에는 이유가 있다. 외면적 차이보다 훨씬 중요한
공통점이 두 사람에게 있기 때문이다.

8월 쿠데타와 이것의 결말이 소련 노동자 국가의 생존 문제와 무관하다
고 만델과 와인스타인은 동의한다. 또한 이들은 동의한다: 옐친은 민주적
자유의 보존을 원하는 반면 국가비상위원회는 정치적 억압을 선호한다. 따
라서 소련 관료집단의 성격과 방향에 대해서는 정반대의 견해를 가지고 있
으면서도 이 두 사람의 정치적 결론은 같다: '민주적' 옐친을 지지하자. 그

리고 이 실제적 결론이 행복하게 일치하기 때문에 두 사람이 이끄는 USFI는 자유주의 좌파와 사회민주주의의 견해에 편하게 동조한다. 마르크스주의자들은 올바른 행동을 위한 지침을 얻기 위해 현실을 분석한다. 반면 기회주의자들은 강령을 왜곡하고 축소시키기 위해 현실을 분석한다. 이들에게는 목적만 같다면 전제는 아무런 문제가 되지 않는다.

## 옐친 진영과 쿠데타 주동자들의 이해의 충돌

모든 근거들이 그러하듯이 와인스타인과 만델의 근거도 일말의 진실을 가지고 있다. 그런데 이들은 일말의 진실을 전체 상황을 오도하기 위해 강조한다. 과거의 스탈린주의자들과는 달리 국가비상위원회는 사회주의에 대한 찬사를 통해 자신의 행동을 정당화시키려 하지 않았다. 이 점을 와인스타인은 올바르게 지적했다. 국가비상위원회의 성명서들이 집단적 소유에 대해 애매한 입장을 보인 것도 부인할 수 없다. 한편으로 쿠데타 주동자들은 "수십 년간 존재해온 통합적 국가경제체제에 대한 점증하는 위험과 직업, 교육, 보건, 여가 등 노동자들의 권리에 대해 진행 중인 공격에 대해 우려를 표명했다."(《뉴욕타임스》, 1991년 8월 19일). 또 한편으로 이들은 사적소유를 비롯해 소련에서 자라난 다양한 소유형태를 존중할 것이며 페레스트로이카를 계속 추진할 것을 다짐했다.

쿠데타 주동자들이 이렇게 애매한 입장을 취하게 된 원인은 이들이 어떠한 적극적인 역사적 전망도 가지고 있지 않기 때문이다. 이들 가운데 '사회주의'는 고사하고 사회주의 소유형태의 우수성에 대한 신념만이라도 가지고 있던 자는 거의 없다. 1930년대 초 저작에서 트로츠키는 스탈린주의 관료집단을 다양한 정치적 성향의 잡탕이라고 묘사했다. 기회가 오자마자 곧바로 소련을 배신할 철저히 냉소적인 기회주의자부터 진지한 사회주의 혁명가까지, 부텐코 같은 파시스트에서 라이스 같은 노동계급 국제주의자까지 모든 정치 경향이 관료집단 내부에 존재한다고 트로츠키는 보았다. 그러나 브레즈네프 통치시기에 관료집단은 그나마 가지고 있던 정치적 신념을 거의 잠식당했다. 소련 경제가 성장을 멈추자 자기만족, 냉소주의, 부패 등이 모든 부위의 국가기구를 좀먹었다. 이 타락상은 브레즈네프 자신에 의해 대표적으로 표현되었다. 그는 멋진 별장과 외제 스포츠카를 모으는 호사스러운 취미로 악명이 높았다. '강경파'를 분기시킨 유일한 이데올로기적 신념은 소련에 대한 애국심, 즉 소련의 강대국 지위를 유지시키는 것이었다. 이 '애국심'은 옐친을 반대하는 잡다한 세력들을 하나로 묶는 끈이었다. 구세대 관료들과 유대인을 배척하는 왕당파는 모두 강력한 러시아 국가를 유지하고자 했다. 이들에게 강대국 소련을 떠받치는 소유관계는 그리 중요한 사항이 아니다.

그러나 관료들의 공개 발언이나 내심의 생각은 마르크스주의적 분석의 부차적 요소일 뿐이다. 사회 계급과 계층의 정치 행동을 설명하는 열쇠는 사회 내의 이들의 객관적 지위와 이로부터 파생되는 물질적 이해관계다. 자본가계급과는 달리 소련의 관료집단은 특정 소유형태의 담지자가 아니다. 스탈린이 권력의 절정에 있을 때나 1991년 8월이나 할 것 없이 관료집단의 특권은 중앙 집중적 국가 소유 경제를 관리하는 역할에서 나왔다. 국가 중앙기구의 권력이 분리 독립을 원하는 민족들, 이탈하는 관료들, 자유 시장주의자들에 의해 점점 강력한 도전을 받자 국가와 당 중앙기구의 일부 분파가 자신의 특권과 권력을 다시 확인시키려 했다. 이것은 대단히 자연스러운 현상이었다. 8월 쿠데타 이전의 당내 권력 투쟁 그리고 8월 쿠데타 시도 자체의 의의가 바로 이것이었다.

그러나 동구의 기형적 노동자 국가 대부분에서 스탈린주의 관료집단은 저항도 없이 순순히 타도되었다. 그리고 소련 관료집단 한 분파의 반격은 너무 늦었고 결의 수준이 대단히 낮았으며 행동은 무기력했다. 이 점은 설명이 필요하다. 스탈린주의의 동맥경화증은 1989년 이전에 생각했던 것보다 훨씬 중증으로 진행되어 있었다.

'8인방'이 보존하고자 했던 현실은 수천의 헌법이나 의회보다 소련 및 전세계 노동계급에게 훨씬 소중한 생산수단의 공공소유였다. 8월 19일 쿠데타가 일어났을 때 어느 누구도 이 시도가 그렇게 허무하게 찌그러질 줄은 생각하지 못했다. 그러나 우리는 이미 쿠데타 전에 이런 견해를 표명한 바 있다.

관료집단의 지도적 분파가 미래의 특정 시점에 자본주의 복귀 과정을 정지시킬 가능성이 있다. 이것이 현실로 드러난다면 옐친 진영에 대항해 '보수파'에게 군사적 지지를 보내는 것이 우리의 의무가 될 것이다. 스탈린주의 지배집단은 '개혁'의 필요성을 제기한 문제들을 해결할 능력이 없다. 그러나 자본주의 복귀 과정을 정지시킬 경우 생존에 필요한 시간은 벌 수 있다.

—국제볼셰비키그룹 기관지 《1917》 제10호

8월 쿠데타가 실패한 후에도 관료집단이 여전히 권력을 쥐고 있다고 우리를 안심시키는 만델은 자신의 주장을 진실의 단편들을 통해 강화시킨다. 진정 옐친은 러시아 공산당 및 국가기구의 산물이다. 차르 시대의 예카테린부르크로 이미 개명된 스베르들로프스크의 시당 서기로 전국적인 악명을 떨친 그는 모스크바 시당 서기로 승진했다. 급한 성격에 과대망상증을 가진 옐친은 고르바초프가 강요한 전제적 당 규율에 불만을 나타냈으며 글라스노스트와 페레스트로이카를 좀 더 과감하게 추진하지 않는다고 그를 공개적으로 비판했다. 고르바초프의 눈밖에 난 그는 결국 정치국원직과 모스크바 시당 서기직에서 축출되었다. 그러자 그는 곧 공산당을 부정했다.

그러나 옐친은 이내 정치 생명을 되찾았다. 고르바초프의 가장 유명한 적수라는 평판이 그를 당외 정치세력의 대변인으로 격상시켰기 때문이다. 소련 공산당의 정치권력 독점을 종식시키려는 세력들에 의해 그는 공산당 후보를 제치고 러시아연방 대통령으로 당선되었다. 러시아연방 의사당 밖에서 쿠데타 주동 세력과 대치하며 탱크 위에 올라섰을 때 그는 외국자본, 민족 분리 독립 세력, 모스크바의 포주들, 화폐 투기꾼들, 기타 '기업인' 등의 대표가 되었다. 개인 경호원을 거느린 이들은 옐친 지지 군중의 대다수를 차지했다. 옐친이 공산당 및 국가기구의 산물이라고 만델은 말한다. 그러나 이때 그는 옐친이 노동계급의 적들에게 가담했다는 사실을 무시하고 있다.

## '자발적 사유화'와 관료집단

관료집단이 아직도 권력을 장악하고 있다고 만델이 말했을 때 그는 일말의 진실을 하나 더 드러냈다. 쿠데타는 실패로 돌아갔으나 관료집단을 구성하고 있던 수백만 개인들은 사라지지 않았으며 이들 중 많은 수는 일자리를 잃지도 않았다. 우크라이나 대통령 크라프추크와 카자흐스탄 대통령 나자르바이예프는 지역 공산당 서기였으나 8월 쿠데타 이후 열렬한 민족주의자가 되었다. 구체제 잔당들과 이들이 의존하는 하급관료들은 새로운 정치적 경제적 질서에서 살아남기 위해 이전투구를 벌이고 있다. 완전히 발달한 자본가계급이 자신의 사적소유를 보호할 확고한 법체계와 억압적 국가기구를 구비하는 것이 자본주의 복귀의 전제조건이라면, 집단적 소유체제 국가들 내에서 자본주의 재구축은 불가능했을 것이다.

《뉴욕타임스》는 1991년 12월 27일자에서 하버드 대학교의 소련학자 그레엄 앨러슨의 말을 인용해 국영기업 책임자들이 맡아야 할 새로운 역할을 논했다.

> 그는 말했다. "나는 국영기업의 책임자다. 예를 들어 종업원이 1만 명인데 상관은 아무도 없다고 상상하기 시작한다. 상부의 지시도 없고 보고했던 행정부처는 사라졌다. 그러면 나는 회사 재산이 내 것이라고 상상하기 시작한다. 그리고 원자재를 비롯한 생산 투입요소를 전혀 공급받지 못하기 때문에 나는 나 자신과 종업원들을 보살펴야 한다. 때때로 회사의 반을 사들여 합작회사를 설립하는 외국인을 나는 만난다. 이것은 자발적 사유화다."

USFI의 《국제적 관점》 1992년 1월 20일자는 학자이자 모스크바 인민위원회 대의원 유리 마레니치와의 놀라운 인터뷰 기사를 싣고 있다. 마레비치는 옐친 진영의 지역 관료들이 부동산을 비롯한 공공소유의 재산들을 자기 소유로 돌리는 과정을 묘사하고 있다.

> '정권을 맡았으므로 공공소유를 독점에서 해제하여 시장을 통해 경제를 관리하겠다'는 구호로 이들은 선거에 임했다. 그리고 선거에서 승리하여 공공소유를 관리할 권력을 얻자 이들은 이 재산들을 자기 소유로 만들려는 엄청난 유혹을 받았다. 그리고 정부기관의 직책을 정부 상대 개인기업의 직책과 결합시킬 수 있었기 때문에 이들은 쉽게 공공재산을 가로챌 수 있었다. 사유화를 감독하는 직책에 있는 자는 자기 구역의 재산을 자기 소유 기업으로 이전시켰다. 이제 공공재산은 자기 것이 되었다. 위원회 집행위원들은 모두 자기 기업을 차렸다. 한 기업은 위원회의 정보서비스를 떠맡았고 다른 기업은 법률서비스를 떠맡았다. 또 다른 기업은 관할 구역의 부동산을 전부

넘겨받아 이것의 판매권과 임대권을 독식했다. …… 이 일은 아주 간단하다. 1930년대부터 우리는 화폐를 지불하지 않고 재산을 이전하는 체제를 운영해왔다. 그러나 모든 재산은 공공소유였으며 이것이 한 국가기관으로부터 다른 국가기관으로 이전되었다. 당사자들은 모두 국가라는 단일 소유주의 이름으로 거래를 했다. 그러나 지금은 개인 소유주들도 있다. 이들은 같은 절차를 이용하여 지역위원회나 국가기관의 부동산을 개인 기업으로 옮겼다.

마레니치는 이와 비슷한 일이 러시아 전역에서 반복되고 있다고 추측한다. 구 관료들의 다수는 소련 붕괴 이후 새로운 자본가계급으로 행세할 가능성이 있다. 스탈린주의 관료들을 대체하는 자들은 당분간 공공소유 운영 방식을 계속 유지할 것이다.

다른 계급과 계층의 일부로부터 토착 부르주아 계급이 구성되면서 이전 생산양식의 요소들이 계속 살아남을 것이다. 이를 통해 자본주의체제가 다시 강요될 것이다. 옐친이 8월 쿠데타에 대항해 승리하기 이전에 이미 소련 경제는 강력한 원심력에 의해 해체되고 있었다. 그러나 계속성을 강조하면서 만델은 쿠데타의 패배가 질적인 변화의 분기점이었다는 사실을 숨기고 있다. 모스크바의 국가중앙기구가 경제에 대한 행정적 통제력을 행사하는 한 지역과 지방의 관료들은 상부의 지시를 이행하지 않을 수 없었다. 개인 소유주의 특권을 누리려는 이들의 욕구는 객관적인 장애에 부딪혔다. 8월에 중앙 권력이 확실히 깨진 후에야 이들은 '자발적 사유화'를 자유롭게 추진할 수 있었다. 따라서 8월 쿠데타의 실패는 소련 노동자 국가의 종말이었다. 근본적으로 변한 것이 없다는 만델과 와인스타인의 확신은 반혁명 세력과 한편이 된 책임을 회피하려는 정교한 시도에 지나지 않는다.

## WP: 말로는 소련 방어, 행동은 옐친 지지

그런데 USFI보다 훨씬 더 솔직하게 실패한 쿠데타의 의의를 인정하는 정치 조직이 있다. WP(노동자권력)와 이 그룹이 이끄는 혁명적공산주의인터내셔널동맹(LRCI)의 산하 조직들이 바로 이들이다. 이들은 소련 노동자 국가가 8월에 망했다는 것을 처음에는 인정하지 않으려 했다. 그래서 쿠데타 이후를

'이중 권력' 정세로 규정했다. 관료집단을 대표하는 고르바초프가 옐친 진영과 국가권력을 놓고 계속 경쟁했다는 것이다. 그러나 12월에 옐친이 고르바초프를 가볍게 권력에서 밀어내자 WP는 마침내 현실을 인정하고 이렇게 말했다. "소련은 망했다. 70년이 넘게 자본가들을 괴롭힌 유령은 드디어 땅속에 고이 묻혔다."(《노동자권력》1992년 1월호)

또한 WP는 소련의 멸망과 옐친의 쿠데타 제압 사이의 관계를 인식하고 있다. LRCI 국제서기국이 1991년 발표한 성명서는 이렇게 주장한다. "쿠데타를 주도한 분파는 8월 19일의 행동을 통해 반자본주의 소유형태에 기초한 자신들의 특권을 방어하고자 했다."(《노동자권력》1991년 9월호) 그리고 이 성명서는 옐친 진영을 이렇게 묘사했다.

> 민주적 민족적 반대 분파들은 '현실 사회주의'를 개혁할 모든 신념을 거의 상실하고 서방의 민주주의와 시장경제를 이상적인 모델로 설정했다. 한때 고르바초프를 지지했던 이들은 그의 '시장 사회주의' 유토피아에 실망했으며 그의 동요와 보수파와의 타협에 분노했다. 결국 이들은 자본주의를 러시아에 복귀시켜 제국주의에 봉사하겠다고 결심하였다. 옐친을 필두로 한 정치연합은 어떤 정치적 의미를 가지고 있는가? 그와 세바르드나제 그리고 주위의 군부 및 정치계의 추종자들은 자신의 특권과 이 특권의 원천인 퇴보한 노동자 국가의 방어를 포기하고 새로운 부르주아 지배계급의 핵심 성원이 되겠다고 결심한 관료집단 분파를 대표한다.

이렇게 LRCI에게는 8월 쿠데타에서 드러난 대결 세력들의 정체가 명확하다. 한쪽에는 자신의 특권을 유지하려는 일념으로 노동자 국가를 방어하려 했던 관료집단의 분파가 존재하고, 반대쪽에는 노동자 국가를 파괴하고 자본주의를 복귀시키려는 민족주의자, '민주적' 지식인, 관료들의 정치연합이 존재한다는 것이다. 이 대결에서 WP는 편을 드는 데 주저하지 않았다……. 노동자 국가를 파괴하려는 자들의 편을 들었다!《노동자권력》같은 호는 "쿠데타를 정지시키기 위한 투쟁에서 우리는 앞장서야 했다"고 선언했다. 자신의 입장을 강조하기 위해 같은 호는 "그들의 노래는 끝났다"는 제목의 글을 실어 "쿠데타를 지지한 좌익"을 맹렬히 비난했다. LRCI는 자기 입장에 대한 확고함에 어떤 의문도 갖지 않게 하기 위해 미국 캘리포니아의 소규모 그룹인 혁명적트로츠키주의경향과 조직적 관계를 최근 단절했다. 이 조직이 옐친 진영에 대한 지지를 거부하여 국제 지도부의 노선에 반대했기 때문이다.

그렇다면 어떤 이론적 곡예를 통해 LRCI는 자신의 공산주의, 트로츠키주의, 소련 방어주의를 이 노선과 일치시킬 수 있을까? LRCI 국제서기국은 자신의 성명서에서 계속 이렇게 주장한다.

이 사건들을 통해 주요한 질문들이 제기된다. 관료집단을 타도하기 위한 노동계급의 정치혁명은 비현실적인 유토피아였는가? 보수파의 쿠데타에 대한 저항이 반혁명이었는가? 쿠데타가 성공하여 민주주의에 대한 관료적 탄압이 지속되었을 경우 노동계급은 시간을 벌 수 있었는가? 이 모든 질문들에 대한 대답은 '아니오'다. 어떤 의미에서 국가비상위원회가 '계획에 입각한 소유관계를 방어했다'고 말할 수 있는가? 오직 이것뿐이다: 자신이 기생하고 있던 소유관계가 '숙주'인 한에서만 이것의 철폐에 저항했다. 그러나 이 대대적인 사회적 기생충이야말로 관료적 계획경제의 죽음을 가져온 질병의 주원인이었고 이에 대한 대중의 환멸의 주원인이었다. 전체주의 독재를 통해 스탈린주의자들은 노동계급의 자기활동, 자기의식, 새로운 전위를 형성할 능력에 대한 절대적인 장애물이었다. 새로운 전위만이 '10월의 성과'를 보존할 뿐 아니라 쇄신시킬 수 있었다.

스탈린주의 관료집단은 노동계급의 자기활동에 대한 장애물이었고 계획경제에 대한 기생충이었다. 이들은 계획경제를 엉망으로 관리하여 망가뜨렸고 결국 이것을 방어할 능력도 상실했다. 이것은 트로츠키주의자에게는 기본 상식이다. 계획경제를 보존하기 위해 스탈린주의자들을 타도할 정치혁명이 필요했던 이유가 바로 여기에 있었다.

## 무엇을 했어야 했는가?

허약하고 동요하는 쿠데타 세력과 옐친의 오합지졸이 대결했던 당시의 결정적 상황에서 상대적으로 규모가 작은 혁명 그룹도 큰 영향력을 발휘할 수 있었다. 양측의 허약성과 혼란상은 역력했다. 이때 노동자 권력의 민주적 기관의 지도를 통해 국가 소유를 보존할 정치 목표를 가지고 있던 트로츠키주의 그룹은 절호의 기회를 맞이할 수 있었다. 쿠데타 첫날에 당면한 전술적 목표는 러시아연방 의사당 내부와 주변에 모인 백여 명 정도의 경무장한 옐친 추종자들을 공격해서 해산시키는 것이었다.

반혁명 분자들에 대한 결의에 찬 선제공격은 페레스트로이카에 염증을 느낀 노동계급의 광범위한 지지를 획득했을 것이다. 또한 군대 내에서 상당한 부위의 공감을 획득해 이들 가운데 사회주의를 지지하는 분자들의 적극적인 지지를 결집할 수도 있었을 것이다. 쿠데타를 주동했으나 허우적거린 백발이 성성한 늙은 관료들은 이 '지원'을 받아들이지 않을 수 없었을 것이다. 물론 노동자 권력의 이름으로 수행된 이 지원은 결국에는 이들의 이해마저 위협했을 것이다. 옐친의 어중이떠중이들을 해산시킨 후 모든 공장, 병영, 노동자 거주지구의 대표들에게 러시아연방 의사당에 모여 진정 민주적인 모스크바 소비에트를 수립할 것을 촉구할 수 있었을 것이다.

이 선제공격의 성공은 소련 전역의 노동계급투쟁을 촉발시켜 자본주의 복귀 세력들을 쓸어버릴 수 있었을 것이다. 이를 통해 소련 공산당 관료들의 통제력은 더욱 약화되었을 것이다. 옐친에 대항한 쿠데타 주동자들과의 군사적 동맹은 소비에트 민주주의의 회복과 충돌하지 않았을 것이다. 1917년 8월 코르닐로프 장군의 반혁명 쿠데타에 대항해 레닌은 케렌스키와 동맹을 맺어 쿠데타를 제압한 후 케렌스키의 부르주아 임시정부마저 타도했다. 이와 마찬가지로 옐친의 반혁명 기도에 대항하여 독립적 노동계급 부대는 쿠데타 세력과 함께 총을 옐친에게 겨누어야 했다. 이 군사적 동맹은 노동계급 정치혁명을 수행할 세력을 강화시켜 정치적 억압체제를 복원시키려던 야나예프, 푸고 등 쿠데타 주동자들을 제거할 수 있었다.

옐친 진영에 대한 선제공격이 성공했으리란 보장은 없다. 그러나 싸움도 하지 못하고 무너지는 것보다는 유혈이 낭자한 패배가 더 나았을 것이다. 이 과정에서 수백만 노동자들은 트로츠키주의 정치 강령을 접할 수 있었을 것이다. 자본주의 복귀 세력에 대한 투쟁과 직접적 노동자 권력 수립투쟁은 러시아 노동계급의 발전하는 정치의식을 위해 하나의 모범이자 중요한 논쟁거리로 남았을 것이다. 그러나 당시 상황에서 우리의 패배는 결코 불가피하지 않았다. 올바른 강령과 응집력을 갖춘 소규모 그룹의 개입은 팽팽한 세력 균형을 깨뜨려 반혁명 세력을 제압할 수 있었다.

불행하게도 소련의 노동계급은 쿠데타 상황에서 독립적 정치의 주체가 되지 못했다. 권력 투쟁은 숙주를 보존하고자 했던 기생충 스탈린주의자들과 이것을 파괴하고자 했던 옐친 진영 사이에서 진행되었다. 스탈린주의자들은 '오직' 기생충일 때에만 집단적 소유를 방어한다고 WP는 불평한다. 그러나 이 조그만 '오직'이라는 단어는 쿠데타 당시 노동자 국가의 사활이 걸린 시점에서 이해관계가 일치할 수 있었던 세력들의 정치적 실체를 숨기고 있다. 기생충은 숙주 없이 존재할 수 없기 때문에 이것을 보존할 이해를 가지고 있다. 삶과 죽음의 결정적 순간에 기생충이 무장했고 숙주가 무장을 하지 않았다면 숙주의 생존은 기생충의 승리에 달려 있었다. 스탈린주의자들은 당연히 계획경제를 파멸시켰고 미래에 이것을 보존할 수 없는 집단이다. 그러나 현상을 유지하려는 이들의 목표는 당시 노동계급의 이해와 일치했다. 트로츠키는 소련에 대한 무조건 방어를 주창했다. 그는 스탈린주의자들이 권력을 상실했거나 좀 더 유능했거나 양심이 좀 더 깨끗했을 때에만 소련을 방어해야 한다고 말하지 않았다.

## 옐친이 더 위험했다

옐친보다 쿠데타 주동자들이 노동계급에게 더 해로운 세력이라고 판단했기 때문에 WP는 옐친 진영을 지지했다. 이들의 사고는 《노동자권력》 9월호에 실린 글에 표현되어 있다.

> 국가 소유를 방어할 수 있는 유일한 세력은 …… 노동계급이다. 그러나 파업 금지, 심야통행 금지, 검열, 정치활동의 금지 등으로 노동계급이 족쇄로 묶여 있을 때에는 행동을 할 방법이 없다. 따라서 쿠데타의 승리로 인해 관료집단이 정치적 억압을 유지하는 감옥과 같은 상황에서 '시간을 벌기'보다 차라리 자본주의 복귀의 물결 가운데에서 이에 대항하는 것이 허약한 노동자 조직들에게는 한결 낫다.

그러나 WP가 대단히 소중히 여기는 '민주적' 공간에서의 시간 벌기는 옐친의 통치하에서 오래 지속될 수 없다. 이 점은 WP도 인정하고 있다. "옐친이 권력을 잡은 후 새로운 착취계급을 형성하는 상황에서 대중에 대한 완전하고도 일관된 민주적 권리는 허용될 수 없을 것이다."(앞의 글) 결국 민주적 권리와 관련하여 옐친과 쿠데타 주동자들 사이에 차이가 있다면 그것은 민주적 권리를 정지시키는 데 필요한 시간의 차이일 뿐이다. 승리했을 경우 스탈린주의자들은 기존의 경찰국가기구를 이용하여 노동자들을 탄압했을 것이다. 반면 옐친은 억압기구를 확립하기 위해 시간이 더 필요했을 것이며 그 동안 민주적 자유를 정지시킬 수 없었을 것이다.

자본주의는 "빈곤, 높은 물가, 실업, 강도 높은 노동, 사회적 억압, 전쟁의 위협, 농촌과 도시 노동자들의 '노동의 결과'에 대한 유례 없는 착취"(《노동자권력》 1991년 12월·1992년 1월호)를 러시아 인민에게 가져다줄 것이다. 이 점을 WP는 인정하고 있다. 그렇다면 자본주의 복귀로 인한 사회적 혼란과 대중의 빈곤보다 스탈린주의자들의 정치적 억압이 노동계급에게 더 해롭다는 말인가? 옐친을 지지한 자신의 입장을 정당화하기 위해서 WP는 이 질문에 대해 '그렇다'고 대답해야 한다. 그러나 이 대답은 러시아 문제에 대한 트로츠키의 모든 저작들의 내용에 위배된다. 스탈린주의 과두집단을 타도하는 투쟁은 집단적 소유를 방어하는 투쟁과 충돌하기보다 이 투쟁에 기초하고 있었으며 궁극적으로 이 투쟁에 종속되어 있었다. 정통 트로츠키주의 조직이라고 자임하는 WP가 자신의 진짜 입장, 즉 러시아 혁명의 사회적 성과를 방어할 임무가 스탈린주의 관료집단을 타도할 임무에 종속된다는 입장을 공개적으로 말할 수 없는 이유가 바로 여기에 있다. 8월 쿠데타에 대한 WP의 입장은 우리에게 이와 다른 결론을 내리게 할 수 없다.

혁명을 말하면서 행동은 개량주의인 정치 경향을 트로츠키는 중도주의라고 규정했다. 그렇다면 WP는 100퍼센트 순도를 가진 중도주의 조직이다. 이 조직은 정치 사건들과 세력관계를 정확하게 분석하는 경우가 자주 있다. 그러나 급진/사회민주주의 여론에 추종하는 정치 경향 때문에 자신의 올바른 분석 내용을 행동으로 옮기지 못한다. 그리고 종종 자기 논리에 위배되는 실천적 결론을 도출한다. 기회주의적 이론과 실천 사이의 간극은 현실을 왜곡하는 것으로만 좁혀질 수 있다. 이 점을 WP는 USFI로부터 배워야 한다. 이 간극을 좁히기 위해 USFI는 옐친과 국가비상위원회는 소유형태에 대해 같은 입장을 가지고 있으나 민주적 또는 권위주의적 방식을 채용하는 데에서 차이를 보이고 있을 뿐이라고 강변한다. 이와 대조적으로 WP는 두 경쟁 진영이 상반되는 소유형태를 객관적으로 대표하고 있었다고 올바르게 주장한다. 다만 그럼에도 불구하고 옐친 진영을 지지하면서 자신의 분석과 실천 사이의 모순을 일련의 '정통적인' 것처럼 보이는 그릇된 논리로 포장하고 있다.

## SL: "그놈이 그놈이다"

제임스 로버트슨의 스파르타쿠스동맹(SL)과 이 그룹이 거느리는 국제공산주의동맹(ICL) 산하 조직들은 오랫동안 자신들만이 지구상의 허다한 트로츠키 조직들 가운데 소련을 진정으로 방어한다고 주장해왔다. 그러나 이 주장은 옐친의 승리에 대해 지극히 혼란스러운 노선을 제시하는 이 조직의 모습과 모순을 이룬다. ICL의 영국 조직이 발간하는 《노동자 망치》 1992년 1·2월호에는 혁명적국제주의동맹(RIL) 소속 제리 다우닝과의 논쟁이 "RIL: 국가비상위원회도 아니고 옐친도 아니다"라는 제목의 기사에 실려 있다. 이 기사는 쿠데타가 일어났을 때 중립을 지킨 RIL을 비난하고 있다.

> 관료집단의 한 분파와 세계제국주의 및 자본주의 복귀 세력의 한 분파 사이의 차이를 RIL은 구별하지 못하고 있다. 스탈린주의를 제국주의와 동일시한다면 자본주의 복귀 세력에 대항해 관료집단의 한 분파와 군사적 동맹을 체결하는 것은 불가능하다. 왜냐하면 이 시각에 의하면 '자본주의 복귀 세력'과 동맹을 체결하여 자본주의 동맹 세력에 저항하는 것이기 때문이다.

독자들이 위의 글을 읽으면 ICL 역시 자신이 혹평하는 이 중도주의 조직과 똑같은 노선을 주창하고 있다는 사실을 전혀 짐작조차 할 수 없을 것이다. 《노동자 망치》가 쿠데타에 대해 중립 입장을 취한 어떤 조직도 매섭게 비판할 준비가 되어 있다면 자기 국제 지도부의 기관지 《노동자 전위》를 비판할 것을 제안한다. 《노동자 전위》의 1991년 8월 30일 기사는 이렇게 주장했다.

쿠데타 이전까지는 옐친의 전면적 사유화와 고르바초프의 시장 개혁을 반대했던 선진노동자 대부분이 관료집단의 소위 강경파 '애국주의' 분파에게 눈을 주었다. 그러나 이 환상을 가질 여지는 현재 조금도 없다. …… 쿠데타 주동자들이 선언한 강령은 소련의 해체를 막기 위해 계엄령을 선포하는 것이었다. 이것은 결국 글라스노스트(개방) 없는 페레스트로이카(시장 개혁), 즉 시장은 도입하되 너무 빨리 하면 안 되고 토론은 금지시킨다는 것으로 집약된다. …… 쿠데타 와중에 모스크바 노동자위원회는 이렇게 촉구했다. "사회주의 소유를 보존하고 도시의 사회질서를 보호하고 국가비상위원회의 지시를 수행하기 위해 노동자 민병대를 조직하자." 그러나 국가비상위원회를 비판하는 언사는 한 마디도 없었다. 옐친의 반혁명 시위를 분쇄할 노동자 민병대를 촉구한 것은 필요했다. 그러나 국가비상위원회가 권력을 공고히 했다면 노동자 민병대를 해체하려고 했을 것이다. 그렇지 않았다면 후자는 전자의 통제에서 불가피하고 급격하게 빠져나갔을 것이다.

위의 글을 '국가비상위원회나 옐친이나 그놈이 그놈이다' 외의 다른 의미로 해석하기란 해석의 천재가 아닌 이상 어려울 것이다. 옐친과 국가비상위원회 사이에 근본적인 모순이 없다고 주장하는 SL의 논리는 USFI의 논리와 유사하다. 다른 조직들을 아무리 혹평해도 이 사실을 숨길 수는 없을 것이다. 쿠데타가 실패하든 성공하든 소련의 계급적 성격이 변함이 없다고 주장하면서 SL은 편들기를 거부한 자신의 입장을 합리화하고 있다. 이 조직의 주장에 의하면 소련은 여전히 건재하며 옐친은 지금도 퇴보한 노동자 국가를 통치하고 있다.

그러나 만델과 달리 SL은 '싸우는 놈들은 다 뒈져라' 입장을 주창할 수 없다. 1991년 8월까지 이 조직은 자본주의 복귀 세력에 대항해 스탈린주의자들과 군사적 동맹을 맺어야 한다는 입장을 주창하면서 좌익의 주류조직들 모두의 비난을 감수해왔기 때문이다. SL은 폴란드 연대노조의 반혁명 세력과 야루젤스키 정권이 1981년 격돌했을 때 후자에 대한 군사적 지지를 올바르게 주창했었다. 또한 아프가니스탄에서 제국주의자들의 지원을 받은 반동 회교 무자헤딘의 봉기를 진압한 소련군에 대해 군사적 동맹을 주창했었다. 사실 SL은 스탈린주의자들의 편을 너무나 열성적으로 든 나머지 군사적 지지와 정치적 지지의 차이를 모호하게 만들기 시작했다. 따라서 이들이 8월 쿠데타에서 중립을 선언한 것은 최후의 최상의 소련 방어주의자라는 자신들의 목소리 큰 주장으로부터 급격히 단절한 것이다.

## 양심 불량의 중립 선언

이 노선 전환은 진정한 강령적 근거가 없기 때문에 SL 지도부는 주요한 노선 전환이 이루어졌음을 인정하기를 꺼려왔다. 따라서 이들은 모든 논리를 거부하고 자신들이 발표한 글들의 내용과는 정반대로 자신들이 결코 중립을 선언하지 않았다고 우긴다. 이들은 쿠데타에 대한 자신들의 입장이 과거의 노선과 일관성을 유지하고 있다고 설명하면서 다양한 유보조항, 애매한 표현, 사실의 왜곡으로 자신들의 노선을 숨기고 있다. 그 동안 자신들이 펼쳐왔던 수많은 주장들과 중도주의 및 개량주의, 즉 사이비 트로츠키주의 조직들의 주장들 사이에 존재하는 뚜렷한 유사성을 숨기기 위해 SL은 목소리를 더욱 높여야 한다. 그러나 목소리를 높이면 높일수록 이들의 뉴욕 본부에서 나오는 불협화음은 더욱 뚜렷이 들릴 뿐이다.

    SL이 그나마 논리적으로 자신의 입장을 설명할 때는 옐친의 러시아연방 의사당을 지키기 위해 모인 반혁명 오합지졸을 국가비상위원회가 해산시키려 하지 않았다는 매우 의심스러운 주장을 중심축으로 놓는다. 논쟁을 진행시키기 위해 이 주장이 옳다고 가정하자. 그럴 경우 이 주장은 쿠데타 지도자들이 옐친과 아예 충돌하지 않았다거나 옐친에 대항을 했으나 너무 허약하고 우유부단하여 그에게 대적할 수 없었다는 것으로 요약된다. 어느 것이 진정한 자신의 주장인지 SL은 명확히 하지 않는다. 국가비상위원회의 권력 쟁탈 시도가 "페레스트로이카 쿠데타"라고 이들이 반복해서 얘기하는 것을 들어보면 전자를 의미하는 것 같다. 쿠데타를 "애처롭다"고 표현한다거나 쿠데타 지도자들을 "총도 제대로 쏠 줄 모르는 8인방"으로 묘사하는 것을 보면 후자를 의미하는 것 같다. 그러나 어떻게 결론을 내리든 이들이 제시하는 논리의 모순은 이리저리 엉켜서 해결될 가망이 없다.

    옐친과 국가비상위원회가 모두 똑같은 정도로 시장 개혁을 찬성한다고 SL은 주장한다. 그러나 같은 글에서 "소련과 전세계 노동계급은 유례 없는 대재앙을 맞았다. 쿠데타가 실패하면서 10월 혁명의 나라에 반혁명의 홍수가 일어났다"고 주장한다. 이 두 주장에는 일관성이 전혀 없다. 반혁명에 대한 주요한 장애물이 제거되지 않았으면 어떻게 반혁명의 홍수가 일어날 수 있는가? 쿠데타 지도자들이 대표한 세력이 이러한 장애물이었는가? 아니면 이들이 승리했을 경우에도 반혁명의 홍수가 일어났을까? 이럴 경우 이들의 패배는 왜 노동계급에게 "유례 없는 대재앙"인가?《노동자 전위》는 이 질문들에 대해 명확히 대답할 수 없다.

국가비상위원회가 '개방 없는 개혁'을 목표로 했다는 《노동자 전위》의 주장은 와인스타인, 만델의 주장과 일맥상통한다. 이들은 모두 같은 생각을 가지고 있다. 민주적 권리의 문제에서만 옐친과 쿠데타 지도자들이 견해를 달리하고 있으며 특히 후자는 '철권 독재'로 자본주의를 강요하기를 원한다는 것이다. 생각이 깊은 SL 조직원이라면 '소련 노동자들은 개방이 있는 민주적 자본주의보다는 개방이 없는 독재 자본주의에 대항하도록 조직되는 것이 더 나을 수도 있다'고 생각할 수 있을 것이다. 만약 이렇게 생각한다면 '민주적' 옐친 진영을 지지해야 한다. 그런데 USFI과는 달리《노동자 전위》는 이 주장의 논리를 결론으로까지 추구하지 않을 뿐이다.

SL의 중립 입장은 또 다른 이유를 들고 나온다: 국가비상위원회는 옐친 진영과는 근본적으로 다른 이해관계를 가지고 있는 관료집단의 한 분파를 대표한다; 그러나 이들은 너무 미적지근하고 무능해서 옐친을 패배시킬 수 없었다. 우선 이 판단은 사태가 종결된 후에 내려진 것이라는 점을 지적하지 않을 수 없다. 쿠데타와 관련된 사건들은 너무 빨리 진행되어 쿠데타에 대한《노동자 전위》의 글은 쿠데타 실패가 확정된 며칠 뒤에 나왔다. 쿠데타가 형편없이 찌그러질 것이라는 것을 SL은 미리 알고 있었다고 주장할 것인가? 소련의 스탈린주의 관료집단이 수명을 다했으며 어떤 경우에도 고르바초프 등장 이전 시기로 소련이 되돌아갈 수 없다는 것은 이미 오래전부터 명백했다. 그러나 이 일반적 평가로는 8월 19일 쿠데타 당시의 정확한 계급 역관계를 측정할 수 없다. 이것은 실제 행동을 통해서 시험될 수밖에 없었다. 쿠데타 세력의 승리가 자본주의 복귀의 대세를 일시적으로만 정지시켰다 할지라도 이것만으로도 이들과 군사적 동맹을 맺을 이유는 충분했다. 적대 세력들의 결의 수준, 전술적 기교, 역량이 아니라 이들의 정치적 성격에 기초하여 트로츠키주의자들은 편을 든다. 쿠데타 지도자들은 옐친의 기도를 철퇴하는 데 관심이 있었을 수도 있었고 없었을 수도 있었다. 그러나 SL은 이 둘 모두를 원한다. 국가비상위원회가 옐친의 기도를 파탄 낼 생각이 없었다고 주장하면서 동시에 이들이 일을 형편없이 꾸몄다고 SL은 비판한다.

더욱이 SL은 '8인방'이 옐친에 대항해 노동계급을 결집시키지 못했다고 비판하는 것을 통해 비판의 기이함을 더욱 증폭시킨다.

'8인방'은 노동계급을 옐친에 대항해 결집시키지 못했을 뿐 아니라 모두 직장에서 일이나 하라고 명령을 내렸다. '8인방'은 폭동을 일으킨 이유가 너무 빈약하여 옐친을 제압할 수 없었다. 이들의 폭동은 '페레스트로이카 쿠데타'였기 때문이다. 옐친보다 더 극악한 반혁명 세력도 패배시킬 수 있었던 노동계급을 쿠데타 지도자들은 동원하기를 원치 않았다. 왜냐하면 이렇게 했을 경우 옐친 진영의 반격과 함께 내전이 터질 수도 있었기 때문이다.

—《노동자 망치》 1992년 1 · 2월호

이 글은 이보다 10년 전에 폴란드 연대노조에 대해 SL이 주창했던 입장을 자랑스럽게 회고한다.

1981년의 폴란드는 지금의 소련과 같은 문제를 제기했다. 그러나 전자의 경우 스탈린주의자들은 일시적으로 반혁명을 제압하기 위한 조치를 확실히 취했다. 이 중요한 대결 상황에서 모호한 태도를 취하는 것은 불가능했다.

그런데 소련의 경우 SL은 모호한 태도를 예술의 경지로 승화시키고 있다. 다만 소련의 상황을 폴란드의 상황과 대비시킨 것은 적절하다. 우리 기억으로 야루젤스키는 바웬사에 대항해 폴란드 노동자들을 동원하지 않았다. 권력을 장악한 스탈린주의자들은 좀처럼 노동계급을 정치적으로 동원하지 않는다. 왜냐하면 관료적 특권층의 존재는 정치권력을 독점하는 데에서 나오기 때문이다. 이 점을 SL은 망각하고 있는 것 같다. 스탈린주의자들에게 노동계급을 동원할 경우에만 군사적으로 동맹을 맺겠다고 요구하는 것은 이들이 스탈린주의자가 되지 말라고 말하는 것과 같다.

같은 글에서 SL은 옐친 진영에 대항해 '8인방'이 취했을 어떤 조치에 대해서도 지지를 보냈을 것이라고 암시한다.

노동자들에게 옐친의 바리케이드를 제거하라고 촉구하는 것은 반혁명 오합지졸들을 진압하기 위해 행동했던 쿠데타 세력에 대한 군사적 동맹을 의미했을 것이다. …… 8월 쿠데타에 대한 RIL의 제3진영 중립 노선에 대해 우리는 이렇게 입장을 밝혔다. "노골적인 자본주의 복귀 세력과 이에 반항하는 관료집단 세력이 대결하는 무장투쟁의 상황에서는 스탈린주의자들의 의도가 어떻든 집단적 소유에 대한 방어가 일정에 올랐을 것이다. 1938년 「이행 강령」에서 트로츠키가 주창했듯이 '자본주의 반혁명의 공공연한 공격에 대항하는 관료집단의 한 분파'에 대해 트로츠키주의자들은 군사적 동맹을 체결했을 것이다."

1981년 폴란드 상황에서 연대노조는 무장저항을 하지 않았기 때문에 야루젤스키의 탄압은 무장투쟁을 촉발시키지 않았다. 일련의 경찰국가적 조치들을 통해 계엄령이 강요되었다. 국가비상위원회가 좀 더 단호하게 투쟁하여 계엄령을 선포했을 경우 SL은 이들과 군사적 동맹을 체결했을 것이라고 암시한다. 이 논리에 의하면 군사적 동맹은 스탈린주의자들의 단호함과 기교에 달려 있다. 그러나 트로츠키주의자들은 스탈린주의자들의 사회적 성격, 정치적 목표 또는 이들의 승리나 패배의 결과 조성되는 객관적 상황에 기초하여 군사적 동맹을 체결한다. 그런데 SL은 스탈린주의 '강경파'가 쿠데타에서 보인 행위를 통해 이들의 정치적 목표와 사회적 성격을 판단한다.

이 주장은 순환논리의 특성을 가지고 있다: '국가비상위원회는 옐친과 근본적인 이해관계를 달리하지 않았기 때문에 옐친에 대한 적절한 공세를 취하지 않았다. 이들이 근본적으로 이해관계를 달리하지 않았다는 것을 어떻게 알 수 있는가? 이들이 적절한 공세를 취하지 않았기 때문이다.' 이것이 바로 순환논리다. 관료집단 대다수가 자신의 특권과 권력을 제공하는 국가기구를 방어하는 데 객관적 이해를 가지고 있다는 점은 잊어버려라. 고르바초프가 옐친과 민족분리주의자들에게 너무 많은 것을 양보하여 점점 공격을 받은 쿠데타 이전의 당내 권력투쟁 전체에 대해서도 잊어버려라. 간단히 말해 쿠데타 시도 자체가 옐친 진영에 대한 공격이었다는 사실도 잊어버려라. SL은 쿠데타의 동기가 불투명하다고 생각하면서 쿠데타를 정치적 맥락이나 배경이 없는 사건으로 치부한다.

## 쿠데타 세력이 옐친을 공격했는가?

쿠데타 지도자들의 전술이 얼마나 효과적이었는가는 현재의 논쟁에서 부차적인 것일 뿐이다. 그러나 국가비상위원회가 실제로 옐친을 공격하려는 시도를 했는가? 쿠데타가 실패한 다음 밝혀진 사실들이 있다. 비밀경찰 산하 정예 특공대 부대인 알파부대는 1979년 아프가니스탄 대통령 아민을 암살하고 친소 아프간인민당이 쿠데타를 성공시키는 데 일조했다. 이 부대는 쿠데타 당시 옐친의 러시아연방 의사당을 공격하라는 명령을 받았으나 명령을 거부했다. 이 사실을 처음으로 밝힌 사람은 옐친이었으며 나중에 알파부대의 장교들이 이 사실을 인정했다. 그런데 SL은 무진 애를 써가며 이것이 사실이 아님을 증명하려 했다. 《노동자 전위》1991년 12월 6일자 "왜 그들은 옐친을 공격하지 않았는가? 소련: 쿠데타의 해부"라는 제목의 기사는 《뉴요커》1991년 11월 4일자에 실린 기사를 인용했다. 이 기사는 라버트 칼런이 쓴 글인데 알파부대 장교들의 말을 부인하고 있다. "쿠데타가 실패로 끝난 뒤 알파부대원들이 한 인터뷰 내용들은 한 가지 공통점을 가지고 있다. 인터뷰 때마다 장교들은 자기가 명령을 거부하여 쿠데타를 실패로 만든 영웅이라고 자회자찬했다." 그런데 《노동자 전위》의 기사는 독일 주간지 《슈피겔》이 보도한 내용의 요약에 크게 의존하고 있다. 이 독일 주간지의 기사에 의하면 쿠데타 가담자들은 체포된 후 심문을 받았는데 모두 러시아연방 의사당을 공격하라는 명령을 내린 적이 없다고 했다. 이상하게《노동자 전위》는 알파부대 장교들의 주장은 크게 의심하면서 목숨이 걸린 재판에 앞서 쿠데타 가담자들이 부인한 내용들은 지나칠 정도로 신뢰하고 있다.

더욱이《노동자 전위》는 칼런이 쓴《뉴요커》의 기사를 매우 선택적으로 인용하고 있다. 칼런에 의하면 알파부대는 최소한 한 번은 러시아연방 의사당을 공격하려 했다. 이 주장은 공수부대 요원들의 진술에 의해 신빙성을 부여받고 있다. 최초의 공격이 이루어졌을 때 옐친 지지자들이 의사당 영내에 진입한 장갑차를 둘러쌌으며 옐친을 지지하는 콘스탄틴 코베츠 장군이 공수부대 지휘관을 만나 공격하지 말라고 설득했다고 칼런은 보도하고 있다. 그런데 첫 공격의 실패에도 불구하고 국가비상위원회는 두 번째 공격을 시도했다.

> 의사당으로 접수된 정보에 의하면 쿠데타 주동자들은 의사당을 포위할 능력이 있으며 자기들 명령을 따를 용의가 있는 부대를 찾으려고 필사적으로 노력했다. …… "의사당 점거 계획을 실행에 옮기려는 소규모 회의가 국방부에서 열렸다는 것을 나는 알고 있다"고 코베츠 장군이 나에게 말했다.

그런데 두 번째 공격은 성사되지 못했다. 칼런은 이렇게 보도한다.

> 이 최종적이며 결정적인 실패 후에 쿠데타 주동자들의 무능력에 대한 다양한 설명들이 제시되었다. …… 이 설명들은 아전인수식이고 모순적이긴 해도 하나의 주제를 가지고 있었다. 소련군이 쿠데타 주동자들을 위해 피를 흘리기를 거부했다는 것이다.

국가비상위원회가 옐친에 대해 구체적인 조치를 취하지 않았다는 자신의 주장을 뒷받침하기 위해 SL이 인용한 보도는 거꾸로 SL의 주장이 틀렸다는 것을 증명하고 있다.

## 옐친의 승리: 반혁명의 승리

쿠데타 진행 과정에 대한 자세한 내막은 아직도 완전히 밝혀지지 않았다. 그러나 쿠데타 주동자들의 소심함과 무능력을 이들의 부하들이 명령을 거부한 것과 대비시키는 것은 오류일 것이다. 이 두 현상은 서로 대비되기는커녕 서로를 보충해준다. 국가비상위원회의 인물들은 1930년대 스탈린주의자들과는 다르다. 이들은 기가 꺾여 중앙 집중적 권한을 완화하고 시장의 작동에 더 많은 여지를 줄 수밖에 없는 불가피성을 이미 받아들였다. 이 때문에 이들의 행동 의지는 약화되어 있었다. 이들과 옐친의 차이점은 명확했

다: 이들은 관료적 통치를 계속 유지하는 가운데 시장 '개혁'을 허용하고자 했다. 위험에 처한 국가중앙기구를 방어하기 위해 공격에 나서야겠다고 이들이 결심했을 때는 이미 국가중앙기구는 한참 썩어 있었기 때문에 더 이상 군대의 무조건적인 충성을 기대할 수 없었다. 이 요인들은 서로를 강화시켜 결국 쿠데타의 황당한 실패로 결말이 났다. SL은 국가비상위원회와 옐친의 명백한 공통분모를 과도하게 강조하여 이들의 갈등이 소련 국가권력의 운명에 대한 투쟁으로 귀결되었다는 사실을 숨기고 있다.

쿠데타의 실패로 관료적 통치의 근간인 스탈린주의 국가기구는 영원히 회복될 수 없는 손상을 입었다. 스탈린주의자들이 '반혁명의 수문'을 계속 닫아놓으려고 마지막 시도를 했을 때 SL은 이들과 군사적 동맹을 맺기를 거부했다. 그리고 이제 이 판단착오를 합리화하기 위해 구소련이 심각하게 약화되어 위험에 처해 있으나 여전히 노동자 국가라고 주장한다. 이들의 모습은 악명 높은 애완동물 가게 주인이 손님을 안심시킨 일화를 생각나게 한다. 손님이 최근에 구입한 앵무새가 새장 바닥에 누워 움직이지 않는다. 그러자 손님은 환불을 요구한다. 그러자 가게 주인은 이렇게 주장한다: 앵무새는 죽지 않았습니다. 다만 움직이지 않고 잠을 자면서 휴식을 취하고 있을 뿐입니다.

SL은 구소련이 아직도 노동자 국가라고 단순히 주장할 뿐 이 주장을 증명하려는 시도를 진지하게 하지 않고 있다. 공개토론회에서나 개인적으로 이들은 다양한, 그러나 서로 모순되는 설명들을 제시할 뿐이다.

우선, 이들은 구소련 경제의 대부분이 아직 사유화되지 않았으며 공식적으로는 국가 소유로 남아 있다고 지적한다. 그러나 자본주의는 정부의 포고령으로 복귀하지 않는다. 70년이 넘게 구축된 구조와 조직형태와 삶의 습관들을 무너뜨려야 한다. 1937년 11월 트로츠키는 이렇게 말했다.

> 소비에트 지배의 첫 몇 달 동안 프롤레타리아트는 부르주아 경제의 기초 위에서 통치를 했다. …… 소련에서 부르주아지의 반혁명이 성공한다고 해도, 긴 기간 동안 새로운 정권은 자신의 기초를 국유화된 경제에 둘 수밖에 없을 것이다.
>
> —「노동자 국가도 아니고, 부르주아 국가도 아니라고?」

옐친, 크라프추크 등의 승리는 이후 정치권력이 생산수단의 사적소유를 명확히 복귀시키는 데 헌신할 자들의 것이라는 것을 의미한다. 따라서 이들의 승리는 반혁명 세력의 승리인 것이다.

이런 주장에 마주치면 SL 조직원들은 뒷걸음치면서 '옐친은 친자본주의 정권을 주도하고 있으나 아직도 국가기구를 장악하지 못했다'고 주장한다. 1992년 2월 뉴욕 시에서 열린 SL 주최 공개토론회에서 구소련 군대의 해체를 항의하는 5천여 장교들이 1992년 1월 크렘린 궁 앞에서 시위를 벌인 사실을 SL은 강조했다. 노동계급의 대대적인 공세는 장교들을 분열시켜 상당수가 노동계급의 편으로 넘어올 수 있다고 SL은 주장한다. 이런 사태가 실제로 벌어질 경우 이것은 노동계급의 정치혁명이라는 것이다. SL은 여전히 선전물을 통해 노동계급이 정치혁명을 완수하여 스탈린주의 관료집단을 타도할 것을 주장하고 있다.

이런 종류의 주장은 지금 진행 중인 자본주의 복귀 과정에서 불가피하게 존재하는 불안정을 악용하고 있다. 소련의 해체로 등장한 정권들은 확고히 안착된 부르주아 국가를 통치하지 않는다. 러시아와 우크라이나 등은 완성된 자본주의 국가가 아니다. 옐친의 통치력은 허약하다. 그러나 그의 일당은 새로 손에 넣은 권력을 십분 활용하여 반혁명을 추진하고 있다. 현재 제국주의 세력, 페레스트로이카 백만장자, 암시장 마피아 등이 크렘린 궁의 정책을 주도하고 있다. 구소련 관료들의 다수는 국가 소유 재산들을 대대적으로 도둑질하고 있다. 옐친의 부하들은 군대의 최고 지위를 차지하고 있다. 《노동자 전위》가 보도했듯이 1992년 3월 소련의 복구를 촉구하는 시위대에 대해 모스크바 경찰은 주저 없이 폭력을 행사하여 유혈사태를 초래했다. 1년 전만 하더라도 국가계획위원회는 계획 지시를 하달했고 군대와 경찰의 합동 순찰대는 거리로 나서서 암시장 투기꾼들을 괴롭히고 페레스트로이카 폭리꾼들을 체포하고 이들의 재산을 압류했다. 이제 국가계획위원회는 존재하지 않을 뿐 아니라 폭리꾼들과 백만장자들이 주인 행세를 하고 있다.

반혁명은 완전히 정착되지 않았지만 승리하고 있다. 국가권력 장악을 위해 다시 상승하는 노동자 투쟁은 성숙된 자본주의 국가보다 현재의 러시아에서 훨씬 적은 저항에 직면할 것이다. 그러나 노동계급 혁명은 암시장 마피아를 일소하고 군대와 경찰기구에서 옐친 추종자들을 제압해야 한다.

또한 사유화 추세를 역전시켜 중앙 집중적 계획경제를 회복시켜야 한다. 한 달 한 달이 지나갈 때마다 노동계급 혁명이 직면할 과제는 더욱더 정치혁명이 아니라 사회혁명의 성격을 띠고 있다.

SL은 우리가 소련을 방어할 의무에서 벗어나기 위해 노동자 국가가 멸망했다고 우긴다고 주장한다. 이 주장은 표면적으로도 너무 황당하다. 제국주의 부르주아 계급은 소련 노동자 국가가 멸망했다는 사실에 기초해 행동하고 있다. 마르크스주의자들도 이 쓰디쓴 진실을 인정해야 한다. 반혁명의 대세에 저항하는 구소련 노동자들은 언제 국가권력이 착취자들의 손으로 넘어갔는지 알고 싶어할 것이다. 또한 이들은 자신들을 지도하기를 열망하는 자칭 트로츠키주의 조직들이 그 운명적 순간에 어떤 입장을 제시했는지를 알고 싶어할 것이다.

## 유리 안드로포프 여단—먼 옛날 먼 곳에서 일어난 일

SL은 자신들이 러시아 문제와 기형적 노동자 국가에 대한 정치에 정통하다고 항상 자랑해왔다. 그러나 이들은 스탈린 체제의 최후 위기 과정 내내 언제나 사태를 잘못 파악하고 있었다. 1989년 후반 동독에서 스탈린주의 정권에 저항하는 봉기가 일어났을 때 이들은 '노동자 정치혁명'이 시작되었다고 선언했다. 자본주의 통일에 대해 노동계급이 충분히 강력하게 저항하여 집권 통일사회당이 분열을 일으켜 이 중 상당 부분이 집단적 소유를 방어하는 노동계급을 지지할 것으로 생각했다. 이 전망에 기초하여 SL/ICL은 많은 자금과 동원 가능한 모든 중핵들을 투입하여 사태에 개입했다. 1990년 1월 통일사회당이 SL의 제안을 받아들여 동베를린의 트렙토우 공원에서 반파시즘 시위를 주최했을 때 SL의 위대한 지도자 제임스 로버트슨은 혁명의 성공에 대해 환상에 사로잡혀 당시 통일사회당 당수였던 그레고르 기지와 회담을 주선하려 했다. 이 시도는 성공하지 못했다.

그러나 기대되었던 정치혁명은 일어나지 않았다. 자본주의 흡수통일에 저항하는 대신 동독의 스탈린주의자들은 친자본주의 정당들과 연합하여 동독을 청산시켜버렸다. 동독 의회선거가 3월에 열렸을 때 통일을 위한 준비는 이미 완료되어 있었다. 그러나 SL은 여전히 노동자 정치혁명이 진행 중이라는 환상을 고집하여 노동자와 병사 들이 곧 소비에트를 수립하여 공장을 점거하고 허약한 친자본주의 정권에 맞서 이중권력을 수립할 것이라고 주장했다. SL/ICL 지도부는 수십만 노동자들이 선거에서 자신을 지지하여 자신들이 사회주의를 지향하는 노동자들의 지도부로 곧 격상될 것이라고 기대했다. 그러나 자신들이 내세운 후보들이 독일맥주애호연합의 후보보다 훨씬 더 적은 득표를 기록했을 때 이들은 진짜 대재앙에 빠졌다. 독일의 대참패는 8월 쿠데타에 대한 SL의 중립 입장을 초래한 직접적 원인이었을 것이다. 독일의 결과는 SL이 그 동안 스탈린주의 정권들에 대해 병적으로 호의를 보인 편향의 절정이었다. 트로츠키주의자들은 제국주의의 공세와 내부 반혁명 기도에 반대해 스탈린주의자들과 군사적 동맹을 맺어왔다. 그러나 퇴보한/기형화한 노동자 국가는 스탈린주의 기생충들을 몰아내는 정치혁명에 의해서만 궁극적으로 방어될 수 있다는 사실을 인식하고 있었다.

미국 레이건 행정부 시절부터 SL은 군사적 방어와 정치적 지지의 분리선을 너무 자주 침범했다. 1983년 수도 워싱턴에서 열린 KKK단 반대 시위에 동원된 SL의 시위대 이름은 당시 소련 공산당 총서기 안드로포프의 이름을 따서 유리 안드로포프 여단이었다. 그러나 안드로포프는 1956년 헝가리 노동자 정치혁명 때 투쟁을 진압한 장본인이었다. 안드로포프가 사망하자 《노동자 전위》는 일면에 그를 칭송하는 부고와 시를 실었다. 폴란드의 스탈린주의 독재자 야루젤스키 장군의 사진은 SL 뉴욕 본부의 벽을 장식했다. 그리고 아프가니스탄에 진주한 소련군의 군사적 승리를 촉구하는 대신 SL은 크렘린 궁의 개입을 '환호했다'.

그러나 1989년 동유럽 전역에서 스탈린주의 정권들이 처참하게 붕괴하자 SL의 스탈린주의 정권지지 편향은 대단히 당혹스러운 일이 아닐 수 없었다. 8월 모스크바 쿠데타가 일어나기 몇 개월 전 《노동자 전위》는 옐친 진영과 SL이 '애국주의자'라고 단순히 부른 관료집단의 보수파 진영 사이에서 어느 쪽도 지지하지 않는 중용 노선을 걷고 있었다.

소련의 노동자들은 '민주주의자'와 '애국주의자' 사이의 잘못된 구분을 초월해야 한다. 이 두 분파는 반동적이며 기생적인 스탈린주의 관료집단의 최종적 퇴보의 산물일 뿐이다. 두 분파 모두 세계 자본주의의 이해를 위해 노동계급을 억압하는 적들이다.

—《노동자 전위》, 1991년 3월 15일

이 "잘못된 구분"이 노동자들이 편을 들어야 할 대결로 나타날 수도 있다는 가능성을《노동자 전위》는 단 한 번도 언급하지 않았다. 그리고 대결이 정말 8월에 나타났을 때 SL은 과거 주장했던 스탈린주의 정권에 대한 정치적 지지 경향에서 극단적으로 이탈하였다. 그리고 공공연한 반혁명 세력에 대항해 스탈린주의자들과 군사적 동맹을 맺어야 하는 트로츠키주의자들의 초보적인 전술적 의무를 방기해버렸다. 8월 쿠데타에 대한 SL의 부끄러운 중립 선언과 소련이라는 노동자 국가가 멸망했음으로 인정하기를 거부한 이들의 태도는 이들이 그 동안 보유하고 있다고 자임해온 혁명적 지도력의 허세가 얼마나 공허한 것인지를 증명하고 있다.

## 제4인터내셔널의 부활을 위해!

지금부터 50년도 더 전에 트로츠키는 노동계급의 혁명 지도력을 확립하는 투쟁은 궁극적으로 인류 문화의 생존을 위한 투쟁이라고 말한 바 있다. 노동계급의 새로운 혁명 지도부를 수립하기 위해서는 무엇보다 사회주의에 헌신하는 투사들의 의식적인 노력이 있어야 한다. 진지한 사회주의자들은 모두 러시아 혁명 이후 74년이 지나는 동안 우리가 경험한 승리, 퇴보, 사실상의 멸망 등과 관련된 교훈들을 흡수해야 한다. 현재 혁명적 마르크스주의 세력은 아주 미약하다. 그러나 강령적 명확성을 위해 투쟁하려는 혁명적 의지와 적극성이 결합될 경우 혁명 중핵들은 다시 결집되어 다시 한 번 세계를 뒤흔들 것이다. 이 혁명적 재편은 트로츠키주의의 권위를 거짓 주장하는 온갖 개량주의·중도주의 약장수들의 혼란, 동요, 배신을 정치적으로 폭로하는 것에서 시작된다. 격렬한 정치투쟁, 분열과 통합의 과정을 통해 사회주의 혁명을 위한 세계정당, 즉 제4인터내셔널은 부활할 것이다!

# 모든 정치 색깔이 공존했다

All Shades of Political Thought

국제볼셰비키그룹★2003년

## 소련의 관료 지배층은 계급이 아니었다

트로츠키는 1930년대 소련 스탈린주의 관료 지배층의 정치적·사회적 성격을 분석하였다. 특히 그는 관료집단의 '단일 체제적' 통일성의 외양 뒤에 감추어져 있던 정치적 이질성을 크게 강조했다. 제4인터내셔널의 1938년 창립 문서인 「이행 강령」에서 트로츠키는 이렇게 말했다. "모든 정치 색깔이 소련 관료집단에 공존했다: 이그니스 라이스의 진정한 볼셰비키주의부터 부텐코의 완벽한 파시즘까지 모든 정치 스펙트럼이 존재했다."

라이스는 서유럽에 파견된 소련의 정보원이었다. 그는 1937년 7월 제4인터내셔널의 노선을 공식 지지한 후 몇 주 후에 스탈린주의 요원에게 살해당했다. 부텐코는 소련의 외교관이었는데 1938년 초 무솔리니가 정권을 잡고 있던 이탈리아로 도망쳤다. 스탈린주의 관료집단과 자본주의 반혁명의 공공연한 대리 세력인 '부텐코 분파'가 서로 충돌할 경우 관료집단 내부의 극소수 혁명 분자들 즉 '라이스 분파'는 일시적으로 스탈린주의자들과 동맹을 맺어야 한다고 트로츠키는 주장했다.

소련 관료집단에 대한 트로츠키의 분석은 1991년 8월 러시아 반혁명의 승리 때까지의 모든 정치 사건들을 통해 확실히 입증되었다. 1930년대 스탈린의 피의 숙청으로 트로츠키주의 좌익반대파와 레닌의 볼셰비키당의 중핵들 대부분이 제거되었지만 관료집단 최상층은 아래로부터의 대중 반란에 대해 조금도 걱정을 누그러뜨리지 못했다.

1962년 6월 남부 러시아의 노보체르카스크에서 물가인상에 항의하는 인민들의 봉기가 일어났다. 이에 소련 공산당 지도부는 크게 동요했다. 이 저항운동은 이 도시의 전기기관차 공장을 중심으로 일어났다. 6월 21일 중앙광장에서 열린 집회에서 군대가 발포를 해 수십 명을 학살했다. 봉기를 진압한 후 스탈린주의 관료들은 일곱 명의 '선동자들'을 총살시켰으며 더 많은 수의 가담자들을 감옥에 처넣었다. 소련 비밀경찰은 목격자들에게 이 사건을 발설할 경우 장기 징역형에 처할 것이라고 엄포를 놓아 이 사건에 대한 모든 정보를 차단시키려 했다.

레오니드 브레즈네프의 사망 후 1980년대 초 잠시 정권을 잡았던 유리 안드로포프는 정권에 저항하는 대중 봉기를 두려워했다고 그의 보좌관 한 명이 전했다(마이클 엘먼과 블라디미르 콘트로비치가 함께 쓴『소련 경제 체제의 붕괴』참조). 1956년 헝가리의 노동자 정치혁명을 진압한 장본인이었던 그는 인민 봉기에 직면할 경우 관료집단의 정권이 위태로울 것이라는 사실을 잘 알고 있었다.

## 고르바초프 그리고 부텐코 분파

1985년 소련 공산당 서기장이 된 미하일 고르바초프는 소련 경제를 살리겠다고 맹세했다. 그러나 '시장 사회주의', 즉 이윤 생산체제를 도입해야만 소련이 살아남을 수 있다는 결론에 도달했다. 그의 경제정책인 페레스트로이카는 국가기구의 보수 분자들로부터 상당한 저항을 받았다. 이에 고르바초프는 당의 이데올로기 독점을 철폐하고 모든 정치적 표현을 허용하는 개방정책인 글라스노스트를 시행했다.

1988년 후반기에 공식 소련 언론에 마르크스주의를 공개적으로 비판하는 논문이 최초로 등장했다. 이제 글라스노스트의 한계가 시험대에 올랐다. 이 논문의 저자는 알렉산드로 지프코였다. 그는 고르바초프의 임기 초반에 그의 연설문 초안을 작성했다. 그는 자랑스럽게 당시를 이렇게 회상했다.

《나우카 이 지즌》지에 실린 나의 논문들은 공식 이데올로기의 방벽에 도전하는 것으로 널리 인식되었다. 나의 글들은 마르크스주의에 대한 공개적인 최초의 도전이었고 백군의 노선에 기초해 있었다. …… 1년 전만 하더라도 10월 혁명 70주년을 기념했던 세계 공산주의의 아성인 소련에서 나는 공식 언론에 나름의 견해를 표명했다. 당시 나는 공산당원이었을 뿐 아니라 당 중앙위원회 국제부 고문이었다.

—엘먼&콘트로비치, 『소련 경제 체제의 붕괴』

관료집단의 친자본주의 분자들은 점진적으로 우경화의 길을 걸었다. 이에 반해 지프코는 자신이 한평생 주관적 반혁명분자였다고 주장한다.

어린 시절부터 나는 10월 혁명 이전 시대의 책자, 잡지부터 1950년대까지 있었던 얼음을 집어넣는 냉장고 등 가정용품에 이르기까지 혁명 전의 모든 것에 대해 경외심을 가지고 있었다. 이것들은 모두 내 가족들이 조부로부터 물려받은 것이었다. 이것들은 과거 좋았던 시절에 대한 나의 신비감과 상상력을 자극했다. …… 내전에 대한 영화를 볼 때마다 나는 언제나 백군을 응원했다. 물론 나는 그 영화들을 좋아하지 않았다. 내가 응원하는 백군이 늘 패배했기 때문이다.

—앞의 책

1960년대 후반기에 지프코는 소련 공산당의 청년 조직이었던 콤소몰의 중앙위원이었다. 그러나 그의 학자로서의 길은 좌초했다. 당 이념가들이 그의 글 가운데에서 이단적인 표현을 발견하고 그의 박사학위 취득을 봉쇄했기 때문이었다. 그는 1983년에 안드로포프 밑에서 농업부 장관을 하고 있던 고르바초프를 만났다. 이로부터 몇 년이 지나 고르바초프의 비서실장 게오르기 스미르노프는 지프코에게 접근하여 그가 고르바초프의 연설문 초안 작성자로 일할 것을 요청했다. 스미르노프는 지프코에게 확신시켰다: 비록 공개 석상에서는 반대로 말하고 있지만 고르바초프는 60년의 '사회주의 건설'이 큰 오류였다는 점을 인식하고 있다. 지프코는 계속 이렇게 고백하고 있다.

당연히 고르바초프의 승인을 받은 후 스미르노프는 나에게 자신의 이단적 견해를 고백했다. 서기장이 공식 발언과는 다른 생각을 품고 있다는 사실을 내가 떠들고 다니지 않을 것이라는 것을 그는 잘 알고 있었다. 우리의 생각을 공개할 때가 아직 오지 않았으며 항상 조심하면서 고르바초프를 지지해야 한다고 그가 구태여 나에게 얘기할 필요는 없었다.

—앞의 책

1986년 11월 고르바초프는 지프코를 사회주의국가부의 직책에 앉혔다.

나는 마치 비밀결사조직의 신입회원 같은 느낌을 받았다. 그리고 고르바초프의 이데올로기적 유연성에는 한계가 없다는 것을 실감했다. 그러나 1988년 후반기와 89년 상반기에 《나우카 이 지즌》에 반공주의 논문을 발표한 이유는 …… 당시 지적인 분위기가 급변하고 있었으며 진실을 말과 글로 표현할 새로운 기회가 왔다는 인식 때문이었다. …… 당시에는 실감하지 못했지만 《나우카 이 지즌》의 1988년 11월호는 당 중앙위원회의 이데올로기적 견고성을 시험했다. 나는 글을 통해 공산주의에 대한 신념은 약점이거나 낭만주의적 환각일 뿐 아니라 인류와 국가에 대한 커다란 죄악임을 밝혔다. …… 우리 사회의 구조는 잘못된 기초 위에 수립되었다. 집단화와 볼셰비키주의의 영감을 받은 러시아 민족의 자기 멸망은 마르크스주의에 그 뿌리를 두고 있다.

—앞의 책

그러나 소련 공산당 중앙위원회에는 지프코와 같은 성향을 가지고 있는 분자들이 많았다.

당 중앙위원회와 국제부에서 나는 국제관계 모스크바국립연구소 출신자들에게 둘러싸여 있었다. 이들은 마르크스의 역사 전망이 틀렸으며 사회주의 실험은 모두 헛수고에 불과하다고 생각하고 있었다. 코민테른 지도자이자 체코 공산당 창시자의 아들이었던 고(故) 얀 스메랄은 마르크스주의와 단절할 수 없었다. 그를 제외하고 당 중앙위원회에서 나를 둘러싸고 있던 인물들은 모두 마르크스주의의 운명에 대해 아주 무관심했다. 그러나 이들은 이후에 일어난 사태에 두려움을 가지고 있었다. 즉 페레스트로이카가 큰 혼란을 초래하여 전혀 예측할 수 없는 결과를 가져올지 모른다고 이들은 우려했다. 그러나 이미 나는 1987년 초에 동료 고문들과 그 가능성에 대해 논의했었다.

—앞의 책

## '붉은 10월'의 진상

2000년 9월 영국의 채널4TV 방송국은 발레리 사블린에 대한 얘기를 담은 다큐 프로그램을 방영했다. 사블린은 '라이스 분파'의 일원으로 지프코 일당과는 천적 관계였다. 이 다큐 프로그램의 제목은 "선상반란: 붉은 10월의 진상"으로, 1975년에 소련의 미사일 구축함 스토로제보이 호에서 발생했던 반란을 다루었다. 이 사건은 탐 클랜시가 1984년에 출간한 소설『붉은 10월』의 기초가 되었으며 같은 이름의 영화도 나왔다.

클랜시의 소설에 의하면 러시아의 잠수함 함장 마르코 라이무스는 잠수함의 정치장교가 사망하자 서방으로 탈출을 시도한다. 이 소설보다 인기는 떨어졌지만 '진실에 더 가깝다'고 주장되었던 소설은『붉은 깃발의 선상반란』이다. 이 소설의 저자 앤드루 오루어키는 사블린과 그의 군함의 진짜 이름을 사용했으며 이야기의 배경도 북대서양이 아니라 발트해로 잡고 있다. 그러나 이런 세부 사항들은 논외로 하더라도 이 소설은 클랜시의 소설만큼 진실과 거리가 멀다. 이 소설의 뒷표지는 추천광고를 이런 문구로 장식하고 있다.

정부의 폭정과 서방으로 탈출한 애인인 볼쇼이 발레단의 발레리나가 동기로 작용하여 사블린은 자신의 배신적 행위가 가져올 도덕적 정치적 영향을 깊이 계산한 끝에 자신의 군함을 스웨덴의 항구로 향하게 했다.

오루어키와 클랜시가 뱉어낸 저질 냉전 선전 소설과는 달리 사블린의 행동은 진짜 중대하고 심각한 결과를 가져왔다.

1975년 11월 8일 스토로제보이 호의 정치장교인 발레리 사블린은 선장을 감금하고 군함을 장악했다. 그러나 그는 서방으로 탈출하기 위해 스웨덴으로 향하지 않았다. 그는 군함을 레닌그라드(지금의 페테르부르크)로 향하게 했으며 거기서 인민 봉기를 일으켜 부패한 독재권력인 스탈린주의 관료집단을 타도하고 진정한 사회주의 정권을 수립하고자 했다.

러시아 수병들의 혁명 전통에 자부심을 가지고 있었던 열렬한 마르크스주의자 사블린은 〈전함 포템킨〉이 다룬 1905년의 선상반란에 특히 감명을 받았다. 할아버지와 아버지 모두 소련 해군에 복무했던 집안 출신인 사블린은 1955년, 16세의 어린 나이에 레닌그라드의 프룬제 해군사관학교에 입학했다. 그는 곧 이 학교의 콤소몰 대표로 선출되었다. 그의 학급 동료였던 알렉세이 리알린은 당시를 이렇게 회상했다.

우리는 모두 사회주의와 공산주의 도덕률을 준수하도록 교육받았다. 우리 모두는 그것의 가치를 신봉했다. 그 중에서도 특히 사블린은 고매한 인품을 가지고 있어서 이 이상을 행동으로 옮기고자 했다.

마르크스주의의 평등주의 이상과 '현실 사회주의'의 엄격한 위계질서와 특권 사이의 간극에 대해 사블린은 크게 충격을 받았다. 선상반란 전날 밤 사블린은 자기 부인에게 편지를 보내 자신의 결정에 대해 설명했다.

나는 왜 이런 행동을 할까? 바로 내가 삶을 사랑하기 때문이야. 편안한 부르주아의 삶이 아니라 모든 정직한 사람들에게 진정한 즐거움을 불어넣는 밝고 진실된 삶을 나는 사랑해. 나는 확신해. 58년 전인 1917년과 같이 이 나라에는 혁명 의식이 빛을 발하고 우리는 공산주의를 성취할 거야.

1959년 사관생도의 신분으로 사블린은 공산당 서기장 흐루쇼프에게 편지를 보내 소련체제의 불평등에 대해 항의했다. 그는 이 분별 없는 행위로 심한 견책을 당했다. 그러나 출중한 장교가 될 자질이 인정되었기 때문에 그는 졸업을 할 수 있었다.

사블린은 1969년 30세의 나이에 구축함 함장 자리를 제의받았다. 그러나 그는 고급 이데올로기 연구 과정을 밟기 위해 레닌정치학교에 입학하여 친구들과 가족들을 놀라게 했다. 당시를 회상하며 그의 동생인 보리스 사블린은 발레리가 관료집단 체제를 무너뜨리기 위해 이 체제의 작동 시스템을 알고자 했다고 추측했다. 정치학교에서 마르크스, 엥겔스, 레닌을 연구하면서 사블린은 1917년 노동자 혁명이 어떻게 반노동계급적 정치독재체제로 변질되었는지를 해명하고자 했다. 또 다른 동생인 니콜라이는 발레리가 이 정예 정치학교에서도 정보와 책에 대한 접근이 대단히 제한되고 있다는 사실에 매우 실망했다고 말했다. 레닌의 『국가와 혁명』에 개진된 사상과 소련 현실 사이의 엄청난 간극에 주목한 사블린은 '이 체제는 내부에서 파괴해야 한다'는 결론을 내렸다.

1973년 사블린은 함장 아나톨리 푸토르니가 이끄는 스토로제보이 호에 배속되어 정치장교 겸 부함장이 되었다. 정치장교의 임무 가운데 하나는 군함에 배속된 수병과 장교 들에게 '마르크스-레닌주의'를 강의하는 것이었다. 그는 1905년과 1917년 혁명 그리고 이 혁명에서 혁명적 수병들이 맡았던 역할에 대해 대단한 열정을 가지고 있었다. 그로 인해 그의 강연은 다른 정치장교들의 강연보다 훨씬 더 큰 호응을 얻었다.

1975년 11월 8일 스토로제보이 호는 발트해의 항구 리가에 정박해 있었다. 여기서 10월 혁명 기념식이 열렸다. 자신의 계획을 실행에 옮길 순간이 바로 이때라고 사블린은 판단했다. 그의 계획은 레닌그라드로 항해하여 거기에서 배의 라디오를 이용하여 민간인 라디오 주파수로 소련 공산당에 대한 인민 봉기를 호소하고 새로운 진정한 사회주의 체제를 수립하는 것이었다.

이보다 며칠 전에 사블린은 수병 가운데 샤샤 쉐인을 동지로 만들었다. 이들은 함장을 감금하고 세르게이 에이젠슈타인의 1925년 무성영화 〈전함 포템킨〉을 상영했다. 영화 관람 중에 그는 자신의 계획을 16명의 장교들에게 설명하고 이들의 지지를 구했다. 놀랍게도 이들 중 8명이 목숨을 걸겠다고 나섰다. 쉐인의 뒤를 따라 수병들은 모두 반란에 나섰다.

한편 반란에 반대한 하급장교 가운데 하나가 배가 리가에 정박 중일 때 탈출하여 곧장 당국에 반란 계획을 고발했다. 이 시점에서 사블린은 반란을 포기할 것을 고려했다. 그러나 수병들이 끝까지 반란을 결행할 것을 주장하여 11월 9일 오전 10시에 군함은 레닌그라드로 향했다.

사블린은 레닌그라드에 도착하기 전에 소련의 노동계급에게 라디오 방송으로 봉기를 호소하기로 결심했다. 불행하게도 봉기에 반대한 함정의 라디오 요원이 사블린의 연설을 암호로 방송하여 해군 수뇌부만이 들을 수 있게 만들었다. 공산당 서기장 브레즈네프는 한밤중에 잠자리에서 깨어나 반란을 보고 받았다. 그는 군함을 나포하되 필요하면 침몰시키라고 명령했다. 63대의 비행기와 13척의 군함이 반란 군함을 찾기 위해 출동했다. 소련비밀경찰은 처음에는 노동자들을 향한 방송이 속임수일 것이며 군함이 진짜 향하고 있는 곳은 스웨덴일 것으로 생각했다. 동이 틀 무렵 소련의 해안경비정이 반란 군함을 발견했다. 비밀경찰은 군함을 향해, 즉시 멈추면 죄를 사해주겠다고 제안했다. 그러나 사블린은 이 제의를 거부했다. 또한 자신들은 배신자가 아니며 서방으로 탈출할 의사가 없음을 분명히 했다.

스토로제보이 호에 맨 먼저 도달한 발트 해 함대 소속 비행기들은 군함에 대한 발사 명령을 거부했다. 이에 국방장관 안드레이 그레츠코는 노발대발하고 즉시 명령을 이행할 것을 지시했다. 그레츠코는 1953년 동독 노동자들의 봉기 진압 당시 소련군 지휘관이었다. 두 번째 출격한 비행기들은 폭탄을 군함에 떨어뜨려 선체에 손상을 가했다. 군함은 기동력을 상실하고 정지했다.

이때 치구(治具)가 올라간 것을 알아챈 일부 수병들이 함장 푸토르니를 풀어주었다. 함장은 곧바로 함교로 달려가 사블린의 다리에 권총을 쏬다. 그리고 곧바로 그는 당국에게 군함이 자신의 통제하에 들어왔음을 알렸다. 비밀경찰 요원들과 공수부대원이 군함에 올라가는 것으로 반란은 시작한 지 여섯 시간 만에 끝이 났다.

리가로 다시 돌아가는 길에 반란군을 감시하던 공수부대 장교가 샤샤 쉐인에게 물었다. "왜 이런 짓을 했는가? 너희들은 군인 서약을 어겼다." 이에 대해 쉐인은 이렇게 대답했다. "우리가 사는 꼴을 보라! 이것이 제대로 된 삶인가? 인민이 정말 이렇게 살아야 된다고 생각하는가? 지배층이 하는 말은 거대한 거짓말에 불과하다." 장교는 이 말에 아무 대답도 하지 않았으나 쉐인은 그가 자신의 말에 동의하고 있음을 알 수 있었다.

스토로제보이 호가 리가에 도착하자 비밀경찰은 반란에 반대한 장교들을 포함해 이 군함의 수병과 장교 모두를 체포했다. 당국은 이 극적인 사건에 대한 소식을 차단하려고 애썼으나 이미 '제2의 전함 포템킨'에 대한 소문이 리가에 퍼지고 있었다. 실패하기는 했으나 '공산' 당에 대한 사회주의 반란 소식이 가져올 정치적 위험성이 두려워 비밀경찰은 군함이 스웨덴으로 탈출하려 했다는 거짓 정보를 유출시켰다. 이 거짓 정보는 곧 서방의 정보기관들에 의해 포착되어 클랜시의 소설의 기초가 되었다. 사블린, 쉐인 그리고 14명의 반란 가담자들은 비밀경찰의 가혹한 심문을 받았다. 비밀경찰은 이 반란의 배후에 비밀조직이 있을 것이라고 생각하고 그 조직을 찾는 데 관심을 쏟았다.

사블린은 9개월간 매일 심문을 받았다. 결국 그는 '조국 배반죄'로 기소되어 유죄 판결을 받았다. 보통 이런 기소 내용은 15년 징역형을 받는 것이 일반적이었으나 브레즈네프는 개인적으로 개입하여 사블린의 사형을 요구했다. 쉐인은 8년 징역형을 언도 받았다.

## 발레리 사블린: 노동계급의 영웅

사블린을 처형하는 것으로 만족하지 못한 소련의 관료집단은 그를 친제국주의 배신자로 비방하여 그의 이름을 더럽혔다. 러시아 역사학자 미콜라이 체르카쉰은 이렇게 설명했다.

> 이 술책은 당국에게는 아주 편리했다. 사블린의 이름을 더럽힌 후 그를 잡범으로 처리하면 되었기 때문이다. 또는 금전적인 문제로 서방으로 탈출을 기도한 자로 몰면 되었다. 이러한 술수들은 이 사건의 의의를 축소시켰기 때문에 편리했다. 그의 행위는 반란이나 봉기가 아니라 단순히 범죄에 불과했다고 말하면 되었다.

미국 영화계가 숀 코넬리 주연의 영화 〈붉은 10월〉을 출시했던 1990년이 되어서야 러시아의 인민은 이 사건의 진상을 알게 되었다. 그러나 부르주아 영화 거물들은 반란의 진상을 밝히는 데에는 브레즈네프만큼이나 관심이 없었다.

발레리 사블린의 행동은 대단한 용기와 혁명 의지를 필요로 했다. 스탈린주의 경찰조직이 소련의 지하 혁명조직을 색출하는 데 엄청난 자원을 투여하고 있다는 것을 당연히 알고 있었던 사블린은 기습 공격이 유일한 가능성이라고 생각했다.

수년간 품어온 사블린의 결의는 오늘날 혁명가들을 감명시키기에 충분하다. 그러나 스토로제보이 호의 반란은 아무리 영웅적이었어도 개인적 행위의 한계를 드러내고 있다. 함께 행동할 중핵이 형성되지 않았고 스탈린주의 체제에 반대한 볼셰비키-레닌주의 이전 세대들의 투쟁과 연결되지 않은 상황에서 사블린의 고립된 행위는 처음부터 실패가 예정된 것이었다. 일상적 행위와 사고의 습관이 이미 흔들린 일반화된 정치위기의 상황에서만 이런 종류의 개인적 행위는 보다 광범위한 투쟁의 물결을 촉발시킬 수 있다.

보리스 옐친의 승리로 끝난 스탈린주의 '강경파'의 1991년 8월 쿠데타는 정치위기의 상황에서 터진 기습공격의 한 예다. 이 사건의 교훈을 당시 우리는 이렇게 표현했다.

> 허약하고 동요하던 쿠데타 음모자들이 옐친의 오합지졸 지지자들과 대치하고 있었을 때 상대적으로 아주 규모가 작은 혁명 그룹이 개입했어도 사태를 결정하는 데 큰 힘을 발휘했을 것이다. 집단적 소유체제를 노동자 권력의 민주적 기관으로 보존시키는 데 헌신하는 트로츠키 그룹에게 양측 모두가 보인 허약성과 혼란은 하나의 기회였다. 러시아 의사당 내부와 주변에 모여 있던 백 명 정도의 가볍게 무장한 옐친 지지자들을 공격하여 이들을 해산시키는 것이 당시 쿠데타 첫 며칠간의 전술이 될 수 있었을 것이다. 반혁명 세력에 대한 결의에 찬 공격은 페레스트로이카에 염증을 느끼고 있던 노동계급의 광범위한 지지를 받았을 것이다. 또한 이 공격은 군대의 상당 부위의 공감을 받아 사회주의를 지지하는 부위의 적극적 지지를 추동시켰을 것이다. 쿠데타를 일으키고 허둥지둥하던 스탈린주의자들은 이 '지원'을 받아들이는 수밖에 없었을 것이다. 물론 노동자 권력의 이름으로 시작된 이 지원은 결국 쿠데타 세력들을 쓸어버렸을 것이다. 먼저 옐친의 반혁명 오합지졸을 해산시킨 후 모든 공장, 병영, 노동계급 주거지구의 대표들을 러시아 의사당에 결집시켜 진짜 민주적인 모스크바 소비에트를 수립할 수 있었을 것이다.

—《1917》 제11호

1991년 8월 19일 세르게이 예브도키모프 소령은 쿠데타 주동자들의 명령을 받아 옐친의 반혁명 본부 앞에 열 대의 탱크를 출동시켰다. 그의 일화는 주요한 역사적 사건들이 결정적 순간에 개인의 결정에 따라 운명을 달리하는 방식을 잘 보여준다. 옐친의 지지자들은 그에게 러시아연방의 대통령 옐친을 제거하라는 명령이 떨어지면 어떻게 할 것이냐고 물었다. 그러자 그는 명령에 따를 것이라고 말했다. 그러나 옐친의 지지자들에게 둘러싸여 세 시간 동안 설득을 당한 그는, 옐친이 쿠데타 직후 국방장관으로 임명한 코베츠 장군과 아프간전쟁 영웅이었던 러시아연방의 부통령 루츠코이를 만났다. 그리고 이들을 지지하겠다고 약속했다. 탱크를 반대편으로 돌리겠다고 결정한 예브도키모프 소령의 판단은 쿠데타 세력의 패배를 결정했다. 그의 행동은 옐친 지지자들을 고무시켰고 대신 '비상위원회'의 쿠데타 지도자들을 낙담에 빠뜨렸다.

옐친 지지 세력의 핵심이었던 야바위꾼들과 암시장 모리배들은 이후 부자가 됐다. 그러나 직업군인이었던 예브도키모프는 운이 따르지 않았다.

상관이 나에게 "자네는 곧 국방장관이 될 거야"라고 말했을 때 나는 문제가 커질 것이라고 생각했다. 그는 쓴웃음을 지으며 이렇게 말했다. "그때부터 직업군인 경력이 끝났다는 걸 알게 되겠지." 상관들의 질책을 몇 달간 받은 후 예브도키모프 소령은 전근을 요청했다. 그러나 승진은 되지 않았다.

—《토론토 스타》, 2001년 8월 14일

현재 예브도키모프는 실업자 신세다. 그러나 반혁명에 의해 고통을 당한 수천만 인민과는 달리 그는 자신의 무덤을 스스로 판 장본인이었다. 장교들이 반혁명의 '영웅'이었던 그를 차갑게 맞이한 사실은 소련군 내부의 상당수가, 옐친을 공격하는 진지한 군사행동이 일어났다면 그에 동조했을 것임을 암시하고 있다. 이 상황에서 단 한 척의 군함이나 단 하나의 연대에서 일어난 사회주의 지지 반란은 노동자 정치혁명을 촉발시켜 옐친의 자본주의 복귀 세력이나 스탈린주의 관료 도둑놈들을 전부 일망타진시켰을 것이다.

발레리 사블린은 트로츠키가 말한 바 관료집단 내부의 '라이스 분파'의 한 예였다. 사블린을 친자본주의 배반자라고 매도했던 스탈린주의 관료들은 이미 반혁명과 타협한 지 오래되었다. 그러나 발레리 사블린의 이름은 혁명가들의 기억 속에 사회주의 미래를 위해 투쟁한 용감하고 순결한 투사로 길이 남아 있을 것이다.

스토로제보이 호의 반란 25주년을 기념하여 모인 자리에서 샤샤 쉐인은 이렇게 말했다. "어느 사회에든 고귀한 인물이 필요하다. 그런 이들이 없다면 사회가 발전할 수 있겠는가. 사블린은 이러한 고귀한 인물 중 하나였다." 사블린의 고귀한 정신은 그가 처형되기 전 아들에게 보내도록 허용된 편지에 잘 드러나 있다.

역사는 사건들을 정직하게 판단할 것이다. 너는 아버지가 한 행위에 대해 결코 부끄러움을 느끼지 않을 것이다. 이 점을 굳게 믿어라. 비판을 하면서도 행동으로 실천하지 않는 사람이 결코 되지 말아라. 이런 사람들은 위선자들이다. 자신의 신념을 행동으로 변화시킬 능력이 없는 나약하고 쓸모없는 인간들이다. 아들아, 용기를 가져라. 삶이 멋진 것이라는 믿음 속에 강한 인간이 되어라. 항상 긍정적으로 만사를 보고 혁명이 언젠가는 승리한다는 신념을 갖거라.

# 러시아, 자본주의 생지옥

Russia: A Capitalist Dystopia 국제볼셰비키그룹★2003년

1991년 8월 모스크바의 쿠데타에서 보리스 옐친의 자본주의 복귀 세력이 스탈린주의 관료집단의 잔당을 누르고 승리했다. 이때 이후 지금까지 10년 동안 구소련의 절대다수 인민은 격심한 고통과 절망을 경험했다. 자본주의를 선전하는 자들은 입심 좋게 '번영'을 약속했다. 그러나 국가 소유 재산의 큰 덩어리들을 자기 것으로 만든 자들만이 번영을 누렸을 뿐이다. 구소련 시절 상점에 늘어선 사람들의 긴 줄은 한때 경멸의 대상이었다. 그러나 지금, 궁핍함이 극에 달해 생활필수품조차 구할 수 없는 수백만의 헐벗은 러시아 인민에게 이 긴 줄은 즐거웠던 추억으로 아련히 남아 있다.

옐친은 1992년 '충격요법'을 도입하면서 짧은 순간의 고통은 몇 달 후 끝날 것이라고 약속했다. 그로부터 4년이 지난 1996년, 그는 대통령선거에서 승리하여 두 번째 임기를 시작했다. 그리고 러시아 인민을 이렇게 안심시켰다. "나는 확신합니다. 2000년에 러시아는 부강한 민주국가가 되어 있을 것입니다." 그러나 지금은 부르주아 언론도 인정한다: 구소련에 도입된 자유시장 경제체제는 사회적 대재앙을 불러들였다.

범죄와 부패는 기승을 부리고 있다. 부자와 빽이 좋은 자들은 법을 무시하며 멋대로 행세한다. 자본주의로 복귀하면서 러시아는 선진 경제권 사상 가장 심각한 불황을 기록했다.

러시아 경제는 거의 매년 마이너스 성장을 기록해왔다. 거짓 수치로 악명이 높은 공식 통계를 보더라도 10년 동안 국민총생산은 약 53퍼센트 하락했

다. …… 모스크바의 이름 있는 몇 개 건축 사업들을 제외하면 병원, 도로, 감옥, 학교, 철도 등 사회기반시설이 무너지고 있으며 열악한 상태에 있다. 러시아인들은 제대로 먹지도 입지도 못하고 있다. 이들의 주택은 형편없다. 이들은 인간 대접을 제대로 받지 못하고 있다. 러시아인들은 일찍 죽고 있으며 아기들은 너무 적게 태어나고 있다. 이것은 사회 붕괴의 가장 명확한 증거다. 10년 전에 비해 인구는 600만 명이나 줄었다.

— 《이코노미스트》, 2000년 3월 30일

## 소련의 업적

노동자 혁명이 역사상 최초이자 유일하게 승리하면서 소련이 탄생했다. 레닌과 트로츠키가 지도한 나이 어린 이 노동자 국가는 오래 지속된 내전에서 백군과 이들의 제국주의 동맹군을 물리쳤다. 국내외 자본의 몰수와 외국무역의 독점을 통해 볼셰비키 정권은 초기에 계획경제의 기초를 세웠다. 그러나 1920년대 중반 스탈린이 대표한 반(反)노동계급적 특권층의 등장으로 경제 운영은 심각하게 기형화되었다. 그럼에도 불구하고 집단소유체제는 역동성을 발휘하여 농민이 절대 다수인 국가에서 현대화된 공업국으로 소련을 변모시켰다.

냉전 시대의 선전가들은 소련을 '자유세계'를 지배하려는 불길한 전체주의 강대국으로 묘사해왔다. 이제 이들은 소련이 70년 넘게 지속되는 동안 항상 붕괴 직전의 위기에 있었다고 주장한다. 그러나 사실은 이들의 주장과 매우 다르다. 관료적 기형화에도 불구하고 소련 경제는 상당 기간 급격히 성장했다. 제국주의 국가들이 경제 대공황으로 비척대던 1928년과 1938년 사이 소련의 공업생산은 무려 600퍼센트나 증가했다(폴 케네디, 『초강대국들의 등장과 몰락』).

할리우드 영화의 내용과는 달리 제2차 세계대전의 결정적 전투는 동부전선에서 벌어졌다. 이곳에서 히틀러의 정예 사단들은 적군에게 패배하여 베를린까지 후퇴했다. 전쟁의 대대적인 참상에서 회복된 소련은 급격한 경제성장을 계속했다. 소련이 쏘아올린 세계 최초의 인공위성 스푸트니크가 1957년 성공리에 발사되자 제국주의 수뇌부는 경악했다. 미국 대통령 케네

디의 1960년 대통령선거 유세 주제의 하나는 소련의 경제성장을 따라잡자는 것이었다. 1950년대와 60년대 초까지 소련은 '제3세계' 지도자들 다수가 흠모하는 모델이었다.

사기가 저하된 좌익분자들과 부르주아 정치학도들은 '스탈린 치하 러시아는 새로운 종류의 계급사회'라고 주장했다. 그러나 관료집단의 지배체제는 일시적인 현상에 불과하다고 트로츠키는 인식했다.

> 시간이 갈수록 관료집단은 노동자 국가 내부에 존재하는 세계부르주아 계급의 기관이 된다. 이들이 집단적 소유체제를 타도하고 러시아를 자본주의로 복귀시키거나 노동계급이 이들을 타도하고 사회주의로 가는 길을 열거나 둘 중의 하나의 길이 있을 뿐이다.
>
> —「이행 강령」

스탈린주의 관료집단은 노동자 국가의 생존에 장애가 되므로 타도되어야 한다고 그는 주장했다. 그리고 사회주의 혁명가들이 자본주의 복귀에 반대하여 퇴보한 러시아 노동자 국가를 방어할 임무가 있다고 보았다. 그는 이 임무를 노동계급의 정치혁명을 통해 관료집단을 타도하고 노동계급의 직접민주주의 체제를 회복시킬 임무와 결합시켰다. 진정한 사회주의 체제는 이를 통해서만 수립될 수 있기 때문이었다.

퇴보한 노동자 국가 소련은 70여 년간 서방 제국주의의 헤게모니를 견제하는 세계적 차원의 대항 축이 되었다. 소련의 관료집단은 제국주의 세력과 '평화공존'을 원했으나 이 소망은 수포로 끝났다. 그럼에도 불구하고 소련은 반제국주의 운동의 결과 중국, 쿠바, 베트남 등에서 탄생한 기형화된 노동자 국가들의 중요한 물리적 버팀대 역할을 했다.

차르 체제의 타도가 세계노동계급의 가장 커다란 승리였던 것과 마찬가지로 소련의 자본주의 복귀는 국제노동계급 운동의 가장 심각한 패배가 될 것이라고 트로츠키는 주장했다. 구소련 인민에게 닥친 사회적 대재앙은 그의 견해가 올바르다는 사실을 충분히 증명했다.

## 페레스트로이카

1960년대 초반부터 소련의 경제성장은 뚜렷하게 둔화되기 시작했다. 사회·정치 영역의 모든 측면을 통제하려는 관료체제의 시도들이 대중의 창조성과 점점 더 크게 충돌했기 때문이다. 소련의 공업화가 절정에 달했던 1930년대에 러시아 혁명의 운명을 훌륭하게 간파한 『배반당한 혁명』에서 트로츠키는 이 상황을 이미 예측하고 있었다. 관료적 명령경제는 "창조적 자발성과 책임의식을 파괴하여 질적인 향상을 불가능하게 만든다." 그는 계속해서 이렇게 말했다.

> 관료의 명령으로 이미 존재하는 서구의 모델에 따라 거대한 공장들을 건설할 수는 있다. 그러나 이렇게 할 경우 비용은 정상적인 경우보다 세 배나 더 많아진다. 수준이 높아질수록 질적 수준을 유지하는 데 더욱더 문제가 발생한다. 질적 우수성은 관료집단의 손아귀에서 소리 없이 사라진다. 소련의 제품들은 품질에 관심 없음이라는 잿빛 상표를 달고 있는 것처럼 보인다. 국가 소유 경제에서 품질이 향상되려면 생산자와 소비자의 민주주의, 비판과 창의성의 자유 등이 보장되어야 한다. 그러나 이것들은 두려움, 거짓말, 아첨 등이 난무하는 전체주의 체제에서는 존재할 수가 없다.

1960년대와 70년대를 걸쳐 소련의 경제성장률은 꾸준히 하락하여 80년대 초에는 거의 제로 상태가 되었다. 브레즈네프 치하에서 관료들은 국가의 미래를 비관하였으며 자신들이 공언하는 공식 사회주의 이데올로기조차 지극히 냉소하였다. 관료화된 계획경제가 즉시 제공할 수 없는 상품과 서비스가 규모가 커진 '지하경제'에 의해 제공되었다.

브레즈네프의 뒤를 이어 권력을 장악한 안드로포프는 한때 비밀경찰의 총수였다. 그는 경찰력을 동원하여 노동규율을 더욱 강화시키면서 사태를 역전시키려 하였다. 그의 노력과 몇 년간 지속된 풍작으로 1980년대 중반에는 경제성장률이 잠시 상승하였다. 그러나 관료적 명령경제의 구조적 문제들은 국가기구의 행정적 압력을 증대시키는 것으로 극복될 수 없었다.

1985년 소련 공산당 총서기가 되어 권력을 장악한 고르바초프는 페레스트로이카를 표방했다. 이 정책은 계획경제 내에 시장경제 '개혁'을 도입하여 효율 증대, 품질 개선, 경제생산 촉진 등을 가져올 것이라고 선전되었다. 고르바초프는 관료집단의 보수적 분자들, 특히 중앙기획부처들의 저항을 무력화시키려고 노력했다. 이 노력은 공개적으로 자본주의 복귀를 주창한 세력의 영향력을 키웠다. 우리는 당시 이렇게 주장했다.

> 시장 기제에 극도로 의존하고 중앙기획부처들의 역할을 질적으로 감소시키는 고르바초프의 정책은 그 자체로는 자본주의 복귀가 아니다. 그러나 '개혁정책'은 이미 수십 년의 관료적 실정으로 지극히 약화된 경제의 그나마 남은 힘을 소진시킬 위험이 있다. 따라서 이 정책은 소련 사회를 발작적인 반혁명에 더욱 가까이 다가서게 할 위험을 내포하고 있다.
>
> —《1917》 제4호, 1987년 가을

고르바초프 개혁의 첫 단계는 1986년 개인 '협동조합'을 합법화시키는 것으로 나타났다. 그러자 협동조합은 국가의 자원을 즉각 개인적 용도로 유용하기 시작했다. 다음 해에 그는 행정 명령을 통해 관료기구에 의해 임명되었던 공장 관리자가 공장 종업원 투표로 선출되도록 강제했다. 이 조치로 공장 관리자들은 관료적 서열에 따른 명목상 상관의 통제에서 벗어나 운영의 자유를 대폭 보장받았다. 그러자 이들은 이 새로운 자유를 즉시 이용하여 기업의 자산을 사유화시켰다. 대개의 경우 이들은 대폭 할인된 가격으로 원자재나 완제품을 친척이나 친구가 운영하는 협동조합에 넘겼다. 그러자 협동조합은 이것들을 가장 높은 가격에 그리고 특히 현금으로 구입하는 자들에게 팔았다. 그리고 판매 이득을 공장 관리자들과 나누어 가졌다.

중앙부처의 권한 약화를 도모한 고르바초프의 정책은 농업, 주택, 소비재 생산 부문에서 지방정부의 권한 확대로 나타났다. 그리고 지역 당조직이 중앙당의 지시를 이행할 의무가 없다는 공식 발표가 1988년에 나왔다.

기존에는 공장, 지구, 지역 단위의 당조직들이 중앙당의 최우선 정책들을 강제하는 핵심 역할을 했다. 그러나 이들이 경제 영역에서 권한을 박탈당하자 개별 기업들은 이익 극대화를 추구할 자유를 얻었다. 예를 들어 이들은 생산량을 줄이고 가격을 올리는 수법을 동원했다. 새로 권한을 얻은 공화국 그리고 지방자치단체들은 자신의 행정 이익을 옹호하기 시작하였다. 이들은 '외부' 구역에 완제품 배달을 줄이는 단순한 편법을 동원했다.

—엘먼&콘트로비치, 『소련 경제 체제의 붕괴』

개별 기업의 중앙 통제 해제와 동시에 진행된 외국무역 독점 완화는 즉시 국민총소득의 하락을 가져왔다. 소련 국가통계위원회의 1990년 4분기 통계에 따르면 국민총소득은 1년 전에 비해 8.5퍼센트 하락했다. 1991년 1분기에는 또다시 10퍼센트가 하락했다(『소련 경제—위기에서 파국으로』). 또한 이때 처음으로 '민영화'가 대대적으로 시행되었다.

> 1988년에서 1992년까지 러시아는 두 경제체제의 중간단계에 있었다. 상업과 수출에 대한 국가 통제는 해제되고 있었으나 국내 상품가격은 대단히 낮은 수준으로 여전히 통제되고 있었다. 낮은 통제가격으로 석유, 다이아몬드, 금속 등을 루블화로 구입하고 이것들을 달러화로 외국에 판매할 수 있는 자들은 하룻밤 사이에 떼돈을 벌었다. 물론 허가증을 발급해주고 국경까지 안전한 수송 수단을 제공하는 국가 공무원들의 도움이 있어야 가능했다.
>
> —테인 구스타프슨, 『러시아식 자본주의』

외국은행 구좌로 자금이 대대적으로 유출되자 수출액이 급락하고 외채가 급증했다. 이 결과 소련의 금 및 외환 보유고가 급속히 줄어들었다. 이 급격한 출혈을 막기 위해 당국은 1990년에서 91년 사이 수입 규모를 45퍼센트나 줄였다. 그러자 원자재와 필요 부품의 부족으로 생산이 급격히 줄어들었다. 이제 모든 것이 통제 불능 상태에 빠졌다는 인식이 광범위하게 퍼졌다.

중앙부처의 권한이 없어지자 중앙정부는 생산에 필요한 자원을 개별 기업에게 공급할 수가 없었다. 이제 물물교환을 통해 필요한 물품을 조달할 수밖에 없었다. 공장 관리자들은 완제품 소비자들로부터 차용증서를 받고 원자재 공급자들에게 이것을 발행하기 시작했다. 1988년 한 해에 기업 간 신용거래는 "156억 루블로 네 배 가까이 증가했다."(《이코노미스트》, 1990년 10월 20일)

통제 불능 상태에 빠진 혼란스러운 민영화를 합법화하라는 압력이 증대했다. 그러자 옐친과 고르바초프는 시장경제로의 급격한 전환을 위한 '500일 프로그램'을 공동으로 승인했다. 이 프로그램은 샤탈린이 작성했다. 당시 저명한 자본주의 복귀 '급진' 경제학자였던 예브게니 야신은 이렇게 회고했다.

"1990년 9월 이 프로그램은 소련과 러시아공화국연방 의회에서 심사되었다. 러시아 의회는 옐친의 압력으로 이 프로그램을 일주일 후에 승인했다. 소련 의회에서 이 프로그램은 당과 정부 기구 전체의 저항을 받고 계류되었다. 이들은 사태가 결정적인 국면에 이르렀음을 깨달았다. 자신들이 살아남지 않으면 500일 개혁 프로그램이 살아남아야 했다."

―엘먼&콘트로비치, 『소련 경제 체제의 붕괴』

이 상황에서 스탈린주의 보수파에 의해 고르바초프는 후퇴를 강요받았다. 반면 옐친은 저돌적으로 이 계획을 밀어붙였다. 그는 소련에 보내는 예산 기부금을 3분의 2 삭감하고 대신 러시아의 지출을 배로 늘리겠다고 선언했다. 다른 공화국들도 즉시 옐친의 조치를 모방했다. 야신은 당시 상황을 이렇게 설명했다.

"500일 프로그램이 계류되면서 개혁가 고르바초프는 마지막 기회를 상실했다. 그는 자기를 묵사발 낸 공산당 중앙이나 옐친에서 경제적 권한을 넘겨야 했다. 이 두 세력 간의 권력투쟁이 1991년 사태의 핵심이었다."

―앞의 책

## 1991년 8월: 마지막 바리케이드

1991년 8월 전의를 상실한 스탈린주의 '강경파'를 옐친이 제압한 사건은 자본주의 반혁명 승리의 결정적인 순간이었다. 1933년 트로츠키는 이렇게 말했다.

'비(非)노동계급적' 성격을 핑계로 들면서 소련을 가망이 없다고 포기하는 모든 정치 경향은 수동적으로 제국주의의 하수인이 될 위험이 있다. 물론 우리의 관점에서 보면 관료집단에 의해 약화된 최초의 노동자 국가가 국내외 적들의 단결된 타격으로 붕괴할 비극적 가능성을 배제할 수 없다. 그러나 이 최악의 상황이 일어날 경우 이후 혁명투쟁에서 다음과 같은 문제는 엄청나게 중요할 것이다: 이 재앙에 책임이 있는 자들은 어디에 있는가? 혁명적 국제주의자들은 조금의 오점도 남겨서는 안 된다. 소련이 치명적인 위험에 처한 순간에 이들은 최후의 바리케이드에서 소련을 방어하기 위해 투쟁해야 한다.

—「소련의 계급적 성격」

1991년 8월 쿠데타는 '마지막 바리케이드'인 것으로 판명되었다. 이때 국제볼셰비키그룹은 트로츠키의 엄명에 따라 옐친 세력에 반대하고, 전의를 상실한 스탈린주의 잔당들에게 군사적 지지를 표명했다. 당시 이 노선은 여타 모든 국제 '트로츠키주의' 조직들과 국제볼셰비키그룹을 뚜렷하게 구별지었다. 제임스 로버트슨의 스파르타쿠스동맹은 이 결정적 대결 상황에서 중립 노선을 채택했다. 영국의 노동자권력, 만델의 제4인터내셔널통합서기국, 토니 클리프의 국제사회주의자들은 공개적으로 옐친의 반혁명 세력 편에 섰다. 이들이 스탈린주의자들보다 더 '민주적'이라는 이유 때문이었다. 수십 년 동안 소련 공산당의 온갖 좌충우돌 노선을 노예처럼 따랐던 각국 공산당들은 정말 필요한 때에 '사회주의 조국'을 방어하지 않았다. 1933년 독일의 나치 당이 권력을 장악할 때 싸움 한번 하지 않고 투항한 코민테른에 대해 트로츠키는 이렇게 예상한 바 있었다.

코민테른은 독일에서 히틀러에게 전혀 저항하지 못한 것과 똑같이 소련을 방어하는 데 무기력할 것이다.

—앞의 글

반혁명 상황 한가운데에 선 혁명가들의 임무에 대해 트로츠키는 절대적으로 확고한 입장을 갖고 있었다.

새로운 인터내셔널은 스탈린주의자들에게 공동의 적에 대항하는 공동전선을 제안할 것이다. 그리고 우리의 인터내셔널이 무시할 수 없는 세력일 경우 관료집단은 소련이 붕괴할 위험한 순간에 이 제안을 무시할 수 없을 것이다. 그 순간, 오랜 세월에 걸쳐 이들이 우리에게 퍼부었던 온갖 거짓말과 비방은 하루아침에 그 정체를 드러낼 것이다.

—앞의 글

그러나 진정한 볼셰비키주의 분자들은 "무시할 수 없는 세력"이 되지 못했다. 그래서 옐친의 반혁명 세력에 대항하는 "공동전선"은 성립될 수 없었다. 이것은 비극이었다.

소련의 붕괴를 다룬 귀중한 저서의 저자들인 엘먼과 콘토로비치는 이렇게 주장했다.

1980년대 말 선거, 대중매체, 거리에서 명백히 드러난 스탈린주의 체제에 대한 대중의 저항은 체제 붕괴의 원인이 아니라 결과였다. 따라서 붕괴의 원인은 대중의 불만이 아니라 반혁명 지도세력의 행동에서 찾아야 한다.

—『소련 경제 체제의 붕괴』

고르바초프가 정치적 억압을 완화하자 대중의 불만은 즉시 광범위하게 표출되었다. 이 결과 스탈린주의 체제는 더욱 약화되었다. 이 사실은 소련 공산당 통치에 대한 저항이 페레스트로이카 이전부터 존재했음을 말하고 있다. 더욱이 "반혁명 지도세력의 행동"은 생산 대중의 적극적 충성심을 끌어내지 못한 체제의 무능력에서 나왔다. 체제에 대한 생산 대중의 적극적 충성심만이 트로츠키가 소련의 붕괴 50년 전에 묘사한 "품질에 관심 없음이라는 잿빛 상표"를 극복할 수 있었다.

스탈린주의 독재자들의 거짓말과 정치 탄압이 수십 년을 지속하면서 러시아 노동계급의 자랑스러운 혁명전통은 거의 단절되었다. 당 간부급만이 사용하는 특별 상점과 특권적 삶의 양식으로 대표되는 관료집단의 명백한 부패상은 공식적으로 선전되었던 평등사상을 쓰디쓴 농담으로 변질시켰다. 사회주의를 자신의 통치와 동일시하면서 냉소적인 소련 공산당 관료들은 소련 노동계급을 정치적으로 무장 해제시켰다. 이들은 제국주의와 '평화 공존'을 추구하면서 국제적으로 노동계급 혁명을 상황마다 배반하고 '일국 사회주의'라는 반동적 망상을 유포하였다. 그 결과 소련은 국제적으로 고립 되었으며 자신의 기반을 잠식당했다. 소련 노동계급을 원자화시켜 정치적 몽매 상태로 이끌고 해외의 혁명적 물결을 적극적으로 잠재운 스탈린주의 자들은 이러한 행동을 통해 결국 자신의 통치 기반을 파괴했다. 집단적 소 유체제의 방어가 자신들에게 사활이 걸린 문제라는 노동대중의 인식이야말 로 노동자 국가의 경제적 토대를 방어하는 강력한 힘이었기 때문이다.

1991년 8월 쿠데타 당시 '강경파'가 보인 무능력, 자신의 해체를 묵묵 히 받아들인 소련 공산당의 수동성, 모든 연줄을 활용하여 '기업가'로 변신 하려는 수많은 전직 관료들의 이전투구 등은 스탈린주의 지배층에 널리 퍼 진 냉소주의와, 이들이 어떤 형태의 것이든 '사회주의'에는 전혀 관심이 없 다는 점을 잘 드러내주었다. 재창당된 러시아연방공산당이 공공연한 파시 스트 세력과 악명 높은 '적색-갈색' 연합을 체결한 신속성은 이 진실을 확 인시켜주었다.

## 공유지의 강탈

1990년대에 러시아에서 일어난 사건들은 자본주의의 '장밋빛 여명기'에 일어났던 자본의 '본원적 축적'과 아주 비슷했다.

> 교회 재산의 약탈, 국유지의 사기적 전용, 공유지의 강탈, 봉건적 씨족적 재 산의 몰수, 무자비한 테러 속에서 진행된 봉건적 소유의 근대적 소유로의 변 모 등 이 모든 것들이 본원적 축적의 목가적 방식들의 다양한 모습들이었다.
>
> ─카를 마르크스, 『자본론』 제1권

집단적 소유의 자산들을 개별 자본가의 소유 즉 자본으로 변모시켜야 자본 주의로의 전환이 일어날 수 있었다. 1988년부터 1995년까지 러시아에는 연 줄이 있는 자들이 수천억 달러어치의 국가 소유 재산을 가로챌 수 있는 기 회가 제공되었다. 이 결과 러시아 경제는 경영학 전문대학원 교과서가 '정상적'이라고 인정하는 부르주아 체제로 급격히 변화해갔다. 피라미드의 정점에는 극소수의 엄청난 부자들이 있었고, 그 밑에는 인구의 절대 다수를 구성하는 극도로 가난한 반(半)실업 노동자들이 존재했다.

구소련에서보다 '공유지의 강탈'이 더 공개적이고 거대한 규모로 급격히 진행된 경우는 역사상에 없었다. 똑똑하고 검약하며 근면한 소수의 사람들이 궁핍한 사람들에게 일자리를 주고 지도력을 발휘하기 위해 근면과 긴 안목을 바탕으로 사회의 지도자가 된다는 자본주의 신화가 있다. 그러나 이 신화는 지금 러시아 인민들에게 곱게 받아들여지지 않고 있다.

외국무역에 대한 국가의 통제가 풀리면서 본원적 축적의 1단계가 시작되었다. 2단계는 1990년경에 시작된 대대적인 금융투기였다. 중앙기획 당국의 권한을 무력화시키기 위해 1987년 고르바초프는 소련 중앙은행의 독점을 해제했다. 이 조치가 내려진 직후 금융투기의 거대한 물결이 일었다. 1991년까지 약 1,600개의 개인 은행들이 설립되었다. 돈을 싸게 빌려 재빨리 부동산을 구입할 수 있는 자들은 단시간에 벼락부자가 될 수 있었다.

> 과거에는 기업의 제품이 공장 문을 나서자마자 자동적으로 대금이 결제되었다. 구매자 계정에서 생산자 계정으로 대금이 간단히 이체되었다. 그러나 이 제도는 1990년과 91년에 걸쳐 붕괴되었다. 이제 기업들은 유동성 유지를 위해 대금 결제의 새로운 방법을 찾아야 했다. 신설된 개인은행이 자신을 보호할 수 있는 주요한 방법이 하나 있었다. 현금 부족에 허덕이는 기업에게 국가의 신용 대출을 이용할 수 있게 알선하는 것이었다. 또한 개인은행 창업자들은 아직도 유효한 구체제의 규제 조항들을 우회하여 단기 자본을 마련하였다. 이를 통해 주로 외국 무역 분야에서 새로운 이윤 획득에 나섰다. 은행들은 상품 거래나 수출입 거래에 돈을 대주거나 직접 거래 당사자가 되었다. 또한 고객들이 국가 소유의 자산을 현금으로 전환하는 데 도움을 주었다. 불법적인 외환거래에도 개입하여 이윤을 해외로 빼돌렸다.
>
> —테인 구스타프슨, 『러시아식 자본주의』

개인은행들은 국영기업과 지방자치단체가 자신들에게 맡긴 저리의 루블화를 현금 등 경화로 바꾸어 수출입 거래의 단기 금융자금으로 사용했다. 따라서 은행들은 거래의 양쪽에서 모두 이익을 보았다. 또한 달러화를 대출하여 높은 이자를 물리고 달러화가 평가절하된 루블화로 전환되어 저축자의 계정으로 돌아오게 만들면서 이 두 과정에서 이윤을 챙겼다. 1992년 가격 통제가 해제되자 연간 인플레는 2,500퍼센트로 치솟았다. 이제 며칠만 금융 거래를 지연시키면 막대한 불로소득이 생겼다. 애초에 은행가들에게 저리의 루블화를 대출해준 관료들도 물론 이익의 일부를 챙겼다.

1992년 옐친은 국영기업의 대대적인 민영화를 통해 본원적 자본축적의 3단계를 개시했다. 상품 거래와 은행 영업에서 나온 막대한 이익금으로 신흥 '족벌'들은 민영화된 자산의 대부분을 구입했다.

민영화는 처음부터 대단히 부패한 모습을 보였다. 이것은 유감스러운 현상이지만 계획경제를 해체하면서 발생하는 불가피한 경상비용이라고 자유시장주의자들은 생각했다. 결국 자본가 없이 자본주의가 존재할 수 없다는 것이었다.

옐친의 민영화 책임자는 에고르 가이다르였다. 그는 고르바초프 집권 당시 소련 공산당의 주요한 이념 잡지인 《공산주의자》의 경제 편집자였다. 그는 자신의 직책을 이용하여 시장경제로의 대대적인 전환을 주장했다. 크리스티아 프릴랜드에 의하면 가이다르의 중앙위원회 경제 책임자 임명은 다음을 의미했다.

무신론을 전파하는 자에게 바티칸 시국을 위한 교리문답을 작성하라고 요구하는 것과 같았다. 소련의 관료집단은 자기 입으로 한 말도 믿지 않는 냉소주의자들이다. 가이다르의 경제 책임자 임명도 이런 경우에 해당되는 또 다른 증거였다.

—프릴랜드, 『세기의 바겐세일』

관료집단의 보수파는 가이다르의 임명을 반대하지 않았다. 그가 고르바초프의 보호를 받아서가 아니라 그의 가문의 명성 때문이었다. 프릴랜드에 의하면 그의 조부는 적군 장교였으며 나중에 인기 있는 동화작가가 되었다. 말하자면 그는 '애국자와 인기 있는 동화 작가'의 짬뽕이었다. 가이다르의 부친은 1960년대 초 쿠바에 파견된 기자였다. 이때 어린 에고르는 자주 집을 방문한 체 게바라를 보았다.

　가이다르 경제팀은 대대적인 민영화와 가격 통제의 즉각 해제를 내용으로 하는 충격요법을 실시했다. 그 결과 천문학적 인플레가 발생하여 소액 저축자들의 돈은 휴지조각이 되었고 연금 수령자 등 고정수입으로 생활하던 사람들은 거지가 되었다. 그러나 이 처참한 결과는 자본주의 신봉자들에게는 전혀 걱정거리가 아니었다.

　실업은 문제가 아니었다. 이것은 구조조정의 환영할 만한 징조였다. 기업의 파산과 대대적으로 축소된 사회보장 서비스도 문제가 아니었다. 국제통화기금에서 이윤 창출을 위해 숫자를 가지고 노는 냉혈한들조차 나에게 이렇게 말했다. "인민의 고통을 미래의 번영을 위한 불가피한 희생이라고 강변하는 젊은 개혁가들의 능력에는 혀가 내둘러질 지경이다."

　　　　　　　　　　　　　　　　　　　　　　　　　　　—앞의 책

## 반혁명의 정치와 경제

유엔개발프로그램의 1999년 보고서는 '개혁'에 대해 이렇게 요약했다.

　소련이 붕괴할 당시 가장 널리 주창된 개혁 전략은 '충격요법' 또는 '빅뱅'으로 알려졌다. …… 약간의 '고통'은 어쩔 수 없다는 것을 모두 받아들였다. 그러나 고통은 오래가지 않을 것이며 이후의 성과가 상당할 것이라고 믿었다. …… 빅뱅 전략은 크게 세 개의 구성부분으로 나뉘었다. 첫째, 국영기업은 민영화되고 이 결과 **자본주의의 선행 조건인 본원적 축적 없이 자본가계급이 형성되어야 한다.** 둘째, 모든 가격은 완전히 자유화되어야 한다. …… 이 결과 가격 원리가 자원을 배분하고 경제 효율을 증대시켜야 한다. 셋째, 하락하는 총생산과 총수입이 가져온 고통을 완화시키기 위해 외국자본을 도입해야 한다.(강조는 인용자)

　　　　　　　　　　　—「중동부 유럽과 독립국가연합의 인적자원 개발 보고서」

시장경제로의 이행은 될 수 있으면 급속히 진행되어야 한다고 '자유 시장'

의 선전가들이 주장했다. 그리고 세계시장의 경쟁에 러시아 경제를 개방할 경우 특히 제조업 분야에서 초래될 대대적 구조조정에 대해 이들은 거창한 말을 늘어놓았다. 애덤 스미스의 '보이지 않는 손' 때문에 러시아 기업가들은 '비교 경쟁력'이 있는 부문들에 투자할 수밖에 없을 것이라고 주장했다. 이러한 '자연스러운' 경제의 등장은 집단주의의 억압에서 드디어 해방된 인구의 창조적 에너지를 자유롭게 발산시킬 것으로 생각되었다. 그러나 이러한 주장들은 이론에 불과했으며 실제 상황은 상당히 다르게 전개되었다.

옐친과 그를 지원하는 제국주의자들은 중앙 집중 경제체제의 파괴와 국가 소유의 급격한 감축을 '빅뱅' 전략의 필수 목표로 간주했다. 중앙계획경제의 복귀를 어렵게 하고 자본주의 반혁명을 방어하기 위해서는 강력한 소유자 계층이 형성되어야 했다. 따라서 다음과 같은 조치들이 필요했다.

> 1992년 개혁가들의 1차 목표는 중앙정부에서 정치인들과 관료들의 지배력을 와해시키는 것이었다. 경험을 통해 이들은 최대의 적은 중앙부처라는 사실을 알았다. 그래서 그것을 도려내기로 결심했다. 이와 대조적으로 공장 관리자들과 지역 정치인들은 지난 10년간 커다란 영향력을 획득했다. …… 1991년과 92년 개혁가들은 일을 성사시킬 기간은 아주 짧을 것이며 이 기간에 사적소유를 합법적이며 역전시킬 수 없는 것으로 만들어야 한다고 믿었다.
>
> —테인 구스타프슨, 『러시아식 자본주의』

'빅뱅' 전략은 생산의 급격한 붕괴 그리고 광범위한 빈곤과 사회의 혼란상을 가져왔다. 그러나 신흥 러시아 부르주아 계급과 이들을 지지하는 제국주의자들은 이것을 조건적인 성공이라고 생각했다.

원래 계획은 민영화 대상 기업의 종업원들에게 기업 주식의 40퍼센트를 배당하는 것이었다. 그러나

> 오직 외국인들과 지하경제 기업가들만이 이것들을 구입할 돈을 가지고 있었다. 이것을 개혁가들은 너무 명백하게 인식했다. 그러나 정치적으로 이 상황은 수용될 수 없었다. 왜냐하면 자산은 극도로 저평가 되어 적은 돈으로 구입될 수 있었기 때문이었다. …… 결국 대부분의 기업들은 헐값에 노

동자와 관리자들에게 주어졌다. 국영기업 자산의 약 20퍼센트는 증서의 형태로 모든 러시아 시민들에게 공짜로 배포되었다.

—앞의 책

증서 제도는 모든 러시아 노동자를 '주주'로 변화시킬 것으로 기대되었다. 그러나 이 제도는 연줄이 있는 내부 인사들과 구시대 공장 관리인들을 부자로 만드는 술수에 지나지 않았다. 증서는 특별 경매를 통해서만 주식으로 전환될 수 있었다. 그러나 특별 경매는 의도적으로 일반 시민의 참여가 거의 불가능하도록 기획되었다. 대부분의 사람들은 증서를 헐값으로 중간 상인에게 팔아야 했다. 경매를 조작한 '적색 관리자들'은 자기 회사의 자산 가치를 낮게 매기고 종업원들의 주식을 강제로 빼앗았다. 중대형 기업의 약 3분의 2는 이런 방식으로 이들의 소유가 되었다.

민영화는 새로운 세대의 역동적 기업가들을 탄생시킬 것으로 기대되었다. 이들은 외국 투자자들과 약삭빠르게 전략적 제휴관계를 맺을 것이었다. 그리고 러시아 산업의 국제 경쟁력 강화에 필요한 투자와 기술이전을 불러올 것으로 기대되었다. 그러나 계획경제의 무질서한 약탈은 전혀 다른 결과를 가져왔다.

공장 가동의 방식을 바꾸는 일은 등골이 휠 정도로 힘이 들었으며 엄청난 시간과 에너지를 필요로 했다. 따라서 재산을 불릴 수 있는 가장 확실한 방법은 러시아의 광대한 광물자원을 일부나마 가로채는 것이었다. 이 사실을 족벌들을 비롯한 러시아 기업가들은 곧 깨달았다.

—프릴랜드, 『세기의 바겐세일』

민영화 도박판에서 가장 큰 승리를 얻은 자들은 구소련의 석유와 가스산업 경영자들이었다. 일반적으로 공장 관리인들은 제품의 생산, 판매, 수송, 원자재 수급 등에 골치를 썩여야 했다. 그러나 석유 및 가스산업의 큰 부분을 가로챈 구 관료들에게는 시장과 수송망이 이미 존재하고 있었다. 이들은 러시아의 연료 공급체계를 장악하고 수출시장에서 이윤을 챙겼다. 이 결과 이들은 국내 정치에서 상당한 영향력을 획득했다.

'족벌'들은 러시아 산업의 운명에는 별 관심이 없다.

새로 정치적 영향력을 갖게 된 국가와 지역 차원의 '족벌'들은 '민영화' 과정에서 대규모의 자산을 가로챘다. 이들 대부분은 경영에 관심이나 적성이 없었으며 투자와 구조조정을 심각하게 고민하지 않았다. 대신 소유 기업의 현금을 해외로 빼돌렸다. 해외로 도피된 자본은 800억~3,000억 달러에 이르는 것으로 추산되고 있다.

—동서양연구소, 1998년 11월 2일

족벌들은 석유화학, 광물 등 원자재를 서방 제국주의 국가들에 제공하는 나라로 러시아가 탈바꿈하기를 원한다. 반면 구소련의 공장 관리인 출신이었던 '적색 기업가들'은 녹슬고 낙후한 공장을 업그레이드 할 자본의 축적을 위해 좀 더 '애국적인' 보호무역 정책을 주창한다.

## 세기의 바겐세일

민영화의 1단계는 세계 최대의 니켈 생산회사인 노일스크 니켈 등 가장 값비싼 전략 기업을 포함시키지 않았다. 이런 종류의 기업들은 1995년 '주식 대출'로 알려진 방식으로 시장에 매물로 나왔다.

조작된 경매를 통해 정부는 거대 국영기업들을 단골 개인은행 그룹들에게 배분했다. 주식 대금은 은행이 정부에 제공한 '대출'의 보증금으로 분류되어 은행이 갚을 필요가 없었다.

—《이코노미스트》, 1997년 7월 10일

약 10억 달러의 '대출'을 은행들로부터 제공받은 옐친은 이보다 가치가 몇 배인 국영기업 자산을 주식의 형태로 은행에 제공했다. 족벌들은 "서로 짜고 정부에 로비공작을 펼치고 심지어는 포고령에 서명까지 했다."(《외무》 2000년 11·12월호) 이 군침 넘어가는 사업에 외국기업은 참여가 금지되었다. 이 거저 퍼주기는 1996년 대통령선거를 앞둔 시점에서 선심공세로 이루어졌다.

이때 옐친은, 반유대인주의를 표방하며 구소련 붕괴 이후 가장 규모가 큰 정치 세력인 러시아 공산당의 당수 게나디 주가노프에게 패배할 것처럼 보였다.

주식 대출 정책을 통해 옐친은 다가올 대통령선거에서 미래의 족벌이 될 기업가들로부터 정치적·금융적·전략적 지지를 얻어냈다. 이것은 러시아의 보물들을 헐값에 팔아넘기는 것을 의미했다. 그러나 공산주의자들의 집권을 막기 위한 대가였기 때문에 젊은 개혁가들은 기꺼이 그것들을 팔아넘기기로 했다. 가이다르는 그로부터 3년 후인 비 오는 어느 날 오후, 자신의 사무실에서 나에게 이렇게 말했다. "나는 당시 주식 대출의 의미를 이해하고 있었다. 그것은 정치적 협약을 창출했다. 그것으로 주가노프의 크렘린 궁 입성은 확실히 저지되었다. 그것은 필요한 협약이었다."

　　　　　　　　　　　　　　　　　　　　　　　—프릴랜드,『세기의 바겐세일』

러시아에서 '자유시장'은 민주주의, 투명성, 경쟁이라는 거창한 말이 반복되는 이면에 처음부터 조작극으로 일관했다. 물론 최상부에서 치열한 경쟁이 없었다는 것은 아니다. 금융 '족벌들'은 '주식 대출' 조작극으로 알짜 기업들을 대부분 차지했다. 그러나 매장량이 풍부한 루코일과 수르구트네프테가츠 석유기업들의 경우에는 '적색 기업가들'이 승리했다.

이들은 지역의 모든 영향력을 동원하여 승리를 확보하는데 거리낌이 없었다. 수르구트네프테가츠 기업의 경매가 있던 날 가장 가까운 공항은 이유 없이 폐쇄되었고 시베리아의 외딴 도시인 수르구트로 가는 주요 도로의 검문소에는 무장 경비들이 배치되었다. 경매에 참여하는 일반인들은 경매가 열리는 이 도시로 들어갈 수가 없었다.

　　　　　　　　　　　　　　　　　　　　　　　　　　　　—앞의 책

1990년대 말까지 러시아의 급조된 부르주아 계급은 열 개 정도의 씨족으로 구성되어 있었다. 이들의 대표는 외국의 '개발' 차관 등 국가의 자원과 기구를 장악하기 위해 서로 경쟁하는 족벌들이었다. 영국 금융자본의 주요 기관지인《이코노미스트》는 최근 음흉하게 이런 질문을 던졌다.

> 소련과 러시아에 빌려준 차관은 다 어디로 갔는가? 액수는 전부 합쳐서 1,500억 달러가 넘는다. 이론적으로 이 돈은 식량 수입, 산업 현대화, 공공 금융 부문 지원에 사용되었다. 그러나 놀랍게도 이 엄청난 액수의 돈에 비해 이렇다하게 드러난 것이 없다. 경험이 풍부한 모스크바의 어느 투자은행가는 이 돈을 도둑맞았다고 말한다.
>
> ─《이코노미스트》, 2001년 1월 11일

1998년까지 서방 금융가들이 제공한 '차관'은 러시아 외채를 국내총생산의 30퍼센트로 끌어올렸다. 최상부의 열댓 명에 불과한 연줄 좋은 기생충들이 이 돈을 전부 가로챈 것이었다. 이 차관은 러시아의 처참한 빈곤 근로계층인 수천만 명이 이자를 붙여 갚아야 할 돈으로 장부에 남아 있다.

## 대용(代用) 부르주아 국가

구소련에서 이월된 인자들로 구성된 부르주아 국가기구는 국영기업들을 민영화시킬 능력이 있었다. 그러나 정상적인 부르주아 국가의 많은 기능들을 수행하기에는 능력과 권위가 부족했다. 족벌들 각자는 깡패를 동원하여 계약의 이행을 강제하고 빌려준 돈을 받았다. 또한 이들로 둘러싸여 신변을 보호받아야 했다. 이 결과 러시아에 마피아가 등장하여 유약한 자본주의 체제에 중요한 역할을 담당했다. 1994년 1월 30일자《뉴욕타임스》기사에 의하면 기업 특히 대기업 가운데 세금을 내는 곳은 거의 없었다. 그러나 전체 기업의 70~80퍼센트는 조직폭력배에게 돈을 주고 경호를 맡겼다.

> 조직폭력배는 누구를 협박하여 어떤 액수의 돈을 요구할지를 알고 있다. 경찰관, 은행 임원, 비밀요원들이 정보를 제공하기 때문이다. 검문소에서 차량을 검사하다가 트렁크에 귀중품이 발견되면 교통경찰은 전방 도로에 있는 폭력배에게 무전기로 연락한다. 그러면 기다리고 있던 폭력배가 차를 멈춘 후 트렁크의 귀중품을 강탈한다. …… 공갈과 협박을 대항하기는 힘들

다. 거의 모두가 숨겨야 할 비리를 가지고 있기 때문이다. 세무서 직원에게 수입을 노출시킬까 두려워 조직폭력배의 공갈과 협박을 신고하지 않는다. ······ 강도 건수의 80퍼센트 그리고 사기 건수의 90퍼센트 정도는 신고되지 않는다고 어느 러시아 소식통이 추산하고 있다.

—테인 구스타프슨, 『러시아식 자본주의』

그러나 구스타프슨에 의하면 대부분의 사업가들은 복잡하며 서로 모순되는 규제 법규와 인허가 절차 등이 상업 활동의 주요한 장애물이라고 간주한다: "범죄는 자신들이 알아서 처리할 수 있다고 이들은 말한다." 옐친 집권기에 대부분의 대기업들은 인허가 절차 과정에서 돈을 쓰는 것보다 공무원들과 뇌물과 떡값을 흥정하는 것이 더 쉽다는 것을 알았다. 많은 기업들이 세금 납부를 거부한 반면 일부 기업들은 팔리지 않은 물건과 차용 증서로 세금을 "납부했다."

국세청에 따르면 등록된 사업체의 16퍼센트만이 세금을 제때에 완납했으며 50퍼센트는 가끔 내고 34퍼센트는 세금 공무원들을 아예 무시한다.

—앞의 책

수만 개에 달하는 기업들은 세금을 내지 않기 위해 관청에 아예 등록도 하지 않았다. 일부 '기업가들'은 자신들에 관한 기록 문서를 파괴하기 위해 세무서에 불을 질렀다. 또는 청부살해업자를 고용하여 특히 골치 아픈 세무서 직원들을 살해했다.

## 고위 관료에서 부르주아 계급으로

급조된 부르주아 계급 가운데 상당수는 구소련의 고위 관료 출신들이다. 반면 폴란드나 다른 동유럽 국가들의 경우 이런 사람들은 신흥 부르주아 계급의 극소수에 불과하다. 구스타프슨은 모스크바의 사회학자 올가 크리쉬타노프스카야의 연구를 인용하고 있다. 이 연구에 의하면 러시아의 자본가 엘리트 가운데 3분의 2 정도가 소련의 고위 관료 출신이다.

이들 중 가장 부유하고 성공적인 부류들은 처음부터 국가기구 내부 세력의 도움을 받았다. 1990년대 최대 상업은행들의 창업자들은 국가기구 내부 세력의 인가된 대표들에 지나지 않았다. …… 간단히 말해서 이들은 진정한 자본가계급이 아니었다. 국가와 개인의 이해를 결합시킨 새로운 금융-정치 족벌들이 내세운 앞잡이에 지나지 않았다.

—앞의 책

그러나 몇몇 석유·가스 족벌들을 제외하면 대부분의 족벌들은 소련 공산당 서열에 따라 지위를 획득한 것이 아니었다. 예를 들어 구체제에서 블라디미르 구신스키는 극장 감독이었고 보리스 베레조프스키는 수학자였으며 알파 그룹의 미하일 프리드만은 물리학자였다. 스탈린주의 지배집단 내부의 연줄은 각본에 없는 무질서한 민영화 진흙탕에서 성공하기 위한 필요조건이지 충분조건은 아니었다.

브레즈네프 집권기에 소련 공산당의 청년그룹인 콤소몰은 체제에 환멸을 느낀 자들의 피난처였다. 그러나 페레스트로이카의 시작과 함께 콤소몰은 새끼 기업가들의 훈련장이 되었다. 콤소몰은 여행사, 건축회사, 경기장, 스포츠클럽, 신문사, 소프트웨어 회사 등을 보유하고 있었다. 이 조직의 간부들은 1991년 8월의 결전에서 절대적으로 옐친의 편을 들었다. 그 결과 공산당이 불법화되었을 때도 콤소몰은 전혀 타격을 입지 않았다.

현재 콤소몰 동창들은 러시아 사업가 집단 내에서 영향력이 가장 막강하다. 이런 측면에서 오늘날의 사업가들이 구체제 고위 관료 출신들이며 콤소몰 연줄의 혜택을 입고 있다는 주장은 근거가 있다. 그러나 콤소몰 연줄은 주로 사업을 시작하는 수단을 제공했을 뿐이다. 성공의 나머지 부분은 개개인의 재능과 활력에 달려 있었다.

—테인 구스타프슨, 『러시아식 자본주의』

일부 좌익은 구 고위 관료집단과 신흥 부르주아 계급 사이의 계속성을 지나치게 과장한다. 예를 들어 지금은 고인이 된 토니 클리프의 영국 사회주의 노동자당(SWP)은 소련이 이미 1928년부터 '국가자본주의 체제'였다고 오랫동안 주장해왔다. 이들은 옐친의 승리를 '한 형태의 자본주의에서 다른 형태의 자본주의로의 변화'에 지나지 않는다고 규정하였다. 자신이 쓴 마지막 책 가운데에서 클리프는 이렇게 주장했다.

> 반혁명으로 소련이 자본주의로 복귀했다면 구 지배계급이 신 지배계급으로 완전히 교체되었어야 했다. 그러나 사회 정점의 지배집단은 그대로 존속되었다. '사회주의' 체제에서 경제, 사회, 국가를 운영했던 고위 관료집단은 지금 '시장' 체제에서 똑같은 일을 하고 있다.
> —『트로츠키 사후의 트로츠키주의』

그의 주장에는 일말의 진실이 있다. 다만 일말의 진실에 불과할 뿐이다. 예를 들어 옐친은 자본주의 반혁명의 역사적인 지도자이며 소련 공산당 관료였다. 그러나 구소련의 관리인, 경제 전문가, 엔지니어 등이 자본주의 복귀 체제에서 자리를 차지하고 있는 현상은 차르 치하의 관료, 행정가, 기술자, 군대의 장교 등 수천 명이 볼셰비키 정권 초기에 고용된 현상과 별 차이가 없다.

한편 고위 관료층의 최상부 인자 특히 중앙경제부처 책임자, 이론·선전가, 공산당 조직의 최고위 관료 대부분은 직책이 없어지면서 실업자가 되었다. 옐친의 집권과 함께 구체제의 '경제, 사회, 국가' 운영자들이 계속 권력을 유지했다는 주장을 엘먼과 콘토로비치는 일언지하에 거부한다.

> 당과 국가기구 관료들이 국가 소유를 자신의 개인 소유로 바꾸기 위하여 구체제를 타도했다는 이론이 요즘 유행한다. 그러나 이 주장을 지지할 증거는 아직까지 존재하지 않는다. 관료들은 고르바초프를 혐오했지만 체제 방어를 위한 집단행동을 주도할 능력이 없었다. 마찬가지로 이들에게는 체제 붕괴를 재촉할 능력도 없었다. 이들이 체제 붕괴 후 자기 자리를 찾았다면 이것은 거대한 음모의 결과가 아니라 개개인의 생존기술 덕분이었다.
> —엘먼&콘토로비치,『소련 경제 체제의 붕괴』

# 반혁명의 화려한 독버섯

1991년 이후 러시아 사회가 '게걸음 하듯 한 형태의 자본주의 체제에서 또 다른 형태의 자본주의 체제로 옆 걸음을 쳤다'는 그럴듯한 주장이 있다. 그러나 이 주장은 근로인민이 자본주의 복귀로 인해 처참한 고통을 겪고 있다는 점을 무시하고 있다. 유엔개발프로그램의 1999년 연구보고서에는 이렇게 적혀 있다.

> 1990년대 이전에 중동부 유럽 그리고 구소련(지금의 독립국가연합) 국가들은 인민에게 높은 수준의 기본적 사회보장을 제공하여 주목을 받았다. …… 완전 평생 고용이 보장되었다. 현금 수입은 적었지만 안정적이고 변동이 없었다. 수많은 기본 소비재와 서비스는 국가보조금을 받아 규칙적으로 공급되었다. 의식주 문제는 안정적으로 해결되었다. 교육과 의료는 무상으로 보장되었다. 퇴직자들에게 연금이 보장되었고 많은 종류의 사회보장 프로그램으로 이들은 정기적인 혜택을 누렸다.

프릴랜드에 의해 "카지노 자본주의의 최대 승리자"로 묘사된 "족벌" 미하일 프리드먼은 1991년 이후 인민의 삶이 질적인 변화를 겪었음을 확실히 인정했다. 심지어 그는 구소련 시절에 대한 향수를 토로했다.

> "예전에 나의 생활은 소련의 모든 사람들과 마찬가지로 아주 자유분방했다. …… 물론 물질적으로 보면 사람들은 그리 잘살지는 못했다. 그러나 어느 누구도 걱정거리가 없었다. 진짜 치열한 관심거리는 친구, 정신적 관심사, 책 등이었다. 사람들 사이의 관계는 지금보다 훨씬 더 열려 있었다. 우리는 경쟁에 시달리지 않았다. 지금 존재하는 불평등과 시기심이 그때는 존재하지 않았다. 요즘 사람들은 과거에 비해 훨씬 더 스트레스에 시달리고 있다."
> ─프릴랜드, 『세기의 바겐세일』

자본주의하에서 인민은 생활하기가 더 힘들며 수명도 더 짧아진다. 1991년과 95년 사이에 러시아 남성의 평균 수명은 63세에서 58세로 급격히 떨어졌다. 인구증가율은 90년의 2.4퍼센트에서 96년의 마이너스 5.4퍼센트로 떨어졌다(이 수치는 다른 나라로 이주한 수백만 명의 숙련 청년 노동자들을 고려하지 않고 있다).

공공의료 체제는 거의 붕괴하였다. 현재 국내총생산의 1퍼센트가 공공의료 예산으로 책정되어 있는데 이 정도의 수치는 가장 가난한 신식민지 국가들에서나 볼 수 있다. 공공의료가 붕괴한 결과, 결핵을 비롯해 과거에 근절되었던 전염병들이 다시 등장하고 있다.

지금 다시 나타나는 질병들은 표준 예방주사로 통제될 수 있다. 예를 들어 소아마비는 현재 서방 선진국에서는 거의 드문 병이 되었는데 다시 나타나고 있다.

—유엔개발프로그램 보고서

1989년과 95년 사이에 에이즈 발생 건수는 급증했으며 매독 발생률은 40배나 증가했다.

이런 문제들은 표준 예방주사나 성생활 보건프로그램 등 정상적인 공공의료 체제에 의해 해결되거나 최소한 통제될 수 있다. 그러나 이 문제들의 심각성은 자본주의 복귀로 인해 국가의 주요 보건 활동이 상당히 약화되었다는 데 있다.

—앞의 글

계획경제의 파괴로 수백만 근로인민은 자신과 가족을 먹여 살릴 능력을 박탈당했다. 이 결과 마약 남용에서 배우자 폭행에 이르는 모든 종류의 사회병리현상이 증가했다. 1991년에서 95년까지 자살 건수는 거의 두 배로 늘었으며 타살의 비율도 급등했다.

반실업 상태의 청년들은 생활 광고 난에 '높은 보수만 주면 어떤 위험도 감수한다'는 암호 표현을 사용하여 살인청부 광고를 냈다. 피라미 범죄자들은 사소한 이익을 위해 살해를 자행했다: 부동산 사기꾼들은 아파트를 상속받기 위해 잘 속아 넘어가는 연금생활자들을 살해했다. 어느 범죄 조직은 자동차 보수공장을 위장하여 자동차 주인들을 죽이고 시체를 토막냈다.

—프릴랜드,『세기의 바겐세일』

러시아의 사회 반혁명은 장애인, 연금생활자, 아동, 여성 등 사회의 약자들에게 특히 가혹했다. 유엔개발프로그램의 보고서 작성자들은 이념적 편향을 드러낸 채 놀라움을 표명했다.

> 좀 더 민주적인 자본주의 복귀는 역설적이게 여성의 고위직 진출을 더 어렵게 만들었다. 여성들은 과거에 비해 공직에서 더 밀려나고 있다. 동시에 이들의 임금고용 기회가 줄어들었으며 가정과 직장 내에서 이들이 처리할 일의 비중은 전체적으로 늘어났다. …… 여성에 대한 폭력은 배우자의 폭행과 함께 증가했으며 …… 범죄에 희생되는 여성의 숫자도 증가했다. 직장과 더 나은 생활을 필사적으로 원하는 여성들은 폭력배 조직에게 매춘을 강요당하고 있다.

프릴랜드는 수치스러운 조사 결과를 인용하고 있다. 미국의 하버드 대학교나 영국의 옥스퍼드 대학교에 해당되는 러시아의 모스크바 국립대학교 여학생들이 최고로 치는 직업은 '달러 매춘부'였다.

자본주의로의 복귀는 제2차 세계대전 때보다 더 많은 고아를 발생시켰다. 2001년 6월 1일자 〈BBC 뉴스〉는 이렇게 보도했다.

> 250만 이상의 아동이 거리에서 생활하고 있다. 이들 대부분은 양육할 능력이 없는 부모에 의해 버려졌다. 러시아 보건부의 보고서에 의하면 러시아 아동의 거의 전부는 초등학교를 졸업할 시기에 한 두 가지의 고질병을 앓고 있으며 다수는 알코올 중독자가 된다. 17세의 나이가 되면 10명 가운데 1명만이 건강한 것으로 평가된다.

유엔개발프로그램 보고서는 자본주의 복귀의 결과를 이렇게 요약하고 있다.

러시아 인민은 꽤 좋은 교육, 건강한 생활, 적절한 영양 등을 더 이상 안정적으로 누릴 수 없다. 증가하는 사망률, 곧 닥칠 새롭고 파괴적인 유행병 등으로 생존 자체가 더욱 어려워지고 있다. …… 구소련과 동구 국가들에서 자본주의로의 '이행'은 실제로는 대공황의 완곡한 표현일 뿐이다. 생산의 붕괴와 치솟는 인플레는 사상 유례가 없다. 인간의 안정적 삶은 치명적인 타격을 입었다. 보수적인 수치에 의하면 1억이 넘는 인민이 빈곤으로 추락했으며 이보다 훨씬 더 많은 수의 인민은 불안하게 목숨을 부지하고 있을 뿐이다.

## '민주주의'와 반혁명

에르네스트 만델의 제4인터내셔널통합서기국과 영국의 노동자권력 등의 조직들은 소련 방어노선을 견지하는 '트로츠키주의' 조직을 자임하고 있다. 그러나 이들은 1991년 8월에 옐친을 지지했다. 자본주의 복귀 세력의 '민주주의'가 집단적 소유체제의 보존보다 더 가치가 있다는 것이 이들의 변명이었다. 그런데 이들의 주장은 레닌과 트로츠키의 볼셰비키 정권에 반대한 카우츠키의 논리와 유사하다. 그의 주장을 사회민주주의자들과 반공주의자들은 계속 되풀이하고 있다.

반혁명의 '민주적 권리'는 빈곤, 주거 불안, 기아와 질병 등에 시달리는 수천만 러시아 인민에게는 그림의 떡이다. 러시아의 (부르주아) '민주주의'는 서로 다투고 있는 부르주아 씨족들의 경상비용 절감 장치에 지나지 않는다. 이것은 어느 순간에든 철회될 수 있는 종이 권리에 불과하다. 옐친은 자신의 회고록 제3권에서 이 점을 잘 드러내고 있다. 이 책에는 주가노프의 집권 가능성에 직면하여 1996년 대통령선거를 취소하고 러시아 공산당을 불법화하는 조치를 취하려고 고민했던 당시의 그의 심경이 잘 드러나 있다.

숨길 이유가 없다. 나는 언제나 단순하면서도 효과적인 결정들을 선호해 왔다. 알렉산더 대왕이 했던 것처럼 고르디우스 왕의 매듭을 칼로 끊어버리는 것은 그것을 풀기 위해 수년을 고생하는 것보다 쉬운 일로 보였다. …… 안보 책임자 코르자코프 역시 선거에서 승리할 수 있는 전략을 찾고 있었다. 그는 이렇게 말했다. "시시율이 3퍼센트밖에 안 될 때 애를 써보았자 아무 소용이 없습니다. 선거 게임에 몰두하느라 시간을 허비하면 무슨 좋은 결과가 나오겠습니까?" 비상조치를 취할 수밖에 없다고 판단하고 나는 참모진에게 문서를 준비하라고 지시했다. 공산당 불법화, 의회 해산, 대통령 선거 연기 등을 내용으로 한 포고령이 작성되었다. 이 문서들은 헌법이 허용하는 조치로는 위기에서 벗어날 수 없다는 나의 판단을 명백히 했다. 공산당 불법화 등 초헌법적 조치는 나에 대한 대중의 신뢰를 크게 떨어뜨릴 것이라고 나는 예상했다. 맞다. 그것은 위험한 도박이었다. 그러나 그 조치는 대통령 임기 초기부터 존재했던 주요한 문제 하나를 없애줄 수 있었다. 불법화되면 공산당은 러시아에서 영원히 사라질 것이었다.

—『밤 열두 시에 쓴 일기』

결국 옐친의 딸과 그의 핵심 친위 그룹의 여러 명이 그를 설득시켰다. 이런 방식으로 문제를 '해결할 경우' 내전이 일어나게 될 것이라고 그들은 주장했다. 그럼에도 불구하고 옐친은 비상조치를 취할 뻔했다.

《이코노미스트》는 당시 러시아 의회선거 결선투표를 "지저분한 광경"이라고 적절하게 묘사하면서 이렇게 썼다.

옐친과 그의 친구들은 국영 텔레비전 방송의 도움을 받고 있다. 크렘린 궁은 아양 떠는 방송으로 지지자들을 모으고 비방 방송으로 반대 세력을 제거할 수 있다.

—《이코노미스트》, 1999년 12월 16일

지배 파벌에게 감히 덤비는 자들은 인생이 괴롭다.

반정부 후보를 지원하는 주지사들은 낭패를 당할 수 있다. 자기 주 석유 회사가 국가의 파이프라인 시설을 이용하지 못하는 사태가 발생할 수 있기 때문이다. 대신 이들이 정부를 지지하면 골치 아픈 반대 세력이 감옥에 갇히거나 직위에서 쫓겨날 수 있다. 또한 자기 주 소재 기업들이 짭짤한 세금 감면 혜택을 누릴 수도 있다.

—앞의 잡지

새로운 지배 집단은 인민의 지지를 받지 못하고 정권의 불안정을 노출시킬 수 있다. 이것은 상당한 걱정거리가 아닐 수 없다.

> 크게 성공해서 족벌이 된 몇몇 행운의 사나이들도 언제나 불안감을 안고 있었다. 어쩌면 공산주의자들이 다시 정권을 탈취할 수 있다. …… 어쩌면 정적들이 정권을 장악한 후 나를 감옥에 가둘 수 있다. 어쩌면 감옥에서 심장마비가 일어날 수도 있다. 아니면 자동차 폭탄 테러로 내가 죽으면 사업의 호적수가 행운을 잡을 수 있다. …… 돈과 보디가드가 아무리 많아도 안전하다고 느껴지지가 않는다.
>
> —프릴랜드, 『세기의 바겐세일』

제국주의 '민주주의 체제'는 권력을 조종하고 매수하는 세련된 방식을 가지고 있다. 그리고 부르주아 계급의 안정감과 정치 과정의 상대적 자율성이 국가기구에 신뢰성을 부여한다. 그러나 러시아에서는 모든 부가 정치적 연줄을 통해 공공소유에서 족벌들에게로 넘어왔다. 소위 민주주의 체제의 실체가 좀 더 투명하게 드러난다.

> 족벌 기업들의 세금으로 정부는 겨우 버티고 있다. 이들이 바치는 뇌물로 권력자들은 안락한 생활과 안정된 노후를 누린다. 이에 대한 대가로 족벌 기업들은 국가와 그 하수인들이 자기 이권을 보호해 줄 것으로 기대한다. 예를 들어 국가는 외국기업을 몰아내고 허술한 법을 고치지 말고 경쟁을 배제시켜야 한다.
>
> —《이코노미스트》, 2000년 3월 30일

자유시장 몽상가들의 장밋빛 전망과는 정반대로 러시아의 급조된 부르주아 계급은 시설 개선, 효율적 생산 방식의 도입, 생산 확대 등에 대해 놀랄 정도로 무관심하다.

> 새 러시아에서 번영하는 자들은 초대형 부자들뿐이다. …… 이들의 막대한 부는 새로운 기술, 좀 더 효율적인 서비스, 좀 더 생산성 있는 공장에서

나오지 않았다. 붕괴한 국가 소유 즉 유전, 니켈 광산, 텔레비전 방송 채널, 수출 면허장, 심지어는 국가의 은행 계좌 등에서 나왔다. 그리고 일단 러시아의 매판자본가들이 전리품을 확보하자 이들은 이것을 가능한 빨리 더 안전한 해외로 도피시켰다. 1991년과 99년 사이에 1천억 달러에서 1,500억 달러의 자본이 러시아를 빠져나간 것으로 전문가들은 추산했다. 러시아는 왜곡된 시장경제를 탄생시켰다. 10년간 지속된 경제 불황, 죽어가면서 더욱 빈곤에 허덕이는 하층 계급, 호화로운 생활에 찌들어 있는 극소수 기생 계층 등으로 러시아는 일종의 자본주의 생지옥이 되었다. 구소련의 선전가들이 '썩어 들어가는 서구 부르주아 사회'라고 불렀던 끔찍한 삶의 이미지가 러시아에서 현실로 등장했다.

—프릴랜드, 『세기의 바겐세일』

상당한 흑자, 브랜드네임, 점점 커지는 시장점유율 등은 자본주의 경쟁에서 우위를 점하게 하는 요인들이다. 그러나 러시아에서는 사정이 다르다.

 사업의 규모와 성공은 특히 지역 차원에서 조직폭력배들과 부패한 관료들의 관심을 끈다. 경쟁사를 도태시키면 자기 기업의 시장점유율이 점점 증가하는 즐거움을 목격해야 한다. 그러나 러시아에서는 그보다는 경쟁사와 연관이 있는 정치꾼이나 조직폭력배가 회사에 들이닥칠 위험성이 있다. 상황이 좋으면 세무 경찰이 들이닥치고 상황이 좋지 않으면 자동차 폭탄 테러나 총탄 세례를 받는다. 이 때문에 아무리 능력 있는 경영자도 비용과 타협을 대가로 정치인의 보호를 거의 불가피하게 요청한다.

—《이코노미스트》, 2000년 3월 30일

## 푸틴의 프로젝트

반혁명의 역사적 지도자 옐친도 블라디미르 푸틴에게 정권을 넘기기 전에 자신과 가족의 정치적 보호를 보장받아야 했다. 소련 비밀경찰(KGB)에서 잔뼈가 굵은 푸틴은 러시아 자본주의를 '정상화'시키고 나라의 국제적 위상을 회복할 인물로 기업 경영주, 국가기구, '애국적' 부르주아 계급의 지지를 받았다.

그는 지역에 대한 중앙정부의 권위를 다시 회복하고 세금 납부를 더욱 강제하고 족벌들의 전횡을 억제하는 일에 착수했다. 한때 막강했던 러시아 산업의 위력을 부흥시키기 위해 그는 해외 자본을 유치하지 않을 수 없다. 이를 위해 그는 외채를 제때에 갚도록 조치하였다. 그리고 주택, 대중교통을 비롯한 공공서비스에 대한 지원금을 삭감하고 자본에 유리한 노동법 '개혁'을 밀어붙였다. 또한 체첸에 대한 반동적 전쟁을 공격적으로 추진하면서 코카서스 지역, 우크라이나 등 구소련 공화국들에 대한 러시아의 영향력을 다시 확립했다.

1999년부터 2000년 사이에 러시아의 국내총생산은 10년의 하락 후에 증가세로 돌아섰다. 부분적인 원인은 석유 가격의 급등 때문이었다. 그러나 주요인은 1998년 금융위기에 뒤이어 단행된 75퍼센트에 달하는 루블화의 평가절하 때문이었다. 값싼 루블화는 러시아 수출상품의 국제 경쟁력을 강화시켰으며 식료품, 자동차, 섬유, 전자 등 국산 소비재에 대한 수요를 증대시켰다. 최근 몇 년간 러시아의 일부 대기업들은 소폭이나마 국내에 자본을 투자했으며 우크라이나 등 구소련 공화국에서 공장을 구입했다.

루블화의 평가절하 이후 기업 간의 거래는 물물교환에서 현금 거래로 대체되었으며 세수는 증대했다. 정부는 일련의 재정흑자를 기록했다. 그러나 전반적으로 상황은 여전히 암울하다. 임금 수준은 루블화 평가절하 이전의 절반에 불과하며 구소련에서 물려받은 인적 자원은 급속히 소진되고 있다. 교육 관련 예산은 삭감되었고 연구개발비는 고르바초프 치하의 3분의 1도 되지 않는다. 원자재와 일부 기본 화학재 외에 러시아는 군수, 핵발전, 우주항공기술 등 몇 분야에서만 국제 경쟁력을 갖추고 있으나 이 분야들에서도 서서히 기반을 잠식당하고 있다. 이것은 전혀 놀라운 현상이 아니다. 러시아 공장설비의 평균 연령은 경제협력개발기구(OECD)의 제국주의 국가들의 것보다 세 배나 많다.

러시아의 도로, 교량, 전선, 상하수도 체제는 급속히 붕괴하고 있다. 지난 10년간 러시아 '기업가들'은 약탈한 자본재를 대체하거나 개선하지 않은 채 소모시키기만 했다.

러시아 경제의 쇠퇴에 비해 투자는 더 빨리 쇠퇴했다. 전반적으로 고정투자 총액은 1989년 국내총생산의 45퍼센트에서 96년의 21퍼센트로 떨어졌다. 같은 기간에 국내총생산 자체가 40퍼센트 넘게 하락했기 때문에 자본재 투자의 절대 액수는 4분의 3이나 하락한 셈이다. …… 1995년 이후 순고정투자는 마이너스 성장을 기록해왔다. 다른 말로 하면 러시아의 자본 기반은 전체적으로 축소되어왔다. 1997년 순고정투자는 국내총생산의 마이너스 10퍼센트를 기록했으며 계속 떨어지고 있다.

　　　　　　　　　　　　　　　　—테인 구스타프슨, 『러시아식 자본주의』

러시아의 기술을 개발하고 사회 인프라를 재건하기 위해서는 수천억 달러가 소요될 것이다. 그러나 2000년의 무역 흑자 600억 달러의 약 절반은 족벌들에 의해 해외 은행계좌로 빠져나간 것으로 추측되고 있다. 심지어 외화벌이의 가장 주요한 원천인 석유와 천연가스 부문에서조차 재투자가 이루어지지 않아 생산량이 감소해왔다. 구소련 시대에 건설된 석유 파이프라인은 예상된 수명을 거의 다했으며 매년 2천만 톤으로 추산되는 석유가 새어나와 러시아의 숲, 토지, 강을 오염시키고 있다.

## 다시 한 번 10월 혁명을!

현재 러시아는 차르 시대와 마찬가지로 강대국과 반식민지의 특성을 모두 가지고 있다. 그러나 근로인민의 혁명 지도부에 근접하는 정치조직은 존재하지 않는다. 레닌과 볼셰비키당 대신 푸틴의 좌에는 반유대인주의와 친자본주의를 표방하는 국수주의적 러시아 공산당이 있을 뿐이다.

　현재 러시아 노동계급의 사회적 비중은 1917년에 비해 엄청나게 높아졌다. 또한 자본주의 민영화에 대한 끔찍한 경험은 시장의 마술에 대한 모든 환상을 날려버렸다.

　언어 자체가 거꾸로 뒤집혔다. '개혁'과 '시장'이란 말은 대다수 러시아인들에게 승리와 희망의 말에서 거의 욕으로 바뀌었다. 자본주의라는 단어 앞에는 야만적이라는 수식어가 점점 자주 붙었다. 따라서 '서방'은 찬탄과 모방의 대상에서 분노의 표적으로 변했다. 한편 '좌익'이라는 말이 다시 유행하고 있다.

—《이코노미스트》, 1998년 11월 19일

러시아의 쇠퇴를 저지할 목적으로 푸틴은 그 동안 반혁명이 뒤집어쓰고 있던 민주주의라는 가면을 거의 다 벗어던졌다. 국제시장의 경쟁에서 승리하기 위해 러시아 자본가들은 정치적 권리와 노동조합의 자유를 더욱더 거세게 공격할 것이다. 그러나 십 년간 지속된 자본주의 반혁명으로 엄청난 고통을 당했음에도 불구하고 러시아 노동계급은 지금의 세계에서 강력한 정치적 요인으로 잠재되어 있다. 혁명조직은 피억압 인민을 착취자들에게 화해시키려는 정치세력에 대해 비타협적으로 투쟁하고 강력한 계급투쟁 전술 구사해야 한다. 이럴 경우 이 조직은 지금 상황에서 기하급수적으로 세력을 확대할 수 있다.

구소련의 공화국들은 엄청난 천연자원과 상당수의 숙련 노동자, 과학자, 엔지니어 등을 보유하고 있다. 그러나 이들의 자본주의 세계로의 재편입은 지금까지는 대대적인 궁핍과 기존 교육 인프라 및 산업 능력의 대대적인 파괴만을 낳았다. 스웨덴이나 독일보다 나이지리아가 자본주의 러시아의 미래상이 될 가능성이 더 크다.

러시아 근로인민이 전진할 수 있는 유일한 길은 자본주의 기생충들에 대한 완전한 몰수와 연합 생산자들의 직접 통제에 의한 계획경제의 수립에 있다. 레닌과 트로츠키의 정치적 유산에 기초하며 강력한 러시아 노동운동의 지도력을 확보하는 투쟁에 헌신하는 새로운 볼셰비키당의 중핵을 결집시키는 임무, 이것이야말로 이 시기 혁명가들의 가장 주요한 임무다.

새로운 10월 혁명을 통해서만 러시아 노동자들은 제국주의 체제가 이들에게 강제해온 후진성과 궁핍에서 벗어날 수 있다. 새로이 상승하는 러시아 노동계급은 증오의 대상이었던 스탈린주의 체제를 복귀시키지 않을 것이다. 또한 일국 차원에서 사회주의를 건설하려는 자립경제의 환상도 쫓지 않을 것이다. 오직 세계사회주의혁명의 거대한 질적 변화를 촉발시킬 촉매가 될 것이다.

**PART 2**

# 현실 사회주의 국가들의 정체성

# 6·25, 잊혀진 전쟁

Korea: The Forgotten War

국제볼셰비키그룹★1995년

1950년 6월 25일에 시작되어 53년에 끝난 6·25 전쟁은 300만 명이 넘는 사망자를 내고 국토를 분단시켰다. 유엔의 깃발 아래 한반도를 짓밟은 '서구 문명'의 선봉장 미국은 의도적으로 대규모 폭격 테러를 자행했다. 심지어 미국은 전쟁 과정에서 아시아 국가들에 대해 핵공격을 감행할 계획까지 세운 바 있다. 그러나 제국주의자들에 의해 벌어진 이 끔찍한 학살행위는 폭로되지 않은 채 6·25는 지배계급의 이데올로기 공세의 좋은 재료가 되고 있을 뿐이다. 이제 지배계급의 이데올로기 공세에 반격을 하기 위해, 이 전쟁의 성격과 진실을 다시 한 번 논쟁의 도마 위에 올릴 필요가 있다.

6·25 전쟁은 미국의 냉전 전략이 실행에 옮겨진 첫 번째 주요한 사건이었다. 제2차 세계대전 이후 유럽에서는 노동자계급의 혁명운동이 분출하였다. 이탈리아, 그리스, 독일 등지에서 제국주의 세계대전의 참혹한 결과로 인해 기존 체제의 모순이 극에 달했다. 이에 대항하여 노동자와 근로인민이 일어선 것이었다.

한국도 예외가 아니었다. 일본 제국주의의 전쟁 패배로 지배 질서가 깨졌고, 노동자와 농민이 각지에서 생산수단을 장악하는 투쟁에 돌입했다.

그리고 여타 식민지 국가들에서도 제국주의 침략 세력에 대항하는 독립투쟁이 치열하게 달아오르고 있었다. 인도차이나 반도, 필리핀, 인도, 아프리카, 남미 등지에서 제국주의 세력에 대항하는 독립운동이 전개되었다.

이러한 폭발적 세계 정세는 세력 확대를 노리고 있던 소련의 스탈린 일당에게 좋은 기회가 되었다. 세력을 국제적으로 확대하여 자신들의 특권,

정치권력 등을 더욱 공고히 할 수 있기 때문이었다.

이러한 상황에서 미국은 전후 제국주의 세력의 우두머리가 되었다. 미국의 당면 과제는 공산주의의 영향력을 저지하는 것이었다. 이미 동구는 소련의 위성국이 되었다. 1948년 혁명으로 중국 대륙에서도 마오쩌둥을 위시한 스탈린주의자들이 정권을 장악했다. 이에 미국은 공산주의 세력을 '억제하고 후퇴시킬' 냉전 전략을 구상했다. 그리고 사실상 이 전략은 전세계에서 터져나오는 사회혁명과 민족해방투쟁을 압살하는 것을 의미했다.

현재 자유주의자들과 자칭 좌익 정치세력들은 세계 곳곳에 유엔이 좀 더 적극적으로 개입할 것을 촉구한다. 그리고 이라크, 소말리아, 보스니아 등지에 대한 유엔의 개입을 인류 문명을 위기에서 구하는 고귀한 노력이라고 찬양하고 있다. 이러한 상황에서 유엔의 첫 번째 대규모 군사적 개입 행위였던 6·25 전쟁의 진짜 목적이 한반도에서 끓어오르던 사회혁명을 압살하기 위한 것이었음을 지적할 필요가 있다.

사실 6·25 전쟁은 1950년대 초 각국에 산재해 있던 이른바 마르크스주의 정치조직들의 성격을 드러내는 리트머스 시험지였다. 마오쩌둥의 군대가 장제스 세력을 대만으로 쫓아버리고 중국 대륙에서 혁명을 하자마자 이 전쟁이 일어났다. 따라서 막을 수 없는 대세가 되어 전세계로 진군하는 공산주의 물결이 한반도를 뒤덮는 계기가 바로 6·25 전쟁이라고 많은 좌익조직들은 바라보았다.

6·25 전쟁의 기원을 연구한 대다수의 저술들은 누가 38선을 먼저 침범했느냐 하는 재미없는 주제를 논의의 초점으로 잡고 있다. 대개의 서방 역사가들과 남북한 관변학자들은 이 주제를 가지고 지금껏 열을 올리고 있다. 그러나 이러한 근시안적 분석틀은 1945년 종전과 함께 전세계에 밀어닥쳐 한반도 전역을 뒤흔들었던 대대적인 사회혁명의 기운을 고려하지 못한 것이다. 해방공간에서 진행된 한반도의 계급투쟁은 10만 명 이상의 사상자를 냈다. 바로 이러한 전체적 상황이야말로 뒤이어 일어난 6·25 전쟁과 한반도 분단을 올바로 이해하는 초석이 된다. 신좌익(New Left) 역사가인 브루스 커밍스는 한국의 독재정권이 한때 금서로 지정하기도 했던 『한국전쟁의 기원』을 저술했다. 두 권으로 구성된 이 책은 당시의 상황을 가장 철저하고 자세하게 분석한 결정적인 자료다.

공산주의 세력의 팽창에 대항하여 미국이 주도한 냉전전략이 6·25 전쟁의 성격을 규정했다. 유엔의 깃발 아래 모인 제국주의 세력과 소련으로부터 상당한 지원을 받은 중국이 개입하면서 이 전쟁은 공산주의 세력과 제국주의 세력의 힘을 겨루는 시험대가 되었다. 그러나 이 전쟁의 근본 원인은 1945년 일본의 패망에 이어 조성된 혁명적 격동에 의해 조성되었다.

일본 식민지 통치 시기에 한반도에는 레온 트로츠키가 '불균등 결합 발전(combined and uneven development)'이라고 개념화한 현상이 극명하게 나타났다. 즉 봉건적 토지 소유가 온존하는 가운데 제국주의 공업화가 일본의 전쟁 목적을 위해 이식되었고, 그 결과 조선은 급격한 변화를 겪게 되었다.

식민지 통치를 주관한 조선총독부는 토지조사 사업을 시행하여 토지를 등록시켰고, 등록되지 않은 토지는 조선총독부의 재산이 되었다. 목적은 일본의 제국주의 팽창 전쟁에 필요한 식량을 조선 인민으로부터 강탈하는 데 있었다. 식민지 지배에 협력한 지배층은 토지를 계속 보유할 수 있었으나 많은 인민은 일본군으로 끌려가거나 일본으로 이송되어 강제노역을 강요당했다. 1945년 해방 당시 일본인 기업은 130만 명의 조선인을 고용하고 있었으며, 그 외의 수십만의 조선인들이 일본이나 만주에 거주하고 있었다.

일제 치하에서 스탈린주의자들이 장악한 조선 공산당은 파업이나 빨치산 투쟁을 조직하는 데 상당한 역할을 하면서 대중적 지지를 확보했다. 조선총독부는 일본의 압제에 대항하는 모든 투쟁을 '공산주의 세력의 전복 활동'이라고 선전했고, 이는 오히려 공산당의 대중적 신망을 더 높여주었다. 농민들은 터무니없이 높은 소작료가 철폐되기를 열망했으며 일제와 친일파 세력을 저주했다. 자본주의 공업화, 지주제도, 식민지 통치는 얽히고 설키면서 한반도의 인민을 고통에 빠뜨렸다.

1945년 일제가 패망하자 사회혁명의 장애물이 제거되었다. 친일 세력이었던 지배층은 인민의 지지를 전혀 받지 못했다. 일본의 식민지 공업화로 노동계급이 성장해 있는 상태였으며, 상당수의 대중이 공업 프롤레타리아였다. 반면 양반들은 일부 예외를 제외하면 아직 자본가계급으로 전화하지 못한 상황이었다. 1945년 8월 9일 조선총독부는 정권을 여운형에게 넘겼다. 그는 부르주아 민족주의자로서 조선건국준비위원회(건준)를 이미 조직하고 있었다. 이제 상황은 마치 러시아의 1917년 2월 혁명 시기와 흡사했다. 건준은 당시 전국에서 자생적으로 생겨난 노동자-농민 자치조직인 인민위원회에 기반을 두고 있었다. 전국노동자평의회(전평)의 깃발 아래 노동자들은 전국에서 공장을 장악했다. 전평은 공산당이 주도하고 있었으나 사회민주주의 경향도 일정 정도 내포하고 있었다. 미군정 노동문제 고문관 스튜어트 미첨에 따르면 "대공장의 거의 전부"는 노동조합이 장악하고 있었다(브루스 커밍스, 『한국전쟁의 기원』). 전국농민노동조합평의회(전농)는 지주계급의 토지를 몰수하려는 움직임을 보였다. 당시 조선에서 벌어졌던 투쟁의 수준은 이탈리아나 그리스에서 전개되었던 투쟁들과 유사했다.

승리한 제국주의 연합 세력이 이러한 혁명전야의 상황을 마주하게 되었다. 얄타에서 이들은 조선이 10년에서 30년에 이르는 세월 동안 공동신탁통치를 받아야 한다고 결정한 바 있었다. 1945년 8월 8일 소련이 일본에 대해 선전포고를 한 후 한반도에 군대를 진주시키자 미국은 소련군이 38선 이남으로 내려오지 말 것을 주장했다. 사실 38선은 당시 미국 전쟁성의 하급 관료였던 딘 러스크가 미군 점령 지역에 서울이 포함되도록 자의적으로 그어놓은 선에 불과했다. 스탈린은 전시에 미국과 맺었던 동맹관계를 훼손시킬 생각이 없었고 한반도에 대해서도 별 관심이 없었다. 그래서 그는 미국의 제안을 들어주었으며 소련군은 곧 38선 북쪽으로 물러났다.

## 미국 대 인민운동

미국은 애초부터 인민운동과 임박한 사회혁명을 저지시키는 데 초점을 두고 있었다. 미군의 태평양 지역 총사령관 맥아더 장군이 포고한 '일반명령 제1호'는 조선 인민에게 미군이 진주할 때까지 조선총독부 관리들에게 복종하라고 명령했다. 1945년 9월 8일, 하지 장군이 이끄는 미군이 인천항에 들어왔고 이들은 건준이나 인민위원회 대표들을 만나지 않았다. 그러나 건준과 인민위원회는 예정대로 일주일 후 '조선인민공화국'을 선포했다. 하지 장군의 정무 수석고문관 메럴 베닝호프는 9월 15일 이렇게 보고했다.

남한은 불꽃만 붙이면 즉시 폭발할 화약고라고 할 수 있다. 일제 때 높은 지위에 오른 자들은 친일분자로 인정되어 일본인들만큼이나 증오의 대상이 되고 있다. 모든 정치그룹들은 일본의 재산을 몰수하고 일본인을 몰아낸 후 곧바로 독립을 달성하려는 공통된 생각을 가지고 있는 것처럼 보인다. 한국은 선동가들이 활동하기에 더없이 좋은 곳이다.

—브루스 커밍스, 『한국전쟁의 기원』

그러나 베닝호프는 미국의 통치를 가능하게 할 요소들이 있다고 생각했다.

> 서울에 있는 수백 명의 보수주의자들은 나이도 많고 교육도 많이 받았다. 이들 중 많은 인사들이 일제에 협력했지만 이 오명은 결국 사라질 것이다.
>
> —앞의 책

이 '민주주의자들'에게 미 군정이 물질적 지원과 격려를 아끼지 않아야 한다고 그는 제안했다. 한민당으로 결집된 이 인사들이 한국이 보호를 받아야 할 단계에 있으며 소련보다는 미국의 보호를 받는 것이 더 낫다고 공언했다는 사실을 베닝호프는 긍정적으로 주목했다. 성년 생활의 대부분을 미국에서 보낸 이승만 박사가 이들에게는 이상적인 지도자였다. 미국은 일본군에 복무하여 훈련된 군대를 정부군으로 조직하면서 가냘픈 이승만 정권을 도왔다. 일제 치하의 모든 법률들이 맥아더의 군정포고령에 의해 계속 효력을 발휘하고 있는 상태였다. 1945년 미 군정은 공식적으로 인민위원회를 불법이라고 규정하였다. 하지 장군은 "친미주의자나 친일분자나 한국민에게는 같은" 의미를 갖게 되었다는 사실을 인정했다(S. 론&맥코맥, 『1850년 이후의 한국』).

식민지 통치의 연장에 대해 당연히 인민은 저항의 길을 택했다. 1946년 여름 미군정은 공산당에 대한 대대적인 구속조치를 감행했으며 마침내 인민위원회를 무력화시키는 데 성공하였다. 일제의 훈련을 받았으며 미국이 지원한 경찰에게 인민의 자생적인 저항은 상대가 되지 못했다. 수천 명의 노동자와 농민 그리고 200여 명의 경찰이 이 과정에서 목숨을 잃었다. 《시카고 선》지의 마크 게인은 이 투쟁을 "본격적인 혁명"으로 묘사했으며 "수백만은 아니지만 수십만의 인민대중"이 참여했다고 보도했다.

인민운동을 억압한 미국과는 달리 소련은 이 운동을 자기 편으로 끌어들이려 했다. 스탈린은 '조선의 모든 반일 세력과 민주주의 정당들의 활동을 지원하라'고 지시했다. 물론 이들은 스탈린주의자들의 통제를 받아야 했다. 1946년 2월 소련은 북조선 임시인민위원회를 수립했다. 이 기구는 소련군이 점령한 북한 내의 인민위원회를 지휘하기 위한 것이었다. 이 조직의 우두머리는 스탈린이 직접 선택한 청년 공산주의자 김일성이었다. 그는 중국 공산당원과 소련군 대위로 반일 독립운동에서 믿을 만한 역할을 했다. 그러나 나중에 그가 주장한 대로 그가 한국 공산주의 운동의 유일무이한 지도자였던 것은 결코 아니다. 그는 스탈린에게 무조건 충성을 바침으로써 북한의 지도자가 된 것처럼 보인다(《뉴레프트리뷰》에 실린 맥코맥의 논문을 보라). 정권을 장악한 직후 그는 대중의 지지를 받던 그의 경쟁자인 부르주아 민족주의자 조만식을 체포하여 몇 년 뒤 처형했다.

소련이 수립한 북한 체제는 소련과 아주 유사한 관료적 노동자 국가였다. 노동계급의 권력 행사 없이, 관료적이고 상명하달식인 사회혁명이 달성되었다. 한국 역사상 처음으로 여성의 법적 평등권이 선언되었다. 1946년 3월 6일 토지개혁령이 발효되어 모든 농토가 농민에게 분배되었으며 '애국적' 지주들만 보상을 받았다. 토지 분배는 지역인민위원회가 주도했다. 1946년 10월 6일 공포된 북한 임시인민위원회 결정 제91호는 일본인이나 친일분자가 소유한 모든 산업을 국유화했다. 스탈린의 인민전선 노선에 따라 이 경우에도 이른바 애국적 부르주아들을 이 결정에서 면제시키려는 시도가 있었다. 그러나 이 계급 협조 노선은 실패했다. 북한의 사업가들과 그 가족들이 거의 모두 남한으로 도망쳐 남한의 우익이 되었기 때문이다. 한국 전문가이자 하버드 대학교 교수였던 조지 맥쿤은 1950년에 이렇게 썼다.

> 북한 인민대중은 소련군정에게 우호적이었다. 사회주의 체제의 혁명적 조치들로부터 많은 혜택을 받았기 때문이었다. 반면 남한에서 대중은 이른바 민주주의의 기본적 자유를 자신들이 누리고 있다고 인정할 수 없었다. 사회개혁 조치가 없었으며 민주주의적 잣대도 불공정하게 적용되었기 때문이다.
> ―『오늘날의 한국』

미 군정이 민주주의의 잣대를 일률적으로 적용할 수 없는 것은 당연했다. 그럴 경우 그 결과가 지극히 우려되었기 때문이다. 1946년 미국 정보기관의 보고서는 공정한 선거가 실시될 경우 좌익세력이 완승할 것으로 예상하였다. 그래서 미 군정은 민주주의의 잣대를 불공정하게 적용시켰다.

이렇게 소련 군정과 미 군정이 차이를 보인 것을 어떻게 설명할 수 있을까? 그 차이는 스탈린이 트루먼이나 하지보다 인민에게 더 호의적이어서 발생한 것이 아니었다. 스탈린 체제가 트루먼의 미국과는 아주 다른 사회적 관계 위에 수립되었기 때문이었다. 소련의 주요 생산수단은 사회적 소유였다. 동구든 북한이든 점령 지역을 통치하기 위해서 소련은 자기 나라에 지배적인 사회관계들을 점령지에 이식시키지 않을 수 없었다. 노동자·농민의 요구가 사회주의적 소유의 틀을 통해서만 수용될 수 있었기 때문에 조선 인민대중의 지향과 소련 군정의 정치적 목적 사이에는 일치하는 부분이 있었다.

그리고 스탈린의 노력에도 불구하고 소련과 자본주의 '동맹국' 사이의 근본적인 차이로 인해 전시의 동맹관계는 독일과 일본이 패망한 후에는 계속 유지되기가 어려웠다. 이러한 국제정세의 양극화 현상은 한국에도 직접 영향을 미쳤다. 한국은 미국과 소련의 공동신탁통치를 받도록 예정되어 있었다. 그러나 두 강대국 사이의 회담이 1946년 봄 그리고 47년 가을에 진행되었으나 모두 결렬되었다. 이후 연속된 회담에서 소련은 양국의 군대가 동시에 한반도에서 철수하자고 제안했다. 1946년의 대중 봉기를 겨우 진압하여 가까스로 목숨을 부지하고 있던 남한의 정세에 우려를 나타낸 미국은 일방적으로 회담 불참을 선언했다. 미국의 전략은 한국문제를 자신이 주도하고 있던 유엔으로 넘기는 것이었다. 유엔 한국임시위원회가 성립되어 한국이 서방의 입맛에 맞는 '민주주의 체제'로 이행할 때까지 남한을 통치하게 되었다.

## 제주 4·3 항쟁

한국임시위원회의 통치는 남한 대중의 또 다른 저항을 촉발시켰다. 스탈린주의를 추종한 남로당은 1948년 2월 7일에 사흘간의 총파업을 개시했다. 4월에 한국임시위원회는 남한에서 단독으로 선거를 치른다고 발표했다. 이에 반대하는 봉기가 제주도에서 일어나 일부 우익 인사들과 군인들이 살해되었다. 그러자 미 군정은 피의 억압을 감행했다. 미 해군과 공군의 지원을 받아 미 군정은 제주도민의 10~20퍼센트에 해당하는 3만에서 6만 명의 민간인을 학살했다. 수만 명의 도민들은 일본으로 피신하지 않을 수 없었다. 산악지대로 이동한 게릴라들은 보급품도 공급받지 못한 채 수개월 동안 싸웠으나 결국 진압되었다. 피비린내 나는 초토화 작전이 끝난 후 선거가 실시됐다.

남한 단독 선거를 반대한 것은 제주도민뿐이 아니었다. 우익세력을 비롯해, 정권을 제외한 모든 계급과 계층이 반발했다. 이승만의 정치적 라이벌인 민족주의자 김구 역시 남한 단독 선거가 국토의 분단을 가져올 것이라고 비난했다. 김구는 해주와 평양에서 북한 대표들과 회담을 하기까지 했다. 결국 반대 진영은 선거 불참을 선언했다. 그러나 임시위원회는 '선거를 통해 남한 유권자들의 자유의사가 온전하게 표현되었다'고 선언했다.

선거 결과 대한민국 정부가 수립되었으며 이승만이 대통령으로 당선됐다. 그리고 유엔 총회는 곧 이 정권이 한국의 유일한 정부라고 인정했다. 이에 대한 반응으로 북한에서는 조선인민민주주의공화국이 선포되었다. 결국 분단이 공식화되었다. 1948년 후반 남한에서는 봉기들이 또 일어났다. 여수와 순천의 군인들이 제주도 게릴라 잔당을 진압하라는 명령을 거부하고 반란을 일으켰다. 미국의 지원으로 겨우 위기에서 빠져나온 이승만 정권에게 또 다른 위기가 닥친 것이었다. 여수에는 인민위원회가 다시 수립되었다. 제주도의 경우와 마찬가지로 반군들은 산으로 들어가 게릴라전을 했다.

1949년 미·소 양군이 한반도에서 철수하였다. 이승만은 경찰국가를 강화하는 일로 바빴다. 심지어 부정으로 얼룩진 1948년 선거에서 당선된 의원들을 스파이로 몰아 체포했다. 그리고 자신의 라이벌 김구를 암살하라는 명령을 내렸다. 해가 지날수록 남북 간의 전쟁 가능성이 점차 커졌다. 이승만은 친북 공산주의 게릴라들을 진압하지 못했다. 한편 게릴라들은 북한 김일성 정권의 도움이 필요했다. 1년 내내 국경선인 38선에서 전투가 벌어졌다.

김일성은 남한을 침공할 수 있도록 지원을 해달라고 비밀리에 스탈린과 마오쩌둥에게 간청했다. 이들은 처음에는 마음이 내키지 않았으나 결국 동의했다. 남한 내에 공산당에 대한 대중적 지지가 대단하여 북한이 침공할 경우 금세 남한을 무너뜨릴 수 있다고 김일성과 남로당 지도자 박헌영이 이들을 설득했기 때문이다. 당연히 스탈린은 김일성의 침공이 제국주의 세력들을 골탕 먹일 값싼 방법이라고 생각했다. 그러나 그는 전면전이 벌어지는 것을 우려했다. 그래서 북한의 인민군을 지원하되 비밀리에 진행할 생각이었다. 마오쩌둥은 대만으로 도망친 장제스의 국민당 잔당을 박멸하기 위해 대만 침공에 주된 관심을 쏟고 있었지만 어쨌든 김일성의 계획에 축복을 보냈다. 그러나 이 모든 사실들은 소련, 중국, 북한의 공식 역사 기술에서는 부인되고 있다. 즉 북한이 가만히 있는데 이승만 정권이 도발을 자행하다가 결국 38선을 넘어 북한을 침략했다는 것이다. 그러나 최근에 공개된 소련의 비밀문서들은 김일성이 남침을 계획했으며 스탈린과 마오쩌둥은 이 모든 사항을 알고 있었다는 사실을 증명하고 있다(곤차로프 등이 함께 쓴 『불안한 동맹자들: 스탈린, 마오쩌둥, 한국전쟁』을 참고하라).

　이승만 역시 확실히 침략의 야욕을 갖고 있었다. 그는 자주 북침통일을 선언했고, 1949년 10월에는 사흘 안에 평양을 점령할 수 있다고 큰소리쳤다. 미·소 양군의 철수 후 이승만의 군대를 지원하기 위해 남한에 남아 있던 미국 군사고문단의 우두머리 라버츠 장군은 이렇게 주장했다.

　　전투로 단련된 500여 명의 미군 병사와 장교 들이 치밀하고도 지혜롭게 미군 대신 전투를 수행할 10만 군대를 양성하는 방식을 미국 군사고문단이 생생하게 보여주고 있다. 이 시점에서 우리는 북한의 침략을 유도하고 있다. 북한군이 좋은 사격훈련감을 제공해줄 것이기 때문이다.
　　　　　　—브루스 커밍스&존 핼리데이, 『한국전쟁: 알려지지 않은 전쟁』

그러나 라버츠 장군의 자신감은 허황된 것이었다. 전쟁이 일어난 후 첫 몇 주 동안 북한의 인민군은 전력이 우세한 것으로 생각된 남한의 국방군을 쉽게 물리치고 승승장구 남쪽으로 진군했다. 징집된 노동자 농민의 아들들이 이승만의 자본주의 정권이나 그의 제국주의 후원 세력들을 위해 '총을 쏠' 생각을 전혀 하고 있지 않다는 사실이 드러났다. 인민군의 진격 앞에 국방군은 급속히 전의를 상실하면서 후퇴를 거듭했다. 인민군의 총칼을 앞세우면서 북한의 기형화된 사회혁명의 성과들이 전진했다. 3개월 동안 남한의 대부분을 점령한 인민군은 토지를 재분배하고 이승만 정권과 그 하수인들, 일본 기업과 기타 독점기업들의 재산을 몰수했다. 남한의 인민대중은 '침략자' 인민군을 반기는 듯했다. 냉전이 한창이던 때에 미국의 장군인 윌리엄 딘은 자신의 책에 이렇게 썼다.

내가 보기에 인민군에 대한 남한 인민의 태도는 열렬한 환영과 수동적인 인정의 중간 정도쯤인 것 같았다.

—『딘 장군의 이야기』

미국 정부는 김일성이 적화통일을 하는 것을 보고만 있을 생각이 전혀 없었다. 1950년 초 미 국무장관 딘 애치슨은 한국에서 내전이 일어날 경우 아마 미국은 개입하지 않을 것이라는 발언을 했다. 이 말은 김일성에게 기쁨을, 이승만에게는 불만을 선사했다. 그러나 전쟁이 발발하자 미국은 아시아의 신식민지 체제를 보호하기 위해 군사적 개입을 단행했다. 1950년 4월 12일 미국 대통령 해리 트루먼은 국무성에서 작성한 대외비 메모를 전달받았다. 이 메모는 전세계적으로 사회혁명의 확산을 막는 정책(containment)에서 이것을 저지하고 전복시키는 정책(rollback)으로 전환할 것을 주장하였다. 아시아 지역에서 전쟁을 일으킴으로써 공산주의의 확산을 막자는 매파가 상승세를 타고 있었다. 이들은 맥아더, 덜러스를 비롯한 고위 관리들의 명확한 지지를 얻고 있었다.

인민군이 남침했다는 소식을 접한 지 몇 시간 만에 트루먼은 이 전쟁에 개입하기로 결정했다. 한국임시위원회는 6월 29일 성명을 통해 북한의 남침에 의해 전쟁이 발발했다고 규정하고 유엔의 개입을 촉구했다. 안전보장이사회에서 미국의 동의안이 즉시 통과되었다. 이때 소련은 중국의 회원국 가입을 거부한 유엔의 결정에 항의하여 불참했다. 유엔군은 미국, 영국, 캐나다, 호주, 남아공 등 16개국에서 보낸 군대로 구성되었다. 과대망상증 환자 맥아더가 총사령관에 임명되었다.

9월로 접어들자 전선은 낙동강에서 교착 상태에 빠졌다. 이승만의 군대가 곧 패배할 것 같았다. 그러나 제국주의 연합군이 바다와 하늘을 장악하고 있었다. 9월 15일 맥아더는 인천항에서 대대적인 수륙양면작전을 펼쳤다. 이 작전은 거의 저항을 받지 않았다. 이로부터 2주가 채 되지 않아 원정군은 인민군을 38선 북쪽으로 몰아냈다. 애초에 유엔은 국경선의 신성함을 수호하겠다고 선언했으나 이 선언은 허언에 불과했다. 맥아더와 트루먼은 공산주의 세력을 밀어붙일 절호의 기회가 바로 이때라고 생각했다. 유엔군은 압록강까지 진격했다.

# 유엔의 반혁명 테러

반혁명 테러는 언제나 사회혁명과는 비교할 수 없이 잔인하다. 유엔군의 한반도 점령도 예외는 아니었다. 인민의 지지를 얻어 쉽게 남한 국방군을 제압했던 인민군과는 달리 미국이 주도한 유엔군은 한국민 전체를 적으로 간주했다. 이들은 지극히 인종주의적인 언어로 한민족을 '흰 파자마를 걸친 버러지들'이라고 불렀다. 맥코맥이 인용한 일본 자료에 따르면 유엔군이 한국을 '해방시킨' 기간 동안 10만 명이 넘는 민간인이 처형되었다. 이 대대적인 양민 학살은 베트남전쟁에서 미국 중앙정보국이 자행한 대규모 암살 작전의 효시가 되었다. 베트남의 경우와 마찬가지로 제국주의자들은 월등한 제공권과 제해권을 이용하여 거침 없는 파괴를 자행했다. 1950년 11월 유엔군이 북쪽으로 진격할 때 맥아더는 자신의 부관 커티스 르메이에게 전선과 중국 국경 사이의 '모든 시설, 공장, 도시, 마을'을 공습하라고 명령했다. 르메이는 나중에 베트남전에서 베트남을 "석기시대로 돌려놓기 위해" 대대적인 공습을 해야 한다는 발언으로 악명을 떨친 자다(브루스 커밍스&존 핼리데이, 『한국전쟁: 알려지지 않은 전쟁』). 미국의 무차별적이며 인종주의적인 공격은 전쟁의 성격에서 비롯된 것이었다. 미국은 단순히 적대국을 무찌르려는 것만이 아니라 사회혁명을 철저히 압살시키려는 목적을 갖고 있었던 것이다.

11월경에 제국주의자들은 무난히 중국 국경선에 도달할 수 있으리라 예상했다. 그러나 20만 명의 중국군과 15만 명의 인민군이 반격에 나서자 이들은 화가 치밀어 고함을 질러댔다. 중국의 인민해방군이 전쟁에 개입하자 전세는 다시 제국주의자들에게 불리하게 전개되었다. 유엔은 뻔뻔스럽게 중국의 '침략'을 비난했다. 트루먼은 중국에 원자폭탄을 투하할 계획을 고려 중이라고 공개적으로 선언했다. 히로시마와 나가사키에 원자폭탄을 투하했던 인종주의자들이 다시 원자폭탄으로 아시아 인민을 위협했다.

남쪽으로 후퇴하는 동안 유엔군은 게릴라 부대들에게 시달렸고, 맥아더는 제3차 세계대전을 시작해야 한다고 공공연히 촉구했다. 1951년 초 미국 중앙정보국은 중국 본토에 비밀리에 공격을 시작했다. 맥아더는 중국의 주요 도시들에 원자폭탄을 투하해야 전쟁에서 승리할 수 있다고 주장했다.

그러나 1945년부터 이때까지 아주 중요한 사건이 진행되고 있었다. 소런이 원자폭탄을 개발한 것이었다. 트루먼은 소련이 원자폭탄을 미국에 투하할 능력이 없다고 확신했다. 그러나 그의 유럽 동맹국들은 걱정이 컸다. 영국의 수상 클리먼 애틀리는 워싱턴으로 날아가 원자폭탄을 사용하지 않겠다고 보장하고 맥아더를 해임하라고 요구했다. 그가 아시아인들이 대량 학살되는 것을 반대했기 때문이 아니었다. 그는 히로시마와 나가사키의 원폭 투하를 지지했었다. 그리고 당시 말레이 반도에서 영국군은 좌익 반군들에 대해 피비린내 나는 전쟁을 벌이고 있었다. 다만 소련의 폭격기가 런던 상공을 날아다닐 일이 걱정되었을 뿐이었다. 트루먼은 애틀리의 우려를 이해한다고 말했다. 그러나 확실한 언질은 회피했다.

사실 1951년 4월 6일 트루먼은 맥아더에게 원자폭탄 26기를 통제할 권한을 주는 문서에 서명한 바 있었다. 그러나 그로부터 닷새 후 그는 이 명령을 철회하고 맥아더를 해임했다. 제국주의 동맹관계가 완전히 붕괴될 것을 우려했기 때문이다(S. 론&맥코맥, 『1850년 이후의 한국』). 그러나 맥아더의 해임이 미국의 '핵무기 선택'의 포기를 의미하는 것은 아니었다. 1953년 아이젠하워는 원자폭탄이 재래식 무기보다 "더 싸게 먹힌다"고 공개적으로 말한 바 있었다. 소련이 핵무기를 갖고 있지 않았다면 미 제국주의자들은 또다시 아시아 도시들에 원자폭탄을 투하했을 것이 틀림없다.

사실 미 공군은 원자 무기가 아닌 재래식 무기로 대대적인 폭격을 감행했다. 전쟁 개입 첫 3개월 동안 780만 갤런의 네이팜탄이 사용되었다. 네이팜탄은 제네바 협정에 의해 사용이 금지되었으나 미국은 국제협정 따위는 개의치 않았다. 이 결과 북한은 완전히 파괴되었다. "3년에 걸쳐 우리는 북한의 도시는 물론이고 남한의 모든 도시들도 불태워버렸다"고 르메이는 회고했다. 1951년 여름, 지상전이 교착 상태에 이르자 유엔군은 주로 폭격과 함포사격으로 북한을 공격했다. 도시 지역에 대해 계속 폭격을 가하던 미 공군은 1953년 5월, 전쟁이 막바지에 이르자 북한의 농업을 파괴하고 인민들을 기아 상태로 몰아 항복시키기 위해 관개시설에 대한 폭격을 개시했다.

휴전회담은 1951년 7월에 시작되었다. 어느 쪽도 무력으로 한반도를 통일시킬 수 없다는 사실이 명백했으나 전쟁은 회담 개시 후 2년이 넘게 계속되었다. 전쟁포로 송환 문제가 핵심적인 걸림돌이 되었다. 선전전에서 승리를 거두기 위해 제국주의 세력은 '자발적 송환' 원칙을 고집했다. 전쟁포로들이 어느 진영으로 갈 것인지를 스스로 결정하게 만들자는 것이었다. 그러나 당연히 이 결정은 전혀 '자발적으로' 이루어질 수 없었다. 인민군 및 인민해방군 출신 전쟁포로들이 자본주의 쪽으로 넘어오도록 원하면서도 미군부는 감언이설에 속지 않는 포로들에 대해서는 강경자세를 취했다. 맥아더의 후임자 리지웨이 장군은 이렇게 회고했다.

> 빨갱이 포로들이 우리의 계획에 저항하거나 우리의 요구에 대해 지연술책을 쓸 경우에 이들을 총살시킬 결심이었다. 이 일을 확실히 수행하기 위해서 살인무기들이 철저히 준비되어 있기를 나는 원했다.
> —브루스 커밍스&존 핼리데이, 『한국전쟁: 알려지지 않은 전쟁』

결국 1953년 정전협정이 체결되었고 한반도의 국토 분단은 기정사실이 되었다. 이 전쟁은 인구의 10퍼센트가 넘는 300만 명을 죽였고 100만 명에 이르는 중국군을 희생시켰다. 미군의 사망자는 33,500명이었다. 전쟁이 끝나자 남한에서는 탄압의 광란이 이어졌다. 이승만 정권의 반대파에 대한 '용공 재판'이 극에 달했다. 이에 대해 미국은 그를 제거할 생각까지 했다. '만반의 준비 작전(Operation Everready)'은 그를 없애기 위해 비밀리에 수립된 계획이었다. 북한에서는 '위대한 지도자'에 대한 충성심이 부족하다고 생각된 분자들이 숙청을 통해 제거되었다. 박헌영도 이 숙청의 희생자가 되었다. 남로당 지도자였던 그는 남침이 쉽게 성공할 수 있다고 말해 김일성의 판단을 흐린 죄목으로 재판을 받았다. 이 죄목은 두 가지 점에서 괴상망측했다. 첫째, 남침은 유엔군이 개입하기 전까지는 아무 지장 없이 진행되었다. 둘째, 김일성 정권은 항상 남한에 의한 북침을 주장해왔다. 결국 박헌영을 처형한 것 또한 스탈린주의 체제에서 늘 일어나는 정치 라이벌에 대한 조작성 숙청의 일환이었다.

김일성은 소련군이 수립한 기형화된 노동자 국가를 전후 41년이 넘도록 통치했다. 북한은 역사상 가장 기괴한 스탈린주의 독재체제에 속한다. 김일성 개인에 대한 숭배는 유례를 찾을 수 없는 기이한 현상이다. 그러나 국유화 조치에 의한 북한 사회의 변화는 인민에게 중요한 성과로 남아 있다. 특히 여성의 권리, 의식주, 탁아시설, 의료와 교육 등에서 북한 인민은 자본주의 체제에서는 생각할 수 없는 혜택들을 누려왔다. 그러나 소련의 붕괴 이후 동맹국 중국은 북한을 버렸고, 그 결과 북한의 경제가 급속히 허물어지고 있으며 인민의 생활수준 역시 추락하고 있다.

그러나 인민의 복지를 도모한 북한 체제의 성과는 아직도 남아 있으며 옹호되어야 한다. 현재 한국 노동계급은 국토를 혁명적으로 통일시켜 전쟁이 남긴 국토 통일의 과제를 달성해야 한다. 즉 북한 노동계급이 정치혁명을 통해 현 정권을 붕괴시키고 남한 노동계급은 자본가계급의 생산수단을 몰수하는 사회혁명을 달성해야 한다.

## 6·25 전쟁에 대한 좌익 국제조직들의 반응

국제 노동계급 운동 조직들은 대체로 6·25 전쟁을 제3차 세계대전의 서막으로 바라보면서 각자의 성격에 걸맞게 다양한 입장을 나타냈다. 각국의 스탈린주의 공산당들은 전쟁을 반대하고 북한 정권에 대해 연대감을 표시했다. 그러나 이들은 평화주의적 시각에 근거하여 냉전을 반대할 부르주아지의 진보적 분파와 동맹하기를 원했다. 이들은 북한 정권의 주장인 북침설을 강조하면서 선동의 중심을 '평화' 호소와 협상에 의한 전쟁 종결에 두었다.

영국 노동당 같은 사회민주주의자들은 자국 지배계급의 노선을 그대로 추종하면서 제국주의 세력의 전쟁 개입을 찬양했다. 이것은 하나도 이상할 것이 없었다. 이들은 노동계급운동 내부에 존재하는 자본가계급의 으뜸가는 하수인이기 때문이다. 당시 유럽의 사회민주주의 정당들은 미국 중앙정보국으로부터 돈을 받고 솔선수범하여 반공 마녀 사냥을 주도했다.

트로츠키주의 조직들만이 6·25 전쟁에 대해 혁명적 입장을 견지했다. 제2차 제국주의 세계대전이 발발하기 전에 트로츠키는 소련을 '퇴보한 노동자 국가'로 규정했다. 이 체제의 사회적 기초는 근본적으로 자본주의와 적대적이므로 자본주의 국가들과의 전쟁에서 방어되어야 한다고 그는 보았다. 6·25 전쟁이 발발할 당시 트로츠키주의 제4인터내셔널 산하 조직들은 북한을 포함해서 전후 소련군의 점령으로 탄생한 국가들이 소련과 질적으로 유사한 체제라고 보았으며 이들을 '기형화된 노동자 국가'라고 규정했다. 이러한 올바른 분석의 결과 이들은 국제노동계급이 6·25 전쟁에서 제국주의 및 그 동맹 세력에 대항해서 북한을 지지해야 한다고 주장했다.

당시 제4인터내셔널의 지도자였던 미셸 파블로는 전세계적 차원에서 전쟁과 혁명이 임박했다고 생각했는데 이 사고는 한국전쟁에 의해 촉발되었다. 그러나 그의 정치 노선은 철저히 수정주의적이었다. 그는 트로츠키주의 중핵들이 사회민주주의 정당 또는 스탈린주의 대중정당으로 들어가야 한다며 트로츠키 혁명조직을 해소할 것을 촉구했다. 그의 청산주의는 역사 발전을 지극히 조잡하게 객관주의적으로 바라보았기 때문에 생겨난 것이었다. 이 노선은 스탈린주의 정당들의 혁명적 능력을 과도하게 평가하였다. 그러나 6·25 전쟁이 발발하자 그는 혁명적 노선을 주창하였다. 1950년 9월 미국 사회주의노동자당의 이론지 《제4인터내셔널》에 기고한 글에서 그는 이렇게 주장했다.

식민지 대중 운동에 가담하여 소련 관료집단이 이 운동을 이용하지 않도록 하는 것이 우리가 취할 수 있는 유일한 혁명적 태도다. 그러나 이 가능성을 현실화시킬 수 있는 주요한 조건은 토착 봉건-자본주의 계급 그리고 특히 제국주의 세력에 대항해서 이 운동을 무조건 옹호하는 것이다.

당시 제4인터내셔널의 가장 강력한 지부였던 미국 사회주의노동자당의 지도자 제임스 캐넌도 트루먼 대통령에게 보내는 공개 서한에서 올바른 입장을 견지했다. 이 글은 1950년 7월 31일자 당보인 《투사》에 실렸다.

이 전쟁은 국토통일과 민족해방을 위한 투쟁 이상의 의미를 갖고 있다. 이 것은 내전이다. 한국의 노동자, 농민, 청년학생 등이 한국의 지주, 고리대금 업자, 자본가, 경찰, 정치 하수인 등에 대항하는 전쟁이다. 빈곤에 찌들리고 착취 받던 근로인민 대중이 지주와 매판자본가로 구성된 토착 기생집단과 제국주의 세력을 몰아내기 위해 들고 일어선 것이다. 소련 스탈린 일당의 소망이 무엇이건 상관 없이 지금 한반도에서 일어난 것은 계급전쟁이다. 대중적 지지를 얻기 위해 북한 정권은 토지개혁령을 발표하고 국유화 조치를 시행했다. 인민위원회가 수립되었다는 보도가 있다. 이러한 개혁 조치들과 좀 더 나은 경제적·사회적 체제에 대한 약속이 농민과 노동자 들을 북한 정권의 편으로 끌어들이고 있다. 새로운 삶에 대한 이 전망이야말로 굶주리고 있는 대중들로 하여금 죽기를 각오하고 싸우게 했다. 이것은 미 제국주의자들과 그 토착 하수인들로부터 이들이 국토의 3분의 2를 빼앗게 만든 '비밀무기'다. 그리고 이것이야말로 막강한 월스트리트 금융자본의 군대와 폭격을 이들이 견디도록 만들었다.

—「선동가의 노트」

영국의 노동자권력은 이 편지를 인용하며 캐넌이 제국주의 세력의 패배 노선을 채택하지 않았다는 어리석은 결론을 내렸다.

사회주의노동자당이 **모든** 글에서 제국주의 세력의 '패배'를 주창한 것은 아니라고 비판한다면 이것은 공정하지 못할 것이다. 이들은 이런 노선을 주창한 적이 **한 번도** 없다. 우리의 비판은 따라서 정당하다. (강조는 원저자)

—《연속혁명》1988년 봄호

그러나 편지에서 캐넌은 "이승만 괴뢰정권에게 매수된 몇 안 되는 하수인들을 제외하면 한국의 인민 모두는 제국주의 침략자들에 맞서고 있다"는 사실을 반복해서 강조하고 있다. 그는 이런 결론을 내리고 있다.

이 싸움에서 정의는 한국 인민의 편에 있다. 아시아 전역의 식민지 인민들과 마찬가지로 이들은 미국 또는 유엔의 '해방'을 조금도 원하지 않는다.

이 논조는 명확하게 유엔과 제국주의 세력의 패배를 주창했다. 어느 편을 지지할 것인가 하는 근본 문제에서 캐넌은 옳았다. 그러나 반공 마녀 사냥이 맹위를 떨치던 당시 미국 내 좌익에 대한 지배계급의 압박은 견디기 힘들 정도로 혹독했다. 이 상황에 굴복하여 사회주의노동자당의 노쇠한 중핵들은 가끔 심각한 정치적 동요를 보이기도 했다. 한국전쟁에 대한 사회주의노동자당의 공식 입장으로 널리 알려진 캐넌의 공개 서한은 평화주의적이며 심지어 애국주의적 색채를 보이기도 했다. 예를 들어 캐넌은 1950년 12월 4일에 보낸 이 편지의 결론을 이렇게 장식했다.

이 위대하고 선량한 미국 인민은 군국주의와 전쟁을 혐오한다. 이들은 평화와 자유를 사랑한다. 이들은 '지금 당장 전쟁을 중단하라!'는 자신들의 의사를 표현하려고 애쓰고 있다.

심지어 그는 미국 독립전쟁의 "혁명적이고 민주적인 전통"에 호소하기도 했다.

이들이 작성한 선전적 성격이 좀 더 강한 글들은 제4인터내셔널의 다른 나라 지부들과 마찬가지로 사회주의노동자당이 정치적 혼란을 겪고 있음을 증명했다. 스탈린주의 공산당들이 노동자 혁명의 무딘 도구가 될 수 있다는 가능성을 이들은 지나치게 높이 평가했다. 이러한 혼란은 파블로의 '새로운 세계 현실' 이론의 객관주의적 편향에서 완전히 그 모습을 드러냈다. 그의 이론에 의하면 마르크스주의 중핵들은 개량주의 사민당 및 공산당에 입당하여 이들 정치세력의 들러리를 서는 길밖에 없었다. 즉 사민주의 및 스탈린주의 대중정당들은 역사의 긴급한 필요에 의해 엉성하나마 혁명적 길을 걷지 않을 수 없다는 것이었다.

이 수정주의적인 방법론이 사회주의노동자당에 침투한 예는 제이 스튜어트가 쓴 「한국의 내전」이라는 글이다. 이 글은 《제4인터내셔널》 1950년 9·10월호에 실렸는데 스탈린주의자들에 대해 통찰력이 있는 비판을 가한 후 노동계급 지도력 확립의 중요성을 말한 김일성을 인용하였다. 그리고 다음과 같은 선언으로 끝맺었다.

아시아 대륙의 혁명적 위력은 각국 지도자들로 하여금 수십 년간 존재했던 스탈린주의의 잘못된 노선을 걷어치우고 망설임이 있고 혼동된 방식으로나마 10월 혁명의 위대한 전략적 개념들을 추구하도록 강제하고 있다.

객관적 상황만으로도 스탈린주의자들과 프티부르주아 분자들이 "혼동된" 트로츠키주의자가 될 수밖에 없다고 믿는 경향은 유고슬라비아 티토주의 관료집단을 제4인터내셔널이 잠시나마 지지한 것에서 드러났다. 그리고 이 수정주의로 인해 결국 사회주의노동자당은 이로부터 10년 후 쿠바의 카스트로를 무비판적으로 지지함으로써 트로츠키주의를 완전히 상실했다.

스탈린주의자들이 주도하는 운동을 제국주의 세력의 파괴 공작에 맞서 군사적으로 방어하되, 이들 스탈린주의자들에게 어떤 정치적 지지도 보내서는 안 된다. 그런데 제4인터내셔널은 일관되게 이렇게 나오지는 못했다. 반면 트로츠키주의 전통을 계승하고 있다고 주장하는 다른 경향들은 냉전의 압력 속에서 제국주의 세력에 대항하여 한국혁명을 방어해야 할 의무를 거부했다. '워싱턴도 아니고 모스크바도 아니다'라고 외치며 '제3진영'의 입장을 지지한 느슨한 국제 조직들은 '스탈린 전체주의'를 방어하는 트로츠키주의자들에 대한 비판적 논조를 지속적으로 유포했다. 이러한 경향들의 대부분은 이미 오래전에 사라졌다. 그러나 토니 클리프의 국제사회주의 경향은 아직까지 살아남아 상당한 규모의 조직으로 성장했다.

1940년대 말 클리프는 제4인터내셔널 영국 지부 내부에 분파를 결성했다. 이 분파는 소련과 동구의 국가들 내부에 생산수단의 사적소유체제가 존재하지 않았으나 어쨌든 이 국가들을 '국가자본주의 체제'라고 주장했다. 이 나라들이 생산수단을 축적하고 서방과 '군사적 경쟁'을 벌였으므로 자본주의 체제로 보아야 한다고 클리프는 주장했다. 이 이론은 모든 사회에 존재하는 생산수단과 사회적 관계인 자본을 근본적으로 혼동했다. 그리고 군사적 경쟁이 자본주의에 고유한 특성이라고 주장했다. 그런데 군사적 경쟁이란 체제의 성격과 무관한 모든 국가의 기능이다. 이 점은 너무도 자명하다. 예를 들어 레닌과 트로츠키가 정권을 장악했던 소련은 왜 '국가자본주의 체제'가 아니었는지를 클리프는 결코 설명할 수 없었다. 왜냐하면 레닌과 트로츠키도 혁명을 수호하기 위해 할 수 있는 한 생산수단을 축적했기 때문이다. 특히 이들은 1918년부터 21년까지 제국주의 군대와 그 동맹 세력에 대항하여 치열하게 군사적 경쟁을 벌였다. 소련이 국가자본주의 체제였다는 클리프의 이론은 엉성하기 그지없다. 그러나 이 이론은 부인할 수 없는 정치적 장점들을 지니고 있다. 냉전이 한창일 때 소련과 그 동맹국가들을 방어할 의무가 없다는 결론을 내렸기 때문이었다. 제국주의 모국에서 이 의무를 다하는 것은 대단히 위험할 뿐만 아니라 전혀 대중성이 없었다.

클리프와 그의 추종자들은 결국 영국 트로츠키주의자들에 의해 제명당했다. 한국전쟁이 발발했을 때 이들이 북한에 대한 지지를 공개적으로 거부하면서 조직의 규율을 어겼기 때문이다. 출당 조치 후 이들은 노동당에 입당하여 《사회주의 평론》이라는 잡지를 발간했다. 이 잡지는 "미국과 소련으로부터 독립된 대외정책"을 수행하는 데 헌신할 "노동당의 조속한 집권"
을 주장했다. 이 잡지 제2호에는 다음과 같은 글이 실렸다.

> 남한 정부와 북한 정부가 모두 강대국의 허수아비 정권인 상황에서는, 한
> 국의 사회주의자들은 이들 중 어느 쪽도 지지할 수 없다.
> ―B. 카랄어싱엄, 「한국의 전쟁」, 1951년 1월

제국주의 동맹국들의 한반도 침략, 대대적인 살인적 공습, 핵무기 사용 위
협도 이들의 마음을 바꾸지 못했다.

> 한국은 두 강대국 진영이 제3차 세계대전을 준비하면서 자신들의 힘을 시
> 험하고 있는 경기장에 지나지 않는다. 이 전쟁에서 어느 쪽을 지지하는 것은
> 그 의도가 아무리 좋아도 사회주의나 한국 인민에게 도움이 되지 못한다.
> ―「한국: 이 '해방전쟁'을 끝내라!」, 《사회주의 평론》, 1952년 11월

《사회주의 평론》은 한국 사회를 뒤흔든 해방공간 당시의 계급투쟁이나 북
한 정부의 진보적인 조치들이 전혀 의의가 없는 것인 양 그것들에 대해서는
전혀 언급하지 않았다.

한국전쟁이 끝나고 나서 10년 후 미국은 베트남에서 또다시 대규모 전
쟁을 일으켰다. 한국의 경우와 마찬가지로 제국주의자들은 베트남을 자의
적으로 분단시켰고 그 상황을 고착화하려 했다. 또한 자신들의 인기 없는
괴뢰정권이 선거에서 질 것을 우려하여 전국적 차원의 선거도 실시하지 않
았다. 한국과 베트남의 경우 모두 자본주의 체제인 남쪽에서 봉기가 발생하
면서 재래식 무기를 이용한 전면전이 전개되었다. 두 경우 모두 대중적 토
착 게릴라 운동을 기반으로 하면서 중국, 소련의 지지를 받고 있는 스탈린
주의 정권이 북쪽에 존재했다. 그리고 미국과 그 하수인 동맹국가들이 연합
하여 지지한 괴뢰정권이 남쪽에 있었다. 결국 화해할 수 없는 두 남북 체제
사이에 전쟁이 벌어진 것이었다. 이 두 경우 다 자유를 옹호한다는 미명하
에 제국주의자들은 이들을 인간 이하의 '버러지'로 간주하면서 대대적으로
학살하는 인종주의적 성격의 전쟁을 자행했다. 두 경우 모두 제국주의 군대

의 피해는 최소화하면서 '적으로 간주된' 인민에 대해 최대한의 피해를 입히려는 목적을 가진 대대적이고 무차별적인 폭격 전략이 채택되었다. 수백만 명의 민간인이 무고하게 목숨을 잃은 것도 같았다.

베트남전쟁은 스탈린주의 노선을 추종하는 호치민의 군대가 베트남의 식민 지배자인 프랑스를 패배시킨 후 곧이어 벌어졌다. 클리프의 《사회주의 평론》은 1952년 1·2월 합본호에서 한국에서 진행 중인 전쟁과 제국주의 세력에 대항하는 베트남전쟁의 유사성을 지적한 글을 실었다. 그리고 전쟁 당사자 어느 쪽도 지지하기를 거부했다.

> 한국과 마찬가지로 베트남에서도 전쟁은 계속되고 있다. 베트남 인민은 제국주의자들의 도구인 바오다이 정권과 스탈린의 하수인인 호치민 정권에게 똑같이 역겨움을 느끼고 있다.

이 잡지의 편집자는 편집자 난에서 이 글의 논조에 "전적으로 동감한다"고 독자들에게 밝혔다.

그러나 그로부터 15년이 지난 후 국제사회주의자그룹으로 불리우며 노동당을 탈당한 클리프주의자들은 베트남 연대운동을 적극적으로 전개하고 있었다. 그리고 스탈린주의자 호치민 정권의 승리를 주장했다. 《사회주의 평론》 신판 1993년 10월호에 실린 글에서 크리스 하먼은 이렇게 회상했다.

> 당시 국제사회주의자그룹으로 불렸던 사회주의노동자당은 1968년 초 300~400명의 회원을 보유하고 있었다. 2천 명의 시위대가 우리가 내건 깃발을 앞세우고 행진을 했다. 그 깃발에는 '민족해방전선에게 승리를' 이라고 적혀 있었다. 시위대는 인터내셔널가를 부르면서 행진했다. 이것은 전에 결코 경험하지 못했던 감격스러운 순간이었다.

그렇다면 왜 국제사회주의자그룹은 이렇게 전혀 다른 노선을 주창했는가? 전쟁의 성격은 하나도 변한 것이 없는데 노선이 변했다. 전쟁 당사자들의 계급적 성격 역시 하나도 변하지 않았다. 변한 것은 대중의 분위기였다. 1950년대 초 반공 히스테리가 절정에 달했을 때 클리프주의자들은 영국 노동당에 입당해서 그 속에 파묻혀 있었다. 1984년에 발행된 《사회주의자 명부》에서 존 핼리데이는 전쟁 기간 동안 노동당 내각이 진행한 토론을 소개하고 있다.

앨런 위닝튼의 팸플릿 「나는 한국에서 진실을 보았다」를 《노동자 일간지》가 발행한 것에 대해 국가반역죄로 기소할 것인가가 토론의 주제였다. 이 팸플릿은 이승만 정권의 범죄행위들을 폭로했는데 어느 누구도 이 글의 진실성을 부인하지 않았다. 결국 《노동자 일간지》를 기소하지 않기로 결정했는데 그 이유는 오직 한 가지뿐인 것처럼 보인다. 즉 이 기관지의 편집자가 기소되어 '유죄' 판결을 받을 경우 법에 따라 무조건 사형에 처해질 것이기 때문이었다.

1950년대 초 '제3진영'은 좌익에 대한 지배계급의 광기 어린 마녀 사냥을 피할 수 있는 안전한 장소였다. 그러나 1960년대 말이 되면서 상황이 바뀌었다. 수만 명의 급진적 학생운동이 존재했으며 해럴드 윌슨의 왼쪽에 있는 모든 정치 경향들이 민족해방전선을 지지했기 때문이다. 이때 국제사회주의자그룹이 '제3진영' 노선을 고수했다면 이들은 급진적 대중들로부터 고립되었을 것이다. 그래서 클리프와 그의 동료들은 호치민과 민족해방전선의 깃발을 높이 치켜올렸다. 좋은 원칙이든 나쁜 원칙이든 조직 확대에 방해가 되면 안 되기 때문이었다. 이들은 정말이지 위대(胃大)한 트로츠키주의자들이었다.

그러나 제4인터내셔널의 전통은 이와 다르다. 제4인터내셔널 조직원들은 지배계급의 엄청난 압력 속에서도, 때로는 혼란과 오류를 범하는 가운데에서도 트로츠키주의의 원칙을 현실에 적용하려고 노력했다. 최소한 제국주의 세력에 반대하여 기형화된 노동자 국가인 북한을 방어하는 용기를 보였다.

# 북한의 사회 성격과 노동계급의 임무<sup>*</sup>

국제볼셰비키그룹★2007년

남한의 일부 사회주의자들은 북한의 성격을 규명하고 그에 대한 태도를 결정하는 문제가 이론적으로만 중요할 뿐, 실천적으로는 그다지 날카로운 쟁점이 아니라고 생각하는 경향이 있다. 하지만 우리는 생각이 다르다.

말할 필요도 없이, 혁명은 국제적 성격을 지니고 있다. 한 나라 혁명의 성공과 그 방어는 국제적 역관계 속에서 규정된다. 즉 남한 혁명은 남한 내 노동과 자본의 역관계뿐만 아니라, 국제적인 역관계 속에서 존재한다. 구체적으로 자본주의 세계 질서를 지탱하는 축인 미국과 주변의 나라들인 중국, 북한, 러시아 그리고 일본의 정세는 남한 역관계에 직접적인 영향을 줄 것이다. 그리고 동아시아의 혁명적 상황은 구소련과 동구의 붕괴 때 그러했던 것처럼, 남한이 아니라 중국이나 북한의 격동을 통해서 시작될 수도 있다. 미래를 단언할 수는 없지만, 현재로서는 중국과 북한 체제가 남한이나 일본보다 더 불안정하기 때문에 동아시아의 혁명 상황은 (그것이 정치혁명으로 나아가든, 아니면 자본주의 반혁명으로 나아가든 간에) 톈안먼 사태와 같은 격변으로 시작될 가능성이 크다. 그리고 국경을 맞대고 있고, 같은 민족이라는 사정 때문에, 북한의 정세 변화는 남한에 가장 직접적인 영향을 주게 될 것이다. 따라서 중국과 더불어 북한의 성격을 정확히 규명하고 정치적 입장을 명확히 하는 것은 남한 사회주의자의 입장에선 사활이 걸린 중차대한 문제다.

그런데 사회주의를 지향한다는 많은 좌익 조직들이 '국가자본주의론'

---

* 이 글은 「남한 17대 대선에 대한 국제볼셰비키그룹의 입장」에서 북한 관련 내용을 발췌한 것이다.

으로 중국이나 북한의 성격을 규정하고 있다. 이 국가자본주의론은 참 편리한 이론이다. 토니 클리프는 자신의 굴복을 치장하는 데 이 이론을 동원했다. 또한 이 이론은 손에 때 묻히기를 싫어하는 프티부르주아 공론가들의 이상주의적 성향을 만족시키기도 한다. 이들에게는 현실보다 자신들의 공상이 우선이다. 이들은 마르크스주의의 구체적인 실현, 즉 구소련의 역사나 중국, 북한 등이 자신의 머릿속 추상과 일치하지 않는 데에서 오는 실망이나 당혹스러움을 '국가자본주의'라는 거짓 이론으로 달랜다. 누추해 보이는 '현실 사회주의(노동자 국가)'를 국가자본주의로 일축하는 것을 통해, 허약하기 짝이 없는 자신의 사회주의 이상이 보존되었다고 안도한다.

중국이나 북한을 간단하게 국가자본주의라고 규정하는 자칭 사회주의자들은, 아마도 이들 나라들이 '마땅히 무너져야 할 체제다. 그리고 그 다음에 제대로 건설하면 된다'고 편리하게 생각하는 듯하다. 하지만 그 누추해 보이는 이른바 '현실 사회주의 국가(퇴보한/기형적인 노동자 국가)'들을 자본주의의 공격에 맞서 건설하고 지키기 위한 계급투쟁의 과정에서, 얼마나 많은 인민들이 처절하게 죽어갔는지를 상기해야 한다. 소련에서 수천만의 인민이 내전과 제2차 세계대전을 통해 죽어야 했다. 한반도에서만 내전과 전쟁을 통한 계급투쟁에서 죽어간 인민이 300만이 넘는다.

사실 사회는 가장 높은 수준의 그리고 가장 복잡한 형태의 물질 운동이어서 그것을 제대로 이해하기는 쉽지 않다. 게다가 역사는 추상화된 모습이 아니라, 우여곡절을 겪으며 전개된다. 현실은 그 추상을 법칙적으로 실현하지만, 그 구체적인 실현 형태는 추상과 다르거나 상반된 것처럼 보이기도 한다. 20세기에 있었던 노동자 혁명(들)은 그 극명한 형태였다. 마르크스와 레닌이 혁명으로 가는 지침과 해석의 도구를 많이 남겼지만, 노동자 혁명의 성공, 고립 그리고 스탈린주의라는 퇴행은 인류가 한 번도 경험해보지 못한 사건이었다. 그 혁명을 이끌었고 중심에 있었던 좌익반대파와 트로츠키마저도 그 사건을 명확히 해석해내는 데에는 10년 이상의 시간이 필요했다.

우리는 그보다는 쉽다. 마르크스, 레닌과 트로츠키가 남긴 이론적 유산은 20세기에 일어났던 굵직한 역사적 현상들을 거의 대부분 설명 가능하게 해준다. 중국, 북한, 쿠바, 베트남 등 노동자 혁명 없이 수립된 노동자 국가들은 그 범주에서 벗어난 사건이지만, 그 역시 『배반당한 혁명』 등 트로츠키의 노동자 국가 분석을 바탕으로 한 유추를 통해 해석해낼 수 있다.

중국과 북한은 강 건너 불이 아니다. 남한 혁명의 사활이 걸린 문제다. IS 그룹의 지도자들이야 그 동안의 일관된 굴복의 역사를 숨기기 위해서라도 자신의 이론을 고수해야 할 것이다. 그러나 다른 좌익 그룹들이 중국과 북한을 손쉽게 '국가자본주의'로 규정하고 외면해버리는 것은, 나태를 넘어 죄악이다. 20세기에 유산된 수많은 혁명에서 목도했듯이, 노동계급 지도부의 불철저함은 인민의 피를 헛되이 흘리게 하기 때문이다.

## 한반도의 해방과 분단의 과정

한반도를 통치하던 일제가 소련과 미국에 의해 패배하자, 한반도에서는 소수의 토착자본가 세력과 지주의 도움 아래 일본 제국주의가 통치하던 체제가 무력화되었다. 이는 정치적 진공 상태를 만들었고, 이 진공의 공간으로 일제의 폭력에 의해 억눌려 있던 정치적 열망이 폭발적으로 밀려들었다.

한반도의 인민들은 좌익 정당들의 지도하에 사회주의의 길을 걷는 것을 당연하게 받아들이는 듯했고, 주객관적으로 그것은 성취 가능한 목표로 보였다. 주요 산업의 90퍼센트를 장악하고 있던 일본인 자본가가 본국으로 쫓겨가고 토착 지배계급은 친일 행위로 인해 지배계급으로서의 정당성을 상실한 상황이었다. 그들은 또한 지배계급의 권력 기구인 국가를 장악하고 있지 못했다. 반면 식민지 시절부터 계급투쟁을 통해 성숙한 노동자와 농민의 사회주의 국가체제와 토지 무상분배에 대한 압도적 지지(각각 77퍼센트와 78퍼센트), 그리고 그에 따른 결과인 좌익 정당에 대한 압도적 지지는 좀 더 부드러운 사회주의로의 길을 보장한 듯이 보였다(강정구, 『민족의 생명권과 통일』).

한편 미국은 독일과 일본의 패망으로 제국주의와 제국주의 사이보다 사회주의와의 모순이 더 중요하게 된 상황에서, 소련에 대한 정책을 적대 정책으로 전환하게 된다. 그리하여 한반도에서 한 뼘이라도 더 자신의 지배권을 주장하기 위해, 미국은 일반명령 1호를 통해 소련군에게 38선 아래로 내려오지 말 것을 요구하며 그 야욕의 첫걸음을 내딛었다. 이 요구는 일국 사회주의 노선을 견지하고 자국의 방어를 최우선 과제로 삼아 제국주의와의 화해 전략을 구사하고 있던 스탈린에 의해 별다른 저항 없이 수용된다.

남한을 점령한 미국의 정책은 점령군의 폭력적 지배 속에서, 한편으로 친일 자본가와 지주세력을 재결집시키고 일제의 무력기구를 재활용면서, 다른 한편으로 인민의 사회주의와 분단 반대라는 요구를 잔혹하게 진압하면서 시작되었다. 이러한 정책을 펴는 미국의 점령 통치는 일제의 통치와 다를 것이 없었다. 다만 달라진 것이 있다면, 일본인 대신 미국인이 남한의 주인이 되고, 친일하던 자들이 친미파로 바뀐 것뿐이었다.

일제로부터의 해방 후 '이제 살 만한 나라에서 살아보겠구나' 하는 기대를 품고 있던 때에, 마른 하늘에 날벼락 같은 이러한 상황은 인민의 분노와 저항을 불러일으켰다. 미제가 주도하는 남한의 대소 봉쇄기지화, 종속 자본주의화, 분단화 정책에 맞선 인민의 저항은 건국준비위원회와 남조선노동당을 중심으로 1945년 12월의 모스크바 삼상회의에 대한 지지 투쟁, 1946년의 대구 10월 항쟁 등으로 분출되다가, 단독 정부 수립이 노골화되던 1948년에는 여순항쟁, 제주 4·3 항쟁 등으로 폭발하게 된다. 미 제국주의자들은 조직폭력배와 일제의 앞잡이를 중심으로 재편성한 경찰과 군 조직을 동원하여, 수십만에 이르는 남한 인민을 학살하는 것으로 대응했다. 자신의 힘만으로는 지배를 수행할 수 없는 토착 지배계급을 지원하는 미 제국주의와 인민의 갈등은 남한에서 내전 상태로 치닫다가, 급기야 한반도 전역으로 그 전선이 확대되는 6·25 전쟁으로 이어지게 된다. 이 전쟁은 수백만 명의 인적 손실과 북한 지역의 초토화라는 엄청난 시련을 한반도의 인민에게 안겨주고 종결되었다. 하지만 통일과 사회주의 전국화라는 인민의 요구는 실현되지 못했다. 이 과정을 통해 남한 인민은 몸서리쳐질 만큼의 잔인한 탄압을 겪으면서 그 공포로 인해 반공의식을 내면화하게 되었고, 이것은 미 제국주의자와 남한의 지배계급이 얻은 가장 큰 성과 중 하나였다.

## 북한의 사회혁명

이 시기 동안 북한은 북조선노동당과 인민위원회의 주도로 반제·반봉건 혁명을 수행해나가게 된다. 우선 1946년 8월 「국유화에 대한 법령」을 공포하여 대부분 일제의 소유였던 중요 생산수단을 국유화했다. 이 과정은 일제가 계급 역관계로 볼 때 노동계급과 농민이 압도적 우위를 차지할 수 있었던 북한 지역에서는 별다른 저항에 부딪히지 않고 순조롭게 진행되었다. 농촌 인구가 인민의 70퍼센트에 달하는 상황에서 토지개혁은 생산수단의 국유화만큼 중요하고 시급한 사안이었다. 북조선인민위원회는 1946년 3월 「토지개혁에 관한 법령」을 공포하여 소작제를 완전 철폐하고 지주에게 예속되지 않는 '개인 소유인 농민 경리(經理)'를 천명했다. 그 밖에 8시간 노동제, 동일 노동에 대한 동일임금제, 남녀평등의 권리 등의 개혁을 시행했다. 이러한 사회 전반의 혁명을 통해 북한 정권은 인민의 광범위한 지지를 얻을 수 있었다.

인민민주주의적 성격의 혁명에 이어 농업에서의 소상품 생산과 상공업에서의 소상품 생산이라는 자본주의적 생산양식을 철폐하고 이것을 사회주의적 생산양식으로 대체하는 사회혁명을 1958년까지 진행하게 된다. 한편 같은 방식으로 개인 상공업의 협동화도 진행되어 이 두 가지가 1958년 8월에 완성되었다.

이러한 노력은 1960년대 후반까지 남한 사회에 비해 확실한 우위를 점할 정도로 꽤 성과 있게 진척되었다. 중국과 소련으로부터의 막대한 물질적 원조는 한국전쟁 기간 제국주의의 폭격으로 초토화된 국토를 재건하는 데 큰 도움이 되었다. 하지만 1970년대부터 미국과의 군사적 긴장이 더욱 고조되어 국방비가 급격히 증가(1955년 사회적 소비기금의 6.5퍼센트→1968년 32.4퍼센트→이후 약 15퍼센트)했다(앞의 책). 이후 소련과 동구 '사회주의 국가'의 붕괴, 미국의 지속적인 경제 봉쇄, 1990년대의 엄청난 환경재난으로 인해 북한 경제는 곤두박질 치게 되었다.

일부 부르주아 학자들과 언론들은, 지금의 북한 침체를 1980~90년대에 걸친 소련과 동구 사회주의의 붕괴와 더불어 사회주의의 근본적 한계를 지적하는 논거로 들이대는 경향이 있다. 하지만 지금의 북한의 모습을 가지고 제국주의의 경제 봉쇄의 폐악과 스탈린주의 정권의 일국적·관료적 사회주의의 한계를 말할 수는 있겠지만, '사회주의는 끝났다'고 말할 수는 없다.

구소련, 북한과 중국을 포함하여 퇴보하거나 기형적인 노동자 국가들의 일그러짐은 세계 사회주의 운동의 현주소를 말해주는 것으로, '선진 자본주의 국가들을 비롯한 다른 나라들로 노동자 혁명이 연속적으로 확산되지 않고 고립된다면, 그 생산력 증가의 한계로 인해 발전이 정체될 것이고, 곧이어 반혁명에 직면할 것'이라는 러시아 혁명 전후 레닌과 트로츠키의 오래된 예견이 현실화된 것일 뿐이다.

오히려 북한의 1970년대까지의 모습은 그 사회의 생산력이 높지 않더라도 그 **분배 양식의 혁명만으로도** 인민이 자본주의 체제에서보다 훨씬 더 나은 생활조건을 누리게 된다는 것을 보여주고 있다. 남한 인민의 가장 큰 근심거리인 교육, 의료, 주거 등이 북한에서는 모두 무료다. 남한의 경우 가계 수입 중 사회보장 수혜가 2퍼센트 미만인 데 반해 북한은 사회적 소비기금을 통한 가계 지원이 전체 가계 수입의 2분의 1 정도를 차지하고 있다. 남한의 경우 자신의 집 한 칸을 마련하는 데에 보통의 노동자가 20년 이상의 임금을 모두 쏟아부어야 하지만 북한의 경우 주거비는 가계 지출의 1퍼센트에도 미치지 않는다(앞의 책).

## 북한 정권의 특성과 한계―정치혁명의 필요성

김일성으로 대표되는 북한 정권은 남한과 미제가 말하는 것처럼 단순히 '어느 날 소련의 뒷배를 바탕으로 느닷없이 등장한 소련의 꼭두각시 정권'이 아니다. 김일성이 제2차 세계대전 막바지에 소련군의 장교였고, 소련 정권에 의해 북한의 지도자로 지목된 것은 사실이다. 그러나 그들 대부분은 일제 때부터의 항일 무장투쟁을 수행한 당사자들이었고, 이후 해방 정국에서 사회주의적 개혁을 통해 북한 인민의 광범위한 지지를 받아 권력을 쥐게 되었다.

그러나 북한은 러시아와 달리 노동계급의 혁명 없이 중국이나 쿠바, 베트남처럼 농민 게릴라 운동으로 성립된 정권이다. 또한 스탈린 집단이 장악한 러시아를 포함하는 모든 노동자 국가의 경우와 같이, 노동자의 아래로부터의 혁명 의지로 견제되지 않았다. 제국주의 국가의 체제 압박에 따른 군사적 방어의 필요성으로 인해 국가 자산의 분배와 정책 결정에서 군사 분야가 우선적으로 고려되었고, 생산력이 낮은 수준에 머물러 분배의 불평등이 온존될 수밖에 없었다. 종합적으로 판단해보면 북한은 '노동계급의 혁명 없이 민족해방운동을 통해 등장했고, 생산수단의 소유의 측면에서는 집단소유라는 사회주의적 성격을 띠나 정치적으로는 관료화된 **기형적 노동자 국가**'다.

북한 체제의 성격을 조금 더 면밀히 분석해보기로 하자.

먼저, 북한은 스탈린주의 체제의 국가다. 북한에 대한 스탈린주의의 영향은 사회 곳곳에서 다양하게 나타나는데, 집권 초기에는 인민전선(그들은 '통일전선'이라고 불렀고, 이것이 오늘 남한 인민전선의 원형이 된다) 경향의 정책을 펴는 모습을 통해 단적으로 드러났다. 스탈린의 지령에 따라 북조선공산당은 부르주아 민족주의 정당인 조선신민당과 합당하여 1946년 8월에 북조선노동당을 만들었다. 북조선노동당은 마르크스·레닌주의 정당을 표방하지 않았다. 오히려 연합의 상대인 부르주아 계급을 자극할 수 있다는 우려에서 마르크스·레닌주의 강령을 순화시켰다.

스탈린이 소련 방어를 위해 제국주의 국가들의 환심을 사려는 목적으로 혁명 상황에 있는 국가들에 강요한 인민전선 정책은, 노동계급 정당이 정치적 독자성을 포기하고 부르주아 조직과 연합하는 것을 의미했다. 그 정책은 대부분의 국가에서 실패했다. 그 해악은 1927년 중국 상하이에서 인민전선의 한 축이던 장제스가 쿠데타를 일으켜 5만여 명의 공산당원과 노동자를 학살한 것을 시작으로, 1930년대의 스페인 내전, 60년대의 인도네시아, 70년대의 칠레 상황 등을 통해 드러난 바 있다.

물론 제국주의 직접 지배에서 벗어나 노동자 국가가 된 나라들, 즉 해방 후의 북한이나 중국 그리고 쿠바, 베트남 등의 경우, 그러한 인민전선이 여타의 경우들처럼 재앙으로 귀결되지는 않았다. 그렇다고 해서 그러한 사실이 인민전선 정책의 유효성을 말해주는 것은 결코 아니다. 식민지 직접 지배에서 벗어나 민족해방에 성공한 이후 인민전선이 재앙이 되지 않은 까닭은, 한편으로는 혁명에 맞서 부르주아 체제를 지탱할 토착자본가계급이 수적으로 대단히 미약했고, 다른 한편으로는 그마저도 국가기구를 장악하고 자신들을 보호해주던 제국주의자의 패배 이후, 보복에 대한 공포에 질려 남한, 대만, 미국 등으로 대거 도망가버려, 해당 지역 내에 부르주아 공동화 현상이 생겼기 때문일 뿐이다. 즉 스탈린주의자들과 계급연합을 할 부르주아 세력이 매우 미약한 특수한 조건인 경우에만, 다시 말해 인민전선이 형성될 수 없는 조건에서만, 인민전선은 재앙이 아니었다.

둘째로, 북한은 민주주의가 억압된 독재체제다. 그 출발부터 권력은 노동자의 아래로부터의 견제를 받지 않았고, 인민위원회(소비에트)는 러시아판 테르미도르 반동 이후의 소련에서처럼 실질적인 정치기구가 되지 못했다.

또한 북조선노동당엔 당내 민주주의가 거의 존재하지 않는다. 레닌주의 정당의 기본적 운영 원리는 '내부적 비판의 자유와, 외부적 행동의 통일'로 특징지을 수 있는 민주적 집중제다. 따라서 당내에 여러 의견 그룹이 분파 형태로 등장하는 것은 당연한 일이며 근본적으로 강령을 훼손하는 것이 아니라면 억압되어서는 안 된다. 그런데 김일성 일파는 1953년 남로당 세력인 박헌영과 이승엽 등을 미제의 첩자라는 이유로 처형한 것을 시작으로, 67년까지 일련의 숙청을 진행하였다. 그 결과 이렇다 할 당내 이견 그룹이 성장할 수 없었고, 곧 북한은 김일성 유일 체제가 되었다.

설령 숙청으로 처벌된 자들이 뛰어난 혁명가들이 아니었다고 할지라도 당내 민주주의의 부재는 당 자체를 부패하게 하고 부정한 사상과의 투쟁의 저력을 상실케 하여 결국 파멸의 길로 인도한다. 사상의 생명력은 현실에서 실천적 검증을 통해 끊임없이 자신의 내용을 다듬고 풍부하게 하는 데에 있다. 그러한 사상의 생명력은 다양한 대립견해의 분열과 통합, 지양 등의 과정을 통해 변증법적으로 성장하는 모습으로 나타난다. 그러하지 못하는 사상은 점점 굳어지는 마비현상을 겪다가 결국 전체가 썩어들어가게 되는 것이다. 그런 점에서 사상을 특정한 인물이나 시대에 가두는 지도자 우상화는 곧 사상의 생명활동을 차단하는 사상의 무덤이다. 현 권력을 상징하는 인물을, 사상의 이름으로 돌이나 금속으로 상을 세우는 행위는 그러한 사상의 고형화의 대표적인 예라고 할 수 있을 것이다.

또한 북한은 일당 독재체제다. 생산수단의 사적소유가 사라진 북한 사회에 부르주아 정당이 들어설 자리는 물론 없다. 그러나 하나의 계급이라고 하더라도 거기에는 계급적 각성 정도 등에 따른 인식 차이가 존재하고, 그것이 노동자 국가 내에서 여러 정당이 들어설 수 있는 기반이 된다. 기본적으로 소비에트(또는 인민위원회) 권력 내에서 여러 정당의 경쟁은 상호비판과 견제를 통해 최선의 견해를 찾아가는 조건이 될 수 있다. 그러나 북한 사회의 일당 독재 또는 허울뿐인 다당제는 그러한 기능을 상실케 했다.

셋째로, 북한은 관료화·군사국가화된 체제다. 제국주의 국가, 특히 미국의 압박은 북한 사회의 군사동원체제와 관료화에 큰 영향을 미쳤다. 1950년의 6·25 전쟁부터 지금까지 북한은 미국에 의해 끊임없는 체제 위협을 받아왔다. 그것은 북한을 군사국가화하고 관료화하는 요인이 됐다. 이 문제와 관련하여 다음의 지적은 북한 사회에도 그대로 적용된다.

우리는 대체로 다음과 같은 사회학적 가설을 제시할 수 있다. 노동자 국가에서 대중에 대해서 행사되는 강제력의 강도는 착취의 경향, 즉 자본주의 복귀 위험과 정비례한다. 그리고 사회적 연대와 새로운 체제에 대한 대중의 충성심의 정도에 반비례한다. 따라서 관료집단, 즉 특권관료와 상비군의 사령관은 대중이 행사할 수 없고 행사하기를 원치 않되 어떤 방식으로든 대중 자신을 억압하는 강제력의 특별한 종류를 대표한다.

—트로츠키, 『배반당한 혁명』, 「제5장 소련에서의 테르미도르 반동」

넷째, 생산력의 수준이 현저히 떨어지는 후진적인 국가다. 사회주의는 자본주의의 가장 발전된 생산력을 기초로 성립되는 체제다. 가장 발전된 수준의 생산력을 담보하지 못하는 체제는 사회주의적 분배를 실현할 수 없으며, 반혁명의 위협에 직면하게 된다. 이것이 러시아 혁명을 성공시킨 러시아의 노동계급이 독일 등 유럽의 혁명을 간절하게 기다렸던 이유이다. 북한의 생산력이 충분치 못하다는 것은 논증할 필요도 없는 것이고, 이러한 열악한 생산력의 문제가 관료화의 중요한 원인 가운데 하나가 되었다. 이 문제와 관련된 트로츠키의 말을 더 들어보기로 하자.

국가가 사멸하기는커녕 권력을 집중하여 전제적인 상태에까지 이르렀고, 노동자계급의 전권을 위임받은 대표들이 관료화되고, 관료집단이 새로운 사회 위에 군림한다면 이것은 과거의 심리적 유물과 같은 이차적인 이유 때문이 아니다. 진정한 평등을 보장하는 것이 불가능한 상황이 지속되는 한 소수 특권층을 낳고 옹호해야 하는, 거부할 수 없는 필요가 빚어낸 결과일 뿐이다. 자본주의 국가에서 노동운동을 교살하는 관료화의 경향은 프롤레타리아 혁명이 완수된 후에도 모든 곳에서 모습을 드러낼 것이다. 혁명을 통해 등장한 사회가 빈곤하면 할수록, 이 '법칙'의 표현은 더 엄격하고 노골적일 것이며 관료화에 의해 등장하는 통치 형태는 더욱 조야할 것이다.

—앞의 책, 「제3장 사회주의와 국가」

결론적으로 관료화된 노동자 국가는 소련 등에서 증명되었던 것처럼 혁명 직후엔 생산수단의 사회화에 힘입어 얼마 동안 급속한 성장을 이루지만, 곧

이어 그 관료성이 사회주의의 진전을 가로막는 질곡으로 작용하게 된다. 지금의 북한 사회도 마찬가지다.

한편 북한 정권은 집산화된 경제체제에 기생하여 얻어지는 특권 지키기에 골몰하는 것 외에 그 무엇도 추구할 수 없다. 게다가 스탈린주의적인 계급협조주의와 그에 필연적으로 상응하는 제국주의와의 평화공존에 대한 환상은 그들이 그 집산화된 경제체제를 지킬 사상적 여력도 존재하지 않는다는 것을 말해준다. 그런 점에서 우리는 자본주의 반혁명을 위해 군사 경제적으로 압박하는 미제와 남한 자본가계급에 맞서 북한을 '군사적으로 방어'하는 동시에, 남북한의 노동계급이 북한 관료정권을 타도하고 진정한 노동자 민주주의를 수립하는 '정치혁명을 지지'한다.

## 통일 문제

노동자계급과 자본가계급처럼, 사회주의와 자본주의는 일시적이고 현상적으로 타협할 수 있지만, 항구적으로 그리고 본질적으로는 타협 불가능한 체제다. 그런 점에서 사회주의와 자본주의 사이에 또 다른 체제가 있을 수 있는 것처럼 떠벌이거나, 코리아연방공화국 통일 방안처럼 국가 연방제의 형태로 통일이 지속될 수 있다고 믿는 것은 터무니없는 환상에 지나지 않는다. 이런 이유로 남한과 북한 정권은 분단 이후 지금까지, 상대를 자기 체제로 흡수하려는 통일 정책을 펴왔다.

통일은 민족통합만이 아니라 남북한 인민이 질적으로 나은 삶을 안정적으로 보장받기 위한 것이어야 한다. 또한 남북한 인민의 삶은 세계 체제 속에서 규정되는 것이기 때문에 통일은 세계 사회주의 운동 승리에 기여하는 것이어야 한다. 현재로서는 자본가 집단의 승리로 귀결될 가능성이 높은데, 그럴 경우의 통일은 지금의 남한이나 자본주의화된 러시아 등에서 보는 것처럼 한반도를 거대한 재앙으로 몰아넣는 것이 될 것이다. 자본주의화의 흡수 통일이 될 경우, 북한 인민은 아시아 등지에서 온 외국인 노동자나 중국 동포들처럼 가장 혹독하게 착취당하는 처지가 될 것이다. 동시에 남한의 노동계급은 북한의 값싼 잉여노동으로 인해 현재보다 더욱 열악한 노동조건을 강요받게 될 것이다.

그러므로 스탈린주의 사상에 빠져 있어서 북한 정권에 대해 맹목적인 NL 그룹의 '모든 통일은 진보'라는 생각은 옳지 않다. 남북한의 통일은 노동 계급의 승리, 즉 남한에서의 사회주의 혁명의 승리와 북한에서의 정치혁명의 승리, 나아가 국제 혁명의 승리라는 근본적 원칙에 종속되는 과제다. 우리는 이러한 조건을 저당잡혀야 하는 어떠한 것도 반대한다.

## 북한에 대한 자본주의 반혁명 정책

북한의 집산경제 체제에 바탕한 노동자 국가를 타도하고 자본주의를 복귀시키는 것은 남한과 미국 자본가계급의 공동 목표다. 그것은 곧 북한의 모든 산업 시설이 사유화되고, 교육, 의료, 주택, 노인 복지 등 모든 사회보장이 철폐되며, 전 인민이 임금 노예가 되는 것을 의미한다.

북한에서 자본주의 반혁명이 일어난다면, 자본주의화된 북한은 미국을 중심으로 한 세계 자본가계급이 탐내는 거대한 먹잇감인 중국을 향한 군사적·경제적 압박을 위한 거점이 될 것이다. 남한과 미국 자본가계급의 사기가 오르고, 노동자와 노동 조직에 대한 강도 높은 탄압이 전개될 것이다.

현재 진행되고 있는 북한 자본주의 반혁명을 둘러싼 이해 당사자들인 미제, 남한 자본, 남한과 북한 노동계급의 정치적 성격을 분석해보자.

먼저, 미국은 나머지 상위 20개국의 국방비 총액과 맞먹는 국방비를 쓰는 나라다. 그리하여 미국의 군산복합체는 비대해질 대로 비대해져 있다. 이렇게 막대한 국방 예산의 집행을 자국민에게 설득하기 위해, 미국의 자본가계급은 위협 요인을 과장해서라도 만들어야 한다. 또한 군수산업은 생산한 상품의 성능을 실험하고, 재고를 처분하여 새로운 수요를 창출하기 위해 전장이 필요하다. 그렇기 때문에 미국은 북한 정권이 그토록 원하는 경제교류 요구를 온갖 트집을 잡으며 들어주지 않았던 것이다. 이것이 바로 '악의 축, 깡패 국가, 테러 지원국' 등으로 북한을 규정하며 군사적 긴장을 유지해온 이유다. 하지만 군산복합체를 떠받치기 위한 악마와 전장의 필요성은 전 세계의 자본주의 체제로의 복귀라는 전략적 목표에 종속되는 목표다. 따라서 미국은 '햇볕정책', 즉 남한 자본의 북한 진출을 또한 지지한다.

다음으로, 남한 자본은 사정이 조금 다르다. 군수산업의 대부분이 미국에 종속되어 있는 남한의 경우 군수자본의 입김은 그다지 세지 않다. 군사적 긴장의 고조는 이윤율을 하락시키며, 전쟁은 남한 자본에게도 재앙이 될 것이다. 따라서 이들은 군사적 대결보다는 온건한 방법을 선호한다. 그러한 태도는 김대중·노무현 정권에 '햇볕정책'으로 반영되었다. 말이 통하는 값싼 노동력이 풍부하고, 오염이 덜 되어 있으며, 개발 가능성이 있는 토지가 풍부하고, 중국, 러시아 등 대륙과 육상으로 통하는 운송로가 있는 북한은 남한 자본에게 있어 황금알을 낳는 거위와도 같다.

## 북한 관료집단의 이중적 성격

한편 이러한 남한과 미국 자본가계급의 자본주의화 공격에 대한 북한 관료집단의 대응은 이중적이다. 한편으로 미 제국주의의 체제 위협에 대해 '선군정치', '강성대국'을 주장하며 강력히 맞서는 모습을 보이다가도, 다른 한편으로 계급 협조적인 인민전선(통일전선) 정책을 주장하고, 자본주의와 평화 공존할 수 있다는 망상을 갖고 있으며 시장화를 추진하는 등 반(反)노동계급적인 정책을 편다. 2006년의 핵실험은 전자의 모습을 대표한다. 그러나 반한나라당 비판적 지지 전술, 연방제 통일 방안, 남한과 미국 자본의 진출을 수용하는 남북정상회담은 후자의 모습을 대표한다.

이러한 이중적 모습은 트로츠키의 다음과 같은 언급처럼 그들이 처한 조건에서 나온다. 즉 집산화된 경제체제 위에서 기생한다는 점이다.

> 역사 이래 지금까지 관료집단은 자신의 지배를 사회적으로 지탱할 특별한 소유형태를 창조한 적이 없다. 따라서 소련의 관료집단은 권력과 수입의 원천인 국가 소유를 방어하지 않을 수 없다. 자신의 이익을 위해 국가 소유를 옹호하는 한, 관료집단은 여전히 노동계급 독재의 무기로 남아 있다. 왜냐하면 노동계급 독재의 토대를 옹호하기 때문이다. …… 관료집단은 노동자계급을 두려워하는 한에서만 국가 소유를 보존하고 있다.
> —앞의 책, 「제9장 소련의 사회적 관계」

한국 운동권 내에 큰 지분을 가지고 있는 NL 그룹은, 북한 정권이 북한 노동자 국가의 수호자일 뿐만 아니라, 심지어 남한 노동계급의 지도부라고 철석같이 믿는다. 하지만 사실은 전혀 그렇지 않다.

스탈린주의는 제국주의의 군사적 압박으로 정치적 공황 상태에 빠진 관료들의 세계관이다. 그들은 제국주의라는 당면한 위협에 질식되어, 노동계급의 장기적 국제적 이익을 도모하는 안목을 상실하고, 관료집단의 당면한 일국적 이익만을 도모한다. 바로 이것이 코민테른이 1925~27년의 중국혁명과 1930년대의 스페인 혁명 등에서 인민전선을 그토록 추구한 이유고, 흐루쇼프의 스탈린 격하운동으로 소련과 갈등을 빚던 중국이, 베트남전쟁이 한창이던 1972년 오히려 미 제국주의와 반(反)소련 동맹을 맺은 이유이며, 북한이 각종 선거 때마다 계급 협조 정책을 바탕으로 민주노동당이 아니라 반(反)한나라당 비판적 지지 정책을 주장해오는 이유다.

북한 관료집단은 시장화, 궁극적으로 자본주의화를 통해서도 자신의 사회적 특권을 보장할 수 있고, 북한 노동계급의 거센 저항에 부딪히지 않을 것이라고 생각한다면, 그 길로 나아가려 할 것이다.

## 혁명적 노동계급의 입장

따라서 한반도에서 일관되게 과거의 성과를 수호하고, 미래의 성취를 위해 투쟁할 존재는 노동계급, 즉 남북한의 노동계급과 그들과 연대하는 세계 노동계급밖에 없다. 남한과 미국 자본가계급이 추진하고 있는 **북한의 반혁명 정책에 맞서 '북한의 집산경제를 군사적으로 방어하고, 정치혁명을 통해 스탈린주의 관료 정권을 타도'**하며, 남한의 사회혁명을 추동하고 그리하여 궁극적으로 세계혁명에 기여해야 하는 것이 남북 노동계급과 앞으로 건설되어야 할 혁명정당의 임무다.

# 붕괴의 벼랑으로 향하는 중국

China: Towards the Brink

국제볼세비키그룹★2004년

## 기형적 노동자 국가의 자본주의

자본주의가 심화되면서 중국의 수백만 노동자와 빈농 그리고 그 밖의 자본
주의에 희생된 인민은 대규모로 투쟁에 나섰다. 이들이 수립한 조직들은 원
시적이며 각 지역에 흩어져 고립되어 있으나 투쟁에 참여하는 대중의 수와
투쟁의 강도는 점점 더 커지고 있다. 2002년 봄, 중국 북동부 공업지대에 위
치한 도시 다칭의 5만여 석유 노동자와 랴오위안의 3만여 금속 노동자들은
가두시위, 도로 봉쇄, 점거농성 등을 통해 생산규모 축소와 정리해고에 대
항했다. 이 투쟁들은 특정 국영기업들의 해체를 저지하고 해고 노동자들의
권리를 지키기 위한 것이었다. 이 투쟁의 논리는, 1949년 중국 혁명으로 수
립된 국유화 및 중앙계획 기관들을 파괴하려는 자본주의의 악성 종양을 제
거하기 위해 광범위한 공세를 펴야 한다는 것이었다.

중국 혁명으로 중국의 지배계급 하수인들과 이들의 제국주의 주인들이
소유하고 있던 생산수단은 몰수되었고, 중국은 세계 자본주의 시장의 지배
에서 해방되었다. 중국 공산당 마오쩌둥의 새 혁명 정권은 인민의 생활조
건, 의료, 교육 등을 상당히 그리고 즉시 개선하는 조치들을 서둘러 도입했
다. 공산당 간부들은 자신들이 사회주의 새 중국의 기초를 건설하고 있다는
자신감에 차 있었다. 그러나 공산당이 도입한 소련의 관료적 명령 체제는
노동계급 자신의 통치체제를 수립하지 못했고 할 수도 없었다. 노동계급 자
신의 통치체제는 진정한 사회주의 발전의 핵심 전제조건이다.

중국은 북한, 베트남, 쿠바 등과 질적으로 유사한 '기형적 노동자 국가'다. 자본주의는 제거되었으나, 정치권력은 '공산' 당이 조직한 특권 관료층이 독점하고 있다. 특히 이 체제에서는 공업화의 기초가 성취된 뒤에는, 직접 생산자들이 생산 결정과정에서 배제될 경우 집단적 경제체제가 효율적으로 운영될 수 없다. 게다가 마르크스와 레닌이 반복하여 주장했듯이 사회주의는 국제적 분업체제와 선진국 노동계급의 정치권력 장악이 없이는 생각조차 할 수 없다. 일국의 시야에 고착된 스탈린주의 관료집단의 '일국 사회주의' 이데올로기는 세계 제국주의와 타협하여 공존하려는 욕구의 표현일 뿐이다.

사회를 위해 중국 공산당의 타락한 관료층이 수행할 수 있는 기능은 없다. 이들의 관심은 오직 자신의 특권과 특전을 보존하는 데에만 쏠려 있다. 이들의 정치강령은 근시안적 임기응변의 짬뽕에 불과하며, 경쟁적 자본주의와 중앙계획이라는 근본적으로 적대적인 두 경제체제에서 빌려온 정책의 조합에 불과하다. 이러한 체제의 모순이 계속 축적되면서 공산당의 운신의 폭은 점점 더 좁아지고 있다. 중국의 부르주아 계급과 노동계급은 마오쩌둥의 농민 게릴라군대가 권력을 장악했던 1949년 당시보다 훨씬 강력하다. 그리고 공산당 관료층의 사기, 자신감, 사회적 권위 등은 과거에 비해 크게 약화되어 있다.

1976년 마오쩌둥의 사망 직후 공산당의 덩샤오핑 분파는 시장요소들을 도입하여 경제성장의 속도를 높이겠다는 약속과 함께 권력을 장악했다. 이들은 경쟁 분파들로부터 '자본주의자들'이라는 비난을 받았다. 그러나 덩샤오핑 분파는 자본주의를 활용하여 노동자 국가 내에서 당의 역량을 강화시킬 수 있다고 보았다.

지금까지도 중국 경제의 잠재 이윤 창출이 상당한 전략 부문들에는 개인 투자가 금지되어 있다. 그러나 세계경제에서 중국이 차지하는 비중은 더욱더 커지고 있다. 1983년에는 10억 달러에 불과했던 외국인 직접투자가 2002년 530억 달러로 증가했다. 현재 중국은 전체 무역량에서 세계 6위를 달리고 있다. 그런데 이 액수의 상당 부분은 수입한 기계와 장비 들을 이용해 중국 국내에서 생산한 제품을 해외시장에 수출하는 외국기업들이 차지하고 있다.

월마트 체인점에 들어가면 신발과 의류에서부터 장난감과 전자제품에 이르기까지 온통 중국산 제품들로 선반이 내려앉을 지경이다. 그러나 어디서나 볼 수 있는 '중국산' 레이블은 이 제품들 가운데 중국 토착기업에 의해 생산된 것은 거의 없다는 중요한 사실을 감추고 있다. 사실 국제적으로 활동하면서 해외에 자신의 제품을 판매하는 중국 토착기업을 단 하나라도 찾아내기는 대단히 힘들다.

이것은 중국의 수출 주도형 제조업 팽창이 외국인 직접투자의 결과이기 때문이다. 외국인 직접투자가 중국 기업의 국내 활동을 대체하고 있다.

—와이 황&티 카나, 《대외정책》 2003년 7·8월호

지난 25년 동안 중국의 소비재 부문은 급격히 팽창했다. 그 결과 소수이긴 하지만 중국 인구의 상당수가 높은 생활수준을 누릴 수 있게 되었다. 그러나 이 때문에 사회 모순이 격화되고 체제 안정이 위협받고 있다. 공산당 정권이 규칙을 정하고 에너지, 중공업, 금융 등 핵심 부문들을 국가기구가 직접 통제해왔기 때문에 중국의 자본주의는 심각하게 왜곡된 채 발전했다.

중화인민공화국에서 새로 등장한 수천 명의 백만장자들은 공산당을 타도하고 중앙계획의 잔재를 청산하기를 열망하고 있다. 그러나 이것은 공산당의 '개혁'이 서서히 누적되어 이루어질 수 있는 것이 아니다. 집단적 소유체제에서 사적소유체제로 이행하기 위해서는 반혁명이 필요하다. 관료층은 새로운 부르주아 계급으로 변모할 수 없다. 공산당 간부들 중 일부는 현재의 지위를 이용하여 막대한 재산을 축적할 수 있지만, 나머지 대다수는 자본주의가 될 경우 그나마 지금 누리고 있는 것들을 전부 잃게 될 것이다.

## 관료집단과 부패

개인 이득을 중시하는 쪽으로 나가고 있는 사회에서 중앙권력이 정치를 독점할 경우 대대적인 부패는 당연지사다. 대기업을 포함한 중국의 모든 기업은 정치적 특혜에 따라 운명이 정해진다. 정치적·행정적·재정적 연줄을 갖는 것보다 더 중요한 것은 없다. 이것을 관시(關係)체제라 한다. 노동자와 자본가 사이에서 중재 역할을 하는 관료집단의 모순적 지위는 관시체제에 대한

관료집단의 태도에서 드러난다. 개인의 축재는 관직 수행에 따른 당연한 보답이라고 여기는 것이 일반적이지만, 부패는 처형으로 징벌될 수 있는 범죄다. 언제나 그런 것은 아니지만 사형으로 이를 징벌하는 경우도 빈번하다.

관시체제로 인해 최고 정치지도자들의 자식들은 상당한 재산을 축적할 수 있었다. 1990년대에 덩샤오핑의 막내아들 덩지팡은 부동산과 금융업에 손을 대 부자가 되었다. 장쩌민의 큰아들 장미안홍은 상하이에서 '정보통신산업의 제왕'으로 불리면서 막대한 재산을 모았다. 덩샤오핑이 말한 '부자가 되는 것은 영광스러운 일이다'는 유명한 경구다. 그러나 이런 일에도 한도가 있는 법이어서 공산당의 '소통령들' 일부는 부패 혐의에 연루되어 관직을 박탈당하고 공직에서 쫓겨났다.

상관들과 관계가 틀어지거나 대중매체에 폭로된 관리들이 부패 혐의로 기소되었다. 상대의 부패를 폭로하는 것은 관료들 사이의 싸움에서 기본 무기가 되었다. 그러나 이것은 위험한 게임이 될 수 있다. 폭로하는 자가 감옥에 갇힐 수도 있기 때문이다. 범죄조직, 토지민영화, 국가 재산의 대규모 절도 등에 연루될 경우 엄벌에 처해지며, 국가 소유의 리무진을 개인적 용도로 사용하거나 인가되지 않은 통행세를 부과하거나 친구에게 계약을 체결해주거나 저리융자 혜택을 주는 등의 비교적 경미한 불법 행위는 일상적으로 무시된다. 정실주의는 관시체제의 일부로 인정되고 있다.

중국 북동부에 위치한 랴오닝 성의 수도이자 전국에서 네 번째로 큰 도시인 선양에서 놀랄 만한 부패 사건이 발생한 적이 있었다. 1999년, 관직 매매, 절도, 계약서 위조, 살인 등이 폭로되었는데 처음에는 이를 폭로한 사람이 혹독한 탄압을 받았다. 부패를 고발하려 했던 퇴임 관리 조우웨이는 2년간의 강제노동형에 처해졌다. 홍콩 잡지 《전선》에 일련의 폭로 기사를 실은 기자 장웨이핑은 9년의 징역형에 처해졌다. 결국 정부에서 이 사건을 처리하게 되었을 때 랴오닝 성의 지사 보시라이 등 연줄이 좋은 여러 명의 용의자들은 화를 면할 수 있었다. 당시 보시라이의 부친은 공산당 정치국원이었다.

정부의 공식 조사가 시작되어 부패 경찰, 검사, 판사, 의원, 세관 공무원, 은행가, 개인 사업자 등이 관련된 범죄망이 드러났다. 관련자들은 모두 선양에서 활동하고 있었다. 리우용이라는 고위 관리는 자기가 개발하려던 부동산을 규제에서 해제시키기 위해 30명 이상의 청부살인을 시도하기까지

했다. 선양의 부시장 마시양둥은 마카오와 라스베가스에서 도박 자금으로 공공기금 400만 달러를 유용했다. 선양의 시장 무수이시는 600만 달러 상당의 금괴와 150개의 롤렉스 시계를 시골에 있는 별장 두 채의 벽 속에 숨겨놓았다. 그런데 그가 이 별장들을 장식하기 위해 진짜로 알고 들여놓았던 골동품들은 나중에 상당수가 가짜인 것으로 밝혀졌다.

이러한 대규모의 부패는 기형적 노동자 국가의 생명을 확실히 위협한다. 엄청난 국가 재산을 연줄이 좋은 관료들이 전용한다는 비난이 빈번하게 서민들에 의해 제기되고 있기 때문이다. 이들은 부패가 국영기업의 파산과 그로 인한 대규모 실업의 주범이라고 생각한다. 공공재산을 보호하고 부패를 뿌리 뽑기 위해 직장위원회 네트워크의 수립을 요구해야 한다. 이 요구는 대중의 광범위한 지지를 받을 것이며 잠재적으로 혁명적 의의를 지닐 것이다. 효과적으로 기능하기 위해서는 이 조직들은 현장 노동자들에 의해 민주적으로 선출되고 공산당 기구로부터 독립되어야 한다. 이 위원회들은 반혁명의 공세에 대항하여 중국 노동자들을 투쟁으로 불러일으키는 중요한 단계가 될 수도 있다.

## 인민해방군

인민해방군의 장교 집단은 오랫동안 관료집단의 핵심 부위가 되어 농장, 섬유공장 그리고 기타 사업들을 직접 운영해왔다. 군대 기업이 일반에게 제품을 판매할 수 있도록 허용한 덩샤오핑의 결정은 예상했던 대로 장교 집단 내부에 광범위한 부패와 친자본주의 성향을 증대시켰다. 자신의 저서 『국가와 혁명』에서 레닌은 이렇게 말했다. "국가기구를 핵심적으로 집약하면 특정 사회계급의 이해 즉 이 계급의 소유체제를 방어하는 군대다." 국가체제의 핵심인 군대의 일부가 다른 사회체제에 이끌리면 어떤 국가든지 즉각 위험에 빠진다. 1990년대 말 총리 주룽지는 공산당 내의 친자본주의 분파를 대표하고 있었다. 이 분파는 인민해방군이 시장에 더욱 이끌리는 것을 불편해 할 리가 없었다. 그러나 관료집단의 다수는 위협을 느꼈다. 결국 1998년 7월, 정부는 군대 기업의 청산을 요구했다. 1999년 초에는 더욱 단호한 조치가 취해져, 군대의 중앙조달을 집중화하여 지방의 군사령관들과 기업가들 사이의 수많은 연줄을 끊어버렸다.

중국 공산당은 대단히 잡다한 요소들의 집합체로서 노골적인 친자본주의 분자들로부터 1960년대에 재앙을 가지고 온 문화혁명의 잔당인 정통 '마르크스주의, 레닌주의, 마오쩌둥 사상' 분자들까지 온갖 분자들이 모여 있다. 당을 유지시키는 요소는 두 가지다. 하나는 관료집단이 통제력을 상실할 경우 중국이 큰 혼란에 빠질 것이라는 것이며, 또 하나는 관료집단의 개인적 안전, 정치적 권위, 특권 등을 보존하려는 욕구다. 소련과 동구 진영에서 자본주의가 복귀하면서 경제적·사회적·정치적 재앙이 닥쳤고 소련, 체코슬로바키아, 유고슬라비아 등이 해체되는 것으로 이 재앙은 절정에 도달했다. 이 역사를 중국 공산당 지도부는 잘 인식하고 있다.

축재를 할 정도의 빽이 없는 장교들 대부분은 민영화와 자본주의 세계시장으로의 계속된 편입에 대해 심각한 의구심을 가지고 있다. 기존의 사회기관들을 그대로 보존하기를 원하는 보수적 분자로 이루어진 관료집단의 좌파는 산업이 하락하고 있는 북동부, 가난하고 개발이 되지 않은 지역인 서부와 중부 등에 집중되어 있다. 자본주의 경제활동의 중심이 되고 있으며 호황을 누리는 남동부는 자본주의 복귀의 절정까지 경제 '개혁'을 완수하는 데 가장 열성적인 관료집단 우파의 본산이다.

지금까지는 관료집단 내부의 싸움이 공산당 내부로 제한되었다. '실용주의' 중도파는 보수파와 친자본 '개혁파' 사이에서 아슬아슬한 균형을 유지하고 있다. 사적 부문의 계속된 성장과 세계시장으로의 더 깊은 편입이 생산성과 생활수준을 상승시켜 큰 탈 없이 현 상황이 지속되기를 실용주의자들은 희망하고 있다.

최근까지 공산당의 가장 유명한 보수주의자는 리펑 총리였다. 그는 1991년 8월 소련에서 반혁명이 일어나기 전까지 소련 공산당의 리가초프나 야나예프와 같은 노선을 걸었다. 한편 소련의 옐친처럼 친자본주의 분파를 대표하는 인물로는 전 총리 주룽지를 들 수 있다. 덩샤오핑의 계승자인 장쩌민 주석은 고르바초프와 같이 양극단 분파들 사이에서 조정자 역할을 하고 있다.

중국의 페레스트로이카(개방)는 상대적으로 성공했다. 그 이유의 일부는 글라스노스트(민주화)와 함께 오지 않았기 때문이다. 장쩌민은 자본주의의 발전을 허용하면서도 핵심 경제부문들의 국가 소유를 그대로 유지했다. 또한 언론, 경찰, 군대 그리고 기타 모든 통제·사법 기관들을 관료집단의 수중에 확실히 장악했다. 그로 인해 공산당체제가 흔들림 없이 유지될 수 있었다. 장쩌민의 후계자로 후진타오가 선택된 이유는 그가 공산당 통치체제를 유지시키는 데 확고한 의지를 가지고 있는 실용주의자이기 때문이다. 그러나 만일의 사태에 대비하기 위하여 장쩌민은 중앙군사위원회 의장직을 그대로 유지하고 있다. 덩샤오핑 역시 '정치에서 은퇴' 했을 때 이렇게 했었다.

노동계급과 빈농에게 국가 소유 체제를 지키는 것은 죽고 사는 문제다. 노동계급의 정치혁명을 통한 공산당 타도를 주장하지만, 마르크스주의자들은 자본주의 복귀에 대항하여 중국의 기형적 노동자 국가를 무조건 방어한다. 그리고 반혁명에 대항하여 스탈린주의 관료집단과 군사적으로 동맹을 맺을 용의가 있다.

1991년 8월에 다수의 소련 노동자들은 옐친을 적으로 간주했으나 쿠데타를 일으킨 야나예프 등의 국가비상위원회 소속 보수파 스탈린주의 관료들은 노동계급에게 꼼짝 말고 있으라는 지시를 내렸다. 반혁명이 세력을 규합하여 대세를 장악하기 전에 사태에 개입할 준비가 된 소규모 혁명조직은 친사회주의 노동자들을 규합하여 반혁명 세력을 무릎 꿇릴 수도 있었다. 옐친의 승리는 결코 불가피한 것이 아니었다. 다만 혁명 지도부가 없다는 것이 사태의 결말을 결정지었을 뿐이다.

반혁명이 성공한다 하더라도, 중국에서는 러시아에서처럼 유혈 사태도 없이 빠르고 쉽게 자본주의 국가가 건설될 수는 없을 것이다. 자신들의 이해가 '자본주의자들' 과 대치된다는 것을 알고 있는 수백만 중국 노동자들은 이미 독립적으로 투쟁하기 시작했다. 1980년대 말의 러시아에 비해 중국 자본주의의 발전 리듬은 훨씬 완만했다. 따라서 집단적 소유를 방어하고 공산당을 타도하는 데 필요한 계급의식, 강령, 조직 등을 발전시킬 기회는 아직도 있다.

## 자칭 트로츠키주의자들과 중국

노동계급 정치혁명의 강령은 원래 1930년대에 관료화된 소련에 대해 트로츠키가 제출했었다. 현재 트로츠키의 강령을 옹호한다고 주장하고 있는 대부분의 자칭 트로츠키주의 조직들은 실제로는 이 강령을 이행하지 않고 있다. 예를 들어 미국 스파르타쿠스동맹(SL)의 중국에 대한 입장은 널뛰기의 연속이었다. 1997년 이 조직은 이렇게 선언했다. "일련의 국영기업들을 매도하려는 공산당의 계획은 **집단적 계획경제의 그나마 남은 부분을 전부 청산하고 중국을 자본주의로 복귀시키는 것을 의미할 것이다.**"(《노동자 전위》, 1997년 10월 3일, 강조는 원저자). 그러나 2년 후 이 조직은 이렇게 주장했다. "현재 중국에서 자본주의 복귀 운동을 주도하고 있는 세력은 스탈린주의 정권 자체다."(《노동자 전위》, 1999년 6월 11일) 2000년에 이 조직은 중국의 세계무역기구(WTO) 가입이 기형적 노동자 국가의 실질적 종말을 의미한다고 선언했다.

> 세계무역기구 가입은 국가의 외국무역 독점의 남아 있는 부분을 제거하면서 경제를 세계 자본주의 시장의 압력에 더욱 노출시키는 것을 의미할 것이다. 따라서 이 조치는 국영산업의 상당 부분을 민영화하려는 1997년 공산당의 결정을 밀어붙이는 도구가 될 것이다.
>
> —《노동자 전위》, 2000년 4월 7일

이 비관적인 전망은 틀린 것으로 판명되었다. 물론 중국의 세계무역기구 가입은 세계시장에 중국을 통합시키는 조치이며, 자본주의 복귀 압력을 가중시킬 것이다. 그러나 국영부문이 민영화되는 극적인 사건은 아직까지는 현실화되지 않았다. 스파르타쿠스동맹은 중국의 스탈린주의자들을 자본주의 복귀 주도 세력이라고 규정한다. 이것은 1991년 8월 옐친의 건달패들에 대항한 야나예프의 국가비상위원회에 대해, 이 조직이 군사적 동맹을 선언하지 않은 사건을 떠올리게 한다. 이들은 스탈린주의 쿠데타 세력에 대한 우리 조직의 군사적 동맹 노선을 비판하면서 쿠데타 세력이 "옐친만큼이나 자본주의 복귀에 전념하고 있었다"고 주장했다(「국제볼셰비키그룹? 이 조직의 정체는 무엇인가?」).

1996년 스파르타쿠스동맹에서 분립한 국제주의그룹(Internationalist Group, IG)의 지도자들은 개인적 권위 때문에 1991년 소련 쿠데타에 대한 스파르타쿠스동맹의 노선을 지지한다. 그러면서도 중국에 대해 기본적으로 같은 노선을 견지하는 스파르타쿠스동맹을 비판했다. 이에 대해 스파르타쿠스동맹은 이렇게 응수했다. "국제주의그룹은 스탈린주의 관료집단이 혁명을 수행할 능력이 있다고 생각한다." 이들이 스탈린주의자들에 대해 환상을 가지고 있다는 것이다. 스파르타쿠스동맹은 국제주의그룹의 지도자 잰 노든이 "동독의 늙어빠진 스탈린주의 통치자들이 혁명적 본능을 가지고 있다고 생각했으며 중국 관료집단의 일부가 자본주의 반혁명에 저항할 것이라는 환상을 유포했다"고 비난했다(《노동자 전위》, 1999년 6월 11일). 그러나 스탈린주의 관료들의 일부가 자본주의 복귀에 대항하여 노동자들 편에 설 가능성은 얼마든지 있다. 그리고 혁명가들은 관료집단 내부의 모순들을 활용하여 독립적 정치투쟁에 나선 노동자들의 지위를 강화시키려고 당연히 노력할 것이다.

　사실 국제주의그룹이 스탈린주의자들에 대해 환상을 가지고 있다고 스파르타쿠스동맹이 비판하는 것은 참으로 기이하다. 왜냐하면 이 조직이야말로 1980년대 초 '유리 안드로포프 여단'을 창설하여 세인의 관심을 끌었으며 아프가니스탄 친소 장교들의 쿠데타를 지원하기 위해 소련군을 그곳에 진주시킨 브레즈네프를 '찬양했기' 때문이다. 스파르타쿠스동맹이 스탈린주의자들에 대해 가지고 있던 환상은 1990년 1월 절정에 달했다. 이때 이 조직의 창립자이자 지도자인 제임스 로버트슨은 동베를린의 최고위 스탈린주의자 세 명에게 공짜로 조언을 하기 위해 개인적으로 만남을 가져보려고 애를 썼다. 이 3인은 소련의 장군 스네트코프, 동독 정보부장 볼프, 동독의 집권당인 통일사회당의 지도자 기지 등이었다.

　스파르타쿠스동맹의 스탈린주의자들에 대한 환상은 가끔 스탈린주의자들에 대한 혐오증과 함께 나타난다. 예를 들어 1983년 대한항공 007호 스파이 비행기 사건 때 소련이 미 제국주의의 도발을 비행기 격추로 대응했을 때 《노동자 전위》는 "야만적 행위보다 더 나쁘다"는 표현으로 소련을 비난했다. 이에 반해 국제주의그룹은 스파르타쿠스동맹이 스탈린주의자들에 대한 환상을 가지던 순간에서 얼어붙어 있다. 이들은 기지, 스네트코프, 볼프에게 접근한 것을 오류라고 인정해본 적이 없으며 어쩌면 앞으로도 중국의 스탈린주의 지도부에게 조언을 하려는 유사한 시도를 지지할지도 모른다.

　국제주의그룹과는 달리 스파르타쿠스동맹의 노선은 얼어붙어 있지 않다. 이 조직의 간부들은 특정 정치 강령이 아니라 지도자 로버트슨에게 충성하는 근본 속성을 가지고 있다. 로버트슨은 이 조직의 노선을 마음대로 바꿀 수 있다. 수년 동안 중국의 스탈린주의자들을 자본주의 복귀 세력으로 간단히 규정해 오다가 이 절박한 예측이 현실로 나타나지 않은 것에 양심이 찔려 노선을 조용히 바꾸고 자본주의 복귀에 대한 진지한 저항이 중국 공산당을 분열시킬 수 있다고 다시 주장하고 있다.

지금까지 스파르타쿠스동맹은 자신이 전에 보인 스탈린주의자들에 대한 혐오증 편향에 대해 어떤 설명도 해본 적이 없다. 그러면서도 노동자인터내셔널조직위원회(CWI)의 뻔뻔스러운 개량주의 지도자들이 자기와 같은 입장을 채택한 것을 분노에 차 비난하고 있다.

피터 태프가 주도하며 영국에 중심을 둔 어느 조직은 중국 공산당 제16차 당 대회에 대해 이렇게 논평했다. "중국은 자본주의로 완전히 복귀하는 길에 서 있다. 다만 당의 지배 파벌은 서서히 그리고 억압적인 권위주의 통치를 유지하면서 그렇게 하려고 한다."(《사회주의자》, 2002년 11월 22일). 중국 정부를 '권위주의적' 자본주의 복귀 정권으로 규정하는 것을 통해 태프의 추종자들 그리고 이들과 유사한 조직들은 '민주주의'를 증진한다는 미명하에 제국주의자들이 지지하는 중국 내 공산주의 세력을 지지한다. 1991년 소련에서도 이들은 옐친의 '민주적' 반혁명을 지지했다.

—《노동자 전위》, 2003년 11월 21일

스파르타쿠스동맹은 지혜로운 척 이렇게 설교하고 있다.

동유럽이나 구소련의 경우와 마찬가지로 중국의 자본주의 반혁명은 스탈린주의 독재체제의 붕괴와 공산당의 분열을 초래할 것이다.

—앞의 글

그러나 소련의 스탈린주의 관료집단이 최후의 정치적 위기를 맞았던 1991년 8월에 스파르타쿠스동맹은 자기들이 지금 공격하고 있는 태프의 노선과 같은 노선을 주장하면서 이렇게 주장했다: 소련을 지금처럼 보존하려는 국가비상위원회 '보수파'와 자본주의를 복귀시키려는 옐친의 건달패들 사이에는 차이가 전혀 없다.

데이비드 노스의 사회주의평등당(Socialist Equality Party)[*] 역시 자신들이 트로츠키의 정치적 유산을 계승하고 있다고 주장한다. 그러나 이 조직은 자신의 웹사이트에 중국에 대한 특집기사를 정기적으로 올리면서도 중국이 부르주아 국가인지 기형적 노동자 국가인지를 명시하지 않은 채 이 문제를 애써서 회피한다. 이 조직은 일관되게 스탈린주의 혐오증을 표방한 기록을 가지고 있다. 이들은 옐친, 바웬사 등 소련 진영 내 모든 반혁명 분자들을 편들어왔다. 미래에 있을 결전의 날에 이들은 또다시 '민주적' 반혁명의 편에 설 것이라고 우리는 확신한다.

혁명 조직이라고 자처하는 여타 그룹들은 사회주의평등당보다는 덜 수줍어한다. 예를 들어 영국의 노동자권력은 이렇게 주장한다: 중국의 기형적 노동자 국가는 이미 조금의 흠집도 없이 그리고 주위의 주목을 전혀 받지 못한 채 자본주의 국가로 복귀했다.

그러나 진지한 부르주아 정치평론가들이 이들보다 더 많은 것을 알고 있다.

1990년대 중국에 대한 가장 잘못된 생각은 이 나라가 더 이상 사회주의 국가가 아니라는 것이다. 정치국, 중앙위원회 그리고 5천만 당원의 전국망을 가진 자칭 공산주의 정권의 주장에도 불구하고 이 잘못된 생각은 상식이 되어버렸다. 이 생각은 전세계 기업들의 이사회 회의실은 물론이고 신문과 잡지에도 반복되었다. 중국의 공식 언론은 선전을 통해 매일 '중국의 특징을 가진 사회주의'라는 공식 신조를 선언하고 있다. 그러나 외부 세계는 이것을 정치적으로 수용하기 힘든 자본주의 개념을 중국식으로 표현한 것으로 간주한다. …… 1990년대 중국은 자유시장 경제가 아니다. 다만 중국식으로 개조되고 있을 뿐 기본은 사회주의 국가다.

—조 스타드웰, 『중국의 꿈』

---

[*] 제4인터내셔널 국제위원회의 미국 지부.

## 중국의 증권시장, 은행 그리고 세계무역기구 가입

지금까지 자본주의는 중국을 위험스럽게 잠식해왔다. 그러나 여전히 자유시장과는 대치되는 사회적·정치적 질서에 의해 제한을 받고 있다. 자본주의 시장경제와는 달리 중국의 증권시장이나 은행은 높은 이윤을 창출할 가능성이 가장 큰 것처럼 보이는 기업에 투자를 유도하는 기능이 없다. 중국에서 투자는 국가기구에 의해 통제되고 있으며 궁극적인 투자의 기준은 이윤 극대화가 아니라 관료집단의 지위와 사회 통치를 유지하는 것이다. 부르주아 평론가들은 이것이 대단히 기이한 현상이라고 여긴다.

> 두 자릿수의 경제성장률을 기록하고 있던 1990년대 초 중국은 국영부문에 대대적으로 투자했다. 투자의 대부분은 상업적으로 생존능력이 없었다. 이 결과 은행들은 엄청난 액수의 악성부채를 떠안았다. 아마 이 액수는 은행 자산의 50퍼센트에까지 육박했을 것이다.
>
> ─와이 황&티 카나, 《대외정책》 2003년 7·8월호

기업이 현재 보유하고 있는 자산과 미래에 거둘 이윤에 기초하여 '주식'을 발행하여 자본을 확보할 수 있게 만드는 것이 자본주의 주식시장의 기능이다. 주식 가격은 잠재적 이윤 능력에 따라 등락을 거듭하고 회사 주식의 대다수를 장악하는 투자자는 회사의 경영권을 행사한다.

자본주의 주식시장이 올바로 작동하기 위해서는 특정 투자가 어느 정도의 이윤을 보장할 수 있을 지에 대한 정보가 널리 공개되어야 한다. 이 때문에 엄격한 언론검열이 시행되는 자본주의 국가 내에서 금융언론은 검열로부터 어느 정도 자유롭다. 시장은 정보 공개, 회계, 감사, 보고 등과 관련된 정교한 규정들을 가지고 있다. 이 규정들은 이론상으로는 정보에 대한 접근의 차이로 인해 발생하는 경쟁 왜곡 현상들을 제거한다. 시장의 큰손들은 내부자 거래에 대한 금지조항들을 일상적으로 무시하지만 이 금지조항들이 충분히 대규모로 위반될 경우에는 제재가 가해진다. 왜냐하면 대규모로 자행되는 위반행위는 금융시장을 불안하게 만들고 자본가계급 전체의 공동이익을 위협하기 때문이다.

상하이와 쉔젠의 주식시장은 20년간 운영되어왔고 현재 6천만 명의 중국인들이 거래 계좌를 가지고 있다. 그러나 이 주식시장들의 역할은 투자 자본을 이윤이 높은 기업에 대주는 것이 아니라, 상장 기업들에게 재정 지원을 하는 것이다. 그리고 상장 기업들은 대부분 국영기업이다. 정부는 어느 기업이 상장될 것인지 그리고 어떤 금융 정보가 공개될 것인지에 대해 결정권을 가지고 있다. 그 결과 주식 가격은 조작된 정보, 내부자 거래, 사기행각 등에 기초하여 널뛰기를 한다. 자본주의 국가에서라면 이러한 행위들은 언론에 낱낱이 까발려질 것이다. 중국의 주식 보유자들은 주식 가격의 등락에 따라 돈을 벌기도 하고 잃기도 한다. 이들은 경마장에서 경주마에 내기를 거는 관객과 같은 처지다.

중국에서 관료들은 수문장의 역할을 하면서 자본 배분을 철저히 통제한다. 또한 개인 기업이 주식시장 정보를 획득하고 자본에 접근하는 것을 엄격하게 규제한다. 진정으로 중국 정부는 금융시장을 국영기업을 유지하는 방법으로 주로 활용해왔다. 이러한 정책들은 엄청난 왜곡을 불러왔다.

—앞의 글

이 엄청난 왜곡 때문에 《하버드 중국 평론》은 1998년 여름호에 이렇게 결론 내렸다: 상하이 주식시장은 뉴욕 주식시장에 비해 약 800배나 주가 변동율이 심하다.

2001년 12월 세계무역기구에 가입했을 때 중국 정부는 이렇게 선언했다: 수입 상품이 국내에서 세계시장 가격으로 판매되는 것을 허용하겠다. 이 조치는 철강 등 전략산업 뿐 아니라 국민의 대다수가 살고 있는 농촌을 초토화시킬 것으로 예상된다. 그러나 문서상의 합의에도 불구하고 중국 정부는 국내 경제에 대한 상당한 통제력을 유지해왔다. 예를 들어 2년 내에 중국 시장에 진입할 것으로 예상되었던 외국 보험회사들은 정부의 허가증이 있어야 영업을 할 수 있다. 그런데 정부 당국은 자기 마음 내키는 대로 허가증을 내준다. 중국 통신시장의 절반은 외국 기업에 개방될 것으로 예상되고 있으나 개방 조건은 중국 감독기관이 정한다. 문제는 이 감독기관이 중국 최대의 전화선 공급업체와 주요한 이동통신 회사 두 개를 소유하고 있다는 것이다. 규정에 따르면 전체 자본의 4분의 3은 중국 측 합작회사가 내야 한다(《파이낸셜 타임스》, 런던, 2002년 3월 15일).

세계무역기구와의 합의에 따라 외국은행들의 중국 내 영업이 허용되었다. 그러나 중국 정부는 이 은행들이 각각 1년에 지사를 하나씩만 설립하도록 규정해놓았다. 현재 중국의 4대 국영은행들이 전국에 13만 개의 지사를 가지고 있기 때문에 외국은행들이 효과적으로 경쟁하려면 상당한 시간이 지나야 할 것이다. 모든 금융 거래의 3분의 2를 장악하고 있는 이 4대 은행들에 대한 지분은 100퍼센트 재무부가 소유하고 있다. 다른 은행들과 대부분의 신용기관 역시 정부 소유다. 그리고 이들은 새로운 투자와 관련하여 중앙 당국의 철저한 감시를 받고 있다. 자본주의 국가와는 달리 중국에서 투자는 지배 관료집단의 필요에 의해 결정된다.

중앙정부는 은행을 '부차적 예산'으로 간주한다. 이것을 통해 과거의 문제들을 슬그머니 무마시키는데 필요한 재원을 편리하게 마련한다. 문제가 심각한 국영기업을 수술하는 것은 출발점에 불과하다. 이와 함께 건설해야 할 첨단기술단지가 있고 댐을 세워야 할 강이 있고 서부지역의 모든 것이 개발을 기다리고 있다. 국가의 지도자들은 국영은행이 자신의 역할을 해줄 것을 기대한다.

—고든 창, 『중국에 닥칠 붕괴』

은행 대출의 대부분은 아직도 도시 노동력의 55퍼센트를 고용하고 있는 국영기업에 돌아간다. 이들 대부분이 빚을 갚지 못한다는 사실은 중요하지 않다. 이런 상황이라면 자본주의에서는 은행이 지원금과 저리 융자를 통해 유지시키는 국영기업과 은행은 모두 파산할 것이다. 그러나 중화인민공화국에서 국영기업은 정부의 포고령에 의해서만 파산된다.

## 경제특구와 국영기업

마오쩌둥의 사망 후 도입된 핵심 '개혁들' 가운데 하나는 집단농장을 가내기업으로 분해시킨 것이었다. 현재 농촌에서는 수백만 가구가 국가로부터 좁은 농토를 빌린다. 몇몇 농민들은 대규모 사업을 시작할 정도로 충분한 자본을 축적했지만 대다수는 빈농이며, 가장 부유한 농민이라 해도 서방의 초국적 거대 농업기업의 경쟁 상대는 되지 못한다. 예를 들어 2000년 9월에 시카고 현물시장에서 옥수수가 톤당 100달러였으나 중국에서는 175달러였다(《미니애폴리스 스타 트리뷴》, 2000년 10월 1일). 현재 중국 농촌 노동인구의 20퍼센트 가량이 실업자다. 1억 명 이상의 전직 농민들이 도시 주위의 빈민굴에서 노점상, 매춘, 경미한 범죄 등에 종사하면서 목숨을 부지하고 있다. 중국 농업부의 예상에 따르면 세계무역기구의 요구에 따라 수입 규제를 완화할 경우 최소 2천만 개의 농업 관련 일자리가 사라질 것이다.

1980년 중국 정부는 외국인 투자를 유치하기 위해 홍콩과 인접한 광둥성에 4곳의 경제특구를 설치했다. 현재 경제특구는 약 1만 2천 곳으로 늘었는데 대부분은 남동 해안에 집중되어 있다. 이것들은 근본적으로 기형적 노동자 국가 내부에 존재하는 자본주의 경제 식민지인데 중국의 전체 제조업 생산량의 8분의 1을 차지하고 수출의 절반을 담당한다. 초기 투자를 한 홍콩과 대만 출신의 중국인 자본가들은 경제특구가 대단한 이윤을 창출한다는 것을 알게 되었다. 중국은 세계에서 임금이 가장 싼 나라에 속해서 멕시코 임금의 절반 수준이고 미국 임금의 20분의 1 수준밖에 되지 않는다. 임금이 이렇게 낮은 이유는 중국 공산당이 노동조합 설립을 무자비하게 탄압하기 때문이다.

공산당이 직접 관리하는 북동 지역의 거대한 국영기업들은 1949년 혁명이 수립한 집단적 경제의 핵심부다. 1980년대에는 국영기업이 중국의 비(非)농업생산을 거의 전부 차지했지만 지금은 그 비중이 30퍼센트로 하락했다. 그러나 국영기업들은 중공업, 첨단 군수산업, 에너지산업, 통신산업 등 경제의 핵심부문이며 전체 고정자산의 약 70퍼센트를 차지한다. 더욱이 국가의 재정원인 세금을 비중에 비해 엄청나게 많이 낸다. 국가는 국영기업을 통해 노동자들에게 일자리, 식량, 의료, 주택, 연금 등 '철 밥그릇'을 보장하기 때문에 국영기업은 관료집단의 권력 유지에 필요한 핵심 도구다. 시장의 압력이나 생산자의 민주적 통제가 없기 때문에 국영기업은 절대적 수치와 외국기업들과의 상대적 수치로 비교했을 때 당연히 생산성이 꾸준히 하락해왔다.

부르주아 금융언론은 국영기업을 실패한 체제의 유해로 간주하면서 가능하면 빨리 해체하고 싶어한다. 그러나 제국주의자들이 없애려는 '유물'인 공산당 관료집단은 다른 생각을 가지고 있다. 1990년대 말부터 공산당은 국영기업 '합리화'를 시도해왔다. 생산성이 최악인 기업은 파산시키고 그보다 나은 기업들은 자본주의 기업을 모델로 하여 합병을 추진하고 주식을 발행한다. 자생력이 없는 부문들도 팔아치운다. 이것이 공산당의 계획이다.

2003년 5월 후진타오 주석은 그 동안 정부 부처나 지방자치단체가 운영해왔던 국영기업들을 이제 국가자산감독경영위원회(SASAC)가 관리할 것이라고 선언했다. 이 조치의 목표는 일본이나 남한의 재벌을 모델로 하여 전략산업에서 국제적으로 경쟁력 있는 열몇 개의 국영기업을 설립하는 것이다. 이 조치는 집단적 경제에 대해 관료집단이 통제력을 행사하는 근본 모순을 해결하지는 못할 것이다. 그러나 단기적으로 국영기업의 실적을 개선시킬 수는 있을 것이다.

국영기업의 '합리화' 결과 노동자들과 은퇴자들의 기본 서비스는 감축되었고 노동력은 급격히 축소되었다. 1998년부터 지금까지 국영기업들은 2,500만~5천만 개의 일자리를 없앴다. 노동계급의 생활수준이 이렇게 전방위로 공격당하자 수백만 노동자들은 크게 분노하고 있다. 실업률이 40퍼센트에 도달한 북동 공업지대에서는 '경찰과 도둑' 대신 '사장 죽이기'가 어린이들의 놀잇거리가 되었다.

## 서부 지역의 거대 개발과 티베트, 신장의 민족문제

공산당은 최근 몇 년간 간쑤, 구이저우, 닝샤후여, 칭하이, 산시, 쓰촨, 윈난, 신장 등 서부지역 성들에 살고 있는 민족들을 위해 '서부 거대개발' 사업을 시작했다. 이 지역은 중국 전체 면적의 반 이상을 차지하고 있으며 3억 인구를 포괄하고 있다. 그리고 전략적으로 핵심적인 국경지역, 핵심 군사기지, 나라의 가장 중요한 석유 및 광물자원을 보유하고 있다. 지리적 고립, 정치 불안정, 원시적 사회기반시설, 낮은 교육 수준을 가지고 있으며 널리 흩어진 인구 등의 특징 때문에 이 지역은 자본주의 방식의 투자가 적합하지 않다.

거대 개발 사업은 도로, 철도, 공항, 신장에서 상하이까지 2,500마일에 걸친 시가 140억 달러의 천연가스 파이프라인 등의 건설을 포함하는 것으로 국영부문의 대대적 팽창을 의미한다. 중국의 가장 넓은 성인 신장은 가장 빈곤한 성의 하나이며 터키어를 말하는 800만 위구르족의 고향이다. 이곳에는 회교 민족주의의 불만이 들끓고 있다. 1997년 초 신장 서부의 도시 이닝에서 발생한 반체제 시위에서 위구르족 500명이 체포되었다. 국제사면위원회에 따르면 이 가운데 30명이 분리주의 및 종교와 관련된 활동으로 2001년 4월 사형선고를 받았다.

정부는 석유와 면화를 수출하는 신장으로 한족이 이주하는 것을 적극 권장하고 있다. 한족은 이미 석유산업을 운영하고 있으며, 이들이 새로 운영하기 시작한 대규모 면화농장은 위구르족이 운영하는 소규모 개인 면화농장을 생산량 측면에서 앞지르고 있다. 위구르족이 아직은 한족보다 수가 많지만 한족은 미래에 국가 주도 개발의 최대 수혜자가 될 것이다.

위구르족에 대한 정부의 억압은 서방 언론의 주목을 거의 받지 못하고 있다. 아프가니스탄에서 미군이 생포한 탈레반 포로들 가운데 300명이 위구르족이기 때문인지도 모른다. 미국의 '테러대전'에 중국이 파트너로 비열하게 합류하려고 하지만 미국은 신장의 회교 근본주의에 대한 중국의 우려를 인정하거나 위구르족 포로들을 중국 당국에 넘기는 것을 한사코 거부하고 있다. 미국의 정책 결정자들은 신장의 회교 광신도들을 장차 이용할 생각을 하고 있을 것이다. 이것은 미 중앙정보국이 20년 전에 오사마 빈 라덴의 아프간 무자헤딘에게 무기와 훈련을 제공한 것과 같은 논리다.

위구르족과 달리 티베트족의 곤경은 친제국주의 '민주주의자들'의 마음에 가까이 다가와 있다. 그런데 이들은 1949년에 티베트가 대단히 후진적이고 승려들이 우글거리는 봉건사회였으며 인구의 평균수명이 30세에 불과했다는 사실을 무시한다. 1950년대 초 권력을 처음 장악한 후 중국 공산당은 티베트의 종교국가주의자 및 귀족 기생충들과 '공동전선'을 체결하여 응석받이 10대 소년 달라이 라마와 그의 하수인들에게 아양을 떨려고 했다. 그러나 이 협약은 몇 년 내에 깨지고 1959년에 대규모 반란이 인민해방군에 의해 진압되고 티베트족 수만 명이 희생되었다. 달라이 라마는 히말라야산맥을 넘어 인도로 도망쳤다. 중국 정부는 티베트를 직접 통제하고 귀족과 수도원의 토지들을 농민들에게 배분하여 전통 사회체제를 뿌리째 뽑아버렸다.

고유한 언어, 문화, 영토를 가지고 있는 티베트족이 한족의 지배에 분노를 느끼는 것은 당연하다. 위구르족과 마찬가지로 티베트족도 자기 민족의 고유성과 자율성을 인정받을 권리가 있다. 그러나 사회주의자들은 중국 내 피억압 민족들의 민족적 권리보다, 기형적 노동자 국가를 방어하는 것을 더 우선시해야 한다. '자유 티베트'를 위한 국제 캠페인은 중국에 대한 제국주의자들의 공격의 한 방식이다. 이것은 새로운 현상은 아니다. 1959년에 미 중앙정보국이 티베트 반란에 개입한 것은 공공기록에 나와 있다. 1998년 10월 2일자 《뉴욕타임스》는 "달라이 라마 망명 정부가 미 중앙정보국으로부터 1960년대에 매년 170만 달러를 받았다고 오늘 인정했다"고 보도했다. 18만 달러의 연간 지원금이 "달라이 라마를 위해 책정되었다."

반동 이데올로기와 민족주의 감정은 계급으로 분열된 사회의 물질적 불평등에 뿌리를 두고 있다. 이 진실을 마르크스주의자들은 인식하고 있다. 가능한 한 우리는 탄압보다는 교육과 경제적 동기부여를 통하여 사회 후진성의 영향력을 잠식하려고 노력할 것이다. 레닌주의 정부는 소수민족지역의 개발을 위한 풍부한 지원금을 진정한 자치와 결합시켜 한족 국수주의를 퇴치하려고 노력할 것이다. 지역 정치기관들을 토착민족이 스스로 장악할 권리, 이들이 원하는 언어로 교육과 정부의 공공 서비스를 받을 권리, 정치적 표현과 여행의 자유를 누릴 권리 등을 부여하는 것이 이 노력에 포함되어 있다. 티베트족과 위구르족이 자치의 권리를 누려야 한다는 점에 중국의 혁명정부는 동의할 것이다. 동시에 티베트의 전통 지배 집단 그리고 신장의 회교 지도자들이 대중의 지지를 받을 경우 이들과 혁명정부는 공존할 의향이 있다는 것을 보여줄 것이다.

## 제국주의의 올가미

지난 몇 년간 중국의 목에 걸린 제국주의의 올가미는 상당히 촘촘해졌다. 미국의 대중국 목표는 중국을 제한 없이 제국주의적 약탈을 할 수 있는 곳으로 만드는 것이다. 미국이 최근에 벌이는 신식민지 전쟁들의 목적 가운데 하나가 기형적 노동자 국가인 중국에 대한 우위를 강화시키는 것이다. 중국은 점점 더 수입 석유에 크게 의존하고 있기 때문에 이라크에 미국의 괴뢰

정부가 수립될 경우 중국은 진짜 큰 위협을 받게 될 것이다.

아프가니스탄 점령 중에 키르기스스탄과 우즈베키스탄에 건설된 미군 기지들은 한때 소련의 영토였던 중앙아시아에서 중국의 영향력을 차단시켰다. 아프가니스탄, 남한, 일본에 군대를 주둔시키고 있는 미국은 현재 베트남, 태국과 해군, 공군 기지 사용권 협상을 진행 중이다. 게다가 미국은 대만에 계속 무기를 공급하고 있다. 현재 미국의 대외정책은 중국에 경제적 압력을 가하고 해외에서 중국의 영향력을 저지시키는 데에 집중되어 있다. 동시에 미국의 미사일은 중국의 핵심 요충들을 영구히 겨냥하고 있다. 따라서 미국이 어떤 핑계를 대든 중국에 대해 군사도발을 일으킬 위험성은 상당히 있다.

## 파룬궁은 중국 공산당에게 위협적인 존재인가?

중국 공산당은 언제나 정치에 대한 독점권을 조심스럽게 지켜왔다. 『중국의 꿈』에서 조 스타드웰은 이렇게 말했다. "중국인들은 정부의 허가 없이는 낚시클럽, 알코올 중독자 자활 모임, 지역 신문 등을 조직할 수 없다." 지역 밖의 다른 사람들과 연결이 되어 있는 어떤 조직도 위협으로 간주된다. 중국의 뉴스 매체들은 주요 산업재해, 부패 스캔들, 파업, 시위 등을 보도하지 않는 것이 관행이다. 정부에 대한 전국적 규모의 분노를 촉발시키지 않기 위해서다.

그러나 공산당의 통제는 언제나 불완전했으며 인터넷의 등장은 정권에게 새로운 골칫거리다. 파룬궁의 급속한 성장에 인터넷이 기여했다고 널리 인정되고 있다. 파룬궁은 일종의 중국식 뉴에이지 명상/신체단련 운동으로 일반인들에게 제공하던 기공/태극권 강습에서 개발되어 나왔다. 정부는 오랫동안 기공/태극권을 대부분 노인들의 체력단련과 사회활동의 일종으로 간주하고 체제에 해롭지 않다고 판단했다. 따라서 이 운동의 많은 조류들이 가지고 있는 반(反)유물론적 철학의 토대를 하찮은 것으로 무시해버렸다. 정부는 심지어 기공연구협회를 설립하였다. 이 단체에서 리훙지의 주도로 파룬궁이 1990년대 초에 등장했다. 1994년 리훙지는 이 협회에서 탈퇴하여 뉴욕으로 활동무대를 옮겼다.

파룬궁은 '진실, 자비, 금욕'을 설교하면서도 혼혈 인종은 내세에서 자리를 제대로 잡기 어렵다고 경고했다. 또한 컴퓨터와 비행기 등 현대의 기계를 인간으로 위장한 외계인이 발명한 것이라고 가르친다. 일련의 다섯 가지 운동을 연습하면 몸속에 황금빛의 회전하는 '파룬'이 생기고, 이 파룬을 통해 건강을 얻고 종교적 해탈에 이를 수 있다는 것이 이들의 주장이다. 파룬으로 여러 우주들로부터 에너지를 흡수할 수 있다는 것이다. 점점 더 연금이나 값싼 의료서비스의 혜택을 받지 못할지도 모르는 사회에서 파룬궁의 미신은 당연히 호소력을 가지고 있다. '새로운' 중국에서 부유하지 못한 노인과 실업자 등 서민들에게 파룬궁이 인기를 끄는 것은 전혀 놀라운 일이 아니다.

1999년 지방 당국이 파룬궁 집회의 소란스러움에 대해 불평하기 시작한 후 중국과학원의 이론물리학자 헤조우시우는 파룬궁의 가르침에 대한 비판서를 썼으며 이것은 널리 읽혀졌다. 이에 대한 응답으로 파룬궁 회원 1만 명은 1999년 4월 25일 중국의 정치 엘리트들이 사는 베이징의 종란하이 지구 외곽에서 명상 집회를 열었다. 공안 당국은 이 시위를 예상하지 못했기 때문에 크게 놀랐다. 공산당은 직접적 요구에 초점이 맞추어진 지방 차원의 항의시위는 그냥 넘길 수 있다고 느낀다. 그러나 자신이 통제하지 못하는 조직 활동은 절대 금지하고 있다. 이 시위 이후 파룬궁 집회는 금지되었으며 다수의 파룬궁 지도자들이 감옥에 갇혔다. 그러나 이 운동은 지금까지 살아남아 있다. 최소한 다섯 개의 성에서 파룬궁 지지자들은 한때 정부의 텔레비전 채널을 해킹하여 '파룬궁은 좋다!'는 단순한 권유문에서부터 시작하여 이 컬트를 선전하는 한 시간 이상의 프로그램을 방영하기까지 했다.

중국의 스탈린주의자들은 정치적 파산 상태가 심각한 나머지 파룬궁 같은 원시적 사상에도 제대로 대처하지 못하고 있다. 올바르게 대응할 능력이 없는 공산당 지도자들이 할 수 있는 일은 탄압밖에 없다. 파룬궁은 당연하게도 제국주의자들과 이들의 용병인 반혁명 분자들의 지지를 받고 있다. 그러나 파룬궁은 폴란드의 연대노조 운동과는 다르다. 연대노조 지도자들은 폴란드의 기형적 노동자 국가 내부에서 의식적으로 친제국주의 세력의 앞잡이가 되었다. 그러나 파룬궁에는 이렇다 할 정치적·사회적 강령이 없다. 따라서 마르크스주의자들은 이 특이한 미신 운동에 대한 공산당의 탄압에 책임을 지지 않는다.

파룬궁은 무너지고 있는 노동자 국가의 불안정한 삶과 물질적 궁핍을 피하려는 중국인들 다수가 애용하고 있는 확실히 해로운 아편이다. 그러나 공산당 내부를 포함하여 중국 사회의 구석구석에 파룬궁보다 훨씬 위험한 친자본주의 세력이 이미 뿌리내리고 있다. 문제는 한때 파룬궁이 인민해방군 내부 심지어는 공산당 상층부에까지 널리 전파된 적이 있었다는 사실이다. 이 현상은 한때 '마르크스주의-레닌주의-마오쩌둥 사상'에 고무를 받았던 공산당 간부들이 있었지만 지금 공산당은 자기의 특권과 특전을 유지하는 일에만 온통 관심을 쏟고 있다는 증거다.

## 중국 노동계급의 투쟁사

중화인민공화국의 역사 내내 노동계급은 끊임없이 자신의 조직을 건설해왔다. 1956~7년의 짧았던 '백화제방'의 자유화 시기에 중국의 공식 노동조합인 전국노동조합총연맹(ACFTU)의 외부에서 현장 중심의 '불만시정회'가 다수 조직되어 파업의 물결을 일으켰다. 이 운동의 절정은 광둥 성의 도시 광저우에서 부두 노동자 절반이 임금삭감에 맞서 투쟁했을 때였다. 그러나 결국 공산당은 파업을 진압하고 다수의 노동계급 지도자들을 강제노동수용소에 보냈다.

'문화혁명'으로 알려진 1960년대 중반 관료집단 내부의 권력투쟁은 잠시나마 노동계급의 독자적 투쟁을 위한 공간을 열어주었다. 수십만 노동자들을 포괄한 대중 조직들이 수립된 상하이를 중심으로 1966~7년에 노동계급의 전투성은 상당히 상승했다. 노동계급 조직들은 공산당의 시 정부를 무너뜨리고 짧으나마 상하이 인민 코뮌을 수립했다. 1967년 2월 초 백만 노동자들이 참석한 집회에서 코뮌은 수립되었다. 상하이 코뮌은 단명한 삶 내내 공산당에 식상한 일 분파가 주도했다. 이들은 1871년 파리 코뮌을 다룬 마르크스의『프랑스 내전』에 기초하여 통치할 의지를 천명했다. 그러나 이들은 대중에 의해 지도부를 선출하고 소환해야 한다는 이 고전적 저서의 언명은 무시했다. 결국 수립된 지 3주일이 지나서 코뮌은 위대한 지도자 마오쩌둥의 '요청'에 의해 해체되었다. 결국 '코뮌'은 중국 공산당 한 분파의 도구에 불과했다. 그리고 이 조직에 대한 상하이 노동자들의 열정은 번지수를 잘못 찾은 셈이었다. 이 사건은 관료집단의 불안정성과 노동계급의 휘발성을 동시에 증명했다.

1976년 4월 마오쩌둥주의 극좌파였던 '4인방'의 정책에 대항하여 현장 중심의 투쟁이 또다시 일어났다. 이에 대한 책임을 지고 덩샤오핑은 두 번째로 잠시 권력에서 쫓겨났다가 다시 복귀했다. 덩샤오핑의 '자본주의자'들은 권력을 강화시키는 과정에서 정치탄압을 잠시 완화시켰다. 이 틈을 타서 노동자들은 독자적인 노동조합 수립을 요구하고 저임금, 자의적인 경영진 그리고 기타 새로운 시장 '개혁'의 해악 등을 비난했다. 타이유안 제련소에 중심을 둔 어느 신문은 이렇게 제안했다: 진정으로 자기 이해를 방어하려면 노동자들이 직접 대표들을 선출하고 소환하는 독자적 조직을 건설해야 한다. 이 주장은 즉시 침묵을 강요당했으나 이 신문이 주창한 사상은 지금도 살아남아 있다.

1989년 4월 초 학생 시위자들이 톈안먼광장을 점령하고 민주개혁을 요구하자 베이징 공장 노동자 대표들이 즉시 이 투쟁에 합류했다. 이 달 말 베이징노동자자치연맹(WAF)이 철도, 제철, 항공 노동자들에 의해 수립되었다. 다른 주요 도시들에서도 이와 유사한 조직들이 건설되었다. 초기에 이들은 전국노동조합총연맹과는 별도의 독자적 노동조합을 합법화시키라는 요구에 역량을 집중했다. 그러나 곧 임금, 생활수준, 관료적 특권, 임금격차, 직장 민주주의 등의 사안들을 제기하기 시작했다. 다른 도시의 노동자 조직들은 조직적 연대를 시작하여 다수 조직들이 베이징노동자자치연맹에 대표들을 보냈고 자치연맹은 운동의 중심 역할을 하기 시작했다.

1989년 5월 18일에 대부분 노동자들로 구성된 1백만 인파가 베이징에서 시위에 나섰다. 이로부터 일주일 후 전국 '노동자자치연맹' 준비위원회가 수립되었다. 공산당은 이 움직임을 심각한 위협으로 간주했다. 대중의 총파업 요구에 긍정적이던 전국노동조합총연맹은 갑자기 6월 2일 노동자자치연맹을 불법화시킬 것을 정부에 요구했다. 그리고 이틀 후 정부에 충성하는 군부대들이 시위대에 무자비한 공격을 가해 수백 명을 살해했다. 노동자자치 운동에 참여한 혐의로 기소된 수천 명의 노동자들은 감옥에 갇히거나 처형되었다.

노동자자치연맹은 결국 진압되었지만 이 조직은 노동계급의 독자적 정치행동의 잠재력을 강력하게 증명해 보였다. 1990년부터 94년에 이르는 시기에도 노동자 권리 향상을 위한 조직들이 생겼으나 탄압을 받았고 활동가들은 감옥에 갇혔다. 공산당의 노동자 통제기구인 전국노동조합총연맹만이 합법성을 인정받고 있다. 또한 이 조직에게는 '합리적 요구'를 제출하고 '시장 개혁을 지지하며 가능한 한 생산의 정상적 질서를 회복시키는' 선에서만 노동쟁의가 허락되고 있다.

## 노동자 투쟁의 상승

최근 몇 년간의 대규모 실업으로 인해 강하게 타오르고 있는 노동자 투쟁은 1949년 혁명 이래 최고의 전투성을 보이고 있다. 공안부가 작성했다고 인정되는 보고서에 따르면 1998년과 2002년 사이에 일상적 항의투쟁의 평균 수치가 2배 이상 증가했다. 이 투쟁들의 대부분은 개별 직장 차원의 일자리 회복, 의료서비스, 실업수당 등 직접적 요구들에 집중되고 있지만 시위자들은 빈번하게 경영인들과 지역 당국의 부패를 비난하기도 한다.

노동자 투쟁의 규모와 범위가 상승하자 공산당 당국은 바짝 긴장하고 있다. 2001년 공산당 중앙위원회의 어느 연구 결과는 이렇게 보고했다. "미숙한 일 처리와 다른 복합적인 이유들 때문에 최근 몇 년간 일부지역에서 집단행동의 빈도가 증가해왔고 투쟁의 규모도 확대되어 천 명 또는 만 명 수준의 투쟁이 빈번하다."(《뉴욕타임스》, 2001년 6월 2일) 이 보고서는 이렇게 불평했다. "시위자들은 빈번하게 교량과 도로를 봉쇄하고 당과 정부의 사무실에 난입하고 당과 정부의 위원회에게 강제로 명령한다. 심지어는 폭력행사, 기물파괴, 약탈, 방화 등 범죄행위를 자행한다." 시위에 "농민과 은퇴노동자들로부터 현업노동자, 개인기업주, 제대 병사, 관리, 교사, 학생들까지 가세하는" 양상이 더욱 우려스럽다.

1989년 노동자 투쟁에 관련되었던 일부 투사들이 현재 노동자 투쟁에서 나름의 역할을 하고 있다. 1989년 노동자자치연맹 투쟁에 연루되어 7년 징역형에 처해진 장상광은 1998년에 다시 10년 징역형을 선고받았다. 이번에는 미국의 선전매체인 〈자유아시아 라디오〉에 정보를 제공했다는 명목으로 기소되었다. 그러나 그의 진짜 범죄는 해고노동자들의 권리를 위한 슈푸 군 노동자협회를 조직한 것이었다. 이 조직은 합리적이지 못한 세금 징수에 대항해 농민들의 항의투쟁을 조직하기도 했다. 유에티안시앙이라는 고참 노동운동가는 1983년 샤오양 시의 노동자공제회를 출범시켰다. 1989년에 샤오양 시의 자치노동자조합을 지도한 혐의로 그는 감옥에 갇혔다. 그리고 1999년에 간쑤 성에서 《중국 노동자 모니터》를 출판한 역할과 관련하여 다시 10년 징역형을 선고받았다. 1999년 수에지평은 허난성의 독립 노동조합을 조직한 죄로 정신병동에 수감되었다. 2002년 4월 30일에 발표된 국제사면위원회의 보고서는 카오마오빙의 투쟁을 소개했다. 독립 노동조합을 결성하고 관리자들의 부패를 폭로하려던 그는 장쑤 성의 비단 공장 노동자였다. 그는 결국 정신병동에 보내져 약물 강제로 복용과 전기충격 '요법'을 당했다.

〈자유아시아 라디오〉와 연관되어 있는 홍콩의 《중국 노동 게시판》과 친자본주의 민주당 등 제국주의 앞잡이 조직들은 중국 공산당의 지배를 와해시키기 위해 냉소적으로 노동자 투쟁을 부추기고 있다. 대다수의 노동운동가들은 자본주의 시장 '개혁'의 부정적 결과들을 잘 알고 있다. 그러나 이들의 다수는 제국주의자들의 '민주' 하수인들이 늘어놓는 사탕 발림식 약속에 대해 환상을 가지고 있다. 지역의 투쟁을 지도한 분자들은 스탈린주의 공산당의 탄압으로 희생되었으나 친자본주의 '개혁가들'과의 동맹 외의 다른 대안을 찾지 못할 경우 자본주의 반동의 하수인으로 쉽게 전락할 수 있다.

## 노동계급의 정치혁명을 위하여!

소련과 동유럽에서 자본주의 반혁명이 승리함에 따라 국제노동운동은 역사상 가장 뼈저린 패배를 당했다. 그리고 이제, 중국이라는 기형적 노동자 국가도 같은 운명에 놓일지 모른다는 절박한 문제가 우리에게 제기되었다. 인종, 종교 그리고 가장 중요하게 계급의 차원에서 사회적 긴장이 축적되고 있기 때문에 현 상황이 계속 유지되기란 불가능하다. 그러나 1990년대에 페레스트로이카를 경험한 소련 노동자들과는 달리 현재 수천만 중국 노동자들은 '자본주의 시장관계의 증대가 자신들의 삶을 갈기갈기 찢어버릴 것'

임을 잘 알고 있다. 그러나 대중의 불만이 고조되는 것과 동시에 중국의 부르주아 계급 또한 강력한 힘을 얻고 있다. 이들은 스탈린주의 관료집단이 강요하는 자본주의 발전에 대한 규제에 불만을 품고 있다. 제국주의자들과 이들의 이념가들은 기가 꺾인 공산당이 타도되고 중국이 '정상적인' 자본주의 신식민지로 변모하기를 고대하고 있다. 이렇게 사태가 귀결될 경우 중국은 '세계화'의 야만적인 파괴와 생산수단의 전면적 민영화에 노출될 것이다. 이를 막을 수 있는 유일한 대안은 부패한 공산당을 타도하고, 자본주의 소유관계를 모두 몰수하고, 노동자의 진정한 민주적 통치기구들을 수립하는 것이다.

만약 혁명조직이 전투적인 중국 노동자들 속에 뿌리를 내릴 경우, 그 혁명조직은 자본주의의 증대를 치명적인 위험으로 인식하고 있는 수억 근로인민의 지지를 얻을 수 있을 것이다. 중국 노동계급은 자신이 새로운 자본주의 사회질서의 증대에 저항할 수 있는 사회적 영향력과 의지를 갖고 있다는 사실을 반복해서 증명해왔다. 이것은 아주 중요한 요인이다. 현재 중국의 가장 중심적 사안은 새로 건설될 혁명적 노동자 정당의 중핵을 결집시키는 것이다. 이 트로츠키주의 정당은 제국주의의 파괴에 결연히 대항할 수 있는 국제주의 강령으로 무장되어야 하며 중국 혁명의 성과를 무조건 방어하고 확대시키는 일에 헌신해야 한다. 미래 중국 노동자들의 정치혁명은 1949년 중국의 '상실'보다 세계 제국주의 질서에 훨씬 더 큰 타격이 될 것이다. 그리고 이 혁명은 일본, 한국 그리고 기타 아시아 국가들에 혁명의 물결을 일으켜 세계적 차원에서 사회적 정치적 현실을 근본적으로 바꿀 수 있을 것이다. 또한 이를 통해 모든 인류에게 사회주의 미래를 향한 길을 열어줄 것이다.

# 중국은 어디로?
# 정치혁명과 반혁명의 갈림길

Political Revolution or Counterrevolution──Whither China? 국제볼세비키그룹★2009년

미국 트로츠키주의의 역사적 지도자 제임스 캐넌은 1939년에 다음과 같이 말했다. "러시아 문제는 곧 혁명의 문제다. 그 문제를 진지하게 다루어야 한 다. 경박하게 다뤄서는 안 된다."(「노동계급정당을 위한 투쟁」) 중국 문제는 오 늘날의 혁명가들이 바로 그러한 태도로 다루어야 하는 문제다.

지난 30년간 진행된 '시장화'는 자본주의적(어떤 경우에는 심지어 전(前) 자본주의적) 착취를 중국 노동자에게 강제했다. 이것은 많은 좌익운동가들 로 하여금 '중국 공산당 관료들은 그 자체로 새로운 지배계급이 되었으며 중국의 '붉은 자본가'로 변모했다'는 결론을 내리게 했다.

중국 공산당의 검열과 서방 언론의 인상주의적 뉴스 편집은 중국 사회 성격에 대한 폭넓은 혼란을 형성하는 데 기여해왔다. 중국의 광대함과 다양 성은 최근의 변화들을 이해하는 것을 한층 복잡하게 만든다. 산업화 붐이 일고 있는 남동부와 시들어가는 북동부 그리고 상대적으로 저개발되어 있 고 고립된 서부 지역 사이에는 큰 지역적 편차가 있다. 또한 같은 지역의 성 (省)들 사이, 같은 성 내의 도시들 사이, 심지어 같은 도시의 마을 사이에도 큰 격차가 존재한다. 예를 들어, 집단 농업 생산이 유지되고 있는 헤난 성의 난지에 마을은 생산기업들이 여전히 마오쩌둥이 1950년 도입한 '철밥통(평 생고용)'을 노동자들에게 제공하고 있다. 그러나 다른 헤난 성의 마을들에 있는 국유화되거나 집산화된 기업들 대부분은 거의 완전히 사유화되었다.

궁극적으로 국가의 계급적 성격은 토대를 이루고 있는 생산의 사회적 관계에 기초한다. 1949년의 중국 혁명은 스탈린 치하 소련을 모델로 하여 관료적이고 기형적인 노동자 국가를 건설해냈었다. 외국과 국내자본을 광범위하게 몰수하면서, 과거에 민족적으로 고립된 '사회주의' 중국을 향한 경제 자립 정책을 약속하면서 한편으로는 국제적으로 계급협조정책을 추구했던, 중국 공산당의 상층 부위에 정치권력이 집중되었다.

중국이 기형적이지만 여전히 노동자 국가라는 주장이, 과거 수십 년간 진행되어온 중국 공산당의 정책들이 자본주의 부활을 향한 동인을 축적해왔다는 사실을 부정하는 것은 아니다. 그 주장은 중국 공산당의 계급적 성격, 1949년의 사회 격변으로 나타난 국가의 근원과 그 발전 그리고 중국 혁명의 미래에 대한 선택적 진단인 것이다.

자본주의로의 복귀, 즉 중국 공산당의 전복과 토지, 은행 그리고 국가소유 경제 부문의 사유화를 단행할 정권으로의 교체는, 노동자나 농민이 대부분인 13억 중국 인민에게 즉각적인 타격을 가할 것이다. 그것은 또한 다른 노동자 국가들인 베트남, 북한과 쿠바가 거센 국제적 압박을 받는 요인이 될 것이다. 광대한 중국 시장의 고삐 풀린 외국자본에의 개방은 아마도 반혁명의 전리품 분배를 둘러싸고 미국과 일본 그리고 다른 제국주의 국가들 사이의 무질서하고도 위험한 경쟁을 불러일으키게 될 것이다.

## 오늘의 중국 문제

마르크스주의 국제주의자들에게 중국은 오랫동안 중요한 시금석이었다. 1925~7년의 제2차 중국 혁명의 피비린내 나는 패배를 보며 트로츠키는 연속혁명론을 일반화했다. 그는 차르 치하의 러시아처럼, 중국과 다른 후진국들의 토착자본가들도 외국 제국주의와 밀착되어 있어서 부르주아 민주주의 혁명을 수행하기에는 인민의 저항을 굉장히 두려워한다고 결론 내렸다.

> 자본주의적 발전이 뒤처진 나라들 특히 식민지나 반(半)식민지 나라에서, 연속혁명은 완전하고 진정한 민주주의와 민족해방이라는 과업의 성취는 피억압민족 전체 무엇보다도 농민대중의 지도 계급으로서의 프롤레타리아 독

재를 통하지 않고서는 생각할 수가 없다.

―트로츠키, 「무엇이 연속혁명인가?」

1930년 마오쩌둥의 지도 아래 중국 공산당은 멘셰비키-스탈린주의적인 '두 단계' 혁명 전략을 옹호했다. 이 계급협조적인 전략은 우선적으로 (장제스의 국민당으로 대표되는) 이른바 '진보적' 부르주아 세력과의 단결 단계인 '신민주주의' 단계로 나아갈 것을 호소했다. 그것이 착취자〔자본가〕와 그 희생자〔노동자와 농민〕 모두에게 이익이 될 것이라는 것이었다. 사회주의적인 '두 번째 단계'는 확정되지 않은 먼 훗날로 연기되었다.

그러나 중국 사회를 양극화한 격렬한 장기 내전 속에서 중국 공산당은 국민당과의 연합에 대한 생각을 포기할 수밖에 없었다. 1949년 중국 공산당의 농민군들은 급기야 중국의 주요 도시들로 진격했고 장제스와 그의 장군들은 대부분의 대자본가들과 더불어 타이완으로 도망쳤다. 중국 공산당의 승리는 부르주아 국가를 분쇄하고 중국을 제국주의의 속박으로부터 해방시켰다. 봉건지주 계급의 자산은 몰수되었고 수백만 헥타르의 농경지들은 빈농과 중농들에게 분배되었다. 도시에서는 '관료적인 부르주아'의 자산들이 국유화되었고 국제무역은 국가가 독점하게 되었다. 동시에 중국 공산당은 노동운동의 독립적 정치 행동들을 가차 없이 억압하고 관료적인 중앙집권적 계획경제를 수립했다.

중국 혁명은 장제스를 지지하던 제국주의자들을 망연자실하게 했고 동아시아와 그 너머 지역들에서 식민정책에 반대하는 사회 격변을 부채질했다. 혁명은 즉시 중국인들 대다수의 삶에 커다란 진보를 가져왔다. 노예와 다름없이 살아가던 여성들은 처음으로 사회적·경제적인 삶을 누릴 수 있게 되었다. 읽기 쓰기 교육이 더 많은 인민에게 대대적으로 이루어졌으며 의료, 주택, 교육 등 사회 기초서비스가 큰 폭으로 개선되었다. 농업을 발전시키는 데 필수적인 관개수로 사업이 거대한 규모로 이루어졌다. 혁명 전 35세였던 평균수명은 1970년 중반 즈음에는 거의 두 배인 65세가 되었다.

1950년대 후반의 '대약진' 운동의 재앙적 결과와 1960년대의 '문화혁명'의 혼돈에도 불구하고, 중국 경제는 지속적으로 성장했다. 1950년과 77년 사이 산업생산은 연평균 13.5퍼센트 성장했다. 그것은 같은 시기 개발도 상국이나 선진국들 중 어떤 나라보다도 높은 수치였다. 역사가인 모리스 메이스너는 다음과 같이 지적했다. "마오 시기의 산업혁명이 없었다면, 마오 이후에 두각을 나타낸 경제개혁가들은 아마도 할 일이 거의 없었을 것이다."(『마오의 중국과 그 이후: 인민공화국의 역사』)

레닌과 트로츠키가 이끈 볼셰비키 혁명과 달리, 마오쩌둥의 공산당이 이끈 1949년의 중국 혁명은 그 시작부터 관료적이고 기형적이었다. 1917년의 러시아 혁명은 수년간의 정치투쟁에 의해 계급의식적으로 학습된 노동운동 핵심부로서의 볼셰비키에 의해 수행되었다. 볼셰비키는 노동자민주주의—즉 노동자평의회—에 기초한 국가를 건설하려고 했고, 10월 혁명이 세계 사회주의 혁명으로 나아가는 첫 걸음이라고 여겼다. 반면 군사관료적인 사회 격변을 동반한 중국 공산당의 집권과 그것이 창조해낸 기구들은 이미 퇴보한 소련의 그것을 모델로 한 것이었다. 중국 공산당 관료는 스탈린의 반동적인 '일국 사회주의'론을 채택했다. '일국 사회주의론'은 혁명 국제화의 중요성을 부정하고, 대신 민족적 경계라는 한계에서의 발전을 강조하는 입장이다.

트로츠키는 1923년 이후 권력을 장악한 스탈린주의 관료집단을 새로운 형태의 소유계급이 아니라 유약하고 모순적인 특권계층으로 보았다.

마르크스주의자는 계급을 예외적으로 중요하게 그리고 더욱이 과학적으로 한정된 의미로 규정한다. 계급은 국민총소득의 분배에 참여하는 것을 통해서가 아니라, 경제의 전반적 구조 속에서의 독자적 역할과 사회의 경제적 토대에 내린 독자적 뿌리에 의해 규정된다. 중세의 귀족, 농민, 소부르주아, 자본가, 노동계급 등 각 계급은 자기 나름의 소유형태를 갖는다. 그러나 관료집단은 이러한 사회적 특성들을 가지고 있지 않다. 생산과 분배 과정에서 독자적 지위가 없으며 독자적인 소유의 뿌리도 없다. 관료집단의 기능은 기본적으로 계급 지배의 정치적 기술(technique)과 관련되어 있다.

—트로츠키, 「소련의 계급적 성격」

소련 관료의 권력과 특권은 역설적으로 노동자 국가의 집산화된 소유형태로부터 나온다. 그들은 엄밀한 의미에서 계급 착취가 아니라 사회에 기생하는 고유의 방식을 통해 '인민들을 약탈'한다. 트로츠키는 그들의 특권을 국가 자산의 사유화를 통해 보전하려는 관료 분파들이 자본주의 복귀 세력과 함께할 것이라고 내다봤다. 대규모의 사유화 과정에서 큰 손해를 볼 그룹에 주로 있을, 보다 보수적인 분파는 반혁명에 저항할 것이고 나아가 사회주의를 지키려는 노동자들의 봉기에 자신들의 운명을 걸 것이다. 트로츠키는 계속해서 말한다. 스탈린주의 집단은 필수적인 사회적 기능을 가지고 있지 않다. 만약 노동계급이 정치혁명을 통해 관료집단으로부터 권력을 빼앗아내지 못한다면, 자본주의 반혁명이 노동자 국가를 파괴할 것이다.

중국 혁명에 대한 우리의 분석은 아직 혁명적 조직이었던 1960년과 70년대의 스파르타쿠스동맹의 역사적 기여에 기초하고 있다. 1960년대 후반, 마오쩌둥의 '문화혁명'이 신좌파들과 이른바 '트로츠키주의자'들 사이에서 환영받을 때, 스파르타쿠스동맹은 그것이 관료집단 내부의 불화로 인한 사건이라고 정확히 지적했고, 중국 공산당의 모든 분파는 세계 사회주의 혁명의 확장에 궁극적으로 의존해 있는 중국의 사회주의적 발전을 막는 장애물이라고 주장했다. 이 주장은 1970년대 초 '자본주의 노선'을 주장하는 경쟁자들에 대한 승리로 힘을 얻은 마오쩌둥 분파가 퇴보한 노동자 국가였던 소련에 맞서 미 제국주의와 반혁명 동맹을 맺은 것으로 그 옳음이 입증되었다.

중국은 계속해서 급격한 변화의 길을 걷고 있지만, 그럼에도 불구하고 1970년대의 마오쩌둥 집권기와 덩샤오핑의 80년대 그리고 후진타오의 오늘날은 본질적인 연속성이 있다. 1949년의 혁명으로 건설된 기형적인 노동자 국가는 아직 파괴되지 않았다. 마오쩌둥·스탈린주의 관료가 중국의 정치권력을 독점하고 있지만, 트로츠키주의자들은 자본주의 복귀에 맞서 중국의 기형적 노동자 국가를 무조건적으로 방어하면서 사회혁명의 성과를 옹호한다.

## 인상주의자들: 개량주의 필름 거꾸로 돌리기

1990년대 중반 몇몇 좌익인사들은 덩샤오핑의 '시장사회주의'가 계획경제와 시장경제 사이에서 실행 가능한 '제3의 길'일지 모른다고 상상했다. 오늘날엔 그와 같은 환상은 들어설 자리가 없다. '시장사회주의'를 한때 소리쳐 외쳤던 많은 자들은 요즘엔 중국이 완전히 자본주의 사회로 변모했다고 주장한다. 덩샤오핑의 '개혁' 조치들을 칭찬했던 중국학 학자 빅터 리핏은 그후 특정 형태의 자본주의 복지국가가 우리가 희망할 수 있는 최대치일 것이라고 결론 내렸다(《크리티컬 아시안 스터디》, 2005년 1월).

빅터 리핏은 그의 비관적 전망을 공유하는 사람들과 더불어 사회민주주의적 관점으로 중국 국가를 바라본다. 즉 계급 중립적인 기구로서의 국가는, 만약 관료적인 계획이 실패하면, 시장요소들을 도입하는 것을 시작하여 완전한 자본주의 사회로 점진적으로 나아갈 수 있다는 것이다. 트로츠키는 그와 같은 관점을 다음과 같이 비판했다. "러시아의 소비에트 정부가 노동자 권력에서 자본가 권력으로 서서히 바뀌었다고 주장하는 것은 말하자면 개량주의의 필름을 거꾸로 돌리는 것과 같다."(트로츠키, 「소련의 계급적 성격」)

개량주의자들과 달리 마르크스주의자에게―레닌이 『국가와 혁명』에서 설명했던 것처럼―국가는 본질적으로 특정 소유 형태를 방어하기 위해 독점적 폭력을 행사하는 '특별한 무장 기구들'로 구성되는 것이다. 시장요소들의 양적 증대를 통해서 자본주의를 노동자 국가에 부활시키는 것은, 금융과 산업 등 공공부문의 점진적 확장을 통해 부르주아 국가를 소멸시키는 것만큼이나 불가능한 일이다.

중국 내 '자본주의 부활'을 주장하는 대부분의 견해들은 경제에서 시장관계가 명백히 지배적이라는 주장에 기초해 있다. 심지어 소유권에 대한 문제에 있어 아주 예민한 제국주의 금융자본 기구들도, 어느 정도의 단서를 달기는 했지만, 중국을 '자본주의'라고 주기적으로 언급해왔다. 예를 들어, 2008년 9월 20일자 《이코노미스트》는 러시아와 중국 모두 '국가 주도', '소수 독재' 자본주의라고 말한다. 다른 언론들도 중국 경제를 '권위주의 자본주의', '관료적 자본주의' 그리고 '성장해가는 자본주의' 등으로 묘사해왔다.

어떻게 중국 공산당이 완전한 자본주의 복귀를 주도했는지에 대해 좀더 그럴듯한, 이른바 '트로츠키주의'인 체하는 설명들 가운데 하나는 노동자인터내셔널조직위원회(CWI)가 발간한 《소셜리즘 투데이》 2007년 12월·2008년 1월판에 잘 드러나 있다. "중국 자본주의 반혁명"이라는 제목의 글에서 CWI 내에서 소수파를 대표하는 빈센트 콜로는 중국 스탈린주의자들은 완전한 자본주의 복귀를 수행해내었다고 주장했다. 그 논문은 "지난 20년간의 가차 없는 사회적 반혁명 기간 동안 …… 전(前) 마오쩌둥·스탈린주의 관료들이 소련과 동유럽에서와 마찬가지로 중앙계획경제를 포기하고 자본가 위치로 옮아가는 것을 보았다"고 주장했다.

콜로는 중국 공산당의 '개혁'이, 이전에 지방 협동농장과 도시의 국유기업을 통해 보장되던 그러나 지금은 많은 이들이 그 혜택을 누릴 수 없는, 교육과 의료보장에 어떤 파괴적인 결과를 낳았는지를 생생하게 묘사한다. 그는 중국은 무역과 외국자본의 침투라는 측면에서 볼 때 러시아나 다른 전(前) 소련 국가들보다 더 많이 세계자본주의 체제 내로 편입되었다고 주장한다. 그는 중국 기업들이 노동조합 파괴, 부패, 환경파괴와 위험한 작업 환경 등으로 악명 높다고 지적한다. 중국 은행들이—그가 "자본주의 세계의 그것들만큼 기생적"이라고 여기는—국가에 의해 엄격히 통제된다는 것을 인정하는 한편, 아시아에서 그것은 특별히 이상한 일이 아니라고 말한다. 그는 중국에서 토지는 공식적으로 국가 소유로 남아 있다는 것을 인정한다. 그러나 성공적인 '개혁'은 그 사용을 효과적으로 사유화했고 그것은 '토지의 반혁명'으로 귀결되는 것이라고 주장한다.

콜로는 집단농장과 국영기업의 고용이 지난 10년 동안 기업 혁신, 합병과 축소, 외주경영과 주식상장 등으로 인해 절반으로 줄었다고 지적한다. 오늘날, 4분의 3의 도시 노동력은 공공부문 바깥에서 고용된다. 투자된 불변자본의 다수가 국영기업이라는 것을 인정하면서도 콜로는, 그것들이 이윤을 낳도록 강제되는 한, 국가부문은 "에너지와 통신의 기본적 산업시설을 제공하고 일본과 남한 모델에 뒤이어 첨단산업을 겨냥한 자본주의 경제를 주도하는 지렛대" 역할을 하는 것이라고 주장한다.

국영기업들의 크기가 축소되었고 그것들이 이윤을 생산하도록 강제되었다는 것은 틀림없는 사실이다. 그리고 중국 프롤레타리아 내에서 친(親)사회주의 정서의 기반이 되는 국영기업 노동자들이 방어적으로 된 것도 사실이다. 그러나 최근 중국 공산당 내 분파주의의 상호작용과 중국 '개혁'의 진화과정에 대한 면밀한 연구에 따르면 중국은 아직 질적 변화를 겪지 않았다. 그것은 여전히 기형적인 노동자 국가로 남아 있다.

## 시장개혁과 중국 공산당의 통제

중국 스탈린주의자는 토착자본가계급의 배양이나 국영기업을 축소하려는 시도 없이 시장개혁을 1978년에 도입했다. 그와 상반되게 그들은 시장경쟁 선동은 국영기업들을 보다 효율적이게 하고, 수출을 자극하고 생산기술을 현대화하며, 그리하여 마오쩌둥이 줄곧 추구했던 것처럼 중국이 '초강대국' 반열에 오르는 데 기여하리라고 희망했다. 그러나 우리가 그 동안 지적했던 것처럼 시장경제 논리는 국가 소유와 중앙계획경제와 조화로이 섞일 수 없다. 자본주의 시장은 노동자와 경영자에게 '가치법칙'을 강제한다. 즉 노동력이 비싸면 버려지며, 경쟁력이 없으면 그 기업은 파산한다. 자본주의 시장의 '효율성'은 노동력과 생산수단 모두의 상품화에 기원을 두고 있다.

노동자 국가의 계획은 그 반대로, 의식적인 경제조정에 가치법칙을 복속시킨다. 1920년대 좌익반대파의 지도적 경제학자였던 예브게니 프레오브라젠스키는 자본주의에서 사회주의로 이행하는 시기에 두 법칙은 완전히 상반되는 두 개의 경향으로 작용한다고 『신경제』에서 기술했다. 그는 첫 번째를 '사회주의적 축적법칙'이라고 규정했고, 두 번째는 가치법칙이다. 그 두 가지가 충돌할 때, 만약 가치법칙이 억압되지 않는다면 계획경제는 사라지게 될 것이다. 즉 희소한 투자자원은 사회적 효용이 아니라 이윤의 최대화를 위해 사용될 것이다.

1980년대를 통해 중국 정부의 경제정책은 시장지표들에 대한 신뢰에 부정적인 결과들이 명백해지자 '개혁'과 움츠림 사이를 오가며 갈팡질팡했다. 1989년 톈안먼 시위의 가혹한 진압은 중국 공산당 지도부 내의 보수파와 덩샤오핑이 이끄는 친(親)시장주의자 사이의 알력에 뒤이어 터져나온 것이다. 1992년 덩샤오핑 분파의 승리는 방해받지 않는 극적인 '개혁'을 낳았고, 그 결과들이 중국이 자본주의로 바뀌었다는 증거로 인용되고 있다.

시장개혁은 대규모의 국가 소유 자산에 대한 합법적 또는 불법적 잠식을 낳았다. 이것은 사회적 반혁명과 동반될 것이라는 현상들, 즉 부패, 환경파괴, 대량해고 그리고 사회안전망의 파괴 등을 낳았다. 이러한 현상들이 중국이 나아가는 방향을 분명히 나타내긴 하지만, 자본주의가 복구되었다는 것을 의미하는 것은 아니다.

우리가 반드시 살펴야 하는 중요한 점은 경제적 사유화의 정도다. 중국의 농업 부문은 정치·사회적으로 대단히 중요하다. 왜냐하면 7억 명—대략 전체 인구의 절반인—이 농업 인구다. 몇몇 좌익인사들은 덩샤오핑의 집산화 해체를 실질적인 사유화로 잘못 인식한다. 그러나 사실 토지는 국가 소유로 남아 있다. 그리고 이것은 시장 가변성의 충격으로부터 가난한 농민 가족들을 보호해주고 있다. 지역적 상황의 차이가 크긴 하지만, 동등한 점유권을 보장하기 위해 지방정부가 토지사용권을 재분배하는 것이 일반화되어 있다. 농경 용도 외의 토지 사용을 법적으로 금지하는 것은 투기나 자본주의적 사적소유를 제한하고 있다는 의미다. 중국 동부 해안의 수출산업 지역에서 해고되어 내륙의 자기 고향으로 돌아온 수백만의 노동자들에게 토지 사용 목적의 제한은 그들의 생존권을 지켜주는 최소한의 저항선이 되어주었다(《차이나 리더십 모니터》, 2009년 겨울호).

그러나 이러한 법률들이 몇몇 지방정부들이 농경 토지를 산업이나 상업 용도로 파는 것을 완전히 막지는 못했다. 작년에 있었던 9만 건의 대중적 저항의 절반 가량은 바로 그러한 약탈로 인해 발생한 것이다. 어떻게 절망에 빠진 농민들이 불법적인 토지 약탈로부터 자신들의 토지 점유권을 보호하기 위해 사유화를 수용해왔는지를 서방의 부르주아 언론은 환호작약하며 보도했다. 친사유화 정서는 실제로 존재한다. 그러나 그것은 보편적 현상은 아니다. 2008년 베이징에 가까운 마을인 롱주아오슈의 수백 명의 성난 농민들은 자신들의 토지를 농업 외의 용도로 토지목적을 변경한 것에 대한 쥐꼬리만 한 보상에 저항했다. 그들의 현수막엔 "집단소유 농지를 상업적 목적으로 사용하지 말라!"라고 씌어 있었다.(Toronto Star, 2008년 11월 15일) 사흘 동안 그들은 트럭과 불도저, 포클레인 등을 봉쇄했다. 용역 깡패와 지방 경찰들에 의해 결국 해산되었지만, 이와 같은 사회적 기생 행위에 대한 저항의지는 토지문제가 미래의 정치사회적 투쟁에서 중요한 위치를 점할 것이라는 점을 시사해준다.

2001년 중국의 WTO 가입은 제국주의 국가의 기계화된 대규모 농업에 경쟁상대가 되지 않는 농민들의 생계를 위협했다. 중국 정부는 한편으로 관세인하와 수입쿼터 등 WTO의 의무사항을 이행하면서, 다른 한편으로 수백만 세대의 농업생산자들이 파산하지 않도록 보호해왔다. 초등학교와 중학교 수업료를 면제하고 농업 세금을 깎고 사회기반기설을 확대하고 사회안전망 기금을 확대하는 등의 내용을 담은 중국 공산당의 '신사회주의 농경' 계획은 많은 농민 가족들의 생활여건을 개선했다.

산업부문에서 국영기업들은 10년 전에 극적인 변화를 겪었다. 3천만 명의 노동자들이 해고되고, 수만 개의 중소기업들이 주식 발행이나 연합기업 합병 방식으로 사유화되거나 통합되었다. 이와 같은 조치들은 중국이 WTO에 가입하기 위한 '충격요법'으로 주룽지·장쩌민 지도부가 밀어붙인 것이었다. 그들의 의도는 국가 소유권을 유지하면서 대규모의 국영기업들이 국제 경쟁력을 갖추도록 압박하는 것이었다. 실제로 국영기업들은 이윤생산 능력이 아니라 은행 시스템의 국가통제 덕분에 살아남았다.

2003년 국영기업들은 전체 불변자본의 70퍼센트, 비농업생산의 30퍼센트를 점했다. 국가부문은 대형기계, 철강, 정유, 비철금속, 전기, 통신과 운송 등 가장 전략적인 산업에서 지배적 위치를 차지하고 있다. 최근 몇 해 대형 국영기업들의 사유화는 중단되었다. 단지 10분의 1 가량의 운영불능 국영기업들이 2007년과 2008년 파산 처리되었다. 나머지는 정부자산에 대한 접근권을 잃어버릴 것을 걱정한 지방 관리들에 의해 그렇게 처리되는 것이 금지되었다(《이코노미스트》, 2008년 12월 13일).

국가부문의 크기는 이른바 '아시아의 호랑이' 나라들을 포함한 주변의 자본주의 국가들로부터 중국을 구별되게 한다. 싱가포르의 국영기업은 국민총생산의 10분의 1을 담당하고 있고, 남한은 5퍼센트, 대만은 그의 절반 이다(「UBS 인베스트먼트 리서치」). 사유화를 통한 잠식에도 불구하고 토지 소유권을 포함한 국가부문을 보면, 중국은 여전히 집산경제가 지배적인 나라 다. 예일대학의 경제학자 지우첸은 다음과 같이 말한다.

사유화에도 불구하고, 자산가치가 약 4조 달러에 달하는 11만 9천 개의 국영기업이 있다. 국가 소유 토지는 7조 달러를 상회한다. 합쳐서 이 국가 소유 자산들은 중국 전체 생산 자산의 4분의 3을 차지한다.

국가가 그처럼 많이 소유한 가운데, 지난 30년간 자산으로부터 나온 대부분의 소득은 국고로 들어갔다. 대부분의 가정이 생산자산을 소유하고 있지 않고, 그들은 자산 수입을 얻을 수 없다. 대부분의 국민들에게 임금이 수입의 유일한 원천이다.

—《글로브앤드메일》, 2008년 11월 26일

물론, 국가 소유의 양만으로 노동자 국가냐 아니냐를 판단할 수는 없다. 시장에서 살아남을 수 없는 전략 부문의 기업을 지탱하거나 심각한 위기에 대응하기 위해 큰 규모의 국유화라는 수단에 의존하는 많은 자본주의 국가들이 실제로 존재한다. 여러 신식민지 국가들은 국가재원을 확충하고 제국주의 약탈자들로부터 방어하기 위해 석유나 다른 국가자원들을 국유화했다. 그러나 이는 모두 '반(反)자본주의적' 행위가 아니며, 다만 부르주아의 지위를 강화하기 위한 행위일 뿐이다.

중국을 자본주의 국가라고 보는 자들은 국가 소유 자산들이 지금 바로 이러한 역할을 하고 있다고 주장한다. 그리고 중국 공산당 관료를 외국과 국내자본의 이익을 위해 봉사하는 하수인이라고 말한다. 중국의 자본가들이, 최소한 지금은, 중국 공산당의 전복이 아니라 '개혁'을 말하고 있는 것이 사실이지만, 제국주의자들이나 토착자본가들은 모든 사람이 '자유롭게' 구매할 수 있는 만큼 정치적 영향력을 행사하는 부르주아 '다당제 민주주의'의 확립을 갈망하고 있다.

경제 영역에서 부르주아 지식인들은 자본주의적 축적을 방해하는 규정을 철폐할 것과 국가부문을 점진적으로 축소하는 방향으로 '개혁'할 것을 제안하는 데에 초점을 맞추고 있다. 이 조치들은 지금 중국이 서서히 미끄러져 들어가 필연적으로 맞닥뜨리게 될 정치적 위기 시, 자본주의 복구 세력을 강화하게 될 것이다. 캘리포니아 대학에서 경제학을 강의하고 있는 중국인 교수 왕시에우의 2006년 논문은 자본주의 복귀를 바라는 자들의 소원 목록을 보여준다.


중국에서 가장 중요한 경제적 과제는 세계 경제의 역사가 입증한 최선의 경제성장 엔진을 장착하는 것이다. 그것은 경쟁력 있는 사유 기업이 표준이 되고 국가는 오직 공공상품 공급과 사회안전망에만 초점을 맞추는 시장경제이다. 새로운 성장엔진을 가동하기 위해서 중국은 기본적으로 독점사업이 아닌 국방 분야 외 기업들의 사유화를 지속하고 사적소유 영역을 침해하는 법적 제한을 과감하게 철폐해야 한다.

—왕시에우, 「중국 경제와 상업에 관한 연구」

2008년 12월, 한 무리의 '반대자'들은 세계에 「2008 헌장」을 제출했다. 그
것은 체코슬로바키아 자본주의 복귀 세력의 집결점이 되었던 「1977 헌장」
보다 더 노골적으로 반혁명적인 내용을 담은 것이었다. 「2008 헌장」의 서문
은 "내전에서 민족주의자들을 꺾고 공산주의자들이 승리한 것은 나라를 전
체주의의 나락에 빠뜨렸다"며 1949년의 혁명을 비난한다. 그 문서는 다음
과 같은 반혁명의 청사진을 담고 있다.

> 우리는 자유롭고 공정한 시장경제체제를 증진하고 사유재산권을 보호하
> 고 확립해야 한다. 상업과 공업의 정부 독점을 철폐해야 하며 새로운 기업
> 을 시작할 자유를 쟁취해야 한다. 전국입법부에 보고하는 '국가 소유 자산
> 위원회'를 수립하여야 한다. 그것은 공정하고 효율적이고 질서 있게 국영기
> 업들이 사유화되는 것을 감독할 것이다. 토지 사유권을 증진하고, 사고 팔
> 권리를 보장하고, 사유재산이 시장의 실제 가치를 적절하게 반영할 수 있도
> 록 허용하는 토지개혁을 실시해야 한다.
>
> ─《뉴욕리뷰어브북스》, 2009년 1월 15일

외국과 국내의 자본주의 사유기업 비중의 증가는 반혁명 세력을 강화한다.
그러나 그것이 자동적으로 어떤 계급이 지배하는가 하는 기본적인 문제를
해소하는 것은 아니다. 자본주의 반혁명의 결정적인 과제는 국가권력을 정
치적으로 정복하는 것이다. 자본주의적 잠식에 대항하여 중국 전역에서 터
지고 있는 대중적이고 끊임없는 노동자와 농민의 저항은, 아직 정치적으로
성숙되어 있지 않지만, 중국 혁명의 궁극적 운명은 아직 결정되지 않았음을
증명하는 증거다.

## 중국 공산당의 좌선회

장쩌민·주룽지 통치 기간(1996~2002년) 동안, 지배관료의 영향력 있는 분
파는 지배권 손상이나 사회갈등을 동반하지 않고도 점진적이고 조화로운
자본주의 경제로의 전환이 가능하다는 견해를 공공연히 수용해왔다. 그러
나 완전히 사유화된 경제에서 자신들이 맡을 역할이 없다는 것을 당 관료

대대수가 알고 있는 것으로 보인다. 관료들은 국영기업들이 이윤을 내야 한다고 생각하고 있고 실제로 지난 몇 년간 그래왔다. 그러나 당 관료들에게 국영기업은 단순히 경제적인 측면에서만 중요한 것이 아니다. 국영기업들은 중국 공산당 정치권력의 기반, 그 존재의 구실 그리고 핵심 간부들의 훈련 공간을 제공한다. 국영기업에서 모든 최고위급의 임명과 진급 그리고 해임은 당의 조직위원회와 인사부의 승인이 있어야 한다.

경력을 쌓고자 하는 국영기업의 관리자들은 반드시 이윤성과 당에서 하달된 다른 요구들 사이에서 균형을 맞추어야 한다. 2002년, 페트로차이나의 마후사이와 시노펙의 리이종이라는 두 명의 석유 관리자가 16차 총회에서 당 중앙위원회 보결회원에서 정회원으로 올라가는 승진심사 대상이 되었다. 그들은 모두 그들이 담당하던 회사의 파업에 대응해야 했었다. 그러나 회사의 이윤을 지키기 위해 노동자와의 타협하기를 거부했던 마후사이는 보결회원으로 남겨진 반면, 사회통합을 걱정하는 당을 생각하여 양보조치를 했던 리이종이는 정회원이 되었다.

사회불안에 대한 걱정은 중국 공산당의 사유화 계획을 제한해왔다. 여전히 경제의 핵심을 구성하는 국영부문의 노동자들은 국가자산이 자신들 것이라고 생각하고 있고 사적자본가들에 대해 적개심을 보인다. 부동산개발업자에게 국영창틀공장이 팔리는 것을 목격했던 한 노동자는 다음과 같이 통렬하게 지적했다.

공장 안에 있던 모든 잔디와 철강은 우리 노동자의 것이다. 그것들은 우리의 땀과 노동이다. 불탄 땅 위에 창틀 조각들이 떨어져 있는 것을 보았을 때 사람들은 눈물을 흘렸다. 그것들은 국가 자산이었고 관료들은 그것들을 낭비했다.

—《이론과 사회》, 2002년

자본주의적 사회관계의 침탈을 비난하면서, 국영기업 노동자들은 중국 공산당의 사회주의적 수사를 흔히 거론한다. 창장 설탕공장이 사유화될 때 그곳의 노동자들은 다음과 같이 항의했다.

자산의 형태를 다시 구성하는 문제는 반드시 노동자에 의해 결정되어야
한다. 지방정부는 단독으로 그 문제를 결정할 수 없다. …… 노동자들은 기
업의 주인이고 개혁의 주역이다. 노동자들과 직장위원회와의 상의 없이 구
조조정을 단행하거나 노동자에게 알리지 않고 공장을 파는 행위는 노동자
의 민주적 권리를 심각하게 침해하는 행위다. 우리는 우리의 민주적 권리를
돌려줄 것을 요구한다.

—《모던 차이나》, 2003년 4월

이런 주장은 중국 사회에서 폭넓은 공감을 얻고 있다. 노동인민을 희생시킨
시장개혁에 의해 부자가 된 부유하고 힘 있는 상위층의 도구로 정부가 기능
하고 있다는 생각이 널리 퍼져 있다. 후진타오(공산당 총비서이기도 한) 주석
과 원자바오 수상의 행정부는 톈안먼 사태 이후 처음으로 좌선회로 대응하
고 있다. 그리고 이 행정부는 자기 스스로를 노동자·농민의 보호자 그리고
자본주의 노선 주창자들의 과속질주에 대한 반대자로서의 모습으로 보이려
하고 있다.

이와 같은 움직임의 첫 신호는 지금은 '중국신좌파'로 잘 알려진 지식
인들이 몇 개의 국영기업의 사유화 과정에 있었던 공공자산의 대규모 유용
을 폭로했던 2004년에 있었다. 그해 11월, 중국 정부는 국영기업 사유화의
주 수단인 경영 외주화를 금지했다. 한편 국영기업 관리감독위원회(SASC,
2003년에 국영기업 관리를 위해 설립)는 국가자산의 가치를 최대화하고 자산
약탈을 방지하기 위한 조치들을 도입했다. 그후 대형 국영기업의 사유화는
멈췄다. 철강회사의 외국소유는 금지되었고 몇 개의 작은 사유지 광산들(커
다란 홍수 피해가 있었던)은 갑자기 다시 국유화되었다.

이 조치들은 WTO를 지향하는 '시장개혁'의 주된 수혜자들인 국내의
'붉은 자본가들'(기업가가 된 공산당 관리들)과 외국투자자들을 제재하는 조
치들과 동반되었다. 중앙정부는 도시의 토지거래를 엄밀히 통제하고 있고
식품을 포함하여 가격과 소비를 통제하고 있다. 지방 관리와 사적 사업가
사이의 공모를 표적으로 하고 해안지대의 상층부에 초점을 맞춘 대대적인
반부패 운동이 시작되었다.

2006년과 2007년 사이, 중국 공산당은 외국자본에 대한 새로운 법령을

제정하고, 외국자본이 배후에 있는 합병을 정밀조사하고, 은행, 소매업과 제조업에 대한 규제조치를 강화했다. 국내 회사들을 후원하고 빈곤과 불평 등을 완화할 목적으로 취해진 이와 같은 조치들은 급기야 마이론 브릴리언 트(미국 상공회의소 아시아분과 부위원장)가 다음과 같이 불평하게 만들었다. "이것은 단지 외국투자자들에 대한 위협만이 아니라, 중국이 시장경제로 나 아가는 것을 가로막는 것이다."(《뉴욕타임스》, 2007년 11월 16일)

대단히 제한적이긴 하지만, 이와 같은 사적부문에 대한 억제는 아래로 부터 압력을 받고 있는 중국 공산당 내의 많은 수가 시장개혁의 속도와 정 도를 불편해 하고 있다는 것을 의미한다. 2007년 6월, 빈곤 지역에 속하는 샹시에서 어린이와 정신지체자 들이 벽돌 공장에서 노예처럼 강제노동에 시달렸다는 것을 국영방송이 보도했다. 지방 중국 공산당 관리가 승인했을 것이 분명한 이 치명적인 폭로는 대중적 분노를 자아냈고 친자본주의적 개 혁에 대한 대중적 반감을 재점화했다.

퇴역 장성과 전직 장관들이 포함된 17인의 중국 공산당 원로그룹은 '개혁'과 동반된 저임금, 국영부문의 축소 그리고 외국자본 침투를 비판하 는 공개서한을 발표했다. 그 서한의 작성자들은 친자본주의적 행로를 수정 하고 마오쩌둥 사상으로 돌아올 것, 즉 재국유화와 중앙계획으로 돌아올 것 을 다가오는 제17차 당 총회에 호소했다. 만약 시장개혁이 계속된다면 "옐 친과 같은 인자가 나타날 것이고, 당과 나라는 곧 비극적으로 파괴될 것이 다"라고 그들은 경고했다(《먼슬리리뷰》의 웹진).

이 제안은 통과되지 않았다. 이 '보수파'는 중국 공산당 내에서 소수이고 공개적인 마오쩌둥파(派)는 더 적다. 그러나 그 서한에 서명한 17인은 결코 이 류 인사들이 아니다. 중국 공산당 내에서 이와 같은 '보수'적 정서가 얼마나 광범위하고 깊게 퍼져 있는지를 측정하는 것은 어렵지만, 갈팡질팡하는 중 국 재산법의 역사는 그들이 절대로 무시할 만큼 적지는 않다는 것을 시사한 다. 2007년 전국인민대회는 찬성 2,826, 반대 37, 기권 22라는 압도적인 숫 자로 '중국인민공화국의 재산권에 관한 법'을 승인했다. 처음으로 사적재 산 소유자의 권리를 명시한 이 법은 지난 13년간 마오주의 반대파와 '보수 파'에 의해 저지당했었다. 2006년 늦게까지, 그들은 그것을 검토할 시간이 없었다. 그런 점에서 닫힌 문 안에는 반대 의견들이 많았으리라 짐작된다.

중국 공산당 관료들은 대중 앞에서는 통일된 모습을 보이려 애쓰지만, 후진타오의 인민을 의식한 좌선회는 내부적 긴장감을 높이고 있는 것으로 보인다. 보수파들은 더욱 심화되는 자본주의적 경쟁으로 발생한 문제들에 대해 강경하게 대응한다고 한껏 선전했지만, 점점 더 거세지는 인민의 불만을 그런 것들로 잠재우기에는 역부족이라고 보고 있다.

## 중국의 노동자 정치혁명을 위하여!

앞으로 어떻게 전개될지 그 속도가 얼마나 빠를지를 예견하는 것은 어렵다. 그러나 분명한 것은, 자본주의적 잠식과 '붉은 자본가' 층의 두터운 성장에도 불구하고, 중국은 기형적인 노동자 국가로 남아 있다는 사실이다. 중국 공산당 관료는 새로운 소유계급으로 전환되지도 않았고 외국과 내부 자본의 믿음직한 도구가 되지도 않았다. 중국 스탈린주의 관료는 세계 제국주의 압력의 전달벨트처럼 행동하는 부서지기 쉽고 모순적인 특권층으로 남아 있다. 그러나 그들의 정치권력과 특권은 1949년 혁명으로 수립된 집산화된 소유형태로부터 오는 것이다. 깊게 균열된 최고위 인사들 중 비중 높은 분자들이 공공연히 중앙계획경제로의 복귀와 노골적인 자본주의 부활이라는 전혀 상반된 강령을 각각 옹호하는 것은, 권력을 쥐고 있는 중국 공산당의 손아귀 힘이 점점 빠지고 있다는 증거다.

중국이 세계경제의 초강대국으로 떠올랐다는 이야기들이 정점에 달했던 것은 2008년 베이징올림픽 때였다. 그러나 그 직후 이어진 금융위기는 수출 위주 발전 모델의 취약성과 국내 사회적 불안정성 그리고 제국주의 국가들의 유보 없는 적개심을 부각시켰다. 세계 자본주의 경제체제에 중국이 진입한 부정적 결과들이 가장 극명하게 나타난 곳은 사유화가 많이 이루어졌고 수출 의존적인 남부 지역에서였다.

중국 장난감 공장의 절반 이상이 200만 명의 실업자를 낳으며 사업을 중단했다. 67만 개의 작은 회사들이 2008년에 문을 닫았고 그로 인해 670만 개의 일자리가 사라졌다. 건설 계획들은 중단되었고, 자동차 판매는 급강하했으며, 부동산 가격도 하락하고 있다. 실업자가 된 노동자들의 시위와 파업과 폭동은 휘청거리는 수출지역을 연일 강타했다. 대부분의 사건이 중국

언론에 보도되지 않고 묻히지만, 중국 공산당 지도부는 크게 걱정하고 있다. 2008년 12월 원격회의에서, 공안부 장관인 멍지안추는 경찰 수장들에게 "세계 금융위기로 촉발된 도전을 심각하게 여기고 사회 안정을 유지하는 데에 최선을 다하라"(《차이나데일리》웹사이트, 2008년 11월 19일)고 신신당부했다.

사유화된 수출 부문이 폭발적으로 성장할 수 있었던 이유는, 자본이 정부의 간섭을 받지 않을 것이라는 공개적이고 암묵적인 약속이 있었기 때문이다. 그것은 공산당의 개입 여지를 줄였다. 광둥 성 동관에 있는 웨이수 신발공장이 파산하고 그 소유주가 노동자 4천 명의 두 달치 임금을 떼어먹고 도망갔을 때, 그 지역의 택시운전사는 "그 회사는 국영회사가 아니다. …… 그러므로 당신들은 그 문제로 정부를 괴롭혀서는 안 된다. 그 문제는 당신들과 사유회사 사이의 문제다"(《파이낸셜타임스》, 2008년 11월 11일)라고 말했다. 그러나 중국 공산당 관료는 만약 지나치게 손을 떼게 되면 노동자들은 소유주들과 직접 문제를 해결하려 할 것을 우려한다. 그리하여 수출의 3분의 1 가량을 담당하는 광둥 성의 진주강 유역 지방정부들은 체불된 임금을 지불하도록 하여 시위를 막으려고 하고 있다.

베이징의 관료들은 1997~8년의 아시아 금융위기 때 그랬던 것처럼 정부지출 확대로 세계 경제 하강으로 인한 영향을 개선해보려 한다. 중국 공산당은 주택, 지방의 사회기반시설, 수도와 전력, 운송, 환경개선, 기술 개선, 의료와 자연 재해 재건 등의 다양한 사업에 중국 연간 총생산의 16퍼센트에 달하는 4조 위안을 투여하겠다고 약속하고 있다.

은행가들과 여타의 금융소득자들을 구제하는 데에 공적자금이 쓰이는 미국 등 제국주의 국가들의 '부양 정책'과 중국의 계획 사이에는 커다란 차이가 있다. 중국에서, 중앙정부의 지출은 전체 지출의 4분의 1만을 담당하고 있고, 나머지 대부분은 국영은행과 국영기업들, 즉 노동자 국가의 가장 특징적인 부문에서 담당한다.

금융중개회사인 CLSA의 크리스우드는 중국에서 자본주의 경제가 차지하는 비중과 관련지어 부흥 계획의 효과에 관해 이야기한다. 중국이 보다 자본주의적이라면 지금의 경기 하강은 더욱 깊어질 것이다. 반면 계획경제에 더 가깝다면 그것을 회복할 가능성이 더 클 것이다. 3분의 1 가량의 산업 생산과 모든 투자의 절반을 담당하는 국영회사들은 일자리를 줄이거나 지출을 축소하라는 요구를 받지 않았다. 모든 대형 은행들은 국가 소유이며 그 책임자들은 정부에 의해 임명된다. 만약 그들이 대출을 더 해주라는 전화를 받는다면 그렇게 할 것이다.

—《이코노미스트》, 2009년 1월 24일

중국 정부는 또한 많은 부분 사유화된 수출지향 산업을 떠받치는 역할도 한다. 값싼 노동력과 사적소유 부문의 이윤을 보장하기 위해 중국 정부는 계획된 최저임금 인상을 지연시켜왔고, 수출산업에 대한 세금을 감면해주고 사라졌었던 보조금을 부활시켰다. 도시의 주택시장을 다시 활성화시키기 위해 부동산 거래세가 깎였고 은행들엔 주택자금 대출을 장려했다. 재정부 차관인 왕준은 2009년 약간의 흑자재정에서 3천억 위안의 적자재정이 될 것이라고 예측한다(《재경》 웹사이트, 2008년 12월 24일). 수년 동안 이윤을 남기라는 압력을 받아왔던, 몇몇 은행 관계자들은 자산목록에 채무이행불능의 대출이 많이 쌓이던 때로 돌아가려는 것을 꺼려 한다. 한 고참 은행가는 이렇게 투덜거린다. "당신 같으면 은행이 정부의 전화를 받고 즉각 대출하리라고 생각하는가?"(《재경》 웹사이트, 2008년 12월 26일)

중국의 사적부문이 축소됨에 따라, 중국 공산당 지도부들은 달갑지 않은 선택지에 이르게 되었다. 지속가능한 국가부문의 확장은, 최소한, 외국과 국내자본의 세금을 대폭 올리게 될 것이고, 그리하여 이윤을 더욱 짜내고 실업과 폐업을 가속화시킬 것이다. 다른 한편으로 국가 재정을 확대하는 데 실패하면 정권의 권위와 안정성을 크게 위협하는 사회 균열을 낳을 것이다. 1989년 톈안먼과 비슷한 규모의 인민 저항은 중국 공산당을 보수파와 자본주의 복구 세력으로 양분하게 할 것이다. 결정적 대결의 시기, 보수파는 필연적으로, 오직 간접적인 방식으로, 인민대중의 지지에 의존하도록 강제될 것이다. 반면 친자본주의 집단은 국내 기업가들과 외국의 많은 수의 중국인 부르주아지들 그리고 세계 제국주의에 의해 지지받게 될 것이다.

중국에 자본주의는 이미 복구되었다고 주장하는 자칭 '혁명가들'은 중국 공산당의 분열을 단지 부르주아지 진영 내부의 분열로 볼 것이다. 이와 같은 입장의 논리는 그 문제에 대해 중립을 취하려 하거나, 또는 더 가능성 높

게, 이른바 '민주적인' 반혁명을 지지하려 할 것이다. 노동자인터내셔널조직
위원회, 노동자권력, 제4인터내셔널통합서기국 그리고 그 밖의 겉치레 트
로츠키주의 조직들이 1991년 8월에, 야나예프의 '비상위원회'로 대표되었
던 스탈린주의 잔존자들에 대항한 보리스 옐친 무리들을 지지했던 것처럼.

중국 스탈린주의 보수파와 자본주의 복구파들이 결전을 벌이게 됐을
때, 트로츠키주의자는 1991년 소련 사태에서 우리가 그러했던 것처럼, 후자
에 맞서 전자를 지지할 것이다. 이것이야말로 트로츠키가 「이행 강령」에서
주창했던 입장과 일치하는 유일한 노선이다.

이러한 정치적 전망 속에서 '소련 방어'의 문제가 더욱 구체적인 시급성을
띠고 있다. 만약 내일 이른바 '부텐코 분파'라고 명명되는 부르주아-파시스
트 분파가 정치권력을 넘볼 경우 '라이스 분파'는 불가피하게 바리케이드의
반대편에 서서 이들에게 저항할 것이다. 일시적으로 스탈린의 동맹자가 되더
라도 결국 이 분파는 보나파르트 파벌이 아니라 소련의 사회적 기초, 즉 자
본가로부터 빼앗아 국가 소유로 변모시킨 소유체제를 방어할 것이다. '부텐
코 분파'가 히틀러와 동맹하고 있는 사실이 증명된다면 이 '라이스 분파'는
소련 국외뿐 아니라 국내에서도 파시스트들의 군사적 개입에 대항하여 소
련을 방어할 것이다. 이와 다른 정치행동은 세계혁명에 대한 배신행위다..

소련에 대한 자본주의 반혁명 세력의 공공연한 공격에 대항하여 관료집
단의 테르미도르 분파와 제4인터내셔널이 '공동전선'을 수립할 가능성을
미리 엄격하게 부정할 수는 없다. 그러나 소련에서의 가장 중요한 정치적
과제는 아직까지도 **이 테르미도르 관료집단을 타도하는 것**이다. 이 집단의
지배기간이 하루씩 연장될수록 경제의 사회주의적 요소는 파괴되고 자본주
의 반혁명의 성공 가능성은 증대된다.

중국 공산당의 보수파는 본질적으로 중국이라는 기형적 노동자 국가의 근
본 모순, 즉 집산화된 생산수단과 타락하고 무능력한 보나파르트주의 관료
의 정치독점 유지 사이의 모순을 해결할 능력이 없다. '급진적' 자본주의
복구 세력과의 대결에서 스탈린주의 보수파의 승리가 노동계급의 손에 정
치권력을 즉각 쥐어주지는 않을 것이다. 그러나 그것은 혁명가들에게, 중국

공산당으로부터 정치권력을 빼앗을 정치혁명의 전망 속에서, 중국 노동계급의 가장 선진적인 부위를 획득할 기회를 그 엄중한 때에 제공할 것이다. 반면에 중국의 옐친이 승리하게 된다면, 그것은 중국과 세계 노동계급에게 치명적인 역사적 패배가 될 것이고 미래의 투쟁을 펼치기 굉장히 어려운 정치 지형을 만들게 될 것이다.

고르바초프의 소련과 지금의 중국 사이에는 중요한 차이들이 있다. 한편, 중국의 사적 부문은 대략 1억의 산업노동자를 양산하면서 동시에 갓 태어나기 시작한 1991년의 러시아 자본가들보다 강력하고 응집력 있는 자본가 계층을 키워왔다. 사유기업은 중국 GDP의 50퍼센트를 차지하며, 몇몇 도시에서는 70퍼센트의 고용을 담당하고 있다. 한편, 중국 노동자들은 소련 노동자들보다 자유시장의 착취에 대해 더 잘 이해하고 있다. 대량의 실업자를 낳고 있는 현재의 세계 경제위기는 중국의 프롤레타리아와 그들의 동맹자인 빈농들 사이에 자본주의에 대한 반감을 부채질하고 있다.

중국 노동자들은 유약하고 깊이 균열된 중국 공산당 관료집단을 전복하는 데에 필요한 투쟁정신과 사회적 힘을 충분히 가지고 있다. 노동계급 정치혁명은 진정한 노동자민주주의에 기초한 중앙계획경제 기구와 국내외 자본의 몰수를 통하여 평등한 사회주의 미래를 향한 길을 열어낼 것이다. 성공적인 봉기엔 국제적이고 트로츠키주의 강령으로 무장한 사회주의 혁명 정당이 이끄는 수백만의 분출이 필요하다. 그와 같은 정당은 사유화된 착취 현장 노동자들이 당면하고 있는 과제들과 관련된 강령을 제출할 것이고, 그 투쟁과 국영기업 노동자들의 사유화와 해고 반대 투쟁과 결합시킬 것이다. 혁명가들은 또한 농민과 지방의 협동농장 구성원들, 소수민족, 여성 그리고 그 밖의 피억압자들의 특수한 문제들도 자신의 문제로 떠안을 것이다.

중국 프롤레타리아 정치혁명의 승리는 세계의 역사적 사건이 될 것이다. 그것은 그 즉시 세계 정치지형을 통째로 바꾸어놓을 것이다. 그것은 인도네시아와 필리핀에서부터 남한과 일본, 멀리는 북미와 유럽 제국주의 요새의 혁명적 분출을 점화할 것이다. 이를 실현하기 위한 첫 걸음은 1949년 사회혁명의 성과를 무조건적으로 방어하는 중국 트로츠키주의의 핵을 결집하는 것이고, 제4인터내셔널 재건을 위한 중국 조직을 건설하는 것이다.

# 쿠바 혁명을 방어하자!

Defend the Cuban Revolution!

국제볼셰비키그룹★1992년

1959년 1월, 부패와 학정을 일삼던 풀헨시오 바티스타 신식민지 정권을 전복하고 쿠바 자본가계급의 자산을 몰수한 것은 전세계 노동계급의 승리였다. 소련의 원조에 힘입어 쿠바는 꽤 평등한 경제체제를 구축했고, 30년 동안 피델 카스트로는 거대한 미 제국주의에 맞설 수 있었다. 소련의 붕괴 이후 쇠락해가는 미 제국의 지배자들은 플로리다로부터 90마일밖에 떨어져 있지 않은 곳에 존재하는 집산화된 경제를 더 이상 용납할 뜻이 없었다. 미 제국주의자들은 경제봉쇄 강화 그리고 다른 남미 신식민지 국가를 동원한 쿠바 고립화 전략과 더불어 공격적인 '민주주의' 선전에 착수했다. 쿠바 혁명의 방어는 오늘날 그 어느 때보다 날카로운 문제가 되었다.

바티스타 통치 아래의 쿠바는 미국 부자들의 거대한 사탕수수 농장과 유흥지였다. 쿠바 부르주아지 권력의 붕괴로 카스트로 정권은 세계 제국주의와의 사슬을 끊어낼 수 있었고, 노동인민의 삶엔 극적인 변화가 생겼다. 혁명 시작 첫 다섯 해 동안, 육류와 옷감 소비가 두 배가 되었고, 집세는 줄었고 하바나의 저택은 농촌에서 온 학생 8만 명의 숙소로 개조되었으며, 버리고 떠난 고급 자가용들은 택시 운전사로 일할 수 있도록 이전의 하인들에게 배분되었다.

오늘날 쿠바의 의료, 교육, 주택 수준은 남미의 다른 나라들에 비해 훨씬 높다. 집세는 보조받고, 의료는 무료이며 모두가 교육받을 수 있다. 글을 읽을 줄 아는 사람은 98퍼센트 이상이다. 실업은 사라졌다. 북미의 제국주의 나라들의 생활수준에 비추어볼 때 쿠바는 여전히 가난하지만, 중남미 다른 나라에 만연한 풍토병이나 절망적 빈곤이 더 이상 존재하지 않는다.

## 소련과의 관계가 끊어지다

혁명을 압살시키려는 미국의 경제봉쇄에도, 소련권과의 원조와 교역으로
쿠바는 살아남을 수 있었다. 소련 관료는 제국주의와의 국제적 '평화 공존'
전략을 위한 협상 카드로 쿠바를 이용했다. 소련은 쿠바의 설탕과 다른 수
출품을 국제가격보다 높은 값에 구매했고, 석유를 국제가 이하로 팔았다.
이것은 매년 수십억 달러를 원조해주는 것과 같았다. 1980년대에 쿠바 무역
의 85퍼센트는 코메콘*과 이루어진 것이었다.

1990년, 페레스트로이카가 소련 경제를 해체하고 있을 때, 보급품이 부
족해지고 지체되자, 기본 생필품 배급을 줄일 수밖에 없었다. 산업의 석유
소비는 50퍼센트까지 축소되었다. 1990년 12월 소련은 설탕 보조금을 반으
로 줄였고 다른 품목 모두엔 국제가격을 매기기 시작했다.

소련에서 1991년 8월 반혁명이 승리하자, 쿠바의 생명줄은 끊어졌다.
옐친 일파는 지체하지 않고 설탕 보조금을 없애고 소련 군사 고문들을 쿠바
에서 철수시켰다. 1991년 10월 카스트로는 소련권에서 오기로 한 수입품의
40퍼센트 미만만이 쿠바 항구에 도착했다고 발표했다. 소련이 쿠바 혁명을
포기한 것은 침략자 미국에 청신호가 될 것이라고 쿠바 일간지 《그란마》는
침통하게 보도했다.

바티스타 지지자들은 소련 철수에 환호했다. 플로리다 백만장자들과
CIA의 피그스 만 침공** 참전병사들의 조직인 쿠바계미국인협회(Cuban
American National Foundation, CANF)는 쿠바의 반혁명 작전을 가동했다. 이
협회에는 진 커크패트릭***과 로널드 레이건이 있다.(《가디언위클리》, 1991년 9
월 15일) 마이애미의 백만장자 투기꾼인 조지 부시의 아들인 젭 부시도 이
협회의 인사다. 이 협회는 쿠바의 토지와 산업 구매자를 모집 중인데 지금

* 소련과 동유럽 등 현실 사회주의 국가들을 중심으로 하는 경제협력기구.
** 1961년 4월 피델 카스트로의 쿠바 정부를 전복하기 위해 미국에서 훈련한 1,400명의 쿠바
  망명자들이 미군의 도움을 받아 쿠바 남부를 공격하다 실패한 사건.
*** 네오콘, 즉 미국 신보수주의자의 대모. 미국의 국익에 도움이 된다면 독재정권과도 손을
  잡을 수 있다고 주장한 '커크패트릭 독트린'으로 유명하다.

까지 60퍼센트 정도가 팔렸다고 한다.

## 선택지가 없는 쿠바

석유와 여타 물품을 수입할 경화*의 부족과 설탕 흉작으로 쿠바 정부는 식량의 자급자족 정책을 시작했다. 또한 국영농장에 보급되는 산업용품을 대폭 줄여서 노동인력 감축을 유도했다. 그러나 이 자급자족 운동은 사료와 비료부족으로 인해 성공하지 못했다. 쿠바는 아직도 밀을 국제시장에서 구매해야 하며, 쿠바 지도부는 석유 수입이 완전히 중단되는 것에 대비하고 있다. 이 시나리오가 펼쳐지면 황소, 말 그리고 수십만 대의 중국산 자전거가 트럭과 승용차를 대체하게 될 것이다.

　카스트로는 처음부터 고르바초프의 친자본주의 시장 '개혁'을 확고히 반대했다. 1980년대 후반 쿠바 정부는 페레스트로이카에 열광하는 소련 신문을 금지시켰다. '시장 사회주의' 대신에 쿠바 관료층이 내건 구호는 '사회주의가 아니면 죽음을!'이었다. 그러나 사회주의 아니면 파멸이라는 수사에도 불구하고, 자본주의 포위라는 경제 압박을 완화하고 설탕 경제에 지나치게 의존하는 것을 줄이기 위해 쿠바 정권은 현재 외국 투자를 간절히 원하고 있다. 쿠바 정부는 관광산업 육성을 시도했으며 이를 위해 스페인, 브라질 자본가들과 합작사를 만들고 있다.

　관광산업의 성장은 페소 경제와 별개로 달러 경제를 성장시키고 있다. 쿠바인들은 지금 국제화폐를 가진 외국인들을 식탁과 택시 앞에서 기다리고 있다. 영국 일간지인 《인디펜던트》는 1991년 11월 2일, 이런 상황이 그 동안 쿠바 정권을 지탱해왔던 반제국주의를 어떻게 좀먹고 있는지를 묘사했다. "쿠바 최고의 바닷가, 최상의 음식, 귀한 소비재는 오직 달러를 써야만 향유할 수 있다. 그것들을 쿠바인들은 법적으로 가질 수 없다. …… 많은 쿠바인들은 페소로 장을 보는 사람들에 대한 천대와 국가주권이라는 수사 사이의 간극에 대해 말한다." 관광산업이 성장함에 따라 매춘, 관료의 부패, 암시장도 성행하게 되었다. 정부가 긴축정책을 펼치자 많은 쿠바인들은 소비재를 구하기

---

* 금지불이 보장된 화폐, 또는 국제시장에서 통용되는 화폐.

위해 (암시장과 선이 닿는) 사람을 물색하고 있다. 1991년 3월 17일자 《가디언 위클리》는 쿠바 정부가 내세웠던 '사회주의가 아니면 죽음을!'이라는 구호에 대한 풍자가 큰 호응을 얻고 있다고 보도했다.

## 스탈린주의 통치 기술

30년 동안 카스트로는 자신에 대한 정치적 반대파를 용납하지 않았다. 1976년 카스트로 정권은 쿠바 공산당(PCC)의 정치적 독점을 공식화하고 그것이 '사회와 국가의 최고 지도기구'임을 선언하는 새 헌법을 공표했다. 이 헌법은 지역·지방·전국 '민중권력의회'를 수립했으나, 이 기구는 쿠바 공산당의 결정에 정당성을 부여하는 겉치레에 불과했다.

쿠바 공산당위원회는 공공 회의에서 지방의회 의원을 지명할 권한을 가지고 있다. 한편 당은 상급 의회의 지명권도 가지고 있다. 전국의회는 보통 한 번에 이틀씩 1년에 두 번, 7월과 12월에 소집된다. 전국의회의 절반은 하급 의회의 의원 중에서 당이 지명한 의원들로 채워진다. 쿠바 공산당원이나 정부 관료가 나머지 절반을 채운다. 1981~6년 전국의회에서 활동했던 의원들의 90퍼센트가 넘는 수가 당원이거나 예비 당원들이었다.

다른 모든 스탈린주의 정당들과 마찬가지로 쿠바 공산당에도 내부 민주주의란 존재하지 않는다. 쿠바 공산당은 1975년에 첫 총회를 열었다. '7·26 운동'* 이후 17년 만이었다. 카스트로는 이에 대해 문제점을 느끼기는커녕 "우리는 다행히 지금 총회를 열고 있다. 정말 다행이다! 이 방법으로 총회의 질은 17년간의 경험으로 보증되었다"(《그란마》, 1976년 1월 25일)고 유쾌하게 외쳤다. 다른 스탈린주의 정당이 그러하듯이, 총회는 지도부를 만장일치로 추대하도록 치밀하게 조직되었다.

## 쿠바의 스탈린주의: '가족 옹호'와 동성애 반대

쿠바의 어린이는 여성이 육아, 요리, 청소를 책임져야 한다고 교육받는다.

---

* 1953년 7월 26일의 카스트로의 몬카타 병영 공격 정신을 계승한 반제국주의 무장 게릴라 운동.

가사노동의 사회화를 통한 여성 해방을 공공연히 주장한 레닌과 트로츠키 당시의 볼셰비키와 달리 쿠바 관료는, 다른 스탈린주의자들처럼, 이른바 '사회주의 가족'을 기린다. 카스트로주의 지배계층은 노동계급에 대한 자신의 권위적 통치에 대한 지지를 끌어내는 방편으로, 핵가족과 그와 관련된 후진적 사회요소를 권장한다. 여성은 전통적 여성 직종에 집중된다. 당 고위직 중 여성이 차지하는 비율은 현저히 낮다.

가족에 대한 옹호는 동성애에 대한 탄압과 짝을 이룬다. 1965년 정권은 감옥이나 다름없는 생산독려군사훈련소(?)를 설립했고 주 대상자는 동성애자들이었다. 1971년 열린 '제1차 전국 문화·교육 대회'는 동성애의 '병적 성격'에 대해 혹독하게 비난하고, '동성애 취향의 표현을 단호하게 거부하며 확산을 금지한다'고 결의했다. 1980년 마리엘 항구를 통해 쿠바를 떠난 10만 명의 쿠바인* 가운데 대략 만 명 정도가 레즈비언이나 게이였다. 이 사람들은 국가가 후원하고 혁명방어위원회가 직접 주도하는 동성애 혐오 운동을 피해 어쩔 수 없이 쿠바를 떠나야 했다. 에이즈가 번져가던 시기, 동성애 혐오가 힘을 얻고 쿠바는 HIV 양성반응이 나온 사람들을 강제로 감금한 유일한 나라라는 오명을 얻기도 했다.

## 카스트로주의와 노동자 민주주의

1959년 새해 첫날 권력을 장악한 7·26 운동은 농촌에 기초한 게릴라 운동이었다. 그들은 시에라 마에스트라 산악지대에 기반을 두고 급진자유주의 강령을 추구했다. 2년 동안의 게릴라 전쟁 끝에 부패한 정부 인사들이 떼 지어 마이애미로 탈출하면서 바티스타 국가기구는 붕괴했다. 7·26 운동은 몇몇 자유주의 정치가들과 동맹을 구성하여 주인이 사라진 권력을 장악했다.

미국 정부의 지원을 받는 부르주아지 분파가 카스트로의 급진 민족주의 정책에 반대하자, 7·26 운동은 분열되었다. 피델과 동생 라울이 이끄는 카스트로 다수파는 쿠바 자본가들의 몰수에 착수했다. 1961년 7월 카스트로 일파는 전통적으로 소련을 지지하는 스탈린주의 조직이고 바티스타 정

---

* 1980년 4월 15일부터 10월 31일까지 쿠바 당국의 허가하에 미국으로 떠난 대량 이민자들.

부 때 장관을 내기도 했던 사회주의인민당(Partido Socialista Popular)과 합쳤고, 이것은 쿠바 공산당이 되었다.

1960년대에 '신좌파'가 보기에, 카스트로주의자들은 동유럽의 무미건조한 관료들로부터 몇 광년이나 떨어진 것 같았다. 그러나 스탈린주의 일당 통치는 쿠바 혁명을 시작부터 왜곡시켰다. 다른 '기형적 노동자 국가'와 마찬가지로 쿠바에서도 노동계급은 정치적으로 독립적 역할을 하지 못한다. 이것은 노동계급이 방관하는 가운데 농촌에 기초한 게릴라 봉기로 수립된 권력의 당연한 결과였다. 1961년 힘차게 전진하는 시기에 피델 카스트로는 혁명은 반드시 "만개한 사상의 학교"가 되어야 한다고 주장했다. 그러나 이내 바르부도스*는 모든 비판에 대해 경찰의 탄압으로 대응했다.

혁명 초기 트로츠키주의를 표방한 노동혁명당(Partido Obrero Revolucionario, POR)를 괴롭힌 사건은 하나의 사례다. POR 회원들은 제국주의에 맞선 혁명을 무조건 방어했다. 그러나 그들은 또한 새 정권의 관료주의를 비판했다. 그러자 카스르토의 정치 경찰은 인쇄기를 부수고 트로츠키의 『연속혁명론』 스페인어 인쇄판을 깨뜨리고 다섯 명의 회원을 감옥에 가뒀다.

## 역사의 주체적 요소

7·26 운동의 '행동하는 인간(men of action)'에게, 좌익 내의 마르크스주의적 비판과 민주주의는 '단결'을 해치는 요소일 뿐이다. 1960년 10월, 대규모 국유화가 진행되고 있을 당시, 7·26 운동의 좌파인 체 게바라는 청년들을 고무시키는 마르크스주의 사상에 대한 혐오를 표현했다.

쿠바 혁명은 독특하다. 몇몇 사람은 '혁명 이론 없이 혁명 운동 없다'는 레닌의 언명으로 표현되는 혁명운동의 전통적 전제 가운데 하나와 모순된다. ……

이 혁명의 주역들은 이론적 기준에 맞지 않는다. ……

혁명가 마르크스 이래로, 정치조직은 구체적 사상을 바탕으로 자신을 정

---

* barbudos, 털보 아저씨들이라는 뜻. 수염을 길게 기른 카스트로 게릴라 운동가들을 가리킨다.

립한다. 마르크스와 엥겔스 같은 거인과 레닌, 스탈린, 마오쩌둥 같은 인물 그리고 소련과 중국의 뒤이은 통치자들이 성공적으로 이루어낸 성과에 기초하여, 우리의 선례가 되는, 정책기구를 수립한다. 쿠바 혁명은 과학을 떠나서 혁명의 소총을 어깨에 메는 방식으로 마르크스를 수용했다. …… 우리, 실천적 혁명가들은, 우리의 투쟁을 통해서, 과학자 마르크스가 예견한 법칙을 실현했다. …… 마르크스주의 법칙은, 이론적 관점에서 그 법칙들을 지도자가 공언하거나 또는 완전히 이해하는 것과 별개로, 쿠바 혁명의 사건들 속에서 실현되었다.

—「우리는 실천적 혁명가들이다」, 1960년 10월 8일

피억압 인민의 대의에 대한 용기와 헌신에도 불구하고, 역사에서 주체적 요소의 역할을 경시하는 카스트로주의자의 경향은 혁명의 궁극적 승리를 가로막는 정치적 장애물이다. '마르크스주의 법칙'은 그 법칙을 이용하여 세계를 변혁하려는 정치적으로 자각한 인간의 실제 행동을 통해서만 성취될 수 있다. 그 법칙들은 저절로 자동적으로 작동하지 않는다.

　사회주의 혁명 투쟁은 혁명적 마르크스주의 정치강령에 대한 노동대중과 피억압 인민의 지지를 이끌어내는 투쟁이다. 대담하고 변혁적인 쿠바 혁명가들의 역사는 그 자체로 인간을 해방시키는 길은 오직 의식을 통해서라는 사실을 확인하는 것이다. 이것이 바로 마르크스가 노동계급은 반드시 자기 스스로 해방되어야 한다고 말한 의미다. 본심에서 우러나오는 선의라 하더라도 다른 계급의 지도자에 의해 해방될 수는 없다. 레닌주의 전위의 역할은 (카스트로 스탈린주의를 포함해서) 사이비 사회주의 거짓 사상에 맞서 혁명 강령을 발전시키고 그를 위해 투쟁하는 것이다. 레닌주의 당에 체현된 마르크스주의 강령에 대한 피억압 피착취 인민의 지지를 이끌어내는 것이 사회주의 혁명을 위해 필요하다.

　쿠바 지도부는 이전 소련권의 잿빛 관료들보다 더 많은 국내의 인기를 누리고 있다. 여러 해 동안 정권 주도의 다양한 사업에 많은 인민이 참여했다. 그러나 지배층의 지도력에 대해 지지하는 것으로 정치권력을 행사하는 것을 대체할 수는 없다. 제안을 하는 능력이나 어떻게 특정 사회운동이 수행되어야 하는지를 건의하는 것은, 애초부터 우선순위를 설정하고 결정하

는 힘과 근본적으로 구별된다. 건강한 노동자 국가에서 노동인민은 명실상부한 정치적 결정권자다.

## 쿠바의 '혁명적' 외교정책

카스트로 정권은 한때 인기가 많았던 베트남의 스탈린주의 통치자들을 외면한 소부르주아 좌파들에게 경애의 대상이다. 언젠가 카스트로주의자들에게 "혁명적 마르크스주의를 진화시켰다"고 말하며 아첨했던, 한때의 트로츠키주의자 에르네스트 만델의 제4인터내셔널통합서기국은 요즘은 유보적이다. 그러나 여전히 "쿠바 지도부에 대한 종파주의적 태도를 거부"하면서, 몇 가지 문제에도 불구하고 카스트로주의자는 "혁명적"이라고 여긴다. 예전에 만델과 함께 제4인터내셔널통합서기국을 구성했던 미국 사회주의노동자당 잭 반스는 독특한 유형의 카스트로 아첨꾼이다. 그는 어떠한 비판적 유보도 하지 않는다. 반스주의자들은 쿠바의 외교정책이 마르크스와 레닌의 국제주의 혁명 전통에 기초해 있다고 주장한다. 그러나 수년 간의 카스트로 외교정책은 반혁명적인 소련 관료집단의 요구에 맞춰온 것이었다.

1968년 5월에서 6월 사이, 천만 명의 노동자와 학생들이 프랑스를 혁명 직전으로 몰고 갔을 때, 카스트로는 프랑스 공산당의 총파업 배신을 옹호했다. 두어 달 후, 소련 탱크가 체코 프라하로 진군하여 알렉산더 둡체크의 개량적 스탈린주의자들을 끌어내리고 브레즈네프가 선호하는 분파를 권좌에 앉히려고 할 때, 쿠바 정부는 이를 지지했다. 1989년 6월 쿠바 관료집단은 베이징 톈안먼광장에 결집한 노동자와 학생 시위대에 대한 중국 스탈린주의자들의 학살을 또한 옹호했다.

라틴 아메리카와 관련된 기록 역시 문제적이다. 1970년대 초반 카스트로는, 칠레 부르주아지의 몇 분파와 연합한 살바도르 아옌데의 인민전선 정부를 승인했다. 이 계급협조주의 정책은 칠레 노동계급을 정치적으로 무장 해제시켰고, 수만 명의 좌익인사들과 전투적 노동자들을 학살을 낳은 1973년 9월 피노체트의 쿠데타의 무대를 마련해주었다. 1980년대 내내 니카라과 산디니스타에게 부르주아지를 몰수하지 말라고 조언하면서, 대신에 자본가들과 민족적-애국주의 전선을 수립할 것을 주장했다. 산디니스타는 존재하지 않는, 자본주의와 사회주의 사이의 그 '제3의 길'을 찾기 위해 10년 동안 헤맸다. 결국 궁핍에 지친 인민이 레이건과 부시의 콘트라 반군세력을 의회선거에서 지지하면서 산디니스타는 쫓겨났다.

카스트로 옹호자들은 앙골라의 부르주아민족주의 정부인 MPLA에 대한 쿠바의 지원을 마르크스주의 국제주의의 사례로 자주 언급한다. 혁명가들은, 소련의 지원을 받아 인종차별주의 국가에 맞서 싸우는 MPLA/쿠바 군대를 군사적으로 지지하지만, 그것은 노동자 권력을 향한 투쟁은 아니었다. 앙골라에 있던 쿠바인들은 소련의 대리인들이었다. 1988년 고르바초프가 미국 백악관과 모종의 합의를 하자, 쿠바 병력은 철수하기 시작했다.

아프리카의 다른 곳에서, 쿠바 병사들은 민족자결을 원하는 에리트레아 인민의 정당한 투쟁에 맞서 길고 잔인하고 패배적인 전쟁에서 (또 하나의 소련 대리인인) 잔악한 에티오피아 멩기스투 정권을 지탱하기 위해 싸웠다.

1990년 제국주의자들이 신식민지인 이라크 정권을 대상으로 전쟁을 위한 외교를 펼치고 있을 때, 쿠바 스탈린주의자들은 쿠웨이트 침공을 비난하는 위선적 목소리에 동참했다. 쿠바는 이라크에 대한 유엔의 경제봉쇄에 반대조차 하지 않았다. 1990년 8월 25일 유엔 총회의 발언을 통해 쿠바 대표 리카르도 알라콘은 경제봉쇄에 동참하기 위해 "우리 정부는 적절한 조치를 취하고 있다"고 발표했다. 제국주의자들의 이라크 봉쇄에 참여하는 것을 레닌주의 '국제주의'의 사례로 드는 것은 철저히 눈이 먼 잭 반스 같은 자들이나 하는 짓이다.

## 카스트로주의의 미래

카스트로 정권은 여전히 쿠바 노동인민 다수의 지지를 받고 있다. 좌익의 모든 경쟁자들을 제거한 후, 미국의 군홧발 아래에서 카스트로의 통치는 유일한 대안이다. 아직도 쿠바 경제가 '선택의 여지가 없는 상황'에 점진적으로 다가감에 따라, 정권의 안정성을 허물 강력한 모순들이 드러나고 있다. 보통의 쿠바인들이 생필품을 구하기 위해 밤새 줄을 서는 동안, 지배층이 내건 평등주의 문구와 그들의 관료적 특권 사이의 모순은 점점 더 도드라지면서 격분을 일으키고 있다. 영국의《인디펜던트》는 "예를 들어, 청년공산주의연맹의 구호는 '나를 따르라!'다. 청년공산주의 지도자 로베르토 로바이나가 운전수가 모는 자가용을 타고, 만원 버스를 타기 위한 줄이 길게 늘어선 버스 승차장 옆을 지나갈 때, 청년들은 비아냥거림과 분노를 섞어 이 구호를 외친다. 카스트로 추종자들은 깊어가는 불평불만에 대해 '불온분자'니 '제5열'이니 하는 말로 대응해왔다. 그들은 또한 지방 '신속 대응군'을 수립했다. 이는 미국 사회주의노동자당의 충성스런 카스트로 추종자들의 눈살마저 찌푸리게 했다"(1991년 10월 18일)고 보도했다.

옐친이 소련에서 했던 것 같은 반혁명 대변자가 아직 당 내부나 외부에 나타나지는 않았다. 그러나 동유럽과 소련에서의 스탈린주의 몰락은 강력한 반작용을 낳았다. 쿠바 공산당은, 중앙통제를 강화하고 잠재적 반대자를 제거하기 위해, 1990년 10월 전국과 지역 당 책임자들을 절반으로 줄이겠다고 발표했다.

이 같은 움직임은, 앙골라 전쟁의 유명한 영웅인 아르날도 오초아 산체스 장군을 마약 거래 혐의로 1989년 처형한 후 이어졌다. 오초아는 전형적인 스탈린주의 공개재판 이후 납득하기 어려운 다양한 혐의로 유죄가 선고되었다. 카스트로에 대한 잠재적 경쟁자가 제거된 이후, 다른 고급 관료들이 감옥에 갇혔다. 가장 두드러진 인사는 피델 카스트로와 라울 카스트로에 이어 서열 3위로 인정되던 호세 아브란테스 페르난데스 내무장관이었다.

카스트로 정권은 더 열심히 일하고 더 적게 쓰라는 권고 이외에 쿠바 농민과 노동자들에게 제공할 것이 별로 없다. 그러나 월가의 해적들과 '평화 공존'하는 것은 선택 가능하지 않다. 조지 부시의 신세계질서에서 '사회주의 쿠바'가 있을 자리는 없다.

지난 30년 동안 미국 제국주의의 우두머리들은 쿠바 혁명을 엎어버리기 위해 골몰해왔다. 부시와 국방부는 쿠바에 대한 군사침략은 1983년의 그레나다 침공이나 1989년의 파나마 침공처럼 손쉬운 승리가 되지는 않을 것이라는 것을 안다.

## 쿠바 혁명을 방어하고 확대하자! 노동자의 정치혁명을!

오늘날 스탈린주의 붕괴의 결과 레닌과 트로츠키의 노동자 국제주의는 쿠바 노동자들에게 중요 현안이 되었다. 쿠바는 혁명이 확대되어야 살아남을 수 있다. 심지어 소련이라는 생명줄이 있었을 때에도 혁명이 장기적으로 생존하기 위해서는 쿠바 경제가 그 지역 사회주의 연방에 통합되어야 했다. 이 같은 연속혁명의 전망은 쿠바 정권의 '조국 아니면 죽음을!' 이라는 꽉 막힌 구호와 대치되는 것이다.

지금의 세계적 자본주의 경기후퇴는 리오그란데 강 북쪽의 수백만 인민에게 그렇듯, 라틴아메리카 노동대중에게도 악몽 같은 일이다. 불확실성, 가난 그리고 기아에 삶을 맡기고 살아가는 아메리카 대륙의 수천 만 인민은 자본주의 세계 질서의 심각한 광기를 뼈저리게 느끼고 있다.

미국 지배계급이 주도하는 '민주주의' 반혁명에 대항하여 쿠바를 방어하는 것은 계급적으로 자각한 모든 노동자의 책무다. 우선 쿠바를 향한 경제봉쇄를 분쇄하는 것이 필요하다. 남미, 캐나다 그리고 미국의 노동운동은 그 어떤 제국주의적 공격도 분쇄할 힘을 가지고 있다. 미국의 군사 공격에 대항한 정치 파업 사상을 대중화하는 한 가지 방법은 혁명이 쿠바 인민에게 가져다준 주택 의료 교육에서의 실제적 혜택을 노동인민에게 알리는 것이다. 이것들은 미국과 라틴 아메리카 노동자들에게 지금 당장 중요한 문제들이다.

쿠바 노동계급이 전진해야 하는 길은 허리를 끝없이 졸라매고 제국주의와 인근 하수인들과 화해를 추구하는 데에 있지 않다. 생존하기 위해서 쿠바혁명은 반드시 그 인근 지역의 자본주의를 성공적으로 전복한 동맹을 찾아내어야 한다. 이것은 고립된 섬에서 가축의 힘으로 가동되는 '사회주의'라는 보나파르트주의 카스트로 정권의 민족주의적 '실용주의'와 반대되는 것이다.

프롤레타리아 정치혁명을 통해 쿠바 공산당의 손아귀에서 정치권력을 빼앗아내는 것과 쿠바 혁명의 방어는 직접적으로 연결되어 있다. 그것을 성사시키기 위해 레닌-트로츠키주의 정당의 건설이 필요하고, 그 혁명은 현재의 불리한 역관계를 즉각 변화시킬 것이다. 혁명적인 진정한 직접 민주주의 기관의 수립은 쿠바 혁명을 다시 펄떡거리게 할 것이고, 라틴 아메리카 전체의 노동자 투쟁에 강력한 충격파를 던지게 될 것이다. 그것은 또한 미국 노동계급 내에서 그 비중이 점점 더 커져가는 스페인계 노동자들의 반향을 불러올 것이 틀림없다.

PART 3

# 소련이 자본주의 국가였다고?

# 국가자본주의론, 나사가 빠진 엉터리 시계

The Theory of State Capitalism—The Clock without a Spring   켄 타벅★1969년

러시아 혁명 당시 저명했던 경제학자 프레오브라젠스키는 그의 저서에서 이렇게 말했다. "가치법칙은 상품경제체제인 자본주의를 자동적으로 조정하는 장치다."(『신경제』) 그러나 그가 강조했듯이 이 법칙은 사물 사이의 관계가 아니라 인간 사이의 관계를 표현하고 있다. 가치법칙은 상품가격의 관계를 결정한다. 그러나 가치, 가격, 잉여가치 등의 범주 뒤에는 이러한 범주들로 인해 가려지고 신비화된 인간의 사회적 관계가 존재한다.

가치법칙은 노동가치론(labor theory of value)에 기초를 두고 있다. 간단히 말하면 상품의 교환가치는 상품생산에 투여되는 평균노동시간에 의해서 결정된다. 이 시간은 사회적으로 결정된다. 모든 상품에는 두 종류의 가치가 존재한다. 상품의 효용성을 나타내는 사용가치(use value)가 그 첫 번째다. 상품의 효용성은 실재할 수도 있고 인간에 의해서 상상될 수도 있다. 그러나 이것이 없이는 상품이 시장에 모습을 드러낼 수가 없다. 두 번째가 교환가치(exchange value)다. 이것은 상품생산에 투여된 평균노동시간을 나타낸다. 이 시간은 사회적으로 결정된다. 교환가치 즉 가치는 추상적 노동을 내포한다. 즉 상품생산에 투여된 노동의 형태는 갖가지일 수 있으나 이것은 시간이라는 단일한 추상적 단위로 표현된다.

사회적으로 결정된 평균노동시간을 조금 설명할 필요가 있다. 이 평균노동시간이 기술수준과 기술의 응용에 달려 있다고 생각하는 사람들이 있

다. 이들은 마르크스의 노동가치론을 저속하게 이해하고 있다. 물론 상품생산에 필요한 평균노동시간은 기술수준에 의해 상당한 영향을 받는다. 그러나 평균노동시간에 영향을 미치는 요인들은 이것뿐이 아니다. 사회의 계급적 성격, 계급 역관계, 수요 등도 여기에 포함된다.

바란과 스위지는 미국 자동차산업의 경우를 예로 들고 있다. 1956년에서 60년까지 새로운 모델을 개발하는 데 드는 비용은 자동차 구입가격의 무려 25퍼센트에 달했다. 그러나 자동차의 효용성은 조금도 개선되지 않았다. 더욱이 이 비용은 당시 미국 국민총생산량의 2.5퍼센트를 차지했다(바란&스위지, 『독점자본』). 이것은 아주 흥미있는 수치다. 영국 탈취제 산업의 영업비용도 구입가격의 약 25퍼센트였기 때문이다. 새로운 모델 개발이나 영업에 투여되는 노동량도 독점자본주의사회의 관점에서 보면 '사회적' 필요노동이다. 바로 이 점이 중요하다. 오늘날 투여되고 있는 노동의 많은 부분은 합리적으로 운용되는 계획경제에서는 전혀 생산적이지 않게 된다. 그러나 이러한 제품들을 생산-판매하여 이윤을 취하는 자본가들에게는 당연히 필요한 노동이 되는 것이다.

그러나 바란과 스위지에게도 문제는 있다. 이들은 생산적 노동과 비생산적 노동의 구분을 모호하게 만들고 있다. 마르크스는 잉여가치를 생산하는 노동을 생산적 노동이라고 불렀다. 의사의 진료 등과 같은 비생산적 노동도 사회적으로 필요하다. 그러나 의사의 노동은 잉여가치를 생산하지 않는다. 사회의 총잉여가치 중 일부에서 이런 비생산적 노동에 대한 대가가 나온다. 합리적 계획경제체제에서는 자본주의사회가 필요로 하는 비생산적 노동의 많은 부분은 불필요하게 된다.

한편, 수요수준 즉 시장관계도 중요한 요인이 된다. 주어진 기술수준에서 자동차 한 대를 생산하는 데 갑 시간이 든다고 하자. 그러면 갑 시간이 자동차 한 대를 생산하는 데 사회적으로 결정된 평균노동시간이 된다. 그러나 생산된 자동차가 모두 소비되지 못할 경우 자동차 생산에 투여된 총노동시간은 낭비라는 결론이 나온다. 따라서 조정이 뒤따른다. 경쟁이 치열한 상태라면 자동차 가격은 자동차에 투여된 필요노동시간 즉 자동차의 원래 가치 이하로 판매된다. 결국 노동가치론은 기술 요인만 고려해서는 성립할 수 없다. 사회적 필요노동은 사회적으로 결정된다. 이 사실을 잊을 경우 경제 결정주의(economic determinism)라는 함정에 빠지게 된다.

그러면 이 가치법칙을 토니 클리프는 어떻게 보고 있을까? 지금 우리가 검토하는 그의 저서*에 "노동자 국가의 경제"라는 장이 있다. 여기서 그는 가치법칙을 이렇게 소개하고 있다.

> 자유경쟁의 상태 즉 자본, 상품, 노동력이 자유로이 이동할 때만 가치법칙이 완전히 지배한다. 따라서 가장 초보적인 독점적 조직 형태도 이미 어느 정도 가치법칙을 부정하고 있다. 예를 들어 자본과 노동력 배분, 상품가격 등을 통제할 때 이 상태는 당연히 자본주의의 부분적 부정 상태가 된다.

그리고 자신의 주장을 확증하기 위해 그는 곧바로 레닌을 인용한다.

> 예를 들어 자본가들이 국방 관련 생산을 하면서 정부 예산으로부터 돈을 받을 때 이 경우는 더 이상 '순수한' 자본주의적 행위가 아니라 국민경제의 특별한 형태가 된다. 순수한 자본주의는 상품생산을 의미한다. 상품생산은 미지의 시장을 위해 물건을 만든다는 것을 의미한다.

우선 지적할 것은 토니 클리프에게 자유경쟁이란 완벽한 경쟁 즉 정적인 모델을 의미한다는 것이다. 여기서 그는 가치법칙을 잘못 이해하고 있다. 가치법칙은 이러한 조건이 없이도 작동하기 때문이다. 그리고 무엇보다도 그는 가격과 가치를 혼동하고 있다. 대개의 경우 상품 가격은 상품 가치를 제대로 반영하지 못한다. 그러나 이럴 경우에도 가치법칙은 여전히 작동한다. 가격은 가치를 결정하는 것이 아니라 가치를 표현하는 척도이기 때문이다. 마르크스는 이 점을 그의 저작에서 수없이 강조하고 있다. 하나의 예만 들기로 하자.

> 수요와 공급이 일치하더라도 이 현상은 아무것도 설명하지 못한다. 왜냐하면 상품의 시장가치에 영향을 미치지 않기 때문이다. 따라서 특정 화폐량

---

* 『소련은 과연 사회주의였는가?』

으로 표현되는 상품가치가 왜 존재하는지 그 이유를 더욱 모르게 은폐한다.

—마르크스, 『자본론』 3권

가치를 설명하기 위해서는 수요 공급의 균형을 넘어서서 그 근원을 파악해야 한다. 가치법칙은 완벽한 경쟁이 지배하지 않더라도 작동한다. 이것이 마르크스의 주장이다.

그리고 클리프는 또 오류를 범하고 있다. 그는 가치법칙의 "부분적 부정(partial negation)"을 말한다. 그러나 부분적 부정이 말이 되는가? 어떤 것을 부정한다는 것은 그것의 완전한 대립물이 된다는 것을 의미한다. 그런데 그는 가치법칙의 "부분적 부정"이 "자본주의의 부분적 부정"이라고 말한다. 사실 그가 말하고 있는 것은 자본주의의 수정(modifications)이다. 그런데 자본주의가 수정되더라도 자본주의는 총체적 의미에서 여전히 자본주의이다. 그렇지 않다면 "부분적으로 부정된" 부분은 무엇이 된다는 것인가? 아직 알려지지 않은 확실치 않은 사회질서란 말인가? 독점의 도입이 자본주의를 수정하는 것은 사실이다. 그러나 수정된 이후에도 자본주의는 여전히 자본주의다. 그리고 클리프는 레닌을 잘못 인용했다. 참으로 불행한 일이다. 레닌은 자본주의의 부분적이든 아니면 무엇이든 자본주의의 부정을 말하고 있지 않다. 그렇다고 가치법칙이 "부정되고 있다"고 말하지도 않는다. 그는 자본주의가 "더 이상 순수하지 않다." 즉 더럽혀지거나 수정되었다고 말하고 있을 뿐이다.

그의 이런 오류들은 자체로만 보면 별 것이 아닐 수도 있다. 그러나 이러한 오류들이 애매하고 혼동된 결론을 이끈다는 데에 문제가 있다. 이것에 대해서는 소련 경제의 가치법칙 작동과 관련하여 설명하겠다. 여기서 한 가지만 더 짚고 넘어가자. 어떤 글을 인용할 때는 인용문이 자신의 주장을 지지하는 근거가 되기 때문에 인용한다. 즉 인용문이 실제로 어떤 주장의 근거가 되어야 한다. 클리프가 인용한 레닌의 글은 그의 가정과 똑같은 내용을 주장하고 있을 뿐 이 가정의 근거를 제공하고 있지는 않다. 이 경우 클리프는 레닌의 권위에 기대기만 할 뿐 자기 주장의 근거를 결코 설득력 있게 제시하지 못하고 있다.

다시 독점의 문제로 돌아가보자. 이 문제는 대단히 중요하다. 다른 문제들을 해결되는 데 도움이 되기 때문이다. 독점체가 시장을 장악할 경우 독점가격은 상당한 정도 독점체의 주관에 의해서 결정된다. 그러나 가격이 무한정 주관적으로 책정될 수는 없다. 엄연히 객관적인 한계가 존재하기 때문이다. 한 상품을 어느 독점체가 완전히 독점하고 있다고 치자. 이 경우는 극히 드물 것이다. 그러나 이 경우에도 독점체가 완전한 독점을 유지하며 제품 가격을 무한정 독자적으로 정할 수는 없다. 총수요에서 자신의 시장점유율을 높이기 위해 다른 생산업체와 경쟁해야 하기 때문이다. 따라서 결국 독점체도 경쟁을 하지 않을 수 없다. 더욱이 가치법칙은 클리프가 주장하듯이 경쟁을 통해서가 아니라 교환을 통해 작동한다. 따라서 독점체도 교환과정에 종속되지 않을 수 없다. 물론 완전경쟁의 상황에 비해서 독점체가 자본의 규모에 걸맞는 시장점유율을 확보할 가능성은 훨씬 높다. 그러나 이것도 경제의 비독점부문을 희생시킨 결과 위에서나 가능하다. 그리고 생산규모, 혁신, 새로운 상품의 개발 등으로 발생하는 생산성의 차이로 인해 독점체가 잉여이윤을 취하는 경우도 상당히 자주 발생한다.

클리프는 독점이론을 통해 국가자본주의 이론을 수립한다. 그리고 늘상 그렇듯이 인용문들을 제시하면서 자기 주장을 강화시킨다. 이번에 그는 힐퍼딩(Hilferding)을 인용한다.

> 독점체들이 경쟁을 철폐할 경우 이들은 객관적 가격법칙이 실현될 수 있는 유일한 수단을 제거한다. 가격은 이제 객관적으로 결정되지 않고 가격을 결정하는 자들의 의지와 의식에 의해 계산된다. 결과가 아니라 가정이 되며 객관적이 아니라 주관적이 된다. 자본집중 즉 독점적 합병에 관한 마르크스주의 이론은 현실로 나타난다. 그러나 이 현실은 곧바로 마르크스주의 가치 이론을 무력화시킨다.
>
> ……
>
> 이제 가격은 통제기능을 상실하고 분배 수단에 지나지 않는다. 경제 그리고 경제활동의 지수들은 국가에 의해 지배되어 그것의 종속물이 되어버린다.

경제현상에 대한 힐퍼딩의 통찰력이 어떻든 그는 확실히 여기서 오류를 범하고 있다. 독점은 주어진 영역에서 경쟁을 억제한다. 그러나 다른 수준에서는 더욱 치열한 경쟁을 불러일으킨다. 더욱이 경쟁을 억제하는 독점에 대해서 더 이상 자신 있게 얘기할 수 없게 되었다. 독점이 가격경쟁을 주기적으로 억제한다고 얘기하는 것이 더 적절하다. 시장을 완전히 장악하는 독점체는 거의 존재하지 않는다. 대신 여러 거대기업이 공동으로 시장을 장악한다. 마르크스의 용어로 과두제 지배가 된다. 경쟁을 종식시키기는커녕 이들 거대기업들은 시장점유율을 더욱 높이기 위해 자기들끼리 치열한 경쟁을 벌인다. 그리고 앞에서 얘기한대로 어느 독점체도 총수요 전체를 장악할 수는 없다. 전세계적으로 가장 규모가 큰 기업들도 세계시장 또는 일국시장 내에서 보았을 때 시장의 일부만을 점유할 뿐이다. 더욱이 힐퍼딩은 클리프와 똑같이 가치와 가격을 혼동하는 오류를 범하고 있다. 가격은 가치의 척도일 뿐 사회적 필요노동이 가치를 결정한다. 나무토막의 길이를 재기 위해 사용되는 자가 나무의 길이를 결정하는 것이 아닌 것과 같다. 힐퍼딩은 독점가격이 가치 결정 기능을 상실했다고 말한다. 그러나 이것은 거꾸로 전개된 논리이다. 독점체는 일정한 한계 내에서만 주관적으로 가격을 결정할 수 있을 뿐이다. 이 한계를 넘어설 경우 독점체는 시장에서 객관적으로 결정되는 요인들에 종속된다. 일정 수준에서는 독점가격이 개개 상품의 가치에서 벗어나 주관적으로 결정되는 것처럼 보인다. 그러나 이런 현상도 가치에 대한 왜곡에 지나지 않는다. 경제의 독점부문이 가격을 상향조정하면 할수록 비독점 경쟁부문은 가격을 하향조정할 수밖에 없다. 한 경제에서 창출되는 잉여가치는 제한되어 있다.

힐퍼딩과 클리프는 둘 다 가치법칙이 경쟁을 통해 표현된다고 생각하고 있다. 그러나 이것은 오류이다. 자유무역 시기가 자본주의 역사에서 상대적으로 짧은 에피소드에 지나지 않았다는 사실을 이들은 잊고 있다.

클리프의 방법론은 노동자 국가 즉 이행기 체제를 분석할 때 그 진면목이 드러난다. 한마디로 말하면 그의 방법론은 형식논리에 의존할 뿐 변증법과는 전혀 관계가 없다. 그는 대립물의 통일(unity of opposites)이나 모순의 총체성(contradictory totalities)을 인정하지 않는다. 그의 글을 살펴보자.

국가자본주의와 노동자 국가는 자본주의가 사회주의로 이행하는 시기의 두 단계다. 국가자본주의는 사회주의의 반대 극단이다. 이 둘은 완전히 대립하고 있으며 서로 변증법적으로 통일되어 있다.

—앞의 책

이 글은 단계라는 용어를 잘못 사용하고 있으며 단선적인 사고의 일단을 보여주고 있다. 단계란 본성상 중간적 존재를 의미하며 모순적이며 대립적인 현상이다. 더욱이 이 글은 형식과 내용을 혼동하고 있다. 노동자 국가는 과거 모순들의 종합이다. 국가 소유이면서도 독점자본주의의 요구에 종속된 국가자본주의적 소유형태를 철폐하고 부르주아지의 생산수단을 몰수했기 때문이다. 형식적 법률적 형태가 클리프를 헷갈리게 만들었다. 국가자본주의와 노동자 국가가 사회주의로 이행하는 두 단계라고 말했을 때 그는 자신이 사적유물론자가 아니라 경제결정론자임을 명확히 입증했다. 자본주의 체제가 혁명을 겪지 않고도 사회주의로 이행한다는 말이 아닌가. 클리프의 관점에서 보면 자본주의는 봉건제와 사회주의 사이의 한 단계에 '불과한 것'이 된다! 이런 식으로 단계를 말하는 것은 역사에 대한 조잡한 숙명주의, 운명주의에 불과하다.

게다가 국가자본주의가 사회주의로 나아가는 단계라면 독일의 철도산업을 국유화한 비스마르크와 미국 철강산업을 국유화한 윌슨의 조치들을 어떻게 설명해야 하나? 그들이 사회주의 혁명가란 말인가? 국가자본주의와 사회주의가 "완전히 대립하고 있으며 변증법적으로 통일되어 있다"고 말하는 것은 말장난에 지나지 않으며 변증법을 우습게 만들고 있다. 이 두 체제가 완전히 대립된 체제인 것은 사실이다. 그가 의미하는 바 국가자본주의는 자본주의적 관계들을 극단까지 밀어붙인 것이다. 자본주의하에서 이루어지는 국유화는 부르주아 지배를 약화시키는 것이 아니라 강화시킨다. 정치적으로 말하자면 사민주의 정부 하에서 이루어진 국유화는 노동계급에게 환상을 심어주는 역할을 했을 뿐이다. 경제적으로 말하자면 국유화로 인해 채산성이 없는 기업들이 국가에 의해 관리되면서 독점자본의 이해에 봉사하였을 뿐이다. 노동자 국가의 국유화 조치는 이러한 형태들을 더욱 진전시키고 있는 것으로만 보인다. 그러나 이 조치의 진짜 내용은 완전히 다르다. 이러한 조치를 취하는 국가의 성격은 변화된 계급 역관계를 표현하기 때문이다. 부르주아지는 생산수단을 몰수당하고 권력에서 추방된다. 노동자 국가는 발전단계 즉 과거와 직접 연결된 고리이기는커녕 과거와의 날카로운 단절이며 변증법적 비약이다. 변증법적 통일이 결코 아닌 것이다.

클리프와 그의 추종자들은 노동자 국가 쿠바와 자본주의 국가 이집트의 국유화를 같은 성격으로 보고 있다. 두 경우 모두 제국주의와의 투쟁에서 나타난 조치들이다. 그러나 이 조치의 결과는 두 나라에서 전혀 다른 계급 역관계를 표현한다. 나세르의 수에즈운하 국유화는 이집트 민족부르주아 계급을 강화시키기 위한 조치이다. 반면 쿠바의 국유화는 제국주의 자본을 몰수하는 것을 통해 집단적 계획경제체제인 쿠바의 노동계급 경제를 강화시키기 위한 조치다.

클리프는 계속 이렇게 말하고 있다.

> 노동자 국가에서 임노동은 더 이상 상품이 아니다. 노동자 국가에서의 노동력 '판매'는 자본주의 국가에서의 노동력 판매와 다르다. 노동자 국가에서는 노동자들이 개인으로 노동력을 판매하는 것이 아니라 집단 내에서 자신의 이익을 위해 자기 노동력을 이용하기 때문이다.
>
> —앞의 책

노동자 국가의 이행기적 성격을 이해하지 못하는 그의 무능력이 바로 여기에서 드러난다. 가치와 물질적 재부는 적대관계에 놓여 있다. 왜냐하면 모든 조건이 같을 경우 생산성의 증가는 생산된 상품의 가치를 하락시키기 때문이다. 즉 상품의 가치가 하락할수록 많은 상품이 생산되어 물질적 재부가 증가한다. 생산성의 증가에 따라 상품 하나를 생산하는 데 필요한 평균노동시간이 감소하므로 이 결과는 당연하다. 이행기 사회에서 가치와 물질적 재부 사이에 적대관계가 존재하는 이유는 또 있다. 상품의 상대적인 부족 때문에 생산성이 증가될 필요가 있다. 생산성이 증가되기 위해서는 생산수단에 더 많은 투자가 필요하다. 한편 개개 노동자들은 자신들의 물질적 재부를 증가시키려고 노력한다. 개개 노동자의 물질적 재부가 증가하려면 생산수단에 대한 투자를 될 수 있으면 적게 해야 한다. 이 두 요구 사이에는 모순이 존재한다. 이 모순이 존재하는 한 사회 전체의 재부에 대해 개개 노동자가 공헌하는 노동량과 이 재부에서 자신의 몫으로 가져가는 부분을 측정하는 수단이 존재해야 한다. 물질적 재부가 풍부하여 사회 성원 전체의 욕구를 전부 충족시킬 수 있다고 하자. 이럴 경우 공동의 재부에서 개개 노동자가 가져가야 할 재부를 분배하고 이 분배량만큼 노동을 강요할 필요가 존재하지 않는다. 이렇게 물질적 재부가 풍부한 사회에서 노동은 더 이상 노동이 되지 않고 개개인의 가능성을 실현하는 자유행위가 된다.

노동자 국가가 탄생한 지 얼마 안 되는 시점에서 노동자 각자가 생산수단과 맺고 있는 관계는 사회주의보다는 자본주의에 더 가깝다. 이것은 사회의 이행기적 성격 때문이다. 이 사회에서는 재부를 생산하는 노동자의 역할과 지배계급의 일원인 노동자의 역할 사이에 모순이 발생한다. 자본주의 사회에서는 이런 모순이 존재하지 않는다. 힘들게 재부를 생산하는 역할과 자본의 지배를 받는 계급의 일원으로서 갖는 역할은 전혀 충돌하지 않는다. 그러나 이행기 사회에서 그는 자신의 노동으로부터 여전히 소외되고 종속되지만 이제 새로운 지배계급의 일원으로서 이런 상태를 경험한다. 이것은 모순이다.

이행기 사회에서 노동자가 자신의 노동력을 사회에 판매하지 않는다는 클리프의 주장은 말도 안 된다. 그리고 자신의 노동력을 "자신의 이익을 위해" 사용한다는 말은 궤변에 지나지 않는다. 이 사회에서 상품교환은 과거와 마찬가지로 존재하며 소비재를 구하기 위해 노동자가 노동력을 판매하는 현상도 역시 마찬가지이다. 그리고 이러한 현상은 여전히 가치법칙 즉 사회적으로 필요한 평균노동에 의해 지배받는다. 비유를 들어보자. 노동조합 상근자는 집단체인 노동조합에 자신의 노동력을 판매하지 않는가? 집단에 속해 있는 노동자는 이 집단에 자신의 노동력을 판매하지 않는가? 양으로 측정될 수 있는 상품을 구입하기 위해 자신의 노동력을 판매하는 것을 통해서만 노동자는 집단의 이익을 위해 자기 노동력을 이용할 수 있다. 상품이 모두의 욕구를 충족시킬 수 있을 정도로 풍부해질 때까지 노동력으로 측정되는 가치는 여전히 상품의 분배를 결정할 것이다.

클리프의 혼란은 그가 생산수단의 집단적 소유와 노동력의 개인적 소유를 구별하지 못하기 때문에 발생한다. 노동력은 독특한 상품이다. 즉 개인적으로만 소유될 수 있으며 이것을 소유하고 있는 노동자와 분리될 수 없기 때문이다. 그런데 클리프는 한술 더 뜬다. 노동자 국가에서 노동력이 더 이상 상품이 될 수 없다고 말하더니 곧바로 이어서 노동자 국가에서 노동력의 판매는 자본주의에서 노동력의 판매와 다르다고 한다. 노동력이 더 이상 상품이 아니라면 그것은 더 이상 노동력이 아닌 것이다. 노동력이 판매되지 않을 경우 생산에 투여된 노동은 소외되고 유리된 노동이 아니라 노동자가 스스로 인간임을 확인하는 자발적 활동이 된다. 더 이상 강제적인 고역이 아닌 것이다. 그러나 이행기 사회에서는 이 강제가 여전히 존재하며 노동자는 자신의 노동이 아니라 노동력을 여전히 판매해야 한다. 클리프는 노동과 노동력의 범주도 혼동하고 있다.

자본주의를 타도하고 성립하는 이행기 사회에서 상품이 가장 오래 순환되는 부문은 바로 소비재 부문이다. 노동력이 개인적으로 소유되기 때문이며 계획경제를 담당하는 당국이 소비를 완벽하게 계획할 수 없기 때문이다. 이 부문에서 시장관계를 철폐하기 위해서는 언젠가 폐기될 엄격한 배급제를 실시하거나 모두의 욕구를 충족시킬 수 있는 풍부한 재부를 생산하거나 둘 중의 하나다. 이행기 사회는 전자를 통해 후자로 나아갈 수밖에 없다.

클리프는 노동자 국가의 경제를 전혀 이해하지 못한다. 이 체제의 이행기적 성격을 이해할 수 없기 때문이다. 그가 노동에 대해서 가지고 있는 사고는 물질적 재부가 사회성원 모두를 충족시킬 수 있는 사회주의에서만 통용될 수 있다. 이런 사회에서 노동력을 말하는 것은 아무 의미도 없다. 노동력은 다른 모든 상품과 마찬가지로 사용가치에 의해서 대체되기 때문이다.

클리프는 소련에서 가치법칙이 작동되는 현상을 발견하려고 한다. 그러나 이것을 찾을 수 없다. 이것은 큰 문제다. "이 체제가 모종의 자본주의 체제라면 가치법칙이 작동해야 한다. 그러면 이 법칙은 어디에 존재하는가?" 자본재 부문인 제1부문에는 가치법칙이 존재하지 않는다고 그는 생각한다. 맞다. 이 부문에서 국가는 가격을 회계적 장치로만 사용하고 있으며 자본재 시장이 소련 내부에 존재하지 않기 때문이다. 이 부문의 제품은 필요한 사용처에 정확하게 배분된다. 따라서 이 제품에 대해 '매겨지는' 가격은 회계적 장치에 불과하다. 그러나 스탈린이 나중에 알게 되듯이 이 가격은 자의적으로 매겨질 수 없다. 이 제품의 가치를 객관적으로 결정하는 요인이 존재하기 때문이다. 이 요인은 노동력의 구매에서 발생한다. 이 결과 생산가격이 결정되는 것이다. 그런데 클리프는 이 논리를 거부하고 임금재

(소비재) 부문 즉 제2부문에서도 가치법칙이 작동하지 않는다고 주장한다.

> 따라서 소련 경제 내부에서만 본다면 생산의 원동력이자 규제력인 가치법칙의 근원이 존재하지 않는다고 결론내릴 수밖에 없다. 마치 러시아는 중앙에서 직접 관리하는 거대한 공장과 같이 기업, 노동자, 고용주 국가 사이의 관계가 확립되어 있다. 모든 노동자들은 소비재를 일한 대가로 받고 이것을 소비하고 있는 것처럼 보인다.
>
> ─앞의 책

여기서도 클리프는 혼동하고 있다. 자본주의 공장에도 기술적 분업과 사회적 분업이 존재한다. 이 두 분업 유형 사이에는 커다란 차이가 존재한다. 전자는 기술에 의존하고 있으며 후자는 계급적 관계에 의존하고 있다. 자본주의 사회에서 노동계급은 생산수단을 소유하지 못하고 있다. 이것이 사회적 분업의 표현 형태다. 바로 이 분업이야말로 자본주의 사회를 특징짓는 근본 요인이다. 클리프가 암시하고 있듯이 기술적 분업이 근본 핵심이 아니다.

그런데 더 큰 문제가 있다. 가장 근본적인 작동법칙들 중의 하나가 존재하고 있지 않은 사회 체제를 클리프는 주장하고 있다. 이 주장의 과감성에 대해서는 경탄할 따름이다. 그러나 이 사회 체제가 어떤 체제이든 이 법칙 즉 가치법칙이 작동하지 않을 경우 소련은 자본주의 사회가 될 수 없다.

그러면 이 문제 중의 문제를 클리프는 어떻게 해결하고 있을까? 외국무역은 소련 경제의 아주 적은 부분에 지나지 않으므로 이것이 소련 경제에 가치법칙을 주입한다고 주장할 수도 없는 노릇이다. 여기서 그는 위대(胃大)한 발명을 해냈다. 즉 군비경쟁을 통해 가치법칙이 소련에 주입되고 있다는 것이다.

> 지금까지 (소련과 서방 자본주의 사이에서) 상업적 투쟁보다는 군사적 투쟁이 더 중요한 위치를 점해왔다. 국가 간의 경쟁이 주로 군사적 형태를 띠므로 가치법칙은 자신의 대립물, 즉 사용가치를 향한 투쟁으로 표현되고 있다.
> ……
> 국가는 군비를 받는 대가로 다른 상품을 제공하지 않는다. 경제 전체에서 거둔 세금과 대부금으로 군비에 드는 비용을 지불한다. 다른 말로 하면, 군

비의 부담은 경제 전체에 골고루 전가된다. 사용가치가 이제 자본주의 생산의 목적이 되었다.

......

현재 역사 단계를 표현하는 무정부적 세계시장을 가치법칙이 지배하고 있다. 이와 마찬가지로 러시아 경제 역시 가치법칙이 지배한다.

—앞의 책

클리프의 이 글에는 오류와 혼란이 사방에 널려 있다. 두 번째 인용문단에서 클리프는 자본주의 군비경쟁에 대해 언급하고 있다. 이 주장의 내용을 염두에 두고서 그의 사고를 검토해보자.

우선 가치법칙은 교환가치를 통해 표현된다. 이미 말했듯이 상품은 사용가치와 교환가치를 가지고 있다. 사용가치는 교환가치가 입고 있는 옷과 같다. 즉 상품이 시장에 등장할 때 구매자에게 필요한 사용가치가 있어야 한다. 상품에 체현된 사회적으로 결정된 평균필요노동량은 교환가치가 된다.

교환가치는 추상적 혹은 일반화된 노동이다. 상품의 상대적 교환가치를 결정할 수 있는 유일한 방법은 상품을 교환하는 것이다. 이러한 교환행위 과정에서 구매자들 사이에 그리고 판매자들 사이에 아니면 양자 사이에 경쟁이 일어날 수 있다. 그러나 이것은 필요불가결한 요건은 아니다. 경쟁이 없이도 상품이 판매될 수 있는 조건이 존재할 수 있다. 일시적 독점, 품귀, 구매력 저하 등의 상황이 이런 경우에 해당된다. 그런데 교환을 경쟁으로 대체하면서 클리프는 자기 스스로 만들어낸 딜레마를 이제 해결했다고 생각하고 있다. 그러나 그의 생각을 심각하게 받아들인다면 가치법칙이 경쟁을 통해 올림픽에도 작동하고 있다고 말해야 할 판이다! 클리프는 가치법칙을 과학적이고 객관적인 분석도구로부터 신비주의에 가까운 가장 저열한 주관주의적 도구로 끌어내리고 있다. 그의 사고를 다시 현실의 수준으로 끌어내리기 위해서는 한마디만 하면 족하다. 즉 침략의 위협을 받고 있는 어떤 노동자 국가도 무기를 생산할 필요가 있다는 상식 말이다. 이행기 체제의 경제 영역 바깥에 존재하는 가치법칙이 이 체제 내부로 이전되어 작동하고 있다고 클리프와 키드런은 주장한다. 따라서 이들은 지구상에 단 하나의 자본주의 국가만 존재해도 노동자 국가가 안정된 기반 위에 성립할 가능성이 없다고 이들은 말한다. 이들의 논리에 따르면 노동자 국가는 국방을 위해 무기를 생산하는 한 가치법칙의 지배를 받으며 국가자본주의 체제가 된다는 것이다.

둘째, 자본주의 체제가 이윤 추구 동기를 사용가치 생산 동기로 대체했다는 주장 역시 상상의 나래에 지나지 않는다. 교환과정에서 상품 구매자는 사용가치 즉 상품의 효용성을 추구한다. 그러나 모든 자본주의적 교환과정에서 상품 판매자는 잉여가치 즉 이윤을 실현하고자 하는 명확한 목표를 가지고 있다. 국가가 무기를 구매할 때는 구매자임으로 무기의 효용성을 추구한다. 그러나 무기 판매자가 이러한 효용성만을 제공하는 데 관심이 있다는 말인가? 이런 거래에서 이윤은 생기지 않는 것일까? 더욱이 무기 제조업자는 노동력을 구매했으므로 이로부터 잉여가치를 실현하려고 노력할 것이다. 물론 경제 전체가 무기구입에 드는 비용을 지불한다. 그러나 이 과정에서 누가 이익을 보며 누가 세금을 지불하는 다수를 이루고 있는가? 이제 생산이 시장 즉 수요에 의해서 결정된다고 마르크스주의자(?, !) 클리프는 주장한다. 그는 수요가 생산과 투자에 의해서 결정된다는 마르크스의 견해를 거꾸로 뒤집고 있다.

그리고 클리프가 주장하는 대로 가치법칙이 정말 소련 경제를 지배하고 있었는가? 이에 대한 해답은 간단하다: 전혀 그렇지 않다. 가치법칙이 소련을 지배했다면 소련 경제는 그렇게 대단한 성장을 기록할 수 없었을 것이다. 소련 경제가 가치법칙에 의해 지배되었을 경우 시장이 자원의 배분과 우선 품목의 주문 순위를 결정했을 것이다. 그러나 생산수단 부문인 제1부문에는 시장이 존재하지 않았다. 국가가 자본재를 직접 생산하고 배분하고 이용했기 때문이다. 이 모든 경제행위는 생산단계 이전에 이미 계획되어 있었다. 생산 이후 시장에 의해 조절되지 않았다. 만약 가치법칙이 소련 경제를 지배했다면 자본은 제1차 경제개발 5개년 계획 실시 초기에 가장 이윤이 높았던 부문인 소비재 산업, 농업으로 흘러들었을 것이며 이 결과 자본재는 수입에 의존할 수밖에 없었을 것이다.

물론 가치법칙은 무시되거나 잊혀질 수 없다. 최적 경제성장률을 달성하고자 하는 이행기 사회에서 가치법칙은 의식적으로 통제되어야 한다. 노동계급이 경제의 한 부문에서 다른 부문으로 가치가 이전되는 것을 명확히 인식할 수 있도록 아주 면밀한 회계를 운용할 경우 이것이 가능하다. 물질적 풍요의 단계에 도달하지 못한 채 노동생산성을 올리려고 애쓰는 사회에 대해 가치법칙은 당연히 압력을 행사한다. 노동자 국가가 이 가치법칙을 의식적으로 통제하기 위해 사용하는 가장 효과적인 무기는 계획과 외국무역 독점이다.

예를 들어 새로운 산업을 시작하기 위해 자본주의 국가로부터 노동자 국가가 기계를 도입해야 한다고 생각해보자. 기계를 도입하기 위해서는 외국돈이 필요하며 외국돈을 벌기 위해서는 상품을 수출해야 한다. 물론 금으로 수입대금을 결재할 수도 있다. 그런데 수출상품을 생산하는 비용이 국제시장가격보다 높을 경우에는 국가가 생산보조금을 지급해야 한다. 그런데 이것은 이 상품의 본래 가치보다 더 낮은 가치 즉 세계시장가격으로 이 상품을 수출해야 한다는 것을 의미한다. 이 상품에 대한 선진자본주의 국가들의 생산성이 월등히 높은 상황에서 이것은 어쩔 수 없다. 그러나 이 상품이 국가로부터 보조금을 받아 수출되려면 노동자 국가 경제 전체가 세금을 내야 한다. 결국 생산보조금만큼 더 많은 부담을 경제 전체가 안게 된다. 이렇게 해야 가치가 이 상품에 이전되어 국제시장의 가격으로 수출될 수 있다. 만약 국가가 외국무역을 독점하지 않을 경우 값싼 수입품이 국내로 들어와 높은 가치를 보유하고 있는 국산품을 몰아낼 것이다. 바로 이 이유 때문에 이행기 경제가 가치법칙을 통제하는 방법은 외국무역의 독점과 계획밖에 없다. 국내적 차원에서 이러한 통제는 계획을 수행하는 과정에서 이윤율은 낮되 사회적 우선순위는 높은 생산수단에 투자를 집중시키는 것을 통해 가능하다. 따라서 가치법칙이 압력을 행사하더라도 경제 전체를 지배할 수는 없게 된다. 이행기 사회에서 의식적 계획과 가치법칙은 서로 우위를 장악하기 위해서 싸우게 된다. 이 사회가 사회주의 체제로 나아가기 위해서는 시장이 종속되어야 한다. 그러나 물질적 풍요가 달성되기 전까지 시장은 철폐될 수 없다.

이러한 과정에 대해 그리고 이 과정이 소련 경제에 전개되는 방식에 대해 클리프는 전혀 무지하다. 소련이 10월 혁명 이전에 러시아를 지배하고 있던 후진성을 극복할 수 있었던 것은 바로 소련 경제가 가치법칙에 의해 지배당했기 때문이 아니라 가치법칙 자체를 통제했기 때문에 가능했다. 이 과정에서 엄청난 인적 손실이 발생했다 해도 이 사실은 변하지 않는다. 자본주의 초창기에 노동계급이 잔인하게 착취를 당한 상황을 클리프는 소련 노동계급이 경제성장 과정에서 당했던 희생적 상황과 동일시한다. 그러나 그가 영국의 산업혁명 과정을 제대로 이해하고 이것을 소련의 공업화 과정과 비교했던들 그는 양자의 발전과정이 서로 달랐다는 사실을 실감했을 것이다. 이 차이점은 시간의 격차에 의해서 설명될 수 없다. 각기 다른 계급이 역사적 상황 속에서 강요한 사회 유형에서 이 차이가 발생했다.

클리프는 "가치법칙과 경제위기"를 논의하기 위해 무려 29쪽을 할애했다. 이 과정에서 그는 관련 서적들을 친절하게 소개하고 있다. 부하린, 투간-바로노프스키의 저작을 단편적으로 소개하면서 경기침체와 침체 극복을 위한 경제 확대 방안을 개괄적으로 논술하고 있다. 이 과정에서 그는 경제위기를 1929년의 대공황과 명확하게 동일시하고 있다. 이제 우리는 그가 소련 경제와 관련하여 자신의 경제위기론을 전개할 것이라고 예상한다. 그러나 그렇지 않다. 무려 29쪽이 다 끝난 지점에서 그는 이렇게 이 사안을 비켜간다.

지금 세계정세로 볼 때, 전시경제 '해법'이 소련 관료집단에게는 경제 유지의 유일한 편의책인 것처럼 보인다. 사회주의 또는 야만주의가 정통 자본주의이든 국가자본주의이든 이들 자본주의 체제에 내재해 있는 모순들을 해결할 때까지 말이다.

—앞의 책

소련을 '자본주의' 체제라고 규정한 그가 어떻게 이런 근본 문제를 회피할 수 있는지 이해하기 어렵다. 일관된 이론을 제시하고 있다고 주장하는 그가 이 문제를 슬쩍 피하면서도 어떻게 자기 이론의 신빙성을 주장할 수 있는지 역시 이해하기 어렵다. 소련에서 '경제위기'가 어떤 형태를 띨 것인지에 대해 클리프는 단 한 번도 주장을 펴려고 하지 않는다. 실업, 주기적 경제파동, 이윤율의 저하, 잉여자본, 자본수출 등 마르크스주의 경제학의 기준으로 볼 때 소련은 자본주의 체제가 될 수 없다. 국가자본주의 이론을 이리도 오래 주장한 클리프가 이제는 이 문제들에 대해서 결론을 내릴 수 있을 것이라고 우리는 기대해 왔다. 그러나 사태는 전혀 다르다. 이 문제들과 씨름

하는 대신 역사가 이 문제들을 해결할 것이라는 말로 클리프는 이 문제들을 간단히 무시한다. 대단한 이론이다!

언뜻 보면 클리프의 이론은 대단히 인상적이다. 그러나 꼼꼼히 검토하면 그의 이론은 인용문들을 무수히 연결시켜놓은 절충적 사고의 표현에 지나지 않는다. 변증법과 이행기 사회에 대한 이해 부족은 그가 이렇게 이론적으로 실패한 핵심 이유에 속한다. 그는 사물을 흑백으로 즉 형식논리를 통해서만 인식한다. 변증법이 없는 마르크스주의 이론은 스프링이 빠진 시계와 같다고 트로츠키가 말한 적이 있다. 이 말은 클리프에게 딱 들어맞는다. 클리프의 '시계'는 몇십 년이 지난 지금도 똑같은 시간을 가리키고 있다. 그의 이론이 발명된 시기는 혁명적 사회주의 운동이 후퇴하고 고립되었던 때였다. 당시 공산주의운동은 스탈린주의라는 빙하에 갇혀 있었다. 그리고 제국주의 세력은 더 없이 강력해 보였다. 클리프류의 절망적인 이론이 이때 발명된 것은 하나도 이상할 것이 없다. 그의 이론은 절망의 이론이다. 이 점은 너무도 분명하다. 그에 의하면 국제혁명의 승리 하나 하나는 국가자본주의의 승리에 불과하다! '관료집단'의 승리에 너무 눈이 박힌 나머지 제국주의 세력의 패배는 그에게 반 정도 잊혀진 현실이 되어버렸다.

클리프가 자신의 이론을 처음 개진했을 때 당시 상황은 예외적이라고 생각되어졌다. 그의 주장에 의하면 소련의 후진성과 고립이 '국가자본주의' 체제 전개의 주요한 요인이었다. 그러나 그때 이후 중국, 쿠바, 베트남 등지에서 혁명이 성공했다. 그런데 이런 거대한 사건들이 그에게는 예외적인 현상으로 비추어진 모양이다. 당시는 그에게 예외가 규칙이 되는 그런 시대였던 모양이다. 정말 대단히 암울한 전망이 아닐 수 없다.

## 통계수치의 사용에 대하여

클리프의 이 저작은 사실과 관련된 자료들을 많이 인용하고 있기 때문에 대단히 인상적이다. 책장을 넘길 때마다 '완고한 자료들'이 나타나면서 확고하게 논리를 전개한다. 자료의 양과 학자와 같이 꼼꼼한 주석달기에 거의 어안이 벙벙할 지경일 것 같지만 사실은 그렇지 않다. 좀 더 꼼꼼하게 이 자료들을 들여다보면 자료의 신빙성이 의심가기 시작한다.

33쪽에서 클리프는 소련에서 소비가 축적에 종속되는 현상을 논의하기 시작한다. 그는 이렇게 말한다. "자본주의 체제에서 대중의 소비는 축적에 종속된다." 그리고 이것이 "기본적인 관계"라고 말하면서 이 주장을 강조한다. 그리고 한 세트의 수치들을 제시하면서 이러한 종속이 소련에서도 지배적이라고 주장한다.

총생산량에서 차지하는 생산수단(A)과 소비수단(B)의 비율

|   | 1913년 | 1927~8년 | 1932년 | 1937년 | 1940년 | 1950년 |
|---|--------|----------|--------|--------|--------|--------|
| A | 44.3 | 32.8 | 53.3 | 57.8 | 61.0 | 68.8 |
| B | 55.7 | 67.2 | 46.7 | 42.2 | 39.0 | 31.2 |

이 간단한 표는 많은 것을 지적하게 만든다. 우선, 총생산량을 통해 밝힐 수 있는 것은 거의 없다. 생산수단에 대해서는 순수치를 알아야 한다. 즉 순수치가 있어야 새로 축적된 생산수단의 규모가 어느 정도인지를 알 수 있다. 둘째, 이 표에서 1913년 수치는 클리프의 주장을 반박하고 있다. 그는 자본주의 사회에서 소비가 생산수단의 축적에 종속된다고 했다. 그러나 이 수치에서는 생산수단에 대한 비율이 더 적다. 따라서 이 수치에 따르면 1913년 러시아는 자본주의 국가가 아닌 셈이 된다! 셋째, 사용되고 있는 범주의 성격에 대한 설명이 전혀 없다. 이 수치들은 가치를 계산한 것인지 가격을 계산한 것인지 알 수 없다. 일반화된 용어만 나와 있을 뿐 이 용어를 규정하는 조건이 없다. 마르크스는 생산의 두 부문 즉 생산수단 부문과 소비수단 부문을 매우 추상적인 방식으로 사용했다. 그런데 클리프는 훨씬 낮은 추상의 수준에서 이 범주들을 사용하고 있기 때문에 혼란을 발생시킨다. 이것은 범주에 익숙하지 않은 사람들에게 깊은 인상을 남길 수 있으나 엉터리 방법론을 드러내고 있을 뿐이다. 자본주의와 소비의 종속에 대한 클리프의 규정은 너무 애매하여 전혀 의미가 없다. 어떤 사회든지 새로운 축적은 소비의 축소를 의미한다. 소비될 수 있는 부분이 소비되지 않은 채 생산수단에 투여되기 때문이다. 더욱이 이미 소진된 생산수단을 대체하기 위해서 소비를 희생시키지 않는다면 어떤 사회도 살아남을 수 없다. 수확된 밀의 일부를 봄에 파종하기 위해 소비하지 않는 농부 역시 자신의 소비를 축적에 종속시키

고 있는 것이다. 자본주의에 대해서 얘기한다고 한 후 클리프는 초역사적 범주를 제시하고 있다. 따라서 그의 주장은 전혀 알맹이가 없다.

소비를 축적에 종속시킨다는 주장을 계속하기 위해서 클리프는 수치를 계속 늘어놓는다.

> 소련에서 개인적으로 소비할 수 있는 면제품의 일인당 수치는 1927 · 8년의 15.2미터에서 1940년의 10미터 이하로 떨어졌다. 1937년 영국의 수치와 비교하면 이 수치가 얼마나 하락했는지를 알 수 있다. 영국에서는 일인당 60평방미터의 면제품이 생산되었다.
>
> —앞의 책

여기서 클리프는 너무 황당한 실수를 하고 있다. 그는 서로 비교할 수 없는 수치들을 비교대상으로 하고 있다. 모든 산출량이 소비되는 폐쇄된 사회를 상정하지 않는 한 소비량과 산출량을 비교할 수는 없다. 더욱이 1930년대에도 영국의 면제품은 수출되고 있었으므로 총산출량은 국내 소비량에 대해서 아무것도 말할 수 없다. 소련에 비해서 당시 영국의 국내 소비량은 많을 수도 적을 수도 있다. 그러나 이것을 클리프가 제시하는 수치로는 알 수가 없다. 이 사실을 그는 잊어버리고 있다. 마지막으로 그는 미터를 평방미터와 비교하고 있다. 미터와 평방미터가 같은 것이라면 이 사실을 명시해야 하지 않을까?

주택문제를 비교할 때도 클리프는 똑같은 오류를 반복하고 있다.

> 1923년과 39년 사이 16년 동안 러시아 도시의 주택면적은 1억 660만 평방미터밖에 증가하지 않았다. 1925년과 8년 사이 4년 동안 잉글랜드와 웨일즈에서 7천만 평방미터 이상의 총건평이 건축되었다.
>
> —앞의 책

여기서도 서로 비교할 수 없는 단위들이 비교되고 있다. 러시아의 경우 농촌과 기타 비도시 지역의 주택은 제외되어 있다. 반면에 잉글랜드와 웨일즈의 경우는 이 두 경우가 다 포함되어 있다. 더욱이 소련의 농촌인구는 잉글랜드와 웨일즈의 경우보다 절대적으로나 상대적으로 훨씬 많다. 따라서 사태를 제대로 파악하기 위해서는 소련의 농촌지역까지 포함시켜서 계산해야 한다. 주택문제에 대해서 그는 계속 이렇게 말하고 있다.

> 4평방미터의 생활공간이 어느 정도인지 실감하기 위해서는 영국의 경우 새로운 주택의 경우 최소한 550~950평방피트, 즉 방 하나당 51~88평방미터 정도의 넓이가 나온다는 것을 생각하면 된다.
>
> —앞의 책

그러나 클리프 자신의 수치에 의하면 부엌, 욕실, 홀 등은 4평방미터 안에 포함되어 있지 않다. 그래서 이러한 공간들이 포함될 경우 수치는 4평방미터를 훨씬 넘을 것이다. 물론 이 정도의 공간은 영국의 기준으로 보면 빈약할 것이다. 그렇지만 왜 두 가지 다른 기준들을 들이대면서 실제보다 상황이 더 나쁜 것처럼 포장하는 것일까? 그는 주택을 협소하게 규정된 생활공간과 비교하고 있다.

이러한 엉터리 수치 비교는 다른 곳에서도 발견된다. 예를 들어 35쪽에는 비교를 위해 두 지수가 제시된다. 그러나 이것들은 기준년이 서로 다르다. 결국 주장하는 바를 입증하기에는 전혀 쓸모가 없다.

소련의 노동자와 농민들은 제1차 5개년 계획 수행 기간 동안 엄청난 희생을 감수해야 했다. 이 점은 의심할 여지가 없다. 그리고 생활수준이 하락한 것도 의심할 수 없다. 그러나 문제는 이것이 아니다. 문제는 통계수치를 잘못 다루면서 자신의 주장을 강화시키려고 해서는 안 된다는 것이다. 결국 클리프가 제시하는 증거의 많은 부분은 의심받지 않을 수 없다. 단순한 수치들에 대해서도 오류를 저지르는 만큼 그가 좀 더 복잡한 수치들에 대해서 오류를 범할 가능성은 그만큼 큰 것이다. 그러나 그가 제시하는 수치들의 제1차 자료를 입수할 수 없는 상황에서 그가 이것들을 얼마나 올바르게 사용하고 있는지 알 수 없는 노릇이다.

# 소련은 왜 자본주의가 아닌가?

Why the USSR is not Capitalist?

스파르타쿠스동맹★1977년

1917년 10월 볼셰비키 혁명이 성공한 이래 소련의 사회 성격을 둘러싼 이견들은 국제노동자운동 내부의 조직적 정치적 분립을 결정하는 가장 중요한 문제가 되어왔다. 10월 혁명 직후 사민주의자들은 레닌의 소비에트 정부를 부르주아 민주주의로부터의 역사적 후퇴라고 규정하면서 이 체제를 비난했다. 이미 1919년에 카우츠키는 소련을 관료들로 구성된 '새로운 계급'이 지배하는 '국가자본주의 체제'라고 선언했다.

이로부터 몇 년 후 특히 크론슈타트 봉기를 이유로 무정부주의자들은 볼셰비키 혁명에 대해 실망하기 시작했다. 이들은 레닌의 중앙 집중주의 정권을 '당 독재'라고 비난하고 국가가 모든 사회적 억압의 근원이라는 바쿠닌의 명제를 반복했다. 그리고 1921년 신경제정책(New Economic Policy)이 도입되고 스탈린에 의해 당과 소비에트가 관료화되기 시작하자 제3인터내셔널(코민테른) 내부의 초좌파 분자들 특히 네덜란드의 고터/판네코크 그리고 독일공산주의노동자당(KAPD) 등은 러시아에 자본주의가 복귀했다고 결론 내렸다.

1930년대에 레온 트로츠키는 소련이 관료적으로 퇴보한 노동자 국가라고 규정했다. 집단적 계획경제는 노동계급적이며 반(反)자본주의적인 소련 국가의 성격을 나타낸다. 스탈린의 전체주의 테러 통치는 기생적 관료층에 기초하고 있다. 사회주의로의 길을 열기 위해서는 후자가 노동계급에 의해 타도되어야 한다. 노동운동 내부에서 스탈린 체제에 반대하는 세력들 가운데 트로츠키주의자들만이 소련을 질적으로 기형화되기는 했지만 노동계급

274

독재의 계속된 표현으로 간주했다.

제2차 제국주의 세계대전 직전에 '러시아 문제'를 둘러싼 국제좌익의 기본 정치지형은 각 경향들이 나름의 특징적인 이론을 동원한 가운데 좀 더 안정적으로 정착했다. 이로 인해 새로 형성된 정치 조직들은 기본 정치 경향들 가운데 하나를 선택할 수밖에 없었다. 예를 들어 맥스 섁트먼과 토니 클리프 등 트로츠키주의 제4인터내셔널에서 우경화하면서 분립한 경향들은 사민주의 진영으로 표류해 들어갔다. 좌경화하면서 분립한 제이 알 잔슨과 그란디조 무니스 등은 이름만 제외하면 무정부주의적 조합주의자가 되었다.

러시아 문제를 둘러싸고 1930년대에 확립된 국제좌익의 정치적 이론적 분립은 소련이 '국가자본주의 체제'라는 주장을 지금 새로이 수용한 마오쩌둥주의자들에 의해 혼란스러워졌다. 1971년 이후 중국은 브레즈네프 치하의 소련에 맞서 실제적으로 미 제국주의와 동맹했다. 그러면서 소련이 '사회제국주의 초강대국'이 되어 자본주의 국가들보다 '더 위험하다'고 주장하면서 자신의 정책을 정당화한다. 소련이 계급 착취에 기초한 사회라는 견해를 현재 가장 공격적이고 히스테리하게 주장하는 세력은 사민주의자나 무정부주의적 조합주의자가 아니라 정통 스탈린주의를 자처하는 마오쩌둥주의자다.

소련을 '국가자본주의 체제'라고 비난하는 마오쩌둥주의자들을 보면 아이러니를 느끼지 않을 수 없다. 좌익 일부는 스스로가 스탈린주의의 가장 비타협적인 적이라고 자칭하면서 트로츠키주의자들이 스탈린주의에 유화적인 태도를 보이고 있다고 비난해왔다. 그런데 가장 강경한 스탈린 숭배자인 마오쩌둥주의자들이 이제 이들의 주장을 반복하고 있다. 마오쩌둥주의자들은 스탈린 체제를 비난한 카우츠키와 자유주의자들의 주장을 거의 그대로 본떠서 브레즈네프 치하의 소련을 공격하고 있다.

사실 좀 더 절충적인 신좌익 마오쩌둥주의 지식인들은 자신들의 빈약한 이론적 무기를 보강하기 위해 사민주의자들의 수정주의도 기꺼이 끌어들이려 한다. 안토니오 카를로는 '중국식 사회주의 건설의 길'을 추종하는 이탈리아인인데, 그는 스탈린 치하의 러시아가 "관료적 집산주의 체제"였다고 주장한다(「소련의 사회·경제적 성격」, 《텔로스》, 1974년 가을). 학술적이면서도 마오쩌둥주의에 어느 정도 동조하고 있는 《먼슬리리뷰》의 편집자 폴 스위지에 공감하는 어떤 이는 소련의 관료집단이 지배계급이기는 하지만 소련이 자본주의 체제라고는 생각하지 않는다. 그는 섁트먼과 루돌프 힐퍼딩의 분석이 좀 더 적절하다고 암시한다.

> 소련과 동구권처럼 계층화되고 관료적 계획경제가 실시되는 사회는 계급 사회다. 마르크스가 무덤에서 일어나 걸어 나오더라도 이렇게 말할 것이다. 마르크스주의자들은 계획경제가 실시되는 이 사회들을 다양한 방식으로 규정해왔다. 관료적 집산주의(섁트먼), 전체주의 국가(힐퍼딩), 국가 사회주의(나빌) 등이 이것이다. 이 사회들에 대한 올바른 규정이 무엇이든 한 가지 특징은 명확하다—관료집단은 계급이다."
> —로스 갠디, 「소련의 사회 성격에 대해 더 언급하다」, 《먼슬리리뷰》, 1976년 3월

소련이 계급 사회라고 주장하면서도 어떤 종류의 계급 사회인지를 모르는 저술가의 과학적 가치에 대해 우리는 논평할 생각이 없다.

소련의 사회 성격에 대해 기존의 사민주의자와 무정부주의 조합주의자들이 마오쩌둥주의 스탈린주의자들과 이론적으로 수렴이 되는 현상은 트로츠키주의자들에게는 전혀 놀랍지 않다. 러시아 문제에 대한 다수의 논쟁적 글들에서 트로츠키는 스탈린과 그를 계급 착취 사회의 지배자로 비난하는 자들 사이에는 방법론적 유사성이 있다고 지적한 바 있다. 예를 들어 이 문제에 대해 트로츠키가 최후로 전개한 주장들 가운데 이런 대목이 있다.

> 섁트먼은 제4인터내셔널의 현재 노선뿐 아니라 과거의 노선도 수정하고 있다. 우리가 스탈린에 반대하고 있으므로 소련에 대해서도 반대해야 한다는 것이 그의 주장이다. 그러나 이 주장은 스탈린이 오랫동안 우리를 공격한 논리이다. 다만 섁트먼은 아주 최근에야 이렇게 주장했다는 차이가 있을 뿐이다. 스탈린의 정책을 거부하면서 섁트먼은 완전하고 분리될 수 없는 패배주의에 빠져 들어가고 있다.
> —「곪힌 상처가 도져 몸이 썩어 들어가다」, 1940년

스탈린과 섁트먼은 지배 정당이나 지배 집단의 정치적 성격과 국가로 대변되는 사회지배계급을 동일시하는 공통점을 가지고 있다.

개별적으로 다른 점이 있으면서도 주장들이 서로 중첩되는 '국가자본주의' 경향은 사민주의, 무정부주의적 조합주의, 그리고 이제 마오쩌둥식 스탈린주의로 명확히 구분된다.

## 사회민주주의적 자유주의와 경제주의

예상할 수 있듯이 소련이 '국가자본주의 체제'라고 처음 주장한 세력은 사민주의자들이었다. 러시아가 너무 후진적이어서 자본주의보다 더 발전한 사회주의를 지탱할 수 없다는 카우츠키/멘셰비키의 교조에서 이 주장은 논리적으로 도출되었다. 레닌 치하의 러시아가 자본주의 체제였다는 주장은 제2인터내셔널이 주창했던 개량주의 세계관의 필연적 부분이었다.

1919년에 저술된 카를 카우츠키의 논쟁적 저작 『테러주의와 공산주의』는 이후 사민주의자들이 펼친 기본 주장들을 전부 선보이고 있다. 이들은 소련이 부르주아 민주주의 체제보다 사회주의에서 더 멀어진 체제라고 비난했다. 카우츠키는 민주주의를 부르주아 의회주의와 동일시하면서 노동자 소비에트의 통치 체제 자체가 사회주의 원칙에 위배된다고 비난했다. 그는 레닌 치하의 러시아를 '국가자본주의 체제'로 규정하고 이 체제가 차르 체제보다 노동자들에게 더 해롭다고 주장했다.

따라서 산업을 구출하기 위해 관료들의 새로운 계급이 형성되어 노동자들을 지배해야 했다. 이 새로운 계급은 모든 실질적인 통제력을 장악한 후 노동자들의 자유를 단순히 환상에서만 존재하는 자유로 변모시켰다. ……
구 관료집단의 절대주의는 새로운 그러나 결코 개선되지 않은 형태로 소생했다. 그리고 이 절대주의와 함께 자본주의의 새로운 씨앗들이 형성되고 있다 …… 이 체제는 과거의 산업자본주의보다 훨씬 낮은 수준에 있다. 더 이상 존재하지 않는 것은 오랜 봉건적 장원일 뿐이다. 러시아의 현실은 이것을 철폐할 정도로는 무르익었다. 그러나 자본주의를 철폐할 정도로는 무르익지 않았다. 자본주의가 이제 소생하고 있다. 다만 자본주의의 이 형태는 과거의 형태보다 노동계급을 더 억압하고 더 해친다 …… 산업자본주의는 민간 자본주의에서 이제 국가자본주의로 변모했다. 과거에 국가 관료들과 민간 자본의 관료들은 서로 직접 적대하지는 않았으나 종종 매우 비판적이었다 …… 그러나 현재 국가와 자본가의 관료집단은 하나의 체제로 통합되었다. 이것은 볼셰비키당이 초래한 거대한 사회주의 격동의 최종적 결과이다. 이 체제는 지금까지 러시아가 겪었던 모든 형태의 전제 가운데 **가장 억압적이다.** (강조는 인용자)

볼셰비키당이 정권을 장악한 지 채 2년도 되지 않은 시점에 '배신자 카우츠키'는 이렇게 주장했다. 이 주장에 기초해서 이후 국가자본주의의 모든 이론들이 구축되었다. 이 사실 자체는 '국가자본주의' 이론이 가지고 있는 개량주의적 전제를 웅변하고 있다.

　1929년 스탈린이 공업화 캠페인을 시작하자 사민주의 이론가들은 자신들의 '의회민주주의를 통한 사회주의의 길' 입장에 다른 내용을 하나 더 첨가시켰다. 스탈린이 생산재에 불균형적으로 자원을 집중시키고 공업화를 가속화시키자 러시아 대중의 생활수준은 급격히 하락했다. 그러자 사민주의 대변인들은 러시아를 '자본주의 체제'라고 선언했다. 노동자의 임금을 희생시켜 자본 축적을 최대화시켰다는 것이다.

　'스탈린의 공업화가 곧 자본주의이다'라는 주장을 가장 먼저는 아니더라도 가장 두드러지게 주장한 자는 토니 클리프다. 영국의 국제사회주의자 그룹을 주도하고 있는 그는 트로츠키주의를 배신한 자다. 그의 사기성이 농후하며 경제주의적인 국가자본주의 이론에 대한 포괄적인 설명은 「국가자본주의 이론의 반(反)마르크스주의—트로츠키주의에 입각한 비판」을 참고할 수 있다.

　근본적으로 '축적이 곧 자본주의다'라는 주장은 사적으로 소유되는 상품이자 생산수단인 자본과 물리적인 생산수단을 동일시하는 노동자주의 참주선동이다. 1875년에 저술된 마르크스의 「고타 강령 비판」은 노동자 국가의 성격과 조직을 설명한 고전적 저작이다. 이 글에는 "모든 노동자들은 '노동의 감소되지 않는 성과'를 분배받아야 한다"는 라쌀레의 사고를 비판하는 부분이 있다. 여기에서 마르크스는 명확히 설명했다: 생산물이 소비되고 난 후 남는 잉여물의 일부는 생산수단을 증대시키기 위해 투여될 것이다.

노동생산물의 의미에서 '노동의 성과' 라는 말을 우선 검토해보자. 그렇다면 협동을 통한 노동의 성과가 사회적 생산물 총량이다. 이로부터 다음이 공제되어야 한다:

우선 사용된 생산수단의 감가상각 부분.

둘째 **생산의 증대를 위한 생산수단 증가분.** (강조는 인용자)

생산수단의 축적은 **모델로 제시된** 노동자 국가의 강령적 규범이다. 그렇다면 **제국주의 세력에 포위된 후진** 노동자 국가에게는 생산수단의 축적이 더욱더 중요하고 급격하게 성취되어야 할 당면 과제다.

1930년대 후반에 스탈린은 잠재적 반대 세력을 제거하기 위해 당과 군부를 대대적으로 숙청했다. 이 사건은 '전체주의 국가' 의 등장에 초점을 맞춘 새로운 이론들을 촉발시켰다. 이 이념적 전통은 조지 오웰의 소설 『1984년』이 표현한 무한대의 역사 비관주의로 그 절정에 치달았다. 스탈린의 숙청은 합리적 경제 목표에 무관심한 전능하며 자의적인 국가권력의 존재를 대표하는 것처럼 보였다. 러시아는 거대한 강제수용소가 된 것 같았다.

제1차 세계대전과 제2차 세계대전 사이의 시기에 사민주의 진영의 가장 뛰어난 이론가였던 루돌프 힐퍼딩은 이렇게 주장했다: 스탈린 치하의 러시아는 기존의 마르크스주의 이론과 범주들이 전혀 예상하지 못한 새로운 역사 현상이다. 1940년에 저술한 에세이에서 그는 소련이 '국가자본주의 체제' 라는 주장을 멋지게 비판했다. 또한 그는 관료집단이 지배계급이라는 주장 역시 확실히 반박했다: 관료집단을 구성하는 관료 개개인은 생산 잉여의 명확한 부분을 전유하거나 심지어는 위계질서 내에서 자신이 누리는 지위를 유지할 제도적 수단을 가지고 있지 않다. 그는 올바르게 이렇게 주장했다: 소련의 관료집단은 "나머지 인민들과 마찬가지 정도로 정부에 종속되어 있다." (「국가자본주의 경제인가 아니면 전체주의국가 경제인가?」, 『사회주의에 대한 핵심 저작들』, 1970년)

힐퍼딩은 기본적으로 무정부주의 국가관으로 퇴행했다. 그에 따르면 국가는 사회를 지배하는 독자적 기관이다. 그는 '국가권력은 경제생활의 핵심집단 즉 계급의 소유를 방어한다' 는 마르크스주의 국가관을 거부하고 있다. 그는 아는 것도 많을 뿐더러 정직했기 때문에 마르크스주의 국가관에 대한 자신의 수정주의 사고를 명확히 드러냈다.

현재의 국가권력은 독자성을 성취했기 때문에 자기 나름의 법칙에 따라
자신의 엄청난 힘을 과시하면서 사회 세력들을 종속시키고 이들로 하여금
단기적이든 장기적이든 국가의 목적에 봉사하도록 강요하고 있다. 이 점을
마르크스를 추종하는 종파주의자들은 이해할 수 없다.
따라서 러시아든 전체주의 일반이든 이들 체제의 성격은 경제적 성격에
의해 결정될 수 없다. 이와 반대로 지배 권력의 정책에 의해 결정되고 이 권
력의 목적에 종속되는 것은 바로 경제이다. 부르주아 국가의 경우와는 달리
전체주의 권력은 경제나 이 경제를 지배하는 계급을 위해 존재하지 않으며
경제를 집어 삼키면서 이 위에 군림한다.

—앞의 글

이 시기에 등장한 '관료적 집산주의' 이론도 힐퍼딩의 '전체주의 국가' 이
론과 아주 유사한 논리를 가지고 있다. 1939년에 『세계의 관료화』를 저술한
이탈리아의 브루노 리치는 한때 트로츠키주의자였는데 관료적 집산주의의
원조가 되었다. 힐퍼딩과 마찬가지로 리치는 스탈린 체제를 파시즘의 등장
과 동일시했으며 사민주의자 힐퍼딩과는 달리 스탈린 체제를 루즈벨트의
뉴딜 체제와 동일시했다. '관료적 집산주의'는 세계사적인 현상으로 자본
주의 생산의 무계획성에 대한 합리적 해결책으로 간주되었다.
'관료적 집산주의'는 미국에서 트로츠키주의를 배신한 맥스 섁트먼에
의해 계승되고 대중화되었다. 제2차 세계대전을 통해 파시스트 강대국들이
패배하자 그는 갈수록 확신에 차 이렇게 결론지었다: '관료적 집산주의',
즉 스탈린 체제는 부르주아 민주주의보다 사회주의 미래에 더 큰 위협이다.
따라서 그는 불가피하게 미국 공식 사민주의의 광신도적인 반공 노선으로
이끌려 들어갔다.
1930년대 후반에 등장한 전체주의 국가 이론들은 스탈린의 러시아가
나치 독일처럼 가장 선진적인 부르주아 민주주의로부터 퇴행한 역사적 산
물이라고 명시 또는 암시했다. 이 점에서 이 이론들은 모두 사민주의 전통
위에 서 있다.

# 무정부주의적 조합주의의 반동적 공상

소련에 대한 무정부주의적 조합주의에 대해 살펴보자. 이때 고전적인 바쿠닌주의를 신봉하는 무정부주의 경향과 레닌의 코민테른을 지지하면서 마르크스주의자를 자처한 초좌익 공산주의 경향을 구별하는 것이 유용하다.

전통적인 무정부주의적 조합주의자들은 볼셰비키당이 생산수단의 국가 소유와 경제 중앙 집중주의 등 마르크스주의 노선을 이행하자 이를 비난했다. 1970년에 저술된 모리스 브린튼의 『볼셰비키당과 노동자에 의한 생산의 통제, 1917~1921년』은 레닌 치하의 러시아에 반대한 무정부주의적 조합주의자들의 주장을 효과적으로 다시 표현한 최근 저작이다. 충실한 연구와 상당히 객관적인 시각을 장점으로 한 역사 시론인 이 저작에서 브린튼은 올바르게 이렇게 주장한다: 볼셰비키당은 언제나 중앙 집중적 경제운영을 목표로 했으며 이들이 1917년과 1918년 시기에 노동자의 자주관리를 조심스럽게 수용한 것은 상황적 요인에 따른 전술적 목적 때문이었다.

그러나 브린튼은 기본적으로 마르크스 이전의 사상적 조류에 공감하고 있기 때문에 소련 사회의 구체-특수성과 레닌, 스탈린, 브레즈네프로 이어지는 이 사회의 발전 상황에 무관심하다. 그와 그의 동료인 무정부주의적 조합주의자들은 계급을 정치적 경제적 행정가 집단으로 단순하게 규정한다. 달리 표현하면 이들에게 사회는 기본적으로 명령을 내리는 집단과 명령을 따르는 집단으로 구분되어 있다.

> 또한 우리는 이렇게 주장한다: 생산관계를 혁명화하지 않고도 생산수단의 소유는 바뀔 수 있다; 예를 들어 개인 소유에서 집단적으로 이것을 소유하는 관료집단으로 생산수단이 이전될 수 있다. 이렇게 되면 …… 사회는 여전히 계급사회가 될 것이다. 왜냐하면 생산자들 자신이 아닌 대리인들에 의해 생산이 관리되기 때문이다.
>
> ―앞의 책

브린튼과 그의 동료들의 최종 목표는 인류를 경제적 궁핍과 고된 노동에서 해방시키는 것이 아니라 생산현장에서 위계적 관계를 제거하는 사소한 것이다.

노동자의 생산 관리는 생산자들이 생산과정을 완전히 장악하는 것을 암시한다. 이것은 우리에게 주변적이고 사소한 문제가 아니다. 이것은 우리 노선의 핵심이다. 이것은 생산에서 명령을 내리고 받는 권위주의적 관계가 극복되고 자유로운 공산주의 또는 무정부주의 사회가 도입될 수 있는 유일한 방법이다.

—앞의 책

이런 유형의 단순한 자유지상주의는 산업사회 이전 '자유로운' 장인의 지위로 되돌아가려는 공상적 소망에 불과하다. 볼셰비키주의에 대한 브린튼의 논쟁은 백 년도 더 전에 엥겔스에 의해 완벽히 반박되었다. 그는 고전적인 반(反)무정부주의 논문 「권위에 대하여」(1873년)에서 이렇게 지적했다.

대규모 공업에서 권위를 없애려는 것은 공업 자체를 없애고 물레로 실을 잣는 시절로 돌아가기 위해 동력 직조기를 없애려는 것에 해당된다.

이 반박에 대해 우리가 새로 덧붙일 것은 정말이지 하나도 없다.

볼셰비키 혁명 직후 초좌익 공산주의 경향이 등장했다. 이들은 전통적인 무정부주의적 조합주의의 전제들을 다수 수용했다. 신경제정책의 자본주의적 성격과 스탈린 관료집단의 등장에 영향을 받아 이들은 코민테른에서 탈퇴한 후 러시아를 자본주의 체제라고 비난했다. 이 경향의 가장 중요한 인물은 이탈리아의 아마데오 보르디가와 독일의 후고 우르반스였다.

공장 책임자들이 큰 자동차를 몰고 있으므로 스탈린의 러시아가 자본주의 체제라는 참주선동적 노동자주의에 보르디가는 코웃음을 쳤다. 그러나 그의 주장도 단순하기는 마찬가지였다.

관료집단은 이 상품들을 받고 자기 심장 가까이 가지고 있는 조그만 가죽 돈지갑 속에 접혀져 있는 직사각형 모양의 종이를 준다. 이 직사각형 종이는 돈이며 러시아어로 루블이다. 상황이 이렇다면 이것은 자본주의 생산양식의 관료집단이다.

—아마데오 보르디가, 「공산당 강령」, 1972년

공산주의의 가장 낮은 단계인 사회주의가 소련에 존재하지 않는다는 것을 보르디가는 이렇게 증명한다: 계급, 상품생산, 화폐, 임노동 등은 계속 존재하고 있다; 이것은 사회주의 생산양식이 아니다; 따라서 자본주의 생산양식일 수밖에 없다.

부르주아 의회에 참여하는 것을 언제나 가장 극렬하게 반대한 보르디가는 자신이 노동계급 독재를 가장 열렬히 옹호하는 혁명가라고 상상했다. 그러나 그는 이 계급 독재에 어떠한 경제적 내용을 부여하는 것도 거부했다. 그에게 문제는 오직 누가 국가권력을 장악하는가에 있었다. 그의 견해에 따르면 자본주의와 사회주의 사이에 이행기는 존재하지 않는다. 노동계급의 혁명정당이 국가권력을 장악하여 사회를 통치하더라도 화폐, 임노동, 상품생산 등이 제거될 때까지 자본주의는 존재한다. 그는 이렇게 적었다. "러시아에서 **자본은 결코 파괴되지 않았다**. 왜냐하면 그럴 수 없었기 때문이었다. 소위 '전시 공산주의' 기간 동안 볼셰비키당 독재는 자본을 일시적으로 통제하고 있었을 뿐이다. 그리고 자본은 볼셰비키당을 파괴했다."(강조는 인용자)

이 주장은 마르크스주의 국가론을 정면으로 공격하고 있다. 국가가 경제적 내용을 가지고 있으며 국가권력이 특정 소유형태를 방어하는 무장 집단이라는 것을 부정하고 있기 때문이다. 생산수단의 사적소유를 철폐하고 계획경제를 시행하는 집단적 경제체제는 보르디가에게 아무 의미도 없다. 따라서 보르디가가 스탈린 치하의 퇴보한 노동자 국가에 대한 트로츠키의 이론을 거부하고 노동자 국가라는 용어 자체를 혐오한 것도 하나도 놀라운 일이 아니다. 그의 주장은 복잡하지만 논리는 단순하다. 소련에서 노동자들이 방어할 가치가 있는 것이 전혀 없다고 그는 생각했다.

영어권 국가들에는 무정부주의적 조합주의나 초좌파 공산주의 그룹이 이렇다하게 존재하지 않는다. 남부 유럽이나 일본과는 크게 다르게 미국에서는 소련이 '국가자본주의 체제'라는 입장은 사민주의 그리고 지금은 마오쩌둥식 개량주의 더욱이 소련에 대항하여 미 제국주의를 차선책으로 지지하는 것과 연상된다.

미국에서 '국가자본주의 체제'의 좌파적 시각을 명료하게 주장하는 인물은 라야 두나예프스카야다. 러시아 출신인 그녀는 1930년대에 트로츠키주의 운동에 합류했다. 그리고 1940년대 후반에 서인도제도 출신인 제이 알 잔슨이 주도한 조합주의 분파에 속했고 스페인의 그란디조 무니스와 관계를 느슨하게 맺으면서 제4인터내셔널에서 분립했다.

그녀의 입장을 일찌감치 간략하고 조리 있게 표현한 글은 「마르크스주의 경제학에 대한 새로운 수정」이다. 이 글은 1944년 9월 《미국경제평론》에 실렸다. 이 글에서 그녀는 '사회주의'에서도 가치법칙이 지배한다고 주장하는 러시아의 스탈린주의 경제학자를 반박하고 있다. 그녀의 글은 그 잡지의 표제로 선정되었다. 그녀가 개진한 입장의 핵심은 다음과 같다.

> 노동자를 한편으로 하고 공장 책임자, 집단농장의 백만장자 농민, 정치지도자, 지식인 일반 등을 또 한편으로 하는 기능의 분화에 기초한 격심한 계급 분화가 러시아의 현실이다. 이 점을 증명하는 논란의 여지없는 증거들이 존재한다. …… 지식인과 노동자 대중 사이의 구별은 다음과 같은 정식을 통해 경제적으로 표현되고 있다. '각자 자신의 능력에 따라 노동하고 노동의 결과에 따라 분배한다.' 이 정식은 전통적인 마르크스주의 정식과 비교되어야 한다. '각자 자신의 능력에 따라 노동하고 각자 자신의 필요에 따라 분배한다.' '각자 자신의 필요에 따라 분배한다'는 명제는 가치법칙의 폐기를 의미하는 것으로 늘 간주되어왔다. 그러나 스탈린주의 경제학자의 이 글은 '노동의 결과에 따른 분배'가 화폐를 매개로 이루어져야 한다고 말한다. 이 화폐는 쪽지나 회계적 용어가 아니라 가치의 가격적 표현이다.
>
> —앞의 글

그러나 두나예프스카야는 "각자 자신의 필요에 따라 분배한다"는 정식이 완벽한 공산주의 체제의 집약된 표현이라는 사실을 언급하지 않는다. 「고타 강령 비판」에서 마르크스가 명확히 언급했듯이 자본주의와 공산주의 사이의 이행기에는 경제적 궁핍과 이에 따른 차등 임노동이 특징적으로 존재한다. 노동자 국가에서 임노동은 각기 다른 유형의 노동을 할당하고 부족한 소비재를 배급하고 노동에 대한 외적 강제력을 확보하기 위해 필요하다.

경제가 임노동에 기초하고 있다면 화폐로 계산되는 생산비용은 경제 회계와 계산의 핵심 지수가 되어야 한다. 비록 매우 불완전하기는 하지만 생산비용을 화폐로 표현하는 것이 유일한 기준이 될 것이며 이를 통해 물리적으로 이질적인 재화와 서비스에 소모되는 각기 다른 종류의 자원들을 비교할 수 있다. 두나예프스카야의 주장과는 반대로, 화폐를 통해 노동 비용을 계산한다고 해서 경제에서 가치법칙이 지배하는 것은 아니다.

소련이 국가자본주의 체제라고 주장하는 무정부주의적 조합주의와 좌파 공산주의 경향은 그렇다면 어떤 강령을 제시하고 있는가? 전자는 시장 관계를 통해 필요에 따라 연결되는 생산자 노동조합을 후자는 러시아에서 1918년부터 1921년까지 존재했던 '전시 공산주의'의 이상화된 유형으로 순수히 행정적인 경제체제를 강령으로 제시하고 있다. 물론 이것들은 모두 반동적이고 공상적인 강령들이다. 이것들은 안정적인 경제체제로 **존재할 수 없다**. 이러한 강령들을 시도할 경우 경제는 붕괴할 것이다.

생산자 협동조합을 근간으로 하는 경제체제는 곧 자본주의 착취체제로 퇴보할 것이다. 국가의 규제가 없을 경우 이윤을 많이 남기는 협동조합은 파산하는 협동조합을 매입하고 이 협동조합의 구성원들을 임노동자로 착취할 것이다. 시장이 존재하는 상황에서 노동자 자주관리는 이윤을 산출하지 못하는 기업을 자본주의 착취 영역으로 포섭하는 내적 경향을 가지고 있다. 이 사실은 유고슬라비아에서 일반적으로 목격되고 있다. 티토 정권의 지도적 이론가인 에두아르드 카델리는 "엄격한 정부의 통제만이 이윤을 산출하는 기업이 그렇지 않은 기업을 접수하여 후자의 노동을 완전히 자본주의적 방식으로 착취하는 것을 막을 수 있다"(「좀 더 높은 수준의 통합을 향하여」, 《사회주의 사상과 실천》, 1967년 4~6월)고 주장한다.

생산자 협동조합이 자본주의를 복귀시킨다면 물질적 궁핍이 존재하는 상황에서 화폐와 시장이 없이 완전히 행정적으로 운영되는 경제는 아주 순수한 형태의 반동적 공상이다. 스탈린 치하에서 노동의 군사화를 경험한 소련의 대중은 지금도 매주 공급이 달리는 물품을 구하기 위해 몇 시간 동안 줄을 선다. 이들은 행정적 명령에 의해 노동을 할당하고 무게나 크기를 기준으로 소비재를 배급하는 강령을 좋게 받아들이지 않을 것이다. 초좌익 공산주의자들의 이 강령은 스탈린주의 정권에 대항하여 권력을 장악할 진지한 세력을 결코 결집시킬 수 없을 것이다. 다만 이러한 강령이 가지고 있는 공상적 환상들은 혁명적 마르크스주의 전위가 될 가능성이 있는 관념적 급진 청년들을 유혹할 수는 있을 것이다.

소련에 자본주의가 복귀했다는 마오쩌둥주의자들의 '이론', 아니 정확히 말해 교조는 주관적으로 사회 계급들을 재규정하는 특징이 있다. "수정주의자" 흐루쇼프가 권력을 장악하여 소련 공산당 제20차 당 대회에서 유명한 '비밀 연설'을 했다. 마오쩌둥주의자들에 의하면 이때 스탈린의 '사회주의 국가'가 타도되고 자본주의가 회복되었다. 유혈 내전이 아니라 새로운 당 총서기와 연설을 통해 자본주의가 회복될 수 있다는 사고는 노골적인 관념주의이다. 그런데 이 황당한 사고를 마오쩌둥주의자들이 견지하는 데에는 이유가 있다. 스탈린, 흐루쇼프, 브레즈네프 등을 통해 연속성을 지니고 있는 소련의 경제체제는 마오쩌둥주의자들을 제외한 모두들에 의해 경험적으로 논란의 여지없이 인정되고 있기 때문이다. 이와 마찬가지로 발전 수준은 대단히 다르지만 브레즈네프의 러시아와 마오쩌둥의 중국은 경제체제가 근본적으로 유사하다는 것이 명백해졌다.

마르틴 니콜라우스와 같은 몇 되지 않는 마오쩌둥주의 지식인들은 전통적인 자본주의 기관들과 관계들이 브레즈네프 치하의 러시아에 회복되었다고 증명하려고 한다. 그러나 이를 위해서 이들은 소련 경제사를 완전히 조작해야 한다. 다만 베이징의 관료집단과 이들의 좀 더 조심스러운 추종자들은 소련에 자본주의가 회복되었음을 증명하기보다 그냥 주장하는 좀 더 안전한 방법을 선택해왔다.

반 정도 똑똑한 마오쩌둥주의자들은 소련에서 스탈린 치하에는 사회주의가 존재했고 지금은 자본주의가 존재한다는 것을 경험적으로 증명하려고 할 경우 자신의 반대자들만이 승리할 것이라는 것을 본능적으로 인식하고 있다. 따라서 미국에서 마오쩌둥주의 정통을 자처하는 혁명공산당은 니콜라우스가 수정주의자이며 심지어는 트로츠키주의 방법론을 수용하고 있다고 비난한다. 왜냐하면 그는 상품-시장 관계가 경제체제를 지배할 경우를 자본주의라고 규정하고 있기 때문이다.

자본주의는 곧 시장이고 사회주의는 곧 계획이라는 '니콜라우스'의 노선은 새로운 것이 아니다. 사실 그의 노선은 자신의 경제가 계획을 통해 운영되고 있으므로 자본주의가 아니라고 주장하는 소련 수정주의자들의 애호품이다. …… 그의 노선은 트로츠키주의자도 채택하고 있다. 이들은 말로는 수정주의에 반대하면서도 사회주의의 주요 특징은 바로 중앙계획이라고 언제나 주장해왔다. '스탈린주의 관료집단'에 대한 온갖 비판에도 불구하고 이들이 소련과 사회주의 중국을 똑같이 '기형적 노동자 국가'라고 규정하면서 자본가와 노동계급 통치 사이의 근본 차이를 완전히 무시하는 이유가 바로 여기에 있다.

—《공산주의자》, 1976년 10월

마오쩌둥주의 노선의 핵심은 위대한 조타수 마오쩌둥 자신의 언명에 함축되어 있다: "수정주의의 권력 장악은 곧 자본가계급의 정권 장악이다." 그러나 수정주의는 교의와 사상의 영역에서 발생하는 반면에 부르주아 계급은 객관적으로 결정되는 사회집단이다. 이들은 생산수단을 시장에서 매매할 수 있는 상품으로 소유하고 있다. 마오쩌둥주의의 주관적 계급관은 당주석 자신의 이 언명에서 뚜렷이 드러나고 있다.

마오쩌둥주의는 사회현실을 가장 순수하고 과장된 주관주의 시각으로 바라본다. 그러나 이 주관주의는 국가를 지배파벌/독재자와 동일시하는 모든 종류의 스탈린주의에 내재하고 있다. 국가는 지배적인 경제체제 즉 소유관계와 이것을 지키는 군사기구 사이에 역사적이고 객관적으로 조건 지워진 관계이다. 바로 이것이 마르크스주의 국가관이고 국가의 현실이다. 지배집단 내부의 인물 교체가 아니라 이 집단 자체를 분쇄하는 것을 통해서만 국가의 계급적 성격이 변화되는 이유가 바로 여기에 있다.

## 마르크스주의를 옹호하며

소련이 '국가자본주의 체제' 또는 다른 형태의 계급착취 체제라는 입장은 기회주의 욕구의 이데올로기적 표현에 불과한 것만은 아니다. '국가자본주의' 이론을 옹호하는 자들 가운데에는 카를 카우츠키와 토니 클리프 등과 같은 기회주의 배신자들 뿐 아니라 아마데오 보르디가와 그란디조 무니스와 같은 뛰어난 혁명적 지조를 가진 개인들도 있기 때문이다.

스탈린 치하 소련의 사회 성격은 마르크스주의 운동의 이론적 문제들

가운데 가장 어려운 것에 속한다. 대대적인 농민 반란과 동맹하여 노동계급 혁명이 후진국 러시아에서 먼저 승리했다는 사실 자체는 전통적인 마르크스주의 전망과 위배되었다. 그러나 레닌과 트로츠키는 볼셰비키 혁명을 자족적이며 일국 차원에서 제한된 사건이 아니라 유럽 전역에 임박한 노동계급 혁명의 도화선이라고 간주했다. 이후 제국주의 강대국들에게 포위된 채 경제적 후진국에서 노동자 국가는 고립되었다. 마르크스주의 전통은 이 현상을 전혀 예상하지 못했다. 그리고 노동자와 농민에 대한 대대적인 테러를 통해 절대주의적인 관료집단이 소련을 몇십 년 동안 통치해왔다. 이 사실은 자본주의에서 사회주의로의 이행에 대하여 설명한 마르크스나 레닌의 저작들을 모순에 빠뜨린 것처럼 보인다.

따라서 다수의 주관적 혁명가이자 자칭 마르크스주의자들이 트로츠키의 '스탈린과 그의 후계자들이 통치해온 소련은 관료적으로 퇴보했을 지라도 노동자 국가이다' 라는 입장을 거부하는 것은 충분히 이해할 수 있다. 니콜라우스 식으로 증거를 조작하거나 고전적 마르크스주의의 근본적인 요소들 특히 국가론을 거부해야만 소련을 자본주의 체제 또는 새로운 형태의 계급착취 체제라고 규정할 수 있다.

마르크스주의는 변화하는 현실과 무관한 교조가 아니라 경험적으로 입증이 가능한 과학적 분석이며 행동 지침 즉 정치 강령이다. 지금까지 발전해온 마르크스주의 사상에 의해 전혀 예상되지도 않았을 뿐더러 이 사상과 모순되는 것 같은 주요한 역사적 사건들을 어떻게 보아야 하는가? 우선 마르크스주의 세계관의 근간을 유지한 채 이론적 확장을 시도할 수 있다. 반면 노동계급에 입각한 공산주의 혁명 전망인 마르크스주의 강령을 기각한 채 이것을 수정하려고 시도할 수 있다.

과학적 사회주의인 마르크스주의는 두 가지 핵심 전제에 있어서 이 사상 이전에 존재했던 급진민주주의 지식인들의 공상적 사회주의 일반 그리고 특히 바뵈프주의, 생시몽주의, 오웬주의와 구별된다. 첫째, 생산수단의 사회화는 도덕적 이상의 현실화가 아니다; 자본주의는 생산력 발전을 정지시키므로 더 우수한 경제체제에 의해 대체되어야 한다; 이 때문에 생산수단의 사회화는 현실에서 가능하다. 둘째, 세계 역사적 규모에서 자본주의를 타도하는 동력은 조직된 노동계급이다; 무계급 무국가 체제인 사회주의로

가기 위해서는 노동계급 독재의 시기를 거쳐야 한다.

10월 혁명에 의해 확립된 집단적 소유형태가 반혁명에 의해 청산되지 않았기 때문에 소련에는 노동계급 독재가 존재하고 있다는 것이 트로츠키의 입장이다. 이것은 마르크스주의의 중심 전제를 재확인한 입장이다. 노동계급 독재의 핵심 특징은 노동대중에 의한 정부의 민주적 통제라고 카우츠키는 주장했다. 또는 지배집단의 노동계급적 지향이라고 마오쩌둥식 스탈린주의자들은 주장한다. 이 주장들은 모두 마르크스주의 변증법을 거꾸로 뒤집어놓은 것이다. 노동계급 독재가 역사의 진보적 단계인 이유는 이것이 사회주의의 물질적 전제를 구축하기 위해 필요하기 때문이다. 여기서 핵심은 물질적 전제 즉 집단적 소유이지 상부구조적 전제 즉 노동자 민주주의나 지배집단의 노동자 지향성이 아니다.

소련이 '국가자본주의 체제'이거나 다른 형태의 계급착취 사회라고 주장하는 진지한 자칭 마르크스주의자는 이 질문에 대답해야 한다: 이 사회의 형태는 진보적인 것인가 아니면 가장 선진적인 자본주의에서 역사적으로 퇴행한 것인가? 보르디가와 그의 추종자들은 소련의 경제구조가 전통적인 자본주의 경제구조와 같다는 경험적으로 옹호될 수 없는 입장을 제시한다. 이들만은 위 질문에 대답해야 하는 이론적 책임으로부터 면제된다. '국가자본주의' 이론가들은 마르크스주의의 변증법적 역사관에 입각하여 이 질문에 대답하지 않는다. 이것은 이들의 지적 천박성 그리고/또는 참주선동적 경향을 입증하는 증거다. '러시아는 국가자본주의 체제'라고 주장하는 문헌들은 무미건조한 용어상의 도식주의, 조야한 노동자주의 또는 무기력한 도덕주의를 압도적으로 표현하고 있다. 이 문제에 대한 트로츠키의 언명을 들어보자.

노동자 국가는 무자비한 역사의 실험실에서 등장했을 뿐이며 손가락으로 코를 후비며 반성하듯이 후각을 의심하는 '사회주의자' 교수 양반의 상상물이 아니다. 노동계급이 달성한 성과들은 적대 세력들의 압력에 의해 왜곡될 수 있다. 그러나 이것들 모두를 방어하는 것이 혁명가의 임무다. 이미 차지한 진지들을 방어할 수 없는 사람은 결코 새로운 진지들을 정복할 수 없다.

—『마르크시즘을 옹호하며』

소련의 경제체제가 전통적인 자본주의에 비해 우월하다는 것은 경험적으로 논란의 여지가 없다. 1920년대에 압도적으로 농민 중심의 경제체제였던 후진국 소련은 대대적인 관료적 기생주의와 관리부실에도 불구하고 현대적인 공업사회로 변모했다. 소련은 20세기 제국주의 시대에 이런 변모를 성취한 유일한 후진국이다. 더욱이 소련에는 자본주의의 경기순환에 따른 모순과 공황이 없다. 1930년대 대공황 시기나 1974~5년 세계적 불황기에도 소련에서 공업생산은 급격히 팽창했다.

소련이 '국가자본주의 체제'이거나 '관료적 집산주의 체제'라고 주장하는 자들은 국가 관료집단이 자본주의 생산양식의 모순들을 극복하고 생산력을 꾸준하고 급격하게 증대시킬 수 있다고 주장하는 것과 같다. 이 대단히 수정주의적인 사고는 노동계급 혁명과 노동계급 통치의 진보적 성격과 역사적 필연을 의문시하고 있다.

한편 전체주의 정권의 민주주의 억압 때문에 소련이 가장 선진적인 자본주의 국가들보다 더 반동적인 체제라고 사민주의자들은 주장한다. 이 주장은 노동계급 독재와 공산주의가 공상적 환상이라고 암시한다. 사실 바로 이것이 사민주의 개량주의자들의 입장이다. 이에 따르면 스웨덴과 같은 부르주아 민주주의적 '복지국가'는 사회조직의 최고 수준을 표현한다.

## 진보적인 관료적 통치의 시대?

소련이 진보적이며 새로운 형태의 계급착취 체제라고 명시적으로 주장하는 정치 경향은 존재하지 않는다. 그러나 어떤 의미에서 이 견해는 트로츠키주의 운동권 내부의 수정주의자들에 의해 25년 전에 제시되었다. 이후 이 입장의 주창자들은 스탈린주의 통치에 대한 파렴치한 이런 변명에서 후퇴했다. 그러나 파블로의 청산주의는 한 **시대** 전체, 즉 몇백 년에 걸쳐 기형적 노동자 국가들이 존재할 것이라는 대단히 반(反)마르크스주의적인 강령을 처음 일반화시켰다.

트로츠키는 이렇게 주장했다: 스탈린주의 관료집단은 생산수단에 대해 특별한 관계를 맺고 있지 않기 때문에 새로운 계급이 아니다; 따라서 이들의 통치는 기껏해야 역사상의 **에피소드**에 지나지 않을 것이다; 그리고 궁극적으로 이 현상은 선진 자본주의 세계가 노동계급 혁명에 늑장을 부리는 상황을 반영한다. 사민주의자들에 대항하여 트로츠키는 이렇게 주장했다: 관료적 보나파르트 체제에 의해 노동자 국가가 통치될 수는 있으나 이것은 세계적 차원에서 자본주의가 지배하고 있는 상황에 의해 강요된 에피소드에 불과하다. **세계적 규모**에서 노동계급 독재가 지배하는 **시대**에는 노동계급이 직접 통치계급이 될 것이고 소비에트 민주주의가 지배할 것이다. 따라서 사회주의로 이행하기 위해서는 노동계급이 스탈린주의 관료집단을 타도해야 한다.

트로츠키의 이 입장은 1950년대 초반에 제4인터내셔널의 서기였던 미셸 파블로의 수정주의 경향에 의해 도전받았다. '전쟁/혁명' 테제에서 그는 스탈린주의가 지배하는 소련 진영이 군사적 승리를 통해 세계 자본주의를 타도하는 전망을 상정했다. 그의 주장에 의하면 이 결과 관료화된 기형적 노동자 국가들은 노동계급의 정치혁명이 아니라 점진적인 자기 개혁을 통해 민주화될 것이다. 결과적으로 파블로는 노동계급 지배의 시대를 진보적인 관료적 통치의 시대로 대체했다.

> 최고 단계에 도달한 자본주의 체제는 균열을 일으키고 부패하면서 일련의 현상들을 허용한다. **이미 시작되었으며 상당히 진행된** 자본주의와 사회주의로의 이행 **시대**라는 일반적 틀 속에 이 현상들이 포함된다.
>
> …… 이 변모는 수백 년의 역사 시대 전체를 요할 것이며 자본주의에서 사회주의로 이행하는 형태와 정권들에 의해 가득 채워질 것이다. 그리고 '순수한' 형태와 규범으로부터 필연적으로 일탈할 것이다. (강조는 인용자)
>
> ―파블로, 「우리는 어디로 가고 있는가?」, 1951년

실제로 파블로주의는 '관료적 집산주의 체제'의 긍정적 형태다. 색트먼과 파블로가 유사한 방법론을 가지고 있다는 것을 우리 경향은 이미 오래 전에 인식했다. 스파르타쿠스 경향을 탄생시킨 문서 「혁명적 전망을 옹호하며」 (1962년)는 이렇게 말했다.

> 색트먼-버넘의 이론과 마찬가지로 파블로의 이론은 우리 운동의 혁명적 전망을 부인하고 스탈린주의에서 세계 혁명 세력의 객관적 표현을 찾았다.

소련을 관료적으로 퇴보한 노동자 국가로 이해하는 것이 진지한 혁명적 낙관주의에 왜 핵심적으로 중요한지를 설명하기 위해서는 트로츠키의 고전적 저작 「전쟁에 돌입한 소련」(1939년 9월)을 인용하는 것이 가장 좋을 것이다. 그리고 트로츠키의 이 저작은 오늘날의 '국가자본주의' 이론을 다루는 이 글을 위해 가장 좋은 서문이 될 것이다.

　　자본주의와 부르주아 계급의 붕괴는 현재 극단까지 도달했다. 이 체제는 더 이상 존속할 수 없다. 생산력은 계획에 따라 조직되어야 한다. 그렇다면 이 임무를 누가 성취할 것인가? 노동계급일까 아니면 정치인, 행정가, 기술자들로 구성된 '정치위원(commissar)'이라는 새로운 지배계급일까? 노동계급에게 더 이상의 희망을 걸 수 없다는 것을 역사가 이미 증명했다고 좌익의 일부는 주장한다. 사회주의 혁명을 위한 물질적인 전제조건은 이미 마련되었으나 노동계급은 제1차 세계대전을 저지할 '능력을 결여했다'는 사실이 증명되었다는 것이다. 그리고 전쟁이 끝난 후 파시스트들이 정치적으로 성공하고 있는 것도 노동계급이 자본주의 체제를 막다른 골목에서 구해낼 '능력을 결여'했기 때문이라고 주장한다. 그리고 소련의 관료화 역시 민주적 절차들을 통해 노동계급이 사회를 통제할 수 있는 '능력을 결여한' 결과라는 것이다. 스페인 혁명은 세계노동계급이 보는 앞에서 파시스트들과 스탈린주의 관료집단에 의해서 압살당했다. 이러한 사건들의 종착역은 새로운 제국주의 전쟁이다. 이 전쟁은 세계노동계급의 완전한 무능력에 의해서 공공연히 준비된 것이다. 이것이 이들의 논지이다. 만약 이 주장이 받아들여져서 노동계급이 사회주의혁명을 달성할 능력을 결여하고 있다는 것이 인정될 경우 생산력을 국유화하는 시급한 임무는 다른 누군가에 의해서 성취되어야 할 것이다. 이것은 너무도 당연한 이치다. 그러면 누가 이 임무를 성취할 것인가? 전세계적으로 쇠퇴한 부르주아 계급 대신 지배계급이 될 신 관료집단이 이 임무를 성취할 것이다. 이것이 이들의 주장이다.
　　……
　　우리는 이 전쟁이 노동계급 혁명을 촉발할 것이라고 확고히 믿고 있다. 따라서 이 전쟁은 소련에서 관료집단을 타도시킬 것이며 1918년보다 훨씬 높은 경제적·문화적 기반을 토대로 소비에트 민주주의를 소생시킬 수밖에 없을 것이다. 이 경우 스탈린주의 관료집단이 '계급'인지 아니면 노동자 국가의 기생적 혹인지는 자동적으로 판가름날 것이다. 세계혁명의 과정 속에서 소련 관료집단은 **일회적인** 퇴행현상에 지나지 않았다는 사실이 모든 사람들에게 자명해질 것이다.

그러나 현재의 전쟁이 혁명이 아니라 노동계급의 쇠퇴를 가져온다면 다른 대안이 남아 있다는 것을 인정해야 한다. 즉 독점자본주의는 더욱 부패할 것이고 국가와 더욱 강력하게 융합할 것이다. 그리고 현재 민주주의가 그나마 남아 있는 곳도 전체주의로 대체될 것이다. 노동계급이 사회의 지도력을 장악할 능력이 없을 경우 지금과 같은 상황에서는 보나파르트적 파시스트 관료집단으로부터 새로운 착취계급이 등장할 수도 있다. 이러한 사회체제는 모든 징후로 보아 문명의 쇠락을 의미할 것이다.

선진자본주의 국가의 노동계급이 정치권력을 장악한 후 소련과 같이 특권 관료집단에게 사회의 지배력을 넘겨주는 경우 이와 유사한 결과가 나타날 수도 있다. 그렇다면 관료적 퇴행현상은 러시아라는 특정 국가의 후진성이나 제국주의 세력에 의한 포위상태에 의해서가 아니라 사회의 주도계급이 될 수 없는 노동계급의 선천적 무능력에 기인한다고 결론내리지 않을 수 없을 것이다. 그렇다면 이렇게 결론짓는 것이 필요할 것이다: 현재의 소련은 자신의 근본적 특징들을 통해 국제적 규모의 새로운 착취체제의 등장을 알리는 선구자가 되었다.

논리를 끝까지 추구할 경우 결론은 다음과 같이 정리될 수 있다: 스탈린주의 체제는 자본주의 사회를 사회주의 사회로 변모시키는 과정에서 일시적으로 나타난 끔찍한 퇴행의 결과가 아니면 새로운 착취사회의 첫 단계이다. 만약 후자의 경우라면 관료집단은 당연히 새로운 착취계급이 될 것이다. 이 예측이 아무리 당혹스러워도 어쩔 수 없다. 세계노동계급이 자신의 역사적 임무를 성취할 실제 능력을 보유하지 못할 경우 자본주의 사회의 내적 모순에 기초한 사회주의 강령은 허황된 공상(유토피아)에 지나지 않는다고 인정할 수밖에 없다.

……

그러나 현재 사회주의혁명의 전망을 기각시킬 논란의 여지 없고 인상에 깊이 남는 객관적 자료가 존재하는가? 이것이 가장 핵심적인 문제다.

......

실망감과 피로감은 마땅히 누릴 수 있는 '권리'가 아니다. 따라서 노동계급이 혁명적 잠재력을 박탈당했으며 당면한 시대에 사회 주도권을 장악할 모든 열망을 포기해야 한다는 결론을 내릴 권리가 마르크스주의자에게는 조금도 없다. 경제와 문화를 아주 철저하게 변화시키는 문제를 해결하는 경우 25년은 역사의 잣대로 보면 사람의 일생에 있어서 한 시간의 길이도 되지 않는다. 한 시간이나 하루에 걸쳐 실패한 경험을 가지고 평생의 경험과 분석을 통해 설정한 목표를 버리는 사람을 도대체 무엇에 써먹겠는가? 1907년에서 17년까지 러시아의 가장 어두운 반동기에 우리는 1905년 러시아 노동계급이 보여준 혁명 잠재력을 출발점으로 삼아 미래를 준비했다. 세계적인 반동기에 우리는 1917년 러시아 노동계급이 보여준 혁명 잠재력을 출발점으로 삼아 미래 혁명을 준비해야 한다. 제4인터내셔널이 자신을 사회주의혁명을 위한 세계정당이라고 이름 붙인 데에는 충분한 이유가 있다. 우리의 노선은 바뀌지 않을 것이다. 우리는 세계혁명을 향해 나아가고 있으며 이 사실 자체를 통해 소련이 진정한 노동자 국가로 소생하도록 정치행동을 조직해나간다.

# 마오쩌둥주의 경제학의 빈곤

The Poverty of Maoist Economics

조지프 시모어★1976년

마오쩌둥주의자들은 이렇게 주장한다: 소련에 자본주의가 복귀했다; 소련은 '공격적이고 팽창하는 사회제국주의' 국가가 되었다. 이를 통해 이들은 소련에 대항하여 미 제국주의와 더욱더 전면적이고 공개적으로 동맹하는 중국의 노선을 정당화시키고 있다. 최근 베이징은 나토군을 더욱 강화해야 한다고 계속 경고해왔으며 작년 겨울에는 미국이 지원하고 남아공 군대가 주도하는 앙골라 침공을 지지했다.* 더욱 중요한 사실은 중국의 반혁명 정책을 지지하는 서방의 마오쩌둥주의자들이 이렇게 믿고 있다는 사실이다: 중국은 현재 유일한 사회주의 국가이며 스탈린 치하 러시아보다 더 높은 수준의 사회주의를 구현하고 있다. 따라서 무엇이 공산주의로 나아가는 진보적 정책이냐는 언뜻 보기에 추상적인 문제는 스탈린주의자들 사이에 벌어지고 있는 분파투쟁의 중요한 쟁점이 되고 있다. 마오쩌둥 지지자들은 중국이 어느 누구와도 비교할 수 없이 급격히 소위 공산주의로 전진하고 있다고 주장하면서 중국의 대외정책을 무조건 지지하고 있다.

소련 스탈린주의자들의 '일국 사회주의' 노선은 항상 기술 발전의 역동성을 전제로 깔고 있었다. 후진국 러시아가 계획경제를 통해 한두 세대 만에 선진 자본주의국가들을 따라잡을 수 있다는 것이었다. 스탈린의 『레닌주의의 문제들』(1933년 판본)은 이렇게 주장한다. "우리는 자본주의 선진국들에 비해 50년 또는 100년 뒤처져 있다. 10년 만에 이 격차를 좁혀야 한다."

---

* 1975년 포르투갈로부터 독립한 앙골라에서는 소련과 쿠바가 지원하는 게릴라 군대와 서방이 지원하는 게릴라 군대가 내전을 벌이고 있었다.

사실 1930년대 러시아에 비해 마오쩌둥의 중국은 지금 경제적으로 훨씬 더 후진적이다. 중국과 미국의 생산력 격차는 너무 커서 정치적으로 의미 있는 기간 내에 이 격차를 좁히는 것은 생각할 수도 없다. 1950년대 후반에 마오쩌둥 정권이 소련 진영과 결별했을 때 중국의 스탈린주의자들은 자신들이 그동안 고수해온 스탈린주의를 근본적으로 수정해야 했다. 이에 따라 '사회주의'는 지구상에서 가장 궁핍한 나라 가운데 하나인 중국에서도 즉시 성취될 수 있는 체제로 재규정되었다.

따라서 마오쩌둥식 스탈린주의는 소련의 스탈린주의보다 마르크스주의의 다음과 같은 기본 전제를 더욱 심각하게 침해하고 있다: 가장 선진적인 자본주의보다 훨씬 더 높은 수준의 노동생산성을 통해 물질적 풍요를 성취해야 사회주의가 가능하다. 마오쩌둥주의는 계급사회를 주관주의적으로 재규정하고 있다. 이에 따르면 사회주의적 관계들은 '문화혁명'으로 성취되고 소련의 자본주의 복귀는 니키타 흐루쇼프의 두뇌 안에서 주로 일어났다.

특히 '문화혁명'을 통해 드러난 마오쩌둥주의의 원시주의와 극단적 주지주의(主志主義)는 서방의 소부르주아 급진주의자들을 크게 매료시켰다. 이것은 지금 존재하는 소외된 노동을 인류의 기술적 문화적 수준을 높이는 데 필요한 역사 시기 전체가 필요 없이 즉시 끝장낼 것이라는 약속이었다. 이로 인해 1960년대 후반에 다수의 마르쿠제 추종자들은 마오쩌둥 충성파로 변모했다. 카스트로의 쿠바나 호치민의 베트남 등 '제3세계' 스탈린주의 정권들에 비교할 수 없을 정도로 마오쩌둥주의에 신비한 매력과 호소력을 부여한 것은 바로 중국이 소련 유형의 '경제주의'와 단절하고 진정한 '사회주의 인간상'을 실현했다는 믿음이다.

물론 중국의 경제 현실은 샤를르 베틀렝, 폴 스위지, 윌리엄 힌튼 등 서방 마오쩌둥주의자들이 중국을 이상화한 내용과는 매우 거리가 멀다. 현재 중국은 브레즈네프 치하의 러시아만큼이나 빈부격차가 심화되어 있으며 관료들의 부패와 암시장 행위가 만연되어 있다. 중국과 소련의 관료적으로 기형화된 노동자 국가는 진정으로 혁명적이고 민주적인 노동자 정부의 경제 강령보다는 서로간의 공통점이 훨씬 많다.

특히 중국의 경제정책은 흐루쇼프 후기(1958~64년)의 지방 분권화 정책과 대단히 유사하다. 두 나라 모두에서 지방 분권화는 관료집단 내부의 분파투쟁이 있은 후 경제자원에 대한 통제력을 중앙 집중화된 행정적 기술적 중앙기구에서 지역 당 책임자들에게 이전하는 과정을 밟았다. 그러나 이 글의 목적은 중국의 타락한 관료적 현실을 서방의 마오쩌둥 미화자들의 '급진적' 마오쩌둥주의 이상에 대비시키는 것이 아니라 마오쩌둥주의에 내재한 이상주의 자체가 반동적 공상주의의 성격을 가지고 있다는 점을 폭로하고 비판하는 것이다.

## 원시 평등주의를 비판한 마르크스

기술 발전에 대한 관심을 '자본주의 노선'과 동일시하는 것이 마오쩌둥주의 변호론의 근간이다. 예를 들어 베틀렝은 후진국들이 중국의 '자립' 노선을 따르되 수입된 선진기술에 기초하여 경제를 개발하면 안 된다고 충고한다. 그는 선진기술이 태생적으로 자본주의적(!)이라고 규정한다.

> 예를 들어 자본의 기술적 구성의 증대를 고려해보자. 이것은 생산비용을 줄이기 위해 생산단위의 규모를 '필연적으로' 증대시키는 것이다. …… '기술의 자연스러운 법칙'에 기초한 생산양식이기는커녕 이것은 아주 단순하게 말하여 사회 법칙이 아닌가? …… 이것은 자본주의 생산관계가 생산력을 지배하는 결과가 아닌가? 아주 구체적으로 말하면 이것은 **자본주의 집중과 집적 법칙**의 결과가 아닌가? 그렇다고 생각할 이유는 많다. (강조는 원저자)
> —샤를르 베틀렝, 『소유의 경제적 계산과 형태들』, 1975년

소위 평등주의적이며 주지주의적인 '중국식 사회주의로의 길'과 소련 유형의 '경제주의' 사이의 대조를 폴 스위지는 명확히 표현하고 있다. 그는 마오쩌둥주의를 정통 마르크스주의로 주장하는 일에 베틀렝보다는 관심이 덜하다.

> 중국 혁명의 경험은 …… 생산력의 낮은 수준이 사회주의 생산관계로의 변화에서 극복할 수 없는 장애물이 아니라는 것을 보여주었다. 그리고 '본원적 축적' 과정과 불평등의 심화를 반드시 필요로 하지도 않는다는 것을 보여주었다. 또한 사회주의의 물질적 기초를 먼저 건설하고 나중에 이에 상

응하는 사회관계를 구축하려는 시도가 스스로를 패배시키는 행위라는 것도
보여주었다.

—「소련 사회의 성격, 제1부」,《먼슬리리뷰》, 1974년 11월

그리고 스위지는 스스로가 믿기에 '중국식 사회주의로의 길'이 마르크스주
의에 독보적으로 기여했다고 강조한다.

오직 중국만이 마르크스주의로부터 부르주아 경제주의적 흔적을 마침내
일소할 수 있었다. 세계의 어느 나라보다도 이 나라에서 혁명을 성공시킬
조건은 가장 유리했다.

—「소련 사회의 성격, 제2부」,《먼슬리리뷰》, 1975년 1월

마르크스주의가 **비판했던** 교조들과 사상들을 진리로 재발견하는 것이 수정
주의의 운명이다. 마오쩌둥주의는 마르크스주의 이전의 소부르주아적 공상
적 사회주의로 명확히 회귀했다. 최초의 사회주의자 바뵈프, 오웬, 바이틀링,
까베 등이 구상한 강령적 모델은 화폐와 시장이 없는 자립적 생산단위였다.
여기에서는 중앙의 정치권력이 노동을 각 분야로 할당하고 생산물을 분배했
다. 간단히 말하면, 중국의 대약진운동 시기에 등장한 '인민공사'의 순수한
유형이 공상적 사회주의들이 상정한 미래 사회의 모델이었다. 그런데 이것
이 소련의 국가 소유보다 더 높은 형태의 사회주의라고 베틀렘은 주장한다.

바뵈프를 비롯한 초기 공산주의자들을 역사적으로 정당하게 평가해야
한다. 이들이 상정한 정의로운 사회 모델은 유럽 대륙을 지배했던 산업혁명
이전의 기술수준에 의해 필연적으로 한계가 지워졌다. 대체로 엥겔스와 협
력하여 영국 산업혁명의 의의를 동화한 결과 마르크스는 공상적 사회주의
의 원시 평등주의적 사고를 극복할 수 있었다.

1843년 파리에서 공산주의자가 된 순간부터 마르크스는 바이틀링과 까베
등 당시 공산주의자들을 지배했던 '병영 사회주의' 편향을 격렬하게 비판했다.

이런 유형의 공산주의는 모든 영역에서 인간의 **개성**을 부인하기 때문에
사적소유의 논리적 표현에 불과하다. 사적소유는 공산주의의 부정이다.

…… 인간 발전을 최소한의 수준에서 **미리 상정한 후** 물질적 풍요를 시기하고 인간 발전을 하향 평준화시키는 절정이 바로 조야한 공산주의다. 이것은 **명확하고 제한된** 기준을 가지고 있다. 사적소유 철폐의 성과 가운데 얼마나 적은 부분이 공공의 이익을 위해 사용되는 지는 문화와 문명의 세계 전체를 추상적으로 부정하고 **가난한 자**와 조야한 자들의 **부자연스러운** 단순성으로 퇴행하는 현상이 증명하고 있다. 그러나 가난한 자들과 조야한 자들은 사적소유를 극복하지 못했을 뿐 아니라 이에 도달하지도 못했다. (강조는 원저자)
　　　　　　　　　　　　　　　—마르크스, 『1844년의 경제학 철학 초고』

마르크스가 주도한 공산주의동맹은 1847년 9월에 처음이자 마지막으로 잡지 《공산주의 저널》을 발행하고 사설을 실었다. 여기에서 이 조직은 자신의 선행조직이자 원시 평등주의를 제창한 의인동맹 그리고 당시의 공산주의 경향들과 자신을 이렇게 차별화했다.

　　개인적 자유를 파괴하고 세계를 하나의 거대한 병영이나 거대한 구빈원으로 변모시키려는 공산주의자들과 우리는 다르다. 개인적 자유를 인정하지 않고 이것이 완벽한 조화에 방해된다고 생각하여 이것을 세계에서 몰아내려는 공산주의자들이 일부 있다는 것은 확실하다. 그러나 자유를 평등과 교환할 생각이 우리에게는 조금도 없다. 공동 소유에 기초한 사회가 어떤 사회보다도 개인적 자유를 가장 많이 보장한다고 우리는 확신한다.
　　　　—데이비드 리아자노프 엮음, 『마르크스와 엥겔스의 공산당 선언』, 1928년

지금으로부터 **130년 전에** 유럽의 장인-노동자 전위였던 최초의 마르크스주의자들은 마오쩌둥식 사회주의를 거부했다. 마오쩌둥주의의 반동적 성격을 이것보다 더 잘 드러내는 증거는 없을 것이다!
　마르크스주의 이전에 등장한 공상적 사회주의와 마오쩌둥주의의 '급진적' 이상은 둘 다 **역사 과정에서 소멸할 운명을 지닌** 사회집단의 이데올로기적 표현이다. 원시 평등주의인 '병영 사회주의'는 산업혁명의 등장으로 궁핍에 처한 장인들의 반사적 반응이었다. 자립적인 생산자 협동조합을 스스로 조직하여 자본주의의 적대적 환경에서 **탈출**하려는 장인(수공업자)들

의 충동을 이데올로기적으로 표현한 것이 바로 이 경향이다.

선진 자본주의 강대국들이 지배하고 있는 세계에서 고립된 후진적 기형적 노동자 국가의 관료집단은 나름의 허위의식을 가지고 있다. 이 허위의식을 표현한 것이 바로 '일국 사회주의'의 주지주의적 변종인 마오쩌둥주의다. 노동계급의 국제혁명을 통해 자본주의 세계체제가 타도될 경우 중국의 스탈린주의 정권은 한 칼에 타도될 것이다. 따라서 본능적으로 마오쩌둥주의 관료집단은 사회주의 미래의 핵심인 노동계급 국제혁명을 거부하고 **중국 현실을 이상화한 공산주의**로 상정한다.

1840년대의 마르크스와 마찬가지로 오늘날 그의 후계자인 트로츠키주의자들은 이렇게 주장한다: 선진 자본주의 국가들의 생산력을 혁명적으로 전유해야 사회주의가 수립될 수 있다.

제2질문: 공산주의자들의 목표는 무엇인가?

답변: 모든 사회 성원이 완전한 자유를 누리면서 사회의 기본조건을 침해하지 않는 가운데 자신의 능력을 전부 발휘할 수 있는 사회를 조직하는 것이다.

—엥겔스, 「공산주의 신념 고백 초안」, 1847년

국가 차원의 계획, 시장, 소비에트 민주주의 등 세 가지 요소들의 상호작용을 통해서만 이행기 경제의 올바른 방향을 잡을 수 있다.

—트로츠키, 「위험에 빠진 소련 경제」, 1932년 10월

## 마오쩌둥의 주관주의에 봉사하는 반(反)계몽주의

샤를르 베틀렝은 프랑스의 오랜 정통 스탈린주의자였다가 1960년대 후반에 마오쩌둥주의자가 되었다. 그는 《베이징 평론》의 조야하고 심지어 당혹스러운 주관주의적 사설들을 마르크스주의로 치장하는 아주 야심찬 노력을 해왔다. 그의 저작들은 반(反)계몽주의를 지겨울 정도로 강변하는 내용으로 채워져 있다. 뒤틀린 용어상의 허세와 신랄한 논리의 비약을 구사한 후 베틀렝은 예상할 수 있는 결론에 도달한다: 사회의 계급적 성격은 지배 집단의 태도에 달려 있다. 소련에 자본주의가 복귀했다고 베틀렝은 주장한다.

그리고 그의 중국인 스승인 마오쩌둥 일당은 유소기, 임표, 강청 등이 차례로 '자본주의 노선'을 걸었으며 그것도 오랫동안 이중첩자로 이렇게 했다고 주장한다. 이 두 주장들은 모두 똑같은 정도로 사회주의와 거리가 멀다.

베틀렝은 마르크스주의자들이 다음과 같이 자본주의를 규정하는 것을 거부한다: 자본주의는 생산수단의 사적소유에 기초한 일반화된 상품생산체제다. 대신 그는 '생산수단으로부터 직접 생산자가 분리된 체제'가 바로 자본주의라고 규정한다. 이것은 신좌익의 자유지상주의와 무정부주의적 조합주의 냄새가 나는 애매한 규정이다. 그는 임노동을 자본주의의 핵심 요소로 보고 있다.

> 자본주의 생산관계를 구성하고 있는 것은 바로 **상품 생산**에 개입하고 있는 **임노동 관계**다. 이 점을 특히 강조해야 한다. (강조는 원저자)
> —샤를르 베틀렝, 『소유의 경제적 계산과 형태들』

소련을 '국가자본주의 체제'라고 규정하는 모든 자들과 같이 베틀렝도 소련의 사회 성격에 대해 자기 나름의 독특한 이론을 가지고 있다. 실제로 그는 소련에 대해 두 가지 기본적으로 다른 정의를 내리고 있다. 그에게 국가자본주의는 노동계급 독재 **내부의** 상품 관계의 총합**이거나 새로운 형태의 부르주아** 생산양식이다. 대단히 혼란스러운 이 이중적 규정은 소련에 대항하여 중국 스탈린주의를 변호하는 그의 목적을 위해 매우 중요하다.

순수한 무정부주의적 조합주의와 베틀렝의 마오쩌둥주의를 비교하면 이 점은 명확해진다. 무정부주의적 조합주의자는 임노동을 특징으로 하는 경제체제가 자본주의라고 생각한다. 그러나 베틀렝은 조합주의자가 아니라 스탈린주의자다. 레닌주의 전위당의 가면을 쓴 스탈린주의 관료 엘리트 집단은 무소불위의 권력을 휘두르며 폭력과 테러를 통해 노동자와 인민을 통치한다. 이 체제를 베틀렝은 철저히 신봉한다. 따라서 그는 무정부주의적 조합주의자들과 다른 점을 보여야 한다.

베틀렝의 이론에 따르면 진정한 노동계급 전위가 권력을 잡고 있으면 '국가자본주의 체제'는 사회주의 건설에 '종속된다'. 마오쩌둥의 중국이 이 경우다. 그러나 권력이 진정한 전위에게 있지 않을 경우에는 '국가자본주의 체제'가 지배한다. 브레즈네프의 러시아가 이 경우다.

간단히 말해서 국가적 통제를 통해 생산수단을 소유하고 있는 국가기구가 대중과 **떨어져** 존재할 경우 그리고 더욱이 이 **기구가 대중과 연결되어** 이들이 생산수단의 사용에 대한 **통제권를 확립하기 위해 투쟁하는 것을 지원하는 정당에 의해 통제되지 않을 경우**, 생산수단으로부터 **직접생산자가 분리되는 현상**이 재생산된다. 이 조건 속에서 노동력과 생산수단의 관계가 **임금 관계**를 통해 표현된다면 이것은 **자본주의적 관계**다. 그리고 중앙 및 관련된 국가기구의 지도적 직위를 차지하고 있는 자들은 **집단적으로 자본가**이며 국가 **자본가**다. …… 왜냐하면 지배정당이 노동계급의 정당이 아니라면 노동계급 독재는 존재할 수 없기 때문이다.

—베틀렝&스위지, 『사회주의로의 이행에 대하여』, 1972년

전위당은 평화적이고 유기적인 과정을 통해 타락하면서 자신의 계급적 성격을 상실할 수 있다. 이것이 베틀렝의 주장이다. 그의 주장대로라면 폭력적인 반혁명이 없이도 노동자 국가는 자본주의로 복귀할 수 있다. 따라서 레닌주의 국가관을 근본적으로 거부하고 주관주의적 주지주의를 수용하는 것이 마오쩌둥주의에 내재한 속성이다.

베틀렝은 경제계획의 성격과 수준 등의 객관적 척도를 제시하고 있는가? 집단적 경제 내부에서 상품관계는 지배적인가 아니면 부차적인가? 아니다, 그는 이런 객관적 척도를 부인한다. 브레즈네프 치하의 소련에 비해 중국에서 시장은 훨씬 더 큰 역할을 하고 있으며 기업의 자율성이 더 크지 않은가? 이 질문에 대해 베틀렝은 이렇게 외친다: 아니다, 이것은 환상이다! 경제계획의 권한은 오직 진정한 수제자들에게만 허용된다. 크렘린 궁의 스승들이 사회주의에 대한 신념을 상실한 수정주의자들이므로 이들은 계획을 수립할 권한을 상실했다. 소련에서 경제계획은 존재하지 않는다!

이러한 전위가 존재하지 않고 특히 집권 노동자정당이 노동계급 전위의 특징을 더 이상 가지고 있지 않다면 계획의 관계가 시장관계를 지배하게 만드는 **정치적 이데올로기적 조건은 존재하지 않는다.** 상황이 이렇다면 '계

획'이라는 이름을 가진 문서가 **공식적으로는** 존재할 수 있지만 이것은 진정
한 계획이 없다는 현실을 숨길 뿐이다.

—샤를르 베틀렝, 『소유의 경제적 계산과 형태들』

이 시점에서 베틀렝은 《베이징 평론》의 공공연한 주관주의자들과 재회한
다: 객관적 경제관계가 아니라 정치권력을 휘두르는 자들의 태도에 의해 계
급들이 존재한다. '진정한' 노동계급 전위가 '진정한' 경제계획을 실시하
는지를 우리는 어떻게 알 수 있는가? 이 핵심 문제에 대해 베틀렝과 그의 마
오쩌둥주의 동료들은 믿는 자만이 볼 수 있으며 최근의 숙청이 이 질문에
대한 답이라고 주장할 수 있을 뿐이다. 중국 공산당이 '진정한 전위'라는
베틀렝의 신념은 강청을 비롯한 문화혁명의 '급진파'가 숙청되면서 흔들린
것은 아닐까? 결국 베틀렝의 이론은 문화혁명에 의해 영감을 받았는데 이
혁명의 지도자들은 '자본주의 노선'을 걸은 배신자로 낙인찍힌 채 모두 사
망하거나 감옥에 갇혀 있다.

## 소련에 화폐자본이 존재하는가?

소련과 중국에 지금 존재하고 있는 형태의 임노동이 자본주의적 관계라는
베틀렝의 주장은 좀 더 검토해볼 필요가 있다. 그를 사로잡고 있는 집착은
화폐 **형태**가 태생적으로 자본주의 관계라는 것이다. 그의 저작 『소유의 경
제적 계산과 형태들』의 중심 주제는 각기 다른 유형의 노동 투입량을 포함
한 다종다양한 물리적 단위에서 화폐적(자본주의적) 계산을 경제적(사회주의
적) 계산과 대치시키는 것이다.

자본주의 체제에서 임노동자는 노동시간을 투여한 대가로 자본가로부
터 화폐를 받는다. 화폐는 때때로 상품과 교환할 수 있는 종이쪽지가 아니
다. 배급표는 화폐가 아니다. 화폐는 교환가치의 **일반화된** 구현체다. 마르크
스에 의하면 화폐는 "보편적인 지불수단, 보편적인 구입수단, 보편적인 재
화의 구현체"로 존재한다(『자본론』 제1권, 제3장). 다른 모든 형태의 금융에
비해 화폐는 일반화된 교환가치이다. 마르크스는 주장했다: 궁극적으로 화
폐는 정부의 명령이 아니라 노동의 산물이라는 내재적인 가치를 보유한 귀

금속에만 기초하고 있다.

자본주의 경제에서는 소비재를 판매할 경우 이것을 생산하고 유통시킨 특정 자본가들의 화폐자본은 직접 그리고 즉시 늘어난다. 이와 대조적으로 소련에서는 임금/소비와 연관된 금융의 흐름과 기업 간 거래와 연관된 금융의 흐름은 엄격하게 분리되어 있다. 이 경험적인 사실은 스탈린 자신(그의 저작 『소련 사회주의의 문제들』을 참조하시오)뿐 아니라 소련 경제에 대한 부르주아 전문가들 모두에 의해 인정되고 있다. 유독 베틀렝과 그의 마오쩌둥주의 동료들만이 소련 경제에서 화폐자본이 순환되고 있다고 믿고 있다.

소련에서는 특정 기업이 소비재를 판매하더라도 이것을 생산한 기업의 은행 잔고는 상부 경제부처의 중재를 통해 아주 간접적으로만 영향을 받는다. 더욱이 소련 기업들의 은행 구좌에 들어 있는 화폐 액수 역시 화폐자본이 아니다. 기업 책임자는 '자신의' 은행 잔고에서 돈을 빼내 원하는 대로 물건을 살 수 없다. 공급계획에 명시되어 있거나 상부에서 이후 승인한 물건만을 살 수 있다. 소련의 금융체제를 묘사하기 위해 자본주의적 범주들을 사용해보자. 일반화된 배급표로 노동량은 지불되고 기업들은 화폐자본의 순환이 아니라 거래신용의 확대와 감축을 통해 서로 물건을 사고판다.

이 측면에서 보면 소련 경제는 마르크스가 명확히 예상한 대로 물질적 부족 상황에 놓여 있는 사회화된 경제의 금융체제를 그대로 가지고 있다.

사회화된 생산체제에서 화폐자본은 일소된다. 사회는 각기 다른 생산 분야로 노동력과 생산수단을 분배한다. 생산자들은 마침내 종이증서를 받는다. 이것으로 이들은 사회전체의 소비재에서 자신들이 투여한 노동시간에 해당되는 몫을 받는다. 이 종이증서는 화폐가 **아니다. 이것은 순환되지 않는다.**

—마르크스, 『자본론』 제2권 제18장

## 배급 대 시장 유통

예상할 수 있듯이 베틀렝은 생산에서 상품 **형태**를 일소하는 것이 사회주의의 목표라고 생각한다. 그리고 그는 주로 '이념의 혁명화'를 통해 이 목표에 가까이 간다고 생각한다.

정치와 이념에 기초하여 사회주의 노동자들 사이에 단결이 이루어져야 한다. 이러한 단결은 남아 있는 시장관계를 결국 일소할 것이며 새로운 사회주의 관계의 등장을 예상할 수 있도록 해준다. 이것은 **중국 공산당의 지도 하에 전개되는 계급투쟁에 의해 성취되는 이념의 혁명화**와 직접 연관되는 결과이다. (강조는 인용자)

—베틀렝, 『중국의 문화혁명과 산업조직』, 1974년

차등 임금에 의한 노동이 공산주의로 이행하는 시기의 필연적인 특징이라고 마르크스는 생각했다. 이것은 잘 알려진 사실이다. 그리고 이 사상은 『고타강령 비판』과 『반뒤링론』에 명확히 표현되어 있다. 노동이 무시해도 좋을 정도의 시간과 에너지를 요할 때에만 개인은 이것을 사회 집단에 자유롭게 제공할 것이다. 임노동이 '이념의 혁명화'를 통해 일소될 수 있다는 사상을 마르크스는 주관적 관념론이라고 비판하며 가차 없이 비웃었을 것이다. 중국 관료집단이 '물질적 동기'보다 '도덕적' 동기를 선호한다는 주장은 **국가의 강제**에 의해 노동량을 할당하는 현실을 은폐하기 위한 것이다. 국가의 강제는 임노동보다 더욱 억압적인 동시에 경제적으로 더욱 비효율적이다.

'이념의 혁명화'로 위장된 국가의 강제를 사용하여 중국의 관료집단은 도시의 청년학생들을 무기한 농촌으로 내려 보내고 있다. 이 관행은 엄청난 사회적 불만을 초래할 뿐 아니라 아마도 중국 경제에 손실만을 끼칠 것이다. 농촌으로 이전된 청년들은 농사일에 무관심하고 게으르다. 농민들은 반항적이고 노동을 꺼리며 자신들이 감옥에 있는 것처럼 행동하는 청년들을 일부 지원하고 이들과 연대해야 하는 고역을 당연히 싫어한다.

또한 베틀렝은 주관주의적 편견으로 인해 소비재의 개인적 구매보다 배급제나 사회화된 배분을 선호한다. 그러나 사회주의의 목적은 하나의 생활양식을 강요하는 것이 아니라 그 반대로 개인의 능력을 완벽하게 발전시키는 것이다. 이를 위해서 개인은 정신적인 요인이 아니라 물질적 재화를 필요로 한다. 예를 들어 유화와 조각 작품을 창조하기 위해서는 다양한 재료들이 섬세한 색채로 제공되어야 한다. 전체적인 공급 한계 내에서 사회주의 경제정책은 소비재의 개인적 선택을 극대화시키려고 한다. 배급제나 공급이 달리는 소비재를 선착순으로 '무상' 분배하는 것은 이 목적을 파탄시킨다. 1960년대 초반에 카스트로와 게바라는 하룻밤 사이에 쿠바에 사회주의를 정착시키려고 전화 요금을 폐지했다. 이 결과 전화를 한 통화하기 위해 몇 시간을 기다려야 했다! 가장 완벽하고 광범위한 노동자 민주주의가 시행되더라도 배급제, 차별 가격제, 사회화된 분배는 행정적인 자의성과 주관주의를 초래한다. 행정 관료들이 비이성적이며 파벌주의에 찌든 중국에서는 이 주관적인 자의성이 몇 배나 증폭되고 있다.

물론 전쟁이나 자연재해 시에는 경제의 모든 부문이 행정적으로 엄격히 통제되어야 한다. 그러나 노동계급 독재가 일반적으로 시행되고 임금 구조가 최적일 경우 시장은 공급이 달리는 소비재와 서비스를 개인적 필요와 욕구에 맞추는 데에 가장 효율적이고 민감하며 민주적인 장치다. 사회화된 분배는 특정 장점에 의해 정당화될 때에만 예외적으로 확대되어야 한다. 예를 들어 노동자정부는 스포츠 시설을 이용할 수 있도록 무상이나 지원금 제도를 시행할 수 있다. 도시 내부의 대중교통처럼 가격에 의해 거의 영향을 받지 않는 필요 서비스를 무상으로 제공하는 것도 합리적이다. 그러나 필요 공급량이 완전히 확보되지 않은 상황에서 사회화된 분배를 확대하는 것은 개인적 선택을 제약하면서 사회생활을 빈곤하게 만든다.

여기서도 마르크스는 베틀렘의 '중국식 사회주의로의 길'을 명백히 반대한다. 물질적 부족이 존재하는 집단적 경제에서 소비재는 생산비용에 맞추어 가격이 정해지고 **판매되어야** 한다. 이것이 마르크스의 생각이었다. 실제로 그는 경제계획이 실시될 경우 전혀 예측할 수 없는 경기 변동은 사라질 것이며 소비재는 진정한 가치와 균형 수량으로 공급될 수 있다고 믿었다.

생산이 실질적이고 **미리 정해진 정도로** 사회에 의해 **통제될 때에만** 사회는 특정 물건을 생산하는데 소모되는 사회적 노동시간의 양과 이 물건들에 의해 만족될 사회적 필요의 양 사이의 관계를 확립할 수 있다. …… 그러나 특정 물건의 생산에 소모된 사회적 노동량이 이 물건에 대한 사회적 수요에 일치하고, 생산된 물건의 양이 재생산의 평상적 규모에 일치하고, 수요가 변동이 없을 때, 이 물건은 자신의 시장 가치에 의해 판매된다. 진정한 가치로 상품이 교환되거나 판매되는 것은 **이성적 상황**, 즉 균형의 자연법칙이 될

것이다. (강조는 인용자)

—마르크스, 『자본론』 제3권 제10장

노동계급 독재의 시기에 시장은 개인적으로 소비되는 한정된 재화와 서비스의 **존재하는** 공급량에 따라 이것들을 분배하는 정상적 수단이 되어야 한다. 그러나 특정 소비재의 생산능력을 **확대하는** 것은 중앙 집중화된 투자계획을 통해 결정되어야 한다. 자동차산업의 정착과 같이 특정 소비재 산업에 대한 주요한 투자는 예상되는 시장의 수요 뿐 아니라 바람직한 사회적 이익과 관련된 집단적 정치적 결정에 의해 통제되어야 한다.

## 일반적인 물질적 부족에서
## 풍요의 공산주의로 나아가는 마르크스주의의 경로

어떤 의미에서는 마오쩌둥주의 선전가들의 조야한 반(反)마르크스주의 노선은 이들이 말하는 것보다 말하지 않는 것에 의해 더 잘 표현되고 있다. 마르크스와 엥겔스는 공산주의 사회와 그 경로를 말할 때마다 필요노동시간의 급격한 축소와 이것을 창조적이고 과학적인 작업으로 대체하는 것에 초점을 맞추었다. 생필품을 생산하는데 필요한 노동시간의 감소는 마르크스에게 인간 진보의 중심적 척도였다. 이것만이 아니었다. 그는 특히 제1 인터내셔널의 초기에 노동시간 단축을 선동했다.

베틀렝, 스위지 등의 저작들은 사회주의의 전제조건인 노동시간 단축을 전혀 언급하지 않는다. 노동의 양과 질은 거의 바뀌지 않은 채 기존의 기술수준에 기초하여 상품생산 관계가 일소되어야 한다는 것이 이들의 주장이다. 스위지는 이런 식의 공산주의를 집약해서 이렇게 표현했다.

공산주의에서 계급은 사라졌다: 국가는 사멸했다; 억압적인 분업형태들은 극복되었다; 도시와 농촌 그리고 정신노동과 육체노동 사이의 구별은 철폐되었다; 분배는 필요에 따라 이루어진다 등.

—베틀랭&스위지, 『사회주의로의 이행에 대하여』

'경제주의적인' 마르크스주의를 퇴치하는 과정에서 이 마오쩌둥주의 선전가는 어떻게 사회주의 건설이 가능하고 이집트의 파라오 시대에는 왜 사회주의가 건설될 수 없었는지 등을 전혀 언급하지 않고 있다.

　　노동과 경제학에 초점을 맞추느라 우리는 스탈린주의 '일국 사회주의' 이론에 내재한 **민족주의** 편향을 논의하지 못했다. 그러나 스위지의 공산주의 묘사는 민족주의 편향에 대한 비판을 크게 요구하고 있다. 스위지의 스탈린주의 이념은 너무도 그 뿌리가 깊어서 **민족국가의 소멸**이 마르크스주의 공산주의 개념의 핵심 요소라는 점을 그는 인식하지 못한다.

　　《먼슬리리뷰》주위로 형성된 그룹이나 이보다 더욱 저속한 스탈린주의 선전가들로부터 '마르크스주의 교육'을 받은 사람들은 공산주의 사회에 대한 마르크스의 원래 사상을 충격으로 받아들일 것이다. 나중에 『공산당 선언』이 된 글의 첫 번째 초안을 작성하면서 엥겔스는 이렇게 주장했다.

　　　　공동체 원칙에 따라 결합한 민족들은 이 결합을 통해 서로 통합을 이루고 자신들의 한계를 극복하도록 강요될 것이다. 이것은 신분과 계급들의 다양한 차이들이 이것들의 기초인 사적소유의 극복을 통해 사라지는 것과 마찬가지일 것이다.

　　　　　　　　　　　　　　　　　　　　—엥겔스, 「공산주의 신념 고백 초안」

이 글의 주요 주제로 다시 돌아가자. 공산주의가 되면 '정신노동과 육체노동 사이의 차이들이 철폐된다'는 스위지의 표현은 애매하면서도 오해를 낳고 있다. 마르크스주의자들에게 이 '철폐'는 고되며 따분한 육체노동을 일소하고 이것을 창조적이고 과학적인 작업으로 대체하는 것을 통해 성취된다. 자본주의 공업화의 가장 진보적인 경향은 생산과정에서 직접적 육체노동을 **일소하고** 기계의 감독으로 이것을 대체하는 것에 있다고 마르크스는 생각했다.

　　중공업에서 드러나고 있듯이, 소모된 노동시간과 이 결과 생산된 제품 사이의 엄청난 불균형, 그리고 단순한 추상 수준으로 감소된 노동과 이 노동이 감독하는 생산과정의 동력 사이의 질적인 불균형을 통해 진정한 부는 훨썬 더 많이 축적된다. 노동은 더 이상 생산과정의 핵심 부분이 아닌 것처럼 보인다. 생산과정에서 인간의 요인은 생산과정을 감시하고 감독하는 것에 한정된다. ……

노동자는 더 이상 변화된 자연물을 재료와 자신 사이의 중재자로 삽입하지 않는다. 그는 이제 자신과 무기적 자연 사이에 공업과정으로 변모된 자연과정을 삽입한다. 그리고 이 과정을 그는 통달했다. 그는 더 이상 생산과정의 주요 인자가 아니라 단지 이 과정과 함께 할 뿐이다.

—마르크스, 『요강』

이것을 달리 표현하면 마르크스는 공산주의를 지금 말로 하면 완전히 자동화된 사회로 간주했다. 그가 생산체제로서 자본주의에 반대한 것은 이것이 기술 진보를 **정지시켰기** 때문이다. 왜냐하면 자본주의에서 생산수단의 확대는 역사적으로 이윤율의 저하를 초래했기 때문이다.

자본주의 국가를 혁명을 통해 타도할 경우 기존의 생산수단은 몰수되고 중앙 집중적으로 통제될 것이다. 완벽하고 이성적인 경제자원의 활용, 특히 가장 선진적인 기술을 체현하는 투자는 노동생산성을 비약적으로 증대시킬 것이다. 증대된 생산성은 부분적으로 소비 수준을 높이기 위해 소비될 테지만 대부분은 노동시간을 획기적으로 단축하는 데 사용될 것이다. 이렇게 해서 더 많이 남는 자유 시간은 노동대중의 재교육에 사용되어 이들의 문화적 수준과 기술적 능력을 높일 것이다. 이 노동자들이 생산 과정에 다시 투입되면 이들은 생산성을 더욱 증대시킬 것이다. 이렇게 노동생산성의 증대는 스스로를 영속화시키면서 스스로를 강화시키는 과정이 될 것이다.

실물경제의 절약은 노동시간의 절약 즉 생산비용의 최소화에 있다. 그러나 이 절약은 생산성의 증대와 일치한다. 따라서 절약은 쾌락을 포기하는 것이 아니라 힘과 생산능력의 증대를 뜻한다. 이 결과 쾌락의 능력과 수단이 발전한다. …… 여가뿐 아니라 수준 높은 활동까지 포함하는 자유 시간은 자연스럽게 이것을 즐기는 사람을 **다른** 사람으로 변화시킨다. **그리고** 직접 생산과정에 **투입되는** 사람이 바로 이 다른 사람이다. 이렇게 형성되는 사람은 이 과정에서 규율을 갖게 된다. 반면에 이미 형성된 사람에게 이것은 연습, 실험적 과학, 물질적으로 창조적이며 스스로를 객관화시키는 지식이다. 그리고 그는 자기 머리 안에 사회의 축적된 지혜를 담는다. (강조는 인용자)

—앞의 책

필요 노동이 너무도 근소한 시간과 에너지를 흡수하여 개인이 자유롭게 이것을 사회 집단에 줄 때 이 과정은 끝난다. 이를 통해 생산력의 수준은 너무 높아서 개인의 물질적 전유는 무제한으로 허용된다: "각자 자신의 능력에 따라 노동하고 각자 자신의 필요에 따라 분배받는다."

임노동과 상품 유통은 자본주의 생산양식 하에서 물질적 부족과 노동 강제의 특징적 **형태들**에 불과하다. 공산주의의 진정한 목표는 물질적 부족과 노동 강제의 **현실**을 일소하는 것이다.

물질적 부족을 궁극적으로 해소하는 데 기여하지 않는 상품관계의 일소는 전혀 진보적이지 않다. 물질적 후진성의 조건 속에서 임노동과 상품 유통을 일소하는 강령은 반동적 공상주의다. 이런 강령을 실천하려는 시도들은 경제를 붕괴시킬 것이다. 중국의 대약진운동 직후인 1960년~1년에 이것은 현실로 드러났다. 그리고 이 결과 기형적 노동자 국가에서 존재하는 임노동과 연관된 조건들보다 더 억압적인 조건들이 초래될 것이다.

# 마오쩌둥주의자들이 소련에 '자본주의를 복귀시킨' 방식<sup>*</sup>

How Maoists 'Restore Capitalism' in the USSR      조지프 시모어★1976년

마오쩌둥주의자들을 제외한 모든 사람들은 스탈린, 흐루쇼프, 브레즈네프로 이어지는 소련의 경제체제가 근본적으로 연속성을 유지하고 있다고 인정하는 것 같다. 사실 스탈린 사망 후 소련에 자본주의가 복귀했다는 마오쩌둥주의 도그마(교의)는 너무도 황당하다. 이 때문에 역사적으로 이렇게 중요한 사건이 언제 왜 어떻게 일어났는지에 대해 마오쩌둥주의 조직들도 의견이 제각각이다. 베이징의 스탈린주의 관료집단은 이에 대해 단 하나의 단서만을 제공하고 있다. 소련 공산당 제20차 당 대회에서 흐루쇼프가 비밀연설을 행한 것이 바로 이 사건의 핵심 계기다.

혁명적연합(Revolutionary Union, RU)에서 혁명적공산당(Revolutionary Communist Party, RCP)으로 이름을 바꾼 미국의 어느 마오쩌둥주의 조직은 자신의 기관지 《붉은 신문》 제7호(1975년)에서 흐루쇼프 집권과 동시에 소련이 자본주의 체제로 복귀했다고 주장했다. 이들에 따르면 소련에서 '자본주의'는 두 단계를 거쳐 진행되었는데, 제1단계로 흐루쇼프가 '사적·경쟁적 자본주의'를 회복시켰으며 제2단계로 브레즈네프가 '국가독점 자본주의'를 정착시켰다.

혁명적공산당(RCP)의 주요 경쟁조직이자 중국 스탈린주의자들에게 좀

---

<sup>*</sup> 이 글은 마르틴 니콜라우스의 『자본주의로 복귀한 소련*Restoration of Capitalism in the Soviet Union*』에 대한 서평이다.

더 굴종하는 10월동맹(October League, OL)은 침묵을 지키는 것이 지혜롭다고 판단했다. 지금까지 OL은 소련에 자본주의가 복귀했다는 주장을 가장 간단하게 '설명하는 것'에 그치고 있다. 나중에 중국의 공식 선전이 자기의 주장과 충돌하지 않을까 우려하고 있기 때문이다. 그러나 이 새롭고 두려운 영역에 OL의 클란스키 일당은 발을 들여놓지 않을 수 없게 되었다. RCP 그리고 신좌익 경향의 《가디언》 주위로 결집한 '비판적 마오쩌둥주의자들'이 국내에서 서로 잘났다고 설치고 있기 때문이다. OL의 기관지 《해방자 신문》은 마르틴 니콜라우스의 저서 『자본주의로 복귀한 소련』을 구성하고 있는 일련의 논문들을 출판했다.

스탈린 사후 러시아에 대한 마오쩌둥주의의 '분석'은 너무나 황당하여 지적으로 치장하기가 불가능하다. 니콜라우스의 불행한 운명은 이 점을 증명하고 있다. 신좌익의 저명한 학자인 그는 소부르주아 전위당 노선을 일반화하여 '새로운 노동계급' 이론을 창안했다. 마오쩌둥주의 강경파로 전향하자마자 그는 소련의 '자본주의 복귀' 현상을 똑부러지게 분석하려 했다. 유행에 영합하는 이 노력은 일련의 논문이 되어 1975년에 친중(親中) 잡지인 《가디언》에 실렸다. 그러나 이 잡지의 편집자들은 니콜라우스의 이론에 찬성도 반대도 하지 않았다. 다만 이 잡지의 지도자 어윈 실버는 그의 이론이 별로 설득력이 없다고 평했다.

이러던 중 지난 겨울 《가디언》은 앙골라에 대한 중국 공산당의 반혁명 정책을 공개적으로 비판했다. 그러자 니콜라우스는 중국 공산당에 충성하는 OL에 가입했다. 그러나 이로부터 9개월 후 OL은 '우파 수정주의자', '자본가계급 옹호자'로 몰아 그를 축출했다. 당연히 OL은 그의 저서 『자본주의로 복귀한 소련』를 수정주의라고 비난했다. 그러나 이들은 이 저서의 논문들을 자기 기관지에 실었다는 사실은 언급하지 않았다.

이 저서는 노동계급 독재를 공격했다. 수정주의자 흐루쇼프가 집권한 지 10년 이상이 지났지만 '소련의 실제 생산관계에는 심대한 변화'가 없다고 주장했기 때문이다.

— 《촉구》, 11월 29일

OL의 기관지는 이 저서가 '자본주의 복귀의 위협을 은폐하고 그 원인들을 신비화했다'고 주장한다.

미국의 마오쩌둥주의 조직들은 모두 니콜라우스의 저서를 비난했다. 더욱이 중국 공산당도 이 저서를 좋게 평가하지 않을 것이다. 이 저서의 제7장은 야오원유안이 쓴 논문 「린뱌오 파벌의 사회적 기반에 대하여」를 길게 발췌하고 있다. 야오원유안은 '4인방'의 한 사람으로 현재 감옥에 있으며 '자본주의 이중첩자'로 비난받고 있다.

부끄러움이 전혀 없고 거만한 이 아마추어 지식인의 정치적 고초에 대해 우리는 특별히 관심을 가질 일이 없다. 그러나 그의 저서는 '소련이 자본주의로 복귀했다'는 마오쩌둥주의 이론의 철저한 정치적 파산을 생생히 보여주고 있기 때문에, 그 책에 대해서는 논의할 필요가 있다. 이 책은 이론적으로 천박할 뿐 아니라 대단히 기만적이다. 하지만 이른바 소련 '자본주의'를 경험적으로 확인할 수 있는 경제 자료들을 제시하고 있다는 장점이 있다.

1956~7년 흐루쇼프 집권기의 '부르주아적 성격'과 1965년 코시긴 또는 소위 리베르만 개혁으로 인한 자본주의 경제관계의 '복귀'를 니콜라우스는 구별하고 있다. 샤를르 베틀렝 같은 일부 마오쩌둥주의 선전가들과는 달리 니콜라우스는 소련이 새로우며 역사적으로 독특한 '국가자본주의 체제'라고 주장하지는 않는다. 새로 등장한 '소련 자본주의'가 서방 자본주의와 다른 점이 거의 없다는 것이 그의 주장이다.

소련의 자본주의 복귀를 증명하려는 니콜라우스의 노력은 정반대를 증명하고 있을 뿐이다: 마르크스주의자들이 이해해왔거나 노동대중이 경험한 기준에 따르면 소련은 자본주의 체제가 아니다. 더욱이 지금 소련이 자본주의 체제라고 니콜라우스가 제시하는 주장과 기준은 스탈린 치하의 러시아와 마오쩌둥 치하의 중국을 설명하는 데 훨씬 더 적합하다!

## 공장 경영자가 맹아적 자본가인가?

소련의 자본주의 복귀를 주장하는 자칭 마르크스주의자들이 직면하는 가장 명백한 어려움 가운데 하나는 스탈린 치하에서 새로운 자본가계급이 어떻게 형성되었으며 이들이 어떻게 국가권력을 장악했는가를 설명하는 것이다. 유럽의 자본가계급은 봉건제를 타도하기 위해 수백 년에 걸쳐 내전, 혁명, 반혁명을 반복했다. 이와 마찬가지로 자본가계급에 대항한 노동계급의 투쟁은 100년이 넘게 자본주의를 뒤흔들어왔다. 그런데 소련의 자본주의 복귀는 무혈 궁정 쿠데타를 통해 일어났으며 몇 년이 지나도록 마오쩌둥을 비롯한 어느 누구도 이것을 알아채지 못했다. 이것이 이 세계 역사적 사건에 대한 마오쩌둥주의자들의 설명이다!

소련의 '부르주아 반혁명'이 아무도 모르게 일어났다는 사실에 대해 '마르크스-레닌주의자' 니콜라우스는 분명 괴로워하고 있다. 이것은 당연하다.

> 권력을 장악한 자본가계급 형성의 경제적 상황, 물질적 기초 등을 나타내는 개략적인 자료들이 일부 존재한다. 그러나 이들이 권력 장악을 시도하기 전에 자신을 계급으로 서서히 조직하고 자신의 연합체들을 구축하고 집단적 자의식을 획득한 과정은 거의 전적으로 알려지지 않고 있다. ……
>
> 그러나 스탈린 치하 러시아가 겉으로 보인 강건함의 배후에서 반(反)마르크스주의, 반(反)레닌주의 반혁명 강령으로 무장한 지도자 그룹이 아무 고통도 없이 이 사회주의의 보루를 접수한 과정이 진행되고 있었다.

소련의 부르주아 반혁명이 고통 없이 몰래 일어났다는 니콜라우스의 마오쩌둥주의 사상은 공산주의자들이 음모적으로 차르 정부를 타도하여 10월혁명을 성공시켰다는 고(故) 에드거 후버의 견해와 맥을 같이한다.

『자본주의로 복귀한 소련』은 '새로운 자본가계급'의 맹아가 스탈린 치하의 기업 경영자였다고 주장한다. 니콜라우스의 주장에 따르면 기업 경영자의 지위는 골칫거리였다. 스탈린이 노동자들의 이해를 면밀하게 옹호하고 있는 상황에서 이들을 통제할 수 있는 권한은 없으면서도 책임은 막중했기 때문이라는 것이다! 믿거나 말거나 바로 이것이 스탈린 치하 러시아에서 부르주아 반혁명이 성공한 것에 대한 니콜라우스의 사회학적 설명이다.

> 소련의 기업 경영자들은 무겁고 엄격한 책임을 지고 있었으면서도 노동자에 대한 통제권은 자본주의 세계의 기업 경영자에 비해 대체로 훨씬 적었다. …… 자본주의 세계의 기업 경영자들이 가지고 있던 가장 중요한 권한

즉 마음대로 노동자를 해고할 수 있는 권한이 이들에게는 없었다. 이들은 일자리에서 쫓겨나 굶주리는 고통을 겪을 것이라고 말하면서 노동자들을 위협할 수 없었다. ……

전시를 제외하면 노동자들은 마음대로 직장을 그만둘 수 있었다. 그러나 기업 경영자들은 노동자가 형법상의 범죄를 저질렀다고 증명해야만 노동자를 해고할 수 있었다. 따라서 노동자에게 채찍질을 가할 수 없는 기업 경영자의 권한은 허약했다.

니콜라우스의 주장에 따르면 소련의 기업 경영자들은 자본주의 복귀를 통해 자신의 '허약성'을 극복하려고 했다.

한편으로 기업 경영자들은 노동자들의 권한을 더 많이 자신에게 이전시키며 동시에 계획경제가 자신에게 부과하는 책임을 줄였다. 그러나 스탈린이 살아있는 동안에는 자본가의 본능에서 나온 이 두 경향들은 통제되고 억압되었다.

스탈린 치하에서 기업 경영자들이 노동자에게 '채찍질을 가할 수 없었다'는 주장은 도저히 믿을 수 없다. 이 주장은 잠시 후에 검토하기로 하자. 다만 니콜라우스가 소련 경제정책사에 대해 아는 것이 거의 없다 해도 그의 주장은 초보적인 마르크스주의 사회학에 명백히 위배된다.

소련의 기업 경영자들은 고위 행정가 집단에 대항하여 단결의 기반을 갖춘 뚜렷한 사회집단이 아니다. 기업 경영은 행정 관료집단 내부의 분업에 불과하다. 기업 경영자의 진정한 성공은 '자기' 공장, 농장, 광산이 확장되는 것에 있지 않다. 기업 확장은 기술적으로 대단히 제한되어 있다. 이들의 진정한 성공은 행정 위계 속에서 승진하는 것이다.

중앙계획 당국과 산업부서의 최고 관리들 대부분은 기업 경영자로 시작하여 경력을 쌓았다. 그리고 지금도 그렇지만 스탈린이 살아있을 때에도 관료의 개인 소득은 행정 위계 내부의 지위와 밀접한 관계가 있었다. 기업 경영자와 고위 계획 관료들의 이해관계가 마찰을 빚을 수 있다. 그러나 이것이 새로운 자본가계급을 형성시키지는 않는다. 이는 소련 군대에서 장군과 부관 사이에 마찰이 일어날 경우 부관이 새로운 자본가가 되지 않는 것과 같은 이치다.

## 스탈린의 노동계급 군사화

전해지는 바에 의하면 스탈린은 이렇게 말했다: 종이 위에는 무엇이든 적을 수 있다. 그런데 니콜라우스 역시 자기 상전인 스탈린과 같은 생각으로 저술에 임한다. 스탈린 치하에서 기업 책임자가 노동자에게 "채찍질을 가할 수 없"었다는 주장을 나이든 노동자가 접한다면 그는 먼저 어느 누가 그런 황당한 말을 할 수 있는가 의아해 하면서 곧 이어 쓰디 쓴 웃음을 지을 것이다. 바로 이 주장에서 니콜라우스의 부정직은 너무 노골적으로 드러난다. 이 때문에 독자들이 자신이 제시한 '사실들'을 확인하지 않기를 그는 희망할 수밖에 없다. 니콜라우스 박사가 『자본주의로 복귀한 소련』을 대학원 논문으로 제출한다면 자료 날조로 퇴학당하지 않는다면 다행일 것이다.

예를 들어 스탈린 치하에서 노동자가 권리를 누렸다는 증거로 그는 "노동자들만 참여할 수 있으며 경영자는 피고로만 법정에 출두하고 재판 초기에는 아예 법정출두가 금지된 노동분쟁" 특별법정을 거론하고 있다. 또한 그는 노동자가 자유롭게 경영자들을 비판할 수 있는 생산회의를 언급하고 있다. 우선 이 증거는 즉시 의심이 간다. 왜냐하면 그는 자료의 출처로 스탈린 **사후의** 러시아에 대한 저작들을 제시하고 있기 때문이다. 메리 매컬리의 『소련의 노동 분쟁, 1957~1965년』(1969년)과 데이비드 그래니크의 『적색 경영자들』(1960년)이 이것들이다.

노동자들로만 구성된 법정에서 노동자가 자기 상관을 고소한다면 이것은 진정으로 노동자 통제의 강력한 보루가 될 것이다. 그러나 이러한 법정은 니콜라우스의 마오쩌둥주의 선전물에만 등장할 뿐 소련에는 존재해본 적이 없다. 노동 분쟁에 대한 매컬리의 저서에 따르면 1922년에 특별법정이 존재했는데 여기서 노동자들은 경영진의 불리한 조치에 대해 **이의를 제기**할 수 있었을 뿐이며 경영진은 위법행위로 고소될 수 없었다. 매컬리에 따르면 이 법정은 '경영진-노동조합 합동위원회로 노사 동수의 대표들로 구성되어 있었다.'

한편 생산회의는 노동자에 의한 생산 통제의 주요 수단으로 1920년대 초에 수립되었다. 그러나 이것은 제1차 5개년 계획이 실시되면서 실제적으로 자취를 감추었다. 1958년에 흐루쇼프는 100인 이상의 모든 기업에 생산회의를 재도입했다. 그러나 이것도 특히 악질적이거나 무능한 경영자를 곧

혹스럽게 하는 것 이외에 이렇다 할 활동이 없었다. 스탈린과 비교했을 때 흐루쇼프는 최소한 겉으로나마 노동자에 의한 생산 통제를 수립할 필요성을 느꼈다. 이 조치에 대한 최상의 찬사는 이 정도일 것이다.

노동자 국가에서 노동자와 경제 행정 당국 사이에 즉시 이해가 충돌할 것이라고 레닌의 볼셰비키당은 인식하고 있었다. 따라서 1922년에 제정된 소련노동법은 임금과 노동조건이 노동조합과 경영진에 의해 협의되어야 한다고 명시했다. 그러나 스탈린이 집권하자 노동조건은 가능한 한 모든 측면에서 더욱 억압성을 띠었다. 임금과 노동조건을 노동조합과 경영진이 협상한다는 조항은 1933년에 폐지되었다. 이후 소련의 노동조합은 노동규율을 더 강력하게 강제하는 복지기구/선전부서에 불과했다.

노동 투입량을 합리적으로 배치하기 위해서는 때때로 실업 기간이 불가피한 자발적 직업 전환이 필요하다는 것을 1920년대 초 볼셰비키당은 인식하고 있었다. 1923년 7월에 발효된 포고령은 노동 유동성을 촉진하고 노동자들을 보호하기 위해 직업교환소와 실업보험을 시행했다. 그런데 1932년에 스탈린은 이 둘을 모두 폐지시켰다. 이 조치 이후 실업 노동자의 임금은 큰 폭으로 삭감되었고 비숙련인 동시에 자신의 직업분야와 무관한 직장을 제공받는 대로 다녀야 했다. 복지 수혜자를 없애려고 미국 부르주아 반동들이 주장하는 방식으로 스탈린은 "실업을 없앴다".

어쨌든 실업을 일소했다는 1930년대 스탈린의 주장은 완전히 거짓이었다. 지금의 중국과 마찬가지로 스탈린 치하 러시아에서 농민들은 **태어날 때부터 법적으로** 집단농장에 매여 있었다. 도시로 나갔다가 일자리를 찾지 못한 농민들은 체포되어 다시 농촌으로 추방되었다. 그리고 이에 저항하면 시베리아의 강제 노동수용소에 보내졌다.

니콜라우스의 주장과는 반대로 스탈린 치하 러시아의 공장 경영자들은 노동규율을 강제하는 수단으로 노동자를 해고할 수 있었다. 그러나 이것은 지극히 온건한 표현이다. 1922년에 레닌이 제정한 노동법에 따르면 한 달에 이유 없이 6번 결근한 노동자는 해고될 수 있었다. 1927년에 이 횟수는 3번으로 줄어들었고 1932년에는 **하루라도** 무단결근하는 노동자가 있으면 경영자는 그를 즉시 해고**해야 했다**. 또한 기준 생산량을 계속 달성하지 못하는 노동자도 해고될 수 있었다. 해고될 경우 노동자는 식량 배급표를 즉시 박탈당하고 통상 그랬듯이 회사가 제공하는 주택에서 퇴거당했다. 그러나 니콜라우스는 뻔뻔하게도 스탈린 치하에서 기업 경영자가 "일자리에서 쫓겨나 굶주리는 고통을 겪을 수 있다고 노동자에게 위협"할 수 없었다고 주장한다! 이 '마르크스-레닌주의자'는 선량한 노동자를 속이는 스탈린의 하수인일 뿐이다.

스탈린 관료집단은 1930년대에 노동자들을 아주 가혹하게 대했다. 그러나 이것도 1940년 6월의 포고령에 비하면 아무것도 아니다. 이 포고령은 아마 나치 독일의 것을 모방했을 것이다. 이에 따르면 노동 규율을 위반할 경우 국가의 테러를 노골적으로 당한다. 경영자의 허가 없이 일자리를 바꿀 경우 2개월에서 4개월까지 감옥에 갇힐 수 있었다. 단 하루 무단결근을 하거나 20분 지각을 했을 경우 노동자는 직장에서 6개월까지 교정 노동에 시달려야 **했으며** 임금은 25퍼센트까지 삭감**되어야 했다**. 노동자를 억압하는 이 간악한 법은 너무나 불만을 많이 사서 공장 경영자는 위법 노동자를 비호한 죄로 기소되기까지 했다!

1940년의 포고령은 전시의 특별조치가 아니었다. 이 법은 1956년까지 존속되었고 이것의 기본원칙은 '사회주의 사회'의 규범이라고 공식 선언되었다. 이 가짜 '노동자 천국'에서 스탈린주의 관료집단이 노동자에게 보인 태도는 도가도프가 1949년에 완성한 『소련노동법 발전사』에 잘 요약되어 있다.

> 사회주의 사회에서 직장을 얻어 자발적으로 노동관계에 들어서는 노동자 그리고 강제노동을 해야 하는 **징집 노동자** 사이에는 원칙과 질에 있어서 **조금의 차이도 없다**. (강조는 인용자)

## 스탈린의 극단적인 반(反)평등주의

니콜라우스의 엄청난 거짓말과 달리 일부 스탈린 변호자들은 스탈린이 1920년대에 노동자들의 자유를 짓밟았음을 인정한다. 그러나 이들은 이렇게 주장한다: 자유 노동시장이 일소되면서 소련 노동자들은 경제적으로 안정되었고 수입이 평등해졌다. 그러나 평등주의자 스탈린은 경영진에 대항하여 노동자 권리를 옹호한 스탈린만큼과 똑같은 정도로 거짓 선전에 불과하다.

1920년대에 소비에트 정부는 임금에 대한 풍부한 통계들을 출판했다.

1950년대 중반부터 실질임금이 꾸준히 오르자 소련 당국은 이 사실을 공개했다. 그러나 생활비의 변화와 실질임금에 대한 포괄적인 공식 수치들은 스탈린 치하에 하나도 공개되지 않았다. 이 자체는 생활수준이 뚜렷이 하락했음을 나타내주고 있다. 이에 대한 가장 면밀한 서구의 연구는 재닛 챕먼의 저서 『1928년 이후 소련의 실질임금』(1963년)이다. 이 저서는 1928년부터 40년까지 소련 국영 노동자의 실질임금이 최소한 22퍼센트 하락했으며 1928년의 수준은 1953~4년이 되어야 회복되었다고 추산하고 있다. 연간 노동시간이 1930년대에 크게 확대되었기 때문에 시간당 임금은 더 큰 폭으로 떨어졌다.

소득 분배에 대해 말하자면 스탈린 시기는 1920년대 그리고 흐루쇼프/브레즈네프 시기와 비교했을 경우 극단적으로 불평등했다. 1932년에 엔지니어와 기술자는 생산직 노동자보다 임금을 평균 2.6배 높게 받았다. 1960년에 엔지니어와 기술자는 생산직 노동자보다 임금을 50퍼센트만 더 받았다. 그리고 1972년에 이르러 이 차이는 30퍼센트로 떨어졌다(피터 와일즈, 「소련의 소득 분배에 대한 최근 자료」, 《조사》, 1975년 여름). 현재 브레즈네프 치하에서 소득 차이는 마오쩌둥 정권이 평등에 대해 거짓 선전을 많이 하고 있지만 중국과 아주 유사하다.

스탈린 치하 당과 정부 최고위 관료들의 소득에 대한 포괄적인 자료는 없다. 화폐 임금과 함께 최고위 관료들은 모든 종류의 특권을 공짜로 누려왔다. 그리고 스탈린 치하에서 이들은 만연한 빈곤 속에서도 상대적인 풍요를 누렸다고 믿을만한 이유는 얼마든지 있다.

일반적 궁핍이 존재하는 상황 속에서 집단적 경제가 각기 다른 직업, 산업, 지역 사이에 노동자원을 배분하기 위해서는 임금 격차가 존재해야 한다. 마르크스주의자는 이 점을 인식하고 있다. 그러나 노동규율을 강화시키는 수단으로 도급제 등 개인적으로 임금을 차별시키는 수단을 동원하는 것은 전혀 다른 문제이다. 소비에트 민주주의와 밀접히 관련된 사회주의 의식은 노동이 양심적으로 수행되는 것을 보장하는 힘이다. "자본주의 생산양식과 가장 잘 조화되는 임금 형태"(『자본론』 제1권 제21장)라고 마르크스가 규정한 도급제는 사회주의 의식과 노동계급의 단결을 해친다.

러시아 전역을 파괴한 내전 시기에 노동계급 대부분은 전선으로 동원되었고 공장은 농민들로 채워졌다. 내전 직후 경제가 붕괴한 시기에 레닌은 도급제를 적법한 것으로 간주했다. '전시 공산주의' 시기에 도급제는 공업 노동자의 규범이었다. 그러나 1922년 노동법이 발효되자 임금은 노동조합과 경영진의 협상을 통해 정해졌고 1928년이 되면 도급제는 공업노동력의 34퍼센트에만 시행되었다(드워, 『1917~1928년 소련의 노동정책』).

1931년에 스탈린은 '소부르주아 평등주의'에 대한 그 유명한 공격을 시작했다. 이 해에 당 협의회는 다음과 같은 결의문을 통과시켰다.

> 임금에 대한 썩어빠진 평등주의 관행을 완전히 일소하고 노동생산성 증대 투쟁의 가장 중요한 요인인 도급제와 성과급제를 시행해야 한다.
> —쿨스키, 『소비에트 체제』, 1963년

이후 도급제는 가능한 곳에서는 언제나 적용되었으며 이 때문에 1920년대의 러시아나 선진 자본주의 국가들에 비해 임금 격차는 훨씬 컸다. 이것은 소위 '누진적' 도급제로 임금은 생산량보다 더 빨리 증대하고 하락했다.

1935년 스타하노프 운동이 개시되면서 평등주의와 노동계급 단결에 대한 스탈린의 공격은 절정에 달했다. '노동자 돌격대'가 선전되었는데 이 특별 집단의 목표는 확립된 생산 규범을 깨고 증폭된 도급제를 노동계급 전체에 시행하는 기초를 마련하는 것이었다. 이 돌격대원들은 관료집단만 누리는 대단히 높은 임금과 다른 물질적 특권을 누렸다. 이 용병 임금제도 파괴자들에 대해 노동자들이 격렬히 저항하자 이 운동은 서서히 소멸했다.

스탈린의 도급제는 너무 불만을 많이 사서 흐루쇼프는 집권과 함께 이 제도를 축소하는 주요한 양보 조치를 취하지 않을 수 없었다. 1956년에 소련 노동자의 73퍼센트가 도급제를 겪었고 27퍼센트는 '누진적' 도급제를 강요당했다. 그러나 1965년이 되면 '누진적' 도급제는 완전히 철폐되었고 전체 노동력에 대한 도급제 강요 비율은 58퍼센트로 떨어졌다(레너드 조울커쉬, 『소련의 임금: 1956년 이후 그 구조와 행정의 변화들』, 1970년).

## 흐루쇼프: 마오쩌둥주의 경제학의 선구자

니콜라우스와 마오쩌둥주의자들이 그 의의를 완전히 오판하고 있지만

1958년 흐루쇼프의 권력 장악은 소련의 경제계획 구조를 상당히 변화시켰다. 스탈린 치하에서 계획경제를 시행한 기본 행정단위는 전국단위의 수직적 위계구조를 가진 산업부서 예를 들어 항공산업부, 농업기계부 등이었다. 흐루쇼프의 권력 장악을 반대했던 스탈린 추종 '구 친위대' 가운데에는 소위 '반(反)당 그룹'이 있었다. 몰로토프, 말렌코프, 카가노비치 등으로 구성된 이 그룹은 모스크바에 중심을 둔 경제행정 관료들을 기반으로 하고 있었다. 반면 흐루쇼프의 추종 세력은 지방 당 지도자들로 구성되었다. 이들은 스탈린의 초(超)중앙 집중주의가 지역 경제에 대한 자신들의 영향력을 박탈했기 때문에 오랫동안 원한을 품고 있었다.

몰로토프 그룹을 축출한 후 흐루쇼프는 부서체계를 철폐하고 지방분권화를 실시하여 자신의 지지자들에 보답한 반면 반대자들을 심판했다. 1958년부터 흐루쇼프가 실각한 1964년까지 경제행정의 기본 단위는 지역위원회(소브나호즈)였다.

쉽게 예상할 수 있듯이 니콜라우스는 흐루쇼프가 지방분권화를 통해 스탈린의 '사회주의'를 전복하고 자본주의를 복귀시켰다고 주장한다.

> 산업 분야에서 레닌과 스탈린 통치 하에 수년에 걸쳐 면밀하게 수립된 중앙경제계획 부서들을 단 한 번에 철폐하려는 계획이 작성되었다. 경제계획 부서들의 기능과 권한은 100개가 넘는 지역 경제위원회로 이전되고 중앙은 느슨한 감독만 할 예정이었다.
>
> 중앙 집중화된 사회주의 계획 부서들에 대한 흐루쇼프의 공격은 상품-화폐 교환관계를 즉시 그리고 널리 확산시켰다.

마오쩌둥주의 선전가 니콜라우스는 흐루쇼프의 경제 지방분권화 정책을 "자본주의 노선"이라고 비난한다. 그러나 이것은 그가 중국의 경제정책에 대해 대단히 무지하다는 것 또는 참주선동을 일삼고 있다는 것 또는 둘 다를 증명하고 있다.

경제의 지방분권화와 '자립(자급경제)'은 '급진' 마오쩌둥주의 경제학의 중심 교리가 되어왔다. 문화혁명 이후 중국 경제의 가장 중요한 변화 가운데 하나는 지역 당국의 경제적 권한이 크게 강화되었다는 것이다. 1965년에 산업체의 약 20퍼센트가 군이나 그 이하 행정단위에 의해 운영되었던 반면 1969년과 71년 사이에 이 비율은 약 50퍼센트로 상승했다(스튜어트 슈램 엮음, 『중국의 권한, 참여, 문화적 변화』, 1973년). 1971년 저우언라이는 에드거 스노우에게 이렇게 말했다. "중앙정부의 직원 수는 문화혁명 전에 6만 명이었던 데에 비해 지금은 1만 명밖에 되지 않는다."(《새로운 공화국》, 1971년 3월 27일)

1971년 9월 25일자 《베이징 평론》의 어느 기사는 경제의 지방분권화가 마오쩌둥주의의 특징이라고 확인하면서 이렇게 말했다: 대약진운동과 문화혁명은 "지방이 더 많은 사업을 추진하게 내버려두는 것이 중국 산업을 발전시키는 유일하게 올바른 원칙"이라는 것을 입증했다. 프랑스의 마오쩌둥주의 선전가 샤를르 베틀렝은 자신의 저서 『중국의 문화혁명과 산업조직』(1974년)에서 중국 경제의 지방분권화를 전통적인 소련의 중앙 집중화보다 더 우수한 것으로 비교하고 있다.

> 성, 지구, 시 등 지방 당국은 계획과 경영에서 상당한 역할을 실제로 하고 있다. 이 분권화는 성이나 시가 다양한 지역 생산 단위들 사이의 밀접한 협동을 가능하게 만든다. 성 차원의 경영은 각 성마다 상대적으로 자율적인 산업생산이라는 광범위한 개념을 통해 진행된다. ……
> 지방분권화로 인해 중국 경제는 예외적인 역동성을 발휘하고 있으며 행정 기구는 급격히 축소되었다. 이 현상은 모든 곳에서 관찰된다. 더욱이 이러한 분권화는 사회주의 경영의 발전과 노동자 경영 참여의 조건 가운데 하나다.

1971년 후반 린뱌오의 실각 이후 중국 경제를 다시 중앙 집중화하려는 조치들이 취해졌다. 특히 덩샤오핑은 소련과 같은 중앙 경제계획을 좀 더 강화하는 조치들을 지지했다. 그러나 현재 소련에 복귀한 산업부서 체계와는 대조적으로 중국의 경제 행정의 기본단위는 성 정부다.

마오쩌둥주의자 니콜라우스는 **러시아**의 '사회주의'를 스탈린의 초(超) 중앙 집중화와 동일시하고 있다. 그러나 그는 흐루쇼프의 **지역위원회(소브나호즈)** 체제보다 더 극단적인 중국 경제의 지방분권화에 대해서는 단 한마디도 언급하지 않는다.

코시긴의 개혁이 소련에 '자본주의를 복귀시켰다'고 니콜라우스는 선언한다. 그러나 그의 생각에 동의하는 사람은 이 세상에서 한 명도 없을 것이다. (그의 마오쩌둥주의 경력을 위해서는 불행하지만 베이징의 공식 노선은 흐루쇼프의 집권과 함께 소련이 자본주의로 복귀했다는 것이다.) 그러나 경제학자 리베르만과 관련된 1965년의 소련 개혁이 자본주의적 성격을 가지고 있는 것으로 다수의 평론가들이 간주하는 것은 사실이다. 왜냐하면 이 개혁은 기업 '수익성'을 강조했기 때문이다. 《타임》은 잡지 커버에 리베르만의 사진을 싣고 "자본가들로부터 빌리다"라는 제목의 기사를 실었다. 그리고 이로부터 10년 후에 미국의 마오쩌둥주의 조직인 혁명적연합(지금은 혁명적 공산당)은 이렇게 선언했다. 코시긴의 개혁은 "이윤 동기를 소련 경제의 주요한 지표로 만들었다."(《적색 신문》 제7호)

리베르만은 반(反)마르크스주의 수정주의자라는 비난에 대해 자신을 방어하면서 이렇게 지적한다: 1921년 이래로 소련의 기업들은 '이윤'을 창출하거나 최소한 손실을 피해야 했다. 이것은 사실이다. 그러나 전통적인 소련 경제계획의 최우선 목표는 계획과 관련된 다른 지수들을 포함하여 여타 고려사항들을 희생하더라도 목표 생산량을 초과달성하는 것이었다. 따라서 1965년 개혁의 목표는 만연한 그리고 다면적인 경영 기생주의에 의해 야기된 자원의 낭비를 제거하는 선에서 그치고 있었다.

금전상의 소득과 높은 직책으로의 승진은 목표 생산량을 초과달성하는 데 달려 있었기 때문에 기업 경영자들은 달성하기 쉬운 목표 생산량을 할당받기 위해 기업의 생산능력을 보통 축소하여 보고했다. 더욱이 잔 머리를 굴리는 공장 책임자는 목표 생산량을 너무 초과달성하지 않았다. 왜냐하면 이럴 경우 다음 해에 그만큼 더 높은 목표 생산량을 할당받기 때문이었다. 리베르만은 1962년에 발표한 자신의 유명한 논문 「계획, 이윤, 보너스」에서 이 문제를 다루고 있다.

현재 기업들의 목표 생산량은 실제 생산능력보다 훨씬 낮은데 어떻게 이들이 올바르게 계획을 세우도록 위임받을 수 있는가?

이것은 기업들이 자신의 생산 능력을 최대한 발휘하는 데에 물질적 도덕적 동기가 최대치로 주어질 경우 가능할 것이다.

물론 계획 당국은 기업 경영자들이 체계적으로 생산능력을 축소 보고한다는 것을 언제나 알고 있었으며 이것을 교정하려고 시도했다. 이 결과 공장 경영자들과 중앙계획부(고스플란) 당국은 서로 술래잡기를 했으며 정해진 목표 생산량은 실제 생산능력과 대충 관련이 있을 뿐이었다.

기업 경영자들은 제품의 효용성이나 수요와 무관하게 최종 생산량에 따라 보상을 받았기 때문에 생산량을 극대화하기 위해 제품의 품질이나 다양성을 희생시키는 경향이 있었다. 예를 들어 은 공예품은 킬로그램으로 옷감은 평방미터 등 물리적 단위로 목표량이 정해졌기 때문에 기업 경영자들은 제품이 사용가치가 전혀 없을지라도 이 물리적 수치를 극대화하는 제품을 선택하여 생산했다. 소련의 유머 잡지《악어》의 유명한 만화는 무게로 측정되는 못의 경우 공장의 연간 생산량을 하나의 초대형 못으로 그려냈다. 또 다른 예는 소련 판유리의 악명 높은 강도 미달이었다. 판유리의 목표 생산량이 평방미터로 계산되었기 때문에 공장 경영자들은 지나치게 얇은 유리를 생산하면서 생산량을 극대화한다. 새로운 경제체제를 도입하는 1965년 9월 연설에서 코시긴은 이 문제를 솔직하게 언급했다.

> 경험에 따르면 총생산량 지수는 국가경제와 일반인들이 정말 필요로 하는 제품을 생산하도록 기업을 자극하지 않는다. 그리고 많은 경우 지수는 제품 다양성과 품질의 개선을 제한하는 경향이 있다. 빈번하게 우리 기업들은 소비자가 원치 않고 따라서 팔리지도 않는 낮은 품질의 제품을 생산한다.

기존 체제의 또 다른 문제는 생산량이 기업의 부가가치가 아니라 총 가치로 계산되었다는 것이다. 이 때문에 기업 경영자들은 '자기' 생산량의 가치를 극대화시키도록 가장 비싼 투입 자원을 사용하였다. 그리고 비용을 최소화해야 할 동기 유인이 없었기 때문에 이들은 노동자원을 몰래 비축하고 생산 투입 물품의 재고를 엄청나게 높게 유지하는 것이 관례였다. 특히 공장과 장비를 절약하는 물질적 동기 유인이 없었다. 왜냐하면 이것들은 상환할 필요가 없는 예산 혜택에서 나왔기 때문이었다. 이것이 '공짜'였기 때문에 경영자들은 새로운 장비에 대한 필요를 일관되게 높여서 보고했다.

지금까지 묘사한 것은 기업 차원의 **관료적 기생주의**(bureaucratic

parasitism)에 불과하다. 이 점은 아주 명확하다. 쉬운 목표량을 얻기 위해 실제 생산능력을 축소 보고하거나 목표 생산량을 좀 더 쉽게 달성하기 위해 낮은 품질의 제품을 생산하는 공장 경영자는 자신이 반(反)사회적 방식으로 행동하고 있다는 것을 알고 있다. 일부 경영자들은 개인적으로는 정직하지만 목표 생산량을 초과 달성하지 못할 경우 수입과 승진에서 희생당할 것이라고 믿고 있다. 더욱이 소련 관료집단의 모든 대변인들은 이런 종류의 정직하지 못한 경영행태를 체제의 생리상 필요한 생존전략으로 간주하고 있다.

리베르만의 개혁은 좀 더 정교한 지수들을 동원하여 경영기생주의를 극복하려는 시도였으나 별 효과를 보지 못했다. 계획의 기법들이 아무리 정교해도 정직하지 못한 경영자들이 계획 당국의 의도를 왜곡하고 자원을 낭비하는 것은 막을 수 없다. 곧 검토하겠지만 1965년의 개혁은 오랜 문제들의 일부를 영속화시키고 새로운 형태의 부정직한 경영 행태와 자원 낭비를 초래했다.

경제의 최하부와 최상부의 관료적 기생주의를 제거하기 위해서는 소비에트 민주주의가 철저히 확립되어야 한다. 한편 소비에트 민주주의를 확립하기 위해서는 노동계급이 정치혁명을 통해 스탈린주의 관료집단을 타도해야 한다. 특히 양심적인 경영을 위해서는 두 가지 요건이 필요하다: 사회주의 의식에 투철한 것으로 입증된 경영자들을 책임 있는 직책에 선정하는 것이 하나이고 노동자들이 생산을 통제하는 것이 또 하나다.

10월 혁명에 뒤이어 그리고 1920년대에 걸쳐 소비에트 정부는 경제를 운영하기 위해 높은 급료를 주면서 부르주아 전문가들을 이용해야 했다. 레닌의 볼셰비키당은 이 상황이 필요악이라고 생각했으며 노동자에 의한 생산 통제로는 문제가 부분적으로만 극복될 것이라고 판단했다. 사회혁명을 통해 선진 자본주의 국가에서 수립되는 노동자 혁명정부 또는 정치혁명을 통해 소련과 동구에 수립되는 혁명정부는 이와 같은 상황에 놓이지 않을 것이다. 기업 경영자들은 숙련 노동자의 급료에 해당되는 보수를 받을 것이며 공장위원회의 중심 임무는 경영진의 자원 낭비를 막는 데에 집중될 것이다. 개선의 여지가 없이 무능하거나 낭비를 일삼거나 정직하지 못한 경영자들은 노동자들의 면밀한 감시를 통해 직위 해제될 것이다.

## 경제개혁을 강제한 객관적 요인들

경영 기생주의와 이의 결과인 자원 낭비는 오랫동안 스탈린주의식 명령 계획 경제의 특징이 되어왔다. 그렇다면 1960년대 초에 개혁에 대한 압력이 증대하여 브레즈네프/코시긴 신임 정권의 개혁이 시행된 이유는 어디에 있었는가?

흐루쇼프 정권의 마지막 몇 년 동안 객관적 요인들이 작용하여 관료집단은 미시 경제적 비효율에 대해 더욱 우려하게 되었다. 1950년대 후반부에 생활수준이 상승하자 소비자들은 좀 더 선택적이 되어 엉성하거나 기타 바람직하지 못한 제품을 기피하였다. 또한 스탈린 치하에서 경제 당국의 계획을 너무 빨리 완수하거나 대충 완수한 기업 경영자가 있을 경우 그의 상관들은 진짜 고초를 당할 수 있었다. 그런데 1956년 이후 전체주의 국가의 테러가 완화되자 경영자들이 부정을 저지르고 계획과 관련된 지시들을 어기는 정도가 상승했다.

그러나 1965년 개혁을 초래한 근본 동기는 소련 경제의 커다란 변화였다. 흐루쇼프 정권 후반부(1958~64년)에 경제성장은 큰 폭으로 하락했다. 특히 새로운 투자로 인한 생산성 증대가 크게 둔화되었다. 경제 상황이 이렇게 악화된 이유의 일부는 자신의 권력 강화만을 위해 흐루쇼프가 지방분권화를 추진한 데에 있었다. 더욱 중요한 원인은 노동력 부족 때문에 스탈린식 급격한 공업화가 불가능한 현실에 있었다.

스탈린 시기의 경제개발은 **외형적 성장**에 맞추어져 있어서 투자의 거의 대부분은 농촌의 노동력을 무제한 소모하는 새로운 공장들에 집중되었다. 그러나 1960년경에 관료집단의 가장 거시적 안목을 가진 분파는 경제성장을 계속하려면 **내실을 기하여** 기존의 생산 단위들을 현대화하여 노동생산성을 증대시키는 쪽으로 역량을 집중해야 한다고 판단했다. 이 상황에서 기존의 경영 기생주의와 보수주의는 경제성장의 심각한 장애요인이 되었다.

리베르만 개혁은 일부 부르주아 평론가들이 주장하는 것처럼 소위 중앙 집중화된 계획에 내재한 비효율을 해소하려는 시도는 아니었다. 그리고 이것은 당연히 자본주의를 복귀시키는 조치도 아니었다. 다만 스탈린주의 체제에게 해악이 증대하고 있던 특정 유형의 관료적 기생주의를 개선하려는 허약하고도 모순적인 시도에 불과했다.

1965년의 코시긴 개혁은 네 가지 주요 부분으로 구성되어 있었다. 첫째 흐루쇼프의 지방분권화는 중지되고 다시 중앙 집중화가 강화되었다. 둘째 기업의 실적과 경영의 성공을 측정하는 핵심 지수들이 바뀌었다. 셋째 기업에 자금을 제공하고 투자하는 방식이 바뀌었다. 넷째 도매가격을 산정하는 방식이 바뀌었다.

종종 간과되고 있는 1965년 개혁 조치의 중요한 영향은 기존의 산업부서 체계의 부활이었다. 하나의 중요한 측면에서 1965년 이후의 경제구조는 산업부서들이 독자성을 누리며 '도전받지 않는 제국'을 지향했던 스탈린 시대보다 더 중앙 집중화되었다. 중간재의 중복 생산 내지 투자로 인한 낭비를 막기 위해 코시긴 개혁은 자재-기술공급 국가위원회(고스납)를 수립했다. 이것은 중간재를 생산단위에 배분하는 중앙 집중화된 기구였다.

니콜라우스의 저서는 코시긴 개혁을 핵심 주제로 삼고 있으면서도 고스납의 존재는 전혀 언급하지 않는다. 이것은 그의 지적 사기의 정도를 전형적으로 보여주고 있다. 그러나 그가 고스납을 언급하지 않는 이유는 너무도 뻔하다: 고스납의 존재 자체가 1965년 이후 기업 간의 경쟁에 의해 생산재 시장이 존재했다는 그의 주장을 반박하기 때문이다. 1960년대 후반부에 고스납은 1만 6천 종의 중간재를 배분했으며 1971년이 되면 기업 간 거래 전체의 3분의 2를 통제했다(《소련학》, 1972년 7월). 그런데도 1965년 개혁이 기업에 대한 중앙의 통제를 종식시켰으며 이후 기업은 무제한적인 이윤 극대화에 기초하여 운영되었다고 니콜라우스는 주장한다.

이 개혁의 핵심은 …… 중앙계획 관료들에게 전체적으로 경제의 균형을 유지하면서 경제 단위, 즉 기업이 이윤 극대화를 위해 총력을 집중하도록 유도하는 것이다.

이 주장은 노골적인 사실 날조다.

## 소련 경제에 '이윤'이 존재했는가?

1930년대 초반부터 소련의 기업들은 목표 생산량 계획과 기타 지수들을 포함하여 '이윤' 계획도 가지고 있었다. 이 사실에 기초하여 30년도 더 전에 무정부주의적 조합주의자인 라야 두나예프스카야는 소련이 기업들이 '이윤'을 창출하므로 소련은 자본주의 체제라고 주장했다(그녀의 논문 「마르크스주의 경제학에 대한 새로운 수정」, 《미국경제평론》, 1944년 9월을 참조하시오). 그러나 실제로는 기업 '이윤'은 생산현장에서 징수하는 **세금**에 불과하다. 이 세금의 일부는 엄격한 지침과 지시를 받는 기업들에게 제공된다.

이윤 계획은 스탈린과 흐루쇼프 치하에서는 부차적으로 간주되어 종종 무시된 목표였다. 그러나 코시긴 개혁으로 이것은 기업 경영자의 보너스를 결정하는 핵심 지수가 되었다. (사용할 수 없는 제품 생산을 근절하기 위해 실제로 팔린 제품만 인정되어 계산되었다.) 그러나 아직도 목표 생산량 계획은 존재하며 이것은 물리적 단위로 계산되고 달성되어야 한다. 이 계획을 달성하지 못하는 책임자는 이윤과는 무관하게 보너스를 받지 못하고 국가경제에 대한 책임을 지고 행정적으로 처벌받을 수도 있다!

현 경제정책에 대해 소련에서 출판된 표준적 저작은 『소련의 경제개혁: 전개과정과 문제점들』(1972년)인데 이것은 기업 생산과 계획 당국과의 관계를 이렇게 묘사한다.

> **상부에서 정한 가격**, 생산비용, 완제품 판매 가능성 등에 의존하여 기업들은 독자적으로 구체적이고 자세하게 생산 품목을 결정한다. 그러나 오류의 가능성을 줄이기 위해 개별 기업은 초기에 주요 생산 품목에 대해 **행정적으로 목표량을 할당받는다**. (강조는 인용자)

소련 경제에 대한 영국의 주요한 부르주아 전문가는 이 공식 저작의 내용을 올바른 것으로 확인했다.

> 경영자의 보너스는 목표 생산량에서 이윤으로 관심을 돌리도록 했다. 그러나 이것도 목표 생산량이 **초과 달성되었을 때**에만 가능하다. 목표 생산량이 달성되지 못할 경우 이윤은 거의 아무런 의미도 없다.
> —피터 와일즈, 「소련의 소득 분배에 대한 최근 자료」

자본주의의 기업들과 달리 소련의 기업은 이윤 극대화 또는 투자 자본에 대한 이율 극대화를 목표로 하지 않는다. 기업 경영자들은 목표 생산량을 초과 달성하고 계획 이윤과 실제 이윤의 차이를 극대화해야 한다. 이 결과 '개혁된' 경제체제는 구체제의 중심적 약점을 다른 방식으로 영속화한다: 목표 달성이 쉬운 계획을 승인받기 위해 생산능력을 축소 보고하는 대신 경영자들은 이윤 창출 능력을 축소 보고한다. 따라서 이들의 정직하지 못한 보고를 상쇄하기 위해 상부 당국이 개입해야 한다.

1965년 개혁의 결과를 누구보다도 잘 알아야 할 위치에 있는 리베르만은 코시긴 개혁에 대해 실망감을 표현하고 있다.

> 기업들에게 실현 불가능한 판매 실적을 산업부서가 강요하면서 근본 문제점들이 또다시 드러나고 있다. 기업들이 자율적으로 자신의 생산능력을 충분히 활용하고 예비 자산을 솔직하게 밝힐 수 있을 지에 대한 불확실성 때문에 산업부서는 개별 기업을 압박하고 있다. ……
>
> '가장 중요한 제품들의 생산 품목을 적절히 계산하여 생산하는 문제'는 명확히 해결되어야 한다. 현재 이 문제는 산업부서들에게 주로 맡겨져 있다. 그러나 산업부서들은 생산 품목의 적정한 종류를 줄이기보다는 늘리려는 경향을 보이고 있다. 이를 통해 더 많은 통제권을 허용하는 구체제를 유지하려는 것이다.
>
> —리베르만, 『경제 방식들과 생산의 효율성』, 1971년

리베르만의 이 저서가 출판된 이래 기업의 자율성을 규제하려는 경향이 더욱 강화되어왔다.

1965년 개혁으로 등장한 경제체제를 계속 유지하면서 기존의 계획 방식을 고수하려는 경향이 관료집단 내부에 존재하고 있다. 이 점을 이 분야의 지도적 부르주아 전문가인 앨릭 노브는 힘주어 강조하고 있다. "허깨비 개혁"이라는 부제를 가진 자신의 저서에서 노브는 이렇게 주장하고 있다.

> 자원을 배분하고 생산과 관련된 결정들을 내릴 권한은 여전히 중앙 경제 당국에 있다. 상부 당기구의 총감독 아래 재건된 산업부서, 고스플란, 고스

납 사이에서 경제정책이 결정되고 있다. …… 현 경제정책은 생산 품목이나 투입량의 변화로 인해 증대되는 이윤을 어느 정도 부당한 것으로 간주하고 있다. …… 이 때문에 산업부서나 그 하위 부서에서 입안되고 승인되는 계획에 의해 생산 품목과 투입량이 결정되고 있다. 이 결과 중앙 당국에서 입안한 공급 계획이 산업 생산의 주요 부분을 책임지고 있다. 정해진 소비 단위에 제품을 생산해서 배달하는 임무는 상부에서 작성되고 무조건 따라야 하는 계획-지시의 일부를 구성하고 있다. **이것이 구체제의 핵심이고 지금도 살아남아 있다.** (강조는 인용자)

　　—「소련과 헝가리의 경제개혁: 비교 연구」, 『사회주의 경제학』, 1972년

## 소련에서 생산수단은 상품인가?

니콜라우스의 주장에 따르면 1965년의 개혁은 생산수단을 매매 가능한 상품으로 변모시켰다.

　　요약하면 1965년 개혁은 흐루쇼프 시기에 등장하고 있던 생산수단 시장을 지하로 묶어 놓은 법적 재정적 장벽을 철폐시켰다. 생산수단을 상품으로 교환하는 행위는 적법하고 보편적인 현상이 되었고 유동자산을 풍부히 공급받았다.

이것 역시 엄청난 날조가 아닐 수 없다! 그가 소련 경제에 대해서 실제로 제대로 아는 것이 있다고 가정할 경우 이것은 의식적인 기만이 될 것이다. 기업이 구입하는 모든 생산 투입량은 공급 계획에 의해 승인을 받아야 한다. 이 점을 우리는 곧 증명해 보일 것이다. 하여간 생산수단은 결코 상품으로 변모하지 않았다. 기업의 '자율 투자'는 공장 설비 및 장비에 대한 전체 지출의 적은 부분에 지나지 않는다. 그리고 기업의 자금은 기술-생산 단위의 내재적으로 협소한 기반을 벗어나 외부에서 소비**될 수 없다**.

　　목표 생산량이 상부에서 정해지는 것과 똑같이 생산에 필요한 투입 물량도 자세한 연간 계획에 의해 배분된다. 유고슬라비아, 헝가리 **그리고 중국**의 경우와 달리 소련의 기업들은 어느 정도 자유로운 시장에서 생산 투입

물량을 얻을 수 없다. 거의 모든 주요 투입량은 고스납에 의해 직접 또는 고스납을 통해 생산기업과 소비기업 사이의 장기 계약을 통해 배분된다. 생산 투입 물량은 값을 가장 높게 부르는 기업에게 팔리지도 않고 선착순에 의해 제공되지도 않는다. 예를 들어 트럭 한 대를 구입하기 위해 공식 가격의 세 배를 지불할 용의가 있는 기업은 트럭을 구입할 수 있을 것이다. 그러나 돈이 훨씬 부족한 기업은 계획에 따라 트럭을 공급받을 수밖에 없다.

소련 경제에 대한 영국의 어느 전문가는 이렇게 표현했다.

> 생산을 위해 기업이 필요한 투입 물량은 자유 시장처럼 생산 기업으로부터 구입되는 것이 아니라 국가공급기관에 의해 배분받는다. 실제로 이것은 생산재의 배급제다.
>
> ─마이클 엘먼, 『소련 경제계획의 문제들』, 1973년

이 측면을 강조하기 위해 엘먼은 1969년 소련 언론에 보도된 한 사건을 예로 들고 있다. 어느 국영농장의 부책임자는 중앙에서 배분되는 물품인 나무를 작업 중에 베어낸 채석장으로부터 구입했다. 이 때문에 국영농장과 채석장의 경영진 모두는 경제 범죄자로 기소되어 실형을 선고받았다!

소련 기업들 사이의 관계가 시장에 의해 지배된다는 니콜라우스의 사기성 주장을 우리는 폭로하고 있다. 그렇다고 우리가 스탈린주의 관료집단의 경제계획 방식을 지지하는 것은 아니다. 생산이 시작되기 일 년 전에 미리 중간재를 세세하게 배급하는 것은 사회주의 원칙의 장점은 물론 경제적 합리성도 결여하고 있다. 수십만 건의 거래를 포괄하는 공급 계획은 언제나 필연적으로 일관되지 못할 수밖에 없다. 이 결과 수많은 공급부족과 공급과다 현상이 초래된다. 소련의 기업 경영자들은 주기적으로 매점매석, 암시장 행위, 관료집단의 부패 등을 이용하여 자기 나름대로 세운 '계획에 따라' 생산 투입 물량을 확보한다. 합리적인 사회주의 계획경제는 중앙 집중화된 도매시장을 수립하여 기업들이 생산 투입 물량을 마음대로 구입하게 만들 것이다. 이렇게 할 경우 생산과정에 필요한 융통성이 확보되고 기업 간의 원자화된 경쟁이 초래할 비효율과 위험들을 피할 수 있을 것이다.

기업의 입장에서 보면 1965년 개혁에 의해 초래된 가장 중요한 변화는

투자 재원의 확보에 있었다. 기존의 제도에 따르면 모든 새로운 공장시설과 장비 등은 정부의 예산에서 나왔다. 그러나 개혁 후에는 이러한 투자는 대체로 기업이 거둔 이윤 실적에 따라 제공되었다. 1967년에 도매가격은 상향 조정되어 기업 이윤이 증대할 수 있었다. 그리고 1966년에 기업은 자신이 창출한 이윤의 26퍼센트를 자기 자금으로 확보할 수 있었으나 1969년이 되면 이 수치는 40퍼센트로 상승했다(『소련의 경제개혁: 전개과정과 문제점들』).

당연히 니콜라우스는 이 현상을 '자본주의 복귀'의 핵심 증거로 제시한다.

기업 경영자들은 생산과정뿐 아니라 상당한 규모의 화폐도 좌지우지할 권한을 가졌다. 이들은 성공하려는 욕망에 가득 차 눈을 부라리는 자본주의 투자가들의 입장에 섰다.

이 주장에 대해 소련의 기업 경영자는 모두 헛소리라고 반박할 것이다.

니콜라우스 자신의 수치에 따르면 1969~79년에 기업 투자의 약 25퍼센트 정도만이 연간 계획의 영역 밖에서 기업 경영자의 재량에 따라 운용되었다. 이것은 기업이 자금을 **소비하는 데** 상부의 승인을 받을 필요가 없음을 의미한다. 그러나 우리가 지금까지 보아온대로 생산재는 시장에서 구할 수가 없고 중앙기구에 의해 배급될 뿐이다. 따라서 실제로 '재량 투자'가 이루어지기 위해서는 여전히 고스납의 승인을 받아야 한다.

이 때문에 1965년의 개혁은 **수요는** 일부 자유화되었으나 생산재의 배분은 여전히 중앙의 계획에 구속되어 있다는 모순이 있었다. 이 모순의 결과 기업은 실제 필요한 생산수단을 구입하기 위해 '자신이 창출한 이윤'을 언제나 소비하는 것이 불가능하다. 이 때문에 기업의 은행 잔고는 점점 늘고 있다.

니콜라우스는 이 사실을 알고 있다. 그러나 이것이 이윤을 창출할 수 있는 투자 기회의 부족 때문이라고 오리발을 내민다.

일부 기업들은 '자기' 자금 전부를 이윤 창출을 위해 투자할 수 없다. 대신 '자유 이윤 잔고'를 축적한다. 이 경우 이들은 '정부가 정한 이자율에 따라 중앙은행에서 대부를 받을 권리를 누린다.'

미국, 서유럽, 일본 등의 기업은 여유 자금이 있을 경우 얼마 되지도 않는 이자나 받기 위해 자기 화폐자본을 은행에 맡기지는 않을 것이다. 지사를 설립하거나 새로운 공장을 짓거나 다른 기업을 구입하거나 주식/채권 등을 구매하거나 최고의 이자를 받고 직접 돈을 빌려주는 등 자본에 대한 최대한의 이익을 노릴 것이다. 소련에 존재한다는 '자본가들'은 왜 이렇게 행동하지 않을까? **왜냐하면 이들은 그렇게 할 수 없기 때문이다.** 생산수단은 시장에서 구입할 수 있는 사적소유물 즉 상품이 아니기 때문이다. 따라서 기업의 자금은 마르크스의 표현에 따르면 '구입의 보편적 수단'인 화폐 자본이 아니다. 다르게 표현하면 소련은 자본주의 체제가 아니다.

## 브레즈네프 치하의 러시아에서 실업이 증대하고 있다?

스탈린 치하의 기업 경영자들이 노동자들을 "채찍질"할 수 없었다는 억지 주장에다 니콜라우스는 1965년부터 소련에 실업이 다시 등장했다는 주장까지 덧붙인다. 이 주장은 그의 끝없는 사기성 주장 가운데 가장 명백하고 믿을 수 없이 황당한 경우다. 그는 이렇게 말한다.

> 관료들의 위선 때문에 실업자들은 물질적으로 희생당하고 있다. 경제와 관련된 이유로 기업 경영자들이 단행하는 정리해고는 1936년에 제정된 스탈린 헌법에 따른 실정법에 명백히 어긋난다. 이것은 안 그래도 분노하는 실업자들을 더욱 분노케 하고 있다.

지금 소련의 실업 문제를 다루기 전에 스탈린의 '노동자 천국' 미신을 다시 한 번 폭로해야 한다. 우리가 앞에서 보았듯이 1930년대에는 노동규율의 위반과 관련된 강제해고가 만연했다. 그리고 집단농장에는 대량실업이 은폐된 채 존재했다. 스탈린 헌법의 '일할 권리'에도 불구하고 소련 노동자는 취업의 권리를 법으로 보장받은 적이 **결코 없었다.**

계획 체제 때문에 기업 경영자는 노동력을 여분으로 확보하려는 경향이 있었다. 그리고 노동규율이 아니라 경제와 관련된 이유로 노동자를 해고하는 것이 일반적으로 반(反)사회적 행위로 간주되었기 때문에 해고는 계속해서 드물었다. 그러나 **법적인** 경영자 권리에 대해 말하자면 1970년에 제정된 노동입법 원칙은 스탈린의 전례를 영속화시키고 있다. 경영자들은 해고해야 할 노동자에게 유사한 수준의 일자리를 찾아주지 않을 수 없다. 그러나 경영진이 노력을 했지만 어쩔 수 없다는 것에 노동조합이 동의할 경우 **어떤 노동자든** 2주일치 급여에 해당하는 퇴직금을 받고 해고될 수 있다.

현재 소련 사회를 조금이라도 아는 사람은 노동력 부족이 심각하며 이에 대해 관료집단이 크게 우려하고 있다는 사실을 알고 있다. 1960년에 노동 가능 인구의 78퍼센트가 일자리를 가지고 있었다. 그러나 1965년이 되면 이 비율은 87퍼센트로 상승했고 1970년에는 91퍼센트가 되었다(비 코스타코프, 「경제 문제들」, 1974년 11월). 이와 비교하여 미국의 경우 1975년에 16세 이상 노동가능 인구의 61.8퍼센트만이 취업 상태에 있었다(《월간 노동평론》, 1976년 11월).

대단히 높은 비율의 인구가 취업하고 있기 때문에 소련의 관료집단이 직면한 문제점들을 소련의 노동력 전문가 마네비치는 아주 명확히 표현하고 있다.

> 노동력 부족의 경제적 결과는 매우 중대하다. 다수의 경우 새로 설립된 기업에 인력을 제공하는데 어려움이 크다. 2교대로 공장을 중단 없이 돌리는 것이 어렵다. …… 직장 이동이 증대하고 있다. 다수의 일자리가 채워지지 않고 있기 때문에 집단적 노동규율을 강제하기가 어렵다. 이 때문에 여분의 인력을 계속 비축해야 하는 동인이 존재한다. 이 현상은 전반적인 노동력 부족을 더욱 부채질하고 있다.
>
> ―마네비치, 「경제 문제들」, 1974년 6월

그러나 소련의 경제 관련 문헌은 일자리를 찾고 있는 실업자들을 언급하고 있다. 이것을 니콜라우스는 쉽게 찾아낼 수 있다. 마네비치가 지적하고 있듯이 노동력 부족은 직장 이동률을 높인다. 국가의 테러로 인해 소련에서는 파업과 기타 형태의 집단적 계급투쟁이 억압되어 있다. 이 때문에 소련 노동자들은 개인적 노력으로 자신의 처지를 개선하려고 한다. 더욱더 노동자들은 포화상태의 노동시장을 이용하여 일자리를 빈번히 바꾼다. 이로 인해 형식적이고 통계적인 의미에서만 특정 시점에 실업자 수가 증가한다.

대량해고의 제물이 되는 것과 더 좋은 직장을 구하기 위해 지금 일자리를 그만두는 것 사이에는 차이가 있다. 이 점을 니콜라우스 박사에게 설명하지 않을 수 없다. 그러나 경제학자가 이 점을 이해하지 못해도 노동자들은 모두 이 점을 이해한다. 더욱이 진정한 직장 이동과 실업 사이의 차이는 통계로 측정할 수 있다. 소련의 문헌에서 흔히 제시하고 있지만 기존의 직장을 그만두고 새로운 직장을 찾는 데 걸리는 시간은 약 3주일이다. 현재 미국에서 실업 지속 평균시간은 약 15.5일이다(《월간 노동평론》, 1976년 11월).

자본주의에서 대량실업은 기계가 사람을 대체하는 기술 발전이 아니라 경기 후퇴, 불황, 경기 침체 등 생산의 모순 때문에 주로 발생한다. 니콜라우스는 브레즈네프 치하의 러시아에서 증대하는 실업현상을 발명한다. 그러나 그와 같은 돌팔이 학자도 소련 경제에서 경기 순환의 모순을 발명할 수는 없다. 1956년 이후 또는 그 이전에도 소련의 산업생산은 대단히 불균등한 비율이나마 매년 증대해왔다.

따라서 '소련 자본주의'를 상정하고 있는 마오쩌둥주의자들과 기타 분자들은 경기 변동이 없는 자본주의를 제시하고 있다. 그러나 이것은 마르크스가 이해하고 있는 자본주의와는 아주 대비된다. 소련이 자본주의 체제라고 주장하려면 실제 자본주의 사회에 대한 마르크스의 분석을 필연적으로 수정해야 한다. 실제로 마오쩌둥주의자, 무정부적 조합주의자, '제3진영' 사회민주주의자 등은 현재 서방의 '국가독점자본주의'가 격심한 경기 축소와 경기 변동에 따른 공황을 억제할 수 있다고 믿는다.

아주 최근까지 이들은 이렇게 주장해왔다: 지난 10년에 걸쳐 소련의 경제 실적은 일본이나 프랑스 등 일부 '전통적인' 자본주의 국가들보다 나은 것이 없다. 1974년에 이 인상주의적 주장은 정면으로 반박되었다. 1974년 중반부터 75년 중반까지 선진자본주의 세계의 산업생산은 19.5퍼센트가 하락했다. 1974~75년의 불황은 주요 자본주의국가들을 **전부** 강타하여 영국은 13.5퍼센트나 생산이 하락했으며 일본의 경우 이 수치는 33퍼센트에 달했다(《경제 전망》, 경제협력개발기구 발행, 1975년 12월과 1976년 7월). 그러나 소련의 경우 실제 생산은 18퍼센트 **증가했다**(「통계 연감」, 유엔 발행, 1975년).

이 경험적인 사실들에 기초할 경우 진지하고 정직한 마르크스주의자는 두 가지 결론 가운데 하나에 도달할 수 있을 것이다: 소련은 자본주의 체제가 아니다; 또는 자본주의 생산양식에 **필연적**이라고 마르크스가 말한 경기 모순을 극복한 새로운 형태의 자본주의 체제다.

후자는 수정주의적 결론인데 이것은 지금이 자본주의 반동과 쇠퇴의 시대라는 레닌의 근본 입장을 정면으로 반박하고 있다. 사회억압, 계급 착취, 불평등 등에 대한 도덕적인 혐오감이 아니라 자본주의가 생산력 발전을 정지시키며 우월한 경제체제에 의해 대체되어야 한다는 **객관적** 조건에 마르크스주의 혁명 강령은 기초하고 있다. 따라서 생산력의 급격하고도 꾸준한 증대를 보장하는 자본주의 체제가 지금 존재한다면 노동계급에 의한 혁명과 사회 통치는 불필요할 것이며 이것의 진보적 성격도 의심할 수밖에 없다.

## 자본주의 복귀는 어떤 모습일까?

소련 경제에 대한 니콜라우스의 경험적 묘사는 처음부터 끝까지 날조로 일관하고 있다. 니콜라우스는 '사회제국주의' 소련에서 기업이 이윤 극대화에 기초하여 생산량을 결정하고 생산재를 위한 시장이 존재하고 있으며 해고가 광범위하게 진행되고 있다는 등 헛소리를 일삼고 있다. 그러나 그가 소련에 잘못 전가하고 있는 '자본주의적' 특성들은 다른 기형적 노동자 국가들 특히 유고슬라비아, 헝가리 **그리고 중국**에는 어느 정도 존재한다.

'급진' 마오쩌둥주의 선전에도 불구하고 중국 경제는 소련보다 상당한 정도 시장에 더 크게 의존하고 있으며 기업의 자율성을 인정하고 있다. (중국 경제의 지방분권화가 이미 상당히 진행되어왔으며 이것이 불평등을 조장하는 또 하나의 요인이라는 것을 우리는 이미 지적한 바 있다.) 미국의 자유주의 경제학자 로이드 레널즈는 1973년에 중국을 방문한 후 이렇게 말했다.

> 제품을 유통시키는 영업부서의 판단에 따라 공장은 어떤 종류의 시계나 카펫을 생산할지를 결정한다. 이런 의미에서 '시장 지향성'은 소련의 기존 경제계획보다 중국의 경제계획에 더 중요한 것처럼 보인다.
>
> —「중국경제 연구」, 1975년 봄

중국 기업의 시장 지향성에 대한 레널즈의 말은 수출용 폭죽을 만드는 공장에 대한《미국-중국 사업 평론》(1976년 5·6월호)의 보도에 의해 확인되고 있다.

> 공장 노동자들은 월급으로 평균 72위안을 받았다. 이것은 농촌에서는 높은 소득이다. 이들의 봉급은 최소한 부분적으로는 폭죽 가격을 책정하는 방법의 결과이다. 일반적으로 기업의 일방적 결정으로 또는 외국무역부와 기업 사이의 **협상**을 통해 제품 가격이 결정된다. …… 폭죽은 협상을 통해 가격이 정해진다. **세계**시장에서 폭죽 가격이 상승해왔기 때문에 중국 내의 협상 가능성은 **더 높은 폭죽 가격**을 초래했으며 이 결과 폭죽 공장 노동자들의 **소득도 더 높아졌다.** (강조는 인용자)

브레즈네프 치하 소련에서는 세계시장 제품 가격의 변동에 따라 노동자 임금이 영향을 받는 정도의 비합리적으로 자본주의적이며 불평등한 현상은 없다.

어쨌든 소련, 헝가리, 중국의 기업 경영자는 이익이 되기 때문에 더 많은 컵을 생산하도록 명령을 내릴 것이다. 또는 그가 자발적으로 새로운 가마를 구입하고 하지 않고는 자본주의와 아무 관련이 없다. 이 현상은 집단적 경제의 중앙 집중화 정도를 나타낼 뿐이다.

자본주의 생산양식의 특징은 생산수단이 상품이라는 점이다. 이 특징은 주식시장을 통해 최고 수준으로 표현된다. 기형적 노동자 국가들 내부에서 생산재 시장은 부분적으로 존재한다. 그러나 생산의 기본 단위인 기업은 상품이 아니다. 유고슬라비아는 1965년부터 71년 사이에 기업의 자율성과 시장관계를 극도로 허용했다. 그러나 이 시기에도 기업 자체는 매매될 수 없었다. 유고의 어느 기업이 다른 기업에 투자를 하더라도 이것은 일정 기간에 걸쳐 완전 변제되는 대부처럼 처리되었다.

소련과 동유럽의 기업들이 상품이 아니라는 현실은 언제든지 바뀔 수 있는 법률적 원칙이 아니다. 이것은 집단적 소유의 필수적 요소다. 아무리 자율성을 누리더라도 기업은 경영자의 소유물이 아니며 경제체제의 하위 단위일 뿐이다. 상품은 독립적 소유주들 사이에서 교환될 수 있어야 한다. "자본은 다수의 자본으로만 존재하며 존재할 수 있다"(『정치경제학 요강』, 노트 제4권)고 마르크스가 말한 이유가 바로 여기에 있다.

기형적 노동자 국가에서 기업의 권한과 존재 자체는 정부에 의해 결정된다. 1973년에 브레즈네프/코시긴 정권은 기술적 생산단위에 대개 조응하여 경영과 책임성의 단위로서 기업의 수준을 낮추고 이것을 연합체로 대체했다. 1971년에 유고의 티토 정권은 기업의 자율성을 크게 축소하고 시장 지향성을 역전시켰다. 이 '보수적' 정책 전환은 유고가 유기적이고 평화적인 방식으로 서서히 자본주의로 되돌아갈 것이라고 예상한 폴 스위지와 같은 인상주의적 좌익분자들의 사고를 반박했다.

제2차 세계대전 이후 등장한 관료적인 기형적 노동자 국가들이나 소련에서 자본주의는 복귀하지는 않았다. 그러나 이 체제들은 자본주의로 복귀할 수도 있다. 제국주의와 화해하려는 관료집단의 시도 때문에 이 국가들의 내외에서 자본주의 복귀 세력이 힘을 얻고 있다. 그리고 수십 년에 걸쳐 엄청나게 산업이 발전했지만 소련과 동유럽 국가들은 가장 선진적인 자본주의 국가들에 훨씬 뒤처져 있다.

기형적 노동자 국가나 퇴보한 노동자 국가 소련에서 자본주의가 복귀하기 위해서는 외부에서 제국주의 국가들이 이 나라들을 다시 점령하거나 내부에서 반혁명이 일어나야 한다. 다만 자본주의 복귀는 점진적인 과정이나 정권의 교체만을 통해서는 **불가능**하고 폭력적인 반혁명이 반드시 수반되어야 한다.

자본주의 복귀 세력을 고무시킨 객관적 조건들은 1965~71년에 유고에서 가장 유사하게 모습을 보였다. 이 시기에 부농, 임노동을 착취하는 소규모 상점주인, 화폐자본을 굴리는 거간꾼/고리대금업자 등 소 자본가들이 확산되었으며 국가 경제에 외국자본이 더욱 활발하게 개입했으며 외국무역의 국가독점이 폐지되어 세계시장이 국가 경제에 최대한 영향을 미쳤으며 시장의 원리에 의해 지배되는 기업들 사이의 관계로 인해 중앙 집중적 경제계획이 빈사상태에 빠졌으며 기업 경영자들이 국가 관료집단과 분리되어 자본가로 탈바꿈하고 있었다. 더욱이 이 경제 '자유화'는 크로아티아 민족주의의 발호와 밀접히 관련이 있었다. 이로 인해 학생들은 항의 시위에 나섰고 당 지도자들은 더욱더 독자적 권력을 추구했으며 파시스트 집단인 우스타쉬가 활동을 증대했다.

이 객관적 조건들 속에서 국내에는 언제든지 자본주의 복귀 운동이 등장할 수 있다. 그러나 이것은 마오쩌둥주의자들이 상상하여 유포한 '흐루쇼프의 자본주의 복귀 음모' 같은 궁정 쿠데타 시도는 아닐 것이다. 이것은 정권에 도전하고 사회를 양극화시키는 공개적이고 공격적인 운동이 될 것이다. 이러한 운동은 폴란드의 가톨릭 교회처럼 대중의 지지를 획득할 수 있는 이데올로기와 조직을 필요로 할 것이다.

강력한 자본주의 복귀 세력의 등장은 자신의 사회적 지위를 보존하려는 스탈린주의 관료들 사이에 '보수적' 반응을 불러일으킬 것이다. 그리고 관료집단 내부에는 트로츠키가 '부텐코 분파'로 이름 부른 반혁명 분파가 결집될 것이다. 그러나 반동의 점증하는 위협에 맞서 노동자들은 본능적으로 자신의 이해를 방어하기 위해 움직일 것이다. 이 과정에서 사회주의로 이행하기 위한 경제적 기반인 집단적 소유를 방어하기 위해 계급의식을 가진 노동자들은 처절한 내전을 벌일 것이다. 자본주의 복귀는 노동자들의 저항적 내전이 분쇄될 때에만 성공할 수 있다.

## 정치혁명을 통해 10월 혁명의 성과를 방어하자!

마오쩌둥식 스탈린주의자들은 1936년 스탈린 헌법이 소련에 사회주의를 정착시켰다고 환호했다. 그러다가 이제는 스탈린 후계자들이 비밀리에 평화적으로 반혁명을 성공시켰다고 선언하고 있다. 그런데 세계 역사적으로 중요한 이 반혁명은 아무도 눈치 채지 못했으며 중국의 스탈린주의자들은 이 반혁명이 왜 그리고 어떻게 일어났는지에 대해 공개적으로 분석하지도 않았다. 더욱이 서구의 마오쩌둥주의자들은 이 사건이 일어난 시점에 대해서 의견이 제각각이다. 만약 궁정 쿠데타를 통해서 자본주의가 회복될 수 있다면 똑같은 방식으로 사회주의는 다시 회복될 수 있을 것이다. 그리고는 흐루쇼프 같은 작자가 나타나 다시 자본주의를 복귀시키는 등의 과정이 무한정 계속되어 마르크스주의보다는 불교의 '윤회설'에 더 가까운 순환 과정이 계속될 것이다.

역사에 대한 이 관념적인 음모론에 대항하여 트로츠키는 러시아 혁명이 스탈린주의자들에 의해 퇴보되는 과정을 유물론에 입각하여 분석했다. 그는 1936년에 이렇게 말했다. "10월 혁명은 지배집단에 의해 배반당했지만 아직도 타도되지는 않았다." 그는 지금까지도 유효성을 그대로 간직하고 있는 분석을 통해 스탈린주의 체제의 성격을 간단히 요약했다.

소련은 자본주의와 사회주의의 중간에 위치한 모순적 사회체제다. 그 특징을 살펴보면 (1) 국가 소유에 사회주의적 성격을 부여하기에는 생산력이 아직 너무 낮다. (2) 궁핍에 의해 조성된 자본주의의 본원적 축적(primitive accumulation) 경향이 계획경제의 수많은 숨구멍을 통해 솟아나고 있다. (3) 부르주아적 성격의 분배 규범이 새로운 사회분화의 기초가 되고 있다. (4) 경제성장은 근로인민의 상황을 호전시키고 있지만 특권층의 급속한 형성을 촉진하고 있다. (5) 사회적 적대관계를 활용하면서 관료집단은 사회주의에 적대적인 독자적 계층으로 전환했다. (6) 사회혁명은 지배정당에 의해 배신당했지만 소유관계와 근로대중의 의식 속에 여전히 남아 있다. (7) 모순이 더 축적될 경우 소련은 사회주의로 나아갈 수도 있고 자본주의로 다시 후퇴할 수도 있다. (8) 자본주의 복귀를 위한 반혁명은 노동자들의 저항을 분쇄해야 한다. (9) 사회주의로 나아갈 경우 노동자들은 관료집단을 타도해야 한다. 결국 소련의 사회 성격은 국내외의 살아 움직이는 사회세력들 간의 투쟁에 의해 최종 결정될 것이다.

—『배반당한 혁명』

소련에 자본주의가 복귀했다는 마오쩌둥주의자들의 환상은 틀렸을 뿐 아니라 마르크스주의에도 크게 위배된다. 그러나 이 환상은 소련에 대항하여 중국 관료집단이 미 제국주의와 반혁명적 동맹을 더욱더 공개적으로 추구하는 정책을 정당화시키고 있다. 이와 대조적으로 러시아의 좌익반대파 성원들은 1938~41년에 북극해의 강제수용소에서 끌려나와 총살될 때에도 제국주의 공격에 대해 소련을 무조건 방어하겠다고 맹세했다. 이들의 투쟁은 관료집단 파벌들의 이해를 도모하는 관료적 음모가 아니었다. 이 기생적 권력 찬탈자들을 타도하여 10월 혁명의 세계 역사적 성과를 방어하고 확산시키기 위한 투쟁이었다. 트로츠키주의자들은 노동자들의 과거 투쟁 성과들을 방어하는 방법을 알고 있다. 바로 이 때문에 러시아의 좌익반대파는 잿더미 속에서 다시 살아 일어날 것이다. 반면에 소련에서는 의미 있는 마오쩌둥주의 반대 분파가 존재해본 적도 없으며 **앞으로도 그럴 것이다.**

# 국가자본주의론의 반(反)마르크스주의[*]

The Anti-Marxist Theory of 'State Capitalism'       조지프 시모어★1975년

일부 정치 경향들은 이렇게 주장한다: 소련의 집단적 경제체제는 '국가자본주의' 체제이며 소련의 스탈린주의 관료집단은 '자본가계급'이다. 오늘 강연은 이들이 제시하는 이론적 주장들의 일부에 초점을 맞추겠다. 특히 소련경제가 자본주의 운동법칙에 지배되고 있음을 증명하려는 주요한 주장들을 논의해보겠다.

'국가자본주의' 이론들의 최소한 일부는 경제주의 그리고 유사(類似)무정부주의에 입각하여 노동계급 독재체제를 반대하고 있다. 따라서 '국가자본주의' 이론은 레닌 치하 러시아 노동자 국가의 경제정책을 반대하고 있다. 또한 스탈린 치하에서 진행된 혁명의 관료적 퇴보에 대항하여 트로츠키주의 좌익반대파가 주창한 경제정책에도 반대한다. 이 점을 나는 오늘 강연에서 드러내 보일 것이다. 마지막으로 소련에서 정치권력을 독점하고 있는 스탈린주의 관료집단을 일소하고 노동자 민주주의와 소비에트 기관들을 소생시킬 정치혁명 이후 트로츠키주의 정당이 취할 경제 조치들에 대해 논의해볼 것이다.

우선 소련의 퇴보한 노동자 국가가 실제로 드러내고 있는 경제구조를 간략히 그리고 경험에 입각하여 묘사해보겠다. 소련에서 현재 중앙 경제계획을 입안하고 감독하는 관료기구는 고스플란(Gosplan)이란 이름으로 알려져 있다. 이 기구는 국가 최고의 기구인 국무회의(Council of Ministers)에 직

---

[*] 이 글은 스파르타쿠스동맹의 중앙위원인 조지프 시모어가 1975년 12월, 스파르타쿠스청년동맹의 미국 동해안 연수에서 강연한 내용을 편집한 글이다.

속되어 있다.

흐루쇼프 정권 말기(1958~64년)에는 경제의 지방분권화가 순전히 분파적 목적으로 도입되었다. 이 시기를 제외하면 소련 경제는 전국 차원의 수직적으로 통합된 '산업부서 체제', 예를 들어 비철금속부, 식량산업부, 섬유부 등을 통해 운영되어왔다. 이 부서들은 강력한 권한과 어느 정도의 독자성을 가지고 있다. 예를 들어 코시긴은 1930년대에 섬유부 장관이 되어 처음으로 주요한 정치적 역할을 수행했다. 이 체제의 최하 단위는 기업이다. 이것은 일반적으로 생산의 기술적 단위이다. 공장, 국영농장, 광산 등이 여기에 속한다.

1973년에 행정 관료들이 수없이 교체되면서 동시에 경제체제의 최하 단위는 기업에서 여러 연관기업들로 구성된 기업연합으로 바뀌었다. 이 변화의 의의가 지금 시점에서는 분명하지 않으므로 기업을 경영과 회계의 기본 단위로 인정하고 얘기를 해나가겠다.

고스플란이 산업부서들에게 하달하는 경제계획은 물리적 단위로 표현된다. 강철이나 석탄 몇 톤, 판유리나 옷감 몇 평방미터 등이다. 관료적으로 퇴보한 소련을 비롯하여 어떤 노동자 국가에서도 경제는 임노동에 기초해야 한다. 따라서 물리적 단위로 표현되는 계획과 연관되는 것이 바로 제품의 생산비와 가격을 반영하는 일련의 재정적 흐름이다.

소련 경제에서 모든 제품의 가격은 시장의 작동방식이 **아니라** 관료집단에 의해 행정적으로 결정된다. 가격에는 기본적으로 두 가지가 있다. 기업이 자기가 생산한 제품을 판매하거나 생산 투입 물품에 대해 지불하는 도매가격이 있으며 최종 소비자를 위한 책정한 소매가격이 있다. 기업가격(도매가격)은 평균생산비용에다 이윤을 덧붙인 것이다.

1967년 이전에 이윤은 생산비용에 연동되어 덧붙여졌으며 가격 전체의 극히 일부에 불과했다. 이윤 가운데 25퍼센트는 기업이 가지고 가고 나머지는 관련된 산업부서와 정부예산에 귀속되었다. 1976년 이후에는 이윤은 고정자산의 가치에 연동되어 덧붙여졌기 때문에 이전보다 비중이 더 커졌다. 이 결과 이윤의 40퍼센트가 기업의 몫이 되었다.

## 소련의 '이윤'

소련을 '국가자본주의' 체제라고 주장하는 다수의 논객들은 소련 경제에 존재하는 이윤을 대단히 중요하게 보고 있다. 특히 마오쩌둥주의자들의 조야 하고 주관주의적·관념주의적 '국가자본주의' 이론은 소련 경제의 '이윤'을 '자본주의'와 동일시한다. 예를 들어 미국의 혁명적공산당은 자신의 소책자 「소련에서 자본주의가 복귀한 방식」에서 소련의 1966년 포스터를 실어서 독자들을 놀라게 했다. 이 그림에는 소련의 노동자가 루블화 다발을 들고 있는데 이 다발에는 '이윤'이라고 크게 씌어 있다.

그러나 소련에서 기업이윤은 기업이 원하는 대로 쓸 수 있는 교환의 보편적 수단(화폐자본)이 아니다. 단지 기업이 고객 기업에게 자신이 생산한 제품을 넘겨준 후 받는 **세금**일 뿐이다. 이렇게 창출된 이윤의 일부는 제품을 생산한 기업에게 할당된다. 그러나 이것을 지출하기 위해서는 기업은 상부 경제기관에서 작성한 아주 엄격한 지침과 지시에 따라야 한다.

제품을 생산한 기업이 책정하여 제시하는 제품 도매가와 소비자의 소매가 사이의 차액은 판매세인데 이것은 소련 경제에서 규모가 매우 크다. 이 판매세와 기업 이윤은 소련 정부가 교육, 보건, 군사, 투자 등의 분야에 쓰는 자금의 주요 원천이다.

중앙에서 계획하는 경제의 외부에 존재하는 유일한 주요 부문은 농업이다. 소련 농업의 총생산량 가운데 4분의 1은 국영농장에서 나온다. 국영농장은 공식적으로 기업과 같은 방식으로 운영된다. 집단 농장은 중앙의 통제를 받지 않으며 곡물을 주로 생산한다. 곡물은 국가가 정해진 가격을 주고 강제로 징발한다. 농업 총생산물의 30퍼센트는 주로 과일, 채소, 육류, 가금류 등에 집중되어 있으며 농민의 개인적 소유인 텃밭에서 나온다. 이 가운데 약 50퍼센트는 농민의 개인시장을 통해 소비자에게 공급된다.

집단농장의 농민을 제외하면 소련에서 노동자들은 법적으로는 어느 곳에서든지 일할 수 있다. 행정적 또는 강제적 수단이 아니라 임금의 차이에 따라 노동자들은 직장을 선택한다. 이를 통해 각 분야에 필요한 노동량이 주로 할당된다. 법에 따르면 소련 시민은 태어날 때부터 집단농장에 소속되어 당국의 허가가 없으면 여기를 떠날 수 없다. 그러나 1953년에 스탈린이 사망한 이후 이 법은 강제된 적이 없어서 죽은 법이 되었다.

배급되는 주택을 제외하면 소비자들은 소매점에서 제공되는 제품을 마음대로 선착순에 따라 구매할 수 있다. 소비 제품을 매매하는 차원에서만 화폐는 일반적 교환가치를 가지고 있다.

## 가치법칙은 무엇인가?

좀 더 정교한 '국가자본주의' 이론들은 소련 경제가 노동 가치법칙에 지배되고 있으므로 소련이 자본주의 체제라고 설명한다. 그러나 마오쩌둥주의자들이 소련의 '이윤'에 대해 주장하는 것과 마찬가지 방식으로 이 이론들 역시 '가치법칙'을 '자본주의'와 동일시한다.

가치법칙은 생산에 필요한 자원(궁극적으로는 노동)과 교환조건 사이에 존재하는 엄격한 양적 관계이다. 가치법칙은 단순히 교환을 지배하는 관계만이 **아니다**. 이것은 재생산의 **조건**에 교환 **조건**을 연계시킨다.

자본주의 생산양식에서만 가치법칙은 온전히 발휘된다. 왜 그런가? 자본주의 사회에서만 상품 교환은 재생산 과정에 완전히 침투하기 때문이다. 자본주의 이전이나 이후의 모든 사회에서는 생산의 핵심 요소들이 그 자체로 상품이 되지는 않는다. 따라서 유럽의 봉건제에서 노동과 토지는 상품이 아니었다. 시장에서 교환되지 않았기 때문이다.

자본주의의 특징은 고립된 개별 생산자들의 존재이다. 이들은 자기의 생산품을 보편적 교환수단(화폐)으로 바꾸어 생산의 모든 요소들을 구입해야 한다. 예를 들어 가치법칙은 화폐가 없는 물물교환 경제에서는 작동할 수가 없다. 이 경우는 교환의 조건은 우연한 공급/수요 조건이나 관습에 지배된다.

교환조건이 생산비용과 일치하지 않는다면 자본주의에서는 어떤 일이 벌어질까? 교환조건이 재생산비용보다 **낮을 경우** 자본가는 같은 규모의 생산을 유지하기 위해 필요한 자원들을 구입할 수 없을 것이다. 이 결과 기업이나 산업 생산은 축소되어야 한다. 교환조건이 재생산비용보다 **높을 경우** 자본가는 비정상적으로 많은 이윤을 챙길 것이다. 이 현상은 더 많은 자본을 끌어들여 기업이나 산업의 생산은 확대될 것이다.

마르크스는 단호하게 이렇게 주장했다: 자본주의 생산양식과 가치법칙

은 고립된 생산자들 사이의 경쟁이 없이는 존재할 수 없다. 이 점에 대해 잘

국가자본주의론의 반(反)마르크스주의

은 고립된 생산자들 사이의 경쟁이 없이는 존재할 수 없다. 이 점에 대해 잘못 해석할 여지가 거의 없는 주장을 마르크스로부터 직접 인용해보겠다.

> 개념적으로 말하면 **경쟁은 자본의 내적 속성**, 핵심적 성격에 불과하며 다수 자본가들이 서로에 대해 상호작용하는 것을 통해 그 모습이 드러나고 실현된다. 이 내적 경향은 외적인 필연이 된다. 자본은 오직 다수의 자본들로만 존재하고 있으며 앞으로도 존재할 것이다. 따라서 자본의 자기 결정은 다수의 자본들이 서로에 대해 상호작용하는 것으로 나타난다. (강조는 원저자)
> —『정치경제학비판 요강』

따라서 시장이 존재하지 않을 경우 가치법칙은 성립할 수 없다. 왜냐하면 가치법칙은 시장에서의 경쟁에 의해 작동되기 때문이다. 그러나 가치법칙이 작동하지 않는 시장은 존재할 수 있다. 자본주의 이전의 사회들에서 교환은 재생산 조건과 충분히 분리되어 있어서 가치법칙은 작동하지 않았다. 예를 들어 로마제국은 사치품들을 대규모로 중국에서 수입했지만 이 무역은 가치법칙과 무관했다. 로마제국의 붕괴로 이 무역은 소멸했지만 고대 중국의 사치품 생산은 전혀 지장을 받지 않았기 때문이다.

## 소련의 시장과 가치법칙

마르크스주의 경제학의 범주들을 대단히 왜곡할 경우에만 이렇게 주장할 수 있다: 소련의 생산재 부문에서 가치법칙은 작동한다. 소련 경제에서 생산재는 경제 단위의 구체적 사용가치로 할당된다. 이것은 자본주의적 관계와는 **정반대**다. 왜냐하면 자본주의 경제에서는 교환가치를 획득하기 위해 특정 사용가치를 생산하기 때문이다. 즉 특정 사용가치는 이윤을 가져다줄 경우에만 생산된다.

소련에서 가격과 이윤은 관료집단에 의해 정해진다. 그래야 생산과 관련된 재정적 흐름이 구체적 사용가치의 계획 생산과 일치하기 때문이다. 기업 이윤은 부분적으로는 회계 장치다. 또한 부분적으로 그러나 큰 효과 없이 경제 관료들의 양심적인 경영을 자극한다.

소련에서 가치법칙에 대한 논의는 농민의 개인시장, 노동시장, 소비재 시장에 한정되어야 한다. 왜냐하면 시장의 존재는 가치법칙의 필요조건이기 때문이다.

농민의 개인시장은 진짜 시장이다. 고립된 생산자들이 고립된 소비자들을 만나기 때문이다. 그러나 농민의 텃밭에서 생산조건은 집단농장의 법규 따라서 정부에 의해서 전적으로 결정된다. 개인 시장에서 번 돈은 텃밭의 기계화나 자본화를 위해 사용될 수 없다. 그리고 이 돈으로 다른 텃밭을 살 수도 없다.

스탈린주의 관료집단이 농민의 텃밭을 엄격히 규제하고 있기 때문에 개인의 자본축적을 자극할 조건은 존재하지 않는다. 결국 교환조건과 재생산조건 사이의 관계가 아주 미약하기 때문에 농민의 개인시장에서 가치법칙이 온전히 작동한다고 말할 수는 없다.

그렇다면 소련에서 노동시장의 사정은 어떠한가? 노동자들에게 제공되는 임금이 수요와 공급에 의해 결정되므로 가치법칙 비슷한 것이 존재한다.

그러나 자본주의에서 가치법칙은 노동자들 사이에 임금을 배분하는 것만 결정하지 않는다. 사회총생산물을 소비재와 다른 용도, 예를 들어 투자와 군비 등으로 나누는 것도 결정한다. 산업예비군(실업자들)이 자본주의에 핵심적으로 중요한 것은 바로 이 점 때문이다. 높은 임금이 적절한 이윤 확보에 방해가 될 경우 실업이 증대하여 임금 수준을 낮춘다.

그러나 소련에서는 노동시장이 아니라 계획에 의한 소비재 총생산량이 임금 **총량**을 결정한다. 여기서도 소련 경제는 자본주의 노동시장과 **정반대**로 작동한다. 초기의 경제개발 5개년 계획들처럼 일자리가 계획된 것보다 많을 경우에는 임금이 떨어진다. 노동시장의 이러한 조건 때문에 노동력 부족이 임금 상승을 초래하고 이 결과 소비재 수요와 생산을 증대시키는 자본주의적 현상은 발생하지 않는다. 이와 반대로 스탈린 관료집단이 계획한 것보다 전체 일자리 수가 적을 경우에는 임금이 상승한다. 어느 정도 고정된 소비재 공급이 상대적으로 적은 수의 노동자들에게 골고루 퍼지기 때문이다. 소련에는 실업자들(산업예비군)이 존재하지 않는다.

그렇다면 소비재 시장은 어떠한가? 마르크스에 따르면 일반적 결핍이 존재하는 노동자 국가에서 소비재 가격은 일반적으로 생산비용과 연동되어야 한다. 이 때문에 시장 경쟁이 자동적으로 작동하여 발생하는 법칙이 아니라 계획에 의한 규범이 존재할 뿐이다. 그러나 관료적으로 퇴보한 소련 노동자 국가에서 이 규범은 침해된다. 소련에서 소비재 가격은 생산비용과 조응하지 않는다. 수요와 공급의 차이를 나타내는 지수인 판매세가 일부 품목에서 특히 높게 나타나더라도 이 품목의 생산을 증대시키는 장치가 존재하지 않는다.

결국 소련의 3개 시장들에는 가치법칙이 질적으로 완화되어 나타난다. 이 때문에 이 시장들은 자본주의와는 다른 방식으로 작동한다.

## 토니 클리프의 '국가자본주의' 이론

이 강연의 나머지 부분은 영국 국제사회주의자들(IS)의 '국가자본주의' 이론을 분석하는 데 할애하겠다. IS는 한때 트로츠키주의자였던 토니 클리프가 주도하고 있으며 사민주의 경향의 미국 IS 그룹과 느슨하게 연계되어 있는 비교적 덩치가 큰 '제3진영' 개량주의 경향이다. 마오쩌둥주의 조직들을 제외하면 클리프의 조직은 현재 우리가 정치적으로 대면해야 하는 가장 영향력 있는 '국가자본주의' 경향이다.

그러나 클리프의 '국가자본주의' 이론과 같은 엉터리 이론에 대해 논쟁해야 한다고 생각하니 좀 당혹스럽다. 그의 주요 저서 『스탈린주의 러시아: 마르크스주의적 분석』은 마르크스주의 경제학 이론에 대한 좌익의 전반적인 무지를 조야하게 참주선동적으로 이용하고 있다. 그의 '이론'은 마르크스의 과학적 용어들을 노골적으로 그리고 자기 멋대로 왜곡하고 있다. 다시 말하면 마르크스주의 경제용어들의 명확한 의미들 대신 클리프는 일반적인 경제용어들을 사용하고 있다. 더욱이 그는 경제학 범주들을 멋대로 뒤섞어 사용하고 있으며 특히 사용가치와 교환가치를 체계적으로 혼동하고 있다.

## 돌팔이식 용어 사용

클리프의 '국가자본주의' 이론은 경제적 경쟁과 축적 등 마르크스주의 경제학 용어의 의미들을 핵심적으로 왜곡하고 있다. 자본주의 경제관계와 관런지어 마르크스가 말한 경쟁은 그 의미가 명확하다: 시장에서 상품의 교환가치를 놓고 개별 자본들이 각축을 벌이는 현상.

마르크스는 '다수 자본들의 상호작용'을 경쟁의 '핵심 성격'이라고 말했다. 그러나 소련에서 이 현상을 증명할 수 없는 클리프는 '경쟁'을 자기 멋대로 다시 규정하고 있다. 그래서 이렇게 재규정된 경쟁은 모든 종류의 정치·경제적 라이벌 관계나 갈등을 의미한다. '국가자본주의' 이론을 주요하게 설명한 저서에서 그는 이렇게 선언한다.

> 다른 나라들과의 경쟁이 주로 **군사 분야에서** 발생하므로, **소비자**로서 국가는 탱크, 비행기 등 특정 **사용가치**에 관심을 가지고 있다. 가치는 개별 생산자들 사이의 경쟁을 표현하고 있다. (강조는 인용자)
> ─『스탈린주의 러시아: 마르크스주의적 분석』, 1955년

그러나 이 주장은 용어의 의미를 엉성하게 바꿔치기하는 술수에 불과하다. 마르크스주의 경제학 이론에서 '개별 생산자'는 민족, 국가가 아니라 **사적 자본가**를 의미하며 '경쟁'은 군비 경쟁이 아니라 **시장**에서 교환가치를 획득하기 위한 경쟁이다.

클리프는 계속해서 오류에 오류를 거듭하고 있다.

> 전세계와 러시아 사이의 경쟁은 사용가치를 목적으로 격상시키고 있으며 경쟁에서 승리하는 궁극적 목표에 봉사한다.

물론 경제적 궁핍이 지배하는 모든 사회는 재화와 생산자원을 차지하기 위한 경쟁을 언제나 발생시킨다. 그러나 사용가치를 획득하기 위한 일반화된 경쟁 체제로 자본주의를 규정할 경우 즉시 황당한 결론에 도달한다. 예를 들어 아메리카 인디언의 샤이엔 부족과 수 부족은 사냥터를 서로 차지하기 위해 빈번하게 서로 경쟁했다. 그리고 유럽 봉건제의 지주들은 딸들을 왕과 결혼시키기 위해 결혼 지참금을 경쟁적으로 올렸다. 클리프의 '이론'에 따르면 자본주의 이전의 이러한 경제 현상들도 '제국주의 세력들 사이의 전쟁'이요 '자본주의 경쟁'이 될 것이다! 결국 그가 소련의 '자본주의적 경

쟁'에 대해 떠벌이는 헛소리는 철저히 계산된 용어상의 혼란에 불과하다.

클리프가 마르크스주의 용어를 재규정하는 또 하나의 핵심적 경우는 경제적 축적이다. 여기서도 교환가치와 사용가치가 대단히 혼동되어 사용되고 있다. 클리프 경향의 주요 이론가인 마이클 키드런의 말을 들어보자.

소련의 관료들은 자신들과 유사한 사회적 위치를 가진 어떤 계급만큼이나 급격히 경제를 성장시켜야 한다는 강제적 압력을 받고 있다. 이들은 외국의 관료들만큼이나 경제성장을 확보하려는 확고한 동기 부여가 필요하다. 이들의 성공 기준이 **화폐 이윤**이 아니라 **물리적 총생산량**이라 하더라도 이 차이는 핵심적인 것이 아니라 세부적인 것일 뿐이다. (강조는 인용자)

—「마지노 마르크스주의: 만델의 경제학」, 《국제사회주의》, 1969년 4·5월

경제 잉여는 화폐 이윤과 화폐 자본 등 교환가치로 실현되어야 한다. 바로 이것이 자본주의의 **핵심**이다. 이 점을 증명하기 위해 나는 이 자리에 앉아서 몇 날 며칠 마르크스의 저서들을 인용할 수도 있을 것이다. 예를 들어 '자본주의 생산의 강제적 동기—화폐 벌기'를 분석하면서 마르크스는 이렇게 말했다.

자본의 순환은 다음과 같은 특징들을 가지고 있다.

1. 자본의 순환은 **화폐자본의 순환**으로 나타난다. 왜냐하면 자신의 화폐 형태, 즉 화폐 자본으로서 공업자본은 이 순환 전체 과정의 출발점인 동시에 종착점이기 때문이다. …… 더욱이 이것은 **사용가치가 아니라 교환가치**가 이 운동의 결정적 목표라는 사실을 표현한다. (강조는 인용자)

—『자본론』 제2권 제1부 제1장

더욱이 클리프는 사용가치의 극대화('물리적 총생산량')를 교환가치의 극대화와 동일시한다. 이것은 근본적으로 잘못된 생각이다. 자본주의에서 생산수단의 교환가치를 극대화하려는 노력은 진정한 경제성장과 주기적으로 갈등을 일으킨다. 자본가들은 교환가치의 총량이 아니라 이윤율을 극대화하려고 노력한다. 이윤율은 생산수단의 가치에 대한 잉여가치의 비율이다. 자본주의에서 이윤율 저하가 생산력 발전을 정지시키는 중심적 요인인 이유

가 바로 여기에 있다.

클리프나 키드런의 저서들을 읽으면 자본주의가 진정한 경제성장을 언제나 극대화한다는 인상을 받는다. 마르크스는 불황과 공황을 "자본가치의 도살"이라고 불렀다. 이 현상은 주식 가격의 하락을 통해 구체적으로 표현된다. 그러나 클리프 경향의 자본주의 이론에는 이것이 설 자리가 없다.

## 계급투쟁: 노동자와 축적자의 대결?

관료적으로 퇴보하거나 기형화된 노동자 국가들에 대한 '제3진영' 조직들의 분석은 지적으로는 엉성하기 그지없지만 나름의 매력이 있다. 미국 국제사회주의자들의 '관료적 집산주의' 이론만큼 클리프의 '국가자본주의' 이론은 **진짜** 매력이 있다. 왜냐하면 조합주의의 관점에 입각한 분석이기 때문이다. 영어권 나라들에서는 계급투쟁이 상대적으로 가라앉으면서 노동조합의 경제주의가 지배적 조류가 되었으며 자본가계급에 대항하는 **무기**로서 노동자 국가에 대한 개념은 멀어 보이기만 한다. 이 상황 속에서 클리프나 색트먼 등 제3진영 경향들의 이론은 노동운동권 내부에서 나름의 중요성을 획득할 수 있었다.

클리프와 색트먼 이론의 진정한 정치적 내용은 이렇게 표현된다: 사회의 근본 갈등은 직접 생산자들과 이들의 소비 욕구를 한편으로 하고 행정가들과 이들의 축적 욕구를 또 한편으로 하여 발생한다. 달리 표현하면 지금 더 많은 임금을 받으려 하는 노동자들의 욕구와 지금의 욕구 불만을 감내하고 미래에 투자하여 경제적 축적을 위해 일해야 한다는 행정가들의 욕구 사이의 갈등이다. 클리프와 색트먼의 전망과 호소력의 원초적 근원은 이렇게 표현될 수 있다: '이놈들이 내 임금을 빼앗아 이것으로 공장을 짓는다. 이들이 누구이고 어떤 사회를 위해 일하든 나는 상관하지 않는다. 중요한 것은 이놈들이 나를 더 가난하게 만들고 있다는 것이다.'

클리프와 색트먼의 글들을 각각 인용하여 다양한 '제3진영' 이론들이 가지고 있는 매력이 무엇인지를 보여보겠다. 또한 클리프의 '국가자본주의' 주장과 색트먼의 비(非)자본주의 '관료적 집산주의' 주장을 구별할 수 없다는 것을 여러분은 알게 될 것이다.

클리프는 이렇게 말한다.

> 러시아에서는 노동자들에 대한 착취율이 증가하고 있으며 생산수단에 대
> 한 노동자들의 종속도 증가하고 있다. 이 현상은 버터가 아니라 총포를 거
> 대한 규모로 생산하는 현상과 함께 일어나고 있다. 이 현상들은 모두 인민
> 에 대한 억압을 줄이는 것이 아니라 강화시키는 결과를 낳고 있다.
>
> —『스탈린주의 러시아: 마르크스주의적 분석』

그리고 색트먼은 이렇게 말한다.

> 과거에 그리고 다른 곳에서 노동을 착취한 결과 발생한 자본의 도움을 통
> 해서가 아니라 들판과 공장의 살아있는 토착민 노동을 특히 잔인하게 착취
> 하는 것을 통해 현대화가 진행되었다. 이것은 생산자로부터 조금의 저항도
> 허용하지 않는 정권을 요구한다. ……
>
> 러시아가 보여주었듯이 이 방법을 통해 경제를 공업화시키는 것이 얼마
> 든지 가능하다. 이에 대한 대가는 사회 정상부에 전제적 특권계급을 유지시
> 키는 것과 최하층 인민을 착취하고 무권리 상태로 만드는 것으로 나타난다.
> 이 상황은 체제에 대한 반대와 저항을 위해 필요한 어떤 권리가 존재하더라
> 도 완화되지 않는다.
>
> —「트로츠키의 "중국 혁명의 문제들"에 붙여」, 1967년

클리프와 색트먼 이론의 핵심은 이렇게 요약될 수 있을 것이다: 후진국의
공업화는 노동자 민주주의 체제에서 노동자들이 인정할 수 없는 축적률을
요구한다; 따라서 공업화는 전체주의 체제를 요구한다; 스탈린주의 관료집
단은 위에서 노동자들에게 강요되는 가속화된 축적의 앞잡이들이다; 따라
서 이들은 착취계급이다.

## 레닌의 볼셰비키당에 대항하는 '제3진영' 경제주의

'제3진영' 주의는 트로츠키주의로부터 이탈한 최초의 가장 강력한 스탈린

주의 관료집단 혐오증 노선이다. 그러나 이 사고는 역사적 관점에서는 정확하지만 이 진영과 혁명 진영 사이의 엄청난 정치적 차이들을 너무 협소하게 바라보는 관점이다.

클리프와 섁트먼의 정치노선을 러시아 혁명 당시에 대입한다면 이들은 혁명 초기부터 레닌과 트로츠키의 정책을 반대했을 것이다. 1921년 이들은 조합주의적인 노동자 반대파에 가담하여 레닌과 트로츠키에 대항했을 것이며 1920년대 후반 스탈린의 정치적 반혁명 이후에는 부하린 분파의 톰스키 파벌에 가담했을 것이다. 클리프의 노선을 견지할 경우 좌익반대파의 경제 정책을 지지할 수 없었을 것이다. 1920년대 후반에 부하린의 우익반대파는 트로츠키주의 좌익반대파를 '초(超)공업화론자'라고 규정했다. 국가의 경제적 축적을 희생하여 노동자 임금을 극대화시키는 정책을 트로츠키주의자들은 결코 지지하지 않았기 때문이다. 예를 들어 1927년 스탈린/부하린 정권이 좌익반대파에 대항하는 참주선동적 정책을 펴서 노동일을 8시간에서 7시간으로 줄였을 때 트로츠키와 좌익반대파는 이 조치가 소비에트 경제에 해를 끼친다고 **반대했다.**

잠시 상황을 미래로 돌려 트로츠키주의 정당들이 소련 진영에서 관료집단에 대한 정치혁명들을 통해 집권했다고 가정해보자. 그리고 이 정치혁명들이 서구 자본주의 국가들의 사회주의 혁명을 즉시 초래하지 않았다고 가정해보자. 상황이 이렇다면 고립되어 있지만 상대적으로 강력한 혁명적 노동자 국가들의 동맹이 수립되어 있을 것이다. 이 상황에서도 '러시아 문제'를 둘러싼 우리와 '제3진영' 사이의 정치적 차이들은 없어지지 않을 것이다. 물론 이 차이들의 형태는 다르겠지만 결정적인 차이들은 여전히 그대로 남아 있을 것이다. 왜 그런가?

'제3진영' 수정주의 이론의 근저에는 국가권력이 노동계급의 중요한 무기라는 사고를 거부하는 반(半)무정부주의적 경향이 놓여 있다. 따라서 이 경향은 노동자 국가가 활용할 수 있는 경제 자원도 거부한다. 바로 이것이 우리와 이 경향 사이의 핵심적 차이이며 이 차이는 스탈린주의 체제의 성격에 대한 구체적 문제를 초월한다.

클리프 경향의 지도자 크리스 하먼은 이 경향의 정치적 특성을 가장 명확하게 주장했다. 제1차 5개년 계획의 시행으로 소련이 '국가자본주의' 체제가 되었다는 클리프의 주장을 그는 옹호한다. 그리고 고립되었으며 후진적인 노동자 국가는 대중의 소비수준을 높이고 경제 축적 수준을 낮추는 정책을 통해 다가올 세계혁명을 무시할 수 있다고 강력히 암시하고 있다.

> 1924년까지는 서방과의 경제적 군사적 경쟁이 아니라 혁명을 확산시키는 것이 러시아에서 사회주의를 확립하는 기초라고 간주되었다.
> —「에르네스트 만델의 비일관성」, 『국가자본주의 이론에 대한 독서 자료들』

레닌이라면 결코 이런 입장을 표명하지는 않았을 것이다. 왜냐하면 그는 소련의 경제적 군사적 역량을 국제적으로 혁명을 확산시키는 것에 **대치시킨** 적이 결코 없었기 때문이다. 이와는 반대로 러시아 노동자 국가 초기에 볼셰비키당 내 가장 격렬한 분파투쟁들 그리고 러시아 노동운동 내 볼셰비키당과 다른 경향들 사이의 투쟁들은 중앙 집중화 되고 효율적인 경제기구를 수립하려는 레닌의 일관된 노력 때문에 촉발되었다. 상당한 반대를 무릅쓰고 레닌은 노동자에게 위임된 경영체제를 일인 경영체제로 대체시키고 높은 임금을 받는 부르주아 전문 경영인을 고용하고 도급제를 광범위하게 사용하는 정책을 위해 투쟁했다.

이 당시 레닌의 가장 우선적인 관심사 가운데 하나는 이것이었다: 내전과 소비에트 노동자 국가의 고립 때문에 소련 산업이 해체되고 이 결과 러시아 노동계급이 소부르주아로 변모하는 것을 허용하지 않겠다. 1922년 코민테른 제4차 세계대회 때 그가 행한 연설을 들어보자.

> 우리의 중공업은 아직도 대단히 어려운 처지에 있다. …… 종종 **대중을 희생시키기는** 하지만 우리는 절약해야 한다. …… 우리는 이렇게 해야 한다. 왜냐하면 중공업을 구하고 회복시키지 않는 한 산업을 건설할 수 없다는 것을 우리가 알기 때문이다. 그리고 산업이 없이는 **독립국**으로 제대로 서지도 못하고 망할 것이라는 점을 우리는 아주 잘 인식하고 있다.
>
> **러시아의 구원**은 농장의 풍작에만 달려 있지 않다. 이것으로는 불충분하다. 경공업의 좋은 상태에 달려 있지도 않다. 이것은 농민에게 소비재를 제공할 뿐이다. 이것으로도 불충분하다. 우리는 중공업도 필요하다. (강조는

인용자)

—「러시아 혁명의 5년과 세계혁명의 전망」, 『레닌 전집』 제33권, 1966년 판본

## 공업화: 노동계급의 혁명 정책

왜 레닌과 트로츠키는 러시아의 공업 발전을 국제 혁명의 전망과 전혀 대치되지 않는 필요한 **요소**라고 생각했는가? 이 질문을 통해 '국가자본주의' 이론들과 우리 사이에 가로 놓인 근본적인 정치적 차이의 핵심에 다가갈 수 있다. 실제로 레닌과 트로츠키가 이렇게 생각한 데에는 여러 가지 이유가 있었다.

우선 레닌과 트로츠키는 평화주의자가 아니었다. 적군의 원수 투하체프스키가 적군을 동원하여 유럽을 정복하자고 주장했을 때 이들은 그의 생각에 격렬히 반대했다. 그러나 이들은 유럽 특히 독일 혁명이 일국적 성격을 가지고 있다고 생각하지는 않았다. 독일 혁명이 성공했을 경우 프랑스와 영국의 부르주아 정권들은 독일 혁명에 개입했을 것이고 미국은 이들을 지원했을 것이다. 따라서 유럽 차원의 혁명전쟁이 벌어질 수도 있었고 이때 소련의 군사적 개입은 사태를 결정지을 수도 있었다. 이 때문에 1920년에 레닌은 독일 혁명에 좀 더 유리한 군사적 상황을 조성하기 위해 폴란드를 점령할 용의를 보였다.

1920년대 초반부에 독일 혁명이 성공했으나 제국주의 국가들의 군사적 개입으로 혁명이 더 이상 다른 나라로 확산되지 못했다고 가정해보자. 독일과 러시아의 소비에트 동맹은 고립되었을 것이고 혁명을 확산시킬 필요는 그만큼 시급했을 것이다. 소비와 축적 사이의 긴장과 갈등은 고립되고 후진적인 러시아의 경우보다는 훨씬 덜 했겠지만 여전히 존재했을 것이다. (흥미롭게도 프레오브라젠스키는 자신의 저서 『신경제학』에서 바로 이런 상황이 초래할 경제적 문제들을 논의했다.) 의심의 여지 없이 독일 노동계급의 후진층은 경제 자원이 대대적으로 러시아의 농민에게 수혈되는 것을 거부했을 것이다 (1924년에 독일은 그 이전에 비교해 더 궁핍해 있었다).

반면에 실제 벌어진 사태대로 독일 혁명이 실패했으나 1925~7년의 중국 혁명이 성공했다고 가정해보자. 이 상황에서 러시아보다 더욱 경제적으로 낙후한 중국에 러시아의 상당한 공업자원이 수혈되지 않았을 경우 단기

적으로라도 중국의 노동자 국가는 살아남을 수 없었을 것이다. 제국주의 국가들의 군사적 개입을 무시하더라도 소련-중국 노동자 국가 동맹에 대한 무역 금수조치가 제국주의 국가들 사이에 체결되었을 것이다. 이 상황에서 소련은 중국 노동자 국가를 경제적으로 지탱시켜야 했을 것이다. 따라서 소련의 경제적 군사적 역량은 진지한 세계혁명 전략에서 **핵심적인** 부분이었다.

더욱이 소련의 공업화가 중요했던 여러 가지 방어적 이유들이 있었다. 공업화는 단순히 공장을 더 많이 세우고 기계를 더 많이 설치하는 것 뿐 아니라 다른 계급들에 비해 노동계급이 증가하는 것을 의미한다. 이와 함께 노동대중의 문화수준도 일반적으로 상승한다. 1920년대에 소련의 노동계급 독재체제가 고임금 저축적 정책을 취했다면 그 결과는 어떠했을까?

부하린·톰스키의 정책이 소련을 지배했다면 상대적으로 농민보다 임금 수준이 훨씬 높은 소규모의 공업 노동자층이 존재했을 것이다. 이 결과 농민들은 느리게 성장하고 있던 공업부문이 흡수할 수 있는 수보다 훨씬 더 많이 도시 지역으로 몰려들었을 것이다. 1920년대 중반에 러시아에는 도시 빈민의 문제가 이미 등장하고 있었다. 신경제정책 시기에 도시 빈민의 환경을 묘사한 레오니드 레오노프의 멋진 소설 『도둑』을 읽어보면 이 점을 알 수 있을 것이다. 1920년대 러시아에서 사회구조는 현재의 소련보다 자본주의로 복귀할 요인이 훨씬 많았다.

마지막으로 이 시기에는 러시아 농민들에게 잘 알려진 문제가 하나 더 있었다. 당시 소비에트 체제의 공업이 농민에게 공업제품과 소비제품을 차르 체제의 경우와 비슷하게 제공하지 못했을 경우 농민들은 국가의 외국무역 독점을 무시하고 소규모 무역상들과 거래하려는 강력한 용의를 보였을 것이다. 이 결과 소련에는 한편으로는 농민 대중과 또 한편으로는 외국자본과 연결된 상업 자본가계급이 성장했을 것이다. 이들은 당연히 반혁명의 구심점이었을 것이다.

따라서 좌익반대파의 가속화된 공업화 강령은 부분적으로는 스탈린·부하린 정권하에 반동 계급들의 성장을 저지하는 목적이 있었다. 초기 단계부터 10월 혁명의 역사적 성과를 방어하고 이것을 유럽 전역에 확대시키는 전망은 클리프와 색트먼의 경제주의에 의해서만 전복될 수 있었을 것이다.

소련의 성격에 대한 우리와 클리프의 '국가자본주의'의 정치적 차이는 다음과 같은 상호 관련된 질문들의 형태로 제기될 수 있을 것이다.

소련의 계획경제는 임금을 희생시켜 축적률을 극대화하는 경제법칙에 따라 작동하고 있는가? 스탈린주의 관료집단을 분쇄하고 소비에트 민주주의를 소생시키는 노동계급 정치혁명이 성공할 경우 소련의 공업화 속도는 질적으로 바뀔 것인가? 고립된 노동자 국가의 경제는 축적률을 지배하는 경제법칙에 의해 작동될 것인가?

## '스탈린주의 궁핍화 법칙'은 어디에 있는가?

돌팔이식 용어 사용을 논외로 할 경우 클리프의 '국가자본주의' 이론은 다음과 같은 주장에 의존하고 있다: 스탈린 치하의 소련에서 실질 임금은 크게 하락했다. 예상할 수 있듯이 클리프는 과도한 단순화에 기대면서 단순한 '사실들'을 경멸한다. 제1차 5개년 계획 기간에 임금은 진짜 크게 하락했다. 그러다가 1930년대 후반부에 어느 정도 회복되었다가 제2차 세계대전 동안 다시 하락했다. 1953년 스탈린이 사망할 때쯤에는 임금은 1928년 수준으로 회복되었다.

그러나 스탈린 사후 이른바 '스탈린주의 궁핍화 법칙'은 어떻게 되었는가? 스탈린이 죽은 지 몇 년 내에 확실한 스탈린주의자인 베리아와 몰로토프는 '신노선'을 시행하면서 소비재 가격을 내렸다. 그러나 이 정책은 소비재의 극심한 부족을 더 악화시키기만 했다. 그러나 스탈린 바로 뒤의 후계자들은 소비를 진작시켜 소득 재분배를 시행하기는 했다. 왜냐하면 대중의 불만은 높은데 자신들이 '위대한 지도자' 스탈린의 권위를 가지고 있지 못하다는 것을 직감했기 때문이다.

1955년과 68년 사이에 소련의 일인당 실질임금은 56퍼센트 증가했다 (슈뢰더, 「소련의 소비에 대한 조사」, 모리스 보온슈타인&데이니얼 퍼스필드, 『소련의 경제』). 이것은 총생산량 성장분 즉 트로츠키주의 정부가 임금을 인상했을 정도에 비하면 적지만 그래도 상당한 임금인상이다.

이와 마찬가지로 1970~5년의 5개년 계획은 생산재 부문이 소비재 부문보다 더 빨리 성장해야 한다는 기존의 스탈린주의 정책을 역전시켰다. 농업 부문의 목표량 미달로 이 계획은 성취되지 못했다. 그러나 의도는 역시 대중의 소비생활을 신장시키자는 것이었다. 따라서 정통 클리프주의의 입장에서 보더라도 러시아는 덜 '자본주의화' 되고 있다고 인정해야 한다. 왜냐하면 '착취율' 이 하락하고 있기 때문이다.

## 그리고 만연한 실업 현상은 어디로 갔는가?

**노동자 일인당** 실질 임금 이외에 또 다른 임금 문제가 있다. 스탈린주의 정책이 임금 **총량**을 희생시켜 축적을 극대화하고 있는가? '국가자본주의' 주창자들이 묘사하는 현실과 매우 다른 현실이 이 점과 관련해서도 존재한다.

자본주의의 지배계급과 달리 소련의 스탈린주의 관료집단은 정치적 불안을 두려워하여 실업자(산업예비군)의 등장을 막으려고 언제나 애써왔다. 1930년대에는 도시에서 일자리를 구할 수 없는 농민들은 다시 소속 집단농장으로 강제 귀환되었다. 스탈린주의 경제계획은 제품 당 비용을 최소화하는 데에는 전혀 관심이 없고 물리적 생산량을 극대화하는 데 혈안이 되어 있다. 이 때문에 기업 경영자들은 필요한 것보다 더 많은 수의 노동자들을 고용하여 노동력을 비축하지 않을 수 없다. 소련의 기업에는 노동자들이 너무 많다. 이들이 다른 곳에서 일하면 훨씬 생산성이 증대될 것이다. 그렇다면 소련의 경영자들은 전형적인 자본주의 경영자들과 아주 비슷한가? 대답은 '결코 아니올시다' 다.

1930년대 초반에 소련의 실질임금은 급격히 하락했다. 그러나 이 현상은 스탈린 정권의 의도가 아니었으며 단지 소비재 생산계획의 예상치보다 더 많은 노동자들을 경영자들이 고용한 결과였다. 그러나 특권층이 관료적으로 통치하는 사회에서 스탈린주의 공업화는 중요한 평등주의적 측면을 하나 가지고 있었다: 소련은 지금의 브라질이나 인도와는 전혀 모습이 달랐다. 이 자본주의 후진국들에는 공업 노동자들보다 낮은 수준에서 생활하는 거대한 도시빈민층이 존재하고 있다.

## 경제정책: 트로츠키 대 스탈린

이제 두 번째 문제로 넘어가자. 정치혁명을 통해 관료집단을 타도한 소비에트 정권이 스탈린주의 정권보다 질적으로 낮은 축적률을 기록할 수 있는가? '국가자본주의' 주창자들이 주장하는 대로 트로츠키주의와 스탈린주의의 근본 갈등이 축적과 노동자 소비를 중심에 놓고 일어나고 있는가?

『배반당한 혁명』, 「이행 강령」 등은 러시아의 정치혁명에 대한 주요한 강령적 발언이다. 그러나 이 저서들 어디에서도 축적에서 소비로 국민총생산을 근본적으로 재분배하거나 반드시 성장률을 낮추어야 한다는 주장은 없다. 특히 1930년대 초반에 트로츠키 그리고 심지어는 프레오브라젠스키도 실질임금의 재앙적 하락에 대해 대단히 날카롭게 비판하면서 정책의 우선순위를 다시 정할 것을 요구했다. 예를 들어 1932년에 트로츠키는 5개년 계획을 1년 유예하고 경제를 다시 조정하여 생활수준을 회복시킬 것을 촉구했다. 따라서 클리프/색트먼의 노선과 트로츠키의 노선 사이에는 **피상적인** 유사성이 있다.

'국가자본주의' 경향들은 기본적으로 이렇게 인정한다: 스탈린주의 경제정책은 그 자체로 보면 합리적이고 성공적이었다. 이들은 중공업에 투자를 더 많이 할수록 전반적인 경제성장률은 더 높아질 것이라고 가정한다.

그러나 노동자들을 희생시키는 가운데 스탈린이 진정한 경제성장을 극대화했다고 트로츠키가 인정한 적은 한 번도 없었다. 제1차 5개년 계획에 대한 트로츠키의 대안은 더 많은 소비와 더 낮은 공업화율이 아니었다. 그는 더 높은 소비수준을 통한 좀 더 균형 있는 경제성장이 **비슷한 수준의** 경제성장률을 보장할 것이라고 보았다.

## 스탈린 공업화의 파괴적 작용

우선 1930년대에 스탈린이 추구했던 것과 같은 규모로 불균형 투자와 강제적 경제성장을 시도하는 것은 미시경제 차원에서 자원의 대규모 낭비를 초래한다. 당시 소련에는 엄청난 병목현상과 격심한 자원부족이 경제 곳곳에 드러났다. 반만 세운 공장들은 무너져 내렸다. 무분별한 모험주의적 경제 프로젝트는 수없이 많았다. 생산량 수치에 최우선 순위를 두었기 때문에 제품의 품질은 엄청나게 하락했다.

스탈린 공업화가 불러온 파괴적 작용의 측면으로 더 잘 알려진 경우는 강제로 진행된 농업 집단화였다. 이로 인해 농업 생산량은 재앙적 수준으로 하락했다. 지금도 신문만 읽어보면 알 수 있듯이 1929년 스탈린이 강제 집단화를 통해 소련 경제에 가한 충격은 아직도 해소되지 않고 있다.

이와 함께 소련의 급격한 실질임금 하락은 관료집단의 전체주의적 테러통치와 결합하여 노동 창조성과 규율을 사정없이 무너뜨렸다. 기술-행정 수준과 직접 생산자 수준 모두에서 노동에 대한 열성은 완전히 사라졌다.

특정 수준 이하에서는 중공업 투자 재원을 마련하기 위한 임금 억제 정책은 경제성장을 가속화시키기는커녕 정지시킨다. 스탈린은 이 수준 이하로 임금을 억제했다. 공업화는 단순히 공장을 더 많이 짓고 노동자 일인당 장비를 더 많이 제공하는 것이 아니다. 규율을 갖춘 기술적으로 유능한 창조적 노동자원을 증진하기 위해서는 대중의 문화 수준을 끌어 올려야 한다. 이 중요한 요소가 공업화에 포함되어 있다.

단수가 높은 부르주아 정부는 잘 알고 있다: 농촌에서 갓 배출된 문맹 농민들을 과도하게 착취하는 것은 최상의 정책이 아니다. 프랑스에서는 특히 북아프리카 출신의 외국인 노동자들이 다수 불법으로 이주하여 판자촌에서 살고 있다. 이들은 최저임금도 받지 못한다. 그러나 스웨덴에 도착한 유고슬라비아나 알제리 노동자는 먼저 스웨덴어를 배우고 다음에 기술을 익히도록 한 달에 300달러를 지급받는다. 프랑스 자본가들보다 스웨덴 자본가들이 훨씬 더 고도로 외국인 노동자들을 착취한다.

## 노동자 민주주의와 경제정책

좌익반대파가 주창한 경제정책은 급격한 공업화를 반대하고 노동자의 생활 수준을 높이는 것에 있지 않았다. 소비 수준을 높이는 것을 포함한 좀 더 균형적인 경제정책이 스탈린이 초래한 엄청난 자원 낭비를 막고 적정한 수준의 공업화를 달성할 수 있다고 트로츠키는 주장했다.

1932년에 트로츠키는 이렇게 강조했다: 노동자·농민에게 관료적 테러를 대대적으로 가하면서 강제로 실시되는 공업화는 소련 경제의 합리적이고 급격한 성장에 해악이 될 뿐이다.

그렇다면 공업화와 집단화의 속도를 늦추어야 하는가? 의심의 여지 없이 일정 기간 이 조치는 불가피하다. **그러나 이 기간이 오래가지는 못할 것이다.** 노동자 자신이 정치·경제 활동에 참여하고 관료집단을 실제로 통제해야 된다. 그리고 상부 단위가 대중에 대해 더 깊은 책임을 느껴야 한다. 이 모든 조치들은 생산에 유리하게 작용할 것이다. 이것은 의심의 여지가 없다. 이 결과 체제 내부 갈등이 줄어들고 낭비적인 경제적 좌충우돌이 최소한으로 줄어들 것이다. 그리고 노동력과 장비가 좀 더 효율적으로 배분될 **것이고 궁극적으로 경제성장 계수들은 상승할 것이다.** 소비에트 민주주의는 **국가 경제 운영의 필수 요건이다.** (강조는 인용자)

—「다음에는 무엇이? 독일 노동계급의 사활이 걸린 문제들」

## 부하린의 경제정책과 '평화공존'

이 문제에는 또 다른 측면이 있다. '제3진영' 경향들은 스탈린·부하린 동맹의 스탈린과 제1차 5개년 계획의 스탈린 사이에 근본적인 단절이 존재한다고 생각한다. 이것은 이들의 특징적인 측면이다. 그러나 트로츠키는 이렇게 생각해본 적이 결코 없었다. 트로츠키와 좌익반대파는 스탈린이 경제적·군사적 수단을 통해 제국주의 서방을 패배시킬 의도를 가지고 있었다고 결코 생각하지 않았다. 제국주의 위협에 대한 스탈린의 반응은 '평화공존'을 추구하는 것이었다. 물론 이 정책은 국제적 차원에서 계급협조가 가능하다는 환상에 불과했다.

부하린의 경제정책과 제국주의와의 화해 정책 사이에 존재하는 연관은 두브체크의 '자유주의적' 스탈린주의로 다시 드러났다. 제국주의자들이 좀 더 유화적으로 나오면 소련 진영은 군비를 감축하고 중공업에 투여되는 자원을 소비재 생산으로 전환시킬 수 있으리라고 두브체크는 가정했다.

예를 들어 소련의 경제학자 베르만은 중앙계획의 철폐, 무제한적인 노동자 경영, 시장 사회주의 등 근본적으로 조합주의 강령을 주창하고 있다. 그가 '긴장완화(데탕트)'를 열렬히 지지하는 것은 당연하다. 왜냐하면 상당한 정도의 외부 위협이 없을 때에만 소련은 그가 원하는 경제체제를 건설할 수 있다고 생각하고 있었기 때문이다.

소련 진영이 개방되면 서방과의 화해를 주창하는 온갖 경향들이 난무할 것이다. 이들은 군사화를 반대하고 중공업 성장을 반대하고 소비수준 진작을 지지할 것이다. 1968년 프라하의 봄은 이 점에서 암시하는 바가 아주 많다. 그리고 이 경향들은 나름대로 대중적 지지를 얻을 것이다. 부하린은 다수의 '자유주의적' 스탈린주의자들로부터 존경받고 있다. 그는 일종의 선구자 취급을 받고 있다. 트로츠키주의자들이 소련 진영에서 정치혁명을 위해 투쟁하고 있을 때 다음과 같은 진실이 곧 드러날 것이다: 아주 다른 상황에서 그리고 아주 다른 역사적 맥락에서 트로츠키가 부하린·톰스키에 대해 벌인 투쟁은 다시 되풀이될 것이다; 이때 서로 투쟁하는 핵심 강령들은 과거와 동일할 것이다.

## 노동계급의 국가권력: 계급투쟁의 무기

이제 마지막 문제에 대답하면서 이 강연을 끝마칠 때가 되었다. 고립된 노동자 국가에서 정치적 고려와 무관하게 작동하는 **고유한** 경제법칙이 존재하는가?

대답은 '아니다'다. 노동자 국가는 계급투쟁의 무기다. 이것은 당과는 다르지만 그래도 당만큼이나 강력한 무기이다. 노동자 국가가 군사, 중공업, 농민 소득, 노동자 임금 등에 가용자원을 할당할 때에는 중요한 전략적·전술적 고려가 반드시 개입한다. 끊임없이 변하는 정치적 필요와 압력에 대응하여 노동자 국가는 자원들을 적절히 할당해야 한다. 따라서 고립된 노동자 국가에는 고유한 축적법칙이 존재하지 않는다.

이런 측면에서 보면 노동자 정당과 노동자 국가 사이에는 중요한 차이가 당연히 있다. 당은 자발적 조직이지만 노동자 국가는 그렇지 않다.

정권을 장악한 혁명정당은 노동계급과 소부르주아 계급 전체의 물질적·문화적 요구와 관심을 고려해야 한다. 전시라는 명백한 예외를 제외하면 노동자 국가의 경제정책은 노동자 민주주의의 한계 내에서 대중의 생활수준을 꾸준히 높여야 한다. 그러나 생산성이 충분히 빠르게 상승하고 있다면 노동자의 임금과 농민의 소득을 상승시키면서 동시에 투자나 군비에 들어가는 자원을 증가시키는 것이 가능하다.

지금까지 강연을 통해 말한 주제들은 강령적으로 중요하다. 그러나 이 중요성은 '국가자본주의' 이론을 주창하는 선전그룹들에 대한 현재의 정치적 경쟁의 차원을 넘어선다. 소련 진영에서 국가권력을 장악하려는 투쟁 과정에서 그리고 심지어는 트로츠키주의자들이 권력을 장악한 이후에도 이 나라들의 노동자 운동 내부에서 우리는 훨씬 더 위험한 형태로 클리프·섁트먼 경향들과 대결할 것이다. 노동자 국가의 산업 역량을 발전시키는 것이 최우선이 아니라는 입장은 세계혁명의 전망에 **결정적인** 요소이기는커녕 진정으로 반(反)혁명성을 내포하고 있다.

# 토니 클리프 파의 계보

Tony Cliff's family tree 국제볼셰비키그룹★1989년

트로츠키주의와 연관이 있다고 주장하면서 '국가자본주의론'을 정치이론으로 가지고 있는 가장 큰 그룹은 영국 사회주의노동자당(Socialist Workers Party, SWP/B)인데 이 그룹은 영국에 거점을 두고 토니 클리프에 의해 지도받고 있다. SWP/B의 창건자들은 1950년대 초 한국전쟁과 함께 나타난 맹렬한 반공 히스테리의 압력하에서 트로츠키주의 운동으로부터 이탈했다. 토니 클리프는 소련이 '자본주의' 국가라는 사실을 '발견'하고, 미 제국주의와 그 연합국들에 대항하여 (그에 의하면 중국과 북베트남처럼 '국가자본주의' 국가인) 기형적 노동자 국가, 북한에 대한 방어를 거부했다. 하지만 15년 후, 미제가 베트남을 침공하였을 때, (베트남 역시 '자본주의' 국가로 보던) 클리프주의자들은 조금의 시간도 낭비하지 않고, 당시 대세인 베트남과 단결을 호소하는 조류에 편승하였다. 트로츠키가 말하였듯이, 기회주의자들은 항상 바람에 흔들리는 갈대처럼 어느 쪽에서 바람이 불어오는지에 대해 아주 민감하다.

　국가자본주의에 관한 토니 클리프의 '이론'은 적어도 자신의 그룹이 취한 입장과 모순되고 있다. 그는 국가자본주의에 관한 자신의 주요 저술인 『러시아의 국가자본주의』에서 가치법칙이 소련의 생산을 지배하지 않으며 모든 자본주의 경제의 특징적 성격이라 할 수 있는 상품으로서의 생산수단과 노동력 그리고 과잉생산의 주기적 위기 등이 소련에 존재하지 않는다고 결론짓고 있다. 그럼에도 불구하고 클리프와 그의 추종자들은 소련이 '자본주의' 국가라고 주장한다. 산업 역량(industrial capacity)을 '축적'하려는 운

동과 서방제국과 군사적으로 '경쟁'하려는 필요성 때문이라는 것이다.

때때로 클리프 추종자들이 1920년대 스탈린에 대항한 좌익반대파 투쟁을 입으로는 칭찬하지만, 사실 '국가자본주의' 소련에 대한 그들의 비난은 레닌 사후 소련 내에 존재한 부하린의 우익반대파에 더 가깝다. 1920년대 당시 트로츠키가 이끈 좌익반대파는, 농촌의 소경영 자본주의를 부흥시킴으로써 '달팽이 걸음으로' 사회주의로 나아간다는 스탈린과 부하린의 지도노선을 비판하고, 그 대신 주로 상층 부농 착취를 통해 재정을 확보하는 산업화 정책을 옹호하였다(「반대파 강령」, 1927년).

1928년 좌익반대파를 무너뜨린 후, 스탈린은 그의 예전 동업자 부하린을 공격하고, 이후 원래 트로츠키와 프레오브라젠스키에 의해 옹호된 산업화 정책의 관료적 변형을 조야하고 무자비한 방식으로 수행해나갔다. 트로츠키에 따르면, "산업발전에서 소련의 성공은" 관료적 명령주의의 비합리성에도 불구하고 "사회주의적 경제 방식에 고유한 엄청난 가능성들을 실재로 증명하는" "전세계의 역사적 중요성을 획득하고 있다."(「경제적 무분별성과 이의 위험」, 1930년). 반면 클리프에 따르면, 이 첫 번째 5개년 경제계획의 도입과 1928년 소련 산업화의 시작은 러시아에서 '국가자본주의'가 시작되는 출발점을 의미한다.

SWP/B의 이론 기관지인 《국제사회주의》의 기고자 마이클 헤인즈는 클리프주의자들과 우익반대파 사이의 명확한 연관성을 보여주는 내용을 담은 『니콜라이 부하린 & 자본주의로부터 사회주의로의 전환』이라는 책을 1985년에 썼다. 그는 "부하린의 국내정책이 좌익반대파, 특히 프레오브라젠스키의 정책보다도 훨씬 더 연속혁명론의 정책에 근접하고 있는 것처럼 보인다"고 주장한다. 클리프와 헤인즈 등 국제사회주의자들에게 있어서 '주어진 진짜 문제는 자본주의적 사회 조직과 계급들을 재생산하지 않고도 지속적인 축적이 가능한가 여부'인데 그들의 대답은 하나같이 '불가능하다'다.

SWP/B의 월간지 《사회주의노동자평론》에 실린 편지 형식의 글에서 마이클 헤인즈는 "너무 자주 우리는 국가자본주의에 관한 분석을 일반적으로는 좌익반대파, 특히 트로츠키가 주장한 정치적 논리에 쉽게 부가될 수 있다는 듯한 인상을 줄 때가 있다"고 언급하고 있다. 그는 결론짓기를, "만일 우리가 (소련의) 퇴보에 관한 문제를 정면으로 대하지 못하고, 이에 관한 트로츠키와 좌익반대파 논리의 취약함을 지적하는 한편 우리 분석의 장점을 표현하는 데에 보다 대담해지지 않는다면, 이는 비극이 될 것이다." 클리프의 캐나다 자매단체 멤버인 폴 켈로그는 다음 호에서 헤인즈에게 답하며, 소련에 관한 트로츠키의 정책은 사실 잘못된 것이었다는 것을 인정한다. 하지만 그는 트로츠키의 국제 정책은 적어도 부하린보다 우월한 것이었다고 주장한다.

그러나 사실 좌익반대파의 국내정책과 국외정책은 서로 불가분의 연관성을 가지고 있는 것이다. 「반대파 강령」은 다음과 같이 주장하고 있다. "일국 사회주의 경제이론에 대한 확고한 거부는, 다음 몇 해 동안 만에도, 더욱 합리적인 자원 이용, 더욱 빠른 공업화 그리고 잘 계획된 우리 기계공업의 강력한 성장을 의미하는 것이 될 것이다." 좌익반대파에 의해 제시된 공업화 정책은 소련 프롤레타리아의 힘을 강화하고, 농민과 이에 상응하는 도시 소자본가인 네프맨들 내에 있는 친자본주의적 쿨락 요소의 성장을 막기 위하여 계획된 것이었다. 이는 또한 제국주의자들의 필연적 공격에 대비하여, 고립된 노동자 국가인 소련을 군사적으로 강화시키려는 목표를 가지고 있었다.

단 한 가지 점에 있어서만큼은 마이클 헤인즈가 옳다. 트로츠키주의 운동과 현재 클리프의 '국제사회주의' 경향 사이에 근본적 불일치가 존재한다는 것이다. 그리고 이 근본적 불일치는 곧바로 1920년대로 거슬러 올라간다. 클리프 조직의 정치는 좌익반대파가 옹호한 그 모든 것과 이질적이다.

# 무엇이 올바른 길인가?
## ―남한 IS 동지들에게 보내는 공개 서한[*]

국제볼셰비키그룹★1994년

안녕하십니까? 국제볼셰비키그룹(IBT)이 남한의 국제사회주의자(International Socialist, IS)에게 동지적 인사를 드립니다. 소련과 동유럽에서 스탈린주의가 붕괴한 후 남한의 올바른 정치적 이론의 부재와 혼란 속에서, 오로지 IS만이 유일하게 트로츠키주의를 옹호하면서 조직적으로 빠르게 성장해가고 있다는 소식을 한국의 IBT 동지로부터 들었습니다. 아울러 한국의 IS가 IBT와 정치적 토론을 지면상으로 나누는 데 동의했다는 반가운 소식도 듣게 되었습니다.

저희 IBT는 그간 《노동자연대》와 그 외 팸플릿 등 IS 간행물들을 읽으면서 한국의 IS가 서구의 IS 자매 단체들과 똑같은 정치적 오류를 범하고 있음을 안타깝게 생각하고 있었습니다. 지면을 통한 정치적 토론을 통해서나마 한국의 IS와 저희 IBT가 국제 노동자계급의 이해와 연대를 위한 올바른 투쟁의 길을 가기 위하여 함께 공동의 노력을 쌓아갈 수 있기를 기대하면서, 저희 IBT는 한국의 IS 동지들에게 다음과 같은 동지적 비판을 보내고자 합니다.

---

[*] 국제볼셰비키그룹은 1994년 10월에 이 글을 남한 국제사회주의자 그룹 앞으로 보냈다. 하지만 지금까지 아무런 답장이 없다.

## 국가자본주의론

첫째, 구소련과 동유럽의 스탈린 관료체제를 '국가자본주의'라고 규정한 토니 클리프의 이론은 마르크스의 자본론에 명백히 위배되는 것입니다. 토니 클리프는 스탈린 관료집단 전체가 하나의 거대한 '자본가'로서 행동하면서 타국의 자본가들과 끊임없는 경쟁을 통해 자본을 축적해왔다고 주장합니다. 그러나 이와 반대로 마르크스와 레닌은 자본주의적 생산양식과 가치법칙이 불가피하게 국민 경제 단위 내의 수많은 개별 자본가들 사이의 원자화된 경쟁을 기본으로 하고 결국에는 세계 경제 속에서 치열해지는 다국적 독점 자본가들 사이의 경쟁을 통하여 표현될 수밖에 없다고 주장하고 있습니다.

> 개념적으로 경쟁은 자본의 내재적 성격 외의 다른 아무것도 아니다. 자본의 본질적 성격은 여러 자본들의 상호작용을 통하여 그 본질을 밖으로 표현하고 실재화시킨다. 자본은 오로지 여러 자본으로서만 존재하고 또 그렇게만 존재할 수 있다.
>
> —마르크스, 「서설」, 『정치경제학 비판 요강』

여기서 마르크스가 말하는 경쟁은 자본주의적 경제 관계에 연결되어 있는 한 시장에서 상품 판매(교환가치 실현)를 둘러싼 개별 자본들 사이의 경쟁이란 명백한 의미를 갖습니다. 소련 경제에 '여러 많은 자본들 사이의 상호관계'가 이루어지는 시장(즉 교환가치를 지닌 자본주의적 상품생산)이 존재한다는 것을 증명하는 데 실패한 클리프는, 단순히 '경쟁'을 세계 각국 사이에 존재하는 모든 종류의 정치적·군사적 충돌과 동일한 것으로서 그 의미를 왜곡 확대시키고 있습니다. 클리프는 주장하기를,

> 다른 나라와의 경쟁은 주로 군사적인 형태를 취한다. 소비자로서의 국가는 탱크나 비행기 등과 같은 특정한 사용가치에 관심을 갖는다. …… 세계의 여러 나라와 벌이는 러시아의 경쟁은 궁극적으로 사용가치의 증대로 표현되며 이는 경쟁에서의 승리라는 궁극적 목적을 위해 봉사하고 있다.
>
> —『스탈린주의 러시아: 마르크스주의적 분석』

국가 전체를 하나의 사적 자본으로 또 군사경쟁을 시장에서 사용가치를 둘러싼 경쟁으로 바라보는 클리프의 관점은 그 어느 한 군데도 마르크스주의와 공통된 점이 없음은 당연합니다. 사회주의적 생산 자체가 사용가치를 위한, 즉 인류의 필요에 토대를 둔 생산이라는 것은 마르크스주의 초보자라도 다 아는 사실입니다. 그런데 시장을 통하여 교환가치를 실현해내고자 끊임없이 경쟁을 벌이는 자본가들의 상품생산을 자본주의의 본질로서 인정하기를 거부하고, 단순히 사용가치를 위한 생산을 자본주의로 규정하는 클리프의 주장은 당연히 우스꽝스런 결론으로 이어질 수밖에 없습니다. 예를 들어 클리프의 이론을 따르는 사람들이라면, 사냥터를 확보하기 위해 벌였던 여러 부족들 간의 싸움이나 노예들을 더욱 많이 확보하기 위한 노예제 사회의 식민지 쟁탈 전쟁을 마땅히 '제국주의자들 간의 전쟁' 또는 '자본가들 사이의 경쟁'이라고 규정해야 하기 때문입니다.

군사경쟁과 연관되어 제기되는 또 하나의 중요한 문제는, 바로 사회주의 혁명이 승리한 후에 필연적으로 벌어지는 제국주의와 노동자 국가 사이의 군사적 대치상황을 사회주의자들이 어떻게 대처해야 할 것인가 하는 문제입니다. 트로츠키의 영구혁명론은 사회주의 혁명이 세계적인 규모로 동시 다발적으로 일어난다는 그러한 조잡한 견해가 아닐진대, 일국에서 사회주의 혁명이 승리한 이후에 선진 자본주의국들로 혁명이 전파, 확산되어 나가기 전까지는 필연적으로 제국주의자들과의 대치전이 불가피할 것입니다. 그러한 상황에서 사회주의자들은 당연히 혁명의 성과물들을 수호하고 제국주의자들의 공격으로부터 노동자 국가를 수호하기 위하여 군수물자를 생산하고 경우에 따라서는 그것을 이용해야 할 것입니다.

반(反)마르크스주의적인 클리프의 '국가자본주의'론과는 명백히 반대되게 트로츠키는 구소련을 '퇴보한 노동자 국가'(degenerated worker's state)라고 보았습니다. 트로츠키는 『마르크시즘을 옹호하며』라는 저작에서 다음과 같이 설명하고 있습니다.

우리의 강령에서 '타락한 노동자 국가'는 무엇을 의미하는가? …… (1) 1920년대에 소비에트 체제의 '관료적 왜곡화'를 규정했던 요소들은 현재 소비에트를 집어삼켜버린 독립적 관료정권을 수립시켰다. (2) 사회주의의

국내적·국제적 임무와 양립 불가능한 관료주의의 독재는 그 사회의 경제생
활에 심각한 왜곡을 초래해왔고 그리고 계속해서 초래할 것이다. (3) 그러
나 근본적으로 생산수단의 국유화를 토대로 하여 수립된 계획경제체제는
인류의 거대한 승리로 보전되어왔고 계속해서 그렇게 남아 있을 것이다. 제
국주의자들과의 전쟁에서 소련이 패배한다면 이는 관료적 독재체제의 청산
을 의미하는 것뿐만 아니라 계획화된 국가 경제의 청산을 의미하는 것이기
도 하다. 이는 제국주의의 새로운 안정화와 세계 프롤레타리아의 새로운 약
화를 의미하는 것이기도 하다.

트로츠키는 소련의 노동자계급이 스탈린 관료주의를 근절시키기 위한 정치
혁명을 이루어 마르크스와 레닌의 정신에 기초한 진정한 노동자 민주주의
소비에트를 건설해야 한다고 주장하였습니다. 그러나 트로츠키는 관료적으
로 왜곡된 노동자 국가에서 정치혁명은 국유화된 계획경제체제를 옹호하는
것에 근본적으로 종속되어야 한다고 주장하였습니다. 따라서 클리프의 이
론을 토대로 건설된 국제사회주의자 조직이 소련을 비롯한 기형적 노동자
국가들(중국, 북한, 베트남, 쿠바 등)에 대해 취해온 태도는 근본적으로 트로츠
키주의에 위배되는 것입니다.

예를 들어 IS는 1950년 한국전쟁이 소련 '제국주의'와 미 제국주의 사
이에 벌어진 '대리전쟁'이라고 규정하고 그 어느 편도 들지 말 것을 주장하
였습니다. 소련을 '제국주의'라고 규정하는 관점이 비과학적인 반(反)마르
크스주의적임은 말할 필요도 없지만 한국전쟁이 '대리전쟁'이라는 주장은
사실과 무관한 것입니다. 비록 북한이 소련과 중국의 영향력 아래에서 김일
성과 같은 스탈린주의자들에 의해 지도받고 있었지만, 무상몰수 무상분배
를 토대로 한 토지개혁 및 기간산업의 국유화를 골자로 하는 사회혁명이 북
한 민중들에게 광범한 지지를 받았을 뿐만 아니라, 북한의 개혁정책이 남한
에도 커다란 영향력을 끼쳐서 한국전쟁이 발발하기 이전에도 남한에서 북
한을 옹호하는 좌익세력들에 의해 여러 번의 봉기 시도가 있었음을 우리는
제주도 5·10 선거 반대 봉기나 여순 군대봉기와 같은 예를 통해 알 수 있습
니다. 또한 제주도 민중들의 4·3 봉기를 계기로 전개된 무장유격투쟁은 한
국전쟁 기간 동안 그리고 그 전후로도 지리산, 오대산, 태백산 등지에 근거

지를 두고 활발하게 전개되었다는 사실은 한국전쟁이 단순한 대리전이 아니었다는 것을 명백하게 증명해줍니다.

일관된 트로츠키주의자라면 한국전쟁 당시 미 제국주의의 군사적 공격에 맞서 싸우는 북한에 군사적 지지를 보냄과 동시에 제국주의를 패배시키고, 더 나아가 북한의 스탈린주의에 반대하여 독립적인 노동자계급에 의해 이끌어지는 정치혁명을 선전 선동했어야 했을 것입니다.

한국전쟁과 비슷한 경우라고 할 수 있는 베트남전쟁에 대하여 보여온 IS의 입장은 자신들의 논리에 아주 모순된 것이라고 할 수 있습니다. IS는 베트남전쟁 때 미 제국주의에 반대하여, 호치민에 의해 지도되는 베트공을 지지하였는데 그 이유는 베트남이 미 제국주의에 억압받는 식민지 피압박국이기 때문에 제국주의자에게 반대하는 식민지 민족해방투쟁을 무조건적으로 옹호해야 한다는 것이었습니다. 이와 반대로 한국전쟁 같은 경우는 미제와 소련 제국주의에 조종 받는 꼭두각시 정권들이 벌인 대리전쟁이기 때문에 양쪽 모두에 반대해야 한다는 게 IS의 논리입니다. 사실에 근거하여 논리를 세우기보다는 자신들의 논리에 맞추어 사실을 곡해하는 예가 이보다 더 명백한 경우는 없을 것입니다.

스탈린주의에 반대한다는 명목하에 취해진 IS의 정치적 태도가 결과적으로 제국주의자들과 자본주의 반혁명세력을 이롭게 하고 있음은, 1991년 러시아에서 일어난 옐친의 반혁명 승리를 통하여 또다시 증명되고 있습니다. 트로츠키주의자라면 옐친의 자본주의 복구 세력에 대항하여 국가계획경제체제를 보전하려는 스탈린주의 관료세력에게 군사적 지지를 보냈어야 했습니다. 오로지 스탈린주의에 반대하는 노동자계급의 조직된 힘만이 1917년 사회주의 혁명의 성과를 보전하고 완결시킬 수 있다는 것을 선전 선동하면서, 스탈린주의 관료들에게 정치적 지지를 않으면서 당시 옐친과 무력적 대치 상황을 벌이고 있던 스탈린주의자들과 함께 공동의 적을 향해 총부리를 겨누어야 했다는 것입니다.

스탈린주의자들은 노동자들이 정치적으로 조직화되는 것을 두려워하여, 쿠데타를 일으킨 후에 노동자계급이 시위나 파업에 가담하기를 금지시켰습니다. 이럴 때일수록 사회주의자들은 스탈린주의자들의 반노동사성과 자본주의 세력에 대항해 싸울 수 있는 능력이 그들에게 전혀 없음을 폭로하면서, 오로지 조직된 노동자의 힘만이 옐친과 제국주의 세력을 격퇴시키고 더 나아가 스탈린 관료체제를 제거하는 정치혁명을 이루어, 진정한 노동자 민주주의와 국제 노동자계급의 연대에 토대를 둔 사회주의 건설로 나아갈 수 있음을 설득시켜내야 했습니다. 단지 옐친이 쿠데타 주동세력보다 인기가 많다는 것을 이유로 또 스탈린 치하 동안 노동자계급이 사회주의 사상에 혼동되고 왜곡된 견해를 갖고 있다는 것을 핑계로, 진실을 말해야 하는 사회주의자의 임무를 방기한 채 반혁명적 옐친세력의 승리를 지지한다면, 노동자계급은 더 크나큰 고통과 패배를 맛보게 되고, 무엇보다도 사회주의자들에 대한 신뢰를 잃고 말 것입니다.

1917년 8월 레닌이 코르닐로프 반혁명 세력에 대항하여 케렌스키 정부와 군사적 동맹을 맺었던 사실은 좋은 예라고 할 수 있겠습니다. 레닌은 케렌스키 정권에 정치적 지지를 보내지 않고도 공동의 적인 코르닐로프에 대항하여 총부리를 나란히 겨누는 군사적 동맹을 맺었습니다. 스탈린주의자들로부터 독립된 노동자계급의 조직된 힘이 강하면 강할수록, 스탈린주의자들이 우유부단하면 할수록 옐친이 격파된 이후의 상황은 노동자계급의 정치화와 조직화에 호조건을 제공할 수 있었을 것입니다. 제국주의자들의 지지를 받는 옐친의 자본주의 복구 세력이 승리한 것에 대하여 IS는 이를 1917년 러시아 10월 사회주의 혁명에 버금가는 민중 혁명의 승리라고 칭송하였습니다.

소련의 노동자 국가가 무너져버린 지금, 러시아와 동유럽 노동자계급이 자본주의 경제관계에 필연적으로 동반되는 빈곤, 실업 그리고 여러 사회범죄의 증가 등으로 고통 받고 있음은 물론이고, 제국주의자들이 제3세계 신식민지 피억압국에 공공연히 행하는 무력적 군사개입의 횡포는 걸프 전쟁, 소말리아 그리고 최근 아이티의 군사개입을 통하여 드러났듯이 점점 더 노골적으로 심해져가고 있습니다. 이전의 진보적 사회개혁(무상교육, 무상의료 등) 등으로 라틴아메리카 여러 나라의 지배계급에게는 위협의 대상이요 피억압 민중에게는 부러움과 희망의 대상이 되었던 쿠바는 소련의 경제원조가 끊어진 지금, 기본 생필품의 부족과 경제 침체 등에 부딪혀 내적으로 붕괴 직전의 위기를 맞고 있습니다. 경제적 봉쇄조치로 쿠바를 고립시켜서 실질적으로 쿠바 난민문제를 발생하게 한 미 제국주의자들은 오히려 이를 사회주의 체제의 비민주성의 문제로 대대적으로 선전하면서 쿠바에 군사적으로 개입할 평계를 만들고자 하고 있습니다. 이번에 미국이 아이티에 군사적으로 개입하면서 쿠바와 아이티의 문제는 동일한 것이라고 말했던 것은 이와 같은 음흉한 계획에서 비롯된 것입니다.

오로지 구소련과 동유럽에서 (기형적) 노동자 국가가 붕괴된 것을 기뻐하고 이들 나라에 근본적으로 아무런 질적인 변화가 없었다고, 즉 하나의 자본주의 체제에서 또 다른 자본주의 체제로 옮겨갔다고 주장하는 사람들만이 현재 기존의 기형적 노동자 국가에서 노동자계급이 겪고 있는 심화된 고통과 세계적으로 더욱 노골화되는 제국주의자들의 횡포에 대해 눈을 감은 채 설명하기를 거부할 수 있을 것입니다.

## 당과 계급의 관계

다음은 두 번째로 당과 계급의 관계, 좀 더 구체적으로는 당의 역할에 대하여 IS가 갖는 대중추수주의적·경제주의적 태도는 비판의 여지가 있습니다. IS는 로자 룩셈부르크의 대중파업론에 저술된 대중의 자생성을 칭송하고 『무엇을 할 것인가』에서 레닌이 강조한 전위의 의식적 역할을 엘리트주의적 오류로 간주하고 있습니다. 더 나아가 당의 조직 규율을 둘러싸고 볼셰비키와 멘셰비키가 분열한 1903년 당시, 트로츠키가 볼셰비즘을 '대리주의'라고 비판하면서 멘셰비키적 오류를 범한 것에 대하여 IS는 한마디 비판의 말도 하지 않고 있습니다. 오히려 트로츠키의 '대리주의' 개념이 과소평가하는 전위의 의식적 역할에 관한 트로츠키의 잘못된 견해를 적극적으로 수용하고 있습니다.

독일에서 프롤레타리아 혁명이 승리하지 못하고 결국에는 로자 룩셈부르크와 카를 리프크네히트가 암살당하게 된 이유 중 하나는, 사회민주당의 개량적 지도부에 의해 지도받았던 독일 노동계급을 올바로 이끌 볼셰비키당과 같은 민주집중제로 단결된 노동자계급의 전위조직이 없었기 때문입니다. 비록 로자 룩셈부르크가 전위의 목적의식적 지도의 필요성을 절감하고 개량적 사회민주당과 결별하여 독일 공산당을 수립하였지만, 이미 그때는 너무 늦어버린 후였던 것입니다.

동지들! 노동자계급의 경제투쟁과 정치투쟁을 기계적으로 분리하고 민주주의 혁명과 사회주의 혁명 사이에 단계론을 주장하는 자들이 누구입니까? 영국에서 선거 때만 되면 노동당에게 표를 던질 것을 권하고 87년 남한의 대통령선거 때 김대중에게 '비판적 지지'를 했어야 했다고 말하며, 심지어는 혁명의 문턱까지 다가섰던 남아프리카공화국의 전투적 흑인 노동대중에게 투쟁을 자제하고 백인 분리주의 정권과 연합정부를 세울 것을 호소한 ANC를 지지할 것을 선전하면서(IS는 ANC의 승리를 '전세계 노동자들의 승리'라고 불렀습니다) 전위의 역할을 방기하는 IS가, 바로 기계주의적 단계론자들이 아니면 무엇이란 말입니까?

1987년 남한에서 대통령선거가 있었을 때 부르주아 당 지도자 김대중을 '비판적'으로 지지했어야 했다고 말하는 IS는 다음과 같이 주장합니다.

> 전술 일반에 바탕되는 원리는 대중이 대중 자신의 행동을 통해 조직과 의식을 발전시켜나갈 수 있느냐 하는 것이다. 그리고 다음으로 주되게 고려해야 하는 점은 대중의 감정이다. 87년 대통령선거에서 사회주의자는 우선 노태우의 낙선을 지지해야 했다. …… 둘째로, 대중은 투표 행위를 통해 군사독재를 패퇴시키기를 원했는데, 김영삼이나 김대중 가운데 한 명에게 표를 찍음으로써 그렇게 하기를 원했다. 그러므로 사회주의자는 둘 중 하나를 택해야 했다. 그런데 김영삼보다 김대중이 노동계급에게 좀 더 이익이 되는 강령들을 공약으로 내놓았다.
>
> ─《노동자연대》, 1987년 6월

만일 노동대중이 부르주아 의식에 오염됨이 없이 자신들의 처지를 하나의 계급으로서 이해하고 또 이를 하나의 계급적 행동으로 조직화할 수 있다면 현재 우리가 고민하는 당의 문제, 전략 전술의 문제는 의미가 없는 것으로 되어버릴 것입니다. 하지만 자본주의 사회에서 지배적인 이데올로기는 부르주아 지배계급의 이데올로기이며, 따라서 노동자계급의 의식과 행동이 지배계급의 이데올로기를 많은 부분 수용하고 반영하고 있는 것이 바로 우리의 현실입니다. 바로 그렇기 때문에 노동자계급이 즉자적 계급으로부터 대자적 계급으로 전환되는 과정에 전위의 임무가 절실히 요구되는 것입니다. IS는 대중의 의식과 행동을 이야기하지만 그것이 바로 어떤 계급의 의식과 이해를 반영하고 있는지에 대해서는 이야기하지 않습니다. 대중의 '감정'이 전술의 기본적 고려 사항이라는 주장, 특히 전술이 전략에 종속된다는 원칙을 배제한 채 언급되는 '감정' 운운은, 그 전술이 대중을 어디로 이끌지 뻔히 드러내고 있습니다.

군사독재하에서 자본주의 착취구조가 군사독재라는 국가형태를 통해 더욱 잔인하게 노동대중을 억압해온 것에 분노한 대다수의 노동대중은 87년 6월 항쟁 그리고 7, 8월 대파업 투쟁을 통해서 그 분노를 표출하였습니다. 그러나 부르주아 정치 지도자들의 영향력하에서 이들은 자신들의 고통과 억압의 근원인 자본주의적 질서를 종식시키려는 계급의식으로 나아가지 못하고 단순히 국가 통치형태의 변화, 즉 군사독재를 보다 자유주의적인 자본주의 민간인 정부로 대체시키려는 의식에 머물렀던 것입니다. 또한 노동계급의 당이 부재한 상황에서 이들에게는 부르주아 야당들 중의 하나를 선택하는 것 외에는 다른 여지가 조금도 남아 있지 않았었습니다. 바로 이것이 IS가 이야기하는 노동자의 의식(자본주의적 민간인 정부=부르주아 야당의 이데올로기)이고 노동자의 행동(야당 찍어주기=부르주아 야당의 궁극적 목표)인 것입니다. 여기 어느 곳 한 군데에도 노동자계급의 이해에 기반한 노동자계급의 행동에 관한 언급은 없고, 단지 현재 대중이 원하는 것에 따라가기만이 있을 뿐입니다.

IS는 부르주아 당에 지지표를 준 것에 대해 러시아의 제4차 두마 시기에 레닌이 프티부르주아 농민들의 당이었던 트루도비키를 지지했었던 예로부터 교훈을 얻어야 한다고 말하면서 자신들의 멘셰비키적 대중추수주의를 합리화하려고 합니다.

그러나 볼셰비키가 트루도비키를 선거 때에 지지했다는 것만큼이나 사실로부터 어긋난 것은 없을 것입니다. 레닌은 결코 트루도비키에게 '비판적' 지지를 보내야 한다고 주장한 적이 없습니다. 단지 제4차 듀마 때 특정 지역구에서 극우 반동적 후보의 당선을 막기 위해서 볼셰비키 당 후보와 트루도비키 당 후보가 서로 경쟁하는 것을 자제하고 어떤 선거구에는 볼셰비키 후보가 다른 선거구에는 트루도비키 당 후보가 출마하도록 하는 것을 골자로 하는 선거협정을 맺을 것을 제안했었을 뿐입니다.

이와 같이 볼셰비키 노동자 전위당이 존재하고 또 당이 독자적으로 노동자 후보를 내세워 선거에 참여하는 전술을, 어떻게 감히 노동자 당이 부재한 남한에서 노동자계급이 반노동자적 부르주아 야당들의 정치적 영향력 아래 자신들의 의식화와 조직화로 나아가지 못하고 고통받고 있는 상황에서 IS가 펼치는 대중추수주의적 '비판적' 지지 전술과 비교할 수 있단 말입니까?

그리고 또한 우리가 잊지 말아야 할 것은 레닌이 트루도비키 당과의 선거협정을 제안했던 배경이 바로 '노동자·농민의 민주적 독재'라는 1917년 이전의 정식에 근거한 혁명관을 일부 반영하고 있다는 것입니다. 1917년 이후의 상황 전개는 농민이 독자적인 정치계급으로 활동할 수 있는 능력이 없음을 여실히 보여주었고 따라서 레닌은 「4월 테제」에서 '노농 민주독재'라는 정식을 폐기했습니다. 소위 트로츠키주의자라고 하는 사람들이 어떻게 레닌이 오래전에 폐기해버린 구(舊)정식을 토대로 한 전술의 사용을 예로 들어, 그것도 일부러 곡해하여 현재 부르주아 당을 지지하는 자신들의 정치적 입장을 정당화시키기 위하여 이를 이용할 수 있다는 말입니까?

동지들! 우리는 IS 동지들의 혁명적 신념과 그 노력에 대해서 추호도 의심하지 않습니다. 그러나 잘못된 정치적 태도가 가져오는 객관적 결과에 대해서 동지들은 책임을 지고 진지하게 비판해볼 필요가 있습니다. 우리 국제 볼셰비키그룹은 동지들과의 계속적인 토론을 통하여 무엇이 진정 국제 노동자계급에게 올바른 길인가를 함께 진지하게 고민해볼 수 있기를 진심으로 바라며 이에 대한 동지들로부터의 답변을 기다리겠습니다.

# 소부르주아 사회주의와 '국가와 혁명'
## ─국가자본주의론 비판

행동강령★2009년

현실을 직시하고, 최소 저항선을 찾지 않으며, 사물의 이름을 올바르게 부르며, 아무리 쓰디쓴 진실도 대중에게 있는 그대로 말하며, 난관을 두려워하지 않으며, 큰 일뿐 아니라 작은 일에도 충실하며, 강령을 계급투쟁의 논리에 일치시키며, 행동으로 떨쳐 일어날 시간이 왔을 때 대담성을 발휘하는 것, 이것이 제4인터내셔널의 규율이다.

─트로츠키, 「이행 강령」

## 1. 이 시대의 '국가와 혁명'

**"마르크스주의의 역사는 소부르주아 사회주의와의 투쟁의 역사다."**

제4인터내셔널의 창립 문서로 트로츠키가 제출한 「자본주의의 단말마적 고통과 제4인터내셔널의 임무(이행 강령)」는 지금으로부터 약 60년 전에 작성된 것이다. 마르크스와 레닌의 혁명과학이 그러하듯이, 트로츠키 당대의 '사회주의 혁명의 객관적 조건'은 변함이 없고, 지금 역시 혁명으로 나아가는 길에서 '가장 주요한 장애물은 대자본가에게 겁먹는 소자본가의 비겁을 드러내며, 자본주의의 단말마적 고통 한가운데에서 대자본가와 유착하는 노동계급 지도부의 기회주의'다. "기회주의와 무원칙한 수정주의에 대한 투쟁"이란 제목의 장에서 트로츠키는, 혁명으로 나아가기 위해 노동계급이 그 실체를 폭로하고 극복해야 할 기회주의와 수정주의의 내용을 다음과 같이 설명한다.

> 오랫동안 세계 노동계급이 당한 비극적 패배들은 기존 노동자 조직들을 더욱 보수화시켰다. 이 현상은 동시에 완전히 기가 죽은 소자본가 '혁명분자'들이 '새로운 길'을 찾게 만들었다. 반동과 부패의 시기에는 늘 그렇듯이 사기꾼들과 약장수들이 모든 곳에서 등장한다. 이들은 혁명 사상의 모든 맥락을 수정하려 한다. 과거로부터 교훈을 찾는 대신 이들은 과거를 '거부한다'. 어떤 자들은 마르크스주의의 일관성 결여를 발견한다. 또 어떤 자들은 볼셰비키주의의 몰락을 선언한다. 혁명 사상을 배신한 자들의 오류와 범죄행위를 혁명 사상의 잘못이라고 이들은 주장한다. 그리고 또 어떤 자들은 혁명 사상이 즉시 기적을 이루지 못하는 것을 비난한다. 더욱 대담한 자들은 만병통치약을 발견하겠다고 약속하면서 계급투쟁을 중지하고 기다릴 것을 권장한다. '새로운 도덕률'을 선전하는 수많은 예언자들은 도덕률로 노동운동을 부활시키려 한다. 그러나 이들 대다수는 싸움터에 나서기도 전에 이미 스스로를 도덕적인 병자로 만들었을 뿐이다. 이 결과 공상적 사회주의의 서적창고에서 썩고 있던 낡은 처방들이 '새로운 길'이라는 이름으로 노동계급에게 제시되고 있다.

> ―앞의 글

만약 여러분들이 우리 정치판을 마르크스–레닌–트로츠키주의 관점에서 예민하게 관찰해왔다면, 각 구절들을 읽으면서, 앞의 글이 지적하는 기회주의, 수정주의와 구체적으로 대응되는 닮은꼴을 남한 노동계급 정치에서 즉각 유추해낼 수 있을 것이다. 마르크스주의가 아니라 "새로운 길"을 찾아나서는 "완전히 기가 죽은" 소부르주아 기회주의자들이 누구인지, "사기꾼들과 약장수들"은 남한에서 어떤 모습으로 등장하고 있는지, 어떻게 그들이 "혁명 사상의 모든 맥락을 수정"하려 드는지, 혁명 사상을 배신한 자신들의 잘못을 "혁명 사상의 잘못"이라고 어떻게 호도하려 드는지, 어떤 이들이 대단히 낡은 부르주아적 도덕률을 "새로운 도덕률"이라는 이름을 씌워서 노동운동을 재편하려 드는지.

현재 남한에서 이러한 모습들은 크게 노동자주의(조합주의 또는 경제주의), 국가자본주의, 스탈린주의, 페미니즘 등으로 표현되고 있다.

## 오늘날, 국가와 혁명

『국가와 혁명』은 레닌의 저작들 중에서 으뜸으로 꼽히는 노작 중 하나다. 카우츠키로 대표되는, 국가에 대한 기회주의적 수정을 폭로하고 마르크스·엥겔스의 사회주의적 국가관을 옹호하는 이 저작은 1917년 8~9월 사이에 씌어졌다. 1917년 8, 9월이 어떤 시기인가? 우리가 알고 있는 것처럼 10월 혁명이라는 20세기 역사상 가장 거대한 사건이 일어나기 불과 한두 달 전이고, 계급투쟁이 그 정점을 향하여 가파르게 치닫던 때이다. 부르주아 정권의 검거령을 피해 핀란드로 간신히 몸을 피한 레닌이 집필한 것은 '봉기의 기예' 같은 주제가 아니었다. '국가와 혁명'이라는 어찌 보면 당시의 긴박한 상황과 동떨어진(?) 추상적(?)이거나 한가(?)해 보이는 주제였다. 혹시 레닌은 당시의 혁명 상황을 비관하여, 당대의 혁명이 아니라 먼 미래 혁명의 후배들을 위해 이 주제를 집필한 것일까?

전혀 그렇지 않다.

레닌이 『국가와 혁명』을 집필한 것은 러시아 혁명의 실제적 필요에 복무하기 위한 것이었다. 당시 카우츠키 그리고 그의 러시아 제자들인 멘셰비키와 사회혁명당 등 소부르주아 사회주의자들은 2월 혁명으로 상승한 노동계급의 투쟁과 정치의식을 그들의 기회주의적 국가관으로 희석시키고 좀먹고 있었다. 임시정부에 참여하거나 그것을 지지하는 것을 통해 혁명을 원점으로 되돌리고 있었고, 그 중심에는 기회주의적 국가관이 있었다. 러시아 노동계급이 혁명으로 나아가기 위해서는 반드시 기회주의적 국가관의 영향에서 벗어나야 한다는 것을 레닌은 절실히 느끼고 있었던 것이다. 즉 부르주아 국가의 개량이 아니라 그 파괴를 통해서만 노동자 국가를 수립할 수 있다는 것을 논증하고, '부르주아 국가의 개량으로도 점차 사회주의로 나아갈 수 있다'는 기회주의적 환상을 깨부숴야만 비로소 혁명으로 나아갈 수 있다는 것을 레닌은 정확히 이해하고 있었던 것이다.

레닌의 말처럼 "〔국가문제〕*는 전세계의 거의 모든 정치적 논쟁들의 근본 문제"(『국가에 대하여』)이고, 국가론의 왜곡은 부르주아의 압력에 짓눌린 소부르주아 사회주의자들의 비겁한 이론적 퇴행으로 인한 기회주의이며, 기회주의 국가관으로의 사상적 굴복은 혁명에 대한 배신과 그 포기를 의미하는 것이다. 그리하여 1917년 레닌의 『국가와 혁명』은 카우츠키, 멘셰비키, 사회혁명당 등 그 당시 소부르주아 사회주의자들의 수정주의 국가론이라는 사상적 독초를 뿌리 뽑기 위한 필수적 작업이었다.

그리고 오늘날 소부르주아 사회주의자들의 국가론 수정은 국가자본주의론을 중심으로 전개되고 있다.

## 역사적 사실을 왜곡, 외면하는 국가자본주의론이라는 궤변

객관적 사실과 과학의 논박을 피해가는 효과적 방법 중 하나는 논박 당하거나 폭로된 기존 이론과 자신의 이론이 다르다고 주장하는 것이다. 그리하여 10월 혁명 성과 방어를 부정하는 것을 본질로 하는 국가자본주의론은 기존 이론의 약발이 다할 때마다, 저마다 이전 것과의 차별성을 주장하며 나름의 '이론'을 발명해냈다. 그리고는 카우츠키, 멘셰비키, 사회혁명당 등 소부르주아 사회주의가 늘 그러하듯, 마르크스주의를 그 위에 잔뜩 덧칠한다.

그런데 저마다의 개성들을 주장하지만, 핵심은 거의 같다. 즉 소련, 중국, 북한, 쿠바, 베트남 등은 집단소유체제(또는 국가 소유체제) 위에 수립된 나라다. 그러나 노동자 민주주의가 확립되어 있지 않다. 그리고 집단소유체제 위에 군림하고 있는 관료는 사회의 기생 '계층'이 아니라, '자본가계급'이다. 그러므로 그 국가들은 사회주의도 노동자 국가도 아니며 자본주의 국가들이다. 그러므로 방어할 필요가 없다는 것이다.

'민주적이지 않으면, 설령 사적소유가 철폐되어도 자본주의'라는 그들의 주장에 따르면, 다음과 같은 기괴한 결론에 도달하게 된다. '자본가들과

---

* 〔 〕 안의 내용은 글쓴이가 단 것이며, 특별한 설명이 없는 경우의 강조 또한 글쓴이가 한 것이다.

의 내전을 치러서 '**자본가**'들은 자본주의적 소유형태를 철폐했다. 그리고 그 위에 '**자본주의**' 국가를 수립했다.'

토니 클리프나 사노련(사회주의노동자연합, 오세철 등에 의해 2008년 2월에 결성되었다가 2011년 2월에 해산했다) 등에 따르면, **소련**에는 1920년대 후반 즈음(국가자본주의론자들은 그들마다 이른바 자본주의 반혁명이 나타난 시기 규정이 다들 다르다. 그리고 뒤에 언급하겠지만 '달라야' 한다)에 '자본주의' 반혁명이 있었다. '관료자본가'들은 부하린의 시장 사회주의적 경제정책으로 인해 쿨락 등 신흥 자본가들이 성장하자 30년대에 거의 내전에 가까운 폭력적인 수단을 동원하여 강제 집산화를 단행해야 했다. 토니 클리프와 그 후배들에 따르면, '소련에는 그렇게 자본가 세력을 제압하고, 자본주의의 토대인 생산수단의 사적소유를 철폐하고 '자본주의' 국가가 수립되었다.' '자본주의' 국가를 수립하기 위해 또는 수립하는 과정에서 왜 자본주의 국가가 타도되고 자본가 그리고 제국주의자들과 전쟁을 치르고 사적소유는 철폐되어야 했는지에 대한 설명은 온데간데없다. 막무가내다.

**북한**은 어떠한가? 제2차 세계대전 막바지, 한반도를 점령하고 있던 일본군과의 전투에서 승리한 소련군이 한반도 북쪽을 점령했다. 당시 스탈린 집단의 대외정책은 자본가, 지주 세력과 함께하는 계급동맹, 즉 인민전선이었다. 그리하여 통일전선이라는 이름으로 북한 지역에서 자본가와 지주에 대한 유화정책을 펼쳤다. 하지만 자신들을 보호해줄 국가권력의 부재로 인해 위협을 느낀 지주와 자본가 들은 대거 남한으로 넘어오게 된다. 대부분의 중요 생산수단들은 이때 국유화되었고 토지는 농민들에게 무상분배되었다. 그리고 한국전쟁 이후 초토화된 농토와 산업 등을 복구하는 과정에서 사적소유는 사라지게 된다. 그런데 사노신(사회주의노동자신문) 등을 포함한 국가자본주의론자들에 따르면, 이렇게 자본가들이 탈출하고 자본주의적 소유인 생산수단에 대한 사적소유가 철폐된 땅에 수립된 국가는 '자본주의' 국가다.

마오쩌둥의 **중국** 공산당은 국민당과의 내전에서 1949년 최종 승리했다. 중국 공산당을 중심으로 노동자·농민·지식계급·애국적 자본가의 단결을 상징하는 오성홍기처럼, 마오쩌둥의 신민주주의 노선은 스탈린주의 인민전선 정책이었다. 하지만 중국 자본가들은 북한에서와 마찬가지로 강제스의 국민당과 더불어 대만으로 도망간다. 주인을 잃은 생산수단은 국가 소유가 되었으며, 소련의 체제를 그대로 이식한 스탈린주의 국가가 수립되었다. 사노련 등을 포함한 국가자본주의론자들에 따르면, 이 나라도 '자본주의' 국가다. 자본가들은 '자본주의' 국가를 수립하는 마당에 왜 자리를 피해야 했는지, 왜 부르주아적 소유를 철폐하여 '부르주아' 국가를 수립하는지에 대해서는 설명하지 않으면서도, 그들은 스스로를 마르크스주의자라고 한다.

**쿠바**에서도 비슷한 일이 발생했다. 카스트로를 중심으로 한 농민의 지지를 받는 게릴라들은 애초에 자본주의 국가를 타도하고 사회주의 국가 수립을 목표로 한 것은 아니었다. 그들은 쿠바 인민을 경제 정치적으로 억압하는 미 제국주의의 꼭두각시 정권을 타도하려 한 것이었다. 그러나 권력을 잃은 쿠바의 매판자본가들은 미국의 도움 아래 플로리다로 도망갔고, 미제는 카스트로 정권에 대해 적대정책을 펼쳤다. 생산수단의 주인은 사라졌다. 그리하여 소련에 의지한 카스트로 정권에 의해 생산수단은 자연스럽게 국가 소유가 되었고 스탈린주의 체제가 이식되었다. 국가자본주의론자들은 이 경우에도 왜 '자본주의' 국가를 수립하기 위해 자본가들이 도망쳐야 했는지, 왜 자본주의의 토대가 되는 사적소유가 철폐되어야 하는지는 끝내 외면한다.

그리고는 이렇게 외친다. '생산수단의 국가 소유 따위는 사회주의에 있어 본질적인 문제가 아니다!'

## 소부르주아의 '정치적 태도'로서의 국가자본주의론

도대체 왜 국가자본주의론자들은 그 스스로 자가당착을 잔뜩 안고 있는 비논리이며, 사실관계와도 부합되지 않는 얼토당토않은 궤변을 이른바 '이론'이랍시고 내놓는 것일까? 그리고 그 '이론'이 맞다면, 왜 그 '이론'들은 기존의 전통에 기초하지 않고, 자기 선배들의 이론적 작업을 하나같이 부인하면서 새로운 것임을 주장하는 것일까? 왜 그들은 자기 선배들의 이론적 전통은 부인한 채, 전혀 다른 결론을 도출해내는 마르크스, 레닌, 트로츠키의 이름을 빌리려 하는 것일까?

그 까닭은 국가자본주의론은 인류 실천의 총화에 기초한 이론이 아니라, 특정계급의 정치적 태도이기 때문이다. 그 정치적 굴복을 숨기기 위해, 마르크스라는 외피를 입고 싶어하기 때문이다.

**과학적 이론**은 인류의 역사적 실천 위에 기초하고, 그 계승자는 그 전통 위에 자신을 정립시킨다. 마르크스와 엥겔스의 국가론은 프랑스 혁명이라는 거대한 실험을 거치며 구체적인 모습으로 표현되었다. 레닌은 그 이후의 역사적 실천, 즉 제1차 세계대전과 러시아 혁명 과정에서 나타난 카우츠키, 멘셰비키 등의 기회주의와의 투쟁을 거치며 그 내용을 풍부하게 하였다. 트로츠키는 소련에서 일어난 스탈린주의 관료화와 노동자혁명으로 수립된 국가체제를 관료집단이 장악하는 것을 목도하였다. 그리하여 마르크스와 레닌의 성과에 기초하여 그 국가 형태를 분석해냈다.

하지만 특정계급(이 경우에는 소부르주아)은 역사적 실천의 총화 그리고 그 연속성으로서의 전통과 무관하게, 특정한 역사적 시기와 특정한 사회조건 속에서 자신의 독립된 이해관계를 갖는다. 자신들의 정치적 위치와 그에 대한 대응에서 나오는 **정치적 태도**(이론이 아니라)는 같은 계급의 이전의 태도로부터 독립되어 있다. 따라서 과거의 전통에 기초해야 할 필요가 없으며 그것을 계승해야 할 이유도 없다. 바로 이 점이 국가자본주의라는 정치적 태도가 그 시대의 소부르주아들을 위하여 끊임없이 갱신되며, 갱신되어야 하는 이유다.

그리고 소부르주아 사회주의자의 경우 자신의 정치적 굴복을 숨기기 위해 과거의 정치적 굴복과 단절해야 할 필요가 있다. 왜냐하면, 그 선배 소부르주아 사회주의자는 역사적 실천 속에서 배신자임이 명백하게 노출되었기 때문이다. 그 점에서 자신들의 정치적 굴복을 감추기 위해 그들은 이미 폭로된 선배와의 연관을 부인하고, 대신 애꿎은 마르크스나 레닌, 트로츠키를 내세우고 그들의 등 뒤에 숨어야 한다. 바로 그것이 카우츠키를 섁트먼이 부정하고, 그 둘을 토니 클리프가 다시 부정하며, 또다시 우리의 사노련이나 사노신 등이 토니 클리프를 부정하며 자신의 국가자본주의론을 주장하는 이유다.

사회적 조건으로 인해 유일하게 그리고 끝까지 혁명을 완수할 계급인 노동계급의 경우, 자신의 진보성을 실현하기 위해 과학을 끝까지 밀고 나가야 한다. 그러나 일정 부분 진보적이지만 어느 지점에서 기존의 체제와 이해를 같이하는 소부르주아는, 마르크스주의라는 과학을 어느 정도까지 수용하다가, 자신의 정치적 이해와 갈라지는 그 지점에서부터 과학의 수용을 멈추고, 자신과 다른 부분을 자신의 소부르주아적 입장에 맞게 '수정'하기 시작한다.

그런 점에서 각각의 국가자본주의론의 오류를 과학적으로 논증하여, 국가자본주의론을 주장하는 자들을 설득하고 그들에게 노동계급의 대의를 위해 끝까지 복무해줄 것을 요구하는 것은 무망한 일이며 그다지 생산적이지도 않다. 왜냐하면 그들은 과학의 전통에 기초하고 과학적 추론에 입각하여 그러한 이론적 결론에 도달한 것이 아니라, 그들의 정치적 태도를 먼저 결정하고 그것을 숨기고 합리화하기 위해 이론인 양 포장한 것이기 때문이다. 또한 무서운 일이지만, 국가자본주의론은 기존 노동자 국가들이 소련처럼 모두 반혁명으로 전복될 때까지 새로운 상표를 달고 신상품으로 끊임없이 생산될 것이기 때문이다.

만약 무지로 인해 환자의 병을 제대로 진단하지 못한 의사가 있다면, 그 의사는 그 무지를 개선하기 위해 재교육을 받아야 할 것이다. 하지만 불가항력적 무지 때문이 아니라, 자신의 이익을 위해 고의로 오진한 경우라면 사정이 다르다. 적어도 재교육 실시는 이 경우엔 제대로 된 대응이 아니다.

스탈린주의로 퇴보한 소련의 성격을 분석해낸 제4인터내셔널의 지도자 트로츠키가 남한에 알려진 것은 다함께로 알려진 토니 클리프주의보다 뒤의 일이다. 트로츠키주의의 핵심 가운데 하나는 퇴보한 노동자 국가 소련 방어노선이다. 토니 클리프주의는 그 핵심노선을 폐기하며 등장한 정치조류다. 그럼에도 소부르주아 사회주의자들이 늘 그래왔던 것처럼, 트로츠키주의로 포장하여 1990년대 초반 남한에 수입되었고, 지금까지 남한 사회주의자들을 혼란시키고 있다. 토니 클리프의 국가자본주의론과 정면으로 충돌하는 『배반당한 혁명』 등의 트로츠키 저작들은 스탈린주의 노동자 국가의 성격을 분석하고 10월 혁명 성과 방어와 정치혁명을 주장하고 있으며, 1995년 이후부터 비로소 번역 소개되기 시작했다.

그후 국가자본주의론의 허구성을 밝히는 트로츠키 자신의 글들과 트로츠키주의에 입각한 논문들이 다양하고 풍부하게 소개되었음에도, 그것에 대한 명확한 논박 없이 국가자본주의론을 고수하는 것은 단순히 무지의 문제가 아니다.

## 2. 국가자본주의론의 정치적 본질

트로츠키에 의해, 심지어 그의 죽음 이후에 등장하는 국가자본주의를 포함하여 거의 모든 국가자본주의는 논박되었다. 그런 점에서 더 보탤 것이 없다. 국가자본주의론의 허구성을 알고자 하는 진지한 동지들에게는 『배반당한 혁명』, 『마르크시즘을 옹호하며』 등 트로츠키의 저작을 직접 읽을 것을 진심으로 권한다.

다만 여기서 나는, 국가자본주의론은 과학적 이론이 아니며, 제국주의와 자국 자본가 국가의 압력에 굴복하여 10월 혁명과 그 연장된 성과 방어를 포기하는 소부르주아 사회주의자들의 정치적 태도일 뿐이라는 것을 확인하고자 하는 것이다.

### 제국주의와 자본가 권력에 대한 이론적 굴복으로서의 국가자본주의론

국가자본주의론의 원조는 **카우츠키**였다. 이미 1919년에 카우츠키는 레닌 당시의 소련을 관료들로 구성된 '새로운 계급'이 지배하는 '국가자본주의 체제'라고 선언했다. 카우츠키의 부르주아에 대한 정치적 굴복은 그 이전부터 시작되었다. 혹시나 카우츠키는 너무 낡아서(?) 지금의 국가자본주의론과 관련이 없다고 생각하며 자위할 국가자본주의론자들이 있을지도 모르므로, 자신들의 국가자본주의론과 비교해보라고 카우츠키를 몇 구절 인용한다.

따라서 산업을 구축하기 위해 관료들의 새로운 계급이 형성되어 노동자들을 지배해야 했다. 이 새로운 계급은 모든 실질적인 통제력을 장악한 후 노동자들의 자유를 단순히 환상에서만 존재하는 자유로 변모시켰다. …… 현재 국가와 자본가의 관료집단은 하나의 체제로 통합되어있다. 이것은 볼셰비키당이 초래한 거대한 사회주의 격동의 최종적 결과이다. 이 체제는 지금까지 러시아가 겪었던 모든 형태의 전제 가운데 가장 억압적이다. …… 노동계급 독재의 핵심 특징은 노동대중에 의한 정부의 민주적 통제다.

이 문장들에서 보다시피, 낡은 카우츠키의 국가자본주의론에도 오늘날의 국가자본주의론의 핵심 레퍼토리는 다 들어 있다. 스탈린주의를 핑계대며 자신들의 국가자본주의를 두둔하는 자들은, 카우츠키가 1919년에 2009년과 비슷한 레퍼토리로 연주하는 이 곡이 스탈린이 아니라 레닌을 향한 것이었다는 것도 잊지 말기를 바란다.

1930년대 말 제2차 세계대전이 시작되던 무렵 계급투쟁은 세계적 차원에서 고조되었다. 그러자 미국 사회주의노동자당 내부의 소부르주아 분파인 **섁트먼**과 **버넘** 등은 소련을 관료적 집산주의 체제라고 규정하고 소련 방어노선을 폐기할 것을 주장하며, 대규모의 탈당을 조직하였다. 그후 대부분은 우익으로 빠르게 전향하였다.

**토니 클리프** 그룹은 한국에서 냉전이 열전으로 전환되어가고 있던 바로 1950년대 초반에 트로츠키주의 운동으로부터 이탈하여 나갔다. 1950년 한국전쟁이 소련 '제국주의'와 미 제국주의 사이에 벌어진 '대리전쟁'이라고 규정하고 그 어느 편도 들지 말 것을 주장하며 제국주의에 대항하여 소비에트 블록을 방어하는 그 불편한 임무로부터 스스로를 면제했다. 이 부분을 「무엇이 올바른 길인가?—남한 IS 동지들에게 보내는 공개 서한」에서 조금 인용해보자.

> 소련을 '제국주의'라고 규정하는 관점이 비과학적인 반(反)마르크스주의적임은 말할 필요도 없지만 한국전쟁이 '대리전쟁'이라는 주장은 사실과 무관한 것입니다. 비록 북한이 소련과 중국의 영향력 아래에서 김일성과 같은 스탈린주의자들에 의해 지도받고 있었지만, 무상몰수 무상분배를 토대로 한 토지개혁 및 기간산업의 국유화를 골자로 하는 사회혁명이 북한 민중들에게 광범한 지지를 받았을 뿐만 아니라, 북한의 개혁정책이 남한에도 커다란 영향력을 끼쳐서 한국전쟁이 발발하기 이전에도 남한에서 북한을 옹호하는 좌익세력들에 의해 여러 번의 봉기 시도가 있었음을 우리는 제주도 5·10 선거 반대 봉기나 여순 군대봉기와 같은 예를 통해 알 수 있습니다. 또한 제주도 민중들의 4·3 봉기를 계기로 전개된 무장유격투쟁은 한국전쟁

기간 동안 그리고 그 전후로도 지리산, 오대산, 태백산 등지에 근거지를 두고 활발하게 전개되었다는 사실은 한국전쟁이 단순한 대리전이 아니었다는 것을 명백하게 증명해줍니다.

그러나 이 서한을 받은 국가자본주의론자들은 묵묵부답이다. 자신들의 정치적 굴복을 감추는 데 여념이 없어, 역사적 현실을 묵묵히 외면한다.

스스로는 카우츠키 이래의 전통을 부정해보려 하지만, 내용적으로 그 전통을 충실히 계승하고 있는 정치조직은, 다함께와 더불어 **사노신, 사노련, 해방연대** 등이다. 2006년 북한이 핵실험을 했을 때 그들은 하나같이 양비론을 구사하며 북한 핵실험을 규탄했다.

2009년 4월 북한이 인공위성이라고 말한 로켓을 발사했을 때, 자본주의 언론들과 더불어 사노련이 그에 반대한 것은 물론이다. 4월 16일 사노련이 발표한 「〔북한 로켓발사〕제국주의 전쟁반대! 노동자 국제주의 실현!」이라는 성명에서는 "제국주의 전쟁을 향한 긴장격화"란 소제목에 이어 "북한이 제국주의 국가는 아니지만, 강성대국을 추구하는 자본가 국가로서 제국주의 세계체제에서 지위를 보장받기 위해"라는 아리송한 말로 북한을 제국주의 반열에 은근슬쩍 올려놓는다. 노동자 국가 방어 임무로부터 스스로를 해방시키기 위해, 1950년 당시의 소련을 '제국주의'로 승격시킨 토니 클리프와 솜씨가 비슷하다. 그러면서 "우리는 단지 반대에 그치는 것이 아니라, …… 각국 노동자계급의 국제연대를 강화하고, 나아가 제국주의 전쟁을 자국 지배계급에 대항하는 내전으로 전화시키는 노동자 국제주의 실현의 방향으로 전진해야 한다고 본다"라며 좌익적 언사로 포장하는 것도 잊지 않는다.

미제의 이라크나 아프가니스탄 침공 시 그 "국제연대"는 침략을 막아냈는가? 러시아 혁명 이후 제국주의자들의 침략과 내전을 그 "국제연대"로 막아냈는가? 미제의 침략에 맞선 이란의 핵무기 개발에 대해 우리는 그것을 반대해야 하는가?

**마르크스주의자로서 우리는, 설령 노동자 국가가 아니더라도, 식민지국가에 대한 제국주의자들의 모든 침탈에 반대한다. 핵무기를 포함해 제국주의자들의 테러행위와 침탈에 맞선 모든 자위수단을 지지한다.**

사노련의 북한 혐오증은 유명하다. 그들은 기관지 《가자! 노동해방》 14

호에서 이렇게 말한 바 있다.

> 북한 김정일의 사망, 그리고 북한의 관료적 지배체제의 붕괴에 대해 우리
> 가 슬퍼해야 할 이유가 없다. 무너져도 빨리 무너져야 할 반동 체제이다. 문
> 제는 그 다음이다. …… 나아가서 이런 상황에서는 북한 노동자 민중은 '미
> 제 축출'을 내건 북한 관료집단의 영향력에 다시 포섭될지도 모른다. 남한
> 에서도 계엄령을 비롯한 살벌한 반동 조치들이 활개 치면서 노동자 민중의
> 수십 년의 투쟁 성과들을 무로 돌리려 할 것이다.
> ―「북한 김정일 체제의 위기─부시와 이명박의 야합에 맞서야 한다!」

북한 혐오증이 너무 심한 나머지, 그들은 북한이 "무너져도 빨리 무너져야
할 반동 체제"이며, '미제 축출'이라는 구호는 북한 관료집단의 구호일 뿐
이라고까지(!) 말한다. 그들의 이른바 '이론'은 제국주의와 자본가권력에
의한 자신들의 굴복을 치장하기 위한 알리바이다.

## 소부르주아의 동요를 반영한 정치적 태도로서의 국가자본주의론

자본주의 모순이 심화되어감에 따라 극소수는 대부르주아 사회로 편입되고
대다수는 프롤레타리아트로 전락하는 소부르주아는, 대부르주아와 프롤레
타리아트의 경계에 존재한다. 그리고 양쪽에서 오는 정치적 압력을 모두 받
으며 동요한다. 그때그때의 역관계에 따라 때로는 대부르주아에 이끌리고
때로는 프롤레타리아트에 이끌리면서, 양쪽 모두에 의존하며 동시에 양쪽
모두를 의심하고 경계한다.

그들 역시 자본주의 사회의 모순을 심각하게 겪고 있다. 소외, 비인간
화 등 자본주의 사회의 모순과 더불어 사회경제적으로 끊임없이 추락하는
위기의식은 그들을 자본주의에 대한 혐오와 자본주의에 반대하는 운동으로
나아가게 한다. 일부가 정치적으로 전진하며 사회주의 혁명운동에 편입된
다. 반면 자본주의 사회에서 자신이 누리는 알량한 특권에 대한 애착도 가
지고 있다. 그들은 새 사회에서도 자신이 지금 누리고 있는 지위를 온전히
누릴 수 있기를 소망한다. 구 사회를 철폐하고 새 사회를 건설하는 과정에

서 불가피하게 발생할 수밖에 없는 우여곡절들, 즉 충돌, 피해, 희생 등을 받아들이려 하지 않는다. 그럴 바에야 차라리 지금의 사회를 감내하고 사는 것이 낫다고 생각한다. 이 지점에서부터 정치적으로 후퇴하기 시작한다.

역사법칙은 추상적이고 필연적이지만, 그것은 구체적이고 우연적인 모습으로 실현된다. 추상과 필연으로서의 법칙엔 우여곡절들은 표현되지 않는다. 본질적으로 구체적 현실을 추상화된 형태로 표현하는 이론에는, 일그러짐이나 전진과정에서의 심각한 퇴보 등이 실제보다 크게 축약되어 표현된다. 진보를 필연의 법칙으로 약속하는 이론에 이끌려 사회주의 혁명운동에 편입된 소부르주아들은, 구체적으로 펼쳐지는 사회관계와 역사현실에서 예상보다 크게 나타나는 우여곡절들 앞에서 당혹하고 좌절한다. 자본주의에 대한 혐오로 왼쪽으로 전진하던 소부르주아들은, 이번에는 스탈린주의라는 일그러짐을 보며 도리질을 하며 외친다. '저건 아냐! 나는 사회주의를 바라지만, 저런 모습은 아니야. 나는 순수한 것을 원해!'

자연과학은 물이 1기압 아래에서 100℃에 끓는다고 가르친다. 하지만 추상적인 이론의 세계가 아니라, 현실 세계에서는 정확하게 100℃에 끓는 물은 세상 어디에도 없다. 만약 추상과 구체에 대한 진지한 설명에도 불구하고, '순수하게 100℃에 끓는 물로만 라면을 끓여먹겠다!'고 누군가 끝내 고집한다면, 실제로는 라면을 먹고 싶지 않다는 것이 그의 진심이라는 것을 우리는 알아차려야 한다.

사회주의 진영에 남기 위해서는 자본주의 체제라는 압착기의 압박을 견뎌내야 한다. 계급투쟁은 조합주의자들이 말하는 것처럼 현장에서가 아니라, 10월 혁명 이후에는 자본주의 체제에서 이탈한 노동자 국가와 제국주의자 체제 내의 국경에서 가장 격렬히 전개되었다. 자국의 정부가 노동자 국가와 대립할 때 노동계급은 당연히 자국 정부에 맞서 노동자 국가를 지지해야 한다. 한편 부르주아지에게 노동자 국가의 존재는 자신의 체제를 이데올로기적 · 물리적으로 늘 압박하는 문제였다. 그리하여 제국주의와 그 하수인이 통치하는 식민지 국가들은 노동자 국가에 대한 정치군사적 · 이데올로기적 압박의 끈을 조임과 동시에 자국의 노동자들을 단속하는 것이 대단히 중요한 과업이 된다.

그리하여 자본주의 체제에서 이탈한 노동자 국가에 대한 태도는 자본주의 국가 내에서 노동계급에게 심각한 탄압을 동반하는 예민한 문제였고, 소부르주아 사회주의자들은 그 압박에 못 이겨 이론적 타협을 하고 결국 사회주의 진영으로부터 이탈해갔다. 그들은 노동자 국가 혐오증이라는 자국 정부와 매스미디어 사회적 인간관계 등 자본주의 사회의 압박으로 인한 굴복을, 스탈린 혐오라는 정당한 태도의 일부인 양 가장하는 방법으로 자신의 굴복을 감추려 했다.

알다시피 한반도 역사에서 북한에 대한 태도는 목숨을 위협할 정도로 날카로운 문제이다. 모르긴 몰라도 30년대 말 섁트먼의 미국이나 토니 클리프의 50년대 영국에서보다 반공이데올로기는 그 극심한 정도가 더하면 더했지 덜하지는 않을 것이다. 현재 국가보안법으로 상징되는 이 압박은 남한 국가자본주의론의 굳건한 원천이다.

## 변증법이 아니라 형식논리로서의 국가자본주의론

마르크스주의는 '갑'은 '갑'이며 동시에 '갑'이 아니라는 변증법에 기초해 있지만, 국가자본주의론에 이끌리는 소부르주아들의 세계관은 '갑'은 '갑'일 뿐이라는 형식논리학이다.

> 일반적 사고, 즉 상식은 자본주의, 도덕, 자유, 노동자 국가 등과 같은 개념들을 고정된 추상적 개념으로 보면서 논리를 전개한다. 이 결과 자본주의는 자본주의와 같으며 도덕은 도덕과 같다는 식으로 가정한다. 반면에 변증법적 사고는 모든 사물과 현상 들을 끊임없는 변화 속에서 분석한다. 그리고 이러한 변화들 속에서 '갑'은 더 이상 '갑'이 아니며 노동자 국가는 더 이상 노동자 국가가 되지 않는 결정적인 시점이나 한도를 결정한다.
>
> —트로츠키, 『마르크시즘을 옹호하며』

형식논리학에 갇혀 있는 국가자본주의론자들은 '소련 등의 국가는 사회주의가 아니다. 그렇다면 자본주의다'라고 말한다. 그들은 '소련 등의 노동자 국가는 사회주의적이며, 사회주의적이지 않다. 그러므로 사회주의적인 것을 지키고, 사회주의적이지 않은 것은 타도하자'라는 변증법적 시각은 도통 이해하지 못한다. 그리고 이해하지 못하는 척한다.

## 조합주의적 세계관과 국가자본주의론

국가자본주의론의 원천 중의 또 다른 하나는 조합주의다.

조지프 시모어가 쓴 「국가자본주의론의 반(反)마르크스주의」는 국가자본주의론이 인기를 끈 이유를 이렇게 설명한다.

> 왜냐하면 조합주의의 관점에 입각한 분석이기 때문이다. 영어권 나라들에서는 계급투쟁이 상대적으로 가라앉으면서 노동조합의 경제주의가 지배적 조류가 되었으며 자본가계급에 대항하는 무기로서 노동자 국가에 대한 개념은 멀어 보이기만 한다. 이 상황 속에서 …… 노동운동권 내부에서 나름의 중요성을 획득할 수 있었다.

소련 붕괴 이후 계급투쟁은 더욱 가라앉았다. 노동계급의 정치의식은 크게 후퇴했다. 혁명 사상에서 후퇴하여 임금과 고용을 둘러싼 투쟁이 마치 노동운동의 주류인 것으로 생각하는 경제주의가 남한 노동운동을 지배하게 되었다. 임금과 고용에 주력하는 경제주의 노동운동에게는 "자본가 계급에 대항하는 무기로서 노동자 국가에 대한 개념은 멀어 보이기만" 하고, 국가자본주의론은 남한에서도 골치 아프고 까다로운 문제를 저 멀리 밀어두는 그럴듯한 구실이 된다.

그리고 앞의 글은 계속해서 이렇게 설명한다.

> 클리프와 색트먼 이론의 진정한 정치적 내용은 이렇게 표현된다: 사회의 근본 갈등은 직접 생산자들과 이들의 소비 욕구를 한편으로 하고 행정가들과 이들의 축적 욕구를 또 한편으로 하여 발생한다. 달리 표현하면 지금 더 많은 임금을 받으려 하는 노동자들의 욕구와 지금의 욕구 불만을 감내하고 미래에 투자하여 경제적 축적을 위해 일해야 한다는 행정가들의 욕구 사이의 갈등이다. 클리프와 색트먼의 전망과 호소력의 원초적 근원은 이렇게 표현될 수 있다: '이놈들이 내 임금을 빼앗아 이것으로 공장을 짓는다. 이들이

누구이고 어떤 사회를 위해 일하든 나는 상관하지 않는다. 중요한 것은 이 놈들이 나를 더 가난하게 만들고 있다는 것이다.'

노동계급 후진 부위의 정치의식에 기반하는 노동자주의에게, '국가는 소유체제 방어를 위한 무력 집단'이라는 마르크스주의의 명제는 '소유체제와 상관 없이 개별 노동자가 얼마나 많이 얻을 수 있는가'의 문제로 치환되어 버린다. 사적소유 철폐와 그에 기초한 국가 '따위는' 문제가 되지 않는다. 노동계급 독재의 핵심 목표가 사회주의의 물질적 전제인 집단적 소유체제의 구축이라는 것을 주객전도하여 노동자민주주의가 실현되지 않으면 집단적 소유체제는 아무것도 아니라고 말한다.

## 3. 노동자권력과 사적소유 철폐 문제

소유형태와 국가권력은 서로 별개의 것이 아니다. 국가권력은 특정 소유형태를 방어하는 무장 집단이다. 부르주아 독재 권력을 타도하고 수립된 프롤레타리아 독재의 가장 중요한 임무는 부르주아적 소유형태를 종식시키는 것이다. 사적소유의 철폐와 국유화는 프롤레타리아 권력이 독재를 행사해야 하는 핵심 이유다. **사적소유의 철폐는 노동자 권력의 목표이며, 노동자 권력은 그것을 실현할 무기다.** 노동자권력과 소유형태의 관계, 프롤레타리아 독재 국가의 핵심 임무, 그 사멸의 조건을 설명하기 위해, 레닌은 엥겔스의 『가족, 사유재산 및 국가의 기원』을 한 쪽 가까이 인용한다.

> **프롤레타리아트는 국가권력을 잡고 나서는 먼저 생산수단을 국유화한다**
> [레닌의 강조]. 또한 그로부터 프롤레타리아트는 프롤레타리아트로서의 자신을 폐지하고 모든 계급차별과 계급 적대감을 폐지하며 또한 국가로서의 국가를 폐지한다. …… 마침내 국가가 진정 사회전체를 대표하게 될 때 국가는 더 이상 필요하지 않게 된다. 복종해야 할 그 어떠한 사회계급이 더 이상 존재하지 않게 되자마자, 그리고 현재와 같은 생산의 무정부성에 기초한 자신의 존립을 위한 개별적 투쟁과 이 투쟁에서 발생한 갈등 및 과잉생산 등

이 계급통치와 함께 사라지게 되자마자, 복종을 위한 그 무엇도 존재하지 않게 되며, 그 어떤 특수한 강제권력, 즉 국가는 필요가 없게 된다. 국가가 진정 사회 전체를 대표하게 되고 사회 전체가 생산수단을 소유하게 될 때, 제일 먼저 취하는 행동은 바로 국가로서의 최후의 독자적 활동으로 되어버릴 것이다.

—엥겔스, 『가족, 사유재산 및 국가의 기원』

그리고 레닌이 이끈 러시아 10월 혁명은 바로 그러한 권력으로 역사 속에 등장하였다. 그런데 카우츠키 이래 국가자본주의론자들은 10월 혁명으로 성립한 노동자 국가의 민주주의 정도를 트집 잡으며, 그것을 이유로 사적소유의 철폐와 국유화라는 10월 혁명으로 성립된 프롤레타리아트 독재의 핵심 성과를 거부해왔다.

카우츠키가 국가독점자본주의를 주장하는 주된 논거는 앞에서 인용했다. 다음부터 살펴보는 것은 스탈린 관료집단으로 인한 소련의 퇴보라는 다른 구실을 들고 나오긴 하지만, 내용상 '프롤레타리아 혁명의 배신자' 카우츠키와 한 치도 다름없는 논리를 펴는 그의 제자들이다.

사노신의 「북한경제의 자본주의적 성격」은 "한 사회의 성격을 정치적 억압 자체가 아니라 그러한 억압을 만들어낸 경제적 토대, 즉 생산관계로부터 찾아야 한다"고 마르크스주의자연하며 시작한다. 그런데 그들은 곧이어 다음과 같이 말한다.

'자본주의적' 상품생산을 위한 핵심 조건은 생산수단의 사적소유가 아니다. 생산수단의 사적소유는 이미 마르크스가 『자본론』을 저술하던 시대에도 자본주의적 생산양식을 판별하는 기준으로 적합하지 않게 된 것으로 보인다.

"자본주의적 상품생산을 위한 핵심 조건"이 "생산수단의 사적소유가 아니"라고? "생산수단의 사적소유는 이미 마르크스가 『자본론』을 저술하던 시대에도 자본주의적 생산양식을 판별하는 기준으로 적합하지 않게 된 것으로 보인다"고?

충격적이다. "공산주의의 명백한 특질은 소유 일반의 폐기가 아니라 부르주아적 소유의 폐지다. 그런데 현대 부르주아적 사적소유는 계급적대에 기초한, 소수에 의한 다수의 착취에 기초한 생산물의 생산, 전유 체제의 최종적이고도 가장 완벽한 표현이다. 이러한 의미에서 공산주의자의 이론은 사적소유의 폐지라는 단 하나의 문구로 요약될 수 있을 것이다"(『공산당 선언』)라는 언명은 마르크스의 것이 아니었나? 그들의 소부르주아적 세계관을 만족시키기 위해, 국가자본주의론자들은 그 결론에 맞게 마르크스주의를 스스럼없이 수정한다.

길을 잃어 당황해 하는 우리에게, 사노신은 자본주의의 본질을 다음과 같이 친절히 알려준다.

> 다시 한 번 더 강조하지만 문제의 핵심은 소유형태가 아니라 그 소유형태를 반영하고 있는 본질로서 직접적으로 사회적인 노동과 대립되는 개별 상품생산자들의 고립된 사적노동이다.

"소유형태가 아니라 그 소유형태를 반영하고 있는 본질로서 직접적으로 사회적인 노동과 대립되는 개별 상품생산자들의 고립된 사적노동"이라? 도대체 이게 무슨 얘기인지 알 수가 없다. 국가자본주의론자들은 이렇게 '마르크스주의'에 해박하다. 더욱 한숨을 자아내게 하는 것은 위 글의 부제가 "마르크스주의적 분석"이라는 것이다.

자신이 클리프주의자임을 밝힌 어느 대리운전노동자와 사노련도 같은 목소리로 말한다.

> 1) 노동자대표의 자유로운 투표에 의한 선출과 즉시 소환권, 2) 노동자대표의 일반 노동자의 평균적인 보수유지, 3) 민주적 민병대의 대치.…… 이러한 내용이 담보되지 않는 변혁은 사회주의 변혁(혁명), 즉 마르크스주의 변혁이 아닌 것이다. 이러한 내용이 담보·유지되지 않은 변혁은 '노동자 국가'가 아닌 것이다. 기형화된, 타락한 국가도 아니고, 질적으로 내용을 달리하는 국가인 것이다. 사회주의적 생산수단의 국가 소유를 말할 때, 그 국가가 위와 같은 내용이 담보되지 않은 국가라면, 아무짝에도 쓸모없는 것이다.
> ─대리운전노동자

노동자 권력에 의한 국유화만이 사회주의와 동의어가 될 수 있다. 뒤집어 말하자면 '노동자 권력'이 아닌 '다른 권력'에 의한 '국유화', 즉 자본가 권력 혹은 비노동계급 권력하의 국유화는 결코 사회주의가 아니다. 이름을 어떻게 붙이느냐는 그 다음의 일이다.

—3차 당건설운동 전국토론회 사노련 발제문

이들에겐 '민주적이지 않으면, 생산수단의 국유화도 아무 의미가 없다.' '민주적이지 않으면, 노동자권력도 아니다.' 그리하여 이들은 '민주적이지 않은 권력이라면' 그것이 기초하고 있는 국유화마저도 "아무짝에도 쓸모없는 것"이고, 국유화는 형식적인 장치일 뿐이다. 그러므로 방어할 가치가 없다. 국유화 체제가 철폐되어 사적소유체제로 환원된다 하더라도, 즉 자본주의 반혁명이 일어나더라도 괜찮다는 것이다. 실제로 1991~2년 소련 사태 당시 국가자본주의론자들은 자본주의 복귀 세력을 그 '민주주의의 회복'이라는 이름으로 환호했다.

물론 노동자권력은 민주적이어야 한다. 하지만, 노동자권력이 민주적이어야 하는 까닭은, 카우츠키나 색트먼이나 클리프나 그 후배들 같은 소부르주아 사회주의자들의 권력에 대한 공포를 달래주기 위해서가 아니다. 노동자권력이 민주적이어야 하는 까닭은, 민주적이어야만 국유화에 기초한 노동자 국가의 계획경제체제를 제대로 가동할 수 있기 때문이며, 더욱 중요하게는 오직 그래야만 내외부의 자본주의 복귀를 책동하는 세력들로부터 사회주의로 나아가기 위한 경제체제, 즉 국유화된 경제체제를 확고히 지켜낼 수 있기 때문이다.

이 문제에 대해서는 트로츠키가 그의 죽음 이후에 등장하는 국가자본주의론자들의 논의까지 포함하여 충분히 반론을 펼친 바 있다. 다음 인용하는 트로츠키의 「소련의 계급적 성격」은 우리가 지금 다루고 있는 '사적소유와 노동자권력'의 관계를 다루고 있는 부분이다. 전체를 인용하고 싶지만 일부를 길게 인용한다. 전문을 곱씹어 읽어주길 간곡히 바란다.

노동계급 조직들의 자유는 질식되었으며 관료집단은 전능하다. 이것이 현재 소련이 노동계급과 무관하다는 점을 입증하는 가장 널리 퍼져 있고 인기 있으며 언뜻 보기에는 반박할 수 없을 것 같은 주장의 기초다. 일인 독재를 불러일으킨 관료기구의 독재체제를 노동계급 독재체제와 동일시하는 것이 정말 가능한가? 노동계급에 대한 독재체제에 의해 노동계급 독재체제가 대체되었다는 것이 명확하지 않은가.

그러나 언뜻 보기에 매력적인 이 주장은 현실에서 전개되고 있는 역사 과정에 대한 유물론적 분석이 아니라 순수한 관념적 도식인 칸트의 규범에 기초해 있다. 혁명의 고상한 '친구들'은 노동계급 독재체제에 대한 대단히 휘황찬란한 개념을 스스로 개발했다. 그리고는 현실의 독재체제가 계급적 야만성의 유산, 내부 모순들, 지도부의 오류와 범죄행위 등을 모두 품은 채 자신들이 개발했던 것과는 전혀 다른 모습을 보이자 정말이지 어쩔 줄 몰라 하고 있다. 가장 고상한 감성을 가진 이들은 실망하여 소련에 대해 등을 돌린다.

노동계급 독재체제에 대한 한 점 오류도 없는 설명은 어디에, 어느 책에 나와 있는가? 계급의 독재라고 해서 그 계급의 대중 모두가 국가 운영에 언제나 참여하는 것은 결코 아니다. 이 점은 소유계급들의 경우를 통해 이미 목격되었다. 중세의 지배계급인 귀족들은 왕정을 통해 사회를 지배했다. 이때 이들은 왕정 앞에서 무릎을 꿇고 있었다. 자본가계급의 독재는 이 계급이 두려워할 것이 전혀 없었던 자본주의 상승기 때에만 민주적 형태를 비교적 발전시켰다. 우리가 보는 앞에서 독일의 히틀러는 민주주의를 파시즘이라는 독재로 대체한 후 기존의 자본가 정당들을 전부 박살내버렸다. 현재 독일의 자본가계급은 사회를 직접 지배하지 않는다. 이들은 히틀러와 그의 하수인들에게 정치적으로 완전히 굴복했다. 그러나 자본가계급의 독재는 독일에서 신성불가침의 지위를 유지하고 있다. 왜냐하면 자본가계급이 사회를 지배하는 데 필요한 모든 조건들이 보존되고 강화되어왔기 때문이다. 자본가계급을 정치적으로 몰수하는 것을 통해 히틀러는 일시적으로나마 이들을 경제적 몰수로부터 구원해주었다. 독일 자본가계급이 파시스트 정권에 의존하지 않을 수 없다는 사실은 자본가계급의 사회지배가 위험에 처해 있으나 결코 파산한 것은 아니라는 사실을 증언하고 있다.

우리의 주장이 이어질 것을 예상하고 우리의 반대자들은 서둘러 이렇게 반박한다: 사회의 소수에 불과한 착취계급인 자본가들은 파시스트 독재를 통해 자신의 사회지배를 보존할 수는 있지만 사회주의 체제를 건설하는 노동계급은 스스로 정부를 운영하고 더욱더 많은 수의 대중을 정부의 임무로 끌어들여야 한다. 일반적 차원에서는 이 주장이 옳다. 그러나 소련이라는 구체적 현실에 이 일반적 주장을 적용할 경우 결론은 자명하다: 지금 소련의 독재체제는 질병이 걸린 체제다. 제국주의에 포위된 후진국에서 사회주의를 건설하는 데 제기되는 엄청난 난관들이 지도부의 잘못된 정책들과 결합했다. 그러나 최종적으로 분석하면 지도부의 잘못된 정책들 역시 사회의 후진성과 제국주의에 의한 고립의 압력을 반영하고 있다. 이 상황에서 관료집단은 10월 혁명을 통해 노동계급이 달성한 사회적 성과를 자기 나름의 방식으로 지키기 위해 노동계급을 정치적으로 몰수했다. 사회의 성격은 그 사회의 경제관계에 의해 결정된다. 따라서 10월 혁명이 수립한 집단적 소유형태가 타도되지 않는 한 노동계급은 소련의 지배계급이다.

'노동계급에 대한 관료집단의 독재' 주장들은 좀 더 깊이 있는 분석이 없이, 즉 관료 지배의 사회적 뿌리와 계급적 한계들을 명확히 설명하지 않은 채 제시되고 있다. 이 결과 이 주장들은 멘셰비키에게 그렇게도 인기 있는 과장된 민주적 수사들로 그치고 있다. 소련 노동자들의 압도적 다수는 관료집단에 대해 불만을 가지고 있다. 그리고 이들 중의 상당한, 그러나 최악은 아닌 부위가 관료집단을 증오하고 있다. 이것은 의심의 여지 없는 사실이다. 그러나 이 불만이 대규모 폭력을 동원한 저항으로 나타나지 않는 이유는 단지 탄압 때문만은 아니다. 노동자들은 자기들이 관료집단을 타도할 경우 계급의 적들이 정권을 장악하게 되지 않을까 두려워하고 있다. 입에 거품을 물고 소련을 비판하는 '민주주의자들'이 보는 것보다 관료집단과 노동계급 사이의 상호관계는 정말이지 훨씬 복잡하다. 다른 전망이 눈앞에 보이고 서구의 지평선이 파시즘의 갈색이 아니라 사회주의 혁명의 적색으로 타올랐다면 분명 소련의 노동자들은 관료기구를 타도했을 것이다. 그러나 이런 긍정적 상황이 일어나지 않은 한 노동계급은 입을 악다문 채 관료집단을 '참아 넘긴다'. 그리고 이런 의미에서 관료집단을 노동계급 독재의 담지자로 인정한다. 진심 어린 대화에서 소련 노동자 모두는 스탈린주의 관료집단을 강하게 비난할 것이다. 그러나 반혁명이 일어났다고 생각하는 사람은 아무도 없을 것이다. 노동계급은 소련의 근간이다. 그러나 통치 기능이 무책임한 관료집단의 손에 집중되어 있는 한 확실히 소련은 질병이 든 국가다. 이 상황이 치유될 수 있을까? 이 질병을 치유하려는 더 이상의 노력들은 귀중한 시간을 쓸모없이 낭비하는 것이 아닐까? 그러나 문제를 이런 식으로 제기하면 안 된다. 치유하려는 노력은 세계혁명운동과 분리된 모든 종류의 인위적 조치들이 아니라 마르크스주의 깃발 아래 더욱 힘차게 투쟁하는 것을 의미하기 때문이다. 스탈린주의 관료집단을 가차 없이 비판하고 새로운 인터내셔널의 중핵들을 훈련시키고 세계노동계급의 전위가 가진 투쟁 능력을 소생시키는 것, 바로 이것이 '치유'의 핵심이다. 이것은 역사발전의 근본 방향과 일치한다.

지난 몇 년간 우리의 반대자들은 몇 번이고 이렇게 말했다: 코민테른 치유에 몰두하는 것은 '헛되이 시간을 낭비하는 것'이다. 그러나 우리는 어느 누구에게도 코민테른을 치유하겠다고 약속한 적이 없다. 다만 결정적인 순간이 올 때까지 환자가 죽었다거나 전혀 가망이 없다고 선언하는 것을 거부했을 뿐이다. 요컨대 우리는 '치유 노력'에 단 하루도 낭비하지 않았다. 우리는 혁명 중핵들을 결집시켰다. 그리고 새로운 인터내셔널의 기본 이론과 강령을 마련했다. 이 두 임무는 똑같이 중요하다.


## 4. 토니 클리프와 『소련국가자본주의』

카우츠키의 제자이자 남한 국가자본주의론의 비조(鼻祖), 토니 클리프의 『소련국가자본주의』(이 책을 국내에 번역 출판한 출판사는 2011년 책의 제목을 "소련은 과연 사회주의였는가?"로 바꾸었다)를 읽고 난 소감을 한마디로 요약하자면, 그것이 소부르주아적 공산주의 혐오증의 집결판이라는 것이다. 그리고 그 혐오증은 마르크스, 레닌, 트로츠키로 포장되어 있다. 혁명전통은 그에 의해 쓰레기봉투로 쓰이고 있다.

그는 현실에서 등장한 '사회주의' 국가에 대한 두려움과 혐오증으로 술렁거리는 소부르주아들을 현란한 수치로 달래며 속삭인다. '당신이 가진 그 혐오증은 비겁 때문이 아니다. 정당한 과학이다.' 한편, 진짜들의 비판을 피해가고 혼란시키기 위해 「국가자본주의론, 나사가 빠진 엉터리 시계」와 「국가자본주의론의 반(反)마르크스주의」에서 폭로된 것처럼 온갖 손재주를 동원한다. 핵심개념 뒤바꾸기, 얼렁뚱땅 넘어가기, 핵심 숨기기 등.

## 반공주의적 결론과 그것을 뒷받침하는 방식

『소련국가자본주의』의 1장은 갖가지 수치를 통해 다음과 같은 반공주의 결론들을 끌어내는 것이 목표다.

> 소련 공업에서 노동자의 노동생산성이 영국 노동자의 약 5분의 4인 데 비해 생활수준은 **영국노동자의 4분의 1 혹은 3분의 1이라면, 영국 노동자가 착취당할 때 그의 소련 형제는 훨씬 더 착취당하고 있다**는 것 외에 다른 결론을 내릴 수 있을까?
>
> —61쪽

> 오늘날 영국 노동자에 비해 소련 노동자가 열악한 정도가 **차르 시대 영국 노동자에 비해 당시 러시아 노동자가 열악한 정도보다도 더 심하다.**
>
> —61쪽

이처럼 클리프는 1917년 이전까지 사회주의 혁명이 아니라 부르주아 혁명이 당면 과제인 것처럼 생각되었던 후진국 러시아, 내전과 기근, 제국주의자들의 포위 압박에 시달리고 있던 그래서 사회생산의 막대한 부분을 군사적 방어에 지출해야만 했던 러시아를 해가 지지 않을 정도로 많은 식민지를 거느리고 그 착취에 기초하여 당대 최강을 자랑하던 영국제국주의와 비교한다. 그리하여 자국 노동자들에게 노동자혁명 무용론을 암시한다. 이것이 클리프식의 '마르크스주의'이고 '과학'이다.

그가 마르크스주의자임을 자처하면서 그리고 이와 같은 심각한 결론을 끌어내면서 그 결론을 뒷받침하는 근거는 대체로 이런 식이다.

> 1913년에 소련 공업의 평균 노동생산성은 미국의 평균 노동생산성의 약 25퍼센트 독일의 35퍼센트 그리고 영국의 40퍼센트였다. 1937년에 소련 공업의 노동생산성을 조사하도록 위임받은 고스플란의 한 위원회는 그것이

미국 공업 생산성의 40.5퍼센트이자 독일의 96퍼센트라는 것을 발견했다. 이러한 계산은 과장된 것이다. 실제로 1937년에 소련 공업의 노동생산성은 미국의 약 30퍼센트, 독일의 70퍼센트, 그리고 영국과는 대략 비슷한 수준일 것이라고 **가정할 근거가 존재한다. 어떻게 우리가 이러한 결론에 도달했는가에 대한 자세한 설명은 너무 장황한 게 될 것이다.**

—59쪽

별별 잡다한 수치를 다 들이대며 현학을 과시하던 클리프였다. 그런데 정작 "영국 노동자가 착취당할 때 그의 소련 형제는 훨씬 더 착취당하고 있다" 또는 "오늘날 영국 노동자에 비해 소련 노동자가 열악한 정도가 차르 시대 영국 노동자에 비해 당시 러시아 노동자가 열악한 정도보다도 더 심하다"와 같은 심각한 결론을 이끌어 내면서 드는 근거는 이런 식이다. "**가정할 근거가 존재한다. 어떻게 우리가 이러한 결론에 도달했는가에 대한 자세한 설명은 너무 장황한 게 될 것이다.**"

주장할 근거도 아니고, '가정할' 근거를 가지고 노동자혁명 허무주의를 끌어낸다. 이와 같은 결정적인 결론을 끌어내면서 그는 말한다. "자세한 설명을 하는 것은 너무 장황한 게 될 것이다."

우리는 이런 자를 과연, 마르크스주의자라고 부를 수 있는가?

당시 소련의 생산성이 선진자본주의 국가들의 수준에 비해 얼마 정도였는지 알 수 있는 자료가 나에겐 없다. 그러나 최소한 이렇게는 생각한다. 만약 클리프의 말처럼 혁명 후 20년 만에 후진국 러시아의 생산성이 영국제국주의와 "대략 비슷한 수준"에 도달했다면, 그것은 사회주의 혁명의 위대성을 찬양하는 근거로 쓰여야 하지 않을까?

클리프는 그런 대단한 "가정"의 근거를 영국 노동계급이 아니라 영국 부르주아지들에게 바치고 있다. 장황한 수치들로 비약을 한 그는 이렇게 외친다. '노동자 여러분! 러시아 노동자들은 여러분보다 훨씬 더 착취당하고 있습니다! 그리고 자본가 여러분, 걱정 마세요. 혁명 러시아가 자본주의 영국보다 못하다는 사실을, 제가 방금 노동자들에게 알렸습니다.'

생산성은 생산량과 다른 개념이다. 사적소유의 철폐로 인한 자본주의적 무정부성이라는 낭비 소멸, 부르주아 착취부분의 사회화, 중앙계획경제,

혁명의 열정 등으로 인해 노동자혁명은 경제 대부분의 영역을 혁명적으로 약진시킨다. 그러나 투여된 노동력 대 생산량의 비율로 표현되는 생산성은 그렇게 쉽게 개선되지 않는다. 그것은 생산성이 그 나라가 도달한 과학기술 수준에 크게 의존하기 때문이고, 선진자본주의 국가의 과학기술을 따라잡는 데에는 오랜 시간이 걸리기 때문이다. 그것이 혁명 후 러시아 노동계급이 유럽 선진자본주의 국가들의 혁명을 간절하게 기대했던 이유 중 하나다.

클리프가 비교하고 있는 당시는 아니지만, 요즘의 자료를 통해 그 당시 러시아와 선진자본주의 국가의 생산성 격차를 간접적으로 추정해 볼 수는 있을 것이다.

「일본, 노동생산성의 국제비교」(2008년)에 따르면, 세계 7위를 차지하는 일본 제조업의 노동생산성 수준은 **2005년 당시 86,608달러다. 러시아의 노동생산성은 22,767달러로 51위, 브라질은 19,016달러로 55위, 중국은 11,625달러로 69위다. 2005년 당시 러시아는 일본의 약 25퍼센트 수준이다.** 국가자본주의론자들이 비슷한 논리로 규정하는 **중국은 1949년 혁명 이후 약 60년이 지난 지금, 일본의 약 8분의 1 수준이다.** 한편, 한국산업연구원이 2008년 6월에 발표한 「한중산업생산성 격차와 변화추이」에 따르면 "구매력평가(PPP) 기준 중국의 전 산업 생산성은 한국의 32퍼센트 수준, 중국 제조업 생산성, 한국의 60퍼센트 내외로 추정"된다. 이런 점에서 1937년의 러시아가 영국과 '생산성'의 측면에서 "대략 비슷한 수준"에 도달했다는 클리프의 "가정"은 고개를 갸우뚱하게 만든다.

스탈린주의에 대해 가차 없던 클리프는, 이 대목에서만큼은 스탈린주의자들의 과장된 수치를 인용하면서 그와 비슷한 자신의 '가정의 근거'(설명하면 너무 장황한 것이 되므로 생략해야 하는)를 위해 스탈린주의의 고스플란을 앞세운다. 이렇게 얄팍한 술수를 쓰는 이유는 단 하나이다. '혁명 러시아 노동자가 자본주의 영국 노동자보다 더 착취당한다'는 그의 논리를 성립시키기 위해서다.

## 농업집단화에 대한 반동적 평가

마치 조감제를 읽는 것 같은 이런 식의 반공주의적 궤변은 그 책 여기저기

널려 있다. 농업의 집단화에 대해서는 다음과 같이 말한다.

> 집단화는 공업에 들어온 사람들뿐 아니라, 또한 농업에 남아 있는 사람들을 프롤레타리아트로 전화시켰다. 농업 종사자의 압도적인 다수는 비록 이론에서는 아니더라도 현실에서는 생산수단을 소유하지 않은 사람들이다. 정말이지, 오늘날의 소련 농업 종사자들을 우리가 생산수단의 소유자라고 부를 명분은 19세기의 농노보다도 더 없는 것 같다. 결국 집단화는 공업 발전의 필요를 위한 농업 생산물의 해방, 자신의 생산수단으로부터 농민의 '해방', 농민의 한 부분이 공업 노동력의 예비군으로 전화되는 것, 그리고 농민의 나머지가 부분 노동자, 부분 농민, 콜호즈의 부분 농노로 전화되는 것 등등의 결과를 가져왔다.
>
> —65쪽

이 인용문에서 클리프가 말하는 "농업에 남아 있는 사람들"은 누구를 가리키는 것일까? 스탈린·부하린의 시장사회주의 정책으로 인해 점점 비대한 자본가로 변신해가던 쿨락을 말하는 것일까? 아니면 자작농? 아니면, 빈농이거나 농업 노동자? 클리프가 "19세기 농노보다" 못한 처지로 농업 노동자들을 전락시킨 것처럼 묘사하는 집단화를, 과연 누가 가장 거칠게 반대했을까? 클리프는 과연 '누구 입장에서' 집단화를 냉소하는가?

물론 문제가 많은 집단화였다. 하지만 필연적 방향이었다. 스탈린 관료 집단이 아니라, 레닌이나 트로츠키가 이끄는 혁명적 볼셰비키였다 하더라도 집단화는 필연적으로 나아가야 할 방향이었다. 그리고 만약 그들이 주도한 집단화였다면, 이와 같은 비아냥거림을 클리프가 멈췄을까?

집단화는 토지를 중심으로 하는 농업생산수단에 대해 국가적 소유는 아니지만 집단적 소유체제를 수립하여 사적소유를 폐지하는 것이다. 그 결과로 당연히 콜호즈(소련 집단농장)의 구성원들은 개인적(사적)으로가 아니라 집단적으로 농토에 대한 소유권을 가지게 된다. 그것은 사회주의적 진보이다. 그런데 클리프는 소련 농업 노동자들이 생산수단의 '직접' 소유자가 아니게 된(즉 사적소유자가 아니게 된) 것을 안타까워한다. 사적소유가 아닌 집단적 소유체제의 구성원들이 되었다는 이유로 19세기 농노보다도 못한 처지로 되었다고 비아냥거린다. 내친 김에 다음 문장에서는 아예 콜호즈 구성원들을 '농노'라고 부른다. 이 자가 마르크스주의자인가?

## 소부르주아적 역사허무주의

앞에서 언급했던 그런 요인들로 인해 혁명 러시아, 즉 소련은 경제 대부분의 영역에서 엄청난 성과를 거두었다. 그것에 대해 클리프는 마르크스와 엥겔스를 동원하며 다음과 같이 비꼰다.

> 인민의 노력과 자기희생은 관료의 부실경영과 낭비에도 불구하고 소련을 공업 강대국의 지위로, 공업 생산량에서 볼 때 유럽에서 제4위, 세계에서 제5위의 서열로부터 유럽에서 제1위, 세계에서 제2위의 서열로 끌어올렸다. 소련은 잠자던 그 후진성으로부터 성큼 걸어나와 현대적인 강력한 공업 선진국이 되었다. 그리하여, 관료층은 마르크스와 엥겔스가 부르주아지에게 바친 그만큼의 많은 찬사를 받게 되었다. …… **이러한 업적을 위해 바쳐진 대가는 물론 평가하기 불가능한 규모의 인간 수난이었다.**
>
> —97쪽

대자본가의 압박에 질식한 소부르주아 사회주의자의 대변인 클리프의 이 평가는, 얼마나 반공주의에 찌든 패배주의인가?

그렇다 클리프여! 러시아 혁명은 대규모의 '인간 수난과 인민의 노력, 자기희생'의 기반 위에서 성공했고 진행되었다. 그리고 지도부가 건강했다면, 그 수난과 노력과 자기희생 중에서 불필요한 부분을 크게 줄여내었을 것이다. 하지만 혁명은 트로츠키의 말처럼 '역사에 대한 외과수술'이다. 숨넘어가는 사회를 살려내기 위한 역사의 불가피한 선택이며, 그 과정에서 어느 정도의 희생과 노력과 수난은 불가피한 것이다. 인류의 역사는 그런 식으로 교착을 극복하고 발전을 이루어내었다. 장기적 병적상태와 더 막대한 수난과 희생으로부터 인류를 구해내었다. 당신이 러시아 혁명과 이 이후의 역사적 우여곡절을 비아냥거리며 말하는 "평가하기 불가능한 규모의 인간 수난"은 과연 무엇 때문인가? 혁명으로 인한 것인가, 아니면 자본주의의 야만성으로 인한 것인가?

같은 사실에 대한 트로츠키의 평가와 비교해보면서, 클리프가 지닌 허무주의적 세계관이 노동계급의 혁명적 낙관주의로부터 얼마나 멀리 떨어진 것인지 가늠해보기로 하자.

1913년 돈(Don) 지역의 석탄생산량은 277만 5천 톤이었는데 1935년에는 712만 5천 톤에 이르렀다. 지난 3년 동안 철강 생산은 2배로 증가하였고 강철과 압연은 거의 2.5배가 증가하였다. 석유, 석탄, 철강의 생산은 제1차 세계대전 이전과 비교하여 3배에서 3.5배 증가했다. 전기 공급에 대한 계획이 처음 입안된 1920년 당시 러시아 전역에는 10개의 지역발전소가 있었으며 총생산량은 27만 3천 킬로와트였다. 그런데 1935년에는 95개로 발전소의 수가 증가하였고 전기의 총생산량은 435만 5천 킬로와트에 달했다. 1925년 소련은 전기 생산량에서 세계 11위였다. 그러나 1935년에는 독일과 미국 다음으로 최대생산국이 되었다. 석탄생산의 경우에는 10위에서 4위로, 강철 생산에 있어서는 6위에서 3위로 도약했다. 그리고 트랙터와 설탕 생산에서는 세계 제1위가 되었다. 공업에서의 엄청난 성취, 처음부터 아주 밝은 전망을 보여준 농업, 구 공업도시들의 비범한 성장과 새로운 도시들의 건설, 노동자 수의 급격한 증가, 문화적 수준의 향상과 문화적 수요의 증대 등은 모두 의심할 여지 없이 10월 혁명의 결과였다. 구시대의 예언자들이 인류 문명의 종말을 알리는 징조라고 애써 주장했던 혁명이 이 성과를 올린 것이다. 따라서 부르주아 경제학자들과는 논쟁할 필요가 더 이상 존재하지 않는다. 사회주의는 승리했음을 증명했다. 마르크스의 『자본론』에서가 아니라 지구 표면의 6분의 1을 차지하는 공업지역에서 이것이 증명된 것이다. 그리고 유물론의 언어가 아니라 강철, 시멘트, 전기라는 언어로 승리를 표현하였다. 비록 체제 내부의 어려움, 제국주의 세력에 의한 공세, 지도부의 실책 등으로 소련이 붕괴한다고 할지라도 (이 일이 일어나지 않기를 우리는 진심으로 희망한다) 미래에 대한 전조(前兆)로서 다음과 같은 사실만은 파괴되지 않고 남을 것이다: 오직 노동계급 혁명 덕분에 어느 후진국이 10년 내에 인류 역사상 유례가 없는 업적을 달성했다.

—트로츠키, 『배반당한 혁명』

대략 이와 같은 것이 역사에 대한 노동계급의 평가다.

## 클리프의 '자본주의'

국가자본주의론자들이 자신들의 궤변을 정당화시키기 위해 마르크스주의를 어떻게 수정 왜곡하는지는 앞에서 사노신 등의 예를 통해 알아본 바 있다. 클리프도 이에 지지 않는다.

> 자본의 집적이 한 자본가나 자본가들의 집합 또는 국가가 국민총자본을 자기 수중에 집적하는 단계에 도달한다 하더라도, 세계시장에서 경쟁이 지속되는 한 그와 같은 경제도 여전히 자본주의 경제라는 사실을 의심하는 마르크스주의 이론가는 아무도 없었다.
>
> —151쪽

그는 여기서 "국가가 국민총자본을 자기 수중에 집적하는 단계", 즉 사적소유가 전면적으로 철폐된 경제체제(그것을 마르크스주의는 자본주의에서 사회주의로 가는 이행기라고 지칭하는데)라 하더라도 "세계시장에서 경쟁이 지속되는 한" 자본주의 경제라고 말한다. 그 이유는 물론 사노신처럼 자신의 국가자본주의론을 합리화시키기 위한 것이고 그를 위해 사회 성격 규정의 핵심인 소유형태를 외면해야 했기 때문이다.

반면, 그 경쟁과 사적소유 그리고 사회 성격에 대해 레닌은 이렇게 말한다.

> 자본주의는 제국주의 단계에 이르러 생산의 전면적인 사회화에 바짝 접근한다. 말하자면, 자본주의는 자본가들을 그들의 의지나 의식에 반하여 어떤 새로운 사회질서, 곧 완전한 자유경쟁으로부터 완전한 사회화로의 과도적인 질서로 끌어들이는 것이다. 생산은 사회화되지만, 소유는 여전히 사적이다. 즉 사회적 생산수단은 여전히 소수의 사적소유로 남아 있다. 형식적으로 인정된 자유경쟁의 일반적 틀은 여전히 남아 있지만 소수의 독점체가 수많은 사람들에게 씌우는 멍에는 한층 무거워지고 가혹해지고 견디기 힘

든 것이 된다.

—레닌, 『제국주의론』

즉 클리프는 "세계시장에서 경쟁이 지속되는 한" 자본주의라고 규정한다. 하지만 레닌은 경쟁이 축소되고 "생산(생산수단이 아니라)의 전면적인 사회화에 바짝 접근"하더라도, "사회적 생산수단"이 "여전히 소수의 사적소유로 남아 있"게 되는 경우, 그것은 자본주의인 것이다. 사회 성격의 본질은 '생산수단의 소유형태'이지 경쟁(클리프)이니 사적노동(사노신)이니 하는 것들이 아닌 것이다. 클리프는 자꾸 "사적소유의 철폐라는 공산주의 이론의 핵심"(『공산당 선언』)을 저런 되도 않는 궤변으로 비껴가려고 한다.

　게다가 그 궤변을 "의심하는 마르크스주의 이론가는 아무도 없었다"고 말한다. 그의 얼굴은 얼마나 두툼한가.

## 계급론의 왜곡

클리프는 영악하다. 결코 자기가 앞장서지 않는다. 자신의 수정주의이론 그대로 돌격하지 않는다. 마르크스나 엥겔스, 레닌 또는 트로츠키를 앞세우고, 그 뒤를 따른다. 자신의 궤변이 마치 그들의 연속선 위에 있는 것처럼.

　자신의 수정주의적 계급론을 주장할 때도 마찬가지다. 레닌을 앞세운다.

> 우리는 그들이 역사적으로 확립된 일정한 사회적 생산체계에서 점하는 위치, 생산수단에 대한 그들의 관계, 사회적 노동체계에서 그들의 역할, 그리고 따라서 그들이 처분할 수 있는 물질적 부의 부분을 획득하는 방법과 그 부분의 크기 등에 의해 구분되는 인간의 큰 집단을 계급이라고 부른다.
>
> —161쪽

하지만 뒤에서는 이렇게 슬쩍 바꿔치기한다.

> 스탈린주의 관료를 카스트라고 부르는 것은 다음과 같은 이유 때문에 옳지 않다. **계급은 생산 과정에서 특정한 위치를 갖고 있는 인간 집단인 반면,**

**카스트는 법률적·정치적 집단이다.**

—162쪽

계급은 생산수단의 소유 여부와 그 형태가 핵심이 된다. 그리하여 레닌의 정의에도 "생산수단에 대한 그들의 관계", "그들이 처분할 수 있는 물질적 부" 등의 언급이 있는 것이다. 특히 소유 여부는 그 소유물에 대한 '자의적 처분(사용, 폐기, 양도, 상속, 매매 등)'의 가능 여부에 달려 있고, 레닌의 정의엔 바로 그 점이 지적되어 있다. 그런데 클리프는 "생산 과정에서 **특정한 위치를 갖고 있는**"이라는 두루뭉술한 표현으로 바꿔친다. 물론 소련을 '자본주의'로 그리고 관료집단을 자본가 '계급'으로 만들어야 하기 때문이다.

생산수단의 소유문제는 마르크스주의 계급 규정의 핵심이다. 레닌은 「국가에 대하여」에서 지금 우리가 다루고 있는 현안인 국가 문제의 혁명적 중요성을 강조하면서, 인류역사에 등장한 계급들에 대해 다음과 같이 요약한다.

노예소유주와 노예는 계급들로의 최초의 거대한 분화입니다. 첫 번째 집단은 모든 생산수단들을 소유하였을 뿐만 아니라 그 집단은 사람들까지도 소유하였던 것입니다. 이 집단은 노예소유주라 불렸고 일하면서 다른 사람들에게 노동을 제공했던 사람들은 노예라 불렸던 것입니다. …… 이 형태를 뒤이어 역사에서 다른 형태, 즉 농노제가 뒤따라왔습니다. …… 사회의 기본적인 분화는 농노소유주─지주와 농노입니다. …… 노예소유주들은 노예들을 자신들의 소유로 여겼으며 법은 이런 견해를 강화하였고 노예소유주의 소유에 전적으로 처해 있는 물건으로서 노예들을 간주하였습니다. 농노에 대해서는 계급적 억압, 예속이 남아 있었지만 그러나 농노소유주, 즉 지주는 물건들로서 농민의 소유주로 여겨지지 않았고 단지 농민의 노동권 그리고 일정한 부역 마치는 것에로의 농민의 강제에 대한 권리만을 가졌을 뿐입니다. …… 자본의 소유자들, 토지의 소유자들, 공장의 소유자들은 모든 인민노동을 전적으로 관리하고 그리고 그러니까 그 대다수가 생산과정에서 자신들의 노동하는 손들, 노동력의 판매로부터만 생존수단들을 얻는 프롤레타리아들, 임금노동자들인 근로대중 전체를 자신들의 명령, 억압, 착취하에 틀어쥐고 있는 극소수 주민을 모든 자본주의 국가들에서 대표하였고 대표하고 있습니다.

이와 같은 레닌의 규정과 달리, 소유 문제를 고의적으로 빠뜨리는 클리프의 계급 정의는 얼마나 얼빠진 허깨비인가. 그럼에도 클리프에겐 소련이 국가 자본주의이어야 하므로, 관료집단은 계급이어야 한다. 그리하여 이후에도 궤변을 이어간다.

> 우리는 실제로 국가를 '소유'하고 있고, 축적 과정을 통제하고 있는 소련 관료를 가장 순수한 형태의 자본의 인격화라고 말할 수 있을 것이다.
>
> ─164쪽

클리프를 통해 생산수단을 사적소유한 자가 아니라, 소련 관료가 "가장 순수한 형태의 자본의 인격화"가 된다. 그럼에도 불구하고 자본가계급임을 말하기 위해선 생산수단의 소유 여부를 증명해야 하고 그것을 위해선 생산수단의 자의적 처분이 가능해야 한다는 것을 안다. 하지만 소련의 객관적이고 명백한 현실은 그것을 증명할 기회를 그에게 주지 않는다. 그러자 그는 다음과 같이, 소련 관료집단은 '연줄'을 상속하므로 자본가계급이라는 또 하나의 애처로운 발견을 이루어낸다.

> 생산수단의 집적소로 되어 있는 국가에서 국가관료─지배계급─는, 봉건 영주나 부르주아지 또는 자유 전문직종과 다른 **특권상속** 형태를 갖고 있다. 만약 기업의 경영자, 정부 부서의 우두머리 등을 뽑는 지배적인 방식이 호선(互選)이라면, 모든 관료는 그의 자식에게 백만 루블을 상속하기보다는(물론 이것도 중요하지만), 그의 **'연줄(connection)'**을 물려주려고 애쓸 것이다. 동시에 그는 대중이 고등교육을 받을 수 있는 가능성 같은 것을 제한하여 관료 자리를 둘러싼 경쟁자 수를 제한하려고 명백히 노력할 것이다.
>
> ─168쪽

어린아이 떼쓰기여서 상대할 가치도 없지만, 천 번 만 번 양보해보자. 그래,

연줄을 상속하므로 계급이라고, 연줄을 상속하는 사회이므로 자본주의 사회라고 해보자. 그렇다면 상속할 수 있는 것이 연줄일 때, 우리가 해야 할 일은 그 관료적 연줄을 끊는 일인가? 아니면 연줄을 상속하는 사회를 철폐하기 위해, '먼저' 생산수단을 상속하는 사회로 복귀하는 일인가?

## 개념 바꿔치기와 소부르주아적 감성에 호소하기

클리프의 야바위 기술은 현란하다. 권위자 앞세우기, 정의 바꿔치기 등과 더불어 이번에는 개념도 바꿔친다. 국가자본주의론을 내세워야 하는 그에게, 목에 걸린 가시 같은 『배반당한 혁명』에서 "토지의 국유화 그리고 산업생산수단·운송수단·교환수단의 국유화는 대외무역에 대한 독점권과 함께 소련 사회구조의 기초를 이룬다. 프롤레타리아 혁명에 의해 확립된 이들 관계를 통하여 소련의 성격은 우리들에게 기본적으로 프롤레타리아 국가로 정의된다"는 구절을 인용한 후, 클리프는 다음과 같이 투덜거리며 은근슬쩍 개념을 바꿔치고 소부르주아적 감성에 호소한다.

> 〔만약 이 정의가 옳은 것이라면〕 혁명에서 노동자계급이 취하는 첫 번째 조치는 프롤레타리아트를 지배계급의 위치로 끌어올리는 것이다"라는 말도 틀린 이야기가 된다. …… 국가가 생산수단의 소유자인데도 **노동자들**이 그에 대한 통제권을 갖고 있지 못하다면, 노동자들이 생산수단을 소유하지 않고 있다는, 즉 노동자들이 지배계급이 아니라는 뜻이 된다.
>
> —275쪽

**노동자들**이 그에 대한 통제권을 갖고 있지 못하다면"할 때의 '노동자들'은 개별개념, 즉 현실 속에 존재하는 한 사람 한 사람의 구체적인 노동자들을 가리킨다. 그런데 "노동자들이 생산수단을 소유하지 않고 있다"고 말할 때의 '노동자들'은 노동계급 전체를 반영하는 집합개념이다. 서로 다른 개념이다.

그런데 표현은 같지만 내포는 다른 두 개념을 마치 같은 개념으로 사용하는 까닭은 무엇일까? 그것은 다음과 같은 삼단논법을 끌어내고 싶기 때문이다. '노동자들이 생산수단을 소유한 국가가 노동자 국가이다. 노동자들이 통제권을 가지고 있지 못하다면 노동자들이 생산수단을 소유한 것이 아니다. 그러므로 소련은 노동자 국가가 아니다.' 마치 '사람은 원숭이로부터 진화되었다. 그런데 영철이는 사람이다. 그러므로 영철이는 원숭이로부터 진화되었다'는 식이다.

부르주아 국가라고 해서 모든 개별 부르주아가 국가의 통치권을 가지고 있는 것은 아니다. 때로 박정희나 전두환 시절처럼 부르주아 국가권력이 개별 부르주아 위에 군림하고 심지어 재벌을 해체시키는 '주제넘은' 만행을 저지르기도 한다. 그럼에도 그것은 부르주아 국가이다. 클리프의 개념 바꿔치기 수법으로 노동자 국가 부정하기에 대한 반박은 이미 위에 인용한 트로츠키의 「소련의 계급적 성격」에 잘 나와 있다.

다음은 클리프가 트로츠키의 과학적 설명과 객관적 현실 앞에 짜증을 내며 소부르주아적 감성에 호소하는 부분이다.

> 사회혁명인가 정치혁명인가?: 관료와 노동자가, 내무인민위원회의 간수와 그 죄수가 같은 계급에 속한다는 말인가? 생산 과정에서 그들의 위치가 그렇게 적대적인데, 생산수단에 대한 그들의 태도가 동일하지 않을 뿐만 아니라 실제로도 날카롭게 충돌하는데, 어떻게 그런 일이 존재할 수 있다는 말인가? **우리가 만약 노동자와 관료가 같은 계급에 속한다는 논리를 받아들인다면,** 소련에서는 한 계급 내의 투쟁은 존재하지만 계급들 간의 투쟁은 존재하지 않는다고, 즉 계급투쟁이 없다고 결론내리지 않으면 안 된다. **소련에는 계급투쟁이 없다는 스탈린의 주장을 트로츠키가 공격하는 마당에 이 무슨 어불성설**이란 말인가?

―286쪽

노련한 야바위꾼 클리프는 이 대목에서 마치 자기는 세상에 대해 잘 모른다는 듯이 시치미를 떼고 '짐짓' 흥분한다. 우리는 현실 속에서 "날카롭게 충돌하는" 노동자와 조합관료들을 무수히 보아왔다. 그들은 하나의 계급이다. 다 알고 있으면서 호들갑 떨 일이 아니다. 소련은 자본주의에서 사회주의로 이행하는 체제, 즉 국가 소유에 기초해 있지만 부르주아적 분배규범이 여전한 사회였다. 그리고 선진자본주의 국가의 혁명으로 보완되지 않은 고립된 혁명이었다. 그런 점에서 부르주아적 요소가 잔존해 있었고 그것은 결국 부정적인 방향으로 양적 축적을 거치다가 결국 1991~2년의 자본주의 반혁명을 낳았다. "스탈린의 주장을 트로츠키가 공격하면서" 왜 자기 편을 들어주지 않느냐고?

## 트로츠키라는 가시 삼키기

트로츠키라는 목엣가시를 삼키지 못하고 애쓰던 클리프는 예의 현란한 손기술을 동원해 급기야 트로츠키를 자기 편으로 만들고 만다.

> 트로츠키의 마지막 저서: …… 트로츠키와 같이 뛰어난 분석력을 가진 사람조차도 스탈린주의 체제에 대한 자신의 기본적 분석을 때때로 재검토하지 않으면 안 되었다는 것은 결코 우연한 일이 아니다. **물론 강조점에서만 그렇다는 이야기지만,** 타락한 노동자 국가론의 수락이 좌익반대파의 가입조건이었던 때부터 제4인터내셔널에서 반방어주의자들을 배제하자는 제안을 더 이상 고집하지 않게 될—**비록 그들의 입장을 그가 인정한 것은 아니었지만**—때 사이에, 트로츠키의 입장에는 **엄청난 변화**가 있었던 것이다. …… 트로츠키가 소련 관료를 지배계급으로 새롭게 평가하는 방향으로 분명히 나아갔던 것은 그의 **마지막 저서** 『스탈린』에서였다.
>
> —285쪽

권위 있는 혁명가 트로츠키가 죽을 때까지 자신과 정반대의 결론을 주장했다는 것은 클리프에게 치명적이다. 그래서 상상한다. '만약 트로츠키가 마지막 순간에 그의 소련 방어노선을 폐기했더라면.' 그리고는 이와 같은 교묘한 말장난을 거쳐 결국 트로츠키를 자기편으로 만든다. 트로츠키가 "자신의 기본적 분석을 때때로 재검토"했다는 것이며, "〔소련〕방어주의 반대자들을 배제하자는 제안을 더 이상 고집하지 않"게 되었다는 것이다. 하지만 너무나 명백한 사실을 무지막지하게 부정하는 것은 '너무' 뻔뻔하다는 것을 클리프 역시 알므로, 그는 그 뒤에 "물론 강조점에서만 그렇다는 이야기지만", "비록 그들의 입장을 그가 인정한 것은 아니었지만" 같은 애처로운 단서들을 붙인다.

노련한 야바위꾼 클리프는 자신의 견해를 믿을 준비가 되어 있는 사람들, 즉 거추장스런 소련 방어노선을 폐기하고 싶지만 그 **배신을 가려줄 어떠한 이론적 근거라도 얻고 싶은 사람들과 대화하는 방법**을 잘 알고 있다. 그는 가정으로 시작하다가 뒤에서는 단정하는 식의 비약적 논법을 쓰는 것에 익숙하다. 그렇게 해도 자신들의 배신을 가려줄 그 무엇에 목말라 하는 사람들은 선뜻 그 논리적 비약마저 눈감아줄 것이라는 것을 잘 안다. 앞에서 트로츠키가 '자신의 견해를 재검토했을지도 모른다'는 분위기만 풍기다가, 몇 문장 아래에서는 급기야 "트로츠키가 소련 관료를 지배계급으로 새롭게 평가하는 방향으로 **분명히** 나아갔"다고 단정한다. 그리고 결정적(!)인 것은, 그것이 트로츠키의 마지막(!) 저서였다는 것이다. 브라보!

클리프 씨, 진작에 그렇게 이야기할 것이지. 그랬다면 굳이 당신이 그 책 전체를 통해 트로츠키의 노선을 갖은 노력을 들여가며 비판할 이유도 없었던 것이다. 그냥, '소련 방어노선은 트로츠키의 견해가 아니다! 마지막 순간에 그는 전향했다!'라고만 말했더라면 그것으로 그만이다.

더불어 클리프 씨에게 한 가지 조언을 드린다. 그 '위대한 발견'(『소련국가자본주의』, 부록 I : 소련을 "타락한 노동자 국가"로 본 트로츠키의 정의에 대한 비판적 검토 8번째 장에서의)으로 그 논문을 마무리하는 것이 좋았다. '무엇이 트로츠키로 하여금 소련이 노동자 국가라는 이론을 포기하지 못하게 했는가'라는 그 논문의 마지막 장은 "트로츠키가 소련 관료를 지배계급으로 새롭게 평가하는 방향으로 분명히 나아갔던 것은 그의 마지막 저서 『스탈린』에서였다"는 당신의 '위대한 발견'을 스스로 반박하고 있다.

참고로, 트로츠키는 1940년 8월 21일 스탈린의 자객에 의해 살해되었다. 그리고 미국사회주의노동자당의 소련 방어노선 폐기를 주장하는 색트먼, 버넘 등의 소부르주아 분파에 맞선 그의 이론적 투쟁은 그의 사후 『마르크시즘을 옹호하며』란 제목으로 출판되었다. 그 책에 실린 트로츠키의 마지막 글은 1940년 8월 17일 작성된 것이다.

## 클리프 식 정답 고르기

장기야바위는 몇 개의 장기짝을 가지고 손님이 상대(야바위꾼)의 항복을 받아내면 건 돈의 몇 배를 주는 방식으로 진행된다. 야바위 문제 중 하나는 상대방 왕의 뒷자리로 자신의 기물을 이동시키는 외길수순으로 이기는 것인데, 야바위꾼은 그 자리를 장기통으로 슬쩍 가려놓는다. 그것을 이상하게 여기지 못하는 그리고 가려져 있기 때문에 그 자리로 기물을 옮길 것에 생각이 미치지 못하는 손님은 백전백패한다.

우리의 재주꾼 클리프 씨는 '이론 분야에서' 그러한 수법을 응용한다. 아래 같은 식이다.

> 트로츠키가 소련을 과도기 사회로 규정했을 때, 소련 자체가 그 자신의 내재적 법칙에 의해 사회주의의 승리로 나아가거나 아니면 사적 자본주의로 복귀할 것이 틀림없다는 그의 강조는 올바른 것이었다. 후자의 경우가 제외된다면, 다음과 같은 세 가지 가능성 가운데 하나가 남게 된다. 1. 스탈린주의적 입장 2. 관료적 집산주의 이론 3. 국가자본주의… [위의 둘을] 거부한다면, 우리에게 남는 것은 세 번째 대안일 뿐이다.
>
> —288~9쪽

제4인터내셔널의 입장, 즉 트로츠키의 분석은 소련 사회에 대해 유일하게 옳은 분석이다. 그런데 클리프는 그 정답을 '제외'하고 남은 '오답'들인 자기 입장과 허접한 두 개의 다른 입장을 '손님'들에게 선택지로 제시한다. 그리고 나머지 둘을 소거한 후, '정답'이라며 뽑아든다. '우리에게 남는 것은 국가자본주의라는 대안일 뿐이다!' 그리고 '손님'들은 클리프 앞에서 기꺼이 백전백패한다.

## 어쭙잖은 정신분석

갖은 시도를 다 해보지만 과학석 분석을 통해 트로츠키의 입장을 반박하는 것이 어렵다는 것을 클리프도 안다. 자신의 것이 과학이 아니라, 소부르주아적 정치태도일 뿐이고, 그것을 과학인 양 덧칠한 것이기 때문이다. 그래서 그는 상대방 입장의 과학성을 그 자체로 따지는 것이 아니라, 그 주장을 하는 사람의 처지를 이용하여 그 주장의 과학성을 문제 삼는 방식(논리학에서 '정황에 호소하는 오류'라고 말하는)을 동원한다.

> 무엇이 트로츠키로 하여금 소련이 노동자 국가라는 이론을 포기하지 못하게 했는가?: 트로츠키에게 **과거의 경험**은, 반동의 승리가 항상 애초의 출발점으로의 복귀로 나타나지는 않는다는 사실을 이해하는 데 주된 **장애물**이었다.
>
> —292~3쪽

클리프는 이제 정신분석을 동원한다. 트로츠키가 소련을 노동자 국가로 규정하는 이론 그리고 그 이론적 귀결로서 소련 방어노선을 "포기하지 못하게" 된 것은 그가 가진 "과거의 경험"으로 인한 트라우마 때문이었다는 것이다. 그런데 이런 어쭙잖은 정신분석학을 동원하여 과학을 때려눕히려 노력했던 원조는 클리프가 아니었다.

다음은 클리프가 한사코 거리를 두려고 애를 썼던 브루노 알이라는 또 다른 소련 방어노선 폐기론자의 진단이다.

> 트로츠키는 러시아 혁명에 가담한 바 있다. 그래서 소련을 노동자 국가가 아니라고 생각하기가 힘들 것이다. 왜냐하면 소련이 노동자 국가가 아니라면 자신이 일생을 바친 대의를 포기해야 하기 때문이다.

어쩜 그리 똑같은지. 살아생전의 브루노 알과 그리고 사후의 클리프 같은 사이비들 모두에 대해 트로츠키는 이미 이렇게 호통친 바 있다.

> 대단히 명민한 정신분석학의 시조 프로이트라면 이런 식의 말을 늘어놓는 사이비 정신분석가들에게 귓방망이를 날렸을 것이다. 내 자신은 이런 폭력을 행사할 천성이 결코 없다. 그러나 나를 이런 식으로 비판하는 사이비 정신분석가들은 대단히 주관적이며 감상적인 인물들임을 독자 여러분들에

게 감히 확신시키고자 한다.

—『마르크시즘을 옹호하며』

이들이 왜 "대단히 주관적이며 감상적인 인물들"인지에 대한 트로츠키의 논증은 위의 인용 다음에 이어진다. 그 부분을 꼭 읽어보시길 바란다.

## 5. 이 시대의 '국가와 혁명'과 노동계급의 과제:

## 기형적 노동자 국가 중국과 북한을 제국주의 침탈과 자본주의 반혁명으로부터 방어하자!

우리는 지금까지 카우츠키, 섁트먼, 클리프, 사노련과 사노신 등 (퇴보하거나 기형적인) 노동자 국가 방어노선 폐기론은 소부르주아의 동요와 자본주의 정치압박으로 인한 굴복의 이론적 합리화라는 것, 그리고 그것을 합리화하기 위해 마르크스주의 원칙으로부터 이탈하고 그 지점에서부터 그 원칙을 수정하기 시작했다는 점을 논증했다. 그리고 저마다 서로 다른 '이론'이라고 주장하지만 그 핵심에서 모두 똑같은 음조로 같은 노래를 부르고 있으며, 그리하여 세계와 남한의 노동계급을 패배의 길로 오도하고 있다는 것을 지적했다.

논의의 핵심을 정리하자면 다음과 같다. 하나는, 국가 소유형태(자본주의에서 공산주의로 나아가는 이행기 사회의 지배적 소유 형태)를 방어할 것인가의 문제이다. 국가자본주의론자들은 (퇴보하거나 기형적인) 노동자 국가 방어노선을 제기하면 마치 그 주장이 그 나라들을 사회주의라고 인정하는 것인양, 스탈린 관료집단을 지지하는 것인 양 과장하며 논점을 호도한다. 그러면서 스탈린 관료집단만이 아니라 체제의 타도를 주장하며 자본주의 반혁명의 진영으로 나아간다.

둘은 현재의 (퇴보하거나 기형적인) 노동자 국의 국가 형태를 용인할 것인가의 문제이다. 스탈린주의 관료집단은, 소련 그리고 지금 중국에서 보듯이, 현재의 모순을 해결해낼 능력이 없으며 혁명을 그 기반부터 무너뜨리고 있다. 이들은 노동계급의 정치혁명을 통해 타도되어야 한다. 스탈린주의자들은 이런 논의를 제기하면 그 주장이 마치 국유화 체제라는 혁명의 성과 모두를 타도하자는 주장인 것처럼 논점을 왜곡한다.

불행하게도 다함께, 사노련, 사노신 그리고 해방연대 등은 노동자 국가 방어노선을 폐기했다. 그들은 서로의 차이점을 주장하지만, 그 강령의 유사성으로 인해 중국, 북한 등에서 노동자 정치혁명 세력과 자본주의 반혁명 세력이 충돌하는 결정적인 순간 한 목소리를 낼 것이다. 북한의 핵무기에 대하여 반대하며 부르주아 평화주의 입장을 취하는 것처럼. 그리하여 궁극적으로 그들은 미 제국주의와 남한 자본가의 편을 들고 있다.

1991~2년 소련에는 자본주의 반혁명이 있었다. 퇴보한 노동자 국가 러시아의 붕괴는 제4인터내셔널의 분석과 예견이 옳았다는 것을 부정적 형태로 입증했다. 퇴보한 노동자 국가 러시아와 동유럽의 기형적 노동자 국가들에서 자본주의 반혁명이 일어났다. 반혁명은 1917년 혁명의 성과를 집어 삼켰다. 빈곤, 실업, 기아, 차별, 타락, 매춘, 조직폭력, 마약, 자살 등은 자본주의 판도라 상자에서 다시 튀어나와 인민을 도탄에 빠트리고 사회를 자본주의 생지옥으로 변화시켰다. 「러시아, 자본주의 생지옥」은 반혁명 이후의 러시아 상황을 이렇게 묘사한다.

유엔개발프로그램의 1999년 연구보고서에는 이렇게 적혀 있다.

"1990년대 이전에 중동부 유럽 그리고 구소련(지금의 독립국가연합) 국가들은 인민에게 높은 수준의 기본적 사회보장을 제공하여 주목을 받았다. …… 완전 평생 고용이 보장되었다. 현금 수입은 적었지만 안정적이고 변동이 없었다. 수많은 기본 소비재와 서비스는 국가보조금을 받아 규칙적으로 공급되었다. 의식주 문제는 안정적으로 해결되었다. 교육과 의료는 무상으로 보장되었다. 퇴직자들에게 연금이 보장되었고 많은 종류의 사회보장 프로그램으로 이들은 정기적인 혜택을 누렸다."

프릴랜드에 의해 "카지노 자본주의의 최대 승리자"로 묘사된 "족벌" 미하일 프리드먼은 1991년 이후 인민의 삶이 질적인 변화를 겪었음을 확실히 인정했다. 심지어 그는 구소련 시절에 대한 향수를 토로했다.

"예전에 나의 생활은 소련의 모든 사람들과 마찬가지로 아주 자유분방했다. …… 물론 물질적으로 보면 사람들은 그리 잘살지는 못했다. 그러나 어느 누구도 걱정거리가 없었다. 진짜 치열한 관심거리는 친구, 정신적 관심사, 책 등이었다. 사람들 사이의 관계는 지금보다 훨씬 더 열려 있었다. 우리는 경쟁에 시달리지 않았다. 지금 존재하는 불평등과 시기심이 그때는 존재하지 않았다. 요즘 사람들은 과거에 비해 훨씬 더 스트레스에 시달리고 있다."

자본주의하에서 인민은 생활하기가 더 힘들며 수명도 더 짧아진다. 1991년과 95년 사이에 러시아 남성의 평균 수명은 63세에서 58세로 급격히 떨어졌다. 인구증가율은 90년의 2.4퍼센트에서 96년의 마이너스 5.4퍼센트로 떨어졌다(이 수치는 다른 나라로 이주한 수백만 명의 숙련 청년 노동자들을 고려하지 않고 있다).

공공의료 체제는 거의 붕괴하였다. 현재 국내총생산의 1퍼센트가 공공의료 예산으로 책정되어 있는데 이 정도의 수치는 가장 가난한 신식민지 국가들에서나 볼 수 있다. 공공의료가 붕괴한 결과, 결핵을 비롯해 과거에 근절되었던 전염병들이 다시 등장하고 있다.

"지금 다시 나타나는 질병들은 표준 예방주사로 통제될 수 있다. 예를 들어 소아마비는 현재 서방 선진국에서는 거의 드문 병이 되었는데 다시 나타나고 있다."(유엔개발프로그램 보고서)

1989년과 95년 사이에 에이즈 발생 건수는 급증했으며 매독 발생률은 40배나 증가했다.

"이런 문제들은 표준 예방주사나 성생활 보건프로그램 등 정상적인 공공의료 체제에 의해 해결되거나 최소한 통제될 수 있다. 그러나 이 문제들의 심각성은 자본주의 복귀로 인해 국가의 주요 보건 활동이 상당히 약화되었다는 데 있다."(유엔개발프로그램 보고서)

계획경제의 파괴로 수백만 근로인민은 자신과 가족을 먹여 살릴 능력을 박탈당했다. 이 결과 마약 남용에서 배우자 폭행에 이르는 모든 종류의 사회 병리현상이 증가했다. 1991년에서 95년까지 자살 건수는 거의 두 배로 늘었으며 타살의 비율도 급등했다.

"반실업 상태의 청년들은 생활 광고 난에 '높은 보수만 주면 어떤 위험도 감수한다'는 암호 표현을 사용하여 살인청부 광고를 냈다. 피라미 범죄자들은 사소한 이익을 위해 살해를 자행했다: 부동산 사기꾼들은 아파트를 상속받기 위해 잘 속아 넘어가는 연금생활자들을 살해했다. 어느 범죄 조직은 자동차 보수공장을 위장하여 자동차 주인들을 죽이고 시체를 토막냈다."(프릴랜드, 『세기의 바겐세일』)

러시아의 사회 반혁명은 장애인, 연금생활자, 아동, 여성 등 사회의 약자들에게 특히 가혹했다. 유엔개발프로그램의 보고서 작성자들은 이념적 편향을 드러낸 채 놀라움을 표명했다.

"좀 더 민주적인 자본주의 복귀는 역설적이게 여성의 고위직 진출을 더어렵게 만들었다. 여성들은 과거에 비해 공직에서 더 밀려나고 있다. 동시에 이들의 임금고용 기회가 줄어들었으며 가정과 직장 내에서 이들이 처리할 일의 비중은 전체적으로 늘어났다. …… 여성에 대한 폭력은 배우자의 폭행과 함께 증가했으며 …… 범죄에 희생되는 여성의 숫자도 증가했다. 직장과 더 나은 생활을 필사적으로 원하는 여성들은 폭력배 조직에게 매춘을 강요당하고 있다."

프릴랜드는 수치스러운 조사 결과를 인용하고 있다. 미국의 하버드 대학교나 영국의 옥스퍼드 대학교에 해당되는 러시아의 모스크바 국립대학교 여학생들이 최고로 치는 직업은 '달러 매춘부'였다.

자본주의로의 복귀는 제2차 세계대전 때보다 더 많은 고아를 발생시켰다. 2001년 6월 1일자 〈BBC 뉴스〉는 이렇게 보도했다.

"250만 이상의 아동이 거리에서 생활하고 있다. 이들 대부분은 양육할 능력이 없는 부모에 의해 버려졌다. 러시아 보건부의 보고서에 의하면 러시아 아동의 거의 전부는 초등학교를 졸업할 시기에 한 두 가지의 고질병을 앓고 있으며 다수는 알코올 중독자가 된다. 17세의 나이가 되면 10명 가운데 1명만이 건강한 것으로 평가된다."

유엔개발프로그램 보고서는 자본주의 복귀의 결과를 이렇게 요약하고 있다.

"러시아 인민은 꽤 좋은 교육, 건강한 생활, 적절한 영양 등을 더 이상 안정적으로 누릴 수 없다. 증가하는 사망률, 곧 닥칠 새롭고 파괴적인 유행병 등으로 생존 자체가 더욱 어려워지고 있다. …… 구소련과 동구 국가들에서 자본주의로의 '이행'은 실제로는 대공황의 완곡한 표현일 뿐이다. 생산의 붕괴와 치솟는 인플레는 사상 유례가 없다. 인간의 안정적 삶은 치명적인 타격을 입었다. 보수적인 수치에 의하면 1억이 넘는 인민이 빈곤으로 추락했으며 이보다 훨씬 더 많은 수의 인민은 불안하게 목숨을 부지하고 있을 뿐이다."

자유시장 몽상가들의 장밋빛 전망과는 정반대로 러시아의 급조된 부르주아 계급은 시설 개선, 효율적 생산 방식의 도입, 생산 확대 등에 대해 놀랄 정도로 무관심하다.

"새 러시아에서 번영하는 자들은 초대형 부자들뿐이다. …… 이들의 막대한 부는 새로운 기술, 좀 더 효율적인 서비스, 좀 더 생산성 있는 공장에서 나오지 않았다. 붕괴한 국가 소유 즉 유전, 니켈 광산, 텔레비전 방송 채널, 수출 면허장, 심지어는 국가의 은행 계좌 등에서 나왔다. 그리고 일단 러시아의 매판자본가들이 전리품을 확보하자 이들은 이것을 가능한 빨리 더 안전한 해외로 도피시켰다. 1991년과 99년 사이에 1천억 달러에서 1,500억 달러의 자본이 러시아를 빠져나간 것으로 전문가들은 추산했다. 러시아는 왜곡된 시장경제를 탄생시켰다. 10년간 지속된 경제 불황, 죽어가면서 더욱 빈곤에 허덕이는 하층 계급, 호화로운 생활에 찌들어 있는 극소수 기생 계층 등으로 러시아는 일종의 자본주의 생지옥이 되었다. 구소련의 선전가들이 '썩어 들어가는 서구 부르주아 사회'라고 불렀던 끔찍한 삶의 이미지가 러시아에서 현실로 등장했다."(프릴랜드, 『세기의 바겐세일』)

1917년 10월 혁명은 세계적 사건이었고 그리하여 그 붕괴 역시 세계적인 파장을 불러왔다. 세계의 자본과 노동의 정치적·군사적·이념적 역관계는 자본에 유리한 쪽으로 현격히 변화되었다. 사회주의 노동운동권은 위축되었고, 많은 인자들이 썰물처럼 빠져나갔다. 각 사업장의 경제투쟁은 방어적인 투쟁에만 급급했다. 승리의 믿음이 꺾이고 절망감이 엄습했다. 체제 내적 개량주의 운동이 대세가 되었다.

소련 붕괴 이후 러시아 인민들의 생활여건이 얼마나 처참하게 추락했고, 세계 그리고 남한 노동계급의 정치적 후퇴가 얼마나 심각했으며, 자본 가계급과의 역관계가 얼마나 불리해졌는지 사노련, 다함께, 사노신 등 국가 자본주의론자들은 눈도 깜짝하지 않으려 한다.

그들은 자신들의 정치적 책임에서 벗어나기 위해서라도 자본주의 복귀 이후 나타난 재앙적인 사태 전개를 그저 냉소적으로 바라본다. 국가자본주 의론자들에게 소련 중국 북한 등의 스탈린주의 노동자 국가는 "무너져도 빨 리 무너져야 할 반동적 체제"이거나 "타도되어야 할 체제"다. 그 논리로 국 가자본주의론자들은 자본주의 복귀를 이끌었던 옐친 집단을 환호했다. 그 들에 따르면 1991~2년에 별일 없었다. "게걸음처럼 한 형태의 자본주의 체제에서 또 다른 형태의 자본주의 체제로 옆 걸음을 쳤"(토니 클리프)을 뿐 이거나, '소연방이 와해되고, 국영기업들이 사유화되고, 소련 집권 당 관료 는 사적 자본가들로 변신하고, 구조조정과 정리해고가 벌어져 노동자들은 더 고통 받았다. 하지만 그랬을 뿐, 자본주의 반혁명은 없었다.'(사노련 회원)

지금 중국은 위태롭다. 중국이 자본주의 반혁명으로 인해 붕괴하고 그 에 이어 북한이 붕괴한다면 그 사건은 세계와 남한노동계급에 1991~2년 소 련 붕괴 그 이상의 충격파를 몰고 올 것이다. 지금 기형적 노동자 국가 중국 은 날카로운 갈림길 위에 있다.

> 퇴역 장성과 전직 장관들이 포함된 17인의 중국 공산당 원로그룹은 '개 혁'과 동반된 저임금, 국영부문의 축소 그리고 외국자본 침투를 비판하는 공개서한을 발표했다. 그 서한의 작성자들은 친자본주의적 행로를 수정하 고 마오쩌둥 사상으로 돌아올 것, 즉 재국유화와 중앙계획으로 돌아올 것을 다가오는 제17차 당 총회에 호소했다. 만약 시장개혁이 계속된다면 "옐친과 같은 인자가 나타날 것이고, 당과 나라는 곧 비극적으로 파괴될 것이다"라 고 그들은 경고했다(《먼슬리리뷰》의 웹진).
>
> —「중국은 어디로? 정치혁명과 반혁명의 갈림길」

중국 공산당으로 대표되는 중국 스탈린주의 관료집단은 집산화된 소유형태 를 지키려는 분파와 국가자산의 전면적 사유화를 추진하려는 분파로 예리 하게 나뉘고 있다. "옐친과 같은 인자가 나타날 것이고, 당과 나라는 곧 비극적으로 파괴될 것"이라고 경고하는 그룹이 있는가 하면, 그것에 맞서는 파벌이 날카롭게 대립하고 있다. 그 동안의 시장경제 추진으로 인해 체제 내부의 자본주의 복귀 세력의 영향력은 그 어느 때보다 증대되었고, 그들은 미국, 일본 등 제국주의자들의 강력한 지지를 업고 있다.

국유화 체제와 이해를 같이하는 노동자 농민과 중국 공산당 내 보수파를 한편으로, 전면적인 사유화로 나아가고자 하는 중국 공산당 내 시장주의자, 국내 기업가, 외국의 중국인 자본가 그리고 세계 제국주의 세력을 한편으로 하는 균열이 점점 더 첨예해지고 있다. 그 승부는 어느 쪽이건 "소유체제를 방어하는 폭력기구", 즉 국가권력을 장악하는 자의 승리로 결정될 것이다. 중국 내에 국가권력을 둘러싼 결정적 대결이 임박해 있다. 이 결정적인 대결의 시기, 중국 노동계급이 어떠한 태도를 취할 것인가가 사태를 결정하게 될 것이다. 하지만 동시에 남한 노동계급이 어떠한 입장을 취할 것인가 역시 그 사태에 큰 영향을 미치게 될 것이다. 중국 노동계급에게 남한 노동계급이 혁명적 영감을 줄 것인가, 아니면 국가자본주의론의 최면에 빠져 반혁명을 지지할 것인가. 이것이 이 시대의 '국가와 혁명' 문제이다.

이 문제에 대한 분석과 정치적 입장은 「중국은 어디로? 정치혁명과 반혁명의 갈림길」을 인용하는 것으로 대신한다.


결정적 대결의 시기, 보수파는 필연적으로, 오직 간접적인 방식으로, 인민대중의 지지에 의존하도록 강제될 것이다. 반면 친자본주의 집단은 국내 기업가들과 외국의 많은 수의 중국인 부르주아지들 그리고 세계 제국주의에 의해 지지받게 될 것이다.

중국에 자본주의는 이미 복구되었다고 주장하는 자칭 '혁명가들'은 중국 공산당의 분열을 단지 부르주아지 진영 내부의 분열로 볼 것이다. 이와 같은 입장의 논리는 그 문제에 대해 중립을 취하려 하거나, 또는 더 가능성 높게, 이른바 '민주적인' 반혁명을 지지하려 할 것이다. 노동자인터내셔널조직위원회, 노동자권력, 제4인터내셔널통합서기국 그리고 그 밖의 겉치레 트로츠키주의 조직들이 1991년 8월에, 야나예프의 '비상위원회'로 대표되었던 스탈린주의 잔존자들에 대항한 보리스 옐친 무리들을 지지했던 것처럼.

중국 스탈린주의 보수파와 자본주의 복구파들이 결전을 벌이게 됐을 때,

트로츠키주의자는 1991년 소련 사태에서 우리가 그러했던 것처럼, 후자에 맞서 전자를 지지할 것이다. 이것이야말로 트로츠키가 「이행 강령」에서 주창했던 입장과 일치하는 유일한 노선이다.

"이러한 정치적 전망 속에서 '소련 방어'의 문제가 더욱 구체적인 시급성을 띠고 있다. 만약 내일 이른바 '부텐코 분파'라고 명명되는 부르주아-파시스트 분파가 정치권력을 넘볼 경우 '라이스 분파'는 불가피하게 바리케이드의 반대편에 서서 이들에게 저항할 것이다. 일시적으로 스탈린의 동맹자가 되더라도 결국 이 분파는 보나파르트 파벌이 아니라 소련의 사회적 기초, 즉 자본가로부터 빼앗아 국가 소유로 변모시킨 소유체제를 방어할 것이다. '부텐코 분파'가 히틀러와 동맹하고 있는 사실이 증명된다면 이 '라이스 분파'는 소련 국외뿐 아니라 국내에서도 파시스트들의 군사적 개입에 대항하여 소련을 방어할 것이다. 이와 다른 정치행동은 세계혁명에 대한 배신행위다.

소련에 대한 자본주의 반혁명 세력의 공공연한 공격에 대항하여 관료집단의 테르미도르 분파와 제4인터내셔널이 '공동전선'을 수립할 가능성을 미리 엄격하게 부정할 수는 없다. 그러나 소련에서의 가장 중요한 정치적 과제는 아직까지도 **이 테르미도르 관료집단을 타도하는 것**이다. 이 집단의 지배기간이 하루씩 연장될수록 경제의 사회주의적 요소는 파괴되고 자본주의 반혁명의 성공 가능성은 증대된다."(트로츠키, 「이행 강령」)

중국 공산당의 보수파는 본질적으로 중국이라는 기형적 노동자 국가의 근본 모순, 즉 집산화된 생산수단과 타락하고 무능력한 보나파르트주의 관료의 정치독점 유지 사이의 모순을 해결할 능력이 없다. '급진적' 자본주의 복구 세력과의 대결에서 스탈린주의 보수파의 승리가 노동계급의 손에 정치권력을 즉각 쥐어주지는 않을 것이다. 그러나 그것은 혁명가들에게, 중국 공산당으로부터 정치권력을 빼앗을 정치혁명의 전망 속에서, 중국 노동계급의 가장 선진적인 부위를 획득할 기회를 그 엄중한 때에 제공할 것이다. 반면에 중국의 옐친이 승리하게 된다면, 그것은 중국과 세계 노동계급에게 치명적인 역사적 패배가 될 것이고 미래의 투쟁을 펼치기 굉장히 어려운 정치 지형을 만들게 될 것이다.

고르바초프의 소련과 지금의 중국 사이에는 중요한 차이들이 있다. 한편, 중국의 사적 부문은 대략 1억의 산업노동자를 양산하면서 동시에 갓 태어나기 시작한 1991년의 러시아 자본가들보다 강력하고 응집력 있는 자본가 계층을 키워왔다. 사유기업은 중국 GDP의 50퍼센트를 차지하며, 몇몇 도시에서는 70퍼센트의 고용을 담당하고 있다. 한편, 중국 노동자들은 소련 노동자들보다 자유시장의 착취에 대해 더 잘 이해하고 있다. 대량의 실업자를 낳고 있는 현재의 세계 경제위기는 중국의 프롤레타리아와 그들의 동맹자인 빈농들 사이에 자본주의에 대한 반감을 부채질하고 있다.

중국 노동자들은 유약하고 깊이 균열된 중국 공산당 관료집단을 전복하는 데에 필요한 투쟁정신과 사회적 힘을 충분히 가지고 있다. 노동계급 정치혁명은 진정한 노동자민주주의에 기초한 중앙계획경제 기구와 국내외 자본의 몰수를 통하여 평등한 사회주의 미래를 향한 길을 열어낼 것이다. 성공적인 봉기엔 국제적이고 트로츠키주의 강령으로 무장한 사회주의 혁명정당이 이끄는 수백만의 분출이 필요하다. 그와 같은 정당은 사유화된 착취현장 노동자들이 당면하고 있는 과제들과 관련된 강령을 제출할 것이고, 그 투쟁과 국영기업 노동자들의 사유화와 해고 반대 투쟁과 결합시킬 것이다. 혁명가들은 또한 농민과 지방의 협동농장 구성원들, 소수민족, 여성 그리고 그 밖의 피억압자들의 특수한 문제들도 자신의 문제로 떠안을 것이다.

중국 프롤레타리아 정치혁명의 승리는 세계의 역사적 사건이 될 것이다. 그것은 그 즉시 세계 정치지형을 통째로 바꾸어놓을 것이다. 그것은 인도네시아와 필리핀에서부터 남한과 일본, 멀리는 북미와 유럽 제국주의 요새의 혁명적 분출을 점화할 것이다. 이를 실현하기 위한 첫 걸음은 1949년 사회혁명의 성과를 무조건적으로 방어하는 중국 트로츠키주의의 핵을 결집하는 것이고, 제4인터내셔널 재건을 위한 중국 조직을 건설하는 것이다.

# '현실 사회주의' 국가 성격에 관한 Q&A

Q: 이 문제는 '실천적'인 문제인가?

A: 사회주의 혁명가는 노동계급이 더 나은 임금과 고용조건으로 일할 수 있게 하는 것을 '궁극적' 목적으로 하지 않는다. 자신의 역할을 그렇게 한정하는 것은 노동조합 서기들뿐이다. 사회주의자들은 자본가 권력을 타도하고 권력을 장악할 것을 목표로 한다. 그 권력은 모든 악의 근원인 자본주의 사회를 폐지하고 사회를 사회주의적으로 개조하는 데에 복무할 것이다.

혁명은 국제적 관계 속에서 이루어진다. 직접적으로 영향을 미치는 국제관계를 보더라도 남한은 주변에 북한, 중국을 인접하고 미국과 일본 제국주의의 노골적 영향 속에 존재하는 국가다. 이런 상황에서 남한 혁명은 중국, 북한, 일본 그리고 미국 노동계급의 적극적인 지지 속에서만 성공할 수 있고 지탱될 수 있다. 그런 점에서 중국과 북한의 사회 성격을 정확히 분석해내고 그 나라들과 미제 일제 그리고 남한 자본가 정권의 관계에서 우리가 건설할 당이 올바른 정책을 제시하지 못한다면, 그것은 재앙이 될 것이다.

Q: 문제는 실천적으로 어떻게 제기되는가?

A: 다음과 같은 사실은 일반적으로 인정될 수 있을 것이다.

'구소련, 동유럽, 중국, 북한, 베트남, 쿠바 등은 생산수단을 집산화한(국유화한) 체제다. 여성해방이 유례 없이 비약적으로 진전된 사회다(였다.) (그 질적 수준과 각 나라 사이의 편차는 차치하고) 무상의료, 무상교육 등 사회복지가 실현된 사회다(였다).'

그렇다면 문제는 이렇게 제기될 수 있다. 그 국가의 명칭을 어떻게 부르든 간에, 우리는 그러한 성과를 방어해야 할 것인가? 아니면, 관료집단에 의해 국가 권력이 장악되었고 그로 인해 노동자민주주의가 부재하다(했다)는 결격사유를 이유로 그 나라들의 성과를 방어하지 않을 것인가? 즉, 집산화된 생산수단의 사유화, 여성해방의 진전된 성과의 파괴, 무상의료와 무상교육의 폐로 가는 것을 묵인할 것인가?

Q: 노동자 민주주의의가 없는데 노동자 권력이라 할 수 있는가?

A: 국가자본주의론자들은, 소련, 동유럽, 중국, 북한 등의 민주주의 결여를 나머지 모든 것(자본가로부터 생산수단의 몰수)을 부정할 정도로 '결정적' 결격사유인 것처럼 말한다.

노동자민주주의가 절실히 필요한 이유는 첫째로, 집산화된 경제체제를 '제대로' 방어하기 위해서이며(소련과 동구권의 몰락은 그것을 우리에게 분명하게 확인시켜준 바 있다), 둘째로는 집산화된 경제체제의 이점(생산력 해방과 노동자 창조성의 극대화라는)을 가장 높은 수준으로 실현할 수 있기 때문이다.

"노동계급 독재의 핵심 특징은 노동대중에 의한 정부의 민주적 통제다." 제법 그럴싸한 말이다. 실제로 우리 마르크스주의자들은 노동대중이 정부를 통제하기를 원한다. 그럼에도 불구하고 카우츠키는 완전히 틀렸으며, 마르크스주의를 왜곡하고 있다.

"프롤레타리아트는 국가권력을 잡고 나서는 먼저 생산수단을 국유화한다. 또한 그로부터 프롤레타리아트는 프롤레타리아트로서의 자신을 폐지하고 모든 계급차별과 계급 적대감을 폐지하며 또한 국가로서의 국가를 폐지한다. …… 마침내 국가가 진정 사회 전체를 대표하게 될 때 국가는 더 이상 필요하지 않게 된다. 복종해야 할 그 어떠한 사회계급이 더 이상 존재하지 않게 되자마자, 그리고 현재와 같은 생산의 무정부성에 기초한 자신의 존립을 위한 개별적 투쟁과 이 투쟁에서 발생한 갈등 및 과잉 생산 등이 계급통치와 함께 사라지게 되자마자, 복종을 위한 그 무엇도 존재하지 않게 되며, 그 어떤 특수한 강제권력, 즉 국가는 필요가 없게 된다. 국가가 진정 사회 전체를 대표하게 되고 사회 전체가 생산수단을 소유하게 될 때, 제일 먼저 취하는 행동은 바로 국가로서의 최후의 독자적 활동으로 되어버릴 것이다."(프리드리히 엥겔스, 『가족, 사유재산 및 국가의 기원』)

엥겔스는 계급내전에서 승리한 프롤레타리아가 먼저 취해야 할 조치로 "민주적 통제"를 말한 적이 결코 없다. 기존의 소유계급으로부터 생산수단을 몰수하는 것이야말로 가장 중요한 일이었다. 『국가와 혁명』에서 엥겔스를 인용한 레닌은 무어라 말했을까.

"현재 계급 지배는 어떻게 표현되고 있는가? 지주와 자본가의 소유는 철폐되었다. 승리한 노동계급은 이 소유를 철폐하고 철저히 파괴시켰다. 바로 이 점에서 노동계급의 지배는 표현되고 있으며 존재하고 있다. 무엇보다도 소유의 문제가 우선이다. 현실에서 소유의 문제가 결정되면 계급 지배는 확보된 것이다. …… 지배계급들이 서로 뒤바뀌었을 때 이들은 소유관계도 뒤바꾸었다."

그러나 오늘날의 이른바 '노동자 민주주의'의 신봉자들은 "무엇보다도 소유의 문제가 우선"이라는 사실을 간단히 무시하고 있다. 소련, 중국, 북한, 쿠바 등을 모종의 자본주의 국가라고 부르는 사람들은 이들 나라에는 노동자 민주주의와 소비에트 민주주의가 없고, 노동자 자주관리가 이뤄지지 않았다는 이유로, 자본가들의 생산수단을 몰수하는 것을 통하여 사적소유가 폐기된 이 나라들을 자본주의 국가라고 말한다. 이 것은 마르크스와 레닌의 정식인가? 아니다. 바로 카우츠키의 정식이다. "노동계급 독재의 핵심 특징은 노동대중에 의한 정부의 민주적 통제다."

물론 "민주적 통제"는 필요하다. 그리고 우리는 노동자 민주주의와 소비에트 민주주의를 지지하며, 스탈린주의 관료집단을 타도하고 노동자의 직접적인 지배체제를 수립하는 정치혁명을 지지해야 한다. 왜냐하면 노동자계급이 스스로의 소유를 남의 간섭 없이 직접 관리, 통제하는 것으로만 집산화된 계획경제를 온전하게 운영할 수 있기 때문이다. (물론 선진 자본주의 수준의 생산력과 교육수준을 갖춘 노동자계급이라는 전제하에서 말이다.) 집산화된 계획경제하에서 생산은 가치법칙이 아닌 정치적 고려에 따라 이루어지는데, 자신의 모든 정치적 고려가 특권 유지에 맞추어진 관료집단에 의해 생산 전반이 통제된다면 그 사회에서의 생산은 인민대중들의 요구를 결코 충족시킬 수 없을 것이며, 스탈린주의 체제하에서 나타나는 비효율, 부패와 낭비가 이를 입증하고 있다. 또한 당내 민주주의와 소비에트 민주주의를 통해서만이 당과 노동자 국가의 건강이 유지될 수 있기 때문이다. 그래서 우리는 다음과 같이 말할 수 있다: 노동자 민주주의는 매우 탁월한 연장이다.

이것은 '노동자 민주주의'를 그 자체로 떠받들고 찬미하는 경향, '노동자 민주주의'를 자연법 내지는 인권, 기본권의 범주로 승격시키는 경향과는 분명하게 구별되는 것이다. 민주주의가 결코 우리의 목적이 될 수 없다. 프롤레타리아 독재를 통해 구축되는 노동자 국가의 핵심은 사적소유의 폐지다. 민주주의는 어디까지나 사회주의 계획경제의 수단이 되어야 한다. 그 주객을 전도하는 것은 소부르주아 민주주의 물신론자들의 것이지 마르크스주의가 아니다.

Q: 자본주의이거나 사회주의이지 이것도 저것도 아닌 사회라는 것이 말이 되는가?
A: 마르크스주의는 사회 분야를 설명하는 과학이론이며, 이론은 현실을 추상의 차원에서 설명하며, 실천은 그 이론을 바탕으로 구체적 현실을 이해하고 그 이론을 구체적 현실에 적용하는 것이다. 추상화된 이론은 구체적 현실을 바탕으로 획득되지만,

구체적 현실의 부차적인 사실들을 사상(捨象)하여 정립되는 것이므로 현실과 똑같지 않다. 물은 1기압 아래에서 100℃에 끓는다고 이론은 말하지만, 구체적 현실에서 정확하게 100℃에 끓는 물은 없는 것과 같다.

마르크스주의는 충분히 발전한 자본주의 다음에 노동계급의 혁명을 통해 등장하는 사회는 사회주의라고 했고 그 사회는 가장 발전한 자본주의 생산력의 기초 위에서 형성되는 사회라고 보았다. 그런데 구체적 현실 속에서 등장한 소련은 대단히 후진적인 사회였다. 레닌조차도 1917년 2월 혁명 이후 4월 테제를 제출하기 전까지는 줄곧 당면한 혁명은 '노동계급과 농민이 주도하는(하지만), 부르주아민주주의 혁명'이라고 생각했을 정도로.

레닌과 트로츠키는 10월 혁명 이후 등장한 소련을 '프롤레타리아 독재가 수립되고, 생산수단의 사회화가 이루어진 그러나 낮은 생산성으로 인해 부르주아적 분배 규범이 관철되는 노동자 국가'라고 규정했다.

'자본주의 아니면 사회주의'라는 식의 흑백논리는 '생산수단의 사적소유 철폐=사회주의'라고 믿는 스탈린주의자나 '생산수단의 사적소유 철폐가 되었더라도 노동자 민주주의(?)가 관철되지 않으면 자본주의'라고 말하는 국가자본주의의 논리다.

Q: 노동자 직접 행동에 의한 혁명이 있어야만, 노동자 국가인 것 아닌가? 그러므로 노동계급이 주도한 러시아 혁명 외에 노동계급이 혁명을 주도하지 않았던 북한, 중국, 쿠바, 베트남 등은 노동자 국가가 아니지 않은가?

A: 이 말은 '노동계급의 자기 해방'이라는 마르크스의 사상에 합당할까? 아니다. 그것은 사회주의로 나아가는 길을 세계 체제 속에서 바라보지 않고 일국적으로만 사고하는 관점이다. 만약 이 일국적 관점을 따른다면, 우리는 특정 나라에서 '사적소유체제를 방어하기 위한 폭력기구'인 자본주의 국가권력이 이러저러한 이유로 타도되거나 사라진 뒤에도 그 나라의 노동계급이 '스스로' 일어설 때까지 내버려두어야 하거나, 다른 나라 노동계급이 그 나라의 자본주의 권력을 붕괴시킨 후에도 사회주의적 조치를 취하지 않고, 자본주의가 충분히 재생될 때까지 기다려야 한다는 넌센스에 빠지게 된다.

사회체제의 변화는 일국적으로 일어나는 것이 아니라, 세계 체제 속에서 일어나는 것이며 자본과 노동의 역관계도 세계적 차원에서 표현되며, 그렇게 이해할 때에만 온전히 그 역관계를 파악할 수 있다.

프랑스 시민혁명(부르주아 혁명) 이후 일시적 반동기를 맞았을 때 나폴레옹이 등장했다. 주변 왕정국가들은 왕정을 타파하고 귀족을 일소한 프랑스를 보며, 한편으로 같은 일이 자국에서도 일어날까 봐 겁을 먹고 다른 한편으로 본때를 보여주기 위해 프랑스와 전쟁을 벌였다. 그러나 나폴레옹이 이끄는 프랑스 군대에 패했다. 그러자 그 나라들에서 다시 되돌릴 수 없는 반봉건적 조치들이 수행되었다.

제2차 세계대전 이후 제국주의 국가들은 상호 전쟁으로 인해 그 세력이 크게 위축되었다. 대부분의 식민지 나라들이 '정치적으로' 해방되었고, 그 과정에서 동유럽과 북한 등처럼, 소련군이 독일과 일본 제국주의와의 전쟁에서 승리한 지역은 부르주아적 소유를 철폐시켰다. 중국공산당은 오랜 내전 끝에 1949년 제국주의의 지원을 받는 국민당을 패퇴시켰다. 중국공산당은 신민주주의 노선을 내세우며 자본주의와의 공존(?)을 모색했으나, '공존' 상대자인 국민당과 자본가 집단은 대만으로 도망쳐버렸다. 스탈린주의 중국 공산당은 1920년대 인민전선 정책으로 인한 패배 이후, 대도시를 버리고 농촌 지역으로 쫓겨가 농민의 지지를 업고 게릴라 투쟁을 벌였고 그것을 바탕으로 승리했다. 그렇다면 노동계급이 중심이 되지 않았으므로 반자본주의적 조치들은 착수하지 않았어야 했을까? 또는 사적소유를 철폐했음에도 노동계급이 주도하지 않았으므로 반봉건적인 혁명인 것일까?

2010년 아이티에서 지진이 발생하자, 대통령이 자취를 감춰버렸다. 국가기구가 무력화되었다. 그러자 미국은 부랴부랴 군대를 파견했다. 아이티 인민 구호를 위해서가 아니라(군대병력 이동을 위해 항구와 공항을 독점했기 때문에 구호물자는 한동안 아이티에 도착하지 못하거나 우회해야 했다) '질서'를 잡기 위해서, 즉 혹시 모를 인민 주도의 '혼란'을 막고 자본주의 질서를 방어하기 위해서 그리고 아이티에 매장되어 있는 석유를 독점하기 위해서.


Q: 북한의 사적소유 철폐는 얼마든지 반제·반봉건의 과제로 될 수 있는 것 아닌가?
A: 어떤 반봉건도 생산수단의 사적소유를 철폐하지 않는다. 반봉건 혁명은 프랑스 자본주의 국가의 성립에서 전형적 형태로 나타난 것처럼 대토지 소유에 기초한 귀족제, 공공연하고 노골적인 신분제도를 철폐하는 부르주아 민주주의의 수립을 의미하는 것이다.


Q: 지금 중국은 자본주의다. 그런데 혁명이 있어야 자본주의가 극복될 수 있다. 그

러므로 1949년 중국엔 (반자본주의) 혁명이 없었다고 해야 하는 것이 아닌가?

A: 재미있는 삼단논법이다. 그러나 사실과 마르크스주의 국가론에 기초할 때 엉터리다. 1949년과 그후 무엇이 일어났는지 조금만 관심 있게 들여다보아도 알 수 있을 것이다. 그저 지금 중국의 모습이 '누가 보아도 자본주의 국가인 것이 명백한 것으로 여겨지지 않느냐'는 인상주의에 기초해 있는 삼단논법이다.

하지만 이 삼단논법이 '개량의 연속을 통해 점진적으로 국가의 소유체제가 바뀔 수 있다'는 사민주의자의 환상과 달리, 마르크스주의 국가론의 일부를 이해하고 있다는 점은 다행이다.

많은 좌익들마저 너무도 당연하다고 여기는 중국 문제를, 다른 기형적 노동자 국가들과 더불어 조금 더 살펴보기로 하자.

알다시피 현실 속에서 반자본주의 혁명이 일어난 소련, 북한, 중국, 쿠바, 베트남 등은 자본주의 세계체제 속에서 약한 고리들이었다. 자본주의 모순과 더불어 제국주의·식민지의 모순도 중첩되어 있고 낮은 생산력을 가지고 있는 나라들이었다. 사적 소유의 철폐 자체로 이 나라들에선 경제적·정치적·문화적 발전이 비약적으로 이루어졌다. 하지만 세계체제 속에서 자본주의와 경쟁하며 자신의 경제를 유지하기 위해선 생산성을 발전시켜야 했다.

그 방법은 두 가지다. 하나는 선진 자본주의 국가의 혁명을 통해 경제적 도움을 받는 것. 다른 하나는 자체적인 생산력의 발전을 이루어내는 것.

우리가 알다시피, 선진 자본주의 국가들에서는 러시아 혁명 이후 근 100년 동안 혁명이 일어나지 않았다. 그 나라들은 반자본주의 혁명이 일어난 국가들의 협력과 자체적 노력으로 그 문제를 극복해야 했다. 선진 자본주의 국가의 혁명이 일어나지 않은 조건 속에서 일국사회주의론에 사로잡힌 스탈린주의 국가들이 선택한 방법은 다시 두 가지였다. 하나는 자국의 생산력을 최대화시켜내는 것. 다른 하나는 자본주의적 조치를 일부 수용하는 것.

전자는 소련의 스타하노프운동, 북한의 천리마운동, 중국의 대약진운동 등으로 나타났다. 일정한 성과가 있었겠지만, 주로 과학기술 수준으로 결정되는 생산성은 그런 방법으로 쉽사리 극복되지 않으며, 관료주의적 경제운영은 경제 발전을 지체시켰다.

후자는 시장 개방이다. 즉 발전된 선진 자본주의 자본에 시장을 일정 부분 개방하여 자신의 경제적 문제를 해결해 보려는 것이다. 소련의 경우 1920년대 부하린 정책, 고르바초프의 개방 정책 등이 그것이다. 레닌 시절의 신경제정책도 비슷한 성격을 지니고 있다. 중국의 경우, 스탈린 사망 후 소련과의 관계가 악화되자, 소련 경제 네트워크를 통한 원조를 받을 수 없게 되었고 그러면서 친미적 제스처를 취하며 시장 개방을 시작했다. 북한과 쿠바, 베트남의 경우 고르바초프의 등장 이후 원조 축소로 인해 1980년대부터 경제적으로 곤란을 겪다가 1990년대 동유럽과 소련의 자본주의 반혁명 이후 재앙적 상황에 직면하였다. 그러자 이 나라들은 제국주의에 부분적 침투를 허용하며 문제를 극복해보려 나서고 있다. 북한 스탈린 집단 역시 개성공단 등 유사한 정책을 취하고 제국주의와의 화해 정책을 취하고 있으나, 정치적·군사적인 이유로 미국 제국주의가 허용하지 않고 있을 뿐이다.

우리가 알다시피, 자본주의적 경제에 양보하는 이 조치는 대단히 위험한 수단이다. 노동계급의 권력 그 자체를 위협한다.

중국은 그렇게 30여 년간 시장개혁을 추진해왔다. 아직 국가 경제를 좌우하는 은행을 중국공산당이 쥐고 있고 대부분 기간산업이 국유기업 형태로 있지만(전체경제의 30퍼센트 수준), 그 결과 중국은 위태위태하다. 양적 축적이 질적 비약을 낳을 비약지점 근처에 와 있다고 생각한다. 하지만, '특정 소유 체제 방어를 위한 폭력기구'인 국가의 성격은 '아직' 바뀌지 않았다. 국가의 성격은 점진적으로 변화하지 않는다. 위의 삼단논법처럼 중국 사회엔 1949년 이후 아직 "혁명이 없었다."

중국에는 조만간 사회주의적 체제와 자본주의적 요소라는 화해할 수 없는 모순이 격돌, 폭발하는 격변이 있을 것이다. 그 격변을 통해 노동계급이 스탈린 관료집단을 타도하고, 사유화한 부분을 회수하는 정치혁명이 진행되거나 아니면 소련과 동유럽에서 나타났던 것처럼 전면적인 자본주의화로 나아가는 반혁명이 일어날 것이다. 그때 중국 스탈린주의 집단은 기존 체제 유지파와 자본주의 복귀파(옐친과 같은)로 갈라질 것이고, 중국 노동계급과 세계 노동계급 대 중국 자본가와 세계 자본가계급의 결전을 치르게 될 것이다. 이 결전을 통해 세계 노동계급에게 막대한 영향을 미칠 중국의 운명이 결정될 것이다.

Q: 스탈린 관료집단은 혁명의 성과를 '모두' 훼손했고, 그로 인해 소련은 자본주의 사회가 되었으며, 여성해방의 성과는 혁명 이전으로 되돌아갔는가?

A: 물론 1924년 레닌 사후 권력 투쟁에서 트로츠키 좌익반대파에 승리하여 스탈린 관료집단이 권력을 장악한 후, 소련 사회는 크게 후퇴했다. 그렇지만 혁명의 성과를 완전히 뒤엎고 '새로운 종류의 자본주의 국가'가 된 것은 아니었다. 철폐된 사적소유가

부활되지 않았고, 사적소유 철폐를 통한 성과는 유지되었다.

여성 문제에서도 마찬가지 일이 일어났다. 스탈린 관료집단은 여성 문제를 크게 훼손했다. 이 후퇴와 그 원인 그리고 그 후퇴에 대한 관료집단의 대응에 대해 트로츠키는 이렇게 지적한다.

"불행하게도 소련 사회는 너무 가난하고 문화수준이 낙후됐다. 국가의 실제 자원은 공산당의 계획이나 의도에 비해 턱없이 부족했다. 가족은 '철폐'될 수는 없으며 더 좋은 형태로 대체되어야 한다. 여성의 실질적 해방은 '일반화된 궁핍' 하에서는 실현될 수 없다. 이미 80년 전에 마르크스가 정식화한 이 엄격한 진실은 경험에 의해 입증되었을 뿐이다. …… 참기 어렵고 모욕적인 가정생활의 어려움이 사회 전체의 노력에 의해서 제거된 진정한 사회주의 가족은 어떤 강제적 통제도 요구하지 않을 것이다. 그리고 이 자유로운 가정 내에서는 낙태법과 이혼법을 생각하는 것 자체가 매춘굴이나 인간 제물 사원을 생각하는 것만큼 끔찍스러울 것이다. 10월 혁명의 법률들은 이러한 가족을 창조하기 위해 대담한 첫발을 내디뎠다. 그러나 경제적 · 문화적 후진성은 잔악한 반동을 초래했다. 테르미도르 반동의 법률은 이제 부르주아 법 모델로 후퇴하고 있다. 그리고 이 후퇴는 '새로운' 가족의 성스러움에 대한 거짓 연설로 위장되어 있다. 이 문제에서도 사회주의 건설의 실패자인 소련 지배층은 위선적 품위로 자신을 위장하고 있다."(트로츠키, 『배반당한 혁명』)

크게 후퇴했으나 그렇다고 해서 혁명 이전으로, 즉 자본주의로 돌아간 것은 아니었다. 1917년 혁명의 성과는 1991년 붕괴 직전까지 뚜렷이 남아 있었다.

토니 클리프 등 국가자본주의론자들은 1991년에 '국가자본주의가 사적자본주의로 바뀐 게걸음이 있었을 뿐'이라고 대수롭지 않다는 듯이 말하지만, 그것은 자본주의 반혁명이었고 재앙이었다.

박노자는 인민에게 닥친 그 재앙을 이렇게 증언한다.

"자본화된 러시아에 대해 느끼는 감정은 분노밖에 없습니다. 과거 소련에선 학교 옆에 유도 도장, 그 옆에 역도 도장, 그 옆에 도서관이 있는 식으로 공공시설이 많았어요. 독서문화가 활발했고, 가난해도 서로 비슷한 처지여서 행복했죠. 그런데 지금 러시아는 지옥입니다. 사람 살 곳이 못 됩니다. 제 아버지는 작년에 돌아가시고 어머니는 연금으로 생활합니다. 연금이라고 해봐야 '고기 한 점 살 수 없는' 수준이고, 언제 수돗물이 끊길지 모르는 슬럼 아파트에서 연명하는 신세예요. 이런 나라를 보고 정말이지 실탄이라도 던지고 싶은 심정이었습니다."(《경향신문》, 2010년 11월 15일)

자신들의 잘못된 도그마를 위해, 버젓이 살아있는 이런 구체적 현실들을 외면해서는 안 된다.

Q: 중국, 북한, 베트남 등에선 여성해방에 진전이 있었는가?

A: 국가자본주의론은 '사적소유가 철폐된 자본주의', '상속할 수 없는 사유재산', '개인적으로 처분할 수 없는 사유재산을 가진 자본가계급' 등 비과학적 주장을 늘어놓게 한다. 그 과정에서 자본주의, 사유재산, 계급, 자본가 등 마르크스주의 핵심 개념들을 수정하고 왜곡한다. 이 '이론'은 거의 모든 분야에서 이성적 인식을 저지하고 마비시킨다.

여성 문제도 마찬가지다. 국가자본주의론을 고수하기 위해서, 북한, 중국, 쿠바, 베트남 등에서 일어난 사건은 '아무것도 아니어야' 한다. 실증적이던 연구자는 국가자본주의론이라는 도그마 앞에 서자 갑자기 구체적인 현실을 외면하면서 도그마의 컴컴한 그림자 뒤로 숨어버린다. '사적소유의 철폐가 그 나라들에 있었고, 그로 인해 여성해방에 커다란 진전이 있었다'라는 객관적 사실에 대해, '그럴 리 없다'며 눈과 귀를 가리고 막무가내로 도리질을 한다.

중국과 관련해서만, 몇 개의 글을 소개한다. '1949년 중국 혁명-여성해방-시장 개혁' 이 세 가지의 상관관계를 엿볼 수 있는 글들이다.

"1949년 마오쩌둥이 이끄는 중국 공산당이 집권한 후, '하늘을 떠받치는 절반 인구 여성'의 지위 향상을 사회주의 건설의 주요 정책으로 설정하고부터 중국 여성의 지위는 획기적 발전을 이루었다. …… 양성평등의 간판 아래 시행된 여성 정책이 중국 여성의 지위를 크게 향상시켰다는 사실은 부정할 수 없다. …… 성평등을 위해서는 제도개선과 더불어 사회구성원의 의식이 바뀌어야 하지만 현실은 아직 그렇지 못하다. 중국의 경우, 남성의 61.6퍼센트, 여성의 54.8퍼센트가 전통 성별분업을 당연시하는 것으로 조사되었다. 주목할 것은 이 수치가 2000년도에 비해 각각 7.7퍼센트와 4.4퍼센트 상승했다는 것이다. 이 사실은 계획경제 시기에 양성평등 정책의 보호 아래 고용과 임금에서 실현되던 뿌리 없는 형식적 평등마저 자유경쟁 체제에서 후퇴하고, 이에 상응하여 사람들의 의식도 전통으로 회귀한다는 것이다."(이영자, 「중국 여성 10명 중 9명, "남성도 당연히 가사노동 해야"」, 페미니스트 웹진《이프》)

이 글에 따르면, 1949년 중국 공산당의 집권 이후 "중국 여성의 지위는 획기적 발전을 이루었다." 그러나 낮은 생산성 문제를 '스스로' 해결하는 데에 실패하자 '개혁·

개방' 정책으로 돌아섰고 체제 내 자본주의적 요소의 성장은 위험 수준에 이르렀다. 그러자, 위 글의 필자가 지적하는 것처럼, "계획경제 시기에 양성평등 정책의 보호 아래 고용과 임금에서 실현되던 뿌리 없는 형식적 평등마저 자유경쟁 체제에서 후퇴하고, 이에 상응하여 사람들의 의식도 전통으로 회귀"하는 것이다.

《여성신문》도 1949년 혁명 이후의 중국과 여성해방의 진전을 다음과 같이 설명한다. "한국 사람들은 중국이 공산주의 국가라서 여러 가지로 안 좋다고 말하지만 남녀평등에 있어서는 오히려 중국이 한국보다 앞선다. …… 사회주의화 후 중국에서는 '여자는 하늘의 절반을 차지한다'는 말이 일반화되어 한국보다 여성의 권리를 더 인정해주는 사회적 분위기가 형성돼 있다."(박혜영, 「양성평등, 한국이 중국에 뒤져」, 《여성신문》, 2010년 8월 20일)

《오마이뉴스》의 2001년 3월 8일 기사 「3·8세계여성의 날을 계기로 보는 중국 여성들의 현황: 중국 여성들은 새로운 '평등과 자유'를 원한다」(박현숙)를 통해서도 비슷한 내용을 확인할 수 있다.

먼저 그 글은 여성해방과 관련하여, 1949년 이후 중국에서 어떤 일이 일어났는지를 다음과 같이 설명한다.

"1949년 사회주의 신중국 건립 이후, 새로운 '혼인법' 반포를 시점으로 해서 이들 중국여성들은 구시대에서 받아왔던 온갖 억압과 불평등에서 벗어나 사랑과 결혼의 자유를 비롯해서 여성들의 자주적인 권리를 법적으로 보장받고 있다. 법적으로 보장된 형식적인 남녀평등의 논리에 비추어보더라도 이들 중국 여성들이 누리고 있는 평등의 정도는 세계 다른 국가들과 비교할 때 전혀 손색이 없는 듯하다."

하지만 '개혁·개방 정책'은 지난 30여 년간 '사회주의적' 소유를 갉아먹었고 남녀평등은 크게 후퇴했다. '여성 해방은 자본주의적 소유양식이 철폐될 때 급신장된다. 반면, 자본주의적 소유가 부활되거나 증가될 경우 크게 후퇴한다'라는 명제가 올바르다는 것이 중국의 예를 통해 다시금 확인되고 있다.

결과로서의 남성우월주의를 그 원인인 생산관계와 동렬의 것으로 취급하는 페미니즘의 반동성도 문제지만, 국가자본주의론으로 인해 기껏 물려받은 마르크스주의의 유산을 가지고 절반만 옳은 소리를 하는 것도 역시 안타까운 일이다.